中国近代
思想家文库

◎

左玉河 编

张东荪卷

中国人民大学出版社
·北京·

《中国近代思想家文库》编纂委员会名单

主　任　　柳斌杰　纪宝成

副主任　　吴尚之　李宝中　李　潞
　　　　　王　然　贺耀敏　李永强

主　编　　戴　逸

副主编　　王俊义　耿云志

委　员　　王汝丰　刘志琴　许纪霖　杨天石　杨宗元
　　　　　陈　铮　欧阳哲生　罗志田　夏晓虹　徐　莉
　　　　　黄兴涛　黄爱平　蔡乐苏　熊月之
　　　　　（按姓氏笔画排序）

总　序

　　对于近代的理解，虽不见得所有人都是一致的，但总的说来，对于近代这个词所涵的基本意义，人们还是有共识的。一个国家、一个民族走入近代，就意味着以工业化为主导的经济取代了以地主经济、领主经济或自然经济为主导的中世纪的经济形态，也还意味着，它不再是孤立的或是封闭与半封闭的，而是以某种形式加入到世界总的发展进程。尤其重要的是，它以某种形式的民主制度取代君主专制或其他不同形式的专制制度。中国是个幅员广大、人口众多、历史悠久的多民族国家，由于长期历史发展是自成一体的，与外界的交往比较有限，其生产方式的代谢迟缓了一些。如果说，世界的近代是从 17 世纪开始的，那么中国的近代则是从 19 世纪中期才开始的。现在国内学界比较一致的认识，是把 1840 年到 1949 年视为中国的近代。

　　中国的近代起始的标志是 1840 年的鸦片战争。原来相对封闭的国门被拥有近代种种优势的英帝国以军舰、大炮再加上种种卑鄙的欺诈打开了。从此，中国不情愿地加入到世界秩序中，沦为半殖民地。原来独立的大一统的中央集权的君主专制国家，如今独立已经极大地被限制，大一统也逐渐残缺不全，中央集权因列强的侵夺也不完全名实相符了。后来因太平天国运动，地方军政势力崛起，形成内轻外重的形势，也使中央集权被弱化。经历第二次鸦片战争、中法战争、甲午战争、八国联军入侵的战争以及辛亥革命后的多次内外战争，直至日本全面侵略中国的战争，致使中国的经济、政治、教育、文化，都无法顺利走上近代发展的轨道。古今之间，新旧之间，中外之间，混杂、矛盾、冲突。总之，鸦片战争后的中国，既未能成为近代国家，更不能维持原有的统治秩序。而外患内忧咄咄逼人，人们都有某种程度"国将不国"的忧虑。

　　"天下兴亡，匹夫有责"，读书明理的士大夫，或今所谓知识分子，尤为敏感，在空前的危机与挑战面前，皆思有所献替。于是发生种种救亡图存的思想与主张。有的从所能见及的西方国家发展的经验中借鉴某些东西，形成自己的改革方案；有的从历史回忆中拾取某些智慧，形成某种民族复兴的设想；有的则力图把西方的和中国所固有的一些东西加以调和或结合，形成某种救亡图强的主张。这些方案、设想、主张，从世界上"最先进的"，到"最落后的"，几乎样样都有。就提出这些方案、设想、主张者的初衷而言，绝大多数都含着几分救国的意愿。其先进与落后，是否可行，能否成功，尽可充分讨论，但可不必过为诛心之论。显而易见，既然救国的问题最为紧迫，人们所心营目注者自然是种种与救国的方案直接相关的思想学说，而作为产生这些学说的更基础性的理论，及其他各种知识、思想，则关注者少。

围绕着救国、强国的大议题，知识精英们参考世界上种种思想学说，加以研究、选择，认为其中比较适用的思想学说，拿来向国人宣传，并赢得一部分人的认可。于是互相推引，互相激励，更加发挥，演而成潮。在近代中国，曾经得到比较广泛的传播的思想学说，或者够得上思潮的，主要有以下几种：

（一）进化论。近代西方思想较早被引介到中国，而又发生绝大影响的，要属进化论。中国人逐渐相信，进化是宇宙之铁则，不进化就必遭淘汰。以此思想警醒国人，颇曾有助于振作民族精神。但随后不久，社会达尔文主义伴随而来，不免发生一些负面的影响。人们对进化的了解，也存在某些片面性，有时把进化理解为一条简单的直线。辩证法思想帮助人们形成内容更丰富和更加符合实际的发展观念，减少或避免片面性的进化观念的某些负面影响。

（二）民族主义。中国古代的民族主义思想，其核心是"非我族类，其心必异"，所以最重"华夷之辨"。鸦片战争前后一段时期，中国人的民族思想，大体仍是如此。后来渐渐认识到"今之夷狄，非古之夷狄"，"西人治国有法度，不得以古旧之夷狄视之"。但当时中国正遭受西方列强的侵略和掠夺，追求民族独立是民族主义之第一义。20世纪初，中国知识精英开始有了"中华民族"的概念。于是，渐渐形成以建立近代民族国家为核心的近代民族主义。结束清朝君主专制，创立中华民国，是这一思想的初步实现。第一次世界大战爆发，中国加入"协约国"，第一次以主动的姿态参与世界事务，接着俄国十月革命爆发，这两件事对近代中国的发展历程造成绝大影响。同时也将中国人的民族主义提升到一个新的层次，即与国际主义（或世界主义）发生紧密联系。也可以说，中国人更加自觉地用世界的眼光来观察中国的问题。新生的中国共产党和改组后的国民党都是如此。民族主义成为中国的知识精英用来应对近代中国所面临的种种危机和种种挑战的一个重要的思想武器。

（三）社会主义。社会主义作为一种模糊的理想是早在古代就有的，而且不论东方和西方都曾有过。但作为近代思潮，它是于19世纪在批判近代资本主义的基础上产生的。起初仍带有空想的性质，直到马克思和恩格斯才创立起科学社会主义。20世纪初期，社会主义开始传入中国。当时的传播者不太了解科学社会主义与以往的社会主义学说的本质区别。有一部分人，明显地受到无政府主义的强烈影响，更远离科学社会主义。直到五四新文化运动兴起之后，中国人始较严格地引介、宣传科学社会主义。但有一段时间，无政府主义仍是一股很大的思想潮流。中国共产党的成立，从思想上说，是战胜无政府主义的结果。中国共产党把在中国实现社会主义乃至共产主义作为自己的奋斗目标。此后，社会主义者，多次同各种非科学社会主义思想的信仰者进行论争并不断克服种种非科学社会主义思想的影响。

（四）自由主义。自由主义也是从清末就被介绍到中国来，只是信从者一直寥寥。直到五四新文化运动兴起，具有欧美教育背景的知识精英的数量渐渐多起来，自由主义始渐渐形成一股思想潮流。自由主义强调个性解放、意志自由和自己承担责任，在政治上反对一切专制主义。在中国的社会条件下，自由主义缺乏社会基础。在政治激烈动荡的时候，自由主义者很难凝聚成一股有组织的力量；在稍稍平和的时候，他们往往更多沉浸在自己的专业中。所以，在中国近代史上，自由主义不曾有，也不可能有大的作为。

（五）激进主义与保守主义。处于转型期的社会，旧的东西尚未完全退出舞台，新的东西也还未能巩固地树立起来，新旧冲突往往要持续很长的时间，有时甚至达到很激烈的程度。凡助推新东西成长的，人们便视为进步的；凡帮助旧东西排斥新东西的，人们便视为保守的。其实，与保守主义对应的，应是进步主义；与顽固主义相对的则应是激进主义。不过在通常话语环境中人们不太严格加以区分。中国历史悠久，特别是君主专制制度持续两千余年，旧东西积累异常丰富，社会转型极其不易。而世界的发展却进步甚速。中国的一部分精英分子往往特别急切地想改造中国社会，总想找出最厉害的手段，选一条最捷近的路，以最快的速度实现全盘改造。这类思想、主张及其采取的行动，皆属激进主义。在中共党史上，它表现为"左"倾或极左的机会主义。从极端的激进主义到极端的顽固主义，中间有着各种程度的进步与保守的流派。社会的稳定，或社会和平改革的成功，都依赖有一个实力雄厚的中间力量。但因种种原因，中国社会的中间力量一直未能成长到足够的程度。进步主义与保守主义，以及激进主义与顽固主义，不断进行斗争，而实际所获进步不大。

（六）革命与和平改革。中国近代史上，革命运动与和平改革运动交替进行，有时又是平行发展。两者的宗旨都是为改变原有的君主专制制度而代之以某种形式的近代民主制度。有很长一个时期，有两种错误的观念，一是把革命理解为仅仅是指以暴力取得政权的行动，二是与此相关联，把暴力革命与和平改革对立起来，认为革命是推动历史进步的，而改革是维护旧有统治秩序的。这两种论调既无理论根据，也不合历史实际。凡是有助于改变君主专制制度的探索，无论暴力的或和平的改革都是应予肯定的。

中国近代揭幕之时，西方列强正在疯狂地侵略与掠夺殖民地和半殖民地，中国是它们互相争夺的最后一块、也是最大的资源地。而这时的中国，沿袭了两千年的君主专制制度已到了奄奄一息的末日，统治当局腐朽无能，对外不足以御侮，对内不足以言治，其统治的合法性和统治的能力均招致怀疑。革命运动与改革的呼声，以及自发的民变接连不断。国家、民族的命运真的到了千钧一发之际，危机极端紧迫。先觉分子救国之心切，每遇稍具新意义的思想学说便急不可待地学习引介。于是西方思想学说纷纷涌进中国，各阶层、各领域，凡能读书读报者，受其影响，各依其家庭、职业、教育之不同背景而选择自以为不错的一种，接受之，信仰之，传播之。于是西方几百年里相继风行的思想学说，在短时期内纷纷涌进中国。在清末最后的十几年里是这样，五四时期在较高的水准上重复出现这种情况。

这种情况直接造成两个重要的历史现象：一个是中国社会的实际代谢过程（亦即社会转型过程）相对迟缓，而思想的代谢过程却来得格外神速。另一个是在西方原是差不多三百年的历史中渐次出现的各种思想学说，集中在几年或十几年的时间里狂泻而来，人们不及深入研究、审慎抉择，便匆忙引介、传播，引介者、传播者、听闻者，都难免有些消化不良。其实，这种情况在清末，在五四时期，都已有人觉察。我们现在指出这些问题并非苛求前人，而是要引为教训。

同时我们也看到，中国近代思想无比的多样性与复杂性呈现出绚丽多彩的姿态，各种思想持续不断地展开论争，这又构成中国近代思想史的一个突出特点。有些论争为我们留下了非常丰富的思想资料。如兴洋务与反洋务之争，变法与反变法之争，革命与改良之争，共和与立宪之争，东西文化之争，文言与白话之争，新旧伦理之争，科学与人生观之争，中国社会性质的论争，社会史的论争，人权与约法之争，全盘西化与本位文化之争，民主与独裁之争，等等。这些争论都不同程度地关联着一直影响甚至困扰着中国人的几个核心问题，即所谓中西问题、古今问题与心物关系问题。

中国近代思想的光谱虽比较齐全，但各种思想的存在状态及其影响力是很不平衡的。有些思想信从者多，言论著作亦多，且略成系统；有些可能只有很少的人做过介绍或略加研究；有的还可能因种种原因，只存在私人载记中，当时未及面世。然这些思想，其中有很多并不因时间久远而失去其价值。因为就总的情况说，我们还没有完成社会的近代转型，所以先贤们对某些问题的思考，在今天对我们仍有参考借鉴的价值。我们编辑这套《中国近代思想家文库》，希望尽可能全面地、系统地整理出近代中国思想家的思想成果，一则借以保存这份珍贵遗产，再则为研究思想史提供方便，三则为有心于中国思想文化建设者提供参考借鉴的便利。

考虑到中国近代思想的上述诸特点，我们编辑本《文库》时，对于思想家不取太严格的界定，凡在某一学科、某一领域，有其独立思考、提出特别见解和主张者，都尽量收入。虽然其中有些主张与表述有时代和个人的局限，但为反映近代思想发展的轨迹，以供今人参考，我们亦保留其原貌。所以本《文库》实为"中国近代思想集成"。

本《文库》入选的思想家，主要是活跃在 1840 年至 1949 年之间的思想人物。但中共领袖人物，因有较为丰富的研究著述，本《文库》则未收入。

编辑如此规模的《文库》，对象范围的确定，材料的搜集，版本的比勘，体例的斟酌，在在皆非易事。限于我们的水平，容有瑕隙，敬请方家指正。

《中国近代思想家文库》编纂委员会

目 录

导　言

张东荪（1886—1973），是一位以对西方哲学准确把握和深刻理解著称的中国哲学家。他是近代中国全面介绍西方哲学的代表人物之一，是近代中国建立完整的新哲学体系的最早尝试者，是近代中国唯一以认识论为起点建立新哲学体系的哲学家。他的"多元认识论"和"文化主义"知识论不仅有很高的学术价值，而且有着深远的思想影响。他的思想远远超出了纯粹哲学的领域，已经扩展到政治和社会文化思想领域。这种思想，直到现在仍然具有一定的影响。作为近代中国的一位著名自由主义者，张东荪怀抱着民主、自由的理想，为建立一种民主主义的新文化而奋斗；作为一位积极活跃于中国政坛的著名政论家，他评议时政，批评当局，充当社会民众的喉舌，经历了自民国初年直到新中国成立中国政治上几乎所有的重大事件。从辛亥革命到新中国成立，张东荪对近代中国 40 年间所有重大事件，均或多或少地参与其中，成为 40 年间中国这段政治和思想巨变史的重要当事人和见证人。他的名字已经与近代中国政治史和思想史密切联系在一起。

一、生平及思想演变历程

张东荪生于 1886 年 12 月 9 日。原名万田，字圣心，"东荪"是后来自己取的名字，晚年自号"独宜老人"。祖籍为浙江杭县（今杭州市）。1902 年左右，张东荪偶读佛经，为其中深奥的思辨玄理吸引，对哲学产生了浓厚兴趣，开始信仰佛教并研究佛经。他回忆说："我是十八岁读《楞严经》便起了哲学的兴味。"早年研读佛经，对他的思想影响较大。一方面养成了他对哲学的浓厚兴趣，培植了他苦思冥想的哲学素养，直接促发了他"以为非窥探宇宙的秘密，万物的根元不可"的"疑心妄想"。另一方面，为日后的哲学研究奠定了基础，佛学成为他哲学思想的重要来源。

1905年，张东荪由官派留学日本，入东京帝国大学哲学科。他与蓝公武、冯心支同住在日本本乡丸山新町。起初本是佛教信徒的他，与蓝公武时常讨论生死问题，但很快便接触了西方自然科学与西方哲学，并为之折服。因此，当蓝公武对他讲"大悟万物唯心的道理"时，他开始产生一个疑问：佛教所谓解脱或涅槃的境界是否一种心理的变态。1906年，他与蓝公武等在东京创办了《教育》杂志。这是一本综合性的学术月刊，由他和蓝公武、冯世德组织的"爱智会"主办。该刊物以"会合东西各国学者，研究高尚学问，尽人道、洗俗垢，使世界庄严洁净"为旨归，分社说、学说、科学、思潮、批评、纪事等九个专栏，以介绍和讨论哲学、伦理问题为重心。他在创刊号上发表了《心理学悬记》（与蓝公武合译）、《催眠心理学》（与蓝公武合编），节译了达尔文的《物种由来》。在第2号上，除继续连载译文外，他还发表了运用西方科学研究哲学问题的习作《真理篇》。仅从《教育》杂志这两期中已可知，张东荪的思想已发生了较大变化，接触和掌握了西方科学与西方哲学，初步冲破了中国传统思想的束缚。

辛亥革命前夕，张东荪从日本回国。1911年他在《东方杂志》上以"圣心"的笔名发表了第一篇政论文章：《论现今国民道德堕落之原因及其救治法》。1912年元旦，孙中山在南京成立中华民国临时政府，倾向革命的张东荪从北京南下，参加了临时政府并任临时内务部秘书。1912年4月，南京临时政府解散后，他这样记述自己当时的活动："大部分人都到北京参加袁世凯先生所组织的政府，我则不愿意参加。彼时孙中山先生组织国民党，把凡在南京任过事的人一律作为党员，我的名字亦在其列，但我亦未加承认"。此时梁启超组织进步党，"我的朋友以进步党人为多，且较密切，我却从未正式加入该党，亦向不与闻他们的党的活动"。但因他与梁启超及进步党关系密切，主张又颇相近，故仍被时人视为进步党的骨干。

从辛亥革命到"五四"前夕，张东荪积极活跃于民国政治舞台，"动了几年救国念头，从事研究政治"。但他主要是以评议时局、研究政体、介绍西方政治理论和政治制度的方式参与政治的。他在《庸言》、《中华杂志》、《新中华》和《甲寅》等刊物上，发表了大量政论文章

（仅 1913 年就达到 30 多篇），对当时重大的政治问题，如国会性质、宪法性质、总统制与内阁制、总统权限、行政裁判制度、预算制度、联邦制度、地方自治制度都提出了自己的见解，成为民国初期著名的政论家。他站在社会改良的立场上，不赞同孙中山发动二次革命；但也坚决反对袁世凯专制统治，曾写过许多政论文章进行抨击。当袁世凯大搞复辟帝制活动后，他先后发表了《复辟论之评判》、《名实与帝制》等文章进行抨击，当袁世凯授意美国顾问古德诺发表《共和与君主论》，鼓吹"中国如用君主制，较共和制为宜"时，张东荪立即发表《对于古博士国体论之质疑》，坚决进行批驳。洪宪帝制复辟破产后，他主张孙中山与梁启超联合，共建中国共和制度，并发表了《今后之政运观》等文。但因国民党人与进步党人"意气之争"，他的主张不为人注意。1917 年11 月，他在《东方杂志》上发表了《贤人政治》长文，进一步阐明自己的政治主张，仍不为段祺瑞政府所纳。

1918 年，新国会举行选举，梁启超、张东荪为首的研究系（由进步党演变而成）企图借机确立在新国会中第一大党的地位。但段祺瑞为首的皖系军阀政客组织安福俱乐部，操纵国会选举，研究系在新国会选举中惨败。张东荪认识到："立宪派只问政体而不问国体，在表面似乎较革命派为接近一些民主真义，无奈他们只以政府构造上着眼，而忽视关于社会主义全般的义理。"开始重新考虑自己和研究系今后的出路。1918 年底，梁启超决定赴欧洲考察，途经上海时，与张东荪、黄溯初畅谈一通宵，他们"着实将从前迷梦的政治活动忏悔一番，相约此后决然舍弃，要从思想界尽些微力"。张东荪随后也表示，此后"誓不为政治性质的运动"，要以"教育、著书、译书"终其一生，为中国思想文化界尽其力量。

自 1917 年起，张东荪接替张君劢主笔研究系在上海的喉舌《时事新报》。1918 年 3 月，他创办《时事新报》副刊《学灯》，以"促进教育、灌输文化"，"屏门户之见、广商权之资"，"非为本报同人撰论之用，乃为社会学子立说之地"为宗旨。1919 年初，他把《学灯》由周刊改为日刊；4 月又聘请俞颂华主编《学灯》副刊，介绍西方各种新思潮。《学灯》副刊成为与北京《晨报》副刊、《民国日报》副刊《觉悟》齐名的介绍新思潮的三大副刊之一。1919 年 9 月，他在上海创办《解放与改造》杂志，自任主编。在创刊号上，亲自撰写创刊"宣言"，发表题为《第三种文明》的社论，并写了长篇读书杂录《罗塞尔的政治思想》，提纲挈领地表明研究系的趋向及其所信奉的学说和主义，即要致力于社会的解放与改造，培养"第三种文明"。此后他又在《解放与改造》、《时事新报》等报刊上发表《新思想与新运动》、《奥斯的社会主义》、《我们为什么要讲社会主义》、《评资本主义的办事方法》、《改造要全体谐和》、《中国之前途：德国乎？俄国乎?》等大量文章，全面介绍和讨论"社会主义"，宣传社会改良。

1920 年 3 月，梁启超欧游回国，后与张东荪等组织共学社，成立讲学社。9 月，《解放与改造》改名为《改造》，并在《发刊词》中申明：要将基尔特社会主义精神向"实际的方面"贯彻。同时，梁启超、张东荪以讲学社名义邀请英国哲学家、基尔特社会主义者罗素来华讲学。张东荪陪同他到湖南等省演讲。1920 年 11 月 6 日，张东荪从湖南回到上海后，在《时事新报》上发表时评《由内地旅行而得之又一教训》。陈望道、李达、邵力子、陈独秀等对此文进行批驳，展开了"五四"时期著名的"社会主义论战"。张东荪连续发表《大家须记罗素先生给我们的忠告》、《答高践四书》、《长期的忍耐》、《再答颂华兄》等文章，进行反驳。1920 年 12 月 15 日，他发表了长文《现在与将来》，全面阐述了他以基尔特社会主义为核心的社会改良思想。1921 年 1 月 19 日，梁启超写了《复张东荪书论社会主义运动》，赞同并支持张东荪的观点，并对《现在与将来》作了某些"发明补正"。2 月 15 日，张东荪又作了《一个申说》，对自己的观点作了"比较正式说明"，系统阐述了所谓"资本主义必倒而社会主义必兴"，为了兴社会主义必须首先发展资本主义的"阶段说"。1921 年 9 月 16 日，他又创办了《时事新报》副刊《社会主义研究》，在《社会主义研究宣言》中公开宣言："我们怀抱基尔特社会主义的思想，竖起基尔特社会主义的旗帜……宣言我们是基尔特社会主义者"，全面提出了基尔特社会主义者的信仰、研究方向及宣传目的。

在"五四"时期新旧思潮大论战中，张东荪发表了《突变与潜变》、《答章行严君》、《答潘力山君与程耿君》、《读〈东西文化及其哲学〉》等文章，反对章士钊的调和论，批评梁漱溟的文化观，主张"彻底输入西方文化"。他认为："要起中国的沉病非彻底输入西方文化不可。所谓输入西方文化自然是指科学而言，然而输入科学却非先改变做人的态度不为功。所以输入科学而求其彻底，则非把科学的祖宗充分输入不可。科学的祖宗非他，西洋哲学便是。……我们介绍科学不求彻底则已，如要

彻底则非充分介绍哲学不可。"所以，张东荪输入西方文化的核心是西
方哲学。1921年12月在《民铎》上发表《柏格森哲学与罗素的批评》，
1922年在《东方杂志》上发表《新实在论的论理主义》，1923年发表
《这是甲》、《批导的实在论》、《相对论的哲学与新伦理主义》、《唯用论
在现代哲学上的真正地位》、《伯洛德的感相论》，1925年发表《出世思
想与西洋哲学》、译介英国哲学家卡阿著《科学与哲学》，1928年发表
《新创化论》等。对西方现代哲学各种流派都作了介绍，而尤其注重于
柏格森的创化论、罗素的新实在论、穆耿的新创化论、相对论哲学及康
德的知识论。

　　1923年2月，张君劢在清华大学演讲《人生观》，认为科学不能解
决人生观问题，人生观之解决惟赖玄学。4月12日，丁文江在《努力
周报》上发表《玄学与科学》，反驳张君劢的观点，展开了关于人生观
问题的论战。张东荪6月9日发表《劳而无功》一文，站在玄学派一
边，反对科学的人生观。此后他又写了《科学与哲学》一书，进一步阐
述自己的观点。他说："余于书中所斤斤言之者即在科学之性质一点，
其次则为哲学之性质，以为今之扬科学之大旗往来于闹市者，实未尝真
知科学之为何物。"认为："科学的哲学不是真正的哲学。真正的哲学即
拿科学本身来批评，即从科学所由成的知识而逆探宇宙的根本。"1924
年春，张东荪辞去《时事新报》主笔，专任中国公学教授，后又任上海
光华大学教授，1930年北上就任北平燕京大学哲学系教授（1935年暑
假曾一度到广州任过学海书院院长）。1929年他将自己十余年来在哲学
研究中所著的论文编成《新哲学论丛》，由商务印书馆印行，初步构建
了一套自己的"新哲学"体系："泛架构主义"和"层创进化"的宇宙
观、"主智的创造的"人生观和"交互作用"的认识论。

　　1927年后，他有见于"报纸完全变为他人的喉舌不能说自己的话
了"，乃彻底脱离报界而转入哲学领域。1927年8月，他与瞿世英（菊
农）等创办中国第一个哲学研究专刊《哲学评论》，为中国学者进行哲
学研究提供了研究和争鸣园地，推进了中国现代哲学研究的开展。从
1928年起，他先后为上海世界书局出版的"ABC丛书"写了《人生观
ABC》（1928年7月出版）、《哲学ABC》（1929年初出版）、《精神分析
学ABC》（1929年5月出版）和《西洋哲学史ABC》。1931年12月，
他在《哲学评论》上发表《条理范畴与设准》，开始提出新的认识论观点。
1932年在《大陆杂志》第1卷第3、第4、第5期上发表《认识论的多

元论》，提出了新的认识论体系——"认识论的多元主义"。1934年9月，他出版《认识论》一书，进一步发挥前二文中的观点，正式形成了"多元认识论"体系。1936年10月，他在《东方杂志》上发表《多元认识论重述》，开始修改和充实"多元认识论"，不久，他对该文加以进一步修改，于1937年1月收入《张菊生先生七十生日纪念论文集》中。

通过研读西方现代哲学，张东荪了解到："现代哲学研究的趋向大体是集中于价值论的研究，尤其是以价值论来吸收伦理学。"所以他从20世纪20年代后期开始将介绍西方哲学的重心集中于西方道德学和价值论上。他"根据原著提取需要"，"借问题之迭变以明思想之进化"，"根据阅读数十种西洋伦理学名著的结果"，撰成《道德哲学》一书，1931年由上海中华书局印行。该著出版后，在当时学术界引起较大反响，曾多次再版。在20世纪30年代，张东荪主编了世界书局出版的《哲学丛书》，丛书分上、下两卷共16种。他撰著的《认识论》、《现代哲学》、《现代伦理学》等列入其中。1935年10月，他与瞿菊农又创办了《文哲月刊》。他撰写了《发刊词》，并先后撰写了《彭基相译笛卡儿方法论序》、《关于宋明理学之性质》、《思想自由问题》等文。

1930年代，张东荪已成为中国著名的哲学家，被公认为"中国新唯心论领袖"。有人说"中国新唯心论的领袖，无异议的常推张东荪先生"。同时，他也被公认为"五四"以来第一个尝试创建中国现代哲学体系者。"中国研究西洋哲学的人，不可谓不多，说到能由西洋哲学中引申出来新的意见，建设新的哲学，恐怕只有张东荪先生一人。"这一点连他的论敌也是承认的。叶青曾说："中国在'五四'时代才开始其古代哲学底否定，现在固没有坚强的近代体系，然而已在建设之中了。作这种企图的，首先要算张东荪。所读欧洲过去和现在的哲学著作很多，不象五四胡适那样只读一点美国书，失之浅薄。如果我们说梁启超和陈独秀是中国近代哲学的启蒙运动者，那末张东荪就是中国近代哲学底系统建立人。"

面对马克思主义哲学在中国的广泛传播，1931年9月18日，张东荪在《大公报》副刊《现代思潮》上发表《我亦谈谈辩证法的唯物论》，对"物质"及"物质之变化"两个马克思主义哲学的核心概念进行非难，挑起了20世纪30年代唯物辩证法论战（又称"哲学论战"）。1932年他又发表了《辩证法的各种问题》，进一步推动了论战的进程。1933年9月又发表了《动的逻辑是可能的么》，从逻辑学角度非难辩证法。

1934 年 6 月又在《新中华》上发表《思想的论坛上几个时髦问题》，反对哲学具有党派性的观点。1934 年 6 月 25 日，他又写了长达 3 万多字的文章《唯物辩证法之总检讨》，对唯物辩证法进行全面批驳。同年 10 月，他将各种反对和非难辩证法的文章汇编成书，以"唯物辩证法论战"为书名，由北平民友书局出版。在《弁言》中，他宣称："本书专对唯物辩证法作反对的批评，乃只限于所谓赤色哲学，而绝非对于共产主义全体而言"。此书的出版，把唯物辩证法论战推向高潮，张东荪也因此成为唯物辩证法论战的主将。1935 年，叶青仿此体例，将反驳张东荪的文章收集编成《哲学论战》一书，形成对垒的两军，使论战白热化。马克思主义哲学工作者艾思奇、邓云特（邓拓）等也参加了论战，对张东荪和叶青的观点进行了批驳。

对于中国政局，张东荪时时留意。他对政治的态度是："我之对于政治完全是一种打抱不平的态度。虽时时发表政论然从来不计及本身。……我之好为政论不外乎想抵抗那个要毁灭文化的内外潮流。"为对抗国民党一党专政，他与张君劢于 1932 年组织了国家社会党（简称"国社党"），创办机关刊物《再生》周刊。张东荪起草了国社党的政治宣言《我们所要说的话》，明确提出了所谓"修正的民主政治"："我们于政治是把根据效率的科学与个性差别的科学与站在平等原理上的民治主义调和为一；于经济是把易于造产的集产主义与宜于分配的普产主义以及侧重自治的行会主义调和为一；于教育是把淑世主义与自由主义调和为一；然后三方面再总综合之，成一整个儿的。"同时列举了关于政治、经济、教育等方面的 98 条政纲。

此后，张东荪在《再生》、《自由评论》等刊物上发表了一系列政论文章，重要的有：《党的问题》、《阶级问题》、《为国家计与为国民计》、《民主与专政是不相容的么》、《国民无罪——评国民党内的宪政论》、《结束训政与开放党禁》等。他虽不赞同中共的土地革命，但更坚决反对国民党一党专制，要求国民党结束训政，实行宪政。中国共产党《八一宣言》发表后，他发表了《评共产党宣言并论全国大合作》、《从拥护政府说起》等文，赞同国共合作，联合抗日，实现国内和平和民族团结，欢迎共产党的抗日民族统一战线政策，并认为《八一宣言》的发表标志着中共政策的"转向"。中共北方局书记刘少奇以"陶尚行"笔名致函张东荪，阐释中共抗日民族统一战线政策，不赞同张东荪关于中共政策"转向"的观点。张东荪随即发表《从教育的意义上欢迎共产党的转向》、《关于陶许两封信的感想》，坚持自己的观点。

1937年七七事变后，张东荪分析了国内外时局，正式形成了调和共产主义与资本主义、国民党与共产党，借以共同对抗日本帝国主义侵略的所谓"中间性的政治路线"。1938年，他与叶笃义等人从北平秘密至汉口、桂林，借参加国民参政会之机准备将此意见直接进献给国民政府。但他有见于"国共合作并不是建立于诚意真心，政府未必采纳"，便扫兴地返回北平。在燕京大学，他一面教书，从知识社会学角度研究社会，著述《知识与文化》一书（1940年最后完稿，1946年作为吴文藻主编的《社会学丛刊甲集第2种》由商务印书馆出版）；一面关注和研究国内外时局的发展，与中共地下党接触，介绍学生离开北平到中共领导的抗日根据地或西南大后方。他预料日美必然开战，主张提前先行解散燕大，把教员与学生转移到解放区或西南大后方。

张东荪的言行，早为日本宪兵注意。1941年12月8日，日本对美国宣战，日本宪兵包围并强占了燕京大学，张东荪与其他10名燕大教授被捕。他先被送到西苑日本宪兵队，不久又被押送到沙滩的北京大学红楼（北平日本宪兵总部所在地），与赵紫宸同关在第16号牢房。张东荪是当时全国知名的哲学家和学者，日本宪兵企图拉拢他为日本人做事。具有强烈爱国意识的张东荪利用各种借口挫败了日寇的阴谋。他回忆说：日本人"希望我答应与汪政府合作，我便以狡猾的态度对付之。我说：我一向是个国民党的反对者，汪精卫是国民党，其政府亦是国民党，决不能与之合作"。接着日本人"要求我向在拘留中的中国共产党员加以劝诱，使其感化，可以招供"。张东荪回答说："共产党不是捉、打、杀所能扑灭的。你们日本军何必来管中国的事，因为共产党是中国政治上的一个问题。"关押两个月后，1942年2月，他被移送铁狮子胡同日本军部，然后被押解到炮局胡同陆军监狱。张东荪先后自杀四次而未遂，并与看守撕打，不屈服于日寇的淫威。1942年6月18日，被日军判处一年半徒刑，缓期三年。在写了一具"出狱以后不离开北平"的保证书后，他被保释出狱。在此后三年间，他的行动时时为日本宪兵监视。"平均每月宪兵安达必来我家一次，每次都劝我出山"，这实际上是监视张东荪。尽管张东荪一度产生"出狱后立即逃上西山"的想法，但因病终未成行。

张东荪出狱半年后，开始撰写《思想与社会》一书。"书中所说几乎完全是增补前作《知识与文化》，亦可说就是《知识与文化》之续编，或称之为姊妹编亦无不可。"此书作为《东西文化丛书》之一种，1946年由重庆商务印书馆出版。此后，他"继承前两书中所说的问题而想从另一方面作进一步的发挥"，遂著成《理性与民主》，于抗战胜利前后完稿，1946年5月由商务印书馆发行。这三本书，构成了张东荪独立的知识论体系，形成了较完整的文化思想和"渐进的民主主义的社会主义"政治理论。

1944年，张东荪加入中国民主同盟，并任中央常委。1945年11月，他作为民盟代表从北平飞赴重庆参加政治协商会议。他任政治协商会议军事组的召集人及综合委员会委员。在会议上，他提出了《政治协商会议与国防新案》，本着"政治民主化"、"军队国家化"两个原则，认为"民主是一个具有程度的东西"，现在中国所要从事的是"民主之起码的基本条件"；提出了三条解决军队问题的方案：（甲）寓兵于全民；（乙）取消所有常备的职业兵；（丙）使军人等于专门学者（即科学家），超然于政党以外，而给以最优厚的待遇，使其安心任事。1946年1月16日，他与梁漱溟、张君劢、张澜等九人代表中国民主同盟提出《实现军队国家化并大量裁兵案》。当晚，在沧白堂政协会议讲演会场，张东荪与郭沫若作为报告人介绍政协会议情况时，遭到国民党特务捣乱。他拍案而起，怒斥特务们的无耻行径。

1946年5月22日，他在天津青年会演讲《一个中间性的政治路线》，把抗战初形成的"中间路线"的主张正式公之于世。该文发表后，立即引起较大反响，施复亮、储安平、傅雷等人纷纷著文，赞同并鼓吹所谓"中间路线"。1946年10月，民盟发起"美军退出中国"运动，张东荪发表《为美国利害着想美军应及早撤退》。当国民党违背政协决议，非法召开"国民大会"时，张东荪拒绝参加国民大会，并与参加"国大"的民社党首脑张君劢"划地绝交"，以抗议国民党的一党专制。1946年底，他赴上海，参加中国民主同盟召开的一届二中全会。在会上他当选为民盟中共秘书主任、华北总支部主任委员，为在国内重建和平而努力。1947年3月，施复亮在《时与文》创刊号上发表《中间派的政治路线》，引起了张东荪的同感和共鸣，他一口气写了《追述我们努力建立"联合政府"的用意》、《和平何以会死了》及《美国对华与中国自处》，进一步阐发中间路线的政治主张。当时，美国副总统华莱士由美赴欧，鼓吹和平；而张东荪在国内也鼓吹和平，一时引起较大震动。张东荪被人称为"东方的华莱士"。

1947 年冬，国民党包办国民大会，准备所谓"行宪"国民大会。梁漱溟发表《预告选灾追论宪政》一文，抨击国民党独裁专制，对中国能否走上"英美式宪政之路"表示怀疑。张东荪也著文《我亦追论宪政兼及文化的诊断》，认为中国自民国以来所有的选举都为特殊势力所利用。西方民主制度本身是中性的，无所谓好坏，"而毛病还是出于中国本身"，是由于中国"文化之失调"。该文发表后，立即引起较大争议。北京大学教授樊弘发表《与梁漱溟张东荪两先生论中国的文化与政治》后，张东荪发表《敬答樊弘先生》、《关于中国出路的看法——再答樊弘先生》、《政治上的自由主义与文化上的自由主义》、《经济平等与废除剥削》等文，围绕"中国出路"问题展开激烈讨论。

1948 年 7 月，张东荪著成《民主主义与社会主义》，该书"主要在于说明社会主义在理论上只是民主主义的后身，二者本是一物。若以为二者对立，且有冲突，乃是错误的。同时要说明经过历史的教训，社会主义者已早将若干不切实际的地方自行删去了"。这部著作一经出版立即畅销全国，在社会思想界引起较大反响，不到半年时间便四次再版。《民主主义与社会主义》出版后，张东荪又发表了《增产与革命——写了〈民主主义与社会主义〉以后》、《论真革命与假革命》、《知识分子与文化的自由》等文，重新调整自己的政治思路，放弃和修改了部分政治主张，倾向于中共提出的"新民主主义"，认识到"知识分子不足为社会的中坚"，提出中国今后的前途只有一个，即"新型民主"。"新型民主"实际上与中共的"新民主主义"是一致的。

此后，张东荪多方与中共地下党秘密接触。1948 年底，他代表民盟建议傅作义将军与中共联系，走和平解放北平的道路。1949 年 1 月，他作为傅作义的和谈代表到蓟县与中共代表秘密谈判，为和平解放北平作出了重大贡献。1949 年初，他到河北石家庄与中共领袖毛泽东会晤；9 月参加了中国人民政治协商会议。中华人民共和国成立后，张东荪任中央人民政府委员、政务院文化教育委员会委员兼燕京大学（后为北京大学）教授。1952 年因故辞去政府职务。1968 年 1 月被捕。1973 年 6 月 2 日病逝于北京。

二、主要研究领域和学术成就

(一)"新哲学"体系

张东荪在介绍西方哲学的基础上，对西方哲学上的许多问题进行了思考和研究，并且逐步形成了一些自己独立的见解。1923 年 1 月，在《东方杂志》第 20 卷第 1 号上发表《这是甲——我对哲学上的一个愚见》，表明张东荪已经不满足于一般性的介绍及评述，而是力图阐发自己对于哲学上一些问题的看法。他接着在《教育杂志》第 15 卷第 4 号上发表《知识之本性》，作为《这是甲》的姊妹篇，进一步讨论认识问题。1928 年 4 月，他将《这是甲》与《知识之本性》两文合并撰成《宇宙观与人生观》，较系统地对自己所要建构的"新哲学"作了纲领性的概述。1929 年 8 月，张东荪集其十余年对西方哲学介绍和研究过程中所著的论文而编成《新哲学论丛》。该书是张东荪融合西方各家哲学，尤其是康德哲学、新实在论、实用主义、新创化论、柏格森哲学等派学说，自成一种包括宇宙观、认识论和人生观的"新哲学"体系。

在《新哲学论丛》中，张东荪从认识论的角度立论，提出"主客交互作用"说，作为新哲学体系的基础。这个"主客交互作用"的认识论，是张东荪在综合康德主义和实用主义的基础上，本着认识论与本体论一致的观点，在讨论物、生、心的关系后提出的。概括而言，就是认识一方面是"以先天的格式左右后天的经验"，另一方面是"以后天的经验改良先天的格式"，从而形成主观（格式）与客观（经验）交互作用的逐层展开的过程。

张东荪的宇宙论主要包括两层内容：一是说明宇宙没有本质、没有实体，而只是由各种关系组成的层层套合的总架构（即"架构主义"或"架构论"）；二是说明宇宙作为这样一个总架构又由简到繁，而复杂至某种程度便因缔结的样式不同而突然创生新种类，从而从物进到生命再进到心灵，如此逐层进化，即所谓"层创进化"（即"层创进化"论）。他认为，包罗万象的整个宇宙从无机物到生物、心理现象，无一具有实质，都只是由种种关系组成的空架的结构，整个宇宙在总体上是"无数结构的总称"，"只是空架的结构"。他将"架构主义"的宇宙观作了集中概括："我们这个宇宙并无本质，只是一套架构。这个架构的构成不是完全自然的，而必须有我们的认识作用参加其中。因为我们不能拨开认识以窥这个架构的本来面目。但这个架构在认识中虽非本相，然而亦决不十分大亏其本性。所以仍可以说宇宙是个架构。"

"架构主义"宇宙观与佛教的宇宙观颇为相似，但不同之处在于这样的架构并不是固定的静止的，而是进化和发展着的。他说："其不同的关键所在还是由于在宇宙观上双方有一个要点未曾相合。这一个要点就是'进化'的观念。我们主张这个世界虽是自性本空的一簇架构，但这个架构却自身在那里进化，常有新种类突创出来。这种进化的发见在思想上可谓是启了一个新纪元。""架构论"和"层创进化"的宇宙观是建立在近代自然科学的基础上的，是根据近代相对论产生后的现代物理学、化学、数学、生物学和心理学的最新研究成果构思的。所以，它有着深厚的自然科学依据，其中不乏许多合理见解。其中，最大的合理之处就在于：承认宇宙是一个从低级到高级的发展过程；同时，其关于一个架构复杂至某种程度便会突然创生出新种类的观点，包含有量变引起质变的合理倾向。同时，将宇宙认为没有实质的"架构"的观点，不仅顺应了现代自然科学发展的趋势，而且顺应了现代世界哲学思想发展的大趋势。

张东荪提出的"主智的"人生观，不仅强调理智对人生的指导作用，而且强调人生应该奋发向上，有所创造，故又称为"创造的"人生观。同时，他主张对于人欲只能一方面移欲，另一方面给予最小限度的满足，因此又称为"化欲的"人生观。张东荪尽管又将自己的人生观称为"乐天的"、"自然的"、"无我的"人生观，但根本上是"主智的"和"创造的"人生观。

张东荪初步建构的"新哲学"体系，是以认识论为起点和中心，包括宇宙观和人生观在内的一套哲学体系。他通过对认识问题的讨论，提出了"主客交互作用"的认识论；通过阐述"主客交互作用"说，他提出了"架构主义"和"层创进化"的宇宙观；以"层创进化"的宇宙观为基础，他提出了"主智的"、"创造的"、"化欲的"人生观。这套"新哲学"体系，是"五四"以后中国哲学界创建现代新哲学体系的最初尝试，表明中国的哲学家已经不满足于介绍西方哲学，而是开始在接受和把握西方哲学的基础上，进行中国现代哲学的大胆建构。

（二）多元认识论

张东荪哲学是在介绍西方哲学的基础上建立的，其建构哲学的路向，基本上是依照康德认识论方向而来的，就是所谓认识论的"方法主义"。张东荪依其"方法论上的认识论主义"，将认识论置于哲学的首要地位和中心位置，取消了形而上学的本体论在哲学上的位置，仅保留有宇宙论，并且宇宙论也可以在认识论为其找到依据；而讨论宇宙论并不是哲学的归宿，仅仅是为进一步讨论人生观作准备，换言之，讨论宇宙论的目的是为了讨论人生观；在讨论人生问题时，自然涉及道德伦理问题，这样便又由人生观进而发展为道德哲学和伦理思想。如此一来，张东荪哲学的基本框架，就是以认识论为出发点，以人生观为归宿，包括宇宙观和道德哲学在内的一套哲学体系。换言之，张东荪一反那种从本体论或宇宙观出发建构哲学体系的传统，而循着康德的方向以认识论为哲学体系的起点，并由认识论导出宇宙论，再由宇宙论引出人生观。他的《新哲学论丛》的第一篇论文《一个雏形的哲学》，就是按照这一逻辑路径构造的，但还显得有点模糊。他在 20 世纪 30 年代提出"多元认识论"时，这种沿着康德的路向建立哲学体系的意图便非常显明了。不仅如此，张东荪哲学研究的重心与核心，在较长时间内也集中在认识论方面。

张东荪在对康德哲学、实用主义、新实在论及批判实在论等派哲学的认识理论进行研究的过程中感到，认识现象非常复杂，遂综合各家学说，既反对把能知吸收于所知内或把所知归并于能知中的"一元论"观点，又反对把两者简单对立起来的"二元论"观点，也不赞同康德的感性、知性、理性层层递进的主张，逐渐形成了新的认识论观点，提出了"多元认识论"思想。

1931 年 12 月，张东荪在《哲学评论》第 4 卷第 2、第 3、第 4 期上连载了《条理范畴与设准》一文，初步提出了"多元认识论"观点。次年 9 月，张东荪将《条理范畴与设准》略加修改，以《认识论的多元论》为名，在《大陆杂志》上连载发表，公开提出了"认识论的多元主义"。1934 年，张东荪在世界书局出版了《认识论》一书，在占全书 2/3 篇幅的第 5 章"认识的多元论"中，张东荪进一步发挥了《条理范畴与设准》和《认识论的多元论》两文中阐述的观点，正式形成了"多元认识论"思想。张东荪对"多元认识论"的阐述主要包括对"感相"、"外界条理"、"认识上的先验格式"、"名理上的先验格式"以及"经验上的概念"等环节的分别论述和对"多元认识论"的综合概述。

"多元认识论"主要是关于"知者"与"所知"两端中间的认识理论。张东荪综合康德的先验认识论、刘易斯的实用主义、新实在论及批判实在论关于认识问题的观点，对各个环节进行了系统深入的分析。他反对把人的认识简单化，认为人的认识包括各个复杂的环节，这一观点对促进人们对认识问题的研究具有积极意义。他反复强调认识的各个环节（因素）是相互并列的，并因此反对康德关于从感性到知性再到理性层层递升的观点，这是"多元认识论"的显著特点，也是张东荪自认为发展康德认识论之处。

当时哲学界发表了许多文章，对多元认识论提出了各种各样的批评。哲学界对"多元认识论"的批评和讨论，促发张东荪对认识问题进行深入思考，对多元认识论作进一步的修正和补充。张东荪通过思考与研究，努力将这一主张修正得更圆满、更合理。1936 年 10 月，张东荪在《东方杂志》第 33 卷第 19 号上发表《多元认识论重述》。因为该文是他在病中匆匆所作，许多观点表述得并不十分明白，因此他并不感到满意。值此之时，胡适、王云五等人决定为商务印书馆著名出版家张元济祝寿，准备为他编辑一本纪念文集，约请张东荪撰写一篇论文。于是，张东荪便将在《东方杂志》上发表的《多元认识论重述》作了很大补充和认真修改，使"多元认识论"思想臻于完善，并将其收入 1937 年 1 月出版的《张菊生先生七十生日纪念论文集》中。

张东荪认为，认识上的外在条理、感相、直观的格式（时空主客）、方法上的先验格式（范畴）、名理上的先验格式（涵义，即名理基本律）和经验上的概念等等，共同构成了认识不可缺少的要素。这些要素，是不能归并的，是密切联系在一起的，它们之间是并列的关系。认识就是这些要素"合并的产物"，即它们共同作用才能构成知识。对此，他强调说："我的多元认识论有一个要点：就是各方式各层次必须互相依靠在一起，互相叠合在一起，却同时又必是互不相生。例如伏构必见于感相间之变化，而却不为感相所产生。空时的方式离不了直观的经验，但却又不是从这个经验中抽出来成功的。名理的基本律亦是离不开概念与直观，但其发生却又不是从他们而出。"这样的概括，与 1934 年提出"多元认识论"时相比，在观点上没有大的变化，但论述更加明确和细致。因为他基本上改正了前著中对于"范畴"性质的见解，补充了对于外在根由、知识"造成者"、解释性知识的论述，从而使其多元认识论更趋完善。

多元认识论的特点，就在于它的综合性。它是在对西方认识论上的主要学说认真研究的基础上，综合各种认识论流派的观点而成的。他继承了西方理性主义传统，调和经验主义与理性主义两大思潮，接受柏拉图的"理型说"，康德的"先验说"，新实在论的"外在条理说"，实用主义的"真理标准说"，批判实在论的"感觉说"，路易士的认识理论，将这些学说进行重新审视，综合和配置而成为新的认识论体系。多元认识论是张东荪长期思考和研究后提出来的关于认识问题的主张。对于这一主张，张东荪自视甚高，认为它是过去哲学家们没有提出过的，具有一定创见性。他在《多元认识论重述》中说："我自信这个主张是前人所未言，因为中国哲学向来不注重知识问题。在中国以前自是没有像我这样的主张本不待言，然即在外国，以我所知，亦没有和我一样的议论。我虽不敢说是创见，然至少我可以自白确有些是我自己想出来的。不过我所创造的地方不在于其中那一点是由我作古，而在于把那些相关的各点综合在一起便成了一个从前未有过的整个儿东西。换言之，即我此说之所以为新不在其中的任何一部分而只在于各部分间的配置与综合。因为综合是新的，所以其所得的结果亦可说是新的。"

（三）文化主义知识论

1930 年代中期以后，张东荪哲学努力的方向发生了较大变化。这主要体现在：首先，从认识论转向知识社会学的研究；从探讨个体认识过程和性质，转到讨论作为群体的人的知识的构成及受影响的情况，特别关注于研究理论知识受社会制限的情况。其次，从过去基本上沿着西方哲学的传统、以西方哲学的研究问题为问题的研究，开始向中国传统哲学思路回归，由纯宗西洋向兼采中西转变。最后，由知识论的研究，扩展到对社会政治文化的研究，提出了一些具有社会政治哲学性质的观点，尤其侧重于讨论中西文化问题并致力于对中西文化作深入具体的分析和比较。

《知识与文化》是张东荪后期哲学的一部代表作，集中体现了张东荪哲学思想由前期向后期转变的情况。该书从知识社会学的角度，重点讨论了知识与文化的关系问题。它分三部分：一是从知识说到文化，用以说明知识的性质；二是从文化说到知识，讨论文化如何制限知识的情景，用以说明知识的文化制限；三是专讲中国思想的特征，用以作为例证说明知识与文化的交互作用。在这部著作中，张东荪明确将自己新创立的知识论称为"文化主义知识论"。他改变了多元认识论的立论角度，一方面从社会学立场上讨论知识问题，另一方面要使知识论变成独立的知识论，改变了多元认识论上的"方法论上的多元主义"，即认识论为哲学体系的起首和中心的观点。他写完《知识与文化》后，将它作为讲义在燕京大学讲了一学期，觉得还有许多问题在该书中没有说明。

1941 年 12 月，他被日本宪兵逮捕关进监狱。在狱中，他继续对知识与文化的关系问题进行思索，有了一些心得。出狱后半年，即 1942 年底，张东荪着手将这些思索的心得撰写出来，这便是《思想与社会》

一书。《思想与社会》共有九章，外加一个"结论"，大致分三部分：一是讨论思想与社会的关系，一方面说明社会文化对理论知识的制限作用，另一方面说明理论知识（思想）对文化（社会）的反作用；二是比较中西道统，实际上是从纵向比较中西思想和文化的差异；三是探讨了中国文化的出路问题。全书的主旨是继续讨论知识与文化的关系，即思想与社会的关系问题，补充其"多元交互主义"的知识论，尤其对理论知识的性质作了非常精辟的阐述。

张东荪写完《知识与文化》和《思想与社会》后，基本上从理论上建立了一套"多元交互主义"知识论。但他总想继承前两书所讨论的问题，从另一个方面作进一步发挥，于是便写作《理性与民主》。张东荪一改前两书纯学术的立场，主旨在于通过比较中西文化以探索中国的出路。他特别强调，西方民主主义是一种文化，而这种文化主要由进步、人格、理性、自由等几个核心概念构成；通过对这几个概念进行比较和分析，他论证了中国如何建立和移植民主主义文化的问题。所以张东荪将该书的副题定为：民主主义的人生观基础。这样，1937年以后，张东荪受西方知识社会学的影响，开始从知识社会学角度讨论知识与文化问题，建构了一套以"多元交互主义"知识论为基础和核心，包括文化哲学、政治哲学和社会哲学在内的独特的思想体系。这主要体现在《知识与文化》、《思想与社会》及后来撰著的《民主主义与社会主义》和《理性与民主》等著作中。

文化主义知识论，包括两方面的内容：一是关于知识的性质，二是关于文化的制限。由知识讲到文化，说明文化是由知识产生的，建立了知识论的理论基础；再从文化讲到知识，说明文化对知识具有制限作用。这是张东荪建构"文化主义知识论"的基本思路。这样的新知识论，与以往的知识论相比有其独特之处。

首先，新知识论讨论知识问题，虽仍按照"多元认识论"的思路，从分析构成认识的几个要素入手进行，如外界相关者、感觉、概念作用和范畴等，但在观点上有很大区别。在多元认识论中，张东荪基本上接受康德的先验知性说，认为内界有立法、时空、主客、设准、范畴等内界先验格式，而外在架构（条理）则是外在的格式，这几个因素互相独立，同时共同作用，形成了知识，即知识是由外界条理、感觉、范畴、设准等合并的产物。而在新知识论中，张东荪也分析了外界条理、感觉和概念作用，但在知识的构成问题上，其立论的角度和分析的重点显然不同。他将知识视为一连串行动的结果，是由外界到感觉，由感觉到知觉，由知觉到概念逐级综合的产物。他在对外界、感觉的见解上没有改变，但对于知识形成的方式，其观点却改变了。他承认知识是一个历程，这是"多元认识论"中所没有的；他承认知识是外在相关者、感觉、知觉和概念四者交互作用的结果，与多元认识论中视知识为条理、感觉、范畴及格式和并的产物，在思路上是一致的，但对于多元的"元"的构成不同了；他放弃了康德先验知识论，而从知识进化的历程上论述知识的要素间的相互作用，不再视范畴为先验的，这是多元认识论所没有的。他将知识内部的几个因素的交互作用，视为第一次交互作用，而将文化要素对知识的影响视为第二次交互影响，将文化要素间的互相影响视为第三次交互作用，这更是多元认识论所没有的。

其次，在新知识论中，张东荪不仅讨论了个体之知的性质，认为知识的性质是简单化和固定化的产物，而且揭示了个体之知如何转变为社会之知的问题，说明了知识发展到概念阶段后，知识即是文化，知识即是价值，从而将知识论与文化论打成一片，一方面揭示了知识的性质，说明了知识本质上就是文化，就是社会，就代表生命，就体现着价值；另一方面说明了文化的知识基础，揭示社会文化对知识形成的影响和文化对知识的制限问题。这样，知识论讨论的重点，已经不是孤立地讲个体之知如何形成的问题，而是既成的社会之知（即社会文化）如何制限个体之知的问题；更进一步说，是人们的知识和思想，如何受社会文化影响的问题。这样，知识论问题的讨论，便已经不局限在哲学认识论的范围了，而是扩展到社会文化和社会思想的广阔领域了；"文化主义知识论"也突破了以往知识论的小圈子，变成了一种社会知识学。

再次，新知识论讨论的不仅仅是个人知识，即"个体之知"，而且是"社会之知"。张东荪发现作为认知主体的人，并不是孤立的，而是具有社会性的，即人都具有一定的社会性，都是生活在一定社会文化中的人，他们在认识过程中，都要受到其所处的社会文化直接或间接的影响和制约。世界上并不存在先天性的、带有完全先验性特征的人，即根本就没有"孤独的心"存在。所以，康德所讨论的先验性的知识论，是以假定有一种抽象的"人"的存在为前提的，是在假定这样的前提下而讨论人的认识主体先验性的因素对知识的限制作用的。而实际上，人类的知识，更多的是受人在进行认识时"已经存在的"社会文化的影响和制约，这种社会文化的"先验性"因素，如言语、逻辑、范畴、哲学思想和社会组织等等，比一个抽象的、生理上的人所具有的"先验性"因素，如认知的时空观念、主客关系、范畴和逻辑等，影响更为巨大，更为深远。况且，人类在认识时所运用的范畴、逻辑等等所谓"先验性"的东西，根本上就不是先验的，而是社会文化的产物。这样，张东荪的新知识论，实际根本就没有先验性的因素，只有认识主体在认知时已经拥有的文化因素和认知态度等等而已。

复次，新知识论实际上讲了两个方面的内容。一方面就知识范围内讲，主要说明知识形成的历程和性质，这主要是通过对外在者、感觉、知觉和概念作用的分析实现的。知识是这四种因素交互作用的产物。在这里，他又引入了外在者、所与和造成者三个概念来说明。外在者是所与而感觉是造成者，感觉是所与而知觉是造成者，知觉是所与而概念是造成者。作为造成者的知识，在知识自身的范围内，是在所与的刺激下形成的，体现着所与和造成者的关系。知识发展到概念阶段，便由于知识的堆积和思想的"交通"成为文化，代表生命，体现价值，构成社会。这样，知识与文化在这样的层面上打通了，文化便反过来影响知识。另一方面，就知识与文化的关系讲，主要说明知识的文化制限，即认识主体所受到的文化要素和社会环境的影响，这便体现在作为文化要素的言语、逻辑、范畴、哲学及社会思想等对于知识构成上的影响。人类的认知活动，从知识的内部讲，固然是所与与造成者的关系，但就横向的影响上讲则是知识外的文化和社会的"影响"的结果。所以，张东荪认为，在解释知识时，必须加上"影响"，要考察知识外的社会文化因素和环境对于认知的影响。按张东荪的解释，作为造成者的知识，一方面固然是所与和造成者的关系，另一方面也是影响与造成者的关系。从纵向上是所与作用形成知识，从横向上却是影响作用形成知识。总起来看，知识乃是纵向的所与和横向的影响"和合"作用的结果。从纵向的"所与"讲，是外在相关者、感觉、知觉和概念作用交互作用形成知识；从横向的"影响"讲，就是文化因素和文化境况对认知的制限，即是言语、逻辑和范畴等因素交互影响的结果。讨论知识论，必须兼顾这样的两个方面，才算完整，才能真正探得知识构成的秘密，才能真正理解知识的性质，才能合理解释知识形成的复杂问题。

最后，新知识论阐述了知识怎样发展为文化的问题，说明了知识的逐级演化历程，借以说明了文化的知识学基础；接着又从文化讲到知识，分析文化对知识的制限和影响，说明知识的外在影响问题。但作为思想文化的知识，虽受到社会文化的制限，却并非不对社会文化产生影响和制限。这样，张东荪在讨论了知识的文化制限后，又专门讨论了作为知识的思想对于社会文化的影响问题。这样，他讨论的重心，已经不再是知识论问题，而是社会学问题，即知识社会学问题了。这样，他所努力建立的新知识论，便是将知识论、文化哲学与社会哲学熔于一炉的新思想体系。如果说张东荪前期思想的基本结构是从认识论引出宇宙观，再从宇宙观引出人生观，接着提出一套道德观的话，那么张东荪后期思想的基本结构却是：以知识论为理论基础，通过文化对知识的制限作用，将知识论、逻辑学、哲学（形而上学）、道德伦理学及社会思想融为一体，他们之间是并列的函数关系，是互相作用和影响的。如果说前期哲学体系是按照康德建构哲学体系的路向而来的话，那么张东荪后期哲学体系倒与马克思的路向有几分相似。张东荪的思想已经跳出了纯粹哲学的范畴，扩大到社会文化的广阔领域了。

张东荪一生"以哲学兴趣为主，而又不能忘情于政治"，其活动和思想主要集中在政治和哲学领域，故本卷除收录了1911年到1948年间张东荪撰写、发表的有关哲学问题的各种重要文章外，重点收录了张氏同期撰写、发表的有关政治、经济、社会、教育、文化等方面的文章。这些文章对中国前途和出路问题的思考和建议，不仅在当时产生了巨大影响，而且对当代中国的民主政治建设，对中国制度建构及法治建设，仍然具有重要的参考意义和警示作用。本卷以选编张东荪发表的各种文章为主，对其出版的著作不作节录编选。

本卷除收录已经发表的文章之外，还根据张氏保留下来的部分手稿做了必要的校勘订正工作。在整理过程中，根据文库编委会的统一要求，忠实于原著，不对编选文章内容做删改，力争保持每篇文章的完整性。正文中的西文拼写遵原稿，引证的外国人名也一律保留原貌，只是将繁体字改为简体字，将竖排版改为横排版，将文内注释移至页下注。原文中的标点符号和数字排法、用法、通假字，及张东荪本人的习惯用词等，原则上不做改动，只对非常明显的错误作一些技术性的处理。原文没有标点者，编者加上新式标点；原文没有分段者，酌情予以分段；凡缺字或原件难以辨认者，用□标出。对于原文中的明显的文字错误，仅仅根据手稿对其加以订正并注明。所收文章一律注明原始发表出处与发表日期。所收论著，以时间为序，一般都以初刊时间为准，手稿则以写作时间为准。著述和刊载时间不明者，原署年月而日期未详之作，均置于同月著述之末；仅署年份而邃难考定月份、日期之作，均置于同年著述之末。注释以及标题下的公历年月日均用阿拉伯数字，以免与阴历年月日混淆。本卷编选过程中，得到了李明霞、王瑞芳、李彬彬、刘春强、鲁益国、赵玉欣、董丁瑜、张宛月、郭靖等人的帮助，在此说明并致谢。

论现今国民道德堕落之原因及其救治法
（1911 年 5 月）

一

　　比年以来，家国多故，外患频加。虽有慷慨之士，大声疾呼，欲有以披瞽骇聋，警醒于万一，不意昏昏沉沉者，而仍如故也。且丧心病狂，较甚于前。说者谓人心已死，无可挽回。虽然，垂天之鹏，产于一卵之微；蔽日之木，生于一子之细，盖事必有因，而后有果；理必有常，而后有奇。是则今之所谓人心散漫、道德堕落者，正非突然而来也。其原因固何在耶？第考之数千年历史，旁证以稗官杂记，以及耆旧宿士之谈，吾国德教之隆，实乏拟伦，岂泰西新进之国，所可比肩？则吾民非生而即劣，可不辩而知矣。是故益知如今日者，盖深有由也。乃者有识之士，鉴时局之频危，顾中原之多难，创论建议，思以救亡，然而设计愈多，失败愈夥。昔之怒骂政府，今则转为呵责人民；向之希望人民者，今则对人民而悲涕矣。嗟乎！人民之弱日益见，亡国之兆日益深，欲从而兴之，其谁是赖？然则道德问题，宁非今日中之最重要者哉？

　　道德者非他，习惯而已，风俗而已。应境而迁，因时以易，非亘古不变者也。方其变化，或进或退，无不视境遇之影响。故热带之民惰，沿海之民勤。丰富之国，其民逸。瘠瘦之区，其民劳。交通烦扩，则文化始昌，知识发达。荒僻孤立，则生活必低，礼仪不周。专制之国，人民多恐惧忌避之心，伪诈卑贱之行；战败之邦，人民多利己苟安之想，无勇敢自尊之气。盖其所由来者，已非一日矣。然究其所以然者，不外三端：曰模仿，曰淘汰，曰遗传。今且以次论之。

　　模仿者，社会组成之最大要素。良以一切行为，皆由之而广播。一事一物之流行，乃其所致。如近日妇女，皆蓄发于额，当其时，不过好奇者偶一为之，遂有人从而模拟。于是更有效其所效，层层相因，人然亦然，固未尝有好恶是非利害之判断于其间也。又如报章往往载有奸淫窃盗之事，其意固在警众，而是诸恶事反因之日甚。盖以其记述事实，无异于教授方术，阅者模仿而行，其传播之力，实可惊矣。此所以各国警察对于报章，深加注意者也。

淘汰者，言去其不适，而留其适者。适与不适，非善与不善之谓也。适者固未必皆善，善者更未必皆适；不适者未尝不善，不善者未尝不适。盖以生物学言之，适者谓合于外境；以社会学言之，适者谓适于此群，即言于此社会之中，得为最宜。今则取后者之义。是故不适者，非必驱之至死，不过于此社会之中，不便生存，不得不顺次变化，用以应之。其不能变者，始渐底于亡；其最宜者，又得传其性于子孙。于是社会之间，全易一形状矣。

遗传之说，诸诠不一。有谓后天所赢得者，不传于子孙。然以常识赅之，实不尽然。父母世代读书，则生子必聪睿；其亲多恶习，则子息必不肖。证之实事，历历不爽。若舜之于瞽叟，特非其常规，然世上得有几人能若此者？固不足破此说也。挽近意大利硕学伦伯罗索，以验人之额骨，定其犯罪。盖罪人之额骨，大异于常人，而此异形，实以遗传而成。数世以迁，遂于人类中另标一种。遗传之力，不亦大哉？

我国民道德之堕落，其由来固非一日，而特著于挽近数十年间。总括其因，为数有六：（1）人种倾轧；（2）政治不良；（3）经济困穷；（4）教育荒谬；（5）宗教纷杂；（6）鸦片流毒，是也。虽然，各民族有各民族之精神，有其固有之道德，固不必取法欧美，而始为开化。吾国有六千年之历史，其文明之著，世界莫匹，此亦毋待断断者也。

二

异族竞争，自原始以来，即有其事。盖种族之分，实以人为而著。历时既久，赋性亦深，于是永为一种，不相混和。故学者用"人种"一语，乃指历史上之人种，非自然人种也。诚以种源为一为众，尚难遽判。设其为众，然今日所存，毋虑数千；则必无数千之种，各各独立，同时自生者，明矣。是故种族之由来，实借四围之境遇以成，为无可疑矣。

我国自汉以降，屡与外族交触，文明为其所破坏者，历史之上，列列可证。其当时，蛮卑之风，固未尝传于今日，然久创之余，民力必弱，恶风乘隙而入，亦势之所不能免也。盖其能致此者有二：一曰战争；二曰杂居。战败之后，民之秀者必皆就戮，而虚弱无力无耻不义之徒，乃得其位，以为万众之模范，罕有不为其所化。杂居则交涉必多，而权利不等，小人作福作威，使全国之民只知利禄、畏权势，不知爱国公义。证之于史，其故可以明矣。异种交接，必少道德之念，此人类之通性。考之东西历史，莫不皆然。此所以有识之士惊心动魄，急急于保国保种之道，而不能自已也。

虽然，习俗之传染，非血族之混和。如罗马之卡尔人种，埃及之希比来人种，其言语风俗美术文明虽传于后世，而血脉永无遗留。其他证例殊多。吾国五胡、辽、金、元等，以次淘汰；即如今日蒙古、新疆，亦鸿沟判然，不相混合。本朝入关，满汉尚未通婚，然其习俗则未尝不传播于吾民，其为例更浅而易见者也。

近者外交失败，鸦片之役、安南之战、甲午之败、拳匪之乱，其影响及于民生，穷巷之士皆能道之。盖以战败之余，民心必变。犹太人种，经数次战争，外族侵毁，民气瓦解，不复成国。印度于十八世纪战乱相继，民德大衰。意大利亦以战争之故，文艺纷失，其民至今不振。凡诸事实，证之历史，不遑枚举。战败之国，工商农诸业，必大退步。生计困乏，则道德破坏。国失其名誉，民失其自尊之心；国失其主权，民失其自由之行。于是虚伪诈媚，卑贱苟且，种种不德，因之以生。加之租界一开，风俗顿易，恶事恶人，皆集其处。所以然者，一以治权不一，次以习俗不同。治权不一，则恶人不得其罚。法者，所以惩一而儆百。今则使恶人逍遥法外，率天下之人，皆欲师而效之。盖人之习恶，如水之就下。非深有根底，固不足与言善恶之辨也。习俗不同，则道德之标准互异，处于其间，无所范围。是故自开埠以还，民之染西俗者，指不胜屈。衔雪茄，食番莱，乘马车，皆为日常所见。而吾民为之，费时失业，放荡淫逸，无所不至。而其于西俗，亦未尝一一效之，不过择其自便自利者而已。是则西洋文明之输入，吾人未受其益，而已先受其害矣。往往异类文明相接，其互相融化之初，必始自不良之点。英人自得印度，恶习首先传入。日本自欧化以来，风俗亦渐堕落，实有必然之理也。且各国之移民，皆不良之辈。非仅惟是，其民居于外地，必放浪不羁，不遵法纪，其生活为不规束。久而久之，别成风俗，较诸国内，不啻天壤。吾人从而习之，鲜有佳者。是以租界实道德堕落之源，而恶事恶习之贩卖所也。

西洋物质文明，高于我国数倍。故当西货入口，无不争购，人心之趋赴，实有不可制止之势。不数年，吾民生计大易形状：向之朴素者，今变为浮华；昔之俭省者，今易为奢侈。西人资生之具本繁，吾民传染斯风，于是生计日难，消费日广，出不敷入，生少于食；消费日广，则谋生之术日拙，生计日难；而消费之道愈多，失业无职者，必渐以增加。观乎今日诸埠之民生，即可知矣。种种不品之行，皆发源于此。其详容后论之。

三

政体与国民之道德，有至大之关系。我国之初，本非专制，自秦而创，至汉而成。自此以往，淫威日甚，压制日重，于是民生困苦。恐惧伪诈，谄媚自私，卑贱苟且，无耻不仁，凡诸不德，养成根性。且国家所定之法，皆为防弊。弊愈多，则法愈紊；法愈紊，则梗阻愈多，牵制愈烦，使全国之民无复活气，奄奄若病。立法之不良，必至亡国，各国历史，实其龟鉴。其影响于道德，岂浅鲜哉！其最易见者，莫若取士之法。自明以来，创为八股，害民之深，人皆知之。实官可捐，尤为可异之事。于是为富不仁之人，皆得上位。近者官数剧增，不耕而食，不织而衣，于社会中别成阶级。妄为无耻，利己蔑公，重利忘义，卑鄙龃龉，道德堕落，皆源于此。然官者，所以治人；治人者，人之标准。标准如斯，其他可想。明之末叶，贿赂公行，遂致亡国，可以鉴矣。

虐待商人，为我国之陈法。直视其财之来，为不义不公，多方诈取。然于农民，亦未尝实施保护，任恶绅之强横，差役之暴虐，设官以阻其发达。虽有荒田，无人敢垦。使田野小民，见官如虎，见吏如爷。每遇饥馑，民之流为匪徒者，不可胜计。匪徒日多，则良民日少。上有官吏之横暴，下有匪徒之欺忤，于是尽驱良民而入于匪。近来沿江一带，盐枭之多，实可惊奇。其于掠虏之外，平日惟事赌博，导民于恶，莫此为甚。咸习其所习，以其行为模范。嗟乎！其虽非即匪，然亦去匪不远矣！

道德之堕落，靡不基于生计困难；生计困难，实由于政治不良。即以财政一端而言，滥造铜元，其害固已尽人知之矣。近者铜元停铸，然币制不统一，诸弊纷生，奸商又从中获利，小民更不复聊生。其他如厘捐，遍地皆是，阻止交通，剥削小民。即以苏州至木镇为例，相距不过三十里，而其间厘局已不下三四处，其病民害商，可胜道哉？不仅惟是，且近又增加种种杂捐，其名数十以上，吸收民膏。于是使民贫苦而无以为生，为盗为娼，苟全性命，则无所惜矣。

四

经济困难，实亡国之要因，证之历史，比比皆然。即以我国而言，每当一朝鼎革，必为经济贫乏所产。明末之际，野史所书，人民生计之苦，实不啻今日。而其卑鄙龃龉之状，亦历历如见。盖经济不振，则民无活气；民无活气，则万事不举。外患日迫，鲜有不一败涂地者也。比年以来，经济艰难，民生困苦，殆达极点。究其原因，不外数端：曰制度不良；曰赔款；曰外货夥入；曰失职者多；曰转业而不专。

生计困难，乃社会制度之障碍，障碍生于停滞。盖社会制度，非一定而不可变。古之井田，必不适于今日，其变化固因于经济之状态，然经济状态，亦未尝不视制度之如何而定。往往经济为制度所限制，而不得发达，正此故也。时代变迁，而制度不能随之，于是因障碍而生诸不振之现象。我国自秦变法以来，虽见统一，然封建之风，仍未全消。数千年各地不相交通，观乎今日之各省相排挤，可知其一般矣。各地生产，仅足供各地自食自用，经济学家谓之地方自足经济时代，鸡犬之声相闻，老死不相往来者是也。以素不交通，故缺少信义之行，同情之感，只知乡里，不知国家。各省有各省之利害、信仰、感情、思想，而不相共同。故十八行省，不啻十八国。希腊人虽有数多领土，即以利害、情绪、思想、精神不相共同，不能合为一国，仍然各市独立，卒致干戈纷起，以底于亡。今者海禁已开，时局大易，此种道德，此种经济，皆不适于时。是故经济愈见困穷，道德亦更因之而不振，良有以也。

外货入口，其影响之大，人尽知之。外货自较内国所产为精美华丽，故土货因之淘汰，失业者之频加，皆以此故。例如织布，自洋布输入以来，渐形淘汰，至今已几于无有，诚以劳力大而不得其偿，是以无人为之。且西货畅销，人民养成奢侈之风，奢侈则贫穷必随其后。道德堕落，莫不基此。盖奢侈能易人性质，所谓愈奢侈，愈不能事生业，愈不能事生业，而愈奢侈，必至穷困至死而后已也。管子曰："衣食足，然后知礼义。"近时道德堕落，实生计困穷所有以致之耳。

失业者之增加，近三四年间为尤著。我国素无统计，固无从知其确数，然不难以想像推知也。现今教育系统之腐败，乃有以司之。往往报章载有卒业生不得衣食而自杀者。盖全国学校所卒业之人，除得为教员外，不过空有官衔，毫无实职。其他工商之家，因奢侈而失其所业，正复不少。田野小民，亦以生不符食，纷纷转业，或为车夫，或为苦力。转业固不足为社会害，然废田而不耕，弃地而不耘，则于经济上受莫大之损伤矣。要之，失业者多，则社会组织上大生障碍。国之贫穷，即源于此。盖经济不振，故失业者多；失业者多，故道德堕落。诚以失业之人，其先以经济之故，不守道德，以致失职；既失职之后，更放荡不羁。此乃人性之必然，深足为人类悲也。自西货入口，本国所有职业之数，大行减少。虽有新职业之出，然不过倚仗西人，而非独立经营。盖以西人所恃者资本，而我国至今未脱农业时代之遗风，故尚不足语此。西人以资本经营我国，尽驱吾民为苦力，则亡国之惨，胜干戈万万。苟生计不舒，而能创言举义，吾知必无其事。是以欲国之强，必先图民之富。迂腐之儒，趣欲以大义责天下人，而不计事理之颠末，讵可行耶？

五

现今教育系统之不完备，制度之不良，稍有知识者，皆能道之。盖教育之为事，貌似易而实乃至艰。苟不计社会之状态，而所教育之人皆不能应社会之要求，则社会必日渐衰微。教育之为害，实有不可言喻者也。今者学校遍立，而其出身者之生计，则不为之预计。国民教育即加以实奖，使中小学校卒业者皆得为官，故官乃大增，则社会之贫穷益甚。尤奇者，德育于学校中素不注重，任儿童受恶社会之熏染，家庭之恶习。且聚恶儿童于一室，良家子弟皆为其诱导。往往见儿童一入学校，即染得种种之不品，则学校实不啻恶德之养成所。而其所课亦干燥无味，不足养成国民之常识。专授以知识之误谬，西人已早言之。我国风俗未醇，社会组织不良，德育之重要，固毋烦数语而解。道德堕落，实教育之罪，学部有以司之，其祸不知将伊于胡底。言之伤心不已也。

道德之起源，与宗教有极大之关系。道德固为习俗，然实以宗教而著。故国民之宗教，即其国民之道德。二者之别，不过以观察者之方面不同，命名各异，然其物则一而已。诚以二者皆产于国民之根性，不可强为变更。故日耳曼人之道德，乃耶稣教之道德；印度人之道德，乃婆罗门之道德；我国所谓仁义，即孔教之道德。孔教之道德，产于吾民之根性，数千年未尝有改易。至六朝佛教大兴，中国佛教之道德，与孔教之道德相冲突。士大夫皆流于放诞轻狂，如《世说》所记，读之令人浩叹不已，然亦可见当时之情境矣。比及近世耶教传来，闹教之风潮，时有所闻。盖耶教之道德，与我国素有者大异。如不祭祖先一端，已招种种恶感，一切争端，无不兆之于此。是以宗教之纷争，社会必渐见堕落。其理则有识之士所当深心研究者也。

自鸦片输入以来，至今嗜之者，全人口十分之三四。其足使人偷安虚弱，不能事生业，固无待言。而诸种罪恶，莫不以之为媒（每烟馆之设，即鬼域之所在，一切恶事即发生于其处，其黑暗非言语所能形容其万一也）。倾家荡产，其害岂胜道哉！且吸烟者所产之子，多夭折而不寿，虚弱而多病，于人种上大蒙损害。此实列列可证者也。

六

综观以上诸因，则今日道德堕落之由来，可以知矣。而其救治之法，亦不外从其根本原因著手。人种之倾轧，非人力所能禁止。苟能自强，则外族之侵略毫无足患。自强之道，端在政治。是以政治不善，则外族侵略，生计困穷，教育不良，于是道德乃因之堕落。世之人有废然自反者，以为革政不足以救亡，非改正人心不可。呜呼，谬矣！夫人心之堕落，其由来者，政治有以司之，生计有以司之，教育有以司之，岂突然而成者耶？是故改革人心，必自政治、经济、教育始。而三者之中，尤推政治为先。革政之事至艰，非一二书生放言高论所能成事。必有过人之力，超人之识，刚毅忠正，慎言笃行者，其使民也有方，其化民也以理，于是天下之人，皆从而为其所使，固不必一一执人心而正之，否则抑亦迂矣。

虽然，欲革政，则经济与教育不可不预计之也。先有方针，然后可实行。今之言改革者，皆无一定之主意。或东或西，人云亦云，宜其唇焦舌疲，而毫无就绪也。我国经济状态与欧洲大异，故虽欲振兴工业而不能。浅识之士，辄以工艺不如人为忧，创立工厂，事倍而功半，罔有不亏累者矣。是以为今之计，宜先革农政，农政既整，则收入必大为增加，国民无贫困之虞。其法不外厘订田赋，减轻农家之负担；更正田主与佃夫之权利，使劣绅不能把持，小民得自由业务。奖励开垦，使所有废地皆化为生产。改良耕耘之法，则田不受害而获乃益多。其详当别著于篇，盖以其理甚深，非一二语所能尽也。其次则裁厘，以免害商，以便交通。设税关以制限外货之骤入，于是国民经济不患不舒矣。至于教育，则宜守我国固有之道。近世教育家分教育之种类为二：曰软教育，曰硬教育。我国旧教育本主干涉，以养成独立不挠之人格，即所谓硬教育是也。近者风俗侈靡，社会腐败，非以硬教育不足造就矫矫不群之风，以挽狂澜于既倒。否则，仅授知识，知识愈深，堕落愈甚；社会之吸力大，不相与抗，鲜不沉沦于底。苟自幼稚园即重视德育，养成善良之性，高尚之习，则天下何患无英才之出耶！

嗟乎，今之国民道德如此，政治如此，经济、教育又如此，吾欲托空言以济世，得毋迂乎？然而自奋其力，不挠不屈，人人如此，则后之结果，正未可知。固不待概世之雄之出，而天下已将期于治。吾愿普天下之人，咸矢斯志。其庶几乎？其庶几乎？丁尼孙之诗曰：

> 念吾子之沉迷兮，
> 正长夜其将来；
> 弗以吾言为谑兮，
> 岂尽谬而不然。

（载《东方杂志》第 8 卷第 4 号，1911 年 5 月）

余之孔教观
（1913 年 7 月 1 日）

顷者沪上陈焕章博士，发起孔教会，一则欲以宗教挽回人心，二则欲以保存东方固有之文明，其用意诚美备矣。惟孔教会成立已三月有余，杂志发刊已及四期，独于所谓宗教挽回人心，及保存固有文明者，未尝为根本上之解决。苏不敏，敢贡区区，以求教于博士之前，且与海内明哲，共商榷也。

今以论述之便，分吾之观察点为二：甲、自宗教上观察；乙、自哲学上观察。

自宗教上观察孔教，凡有问题三：一、孔教果为宗教与否；二、宗教果有挽回人心之可能与否；三、中国果宜有国教与否。

自哲学上观察，复有问题三：一、孔教哲学之特质如何；二、孔教哲学及于中国文明之影响如何；三、孔教哲学与西洋哲学之比较如何。

兹请以次论之。惜余不文，或未能尽达吾意耳，此则引为憾者也。

甲、自宗教上观察。

孔教果为宗教与否，其难解之处，不在孔教，而在宗教之定义。此盖古今至绞脑之问题，非数言可解决者也。宗教之定义，各人不同。乾毋斯教授，喻之以政治。政治离主权人民警察军队议会法律等属性之外，别无明了之定义。宗教现象，又何独不然耶。[1] 司密斯谓各学者之定义所以不同者，正以各人之信仰与不信仰之形式不同故耳。[2] 是故宗教二字虽脍炙人口，然苟一旦求其精确之定义，则虽积学之士，亦有所难也，矧常人哉。

---

[1]　James, *The Varieties of Religious Experience*, p. 26.

[2]　Smith, *Religion in the Making*, p. 25.

今暂为参考之资，略举其一二。

康德，谓宗教为认识义务为神之命令。

泰洛，谓宗教为对于精神上灵物之信仰。[①]

斯宾塞，谓宗教为先天的宇宙观。

赫胥黎，谓宗教为道德理想之崇仰，而欲此理想之实行者。

卞德，谓宗教为人类对于宇宙表示其终极之态度。[②]

缪勒，谓宗教为从服自身以外之物之感情。[③]

明斯，谓宗教为高力之崇拜。[④]

海甫庭，谓宗教为感情欲求恐惧希望等直觉与想像之精神状态。[⑤]

乾姆斯，谓宗教为独立之个人之感情行为经验，且以此使其自身与所谓神者有关系者也。[⑥]

统观以上各说，或偏于仪式方面，或偏于玄理方面，或偏于心理方面，或偏于道德方面。正如司密斯所谓各以其信仰与否之自家心理，以为悬拟也，则毫无可统一之道，不待言矣。惟吾人于此诸说之中，虽未得宗教之真正定义，然借此可得其必要之性质焉。性质之数有四，今试举之。

一、神。神者不仅指所谓 God，且即 supernatural being（超自然物），sublimial thing（玄妙物），something from without（身以外之物），higher power（高权力即高于人类之权力者之意），无不在包括之中。自心理学上言之，此不过一精神现象而已。[⑦]

二、信仰。

三、道德及风习。风习即 Custom 也。

四、文化。明斯谓宗教与文明，尝合而为一。[⑧] 盖二者混合不可分，乃历史上与吾人之知识，无可反对者也。

准此以论孔教，则虽不能一一皆相符合，然于其第一条所谓神者，

① Taylor 者，研究太古文明大家也。其所谓灵物，盖指古代崇拜动物之类，此定义殊狭。

② Caird 为研究康德哲学之大家，其定义乃从黑智儿演绎而出，见所著 *An Introduction to the Philosophy of Religion*，pp. 2–13。

③ Max Müller，*Introduction to the Science of Religion*，pp. 13–15.

④ Menzies，*History of Religion*，p. Ⅱ.

⑤ Höffding，*The Philosophy of Religion*，p. 1.

⑥ James，*The Varieties of Religious Experience*，p. 31.

⑦ 最近 F. H. Johnson 所著 *God in Evolution: A Pragmatic Story of Theology* 其中详述此观念之起源及发展，盖良书也。

⑧ Menzies，*History of Religion*，p. 13.

则有孔子所称之天及天道以配之。孔子尝以天道诒人，正如他种宗教，以神上帝等警谕其信徒也。于其第二条所谓信仰者，虽未如他种宗教之甚，然自孟子以降，均极力排除异端。异端之入，必减轻其对于孔子之信仰，足见孔教未尝不尚信仰也。于其第三条所谓道德者，则孔子毕生所述，皆道德之教训，其言实为数千年中国立国道德之大原。任公先生于本报曾详述之。所谓报施等思想，以孔子思想足以代表之也。于其第四条所谓文化者，更不待言。中国数千年文化，何一而非孔教之文化耶。此最易识别者也。由是观之，不仅孔教可为宗教，且其为宗教也，复于中国有莫大之关系，容于后节详论之。

近日主张孔教非宗教者，大半拾西人之吐余。西人不仅言孔子非宗教，且有言佛教为不完全者。推其故，盖西人以耶教之形式内容，求之于孔佛，宜其不相贯通也。[①]

复次，宗教果有挽回人心之可能与否。其问题之解释，在宗教哲学及伦理学。吾闻之翁特曰：若吾人追溯既往，则必见宗教与道德相混合。将愈古愈甚，然而不得谓道德起源于宗教，犹之不得谓宗教起源于道德也。[②] 海甫庭亦谓宗教为道德之基础。惟海氏历述宗教之进化，由自然宗教，而变为伦理宗教。由低等理想之神，而变为高尚理想之神，皆伦理上要求之结果，实则宗教视道德为转移也。[③] 于此则可知宗教与道德，有密切之关系。自历史上观之，盖有种种之时代。大抵时代愈古，其混合愈甚，迨至近世，则道德与宗教已绝，有分离之势矣。

惟中国文化之程度，不可与泰西同日而语。在泰西今日，则宗教自宗教，道德自道德。欲以宗教振兴道德，殊属艰难之业。盖道德之关于宗教也尚浅，而关于他种如生计教育政治等，更较深焉。惟吾国则不然，以所处之时代不同，其道德之与宗教有关乃较泰西为甚。故不可一例论也。吾非谓欲挽回中国今日人心，屏教育生计政治不顾，实言于此数者之外，宗教亦为有力之原因。振刷宗教，以之唤醒道德堕落，亦一极重要之方法耳，乌可忽哉？正以今日中国尚未达到泰西今日之文明程度，时代阶级有所不同，故中国除宗教以外，别无道德，非若泰西二者

---

① Menzies 一派即主张佛教不完全，不得谓为宗教，复主张耶教为世界的宗教。盖其心目中只有耶教，然原始耶教又何尝如今日者？则非彼所知也甚矣，学术之不易言也。

② Wundt, *Ethics*, vol. I, p. 125. 翁特曾分宗教之定义为三类，曰独立定义，曰形而上学的定义，曰伦理上定义。其三盖即汲康德之流也。此分类殊有价值，颇足说明教宗二字。

③ Höffding, *The Philosophy of Religion*, pp. 322-331.

分立反足以促道德之进化也。一孔之儒，不知历史，乃仅思效法欧人，殆亦徒自苦耳。故李登堡曰：改良其国民，必改良其信之神，其此之谓欤。①

复次，中国果宜有国教与否。此问题不待解释者也，盖此乃事实。以吾之见，中国数千年文明之结晶，即为孔教，则孔教即为中国之国教矣。世人对于国教，殊多误解。第一，须知国教非可以强定者也。古代专制之国，其君主具莫大之权力，可以强制人民。政治以力服人，宗教以德服人。政教不分之专制国，可以政治之力，扶植宗教；若夫共和国，政教既分，则断无强制人民服从宗教之理。而人民固有之服从，亦不能屏弃而禁绝之。此所以专制政教不分之国，其国教之性质，大异于共和政教既分之国中所谓国教者也。第二须知信教自由，非国民之权利，不过一种消极状态。此消极状态无关于国教。诚以国教非以政治之力而定，乃本于国民自觉心而定耳。是故国教者，社会上之事业，非政治上之事业。往往一语及国教，辄连想专制。此误解之尤，不可不辨也。

由是**观之**，自宗教方面观察孔教，知孔教确为宗教。以孔教复足以挽回今日人心之堕落，且孔教所诠乃中国独有之文明，数千年之结晶，已自然的为国教矣。然而近人谋建议案于国会，欲定孔教为国教，且以祀孔配天，此无足为孔子增光，殆亦画蛇添足之类，无足取也。

乙、自哲学上观察。

今将孔教哲学之特质，及其于中国文明之影响合述之，且与西洋哲学，为之比较焉如下。

一、孔教哲学为二元的（dualistic）也。孔教哲学之精华在《易经》。《易经》所论，无一不根于二元以立论也。虽曰太极生两仪，实则一切自二仪而起。所谓阴阳天地乾坤等，皆二系也。是以自二仪以下，始有论列为可知的（known），而太极则归于不可知的（unknown）之范围，不复思议矣。此孔教哲学之特质一，亦中国民族根本思想之特征之一也。以之与希腊思想比较，则大相迳庭。盖希腊思想，不归于一元论，即归于多元论。印度思想亦然。今日欧人之思想大半为希腊印度之遗，故乾毋斯教授曾致书与吾友，言东西思想必须调合，调合之后，世界必大异于今日，其即以此故欤。

二、孔教哲学为人本主义的（Humanistic）也。人本主义，盖对于

---

① So wie die Völker sich bessern, bessern sich auch ihre Götter-Lichtenberg.

自然主义（Naturalism）而言。后者以自然为本位，前者以人类为本位。所谓万物皆备于我矣，即此义也。以人类为本位者，非否认人类以外之万物，皆不存在，不过吾人之知识所及，仅足供给吾人人类之用而已。最近哲学大家法人白噶孙曰：吾人之知识，自狭义观之，专为吾人保护身体使之适应外境而已。[1] 此近世人本主义之根据。孔子之说，其精确虽远不及此，然孔子之精神，未尝不在此。故小儿问日，孔子不答。此外《论语》一书，多类此之语，足见孔子处处以人类为前提。人类以外非不问，不过不能得正确知识，徒乱人类进步之程序耳。所谓六合之外，论而不议者也。此则与近世西洋哲学倾向相同耳。

三、孔教哲学为实用主义的（Pragmatic）也。实用主义，亦挽近发达之新哲学倾向。其言谓人类之认知，仅以致用为标准，所谓真伪，即有用与无用之判也。乾毋斯曰：真者不过善之形式耳。[2] 此近世实用主义之主张。孔子之说，其精密相去虽数万里，然未尝不微有所启发。孔子之说，所以不能明示实用主义者，正以其混合形而上学、认识论及伦理学而一之也。但《中庸》所述，无一语不足证此。中者，折中之谓；庸者，致用之意。孔子之教，一以有用为宗旨。若夫佛耶之空谈性理，必非孔子所喜者也。此又与近世西洋哲学相同耳。

四、孔教哲学为进化的（Evolutionalistic）也。进化之思想，自生物学上论之者，为斯宾塞；自形而上学论之者，为黑智儿。斯宾塞之说，乃集合近世科学研究之结果而成，非可以孔子附会之。若黑智儿，则纯粹从理性上立论，微有与孔子相同者。《易经》一书即论此进化之道者也。进化之法则，即孔子所谓道。吾人必率此以遵行之，故曰天命之谓性，率性之谓道。道者，进化之法则，人类所必遵行者也。黑智儿谓理性之演化，颇有相类似之处。余最忌附会，因不详之。苟读者取《易经》《中庸》而细读之，当有发明也。

五、孔教哲学为社会本位思想的（Socialistic）也。社会本位思想者，以社会为本位，与个人本位思想，成一反比例焉。此乃中国民族之特性，孔子不过为之代表耳。所谓仁者，从二人，即言二人以上成社会。故孔子之教重在一"仁"字。实则一仁字，固足以包括无余矣。其他如忠恕，忠者待人之谓，恕者信人之谓。要之以人为前提，即以社会

---

[1] Bergson, *Creative Evolution*, p. IX.

[2] James, *Pragmatism*, p. 76.

为本位也。此思想传至日本，日本之国体即基于此而立。是以日人尝谓以儒教立国，良有以也。吾人所见，日人之偏狭爱国心，未尝不影响于此。杀身成仁者，数见不鲜。若夫吾国近者人心堕落，风教陵夷，以伟人而卖国，足见个人思想之发达，实有一日千里之势。国之不亡，又将何待。此所以有人提倡孔教，而荪即踊跃三百者也。

综合以上所论观之，吾人之所得结果有二。

一、对于以孔教挽回今日道德堕落已得积极之肯定对答。但非谓今日道德之救济，仅恃孔教，不过言于生计政治教育之外，而孔教亦为不可轻忽者耳。

二、对于保守固有之文明，亦得积极之肯定对答。盖孔教为中国固有文明之结晶，而此结晶近为西洋恶思想攻破。苟中国国民具自觉之力，必当保存之维持之。所幸者反观西洋，乃大吸收此种思想。将来苟中国人不知自保，则西洋人必代而发明之。东西思想相融合，世界又必放一异彩矣。

以上从简单之言，自知多纲而少目，颇有不惬意之处。惟以多忙如余者，则唯有以详论期之于异日耳，读者谅之。

（载《庸言》第 1 卷第 15 号，1913 年 7 月 1 日）

法治国论
(1913 年 11 月 16 日)

一

Legum ministri magistratus, legum interpretes judices legum
denique idcirco omnes servi sumus, ut liberi esse possimus.

—Cicero

中国之当为法治国，已为全国上下所共认。曾忆正式大总统就职之宣言曰：

西儒恒言立宪国重法律，共和国重道德。顾道德为体，法律为用。今将使吾民一跃而为共和国民，不得不借法律以辅道德之用。共和定义，曰采大众意思，制定完全法律，而大众严守之。若法律外之自由，则共耻之。此种守法习惯，必积久养成，而后为法治国。吾民性最驯，惟薄于守法习惯。余望国民共守本国法律，习之既久，则道德自高。

大总统期望法治之殷，既已情见乎辞矣。顾今之揣摩心理者，曰开国之初，可无需于法律。恶是何言也？吾闻之卢梭之言曰：有法律者为共和，无法律者为专制。今中国非共和国乎？乌得而无法律？是言也，非但全国民所深恶而痛绝，即我大总统亦必不之许容也。虽然，守法习惯，积久养成而后为法治国。诚如大总统之言，特法治国者，不仅恃人民之守法，尤必国家各机关之行动，一一皆以法律规定为准绳，然后法治国庶几可得而成也。易辞言之，仅有人民守法于下，而政府违法于上，则法治国终无由以成立。且此种为专制国顺民之现象，不可以法治国相比拟。故吾人苟欲进中国为法治国，不当仅求人民之守法，亦应求政府之守法。夫政府能守法于上，而后人民始可守法于下。吾故于大总统之言，无间然矣。今者姑不论人民与政府之现象若何，而吾人之先决问题，所谓中国宜为法治国与否者，固已解决无遗。不仅为全国人心理之所同，抑亦理之必至，势之所不可逃也。惟为普及常识计，不惮更申述之如下。

一、法治国与立宪国，虽有程度之差别，然有宪法之国，即当为法治国。中国之宜有宪法，已为全国上下所共认，则中国之宜为法治国，固已于此中直接表示之矣。且前清末季，人民纷纷请愿，速开国会，速立宪法，今君主国体虽易为民主，而政体之宜改专制而为立宪，则未尝因国体而稍有变更，是则吾民于数年前已定其趋向，固不待多言矣。

二、近世各国，无不经革命而变更政体，由君主专制而变为君主立宪者有之，变为民主立宪者亦有之。则可见立宪者，人类进化之倾向也。人类以理性之向导，群趋而至立宪之一途，中国何可独背于公理耶？今以世界各国综计之，立宪国居十分之九，专制国乃将与此地球告永诀矣。则人类之日趋于法治，可概见也。

三、今之各国，皆尚法治，我处其间，苟不步其后尘，非但对外不足以图存，且对内亦不足自立。以言乎对外，苟法律不改良，则领事裁判权不能收回。若长此不收，则主权之损失，莫此为甚。以言乎对内，苟无法律以分配各机关之权限，则必使政治全恃人治。人而有良心，则此机关不侵及彼机关，尚免争执隔阂之弊。人而无良，则终日惟见争执而已。此强则吞彼，彼强则制此。非但机关交战，足以耗国家之元气，且或有野心之枭雄窥觑其间，以逞其私，则帝制之恢复，必在立谈顷耳，甚矣。民主国之不可一日而不托命于法律也。

吾人已自国民心理与夫理性事势三端，知中国当进为法治国，已毫不容疑。第今日之中国，非仅各种法律不备，抑且宪法尚未产出，政府与人民，均未循乎法律之轨道，其去法治国，不知几千里也。不佞横览政象，怒焉忧之，以为现今实中国生死存亡之关键。苟法治不立，则过此以后国人无复机会以图建树，则必先受内乱之苦，继受亡国之苦，流离颠沛，为印度为波兰而已。其理由，不佞请陈于我忧国诸公之前。

二

Wherein the beast was ever more and more，but man was less and less.

——Tennyson

一、中国苟法治不进，非仅政体日在摇动之中，且即国体亦有变更之虞。夫今日之共和，非吾人流血所购来者乎？纵不能达吾人最初之目的，然国体一度既立，则断不宜仍使之漂摇不定。即使共和国体不善而欲改良，然当此积弱之秋，亦不堪再经巨变。须知国体非可轻易变更。变更则小之国家损失元气，大之顷刻亡国，历史上历历不爽者也。故当此积弱之秋，苟再有变更国体之事，姑不论所变之国体，为良为不良，要之，损害国家元气，以促其速亡则一也。是以今日中国，决不得再有改变国体之举。有之必召瓜分于俄顷，此不佞敢断言者也。惟宪法未定，国体于法律上之保障不备，约法虽存，而上自政府，下至人民，早已视如土芥，又乌可恃为保障耶？则为今之计，惟有速制定宪法，使中国为法治国，夫然后变更国体之祸，或可免也。

二、法治与政体，有直接之关系，今国体虽定为共和矣，而政体实未跻于立宪。此无他，以法治不进故也。苟法治不进，全恃人治，姑不论其人若为枭雄，可得借共和之美名，以实行专制之私图，即使其人宅心无他，且执政以国家为前提，亦人存则政举，人亡则政息，郅治之现象，终属一时，而不久必仍复旧态。盖以人寿有限故也。今者乱党就戮，海内统一，论功当不在禹下，然所惜者，全恃人力，不恃法治耳。此后十年，仍必有乱事，诚以此弭乱，乱必愈炽。所谓物极必反，往往反动力之大小，以发动力为正比例，亦物理上之公理也。且国家社会之所以成立者，不尽恃一种势力，尤必各种势力，相调和相分配，而后国家社会，始得巩固，而免于战乱。宪法者，所以调和各势力使之相安，而不为无法之争者也。故近世各国，无不趋于立宪一途。盖以社会上各种势力，本为互相反对，仅可以法律调和之，使不至决裂，而绝不能以一势力压倒其他，而并吞之，使归于一也。夫专制者，即欲以一势力并吞其他，使归于绝对者也。然于势卒不可能，故专制国多战乱。我国昔者未满五十年，必有一乱，历史所与吾人之教训如此，安可不一悟耶？吾之所以切望于法治者，未尝不以此。然而，今之现象果如何乎？呜呼，吾不忍言矣。

三、法治不隆，非但人民之公权，失其保障，且即人民之私权，亦时有被蹂躏之虞。何以言之？非法治国之行政，全不循乎法律之规则。此种无法的行政，必赖有贤有司，然官吏未必尽为廉节之士，则其作福作威，自不能免。且我国官吏之跋扈，已成习惯，苟无严格之法律以范围之，则必借国家之名，以逞其私。因行政行为，而蹂躏人民之权利者，当不知凡几也。故今者政府偶有评论现行法不良之举，一班旧官僚群起而趋炎附势，弄其鼓簧之舌，以破坏法律，使之绝不稍存而后快，其居心可以逆睹矣。吾谓中国必亡于此辈之手也。

四、至于人民之公权，则惟法治国始可确立。盖公权之为物，由公法而生。苟公法不备，则非特公权不能发生，且即发生亦无所保障。然无公权之人民，必不堪其虐，挺而走险，此所以世界各国之革命，皆为公权而争也。我国自国体改步以来，约法上虽有各种公权之规定，然法律与机关均不备，卒莫由以使之实现。人民之被官吏蹂躏者，仍如故也。是以知专恃一简单之法不为功，必律令周密，使行政全束服于法律之中，然后人民之公权，始无被官吏蹂躏之虞。果吾民欲保障其公权焉，曷速起而急谋法治之进行，不佞惟尸祝之耳！

五、夫法治国者，一方纳人民于法律范围之内，一方复使国家自身入乎一定之法律制限，俾各得一定之规范，恪守以行而不相越。今者人民喜非分之自由，暗杀流行，邪说披猖，盖人类本具狙与虎之性，其恶乃自有生以来，即深宿于性根也。故必以法律齐其外部之行动，以道德正其内部之良心。仅恃良心作用，而无外部之制裁，则鲜有不畔者也。至于国家自身之制限者，以国家不能为恶，而代表国家者，乃足以济其恶。夫代表国家者，自然人也。人本具狙与虎之性，则必借国家之名义，以图遂其私欲。是故枭雄自逞之元首，作威作福之官吏，无国无之，无代无之。盖人性如此，无足责也。故国家必先制法，严定国家自身之权限，以防枭雄恶吏，假借名义以自私。所以必励行法治者，正以此二端耳。今社会上之暗杀日益甚，政府之专擅亦日益甚，现象如此，吾人迫于良心之使命，安能不主张法治国耶！

三

… Who overcomes by force，hath overcome but half his foe.

——Milton

法治国果为何物乎？吾国人殆无此印象。虽有名词，而无定义，此吾国学子之通病也。夫不知法治国之为何物，乌可图存于二十世纪？吾见其为印度波兰之续而已，能不悲哉？欲知法治国之为何物，不可不先知警察国之现象。我今先述警察国以为对照。

一、警察国第一之特征，为国权之无制限。国家以绝对权力，支配一切，固属理之当然。然代表国家之公共团体，则非与国家为同一之物。特警察国则误解此原理，而使公共团体有极大之权，视之等于国家自身。故元首之主张权利，无不借口于国家，而非基于一己之高权，或一己之身分也。其以为代表国家，应有莫大之权，此虽为国家观念之起源，然适足以济枭雄之思逞。吾故对于警察国之现象，唏嘘不止也。

二、警察国第二之特征，为政府对于人民，其权力毫无制限，且无法律为之拘束，一任其所欲为，人民不能有所主张。其制限惟于良心所呵责，或物理所限制之时，始为发现。除此之外，听其欲为，不复顾虑。借国家之名义，以发挥其大权作用焉。一切政务，由元首独裁之。于此政治之下，吾非谓其不必良，然全视乎元首之良心耳。即使其心在国利民福，而仍有人亡政息之虑。故近有以开明专制为提倡者，不佞期期以为不可也。得其人尤恐不足以持久，矧不得其人哉！

三、警察国第三之特征，即为官吏受政府之指挥，全不基于职务上之一般法则，而无论何时何地，必依特别指使及个别命令而为执行。于此现象，官吏等于元首之手足，其执行事务一听元首之训令，毫不关于行政职务。易辞言之，官吏在法治国，应有行政职务，行政职务者，行政机关，各有其相当之职权及义务之谓也。其在警察国则无之，官吏唯听元首个别的指挥，以处理个别事项而已。于此种政制之下，官吏既失其职权之独立，复失其身分之保障，人民亦因之受莫大之影响焉。

四、警察国第四之特征，即为国权之发动，皆以命令之形式见之。故命令充塞宇内，人民惟服从命令，官吏惟执行命令，虽有永久性质者，然决非法律可比也。葛霏斯特曾谓之为官定法律（von den Obrigteiken gesetztes Recht）。于此政象，政府得以恣所欲为矣。要之，警察国虽有民刑诉讼之司法法律，而对于行政官吏，则毫无拘束。易言之，即无公法是也。警察国之特征如此，我国今日之现象，果有相类者乎？海内不乏明哲，当有知之者，固不待不佞赘言矣。

四

It fortifies my soul to know.

That, though I perish, truth is so.

——Clough

吾人今移论点以入法治国矣。法治国之特征，亦有四端如下：

一、法治国之第一特征，即为国家自行制限其国权之发动，且使其发动必由于一定之形式。此制限此形式，即以法律表示之。法律者，为全国国民之总意（Volonté générale）所构成，非单独元首一人之意所可确定也。故国权之代表者，上至元首，下至各各机关，皆须依法而行，即受总意之指挥是也。所以然者，以代表国权之人，必多借端自私，故必制限其非分之行，而与以相当之范围，使于此范围内，仍得活动，且得为国利民福之事也。

二、法治国之第二特征，即为人民之自由，皆以法律为范围。盖人民本有自由，自由本非赢得之权利。然苟以法律规定之，则即为法律所保障。法律所保障者，同时必亦为法律所制限。故人民不得为非法之自由，而于法律范围以内，其自由则不可得而侵犯焉。

三、法治国之第三特征，即为行政全受法律之拘束。盖立法与司法，本无出乎法律范围之事，所难入于法律拘束者，厥惟行政。故法治国之重大要求，即在此，而不在彼。盖非使行政全纳乎法律之中，则法治之精神不能实现。凡法律所定，必遵守之、励行之。国家自身果有利益与否，亦所不计。其实行之力，等于司法上之判决，故名之曰行政司法权（Verwaltungsjurisdiction），或曰司法形式之行政（Juristizförmlichkeit der Verwaltung）。此法治国之根本思想也。

四、法治国之第四特征，即为国权之行动，必以法律形式出之。以故法规多多益善，使国权之动作，尽数包罗于法规之中。立法者依旧法而立新法，司法者执法以息争，行政则范围广矣。虽不能一一纳乎法律之轨内，然必多纳一分，即法治之精神多表示一分。是故法治国之法规，必多多益善，使其行政能多适用法律一分，则法治之目的多达一分也。

以上所述，法治国之要素，虽有四端，然一言以蔽之，曰公法发达而已。今我国公法之不备，固尽人而知之矣。吾言至此，不禁叹息痛恨于暴徒勇于私斗淡于公义，使吾宪法垂成又复废止，宁非一至可憾之事耶！

五

...I gradually withdrew into a noisier world,
and thus ere long.

Became a patriot，and my heart was all.

Given to the people，and my love was theirs.

——Wordsworth

　　吾作此篇，非为忠告政府也，实忠告我国民耳。夫法治国，不在政府之能维持法律，而在国民之能担保法律。今有十人于此，一人犯法，九人执法以诛之，则犯者知所畏矣。若九人熟视而无睹，一任其破坏法律而已，则虽法律多如山积，而亦等于死物。盖法者不能自言自动者也，必有人焉拥护之，保障之，然后始有效，而犯法者得受制裁矣。苟国民无担保法律之能力，则虽有善法，终等于无。此南美诸国所以终年不免于乱也。吾国民其深味吾言。

　　近世列强，无不由警察国而至法治国，其间以德为最著。不察者遂谓警察国（即开明专制）可以图强，殊不知警察国虽可图强，而不可以持久。彼德意志所以有今日之巩固者，端赖法治。是以欲常治久安，则非励行法治不为功也。

　　　　　　　　（载《庸言》第 1 卷第 24 号，1913 年 11 月 16 日）

正谊解
（1914 年 1 月 15 日）

吾闻之，斯宾塞之言曰：社会之进化也，由军国时代而至产业时代。其在军国时代，人只服从于威权，而不知有道德，最多数最大幸福之目的，无由以达焉。由是而进，国民之知觉日益长，道德之感情日益著，遂入产业时代矣。而此时代所需之道德要素，第一曰正谊。正谊者，自我实现之方法，圆满一己之义务，而不侵占他人之权利之谓也。夫今之人非以国民经济为提倡乎？吾以现象验之。姑不论商雕工窳，萑苻满地，即国民之心理，趋利忘义，骛小失大，无一而不与吾人之理想相反焉。且夫今之人，非以改良政治为号召乎？吾复以现象验之。居上者以利诱威逼，在下者群投汤赴火，日趋于末路而不自觉，法律失其拘束之力，道德减其范围之权。凡此怪象，有一于此，未获不亡，顾乃同时并备耶？然则今日欲振兴社会，刷新政治，舍正谊莫由。故作《正谊解》，以招将绝未绝之国魂。

第一，正谊者，阴谋之降符也。外人评我国政治，谓除利诱与威逼之外，无政治之可言。吾谓今日之中国，一阴谋之世界也。复具两种力，曰财力，曰武力，二力交相为用，以助其阴谋。试问今日中国之军队，其心目中有国家者几人乎？要之，其心皆不可问。至于服从于金钱者，犹其次耳。试问今日中国之支出，能皆有帐目可稽查乎？以总统一府而论，吾知其不可告人之款项，必更仆难数也。吾故曰：武力与财力，为阴谋之武器。虽然，阴谋之为物，唯正谊足以制之，此人心之理性的趋势，事实之自然的结果。不见夫彼那破伦乎？以谋略战争各国，而终幽于海利那之孤岛。不独西史有其例，而我国历史，更不遑枚举。且我国素有邪不胜正，及正终克邪之传说，足证此种思想，已凝结于国民之心底。则其实现必具有强大之力，较泰西为尤著，可推而知之也。

近日新进之士，迷于唯物主义，欲以阴谋制阴谋，以手段抗手段，故失败接踵而至，国是遂不堪问矣。吾览今日之政象，虽太息痛恨于阴谋，然尤不能不深戚于以阴谋制阴谋者也。

第二，正谊者，法律之保障也。夫法律，死物也，必有担保之者始克有力。有十人于此，一人为盗，九人执法以诛之。九人为盗，则执法者谁乎？苟无执法之人，虽有法而等于无法矣。进一步而言，执法之人自身髦弁法律，则亦犹无执法之人也。今之人无不知近世政治之进化在法治，然法治国者，非谓其国有法律之条文也，乃谓其国民有担保法律之能力耳。有担保法律之能力，始有遵守法律之现象；有遵守法律之现象，则法治国始得而立焉。故近世心理派法学者曰：法律者，一种之意志也。多数之意志相一致而生全体之意志，个人之意志所以不能违反全体之意志者，以有多数之意志于其背后，为之担保与主持故也。若多数之意志涣散不凝，则担保力弱，主持力单，全体之意志乃等于具文，一任人之破坏而已。今日中国之现象，即如此也。刑民诸律皆煌煌成册矣，试问各地审判厅其依据之否乎？友人某君谓，今日各地审判厅所判决之件，其合乎法律者，苟统计之，当不及十分之一。何以言之？其任意杜撰者，当居十之五；误解法律者，又十之三；余者为违背法律之件。则由此推之，合法者宁非不及十之一乎？借曰法律不适民情，此犹可说也。盖民刑诸法，必根据于社会上之习惯，社会上之习惯非一旦而成，亦非一旦而可改变也。若宪法等则不必尽然。虽宜准乎政治习惯，然政治习惯易破而易建，国体既改，则旧有之政治习惯皆无存留之余地。政治习惯既不能抵牾公法，顾仍有违法之事实。吾诚不知何所借口也。

《约法》第四十四条云：国务员辅佐大总统负其责任，系明言国务员代大总统负责，大总统虽有责任而不能自负之。苟自负之，即为违法。此各国元首无责答之通例，固无足奇也。正式总统选举法附则，有宪法未定以前暂依临时约法之规定。不意正式总统第一日就任，即以自负责任之言宣告于天下，岂非甘心违背法律、视约法如土芥乎？此犹可曰一时之失言也。夫议员者，公权之取得者也。除政治作用之解散国会外，乌得不依法律而公然褫夺人民之公权耶？大总统果据何种法律而有此权？诚为吾人百思而不得其解者也。解散国会，为政治作用，亦犹必见之规定，始有此权。我约法无解散之条文，政府若公然执行约法以外之权利，甘蹈违法之名，亦当为之解散。顾乃不为解散，仅作无形之消灭，置议院法于不顾，其心目中尚有法律耶？至于误解约法附会总统有公布宪法权，足证其对于现行法无明切之观念。无明切之观念，安有遵守之诚心？其他破坏之律之举，更不遑枚举矣。要之，今日所以有此破坏法律之现象者，以国民无担保法律之能力故也。

吾闻之，耶律芮克之论公法上之保障，曰社会上之保障，曰政治上之保障，曰法律上之保障。社会上之保障，为众意政治上之保障，为自觉法律上之保障，为法力。众意生正谊，自觉生责任，法力生效力，三者有循环之关系焉。所以者何？法律，死物也，其力生于执行者之责任。政治易趋于腐败者也。其个人责任必为社会上正谊所驱迫而始生，是皆有待于社会上之保障可知矣。是故人类行为之规范，有自律的，有他律的，二者交替为用。非自律不足以保障他律，非他律不足以巩固自律。而此交替为用之结果，即为正谊。正谊者，社会所由而立也。法律政治皆须得社会之保障，故舍正谊莫由。

第三，正谊者，政治之救济也。夫政治之易趋于腐败，实为自明之事实，吾人毋庸为之深讳。盖政治之良窳，全视乎执政者之良心与自觉。自觉则生个人责任。个人责任实为政治之担保。良心则去私欲，去私欲则一切阴险之手段尽消灭矣。虽然，个人责任非自然而生也，必有社会上之正谊以逼迫之，使不可逃避而后始生。私欲非自然而去也，必有社会上之正谊以监督之，使其不可一日或存而后始去。是则生个人责任与夫去私欲，全以正谊为标准也。个人责任心生而私欲去，则政治始有改良之望矣。

第四，正谊者，对抗之养成也。百年以前，各国之政治，未有不出于专制者也。而千回百折，卒乃或归于君主立宪焉，或归于民主立宪焉，皆为政治上之对抗力之结果。盖国民与政府，相对垒而始各入乎正当之轨道。夫强有力者，恒喜滥用其力，此自然之势也。滥用焉，而其锋有所婴而顿焉，则知敛；敛则其滥用一部分适削灭以去，而轨于正矣。非但强有力者遇所挫，而始入乎正当之轨道，而且抵抗此强有力者，亦必自纳于范围之内，此对抗之自然趋势也。即在立宪国，其间雄才大略之元首，凭权席势之政客，亦未始不跃跃然常怀专制之思也，然其不能者，知他方面对抗力之不可侮也。苟一国中而无强健实在之对抗力以行乎政治之间，则虽有宪法而不为用，但见专制之现象而已。是故非独君主国有专制也，即共和国亦有之。英国当克极威尔执政时，法国当那破仑任总统时，其国体固俨然共和也，而政体实为专制。盖立宪之精神，不在死条文之法典，必国民有保障宪法之能力，以实现于活事实之政治而始可。此保障立宪之能力，即为对抗力。

对抗力者，必他方面有一强实之力与之对待，而不为其所屈挠，二力相对，适保持其平衡，政象乃不致临于专制矣。一方面为他方面所抗而不能恣所欲为，他方面复以对抗之故，得维持平均之状态。拉称赫夫有言曰：立宪国之宪法，代表社会上各部之利益，而使之维持平衡者也。故宪法由对抗力而生，且由对抗力以为之保障。苟政治上无对抗之现象，则政治力必为绝对的，而非相对的。如此，则政象未有不临于专制者也。于专制之下，人民只曲服于强权，受制于淫威，一听枭雄之自恣以逞，而莫敢喘息。久而久之，不堪其虐，挺而走险，遂产革命之惨剧。革命者，二势力之易位，而非二势力之对抗也。故专制之国多革命，以其无对抗力故耳。

对抗力在立宪国为至重要之要素，固已为吾人所公认，然若何以养成之乎？此实最切要之问题也。夫对抗力之发生也，由国内有一部分清流人士，惟服从一己所信之真理，而不肯曲服于强者之指命。威不可得而劫也，利不可得而诱也，既以此自厉，复以此号召于社会，而成一无形之团体。团聚众，则力绌于中而申于外，遇有拂我所信者，则起而与之抗。今代各立宪国之政党所以成立发达者，皆由于此也。返观吾国之政党，为如何乎？除献媚于政府之外，不能有自由之主张。除旅进旅退之外，不能有活动之余地。此无他，对抗力不厚故耳。夫今之人非主张内阁制者乎？内阁制之精神，即在政党内阁。政党薄弱如此，则所谓内阁者，不过代人受过而已，一无积极之作用可知也。然则居今日而欲行内阁制，则非使政党之力强且大不可。欲使政党之力强且大，则非使对抗力之成立不可。欲使对抗力之成立，则非提倡正谊不可。何以言之？奥士丁之言曰：正谊成于平等。盖平等之间，必持正谊以维持之。且平等之局，由于对抗而成。有对抗，然后有平等之权利焉。夫正谊者，圆满一己之义务，而不侵害他人之谓也。惟其圆满一己之义务，故生对抗，且生平等。惟其不侵及他人，故仅权对垒，而不损害。由是观之，对抗之源渊，即为正谊。一国国民之正谊观念发达，则其对抗力必强实。其对抗力强实，则政治未有不进者也。比者政府使国会无形消灭，而使政治会议议定宪法内一部分之国会组织法，所以悍然违法，而不顾万邦之非笑者，盖非但深知国民无对抗之能力，抑亦深知国民之缺少正谊观念也。故此议一出，国民无从以下是非之批判焉。今日政海风涛之恶如此，而国民之缺少对抗力与正谊观念又如彼，吾人思之，能不泪下涔涔耶？

第五，正谊者，道德之源渊也。吾闻之孟德斯鸠之言曰：共和国以道德而立。夫共和国者，必其国民皆有完美之道德，然后国体得以巩固，政治足以进行，否则共乱而已。共和云何哉！不见彼中美南美诸国乎？俨然以共和标于世界，叩其实际，则终年不免于乱。每一总统更迭，即生内乱，国几不国，矧论强大哉？又何尝食共和之利！是则共和之为利为害，必以其民之道德为判断。苟国民道德高尚也，则共和有益；若国民道德堕落也，共和反而有害。欲巩固共和，非促进人民之道德不可也。以中国民德未进，论者或有疑及国体不适者。殊不知国体与政体有莫大之判。国体一成而不可改，改则国家元气必受损失矣。政体可逐渐改良以达于完善。今日中国政治之不良，仅可从政体方面以为补救，至国体则无讨论之余地。吾人既以流血而购得此共和，为今之计，只能仍以生命保障此共和而已矣。保障之法无他途，惟促进人民之道德耳。公民之道德在明权利义务之辨，明权利义务之辨，即在正谊。有正谊之观念，始有能力以主张公权；有主张公权之能力，始有履行公民之义务之决心也。公民之道德始完成，国家因之以立矣。

由是观之，正谊之重要如彼，而我国人之有待于正谊者又如此，则吾人除提倡正谊外，固无他途也。提倡之法，窃以为有二：

集合一部分清流人士，以为正谊之保持者。此部分人士坚持正谊，百折不挠，发为舆论，以为社会之中坚。

提倡正谊之言论，使正谊之观念深入人心，普及全国。

夫吾人之所以提倡正谊者，在养成政治力。国民之政治力充足，则始有政治之可言。然政治力非一旦而成者也，故不可操切。操切必败，吾同胞想已得其经验矣。丁尼孙之诗曰：我奋我力，吾同胞果不忍祖国之陆沈也，曷极力以正谊相标榜，庶几挽狂澜于既倒。不佞但以此尸祝之耳。

此篇参考及引用之书目列下

一、Spencer, *Justice.*

二、Stommler, *Theorie des Rechtswissenschaft.*

三、Jellinek，*Allgemeine Staatslehre*.

四、Ratzenhofer，*ZwecK und Wesen des Politik*.

五、Austin，*Jurisprudence*.

六、Montesquieu，*The Spirit of Law*.

内阁论
（1914 年 1 月 15 日）

Vor den Wissenden sich stellen，Sicher ists in allen Fällen.

——Gaethe

不佞曩著《内阁制之精神》一篇，以为中国今日政治危机之解决，全视乎内阁制之成立与否为断。成则政治前途日趋于光明，不成则未或不危者也。顾疑者中谓中国非法兰西之治，法行内阁制，使其内阁，未及三五阅月，必一更迭，犹如传舍，政事不举，我虽未励行内阁制如英法，能已于二年之内，四易国务员矣。设更效法于彼，则泯棼之现象，益不知止于何底。此论者之本诸事实，复参以学理之主张也，其言未尝不具片面的真理，特不足以颠覆吾说。惟吾深恐人将以吾为法律的捣乱派，故不得不再申前说，且以辟反对者。反对之主张，凡有数派。

一、主张总统为狄克推铁派。此派谓中国必有一人，为全国所托命，其人具莫大之权力，可不为法律所束服，以威信率导国民，实行独裁政治。于此政治之下，有二特征焉：一曰决不容反对派之存在，绝无对抗之现象；二曰决不求同意于国民，即于政策上不容国民容喙是也。此即通常所谓开明专制。忆自前清之季，即有主张开明专制者，此派亦颇相类耳。

二、非法律派。此派谓中国数千年来之政治习惯为无法之行动，苟一旦以严格之法律拘束之，必至缚手缚足，一事不能为而后已也。且行政权不能入乎严格拘束之下，尤为中国历来之遗传的天性，殆为国家之唯一特征。故制定宪法者，不可不深察乎国情。宪法之规定，必于行政权，取极宽大之制限，以俾其自由活动。盖与其使政府为木偶，毋宁使政府自由行动，国民督责于事后可矣。此派既本于其固有之主张，而责世之主张法治者，为蓄意捣乱。甚者以空谈法理，为无益于事实，而非笑之。自宪法草案披露后，此派为之顿增。

三、半内阁制派。此派谓民主国之内阁与君主国之内阁不同，君主昏庸者多，故行政权为内阁所独占，而民主则总统必为一国之第一流人才，故其任命内阁，必常取与己政见相同之人，是总统与内阁共占此行政权也。君主国之大政全将内阁主持，而不必参酌元首之意思。民主国之大政虽将内阁主持，然必参酌元首之意思。既有元首之意思加入其间，则元首亦负一部之责任。故内阁之责任为不完全，颇有制限。以责任有限度，故深责之道亦有制限。此所以此派同时主张减削国会之权也。然元首所负之一部分责任，则无法以课之耳。

四、总统制派。此派主张采用总统制，其论据根于纯理，吾颇韪之。吾以为，苟中国决心采总统制，亦无不可。较前数派之杜撰，殆有天壤之判也。惜主张者近渐鲜耳。

以上反对内阁制说之大略也。欲评其得失，则有先决问题六。

一、内阁制之性质。

二、内阁之法律上地位。

三、内阁之政治上地位。

四、内阁制之优点。

五、内阁制与共和国体之关系。

六、内阁与总统之权限分配。

此六先决问题所以欲内阁制者也。内阁制之性质既明，则反对之口，自然而塞。顾欲明内阁制，则更有一先决问题焉。曰：中国果欲进为法治国与否是也。此问题即关乎非法律派之主张。吾请于此一证非法律派之谬。

法治国之名词，虽脍炙人口，然即其定义，则鲜有能道及单字者，又难怪政府日日以违法之行为，使触吾人眼帘也。夫法治国者，国权必由于法之形式而始可发动之为也。国权之发动有二：曰立法权，曰执行权。立法者，依已立之法而产新法。务使法之周密，则国权行动庶不为法所外。执行复分而为二：曰司法，曰行政司法者。于随时发生之事件执法以为判断行政者，于法律指定之下以其所应为者而为之。虽然，司法之天职，不独法治国为然，警察国亦复如斯。立法之现象，尤非法治国所独专。是则法治国虽以三者为不可缺之要素，而实其要求则在行政焉。此旨盖法治国以国权之行动，与夫人民之自由，皆须纳乎法律范围之中，则通常之司法立法本无背乎此旨。所难入于法律范围者，厥维行政。故法治国之精神，独于行政上求之耳。法治国之行政，有殊特之现象二：一曰法治国之行政必纳乎法律之中，其多受法律拘束一分，即法治之精神多表现一分也。二曰行政行为必等于司法上判决，不问自身有益无益，必毅然行之，此即所谓行政司法权（Verwaltungsjurisdiction）。盖言行政，须类乎司法也。法治国之性质既明，始可进而论其利害，以及与中国之影响。

欲知法治国之优点，当先知人性之趋势。人性之趋势，在人类幸福之增加，希望人类幸福，日见其增，此人性之所同也。故最多数最大幸福，实为人性之倾向。是以近代国家必由于专制国，进而为立宪国者，诚以人类之幸福，世界之文明，非由此一途不足以得之也。夫专制国，非仅战乱相继、民政不举，且亦文化衰颓、人种卑劣。吾国昔者所受之害，尽人而能想像之，固毋待断之者矣。于是群相警惕，知所以弭内乱，所以举民政，所以增文化，所以秀种族者，莫如立宪。立宪国者，使宪法居最高之地位，国权及人民同受法律之制限。[①] 且此法能使各方面得其满足，于是竞争虽存而战乱消，民政虽举而无理之蹂躏绝，文化日增而强迫之干涉不行，种族优秀而蹂靡之风不长，且人类之幸福以此顿为增进焉。故立宪国，即为法治国。虽其行政有全入乎法律拘束者，有半入乎法律范围者，是其表示法治之精神有高下之分，然同为法治国则无疑矣。

夫近世国家为君主者，不争为共和；为共和者，复不争为君主；而其本为专制者，则无不惴惴焉以谋为立宪。居今日而统计之，世界上立宪国乃占十分之九，专制之制度，且将与此地球告永诀矣。此其故何哉？得非以专制之祸，甚于洪水猛兽耶？非但不足图存于国际，抑且不足以自存。居今之世，率人之性，则专制苟一日不去，必使国家人种同时灭亡而后已也。是则居今日而疑中国不当为法治，则是可疑孰不可疑？惟其极点，必使中国亡于俄顷而后快也。虽然，中国苟励行法治，其利尚不止此。吾请得而列举之。

一、法治国使国家行动循乎法律之规则，则无政治上之激变。人民服从法律而非曲服于强权，则其心帖然无反抗之思，则国可以常治久

---

① 须密德曰：Der staat ist Rechtsstaat im spezifischen Sinn, insofern er rechtlich beschranater, unter aem Recht stehender Staat ist (Schmidt, *Allgemeine Staatslehre* I. S. 183).

耶律芮克亦曰：Nur indem der Staat sich als rechtlice beschrankt auffasst, wird er zum Rechtssubjekt (Jellinek, *System der subjektiven offentlichen Rechte* S. 195) 可见法治国之特权，即在国家以法律自行制限其国权行动也。

安。中国政变之巨，历史上班班可指，而人民不惯久曲于势，尤属天性。此中国宜励行法治者一也。

二、无论任何国家必有一位置为全国之中心，人民无分贵贱皆托命于斯。此神权政治之有神，君主国之有君主也。而立宪国所托命者，厥维法律。法律为法治国之命脉，固不待言矣。中国素以人为转移，人存则政举，人亡则政息。一治一乱之局，一兴一衰之世，终不可逃。则不如励行法治，使举国而托命于法律之下，法律永存则其国常治。法律可改进而不可全弃，则国家能逐渐发达而不生急变。此中国当励行法治者二也。

三、国家与人民之关系以文化日演而日益密切，苟其间不以法律为准绳，则非但国家有时侵及人民之权利，而且人民亦得侵占国家之权。至于金壬之徒，野心之夫，窃国而侯，尤属事实之所必至，不可不防也。故恃法律以范围之，使国家与人民之交涉皆得其道，既以保障权利，复以防制枭雄之自逞。中国素为专制君主，视国家为私产，今一旦而改为共和，人民之无识者，仍有视总统如帝王之弊。故必提倡其崇视法律之心，以转移此种恶劣观念，庶几国家始得就平坦之途。此中国当励行法治者三也。

四、法治国之要素，在使国权之行动依乎法律之规定。所以然者，非虑国权行动有卤莽灭裂害于人民国际之虞，实以国权不自动，必有自然人以代执行。此代执行之人，本于人性之自然，苟非有严重之规界于其旁，势必狐假虎威，借国权之名，以逞其私欲。故国家必自行制限之意，即为使国家内所以代表国权之各机关，皆严分其权限，使不相越，然后居于各机关之自然人，始不能借端以恣所欲为也。中国素为势治国，无论何人，一入政治机关，即身价百倍。在职之中，其作福作威，已达极点。及退老之后，犹可鱼肉乡里。故欲抛回此弊，舍提倡法治莫由。此中国当励行法治者四也。

五、虽然，法治之精神，不仅在拘束国权之行动，而亦于人民之自由，为之保障，且同时为之制限也。故无法之自由，为法治所不许。近来暗杀之风暴长，皆法治不周有以酿之。此中国当励行法治者五也。

六、国家各机关必以法律严密分配其权限者，所以使权力不趋于一点也。盖国权之发源虽一，而国权之执行者则众。各机关仅可联络一气，而不可并吞实权。中国本为专制，今改共和，而人民之信念未能遽变，故革命初成，矫枉过正，酿成暴民专制。孰意反动之来，如潮卷沙，而总统专制于是形成矣。故为今之计，非使各机关保其平权，则国运不可以维持。欲各机关保其固有之权，则必有法律为之拥护。此中国当励行法治者六也。

由是观之，法治之不可一日或缺，既如此矣。非法律派顾乃以不恃法律为主张，既明知水深火热，更为投井下石之举，岂真甘为亡国无告之民耶？然论者或曰：吾非主张中国不宜尚法治，特以为仅行政权一部分不应严格拘束之耳。斯言也，吾以为特不切于现势。须知今日中国之行政权，是否拘于严格制限之下？如其非也，则论者之言，宁非无的放矢。以吾观之，中国今日之行政权，实未受严格之制限。何以言之？中国法律不备，所有者一约法耳。姑勿论约法中有若干条文已因政治权势之变迁而使之等于具文，即以约法全体而观，则行政权之受拘束，亦未尝较严于美、法。我约法虽采取内阁制，而关乎总统之权，反有类乎总统制之美国者。进一步而言，以约法与法国宪法权较，人将无不曰：我法取宽大之制限也。以此宽大之制限，动辄仍不免于违法，近且日演其违法之手段，则法律又乌可期哉！吾故惑乎论者之言，而叹其不切事实也。夫以宽大之制限，犹不就范围，是其心目中已无法纪。且今则日演违法之事，虽使法律宽容至于极度，已不能绝无强制，必使法律根本为之破坏而后止也。是则论者之辩护，自根本已不成立，不过劳心日拙而已。

虽然，吾非主张今日中国之行政权，必入乎严重监督之下，特吾以为执法者守法者异于立法之人，不宜问法之宽严。苟法一度成立，即应恪守无违。倘非有必不可得已之原因，为外力所迫者，不得任意破坏。今既蓄意破坏，则无论任何善法，亦失其纷制之力。至于借口于过严，则犹属其次。然而行政权之所以如此者，有原因二：一、行政权之纷杂；二、行政部组织之不良。是故，今日之问题当为改良行政部之问题。不佞以研究之结果，知此问题之解决，厥在内阁制。吾请于次号一论内阁制焉。（未完）

（载《正谊》第 1 卷第 1 号，1914 年 1 月 15 日）

内阁论（续）
（1914 年 2 月 15 日）

内阁之性质论者多矣。以吾视之，皆得其片面，而未足以表示全体。吾请自论理上定义之差异，先一证殊特之处焉。

一、内阁与政党内阁之异同。今之人一语及内阁制，即以为非有健全之政党不可。殊不知政党与内阁虽有关系，然非必然之关系。盖政党可组织内阁，而内阁则不必尽待于政党。所谓有政党始有内阁之现象，世界实无其例也。不见彼瀛洲三岛乎？其内阁既非由政党以组织，而宪法上尤不使政党内阁有巩固之保障。然其内阁实为最高施政之机关，未尝以非政党所组织，而致减削其权力也。是则可知内阁与政党内阁，乃绝有不相同者矣。

二、内阁与责任内阁之异同。夫责任内阁云者，指内阁对于国会之下院负责任而言。盖国家所以造国会，使其有立法之权，且同时亦赋以监督行政之权，此所以行政部必对于立法部负责任也。特此附加之监督行政权，有时保留于国民之手，而不赠与国会。以实例征之，为美利坚。要之，行政部之宜有责任，则毫不因政制而异。无论课其责者为国民，抑为国会。然其有责任则一也。行政部既以负责为常经，则内阁之为语，实无异于责任内阁，固不待多言矣。

自名词定义言之，内阁云者与责任内阁相同，而与政党内阁绝异。则内阁之性质，可窥其一斑矣。虽然，内阁之性质，尚不止此。请为积极的叙述如下。

内阁之法律上地位。内阁者，行政权之最高机关也。此机关为宪法所规定，故谓之为直接机关。盖三权分立，乃法治国之特征。立法之机关无阶级之可分，仅一国会而已。司法之最高机关为大理院，至于行政则其最高之发动机关，厥维内阁。内阁为行政权发动之主体，故有下列之特征：一、内阁会议（俗称国务会议）；二、完全责任；三、阁令；四、拒绝副署权。

内阁会议者，基于综合责任之原则、政策及行政之最高发动之源渊也。既所以表示内阁之主动，亦所以表示内阁之责任。内阁既为主动，则不受人之干涉，且内阁既负责任，则不必参以他人之主张。故内阁会议决不容有外人之列席。行内阁制之君主国，君主不列席于内阁会议；行内阁制之共和国，总统亦然。且内阁会议所议决之政策，一经议决，即有实权，断不容外力之干预，更无最高机关以待其裁可。此自法理而论，亦自事实而论者也。日本宪法虽有天皇裁可之规定，实则不裁可者至为罕见。犹之美之任命国务员，必得上院同意，实则百年以来未见有不同意之举也。此盖事实上所不得不然，而亦理性上所许，即不有法律之规定，要不足破之也。

复次，完全责任者，内阁既为行政权发动之主体，则自当负有完全之责任。诚以行政之范围至广，其行动又复须敏捷，故易于踏入违法之境，即否亦蹂躏权利，致民不堪其虐，挺而走险，酿成革命之惨剧。故必使行政部负责任者，职是故耳。行政部苟无责任，则必有下列之现象：

一、违背法律而无人纠正。

二、蹂躏人权而无敢过问。

三、破坏国家而无由反抗。

四、官吏之无耻者得狐假虎威，以作威作福。

五、虐民过度，致演革命之惨剧。

六、国家之预算不成立，官吏得以中饱，国家日趋于破产。

以此之故，必使行政部负责任，则政府之违法得以纠正，而不致激成革命。人权之蹂躏亦得其救济，而不致酿成内乱。官吏之作威作福，可随时监督之，以苏民困。国家之财政可随时规画之，以绝中饱而定方针。特课行政部责任之方法有二：曰由国民以课之，曰由国会以课之。然国民如散沙，敢能时时以监视于政府之旁耶？则除总选举外，殆无课责之道。是则虽由国民课责之，国犹必分其一部分之课责于国会，如美之国会有弹劾总统权，盖其例也。其由国会课责者，乃属常经，吾人固毋庸缕缕言之矣。然内阁负此责任者，正足见内阁为行政部之中心。今之人不察，乃谓内阁之责任，于共和国可以有限度，又使总统亦负其一部分。殊不知行政部广矣，其可负责任者，惟有行政部之中心。且此中心决不能分而为二，若为二则必彼此推诿。于此推诿之政象之下，政治绝无进步之希望。一事件之发生也，此则诿过于彼，彼复诿过于此。不见夫中国今日之事乎？内阁曰此总统之意思也，吾辈不敢作主。然叩之总统，则又曰此事须问内阁，我不管也。夫十口之家，犹必有一家长，今中国之政客，乃昧于此，公然作此不合事理之主张，宁非一可怪之事耶？且今之人日日方希望有强有力之政府，试问政府以推诿为事，其强有力果于何处表见？且强有力之政府者，决非无责任之政府之谓也。既无责任，则安有风骨？既无风骨，则安有政策？以无政策无风骨之政府，而谓为强有力，吾知虽稚子或愚，尚不至此，矧素从事法政者哉？

　　且论者谓国会之权宜减削，使其只可课内阁之责任，而不可课总统之责任。姑不论理性之不可通，吾恐即事实上亦不易实行。第一，为问内阁与总统之责任，以何标准为区分？第二，为问此区分果为列举的乎？为概括的乎？列举既举不胜举，概括则等于不区分，盖无一而可也。自理性上言之，立宪国之行政部，当然有责任。若内阁为行政部之主体，则内阁负责，是为内阁制。若总统为行政部之主体，则总统对于国民负责，是为总统制。旷古未闻有自居行政部之中心，而不负责任之总统也。是故行总统制，总统负责；行内阁制，内阁负责。断不能行内阁制而总统负责，亦不能行总统制而内阁负责，尤不能内阁与总统分其责任。退一步言之，假使内阁与总统分其责任，亦不应仅课其一。果尔，则其他果以何法以表见其有责任乎？吾知此不过空言而已，决无责任之可言也。盖责任以课责而见，断不能无课之者，而乃独有责任。今之论者，既不愿有课总统责任之人，又不愿使内阁独负完全之责任，更不愿总统退出行政部中心以外，故特创此论。俾总统为行政权之主体无稍变，特可不负责任，此真匪夷所思者也。吾以为与其如此，则不如直截了当，行总统制为愈多矣。

　　复次，阁令者，正所以表示内阁之独立。夫内阁之所以颁布阁令，一由于其有独立表示意思之权；二由于其有指挥政务之权；三由于其有用人之权；四由于其有完全责任。是故有内阁一日，则阁令一日不可或缺。否则内阁之权力无以表见，内阁之责任亦无以实现。且不仅阁令为内阁表示权责之物，然有时内阁之意思，借元首之命令以表示之。于命令之下加以副署，即所以明其权力与责任。盖内阁本有拒绝副署权，苟元首之意思，而不为内阁所赞成，则可拒绝副署，使其命令归于无效。反之若为内阁所赞同，则元首之意思，不啻内阁之主张，内阁副署之，以示既为己所主张，则责任自当属诸己身也。是故内阁之有拒署权者，正足所以表示内阁为行政部之主体，自有权利且自负责任。内阁之责任由拒署权以促成之，内阁之权利由拒署权以保障之。今中国之内阁既无阁令，以留其独立表示意思之余地，复无拒署权。既不使其有独立之主张，更不使其卸责于人。吾尝谓今日之内阁，可上追于君主专制国之大臣，所谓功则归君，过则归己是也。我国数千年求如是之能臣，百不获一，今不期于共和时代见之，殆造物好奇，故使其迷离恍惚耶？且更有勉强之副署，既署之后，知责任之不可逃，乃悍然自背其良心，认为自身之主张，不亦大可哀也。

以上论内阁之法律上地位者也。欧美学者，往往谓内阁非法律上之产物，乃政治上社会上之产物。殊不知内阁起源于英，英为不成文宪法国，故其内阁不见诸法律。此不可误解者一也。然英虽无系统的宪法，而仍有各项法典，与夫宪法习惯。宪法习惯者，一种任意法也。任意法之效力，亦等于制定法。故英之内阁，其权利与责任，皆由任意法之宪法习惯以保障之，要不得谓英之内阁不具法律上之性质。此不可误解者二也。由是观之，内阁之必具法律上之性质，实为论理之归束。否则，仅恃政治与社会，则决不能维持永久。盖无论任何制度，苟欲永久不敝，则赖法律以保障之。法律所保障者，虽非一定而不可变，然其变也，必可渐而不可顿。若夫不为法律所规定者，其变可于立谈之顷见之，则政治与社会宁足恃哉！①

内阁之政治上地位。内阁之政治上地位，在使立法行政二部融通一气而免冲突。夫立法部与行政部互相冲突，乃三权分立国之不可逃避之现象。苟无法以救济之，小则政治不进，大则酿成激变。美利坚之政治不进，学者皆归咎于立法行政二部之隔膜。法兰西之革命，推其原因，莫不以政府与国会之冲突。此皆历史与吾人之教训也。若夫英伦数百年无剧变，国乃以强，岂以立法行政二部之沟通，食内阁制之赐耶！

内阁制之政治上利益，尚不止此。盖内阁最富于弹性，可以伸缩，苟一党执政为时既久，其政策必觉滞而不灵，非变通无以尽利。然其党

---

① 主张内阁不具法律性质者，为赫启克氏其言曰 "Deher ist das Kabinett kein Rechtsinstitut, sondern ein Produkt der Parteisitte"（Hatschek, *Englischas Staatsrecht* Ⅱ. S. 87）然英人则不同此论调。康伯尔曰 "the cabinet is… in the practical working of the constitution a separate defined body in whom under the sovereign the executive government of the country is vested"（Campbell, *Chancellors* Ⅲ p. 187）。

或以为情势所束缚，不能自变，则可以民意之要求，使其退去。继其事者得运行他种政策，则壁垒一新，民气大振，递嬗之间，国利民福，乃相引以进。既有竞争向上之心，复轮迭运行之机，则其国之政治，必日新月益。此就平时而言也。至于国有急难，可应时势之要求退去平时执政之人，而戴应时之杰以为首，则不致激成巨变，而国家亦不失其元气也。若总统制则无伸缩之效用，选举有定期，于此定期国家任何急难，亦失其救济之方。此总统制不如内阁制之点，亦内阁制所以成立之理由也。

读者试观中国之现象为何如乎？民国二年于兹矣，无时非政府与国会相冲突之历史。今之献媚于政府者，谓国会专事捣乱，必除之而可。果尔，则立宪政体，永无成立之望，必复归于专制而已。居今之世，尚有以专制为提倡者，真庄生所谓大惑不解者也。然犹可曰主张之不同也，至事实则不可诬。不见夫国会解散后之政府乎？既无捣乱之国会监视于其旁，则政府正可放胆欲为，有以慰吾民望治之心。顾乃数月以来，一政未举，惟以打消一切民意机关为能事。稍稍言整理财政矣，然第一政策，即大奖聚敛之臣，至人民之负担力如何，则毫不计及。其成绩如此，吾敢言虽倾心于政府者，亦无从作颂扬功德之语也。夫国会既解散，而政府仍不振兴如此，然则其过果在国会乎？世之以捣乱致诟于国会者，亦可以休矣。吾尝溯行政部与立法部相冲突之原因有二：

一、本为专制国，无三权分立之现象，一旦改为立宪，分为三权，则行政部之权必以专制之遗迹（residuum），而较其他为溥大。司法部全曲服于行政部之下，独立法不甘受其蹂躏，时思起而反抗。此立法行政二部所以冲突之原因一也。

二、本为帝政之国，其行政部于数千百年以养成大权独揽专制自为之习惯。此习惯非一旦可改，故革命之初，居行政部者若为新进之士，则动多窒碍。若为旧日官僚，则此恶习不除。夫既有专制之习惯，则必使行政部之行为时时出乎法律之外。立法部不能熟视无睹，则必起而干涉之。此行政立法二部相冲突之原因二也。

有此二原因，则本为帝政专制之国，一旦改为共和立宪，则行政部与立法部未有不冲突者也。苟不为之救济，则必冲突无已时。甚者行政部蚕食立法部，或立法部专诋毁行政部。果尔非但政治无进行之希望，且国本日在飘摇之中。长此以往，恐国内之扰乱无已时，而人民已不堪命，此势之所必至也。法兰西当大革命以后，又复经革命三次，推其原因，正坐此弊。所以读史至此，令吾人不得不感慨系之矣。虽然，欲救此弊，则唯有励行内阁制耳。行内阁之利在使内阁与国会融成一片，则无冲突之事。且复使内阁为行政部之主体，不致有独裁政治之出现。既足促政治之进行，更可消内乱于无形。此所以法兰西自改用内阁制以来，安靖至今日也。吾以为中国之情形，绝类于法。法本为帝政国，此相似之点一也。法当革命告成，即成暴民专制，我国暴民专制虽未成，然已有此趋势，此相似之点二也。法当暴民退后，行政部即独揽大权，以武力率导国民，我国今日之现象亦如之，此相似之点三也。法于行政部大权时代，蹂躏立法至于极点，我国今日亦有类此之行为，此相似之点四也。唯法以后即改归帝政，我国政治前途尚不可逆睹，是则不佞所不敢言者也。至于国民欢迎行政部之大权，讴歌总统之功德，我国今日之国民，心理尤与法相似。特法兰西后日经无限风波，卒采内阁制始以巩固。今中国举国滔滔，方致讠于内阁制，岂天下尽盲者耶？夫良药苦口而利于病，忠言逆耳而利于行。果他日经无数惨剧，而卒使之不得不归于内阁制，则或知不佞今日之言为不谬也。惟当此积弱之余，居国际竞争之时代，又安有余力以经此变故？思之使人不寒而栗矣。

虽然，吾非谓政府与国会之冲突，绝不发源于国会之故意挑剔。然即使有之，亦当居十之一二，要非重要之原因也。其重要之原因，乃在行政部。夫行政部既放弛已久，习与性成，则必训练未熟，动辄溢于正当轨道之外。政府之行动常越乎范围，则必激起内乱。此不仅法兰西之历史，曾以铁证与吾人，即墨西哥暨南美诸国，莫不示吾人以实例也。且行政部专擅之原因，即在有野心家之元首。野心家之元首云者，非谓其欲帝制自为，乃谓其大权独专。既独揽行政之权，又复侵吞司法立法，使其不能独立。于此政象之下，人民受压，敢怒而不敢言，久而久之，难免不迫成反动。反动之来，乃视发动为比例，任何方法以弭之，亦必卒归于爆发而后止。此所以行总统制之国，其总统苟为野心家，则未有不战乱相继者也。法于大革命告成，即行总统制，以那破仑之野心故，卒致流血三次。洎改内阁制，乃免于乱。墨西哥及南美诸国仍用总统制，皆为野心家所乘，迄今时有内乱，竟无宁日。独美利坚之总统，有华盛顿之遗规。且美为绝端三权分立国，行政部不能侵及立法，故克相安。然则总统制不如内阁制，于兹可见一斑矣。世之论墨西哥者，谓其宪法过严，国会之权过大。殊不知此皆非主因，墨西哥之时有内乱者，其主因乃在兵队。总统借武力以自逞，此乱之源也。又世之论法兰西者，谓其内阁不及五六月必一易，实为弱国。殊不知弱国与不国之间，绝有不同。夫内阁短期更迭为弱国，诚不谬也。然未及三五年必一革命，则为不国。吾以为今日之中国，绝无强国之望，但弱国与不国之间，用其选择耳，是则宁为弱国，而不可为不国。易辞言之，今日中国求为美利坚不可得也，求为英吉利更不可得也，所可希望者，法兰西与墨西哥南美诸国耳。若效法兰西，则内阁虽常更迭，亦只可忍耐而徐图改良。若效墨西哥，则仅有目睹其三五年一乱而已。中国民智民德民力不如英，三权分立之巩固不如美，又安能望其项背哉！至于徐图改良之法，既宜本诸法理，尤必准乎民情国势，则容于他日商榷之也。

内阁与共和国体之关系。今之论者，谓共和国之总统与立宪国之君主不同，总统有政见，有党派，有雄才，而君主则否。故共和国之内阁，亦当与君主国之内阁不同。殊不知此实空想，而不切于事实。法兰西者，共和国而行内阁制者也。其总统未见有雄才，且非第一流之人物，亦未尝有党派有政见，内阁之更迭，绝不与总统之政见相关。此稍有法国近时史之知识者所公认也。且自理论上言之，国体与政体绝无关系，政体与政制又绝无关系，又况国体与政制哉！夫共和民主，此国体之分也。立宪专制，此政体之分也。内阁制总统制，此政制之分也。然则内阁制与共和国体之毫无关系，彰彰明矣。

内阁与总统之权限分配。吾人于前已证明内阁为行政部之主体矣，则于内阁制之国，国会为立法部之主体，最高法院为司法部之主体，与内阁鼎足而立，以成三权分立之势。此法治之精神也。惟三权分立各不相属，难保无隔阂之弊。一旦此弊发生，苟无法以救之，则势必致政治停滞，而国家元气亦必因之消失。以此之故，所以必另设一机关，专以联络此三权，用为救济。此机关即总统是也。故内阁制之总统，实非端拱无为，亦非必干与行政，乃于立法行政司法之外，别其作用焉。此种作用为宪法上之补充行为（Verfass angsrechtlichhen Hilfsthatigkeit），而总统即为执行此行为之机关。然此补充作用，非高出三权之外，驾乎三权之间，若平分之，各属于三权而为其副部。兹列表以明之并与总统制为对比（略）。

由是观之，总统制之所以不及内阁制者，正以三权绝端分立而无为之联络者。此政治学者所以谓美国常有各部隔阂之现象也。于内阁制，总统为各部之副部，以为之联络，其权亦非漫无制限。且其制限分有二种：曰事实上之制限，曰法律上之制限。此节不佞于拙作《论统治权总揽者之有无》中已见之矣，兹不赘也。

综合以上诸端观之，则内阁制之性质与其优点已了如指掌。反对者当亦废然返矣，非法律派既打消立宪，半内阁制派更属空想，无一辩之价值。狄克推铁派主张专制，夫专制之不能生存于今日，又岂待问？若中国终不能向专制政体以外讨生活，则中国尚有自存之道耶？若主张总统制，使总统对于国民负责，而不使内阁人受专为过，主张者若表里如一，不佞亦不复反对。盖无论其结果如何，与其留此半内阁半总统、非内阁非总统之政制，则毋宁改为纯粹之总统制，反直捷了当也。至于以国家多故，遂疑及共和国体，尤为题外生枝。以历史证之，意大利革命时，共和垂成，忽复帝政，然其所以相安至今日者，非以其不为共和，乃正以其励行内阁制耳。其他若前之葡萄牙，若土耳其，君宪国，又何尝无革命哉。（完）

（载《正谊》第 1 卷第 2 号，1914 年 2 月 15 日）

政治革命与社会革命
（1914 年 4 月 15 日）

　　当辛亥之前，全国之人，以为国家日趋破产之途，苟非有自拔之策，则鲜克起死而回生。于是无论知与不知，咸属望于革命。以为革命者，起死回生之良药也。当此呼吸存亡之际，若长此而不为之救济，则必坐待其亡而已。是故爱国之心愈切者，其期望革命之心亦愈殷。所以武昌一举，天下骚然，响应之速，未见其比，足证人心之趋势矣。然而革命既成，国力之雕敝如故，工商之窳败如故，政治之黑暗如故，经济之困穷如故。凡昔之以为救国者，今非但不足救国，抑且反耗国家之元气。此现象既生，于是产有二派之心理：一派谓革命无益于国家社会，国家发生革命实为自杀之策；一派谓今者反不如革命以前，故为今之计，急宜维持现状，以求恢复于未革命以前之状态而止。此二派之荒谬，肤视之殊不易发见。然细切以察之，则无有不知其说之为毫无根据，绝不成理由者也。请得而详之。

　　二派之根本误点，在不知社会革命之理。主张维持现状者，其谬在认现状为永久可保持之物。殊不知当前清之际，国家日以削损，民生日以困艰，犹如水之就下，其去灭亡之期不远也。即使维持现状，亦不过延长时日。其究也必仍归于死亡而止，初无一分之补救也。盖物势之未就削损也，则保其现状可致不敝。若物势之已就破坏也，则非有积极之救亡政策不为功。仅施以消极之维持方法，徒见其暗中削灭，迟早之间，终必底于亡而止也。是故以恢复于前清之状态为言者，其前提之疑问，即为前清状态，果为未就破产与否。如其已日趋于破产也，则所谓恢复于前清状态者，不过由现今之破产状态，一变而为前清之破产状态而已。其为破产，一也；其不能免于灭亡，亦一也。夫以同为不免于灭亡者，而断断焉有所取舍于其间，其为无意识抑亦明矣。更以简单之词表之，前清之所以不能维持其现状者，以其现状已日趋于破坏，无可挽救。故卒之武昌一揆，全局破裂，而成革命。革命者，事实之必然的结果，而非人为之所产也。夫以前清所不能维持之现状，欲施于革命以后，而谓能维持之，有是理乎？吾知虽三尺童子，亦必不如此之愚也。

谓革命无补于国家社会者，其谬在缺乏历史上之知识。革命之例，以法兰西为最。吾请先言法国当日之状态。

第一，就消极方面而论。法兰西苟不革命，果能生存至今日乎？此问题之解决固不待踌躇者也。何以言之？法兰西当路易十六之朝，民穷财尽，上下交疲。历史家曾述当日乞丐之数，不啻全国人口五分之一。民既困于恶税，日趋破坏，政府复毫无能力，贵族全为蠹茸。路易十六忠厚无能，未尝不思引用贤才。奈无人材何？于是久之久之，民困日以逼，国力日以穷，一旦暴烈，故暴徒之袭法京也，半系妇人稚子，口呼面包，环围皇宫，实为饥寒交迫之难民，向皇求食，未尝知所谓革命也。法皇不之给食，乃以军队弹压之，于是一溃而散，人民怨政府乃更深一层矣。当此之际，民穷财尽，已达极度，政府亦知非变法不足救亡，然其变法卒不能尽其利，虽有英才之弥拉伯，亦不能展其政策。纸币滥用于前者，无法以收回。历史家曾谓当日法京除纸币之外，绝不见正货。其财政之困穷，可见一斑矣。如此状态，有谓能持久而不致于亡者，其人必无脑筋，为不待言也。须知法兰西之革命者，事实上之革命，非理想上之革命；必不得已之革命，非故意之革命也。岂惟法兰西之革命为然？凡革命莫不然。是故革命者，出于事实上必不可逃避之最后一途，而非吾人意匠所可随意创造者也。彼欢迎革命者，革命不因其欢迎而即来。彼厌恶革命者，革命亦不因其厌恶而即退。总之，革命为一事实，不因人之好恶而有变更，亦无所用其好恶也。法兰西当日之种种状态，无一而非产革命之原因。原因既成，结果自得，故最后终必出于革命之一途也。设使当日不有革命，则民穷财尽仍如旧状，若至今日必亡之早矣。世界上已无法兰西之国名，尚何维持现状之足云？今之主张维持现状者，曷观于法国当日之情状，有以自返乎？吾以为主张维持现状者，即不啻主张瓜分中国者。盖皆不欲中国生存而欲其灭亡耳。其主张革命为无益于国家社会者，亦殆犹是。夫已趋于衰颓之国家，既不能免于革命，则说者不欲有革命之发生者，正欲使沦亡而已。总之，谓维持现状者与反对革命者，皆欲坐观国家之亡而甘心也。今之人以维持现状与反对革命为爱国，何其南辕北辙颠倒黑白如是耶！抑亦真不可解矣。

第二，自积极方面而论。法兰西所以有今日者，孰不曰以革命之故。且不宁惟是，法兰西之革命其功用，其影响，不仅限于法国，实乃风靡全欧。近世国家之基础，无不发源于此。故学者尝谓近世各国建国之根本理法，皆胎于法国大革命，实非虚语也。第一，因革命而国家之观念为之变化。国家观念变化，则所以治其国之道亦必同时而变化矣。第二，因革命而人生之观念为之变化。人生观念变化，则国民道德亦必同时而变化矣。国家之观念既有异于曩日，人生之观念复不同于畴昔，则前此立国之道，与夫道德信仰必为之根本打破。打破之结果，则旧者尽废，新者始生，正俗语所谓置诸死地而后生者是也。新势力既立，此后世界遂为新势力所支配。各国之有今日者，亦正以此。我中国独欲外此新势力以行，而卒不能外之，于是日趋末路，终必亡国。有识者忧焉，以革命为号召。孰意革命既成，其不能生存之旧势力仍未消灭，而足以救亡之新势力亦仍未发生。即发生焉亦不久，即如电光石火，倏间摧残殆尽矣。以革命无补于国家社会为言者，须知其罪不在革命，而在革命后之处置。若革命后之处置，全为新势力，则自转弱为强；若仍为旧势力，则必等于未革命，奄奄待毙，迟早之间终不能免于灭亡也。虽然，吾所谓新势力者，非谓新党派新人物也，实指新精神新观念新方法之总合而言也。今之新党派，其精神仍为旧，其观念亦仍为旧，其方法更旧之又旧，故其败也宜矣。法兰西大革命之日，若露贝斯丕，若唐顿，若马拉者，其人物非不新也，然卒无以新其国而平其乱，未尝不以其精神旧其方法旧，虽有新观念而无所施焉。中国之新人物其观念之新，不如露唐马辈，其方法与精神之旧乃有过之，安得不旋踵而败耶？今者新人物新党派既失败，所余者仍未革命以前之旧势力、旧党派、旧人物、旧精神、旧观念、旧方法而已。夫旧精神、旧方法、旧观念于天演公例，已在不适不能生存之列，今虽回光返照，然已于暗中削减其原气，不过一时之现象，其终局必底于灭亡而止也。呜呼！今之旧势力欲维持现状者，乃甘心沦亡其祖国者也。

虽然，革命影响之大，功用之伟，既如上述矣。然其影响功用，未尝绝无程度之差别焉。法兰西所以能有今日者，固源于革命。特其革命之功用不在大革命之时，而在革命以后。盖革命时，除极度之狂潮，与盲目之冲动外，绝无他物。革命以后，潮流既平，盲动亦息，人各有熟考之明识，于是从事于建设，乃全属有意识之作用，而非基于不健全之感情也。故革命后人民意识明亮之程度，即革命功用伟微之程度。易言以明之，人民于革命后，其建设之方法，多出于思考一分，即多用一番考究，则革命之功用必伟大一分也。反之，若人民于革命后，所措置多出于感情一分，则革命之功用必小一分。更易言以明之，人民于革命后，若用新精神、新观念、新方法以施其建设，则革命之功用必大。反之，若人民于革命后，以旧精神、旧观念、旧方法以从事于树立，则革命之功用必微。由是观之，革命之功用亦有程度之差别，而其枢纽不在革命之自身，乃在革命后之处置也。今以中国革命后之处置不良，而辄谓革命无补于国家，此证之论理决不之许也。

夫吾人既知革命功用之有程度矣，然此程度果何自发生耶？吾以为欲明其故，不可不知政治革命与社会革命必相并行之理。李本氏曰 Political revolutions may be accompanied by important social transformations (Le Bon, *Psychology of Revolution*，p. 33)。可知此理非自我作古也。所谓政治革命与社会革命必相并行之原理，兹分五端以说明之。

一、必有政治革命而后有社会革命。虽社会必先腐败以趋于破产，而始生政治革命，然必政治革命告成，社会上始有巨大之变化也。

二、未有政治革命而不伴生社会变化者。虽其变化有大小之差别，以大小之差别而生革命功用之度量。社会变化之巨者，革命功用则大；社会变化之微者，则革命亦等于未革命也。

三、政治革命若离社会革命而独立，则为全无意味，故政治革命已告成，而社会革命方在进行中者，其功用隐微而不易见，非一旦社会上有巨大之变化发生，不能目睹其效果也。

四、政治革命必与社会革命同时而存在。盖社会者，意志结合之产物也。革命者，自新精神、新观念、新方法而发生。此种心理必先根据于社会。易言以明之，必此意志结合体先自变化其内容，然后始克产外界之动作。故当未革命之先，此意志结合之内容，已稍稍变为新生命；革命以后，全为此新生命之世界。若革命以前，意志结合未曾变化其全部，而仅一部分得此新生命，则于革命以后，此意志结合体内，必四分五裂，而成各种团体与势力以互相攻击。此互相攻击之际，社会上旧日之藩篱尽破，而社会革命成矣。故社会革命无不萌芽于政治革命之先，而未有不告成于政治革命之后，谓之为同时存在，固未尝不可也。

五、夫革命者，意志结合之解散也。必先有意志之新结合之欲望，而后实行解散此意志之旧结合。解散之后，即刻组织新结合以为交替。吾尝以国会之解散设譬，国会解散后，即重行组织之，国家之革命亦犹此。特不如是之简单耳。由是观之，无一政治革命而不以社会革命为根底者，第其重新组织之新意志结合体内分子，必不能齐一，于是而生争斗。争斗之结果，必使结合之形益益为之变化。故社会革命亦有大小之度量也。易辞言之，结合之形式全基于新方法者，其革命为大。否则其结合之形式仍如旧贯，则社会之变化小耳。

由是观之，政治革命必与社会革命相并行。苟政治革命已告厥终，而社会革命方在开始者，则其国必非一次革命所能了之也。不见夫法兰西乎？大革命之后，社会上实未发生偌大之变化，农民之保皇思想如故，除少数之爱护民权者外，一班国民皆欢迎政府之大权。那破仑，盖世之雄也，能窥破此中情秘，以旧精神旧方法而加以新名目行之，全国竟为其所愚。所幸者，那破仑对于新精神新方法亦不复忽视，务使二者得以调和，且切实从事。此那破仑之所以不可及也。后之学那破仑者（如其侄那破仑第二）皆无足以语此。其兴高采烈之时，正其灭亡之期，可为之长太息矣。然法国虽处于狄里克铁之下，亦为期不久。此无他，社会变化足以促其命运也。故此后又有革命三次之多，至最后共和国成立，始相安至今日。其中因果可以知矣。总之，凡社会未经极度之变化者，必渐渐趋于变化。其变化苟不与政治相应，则必产出第二次革命、第三次革命。盖此一定不移者也。今以中国之状态言之，中国之社会革命今方开始，吾敢断言。惟社会变化，至何程度，则不能妄语。其与政治相应与否，尤属疑问。特可自信而不疑者，则人心之未死，社会之变化方新，未有戛然而止者也。

读者幸注意吾言，吾所谓社会革命者，绝异于政治革命，不必流血，复不必杀人。进一步言之，更不必变更国体，亦不必推倒政府。其革命也，由于无形，由于潜势，由于自然。要之，社会革命者，政治革命之根本也，政治革命之后盾也。政治革命于前，必社会革命于后。否则，政治革命若单独进行，则鲜有效果之可收。今中国政治既革命矣，而社会实未革命。即革命焉，亦不过今方开始耳，其效毫不可睹也。故今之人谓革命无补于国家，不如维持现状，殊不知彼所见者，为政治革命与社会革命相隔离之现象。若见二者相应符之状态，必爽然自失，知其说之无据矣。然中国今日非政治已革命而社会未革命也，实政治革命太速、社会革命太迟耳。他日社会革命告成，则革命功效始著。惟斤斤于单简之政治革命者，扰乱社会之安宁，增加社会之厌恶心，其结果反有碍社会革命之进行。是又吾青年之同胞，不可不引以为鉴者也。

（载《正谊》第 1 卷第 4 号，1914 年 4 月 15 日）

用人与守法
（1914 年 7 月）

　　不佞曩主张法治，以为于法治之下，互异之势力相反之党派，可并包之，且可使其于法律范围以内为之竞争，以促国家之进步。今则默察国势政局，知欲行法治，先有前提。必今之执政者尽数淘汰，则法治始有可期。若以法治之说，加劝于今之执政者，则不啻以芥埋海，以薪止火，殆绝无丝毫之效力，可断言也。今请一论此前提。

　　前提维何？曰：今之执政者有不适于法治之心理二端。此二端乃自遗传而来，深宿于性根拔之不去也。二端者，一曰用人；二曰守法。读者闻之，必以为吾谓其使贪使诈破坏法纪，此老生常谈，吾初不必再渎诸公之听。吾之所谓实别有所指，幸注意焉。

　　今之执政者耗其全付之精神于用人，而绝不留一分余力以处理政务，其苦亦可谓极矣。所以然者，盖有不得已之原因焉。夫国家社会者，各相异之势力互反之分子相反相和以激而成之者也。此相异相反之势力与分子，各本其爱憎，二力相拒相引，以演成自然之势。苟有一分子一势力，借事势之潮流得并吞其他分子与势力而压倒之，则自然之势破矣。自然之势既破，则专恃人为之力以维持之。故于法治国之下设有一定之范围，于此范围之下，使各势力分子相拒相引，任其自然不加强迫各势力各分子，于是知力皆相等而不能相克也。乃演为调和之局，或轮替以进行，或并驾而齐驱。竞争之结果，不使一势力为之专制，而国家社会得莫大之利焉。于专制国之下，无一定之范围，于此无范围之场，其初也，各势力各分子相争，争之结果，强吞弱，弱并强，最后唯有一势力一分子屹然立焉。其他势力与分子皆伏于其下，莫敢为激烈之抗动也。顾以一势力压服多数之反对势力，其为力必至强，其用心必至苦，其维持亦必有至不易者矣。且加以多数之反对势力被一势力之压倒也，非若杀之，使自有而归于无。盖各势力虽为其压倒而仍存其形，或阳为之屈，表示服从，而阴怀异心；或雌伏而不动，乘机以兴。一势力既知决不能使其归于无，又复知其心不能无异，故必百计以敷衍周章之。用人者，即其敷衍周旋之一术也。

夫国家社会内势力分子之不齐，自然之势也。不可强之使齐，必听其自拒自引以自调和。然于专制国中，鲜有知此理者。我国行专制既数千年矣，是故一入政界，无不欲以一而驭天下，此数千年之根性使然也。当其始也，文化未开，社会上各势力之分合亦复未著，各分子之爱憎程度更不若后世之甚，故驭之者较易为力。迨后人文日进，势力日分，分子日杂，于是逆自然之势而以人力维持者，必日觉其难矣。觉其难而不知退，仍复以此术施之，则除终日耗其全付之精神，于此敷衍周旋之中，无毫厘之事业可言也。

虽然，社会之不齐不足虑也。盖有自然之调和以支配其间，有自然之分配以维持其状。今废此自然之调和与分配而以人力代之，则未有不穷者也。何以言之？夫人力有限者也，而外界之变化无限。以有限逐无限必穷。且人虑不能周密而绝无一失，有一失则全局紊矣。加之人与人之间，其心其力其道未必尽同也。即同焉，其消息之间亦未能尽通也。综而观之，此反自然之分配与调和者，其结果固必至于穷。而当其维持之时，钩心斗角，劳神劳力，亦必有不堪其苦者矣。

社会上露头角之人物，必为各势力之代表。易言以明之，即必有一势力于其人之背后是也。各人物本其固有之势力，由于正当之轨道，足以发展其能力，初不必借助于人。且其所行，自有相当之径，亦初不必受人指命，求人提携。苟有一人焉，抑之使各人物不得其相当之涂径，或携之致得于非分，则自然分配之势乱矣。自然分配之势乱，则自然调和未由以现也。夫各人物循其身分上能力上正当之轨道，以自活动于同一之场，亲焉，拒焉，争焉，息焉，各依本来之天性。或交换而互益，或轮替以均惠，或相抗而并存，或分途而不害，此即所谓自然分配。由自然分配而产自然调和者是也。今则不然。本可以交换者，而强使之隔离；本可以轮替者，而强使之不敝；本可以相抗者，而强使之屈服；本可以分途者，而强使之统一。凡此不过举例而已。要之，凡反自然之势者，皆所谓人为分配与人为调和是也。

虽然，人为分配与人为调和非绝对可能也，必于特殊之时代可一用之。此特殊之时代，种种不一。其易见者，即为大乱之后耳。往往于战乱之后，社会上各势力各分子同受巨创而疲焉。若有一势力借武力以兴，则可压倒其他而握霸权。顾各势力各分子疲困之余久，久必舒，故于战乱之后，去战时愈远，则压制必愈重要。压制愈重要，则人为分配必愈须周密。人为分配愈须周密，则精力必愈耗。愈耗于是分配乃愈不周密。分配不周，则各势力一呼而兴，全局瓦解矣。吾曾以此理验之历代革旧鼎新之迹，未尝不太息其丝毫无爽也。

所以然者，一势力虽足压倒其他势力，而绝不能使其他势力皆归于灭亡。夫其他势力既存在，若不为之分配与安置，则必自行发展，以谋其正当之道。果尔，则必与此一势力有莫大之害焉。于是不得已以人为之位置，而代自然之发展。于专制之国，所有帝王无不采此政策也。

此以人为位置代自然发展之心理，实为专制国执政者之天性。此心理之发生有原因四：

一、欲保持一己之优势与强权。殊不知于文明国家各势力分子只能占有相当之势，与夫相当之权，而无有一绝对权势可以盖其余者也。

二、欲反对之势力与分子皆为己用。殊不知反对之势力虽受压至若何程度，然绝不能完全同化也。

三、缺少国家之观念，一若国家可亡，势力不可失。行自然调和，则国家强；行人为调和，则国家必日弱而厎于亡。此所以人为调和仅见于未开化之专制国，而于文明国家则早绝迹矣。

四、误解治者与被治者之关系，以为被治者必绝对遵治者之意思以行，且使其凡事必仰于治者，然后可操纵。殊不知文明国家治者与被治者皆异途而同归，异事而同功，初不必为之操纵也。

由是观之，专制国者，人为分配之国也。唯人文未开之世，为宜于专制。易言之，即宜于人为分配。盖以一人之意思以处理万机，非人为分配而何耶。迨文化渐开，其分配必愈苦。其故由于彼以自专制遗传之性根，仍施之于文明之世，宜其扞格不通也。夫曾于专制之世，为政者必有此观念之性癖。今民国之当局，无一而非执政柄于专制之朝者，则其有此人为分配之心理深宿于脑蒂，必为无可疑矣。既有人为分配之性癖，则必置政治于不顾，而专耗其心力于用人。或提携之，或抑压之，或周旋之，或禁锢之。凡可达前二项之目的，必百计以行之。其为政之事业，止于此矣。夫政府者，所以福国利民者也。今国不得其福民，亦不得其利。反之破自然之调和，阻自然之进步，凡国家所行之行为，无一而有焉。故谓之无政府之国家，盖未尝不可也。近人尝谓专制国对内而不对外，此诚不谬然。对内果能利民，则尽耗其心力于对内，固亦无伤。所不幸者，既不暇以对外，而于对内又复破坏自然之分配，阻挠自然之进步。有国如此，未获不亡者也。

复次，请言守法。吾以为今之为政者，非惟不能守法，抑亦不知有法也。夫法于文明国家，为一超越各势力各分子而独存之物。且此物即为各势力各分子所共守之范围，所共遵之规则。未有一势力可挟之以为己之护符，亦未有一势力可毁之，使其失效。于专制之国，则无如是之现象，故有法律实无异于无法律也。何以言之？专制国中一势力既压倒其余，则决不能再有一物以临其上。易言以明之，一势力之所以磅礴而无抵抗者，正以其无范围足以拘束之，无规则足以遵从之。且于已存之范围与规则，择其有利于我者，存之扩充之。其有害于我者，毁之变更之。卒至使所谓范围与规则者，不过单独意思而已。单独意思不足为法，故曰专制国虽有法律之名词，实无法律其物也。更有进者，单独意思时时而变者也。今日之意思，未必与昨日之意思同。明日之意思，未必受今日意思之拘束。则单独意思者，无受拘束力之谓也。且夫自我创之，则可自我毁之，故既无前后拘束之现象，是与法之性质尤不相侔。谓专制无法律，谁曰不宜？

更有一事，足为此事之证明者，即造法之观念是也。于文明国家，其造法必为各势力各分子自然谓和之结果，即各相约而纳于一定之范围，依于一定之规则。此范围与规则，乃由协约互让共誓以成之。专制国则否。由于单独意思，任意创造之。而以为不利焉，则任意毁弃之。是故文明国家造法一成而不易变。即变焉，亦必须若干岁月，其为期盖有一定之限度也。专制国不然，其无日不在造法之中。今日造之，明日覆之。一年三百六十五日，此三百六十五日乃无一日而不造法也。

当其始也，不欲居法之名以造法，而以命令行之。命名之实质，等于造法也。视法则畏之如小儿之畏虎。故亡清对于宪法深恶而痛绝之，必设五年之期以为搪塞之地步。民国政府对于宪法，亦未尝不深恶而痛绝之。盖宪法若成，有物以临其上矣。且不宁惟是，其行为受拘束，反对之势力得缘而起也。其结果有至不利者，此亦常人可推而知之，不必赘也。

及其继也，知造法以命令行之者，未尝不可以法律名义行之。至此，其方术又进一步矣。于是公然有以造法名义而行其造法之事。虽然，其所造之法仍非法也，不过造一单独意思而已。吾前不云乎？专制国无法律，无论其造法以命令行之，抑以法律行之，要而言之，其实质不过单独意思之表示耳。犹诸猴也，或被中服，或着西衣，外形虽不同，而其为畜类，固未尝稍变也。

吾人论至此，请为之结。曰：彼之耗其心力于用人与不知有法，乃同一根源而生，同一心理而出。苟有法以临其上而拘束之，则其优势与强权必不能保持永久也。若不为人为之分配，而听社会之自然发展，各势力争长相雄，其优势与强权之不能保持永久，以与前正同也。故欲维持优势与强权，则虽有法，必故认为无法，而始得以自由操纵之。虽知人为分配之逆于自然，其事必苦，顾非此不足以求暂时之安逸，故毅然行之。吾以为人类之苦至此而极矣，世竟有求人间之至苦者，其心理必有非常人所能测者也。

（载《中华杂志》第 1 卷第 6 号，1914 年 7 月）

泣血之言
（1914 年 7 月）

东京有《民国》杂志者，发行已有二期，未识执笔者为何许人。吾读之，吾良心怦怦然动，吾泪如泉流，吾感情如潮涌，吾遂不得不以泣血之言，一贡诸《民国》杂志诸公之前。

夫今日之中国，新旧势力竞争之中国也，新旧党派竞争之中国也。新势力新党派胜，则中国可由兴而强；旧势力旧党派胜，则中国由苟安而底于亡，此或诸公所熟知者也。顾新势力新党派众矣，有所谓急进者，有所谓缓进者；有以法治为号召者，有以武力相从事者；有暴躁而贪功者，有慎重以将事者。其手段不同，其目的亦未尽同，于是利害乃互相冲突矣。夫利害绝对相反，感情极端不合，加以手段各异，借径互殊，虽最后之目的终归一途，而现在之团结，则必不可成也。且非惟不团结焉，乃并互相反抗之分裂之，其结果卒至不攻旧势力旧党派而先同室操戈，兄弟阋墙专以互相自轧也。

旧党派旧势力亦众矣。或意在媚外，或意在利己，或以旧道德为治，其心尚可恕，或貌新而实旧，绝无骨格种种，不一非能详述，亦不必详述也。以种类之不同则感情隔阂，而团结亦复不易焉。

当新势力新党派之发生也，乃远在戊戌以前，至辛亥而极盛，故辛亥革命谓之为新势力之得志，盖未尝不可也。虽然，辛亥以前新旧之竞争日以烈，势不得不团结，故内部之阋墙即偶然有之，而亦不甚洎。夫革命告成，新势力一旦得志，语云"满招损，盈受祸"，以此之故，内部之暗斗乃突起千丈矣。此内讧之结果。至民国二年之秋，新势力乃根本失败，旧势力遂重整旗鼓而当场也。推新势力失败之原因，厥在内讧。而此内讧之罪，由各部分分担之，决不能归罪于一部分。更以具象之言表之，即急进者与缓进者、暴烈者与温和者，各有其相当之罪，初不得谓此失败之祸产于急进者或缓进者之一派别也。

当未革命以前，旧势力为新势力所迫，团结亦复严密。至革命初成，旧势力失败之余，亦分而为无数之小派别，互相倾轧，绝不一致，正犹新势力也。

是故于革命之前，新旧势力各有团结，隐然互相为敌。迨革命成立，新旧势力各自散漫，且分而为无数之小团体小派别，此小团体小派别互相攻击，几忘其新旧对峙之状态。攻击之结果，旧势力由散而复凝，新势力乃由散而更散。二者相较，旧势力之胜新势力之败，盖定理上所不可逃避者也。

诸公必深知明代灭亡之历史者也，偏安一局而大兴党祸。当时马阮诸人，未尝不以为杀尽东林党人则国事可由其自由主张，殊不知既已杀尽矣，既已自由主张矣，而国事初无补。此足见内讧之无济于事，而反足以速亡也。往往于同中而异，必生恶感，此实野蛮人之根性。义和团杀洋人则未必若杀教民之甚，何者？以教民同中而异者也。古代行军必先杀本国之叛者，而后与敌国交战，何者？以叛者同中而异者也。夫好同恶异己，为野蛮之根性。近者秋桐君曾著论言之甚详，不可不一读也。而对于同中之异者，仇之愈甚，则更属野蛮之尤。吾以为新势力之内讧，其心理皆如此也，然亦可以自返矣。

夫先事内讧，先仇同中之异者，果于事有济乎？果能战胜外力乎？吾以历史验之。凡有内讧而先从事于征伐同中之异者，其结果必败。此历史与吾人之大教训也，不可不铭记于心。故当国民党与非国民党酣战之秋，吾尝悒焉忧之，以为新势力之失败不远矣。新势力之失败固无异于中国之亡也。

此内讧之起源，吾尝研究之约有数种：一、陇断；二、诿过；三、伐异。

吾尝谓治一大国家，绝异于治一家一族。不贵有陇断之人才，陇断之政策，而贵有部分的责任。但得人人各有相当之径涂，以发展其所持之政策，则他日异途同归，国家终有益焉。若陇断不成，则诿过于人，是除终日争执之外，毫无实利。诸公谓持征伐暴民之说者，酿成今日之局，而持此说者，未尝不可诿过于二次革命诸人。夫南京举事，由程德全之委任。程德全由袁世凯之委任，然则谓国民与政府宣战可乎？即此一端，亦可例其余。况政府所借口者，暴民征伐之说多乎，抑破坏国家涂炭生民之说多乎？若无二次革命，则民党之势力虽非如辛亥之盛，然亦不致如今日竟等于零。取消国会也，取消自治也，取消司法也，皆二次革命有以激成之也。此种根据事实之谈，诸公亦只可听之。虽然，吾绝不欲作此言也。吾以为无论新势力中之何派别何团体，皆宜自忏，不得诿过于人。盖各有相当之罪耳。

以上消极之言也。吾请以积极之主张附于篇末。曰：今日中国未尝尽绝望也。第一以人物证之，往日社会所崇拜之人物，咸自杀以去，正社会要求新人物之机会来矣。此新人物必无陇断与伐异之性质，各依其相当之轨道，以行异涂同归，国家最后得有救济也。故吾以为凡属于新派，当自新自振自忏，别谋所以报答社会之道，救济国家之策。若仍出其昔日之意气，则亡国之罪不当归之旧派，实新派有司之也。

（载《中华杂志》第 1 卷第 6 号，1914 年 7 月）

自　忏
（1914 年 7 月）

　　余何人所学无似，自共和成立以来，忝列舆论界，追随当世诸公之后，虽不敢自谓先觉后觉，然每于现代问题，辄不敢自欺。以平素所信者，献之于社会，以冀政治趋于正轨，国家得以救亡。盖本于愚者一得之义，未尝敢自是其说也。此二年之间，以言论与同胞相见，清夜扪心，所信者初未尝有误。第验之现今状态，证以吾前此之说，心实凛然，若不可终日。虽使吾说未产影响，然吾人当以良心判断言论之自身，初无涉于其效力也。

　　夫刑法上之教唆，犯教唆之实行与否，为法律上之条件，绝不涉于道德。以道德言，被教唆者，已否实行，均可不问，而教唆者早踏道德之禁律矣。吾今举例，亦复不伦，盖有教唆为善，而竟误会其意，而实行恶事者，以教唆者之良心衡之，初非不可告人。被教唆者，久存恶念，乃利用其说，以得实行。以教唆者言，固可告无罪于天下，惟结果已生，补救无方，不得不用以自忏耳。吾今举例，又复不伦。盖有甲蓄善念而发言，乙存恶心以行事，竟值同时，初未尝有教唆之关系也。要之，无论言者为不择时，为被人利用，而不知其良心固无他，其不捡则不可免也。据今日以观，国中不捡者，当百分之九十九，非惟素以稳健自命者。为不捡之尤，而以暴烈用事者，更为不捡中之甚者。何以言之？甲之不捡，所以助之。乙之不捡，所以激之，助之。激之，其用一也，其效亦一也。二者合之，其力乃更速且大耳。余深不幸，竟居为不捡者之一人，瞻前顾后，良用忏悔。昔者奥古斯定著有《忏悔录》，吾读而感之，良心促吾自白，欲其无言，又何能者。

　　虽然，追悔者个人之事也，固不必以告人。吾今以此呶呶于爱读诸公之前，得毋不类于言论耶？吾以为不然。今之中国能知悔者有几人乎？无有也。喜破坏者，方欲从事于三次革命；爱压制者，必欲灭尽数年所培养之新萌芽而后快。彼破坏国会刍狗人物者，方得银行矿政以自豪。彼为傀儡者，更乐为傀儡而不辞。彼学法律者，亦天开异想以自荐。凡此诸人，未尝不知国家危亡已在旦夕，顾卒不能一反其所行者，不知悔也。然则悔之用大矣，悔之道尚矣。夫悔者，良心之发现也。无悔则无良心，无良心则无道德。无道德而能立国，恒古今遍大地，未之见也。美利坚之能脱英独立也，非以其政治之发达，实以其道德之高尚也。日本之变法自强也，非以其政术之改良，实以其心志之坚结也。英吉利者，非世称为强国乎？而英人之道德，亦为世界之冠。然则道德与政治国家之关系，可推而知之矣。吾国人日日以改良政治、发展国力为提倡，而对于道德绝不注意。即间有一二老生常谈之论，亦意在诫人而非戒己。若以为己之道德已高出于群也，殊不知不能束服自己，安能范围他人？此恶根性，自宋以来，深宿于国民之脑蒂。宋儒论道德之书，奚止万卷，而皆在责人，非用以律己。夫严于责人，宽于镜己，则虽立言如山积，而社会初不受一分之益。何者？人不之信也。

　　吾尝于前清之末季，遍观当世之士大夫，鲜有一人而有自律之精神者。新学之士，其放弛更甚。革命诸公，亦不自修养，乃较甚于常人。故其失败，实早于其未成功之先，已种有萌芽矣。且夫疏于自律者，必言行不一致，为一切恶德之根源也。故阳明以知行合一为教，盖深有慨于当世之人心。日本自命为奉阳明教之国，吾尝细察其国民性，知其有今日，固未尝无因也。总之，验其人之道德，不可就其责人之言论，而评其当否，而应于其自律之行为为之注目焉。虽然，人之行为，不能尽是也，虽圣亦不能无过。有过矣，惟悔足以弭之。故人不患有过，而患无悔。悔者，自新之道也。自常新则旧过不立。故谚语有云：君子之过，如日月之蚀也，候间而过。此无他，自新所以使之也。一人知悔，则一人常自新；全国知悔，则全国常自新；一家知悔，则一家常自新；一党知悔，则一党常自新。一人自新焉，一家自新焉，一党自新焉，则全国自新矣。全国自新，而谓国家不能起死回生，转弱为强者，吾不信也。更详言之，彼破坏者知悔，则知徒恃武力，不足以救国；彼压制者知悔，则知徒思复旧，不足以言治；彼傀儡登场者知悔，则可别觅所以贡献社会之道；彼破坏国会刍狗人物者知悔，则当净虑涤心，以赎前愆；彼颂扬功德者知悔，则当切按事实，别思建言；彼以政治为利薮者知悔，则可别谋生计，从事简朴；彼学法而以奇说自荐者知悔，则知是非终有究竟，绝不能以鱼目混珠也。如此，则中国前途必有希望。然则悔之为用，不亦大哉！吾故欲以忏悔为提倡也。

且悔者，与耻相伴者也。人之异于禽兽者几希，此几希者即为廉耻。今中国全国之人不知悔，盖皆无耻之徒耳。夫人格相续而不断者也，非惟一生所为之善，必相贯而成一系，且所为之过失，亦必入此系中，不可以为凡过失皆可排除于人格之外。故从前种种，譬如昨日死，此后种种，譬如今日生，此无耻之言也。今之为言论者，有所谓"出门不认货"，亦无耻现象之一也。何以言之？凡人对于前此之行为，无论有无过失，若以为非我所为，或譬如已死，则无所用其悔矣。悔者，确认我前此之行为为过失，而欲力改之之一种心理也。今中国之人，未尝无一刻之自明而知其所为为过失者，然皆视如非其所行，或如已死，此无耻所以使然也。是故惟知耻始有悔，有悔而始知耻。今者全国之人，不知廉耻为何物，吾又何能望其有悔耶！

吾前既言矣，一人知悔则一人自新，一家知悔则一家自新，一党知悔则一党自新，一国知悔则一国自新。今中国所以不能自新以救危亡者，全国上下不知悔耳。吾今愿以忏悔为诸公劝，则吾不得不先自忏悔。

吾之所悔者非他，即吾二年来发为言论，以商榷于国人者是也。虽自信良心，初无所蔽，而目睹现今之状态，吾终不能无一语以自赎其罪。当革命之告成也，当世诸公皆觉中央政府之薄弱，力倡强有力政府之说，余和之。今者强有力之政府成矣，果何如乎？且当世诸公，惧各省独立之有碍外交也，力主单一国家之说，而辟联邦之主张，余亦和之。今单一国家成矣，又何如乎？又当世诸公有主张废约法上之同意权者，余亦和之。今同意权早不存在矣，政象果为善良乎？吾不敢言也。

其次，则余曾主张减少国会议员之名额，彼竟欲以此打消国会。国会既灭，复以此施于彼所谓造法机关者，虽彼之所为，初与吾说无一分之相同，然吾终不能释然于心也。又其次，则余主张国民会议，以制定宪法，今新约法竟有参政院起草国民会议议会之规定，虽与吾前者之说，绝不相合，然吾亦终不能自恕吾之不捡也。

吾前不云乎，全国之人不捡者已居百分之九十九？吾今自忏，非故示区别于众也，实欲吾同胞深知已往之不捡者，而慎之于将来耳。吾尝闻日人之谈我国事者，莫不曰中国人有轻率之病，蒙于客气，而不能善其事以持久远也。自今追溯，余于此数年之间，虽步诸公之后尘，而仍不免轻率之讥。夫以身许国者，而以轻率出之，是其所献于国家，当可想像而知。此所以吾良用自悔者也。

要之，吾之表示吾悔于同胞诸公之前者，实求诸公之一悔耳。吾以为今日之中国，一人忏悔，则国家受一分之益。一人不悔，则国家增一分之害。故不患人之有过，党之不捡，而患人之不知悔，与夫党之不知悔也。诸公以国家种族为前提，曷回顾前此之所行，而痛悔之，然后始有自新之途也。兹暂依耶教之例，呼曰阿猛！以为斯篇之尾声。

（载《中华杂志》第 1 卷第 7 号，1914 年 7 月）

中国之将来与近世文明国立国之原则
（1915 年 2 月 15 日）

一

政象由活泼而趋趣于停滞，社会由勃发而至于静止，人心由腹诽而变于苟安，此民国三年所以见赐于其新诞生之四年者也。于此现象之中，尚何可言？近又颁布总统选举法矣，于法律界又增一异彩，诚令吾辈学法者，目迷五色，不知何所；心有所恫，口莫能宣；即欲有言，亦不知从何说起。吾不得已乃择一迂远之论题，初观之若无时代之切要，细按之乃于立国有密切之关系。

盖尝闻之"知识者权力也"（Knowledge is power，此英谚也）、"所能即为是"（Might is right，此亦英谚）。则所谓政象之停止，社会之苟安，乃非大力者以压之使然，而人民知识幼稚，因而能力薄弱，致不得不出此耳。又尝论之卢梭等百科辞典，学者以区区著书之力，致不仅本国政治蒙其影响，且乃撼动全球，使人类幸福皆出其赐。其事顾非至可惊耶！那破仑以三千毛瑟不敌笔之一枝为言此事，乃为时人作口头禅，遂致令人厌闻之，更则知识作用之伟，固有使人惊讶不置者。

证之历史，近世文明何由以兴乎？无不曰以文艺复兴之故。文艺复兴者，一二学者好古笃学，取希腊罗马之残篇遗著，为之疏释，遂想见希腊罗马之文明。故当时之著作，莫不以拉丁文行之。而世风所播，人又竞学拉丁，于是因言语而窥其文化思想，乃为奋发。故白芝浩曰："近世之文明，即希腊罗马之文明也。"然则以区区一二学者之力，竟唤起今日之文化，其作用之伟，不亦重可畏耶！

更证以今日之战争，乃出于一二学者之提倡。其提倡之主义，曰民族帝国主义（national imperialism）。林须之言曰："民族帝国主义者基于民族之国家，而非不顾他种民族之存在，乃欲增加国力，用以吸收未开化之地域及劣等民族。然非以政治上之管辖，加于已发展之民族也。"（Reinseb，*World Polities*，p.14）此民族帝国主义，其初意固在吸收未开化之土地与人民，特以各国均欲于同一土地同一人民各得而吸收之，势必用争。故此次战争，以巴尔干为导火线。盖巴尔干者，列强之帝国主义之目的也。今日稍有世界知识者，无不知世界问题有二：一为巴尔干问题，一为中国问题。巴尔干问题，或即以此战而解决，此后遂为中国问题矣！中国问题亦必引起战争，吾敢断言也。是区区学说之力，乃致有今日之局，吾中国亦竟以此而蒙不幸，则知识作用之大，宁可以言语形容乎？

反顾我国之内情，廿稔以还，语及共和，罔不骇极而走，今则于政府之措置鲜有满意者。故秦始皇欲为子孙万世之业，必先焚书坑儒以愚黔首。王莽篡位，必以周礼复古之义相号召，以求一时学者之不为攻讦。由是观之，专制之君无不视知识为展物，而文明之邦亦莫不视知识为左券。则知识增一分，能力亦大一分，则国家必强一分也。欲国之兴也，不可不先谋所以增进其民智。我国之不振，撩于人民知识之幼稚，已成铁案。虽云政府之措置，人民未能满意，然能语此措置不当之理由者，有几人乎？吾言至此，吾心痛矣！

吾尝读历史，有革政而兴者，有革政而亡者；有革而再革，方堕于革之中，莫能自拔者。呜呼，国于大地，必有以立；立者何恃？国民之知识能力而已。吾为增进民智计，故欲一述近世文明国家所以立国之原理，且以为于目前暂置勿论，苟他日中国依此原理而入乎正轨，则中国必兴。若长此以往，则亡无日矣！

二

吾今欲以近世文明国家立国之原理施之于中国，必中国确有存立不亡之资格而始可。中国之存亡问题，久为有识者所注目，当代文士亦尝列为论题。不佞追随其末，亦曾抱乐观主义，今则意见微有不同，非敢自堕于悲观，用告同胞以减国人之希望；亦非对于现代之黑暗，因而诋毁五千年文明之人种。实据事实而观察之，终不能于乐观之中不含有多少之悲观。特非用独断之方法（dogma，i. e. method）以明其如此，乃设有大小两前提（promises），由两前提之结合而生结论（Conclusion），并于第二前提（即小前提）设有正负二种，正则生正之结论，负则生负之结论。特吾之注重不在小前提，而在大前提，吾请于此一言大前提焉。

于叙述本旨之前，须更有一言以申明之，而免读者之误会。盖今之人一闻悲观之语，必以为对于现代之外患内忧而发。吾今所论，乃不在此。夫欧战足以亡中国，有识之士早已道之矣。特其所持之理，在微而不在显，故表面之亡国尚不在今日。世人多以此而遽生苟安之想，以为亡国之期尚远，今之发为危言，皆属神经过敏。实则不然。吾以为亡国之权惟本国人操之，外人不足以亡我国也。谓余不信，请以历史证之。最近之亡国者，是为朝鲜。朝鲜无一进会诸无耻之徒，日人亦不敢公然倡合并之议。虽其由来久矣，推其着着失败，次次堕沦，皆本国人为厉之阶。若印度，若安南，或以兄弟阋墙而外人侵入，或以全国昏庸，致乏抵卫，皆深慕乎欧人之文化，遂使举国为墟。反之若波斯，若土耳其，皆数千年之古国，亡而复兴，卒能保其立国之基。若波兰瓜分已久，尚蠢然思动；若犹太，则永无建国之想。是历史所示吾人者，无论其国之外患若何深重，苟其国民有立国之资格，无不勃然而兴，特有亡而复兴者，有未即亡而兴者，其期同之长短，时会之早迟，不能一律也。故吾对于中国之国运问题，以为外患不足畏，特当一检吾国民之性格耳。吾友蓝君公武，素持"中国不亡说"而抱乐观主义，其为论固有独到之处，顾与予之所信则不尽相似。梁任公亦有"中国魂"之主张，惟依予所见，"中国魂"之说，诚不为无所依据，特不过追思数千年前中国民族所以致兴之道而已，与现今之中国状态与夫国民性质，绝不相同。盖中国之状态与国民性质，已异于数千年前也久矣。若何而可使其归真返璞，以达于往昔之优良状态，固为吾人所当研究之问题。惟吾以为今日之变性，尤为问题中之最切要者，故予非否认"中国魂"之根据，乃窃以为今日之中国，已早非往古之中国，徒执往日之状态以为褒奖之口实，必无济于实际也。

今日之变性，何由以成乎？证以生物学之原则，无不知为心身之遗传变化与淘汰也。盖所谓性者，必兼心身二方面。今之持物理论者，谓中国人仅有二种：曰神经质，曰粘汁质。前者多变而无成，易感而即消；后者麻木而不仁，固执而不化。其持论之无当，颇为易觏。持道德论者，谓物质文明之自西徂东而入也，遂使吾固有之精神生活为之扫地。国民之不振，胥以此焉，其言亦复偏激。虽然，吾非谓吾民之小振，绝无关乎生理。往者尝与奚君伯绶论之：譬使全体之中国人，与彼欧人一一相对以试膂力，吾将见江南半壁全为懦弱之夫，嘘气即倒。夫生理之不发展者，又安有坚苦忍耐之魄力？且吾非谓吾民之不振，绝不源于道德。自西俗东渐，固有之善德乃淘汰无存，欧人之善德又未与之俱来，于是于此青黄不接之际，乃使吾民之心无所依托，惟有群趋而下，若奔堤之水也。然吾之所见，实在二说之外，请一言之。

夫一民族之兴亡，往往不在其现处之境，而在其涵有之德。吾民族之涵德为如何乎？证之已往，有仁义廉耻之说，是为中国魂。验之近令，则杳焉无或存矣。且夫涵德之量若何，即为人格醇厚与否之标准。吾尝遍观今日之社会，见其人格之薄脆，乃无比伦，曾不意数千年教化之古国，乃一变而至此也。间尝论之人格者，人类所恃以生，民族所恃以立也。自欧风传入，固有之教化失其威权。当此之时，若能警惕，即未尝不可补救于万一。顾则不然，二十年以来，上自政府下自社会，惟以扬恶为事，专以制造薄脆之人格。于是有积极之模仿与淘汰，而无消极之遏制，遂致举国而赴于此极。造至今日，谓为薄脆人格之全盛时代，实无不可。举凡不可为训之人，尽占优势于政治，操胜算于社会。于现状之中谓能图存，其谁信乎？

三

夫屋之支撑也，恃栋梁之木质；国之支柱也，恃国民之人格。木质而坚，则屋不易塌；人格而厚，则国必不亡。此一定之理也。尝与友人闲谈，今之政府固为吾人所不满意，然设使吾人而组织政府，国之大必非二三人所能治理也，能与吾人共事者有几人乎？此问一发，忧心如捣。往者非同盟党中，未尝无热心爱国者，而卒以热心爱国之故，为其同人所欺。同盟会又未尝无热心爱国之士，亦卒热心爱国之故，竟为其同党所误。盖国者，群意所成，决非一二人所可左右之也。往往国家垂危，二三有识之士痛哭流涕，以发警告，国民乃无所闻。虽有杰出之才，卒不能转危为安。历史上之例，何可枚举。读史至此，令人唏嘘无已时矣。自此点而论，中国之前途，诚不能无悲观，特真之悲观，仅在人格之不实；若处境之危，犹属其次，不过一时之现象而已。虽然，吾非谓人格之低下必无救也。救济之道，在先使政治与社会分其作用，则政治之摧残人物、社会之淘汰优秀，不致同时而行。然后徐徐以淘养人格，俾人格之充实者，虽不为多数，然非寥若晨星，则中国始有希望矣。盖人格之淘养，其权不在政治而在社会。故近世文明国家，其立国之道，端在尽其所能（即英语 as possible as），不必干涉者决不干涉之也。摩尔（Mohl）谓古代之自由权与近代异，古代惟争参与政治之自由，近代乃谋国家不加干涉之自由，最为透宗之谈。盖国家为社会之权制作用，断无社会不发达而其权制作用独能尽善尽美者。往者于清末之际，有人曾揭一问题曰：以社会之力发展国家乎，抑以国家之力发展社会乎？夫国家之生，乃专为民之福利计。以国家发展社会，理之至当也。顾事实有不然者，非人民之能力充足，不能产良政府。故此问题，可以民国三年之经验以解决之如下：

必政治与社会分离，使政治之干涉范围愈小，则社会之活动范围愈大，于是社会以自由竞争而得自然发展也。

此区区数语，亦即吾此篇之宗旨也。何以言之？在古代，一切道德、教化、经济之权，皆操之于国家之手。近世国家乃不然，且知道德、教化、经济等事务，非国权所能启发，必社会上个人能力自然为之开展始可矣。此事以殖民地证之，最为易见。世界之殖民地，以英为多。英之得殖民地者，非纯出于政府之力，且其于既得之后，复使殖民地得以完全自治。故其殖民地帖然服从，而不思叛反之。若日本者，常以东方之英吉利之自命者也，其政府惟怀侵略主义，顾其民所至之地，若南满，若青岛，据调查国云，除卖淫妇之外，几无商业之可言。由是观之，政府之干涉，于实质上实不能增加确实之民力，不过表面上之形式而已。中国之政府，不分前清与民国，素以干涉为主义，特干涉之道不同耳。彼国乃预想国民之发展，而为之干涉；中国则凡足以自由发展者，则必干涉，以防止之。故彼为无意识之扩充，我为无意识之遏制。中国社会上一切生机，均为我政府遏制尽矣。呜呼，能不悲哉！

然吾非谓政府之干涉，皆不当也。第一，须知干涉为助长，而非开发；第二，须知国际与国内不同。对于国际，则政府之干涉为有用；对于国内，政府之干涉愈少，社会之发达愈速。且此理并非自普遍言之，乃特对于现时而发。吾于现今政治一无希望，不得已，惟有求其减少干涉，撤去压制，俾人民休养生息，以自由竞争之故而各趋于向上之途。吾前谓人格之不实，亦于此自由竞争之中改良之、淘养之。吾为此言，自信非凭于思想，乃确见近世文明国之立国之道，无不由于此也。

夫近世文明国所以振兴之故，在减少干涉之范围，而听人民之自由竞争，以得自然发展，既如上论矣。惟文明国所恃者，尚不仅此。必使国家为公有，不能有一势力而独占据之。所以能致此者，端在有多数势力与之相抗、相监督耳。此多数互反之势力，由社会以发生。其发生之故，即源于政府之不干涉。苟政府为之干涉，则多数势力不立，而国家为政府之势力所独据矣。故干涉范围之减少，乃政治改良之初步也。而优良之对抗现象，即自此而出。言治者所当深注意焉。

四

捉摸近世文明国之根本意味者，有章君秋桐之调和论及不佞之对抗论。不佞非敢自慢，实以为苟不及。第二次革命以前，即保持对抗之局，维系至今，决无今之黑暗可断言也。吾民无识，一闻党争，辄为不愉。于北京政府初立之秋，党争固烈，而吾民之恶党，亦同时增高。实则恶党与党争同属感情作用，绝无一分理由之可诉。吾人痛切言之，党争果偾事乎？党争果有损于国家元气乎？当彼沸腾之时，鲜不为答，然自今日已无党争之际观之，则前次之党争实未偾事，且未尝致丝毫损害于国家。苟有闻吾此语而惊者，其人必仍留有当时感情之遗影，为其所蒙不能自立也。请更以反证之问辞进曰："今日之无党争，果未偾事乎？果未损于国家元气乎？"此答我知殊为易易。凡目前之事实，均非深奥难以索解，稍有人心者，必不当背其天良，而以讠委词为答也。是则党争固未尝害及国家，而吾之对抗原理，于此益证可知。自由竞争为一切进化之根源，无自由竞争则无发展，吾民而欲束手待毙也，则永永束缚于一尊可矣。

章君之论调和也，要亦不外此旨。其言曰：简而举之，则一国以内，情感利害杂然并陈，非一一使之差足自安，群体将至迸裂不可收拾。故凡问题领域及于是焉者，非以全体相感相召相磋相切之精神出之，不足以言治国之长图也。又曰调和生于相抵，成于相让。无抵力不足以言调和，无让德亦不足以言调和。然则章君之调和论，固非纯指内部之道德，盖与不佞之对抗说，同一为说明社会上政治作用之理法也。故吾独取其说，以为读者诸公进。

虽然，对抗也调和也，皆为社会上政治作用之理法，而非国家机关上政治作用之规律。盖仍属于社会，故欲致此，必政府之缩小干涉，减少压制，先使社会上有充足之生气，然后以社会活动之地盘，引为政治上之对抗与调和。不佞今颇省悟，知泛言对抗与调和，而不从社会活气着想，终为无济耳。所谓社会活动者何？凡经济、教化、道德、地方事务、学术、技艺、信仰等，均划出政府管辖之外，政府绝对不与闻，不干涉，而听人民自由处理之是也。更详言之，即政府不惟人民之仰给是求，扑灭一切之民间事业，而专使其依赖于政府。譬如用人，凡不欲用者，听其于社会自由活动，不必既不欲用而又畏其去，乃虚耗国库以柔禁之。由是以言，如祀天，如尊孔，如国有铁路，如矿业条例等，皆为吾人所反对。国家既无款以自开矿，又何必遏止民间之采矿，而加严重之条件耶？国家既无款以筑路，又何必收买民有之路，以奇其利源，而为借款之口实耶？祀天关于信仰，尊孔亦然。中国宜有宗教与否，此问题固非可一言而决，然以政府之祀天尊礼，而遽谓风俗以是而醇道德，以是而化吾知，虽三岁稚子亦必不之信，则敢一言为断也。报馆为言论自由也，而今之报馆鲜有不受政府之资助者。公司为营业自由也，而深狭之权利乃竟为政府所夺。吾尝默察今日社会之状态，无论任何事务，未有使社会独立举办者，罔不有政府之插足其间。此种插足，乃竟使社会活气根本为之湮没也。故曰：社会生机为政府遏制尽矣。

近世文明国家，首从此点着眼。举凡人民所能处置之事务，无不留于国民，以俾其自由竞争而向上发展，既以省国家之营经，复可长人民之能力。故文明国之社会，其事业乃较政府为多，万事皆不仰政府，而足以自动。我国除政府外，几无社会，人之仰食于政府者有若千万，殆亦世界中不多见之国耳。夫吾之为此主张，欲使政府之范围减少，而民间事务之范围增多，非有鉴于今日之政府不能积极为善，吾乃求其消极之不作恶耳，实乃睹乎欧美先进国立国之原则也。

于此引起一争论曰：国家主义与非国家主义，孰为真理乎？即保育主义与非保育主义之互相驳诘是也。夫国家主义在欧文殊乏相当之名词，有之惟 Nationalism 与 Statism 耳。前者为通用之语，后者颇属希觏。揆其义，前者指民族国家而言，并非牺牲民权而增长国力。后者之为训，实无异于中央集权。中央集权乃中世纪之迷梦，今已打破久矣。法兰西素以统一著者也，乃近二十年来惟分权之是图。耶池氏曾分四时期，自革命为始，第四时期自一八六六年以迄现今，为分权复兴之时代（见 Jeze, *Franzosisches Verwaltungsrecht* S. 197）。其他若英吉利学者，名之为单一制（Unitarian Government Unitarianism），其定义见 Dicey（*The Law of the Constitution*，p. 153）之国，然爱尔兰自治问题愈唱愈高。由此可见，文明国久已不作中央集权之梦也。独我国于革命告成以后，言论家偶以强有力政府为揭橥，政府闻而悦之。夫言论关于政局之建设者亦多矣，政府何皆不取而独取是语？吾故不欲为言者罪也。

要之，国家主义与保育政策，皆为对于国际而言；对于国内，则国家之行为无不有严格之制限，如保育工商，惟在设立关税，使外货不得而压倒内货，则内货徐徐得自然发展也。反之，以工商不兴。凡工商之事，皆操之于国家之手，则工商之发达，又安有望？故保育政策与国家主义，乃国际竞争上之一种方法，而绝非对内而施者也。且国家之作用，对内不在现实事务之处置得宜，而在制定抽象规则之完备。是以琐伦立法，而雅典强焉。盖国家之天职，惟在使社会上之人民得以自然发展。凡有阻止发展者禁绝之，于是必立抽象之规则，以禁阻止发展者，而各与以平等开展之机会。盖人民如春草，但去其覆于上者，即得自然而苗。国家之职守，亦如此耳。若如抚赤子如扶醉人，纵属望于国家，亦莫能为役。故近世文明国家，莫不见及此理，于相当之事属之国家范围，出其范围，即不得过问。此理证之法学，殊为明切，吾请得而详之。

五

闻之法学者言，国家所以别于他团体也，以有统治权。吾尝溯统治权发生之根由，无论历史若何变态，而无不出于被统治者之意思。被统治者之意思为何？一言以蔽之曰：认有统治之必要是也。若有一事，群以为无受统治之必要，则国家之统治权决不能强而加之。是以无论任何专制国，苟于人民之生命财产任意破坏，则决不能成国，行忽革命矣。中国之所以不免于革命者，未尝不以此也。惟学者多以为国权无制限，此言证之事理，而无是处。何以言之？今之谓无制限者，但着眼于对外，而不忽于对内。夫不受外力之压迫，与其本无制限有别。本有制限者，于制限以内不受外来权力之干涉，诉于名学亦无矛盾，又何必谓本无制限而后始不受压制耶？吾对于国权无制限说，以为有误点二端：（一）无制限与人格之观念相冲突；（二）无制限与法律之观念相冲突。

夫国家有人格，是为法人，于法学上已成铁案，无待烦证。然人格之观念，即含有制限之意；苟无制限者，则人格不立。耶律芮克曰：凡人格皆为相对的，即所谓制限的也（原语为 All Personlich keiist daher relatiy beschronkt，见所著《公权论》，1905 年第二版，p.86）。盖人格者，法律上之现象。法律为人类互相关系之行为规律。夫人既互相关系矣，则必依乎一定之规律。此规律互相限制，使各不能逾格而为非分。故人格之观念即有制限之义，国家为法人亦即含有制限，更不待多言矣。况国家必依乎法律，苟无制限者，又安能使之循法而行耶？

或谓自行制限即为无制限。柏哲士曰："虽有人倡主权制限之说，然其制限非基于法，惟由于神、自然及国际之法则而已。设国家之命令而违反于此等法，则果有何人执此解释之权乎？有之，亦惟国家之自身。然则此等制限，非真制限也，明矣。夫与人类以光明而解释真理者，厥惟公共意识（common consciousness）。故使原理而具有威权，亦由于此。然公共意识者，国家意识也，于近世之民族国家，则谓之为民族意识（national consciousness）。所谓神、自然、国际之法则，必经此承认而始为成立。"（Burgess, *Political Science and Constitutional Law*, pp. 53-54）。柏氏此说，几视国家为卢梭之总意。然总意非无制限也，若法兰西革命之国民议会、革命裁判所等，露伯斯、白莱唐顿等何一不借总意之名以行？然不得谓非总意也。若谓非总意，则操此宣告之权者果何人乎？易言之，即解释总意之是非真伪，其权果为何届也？依柏氏之说，必谓仍属国家。抑试思之，国家离其机关，又将何以认识？故人谓国家无制限，而其机关有制限，即国家制限其机关。吾则谓国民制限国家，盖国家离机关别无存在。言国家之制限机关者，实不啻国民之制限国家。此不过言语之争，与实质无稍变也。

更详言之，国家之发生出于人类之结合。人类以向上发展之故，遂组织国家，用以积极建善，消极去恶，则国家之职务亦限于此。出此之外，非国家所以成立之目的，则当然非国家所干予也。以前所谓总意之真伪，而准之于此理，则见真总意者为合于此目的之意思，即受制限有规律是也。若无规律不受制限，则为伪总意矣。故德意志之法学者多谓不受制限，只为于法律上不受外国权力之干涉之意，非谓其博大无涯、不可加以拘束也。

美大总统卫尔逊于其选举竞争时，曾发为演说，其后遂刊为书，颜曰《新自由论》（*The New Freedom*, by Woodrow Wilson, 1913）。其中一章名为 Freemen Need no Guardians（此言自由之民无待于袒护），痛论哈密尔顿之非策。实则就情而论，往者哈氏之保育政策，固未尝无功，而境过情迁，安能一如畴昔？则其不适用为人所诋者，亦当有自也。由是观之，凡保护政策，其背而无不为干涉与遏止。迨夫时机已过，而当日视为保护之制度，转瞬即为障碍之组织。此言合乎规则之保护也。若中国又乌能以语此？中国素无保护作用，今非锡以"保护"之名，亦非与彼国之保护政策相提并论，特以为被国之保护，尚不能无弊，矧我之非保护而为摧残之干涉者哉！

昔者严君几道尝谓，文明国之干涉较多，以警政为例（惜不佞一时不能举其书之页数），无识者乃以通衢便溺为譬，相附和之，以明吾国为自由，而欧美则否。此种论调之根本误会，在不识自由为何物。夫以便溺于选为自由，吾恐证之严君必不之许。自由之名词，自传入吾国以来，即招误会。青年男女误于此者，何可胜数。此固不独我国为然，即彼欧美曷尝不如此？若日本自欧化以降，风俗日薄，男女贞德罕有所存。顾彼等均不以此，而国家即加以干涉，且不以国家未干涉，而遽为衰弱也。近来世风日下，淫邪被靡之小说，在坑满坑在谷满谷。有人颇倡政府严禁之议，吾则谓不然。此中固不乏奸人牟利，然大半皆为文人末路，既不敢公谈政治，复无固有之职业，故自国会解散以来，政论之馆日少，而小说之作日多也。苟政府于正当事务减其干涉，则各人之聪明才力可以迸发而同赴于正，是此种小说不足忧也。以日本证之，社会之瘫痪，有识者未尝不忧之，发为谠论，用以警告。然此提倡者，仍属于社会，是足证社会有自救自拔之力，无待于政府之干涉。又况国号共和，则政府之权尤当有限。此理毋待吾言，顾吾言适增吾痛耳。今请归纳上述之旨如下：

中国国运之兴也，不在有万能之政府，而在有健全自由之社会。而健全自由之社会，惟由人民之人格优秀以成之。此优秀之人格，苟政府去其压制，使社会得以自由竞争，因而自然淘汰，则可养成之也。易言之，中国之存亡，惟在人民人格之充实与健全，而此人格则由撤去干涉而自由竞争，即得之矣。于诸自由之中，尤以思想自由及思想竞争为最也。

由是观之，吾于希望社会自由之中，不可不以社会自由之思想，以为我国民劝。盖闻之"知识者能力也"，我愿同胞以此知识而增其能力。至于国家之干涉，吾未见其可焉。

（载《正谊》第 1 卷第 7 号，1915 年 2 月 15 日）

根本救国论
（1915 年 2 月 15 日）

自甲午以还，外而强邻之侵略，内而政府之压制，知苟欲立国，当易其涂径。顾虽有改革，亦屡起屡仆，国势愈衰，国力愈耗。全国之人受政治之摧残，经济之窘迫，外人之虐遇，知至今日始真达于无方法无希望之地位，而亡国乃必不可幸免也。吾则以为不然。非真无办法，无希望，无可挽回，乃确有救亡之道。不佞敢大胆陈述于同胞之前，幸垂察焉。

不佞以为吾人虽于此百无聊赖之时，然不可不由两种觉悟之决心。此两种觉悟之决心者何？曰：一、政治上改革之可能之觉悟（前提之决心）；二、政治上改革之方法之觉悟（内容之决心）。

前者是为前提之决断，后者则内容之决定也。虽然，吾为是言，非不知实际上有绝大之困难。当清末之际，外患日甚，内政日敝，民生日困。谋平和改革者，既穷于献策，为武力解决者，亦旋举旋灭。于是悲观之流，乃喟然太息，以为救国真无策矣。甚者踏海自绝，不愿目睹祖国之为波印也。及武昌一举，乃侥幸功成。当其时虽有转悲为乐者，然深心之人，犹以为不然。果也，未及二年，而局势大异。昔之嚣张纷争，固未足为福，而今之黑暗复旧，更属死征。于是主张悲观确信亡国者，乃又得一凭证也。不佞横览当世之士，勿论昔主乐观与否，迄今竟无不日趋于悲观与消极，不能无所惑焉。夫实际上，社会国家全至死地，绝无一分生气，固属事实，虽有苏张之舌，亦不能辩。不佞非无目者，安不辨此？顾不佞期期以为有救亡之可能者，亦自有说，述之如下。

第一，吾人之悲观，由屡次失败与绝望而生。吾以为此诸失败与绝望，皆可归于吾人认理之不真，将事之不慎，无备于先，未谋于始，而非真事实上有绝对不可能也。犹之航海，险事也。甲为之则覆没，而乙则否。吾人只可以甲之败，谓属于甲之不慎，而不当谓航海为绝对不可能之事。故吾以为虽前此之救国者皆归失败，然止得谓其败由于为之之不得其当，而不得以为中国真无救也。吾言初非欺世，亦不敢故作快心之语，以慰国人。不佞深知今日之局，既悲无可悲，而亦慰无可慰，正当锥胸泣血，与同胞共研究所以安生立命之道，又乌可以夸大之言，而淆视听！故不佞之为此言者，乃发乎天良。夫当前清之际，有心之士，无不知救国之途唯在革命。夫以革命救国，诚不谬也。然须知革命所以能救国者，不在革命而止，乃在革命后之施设。若革命而无善良之施设，则不过多一次扰乱与破坏而已。顾清末之人则未尝知此，终日所耗其心力者，若何而得革命耳。至于革命后之施设，未尝预为之酌定焉。惜乎革命与革命后之施设有别，果二者相同，则辛亥之役，谓国已得救，抑何不可？由是以证，谓救亡无策，救国为不可能之事，真妄言矣。语云：差之毫厘，谬以千里。则今日之失败，止可谓由差之毫厘以生，而绝非无的放矢，可知也。故吾以为以革命为救亡，诚是也，惜乎无革命之施设以随其后。不然者，又安有今日耶？此知其一不知其二之过也。然知其一，已近是矣。语云：虽不中，不远矣。由是可知，吾人之认理与将事，由不亲切至于较亲切，再由较亲切至于真亲切，则吾人于真亲切之时，即国家真回生之日也。虽迟迟而进，然非不进。苟以一月一年为率，则此演进之理，殊不易观。若以五年十稔为期，则自甲午以来，国人对于救国之方法，虽旋举旋败，对于挽回之活动，亦屡起屡仆，然细察之，则其间确有一定之进程，无不由非理而趋于合理，由迷妄而即于觉悟也。是则吾人又乌可于进行之中，而自堕其气耶？

第二，失败者，教训也。失败愈多，则教训愈密。教训周密之时，即转败为成之日也。不必远征，但以清末以迄今日之经过为例，已有教训二端：曰政治改革之可能之教训；曰政治改革之内容之教训。前者惟证其事之可能，后者则示内容之应若何耳。何以言之？当未革命之先，无论革命与立宪各派，对于改革之可能，未必有确实绝对之保证，所以从事而不少衰者，亦不过尽其在己而已，所谓姑妄为之是已。此盖当时困难之环象有以使之然也。革命与立宪各派，皆不能预料有辛亥之变者，正以此耳。迨辛亥之变既成，谓革命者已奏厥功，殆无不可。于是可知当前清之际，抱改革不能之悲观者，至辛亥乃一扫其迷梦。且以此推知，凡吾人所欲为之事，但使毅力不退，热心不减，一旦时机成熟，终有成事实之一日。此为时机问题，为工夫问题，而不可挟有事实上绝对不可能之疑问也。吾人今日之境，又何尝异乎清末？四围之死气逼人，中央之黑暗尤惨，前不见古人，后不见来者。凡有事业，皆为暴政所扑灭；凡有涂径，皆为恶法所壅塞。然吾人犹以为有希望者，以有前清之例在焉。前清固明明告我以改革之可能矣，奈何不深思之耶？至于内容之教训，即前谓知其一不可不同时知其二是也。容下详之。

吾人已证明改革可能之理矣，则前提已定。前提定，然后可与言其方法及内容也。吾以为方法固不易言，然得分二期以分限之：一、第一期间（消极期间）；二、第二期间（积极期间）。

第一期间，为由不良而至于良之开始之过渡也。夫由不良而至于良，则其间必有极长之期间。第一，必先去其不良，此一事也。第二，去不良，非即为良也。盖不良与良，非不容间律，乃有中间之位置。故去不良之后，必更为良之施设，此又一事也。故吾人分此为三期。于第一期，纯为去不良之消极施设；于第二期，则建设良之积极活动；至第三期，结果乃得。吾于是名之曰完成期间。各期间所用之方法，皆不相同。于第一期，惟为多方面的进行，所谓道并行而不相害，异涂同归是也。夫前清之覆，谓革命一党之功，则不可也，立宪派亦与有力焉。不有九年立宪之诏，人心不知立宪之足以救国；不有各省之谘议局，则地方无自治之练习。凡此皆立宪派之有造于国家者也。且不仅躬亲其事者为有功，而死者之先烈，其功尤伟。若吴樾，足以使疆臣落胆，故瑞澂未见一兵而先遁。若徐锡麟，足以使清室不复信任有知识之士，惟佞臣之言是听，以促其亡，其功不亦伟哉！凡此皆异途同归之明证也。

至于第二期之积极施设，则吾人经验之所教训者，厥在多数政治。多数政治者，即南海先生所谓公有国家是也。特学者对于多数政治，多抱疑问。自梁任公一派谓多数政治即少数政治以来，国人对此更减轻其信仰。吾以为多数少数本属比较之辞，然比较必有标准，若以入政治机关，执行政治为标准，则恒古今，遍大地，绝无一国，而能使多数国民尽入乎国家之机关者。是多数政治，绝不存在。易言之，为少数政治固不容疑，然所谓多数政治者，其标准乃不在是非谓多数人入乎政治之机关，实乃谓居政治机关之人，其执政必依于政治机关背后多数人之意思也。兹列多数政治之特征如下：

一、国家之权力有制限，使国家与社会判而为二。凡人民有三大自由之保障，于社会上得以自由活动。相异之党派互反之意见，皆借此而生。且得互相竞争于正当之轨道，不能以一而压服其他，其结果由调和而臻完善焉。

二、多数人之意见于当局者之背后占有势力，得驱迫其入正当之涂经，而不敢自逞与专擅也。其结果以议为政，政乃日致于良矣。

三、以议为政，则政出即奉行无阻，不必强力。盖被治者之心中，早已确认此政之必要与有益矣。且以议为政，则全国各派各部分各个人，皆得差足自安而不致破裂也。

虽然，中国地广人众，情感利害之不同，言语文化之不齐，未可融为一炉，加以历史上之沿革，地方观念不可打消，故欲一时而举多数政治之实，不亦难乎？于是又以数年经验之所示，知惟有一途，曰取地方分权之地方制是已。即利用省界之观念，使一省之利害得失，由全省之人以相召相感之精神以处理之，于省建立多数政治。各省如此，全国始得为多数政治也。故省之权必集于省议会，而省议会又必为一省人民于社会上各种利害情感意见党派之缩型。俾各得陈情于此，则意见情感杂然并陈，再由相召相感相切相磋之道，使之各得相安，而公善即于其中而现。一省如此，各省皆然，则国之兴可立而待也。

以上内容之教训也，吾今已证明改革之可能，并其内容之方法。或有疑者，将以为倭事危迫至此，亡国在即，而以上所言者，皆属迂谈。吾敢答之曰：不然。彼岛国欲以独力而亡我，决非至短期间所能行。而吾于此较长期间，或有自救之机会，亦未可知。即以要求论纵，使加我以莫大之损失，然犹不足置我于死地。苟国内无李完用其人，则决不能即此而亡，此可断言也。进一步言之，即有李完用者，国人亦未尝无冒百险以处置其人之勇气，于此时固不必预存悲观，而自堕其气也。

按此篇之目的，在证明改革之可能而已。故第一期之施设，本可不论；而第二期之施设，亦仅述概要，惟在明此种施设非预定不可耳。至于详论，则限于篇幅，且言之太长，亦非所宜。可与参见者，有谷君之《地方制度答客难》，秋桐君之《政本篇》、《调和立国论》，丁君之《国是论》，及汪君之《省制私议》等也。

（载《正谊》第 1 卷第 7 号，1915 年 2 月 15 日）

吾人之统一的主张
（1915 年 4 月 15 日）

　　自政变以来，国会省会，相继消灭，司法政党，同趋末运。于此之际，固悲惨莫甚。惟不佞默尔以察，似于悲惨之中，犹有一线之生机。此生机者何？曰：前此国人对于政治施设，法制运用，未有一定不移、明切无翳之观念。今则其观念渐进于精切，徐达于明晰矣。而此观念所以得趋于明了亲切者，端在国情之认识。盖前者于国情，未为充足之按察。今则以经历浩劫之余，乃大有所悟也。

　　盖在昔日，国人对于政制之选择，政策之主张，法律之编定，所发见者，固未尝与今日有异，特在彼时则以为此不过政见而已。推行之固可尽利，若易以相反之政策，亦未尝不足以收效。盖相反者亦不失为政见也。故自革命初成，有主张分权者，亦有主张集权者；有主张联邦者，亦有主张统一者；有主张总统制者（如孙中山），亦有主张内阁制者。平心而论，何制不足以善治？言分权善，则何解于集权存在之理？言集权良，则又何解于分权致善之由？美利坚行总统制而善焉，而墨西哥行之则弊丛生矣。英吉利以内阁制见称者也，效之者若法、若意，终不能若英之圆熟。若言联邦制，乃近世国家之精髓，则何以今之单一国，皆不复改为联邦耶？是以知抽象而论政制，本无善恶优劣之分，其所以有善恶优劣者，不在政制之本身，而在采用之国，视其国情若何，遂生差异之结果耳。正如三段论法，仅有大前提，不生结论，必有小前提，二者相联，始成推理，且小前提之正确与否，尤为结论真妄之标准也。

　　其在彼时，国人对于国情，无明切之印象，详密之推寻。其志在捆取权利者，吾勿论，若志行高洁者，莫不以为今日吾国如白纸，可任吾人着彩涂墨。孰知不能也，乃有特殊之国情。故施之以此制度，足以福国利民，易以他制则否。此理乃自政变以来，以失败之经验中得之者也。由是观之，民国对于政治，必先有经验的觉悟，始克为真正之建设。美利坚之所以创立总统制也，以其先有各州州长之经验。英吉利之所以确定内阁制也，亘数百年之久而克完成。德意志瑞士之成联邦也，于未组织中央政府之前，已感情相洽，利害相共，不知若干年岁矣。然则凡一政制之成立，必其国之民，先有经验的觉悟，然后始得有成。若法兰西，则革命之后，漫不察国情之若何，而徒为意匠之建设，重失败以失败，知总统制之万不可行。于是于国情得有精切之知识，知非内阁制不足以成国，乃毅然行之，遂相安至今日。凡此皆与吾人以觉悟之好例也。

彼所与吾人以觉悟者何？俾吾人知所谓失败者，实非真正之失败，乃特预定数年之期间，为吾人之试验，且以试验之结果诏吾人也。故法兰西之行总统制而不能，安有那翁之称帝？凡此非法兰西之失败，乃天特预定此数十年之期间，俾法人自行试探其国情，以事实之经验，促法民之觉悟耳。是则自今日法国之状态而观，谓前此乃天所设教于法人者则可，谓法人之失败则不可。以无前此之失败，决无今日之成功也。中国今日，又未尝不类是。

吾以为吾人以四年经验之所教，对于国情确有明切之认识。其间最著者，尤有二点如下：一、野心家；二、官僚。

今先言野心家。吾历溯近世各种政制成立之由，无论其积极之命意何在，而其消极方面无不为野心家之预防与制限。盖诚知夫野心家之存在，决非国家社会之福。国有一人，其国必无幸，其民必多灾。何以言之？野心家与专制，不能须臾离者也。国有野心家，必恢复专制。专制之祸，甚于洪水猛兽，夫人而知之矣。近世国家牺牲无数性命，毁无数之财，流无数之血，其所求者，求去专制而已。既以流血购得非专制，则此非专制必永保勿渝，始得致幸福焉。于是，立制必含有防遏野心家之方法于其间。此盖近世各先进国之通状也。

次言官僚。官僚政治，乃万恶之源。野心家发生之基础，亦制造专制之根由也。于官僚政治之上，无不产野心家者。既有野心家以利用其间，无不立变为专制者。此事不待多言，即微以今日政象，亦颇易觏。彼一人者固非具有千臂千眼，而如佛说之观世音，其所以能压民害国者，半由其下官僚之力。而官僚又非求有如是之一人，不足达其素愿。于是敛财虐民，作威作福，既有财足以资其生而满其欲，复有势足凌其下而快其心。是则官僚与所谓野心家及专制者，实有不可须臾离之势也。

野心家与官僚，殆如食血之虫。身有此虫，必瘠瘦以死；国家有之，未获不亡。其害之大，吾乃不忍缕述。惟为概括之决定如下：

一、中国安身立命之道，在尽力充量以防遏野心家。苟不能使之皆归消灭，亦必削其大权，迫入正轨。

二、中国安身立命之道，同时亦在尽力充量排斥官僚而不用，务使官治之范围愈小，民治之范围愈张，民有督视官僚之道。

于是吾人有问题焉，曰：若何而得防遏野心家乎？曰：若何而得排斥官僚政治乎？不佞默察近者国人之意见，虽为大同小异，然鲜不以为，若防遏野心家，排斥官僚，当不外取地方分权之制度。惟不佞以为地方分权者，政治上之用语也，若自法制上视之，则有联邦制与自治制之殊。前者以地方为国家，而有自组织权，得以自己之法律，规定自身之组织，变更自身之构造。凡此法律，由彼自定，而非其上之中央国家之所有也。后者反之，其自身之组织，为其上之国家所厘定，由国家变更之，而其自身无此权也。凡此不过法制上之殊，而于政治上之实际作用，初无大异。故吾以为吾人既注目于分权，则不必于二者之间强为取舍，但知其精神所在可矣。综合以上所论，不佞愿以近者国人之所主张，编为一系而加以说明如下。

一、吾人主张于地方制度用联邦制。

吾前云不必于联邦与自治之间，强为取舍，但知其精神之所在可矣。今何为复标"联邦"二字乎？然则吾固有说明之义务也。说明之可分数端：一、无论若何之政制，皆有形式与实质之分。以形式言，是为法制之结构；以实质言，是为政治之精神。二、世界各国以国情各殊，其政制无不稍异。

由前之说，则无论其形式若何，苟能以其精神施之于本国，而合于国情足致福利者，其政制即为可采。由后之说，则采用一种政制，初不必拘泥于其固定之形式，不妨准以本国之政情，而稍事更改，务求合乎治态，可得福利，不必苟同也。准此以谈，第一当问本国之政情若何？第二当问何制之精神为适？第三当问本乎精神而为稍稍更改者，其状何似？第一、第二，前既论之矣。所谓我国之政情，为野心家之妄为，与官僚之拔扈。而救济之道，惟在施以以防遏野心、排斥官僚为精神之政制也。兹今所论，仅在第三。

夫法之制，以总统之下，更设内阁，足以防野心制官僚也。英之制，首以大权集于下院，亦足以防野心、制官僚也。德之制，与联邦首长以狭小之行政权，亦足以防野心制官僚也。美之制，三部严分，更加州权之独立，亦足以防野心制官僚也。瑞士之制，以人民直接监督议会，而行政部又为合议机关，亦足以防野心制官僚也。然则吾将何所模范乎？夫美人出于英，而与英异制；加拿大、澳洲隶于英，亦与英制相殊。是故但求其精神所在，而于形式终不能无几分之变化也。吾国既有野心家与官僚矣，则防遏与限制之道，当分中央与地方二层。今先言地方。吾人注目于地方，而知苟地方有完善之权限，巩固之组织，充足之能力，则足以使野心家无利用之机，不能有所乘也。譬如壶失其柄，有手而莫能握。故地方分权之结果，可得而述者，有七事：（一）地方分权，则中央之权不能压制及于地方，而地方得以自由发展焉。（二）地方分权，则地方之权得徐徐迫逼中央，使入正当之轨道。（三）地方自治①，则以区域狭小之故，民之情感利害，得以杂然并陈，不致野心家一人所欺蒙与利用也。（四）地方自治，则以区域狭小之故，得实行议政之风，开发民智，以民执政，可排斥官僚矣。（五）地方有充足之基础，无论何何政变，则国本不摇。（六）地方真能忠顺中央，则真统一始得。（七）地方之人民，不致直接受中央之摧残。凡此所言，自信尚不无遗漏，惟撮其大要，不外各地方独立，使野心家失其利用，一地方之区域狭小，民得自政，足以排斥官僚而已。

然而有一问题焉，即分权至何程度是也。吾尝谓自法制而言，自治②与联邦乃截然二物。由政治而观，则不过程度之差别耳，可以现代各国比列而研究之。请以法为起点。自地方权力之分立观之，由法兰西而英吉利，由英吉利而加拿大，由加拿大而澳洲，由澳洲而美利坚，由美利坚而德意志，然自加拿大以下皆为联邦。是则自治与联邦，不必强为分别，第视吾国之需分权至若何程度耳。若必须如英吉利，则其名仍为单一可；若必须如加拿大，则易为联邦亦可。否则不必居联邦之名，亦未尝不可也。③

由是观之，中国之地方分权，当至何程度，乃问题之最重要者也。惟有自明之事实，则以中国之省，使如德意志之各王国，于一省创一公

---

① 此泛言自治，盖谓自行执政也。与术语之自治，乃对于官治而言者，至不相同，幸勿误会。

② 此乃术语之自治，与前大异。

③ 《民国杂志》有拟为联省者，似亦可取。

爵，以为临御，并设上下两院，以自定法律，此必不能也。退而如美利坚之各州，以民选之州长，为行政之主脑，建立二院，以为立法，又必不能也。无已，则中国地方分权之分限至大，亦不过等于加拿大而止，断不能越此而上之也。于是吾人得列举其近乎单一之状态如下：（一）各省之权，规定于宪法，此外则不属于省，而归之中央矣。（二）省议会对于省之权限，有议决变更之权，但必服从于中央之拒否权。① （三）省之行政长官，由中央委任，但非得议会之同意，不得任意撤换。（四）省议会之权，规定于宪法，是则吾国之分权，分量亦当准此而立。兹姑妄拟之如下：

一、各省之权限，规定于国家之宪法，宪法之改正，必得各省之同意。二、各省所立之法律，中央行政部有拒否权，但得国会之同意仍成法律。三、省长由各省自选，但不称职时中央有撤任之权。四、以参事会为省之行政主部，省长为之主席焉，其任期与省议会相同，省长撤任时参事会必同时更选。五、中央依国会之同意，得解散省议会。六、地方厅高等厅由省自酌办，但法官由中央委任。中央仅设大理院，全国用一统之法律。七、省议会有弹劾省长之权，其审查权属于国会，省长去职参事会必同时更选。八、省长及参事员皆由省议会选任之，但为省议员者仍得列席于省议会。

以上所拟，不无失之粗朴。要之，吾国之情态，固宜乎分权，然分之太甚，不惟背乎近世国家之潮流，抑亦必将迸裂。吾闻之勃兰斯曰：联邦国有二种，一为国权仅及于邦；一为国权及于邦之外，尚可及于人民。前者不过同盟而已，后者始成一国家。② 其在德语，则前者曰 Staatenbund，此言邦联，后者曰 Bundesstaat。此言联邦，德人于此分析极精。吾人之所谓联邦，乃仅指后者而言耳。③ 于是可知各联邦国虽大有程度之不同，然其中央之权无不可直达于全国之人民也。故一国之国权，虽为普及于全体人民，然苟其间有地域团体，在宪法上得为权利义务之主体者，为执行宪法上权利之机关体，即足为联邦国。④ 联邦之定

---

① 见 Bryce, *Studies in History and Juris Prudence*，I，p. 529.

② Bryce, ibid, p. 489.

③ 说明简明而精切者有 Hatschek, *Allyemeinls Staatsrecht*，III.

④ 耶律芮克曰 Daher hat der Gliedstaat nur auch zwei Richtungen hin staatlichen Charakterals Gemeinwesen, das von der Bundesstaatsgem alt frei ist und als träyervon offentlich-rechtlichen Ansprächen an den Bundesstaat yemäss aessen Verfassung. 意殊明显，则联邦之邦，于一方面固与单一国之地方无大差也。

义既如是其广，则以上述之组织，名为联邦，亦无不可。

二、吾人主张于中央制度采用内阁制。

论者必疑吾言有背论理，且以为既采用联邦矣，则断不能再建立内阁。内阁之成立，恃议会之握主权，且为政党所盘据。然欲议会之有力，与夫运用政党，则议会必为人民之代表，不可含有代表地方之性质。盖以地方言，不能以少数服从多数。若以多数而强制少数，则地方将瓦解矣。此联邦国不能产内阁制者一也。于联邦国中上院，乃代表各邦为强而有力，视单一国之上院，仅代表历史上之阶级者，不可同日而语。然内阁制必主权纯集于下院，始克完全。否则，内阁之责任将对于何院而负乎？即使法律上对于上院之负责任，然特以上院强而有力，则事实上亦足左右内阁。于是内阁为妇于二姑之间，难乎为计矣。此联邦国不能产内阁制者二也。美儒罗伟尔尝详论美制与内阁制之殊，以为苟本今日之制度，不能改为内阁，除根本更改不可[①]，足见联邦国不易建立内阁也。

凡此所论，不佞窃以为不然。吾尝谓若言联邦国不能建立内阁，是不知内阁性质之谈也。夫内阁制产于英，英以三部分而成，曰英格兰，曰爱尔兰，曰苏格兰。苏格兰之民情风俗，无不与英格兰异。爱尔兰之宗教情感，亦复与英格兰不同。以地势民性宗教风俗法律言之，实不啻联邦。[②] 爱尔兰本有巴利门，后乃废之，而并入英之巴利门。故今日巴利门中有爱尔兰党，有苏格兰党，其纷繁不为不甚。由是观之，以地方之民情言，其复杂既如彼；以国会之党派言，其纷纭又如此。然上不足阻内阁之完成，下不足促地方之分裂。此联邦国不能产内阁之说不足征者一也。进一步言之，加拿大，联邦之属国也。于中央设总督一人，以代表英皇，其性质乃一如英皇之端拱无为焉。总督之下，更设内阁，对于下院负综合之责任。此犹得曰上院，为委任不代表各邦也。吾请言澳洲。澳洲之制，于中央置总督，于各邦置都督，均由祖国直接任命。其下各有内阁，实行责任制度，与议会政治。惟中央之上院，亦由民选，且为代表各邦，保障邦之权利，乃强而有力焉。于是发生一问题，曰：内阁果对于何院负责任乎？此问题在澳洲之制，诚属新奇。彼以二院视如权力相等，下院议决一案，而上院不同意者，历三阅月之后，下院得

---

① 见 Lowell. *Essays of Government*，essay Ⅰ.

② 言联合爱尔兰苏格兰英格兰三者而成一国。

重新提出。若下院仍通过，而上院复不同意者，则解散二院而重新选举之。若新院仍不一致，则组织二院之联合会，以多数为决定。课责之法，亦本此理。内阁虽对于下院负责，然必得上院之同意。[①] 足见代表各邦之上院，初未尝为内阁制之障碍。此联邦国不能产内阁之说不足征者二也。罗伟尔之论美制，乃以总统制与内阁制之不可互易，初非谓联邦国不能采用内阁。其言可证，此联邦国不能产内阁之说不足征者三也。由是观之，中国既采联邦，于中央仍可用内阁制。自纯理上言之，实毫无矛盾。所应注意者，实质上之琐屑组织，如邦国间之权限分配，及其关于内阁之组成等耳。

　　内阁制与总统制之比较，论者多矣。不佞亦尝言之，兹不具赘。惟有一端，不可不述。何以言之？吾以为内阁制之所以优于总统制者，乃在内阁制可以成之以渐，而总统制必成之以顿。苟总统制初度成立，即为枭雄所乘，则必永永为大力者所窃据，为野心家所窥觎，而无法以制抑之。若内阁制则不能，其最初未必能完善，然苟议会之能力渐以充实，人民之知识渐以发展，则终可使之趋于完善之一境。英伦其好例也。英当十七世纪之际，大臣未必尽为下院占势力之议员，然卒以议会发达之故，使英皇之任命等于具文。而所为总理者，必为下院多数党之领袖，乃亘数百年之力而成也。法亦莫不然。当麦克马亨总统退职以后，内阁虽成而未完美，今则历数十年之久，遂得巩固而致善也。由是观之，于总统制其最初成立，必得有优秀之人，如美利坚之有华盛顿，否则，必终身为总统而构成战争，国无宁日矣。若内阁制，则不需此，但得基础不为摧残，即可徐徐改善，而达于美备之境。自此点言之，吾国惟以采用内阁制为宜。所以者何？吾国于最近期间，必不能消灭所有之多数野心家而归之无。有必不得已，其惟迫之使入正轨，而让出一大部分政权与吾民乎？此自野心家言也。若自国民言，则吾民之能力，亦非一旦而可完成，况现今民力薄弱，更无可讳言。欲于此幼稚之民力上建设完美之政制，必不可能。必不得已，其惟建筑基础，以徐图发展民力乎？准此以谈，则实有非采内阁制，即不能生存之势也。[②]

　　吾人主张内阁制之理由，如上述矣。请姑妄拟其组织如下：

---

① 见 Bryce, *Studies in History and Juris Prudence*，Ⅰ，514. 8.

② 读者所宜大注意者，吾非谓现今之政府，得以迫入正轨，乃谓即使一旦有政变发生，仍不能使野心家尽归消灭于无何有之乡，仍须为之迫入正轨也。若现政府则虽有千臂千手之观世音，亦恐无能逼迫其万一，吾人又宁作此痴想哉。

一、内阁总理由下院票选，当规定于宪法。

二、内阁之各员由总理自由选任，不容他机关之干涉。

三、不信仰之议决，必两院各为多数，若两院不一致时，则开联合会以多数决定之。

四、谴责之议决，两院得各别行之。

五、中央大理院及各省高等厅法官之任命，必须上院之同意。

以上所列，取其单简，他若弹劾及预算，自当属之下院，兹不具论。要之，为迫逼野心家入正轨计，且同时因人民能力不足，不能一旦而建善良之政制者，非行内阁制不可也。

（载《正谊》第 1 卷第 8 号，1915 年 4 月 15 日）

今后之政运观
（1916 年 6 月）

　　兹者元凶已被天诛矣，更假定新政府已成立矣，全国已统一矣。姑置对外之关系而勿论，第准今日之趋势，依已现之朕兆，预计将来之内政，将呈何状，未始非吾辈论政者应为之可也。

　　吾见夫国人之论政也，往往不欲以事实之状态，剖切说明。而喜被以美名，悬为理想。于是名实淆乱，弊害潜生。夫名者实之宾也，实未至，而先被以名，是名不正。名不正，则所祈向之标的失矣。天下之事，不祥莫此为甚。譬诸有人焉，其行不淑，而反加以贤人之目，则必绝其向善之途也。一国之政治，亦复类此。当其未至此种状态也，则不可强以此名义锡之。不如悬其所向之的，示其进行之径，辨其现存之相，明其改善之法，于是则知有所不足，而求所以足。知有所不安，而求所以安。虽其进为迟钝，为锐利，未可以必。要而言之，不安于现状，求所以益之，则一也。是故实未至，而先被以名者，阻止向上之进行，拒绝改良之要求，诚不如明揭其未进之实，不用超实之名之为愈矣。以此之故，不佞以为为政谈者，贵乎打穿后壁，说话务使现在所以不满足之故，一一呈诸国人之前。现在所以须改正之道，亦历历印入国人之心。即最近之将来，有何政态，亦必朴实陈说，然后方可发现真正之安身立命之所。苟其不然，以共和为救亡之良策者，及至共和，而国运之阽危，民生之雕蔽，仍如故也。以倒袁为立国之大计者，及至袁倒，而政态之不良，国力之残丧，仍如故也。肤于见而激于情者，必将曰：中国斯真无救矣。不佞独居深念，以为实有不尽然者。非共和不足为救亡之灵药也，亦非倒袁不足为立国之关键也，徒以论者不朴实其辞，致读者信之也过坚，祈之也过急，而不暇一静思之，以判别其理由也。故一度失望，便赴悲观。此实言论之罪，与邦人何尤。是以吾人于今日当一变往日论政之方法，不可蒙头盖面，张大其辞，浮夸其说，以诱邦人之感情，使赴于极端，以引同胞之希望，使至于过奢。必按切事实，以明必有之趋势，详析国情，以示比较之改善，如是则庶乎可矣。

夫吾人既当不顾虑一切，痛切以言，则吾人推究将来之政象，征诸将成未成之趋势，观乎已演方演之潮流，实敢言曰：此后之政治必呈一群龙无首之象，演一地方割据之局，一切大权，将丛集于多数之各省都督。此各省都督，又将自分派别团为数党。一方自握兵符号召本土，他方联络邻省外树声援，于是国家庶政之兴废，恒视各都督之意向，以为依违之准绳。于此种状态之下，倡分权，不能更益之也。倡集权，不能以削之也。倡联邦，不能为联邦也。倡统一，不能为统一也。倡法治，不能遽行也。倡议会大权，亦不能遽行也。倡军民分治，更不能遽行也。于是，吾人于此必大大醒悟者，即须知中国此数年来之政变，皆未尝以言论为因果，实以历史上之因果为因果也。

何以言之？袁逆之得乘火打劫也，决非立宪派温和派以言论之力、主张之功，有以成之也。实因吾民族于最近五六十年中，种因如是。因果相循，愈趋愈烈，遂不得不收如是之最后结果。彼辛亥革命之成也，亦何尝不如是？亦决非急进派改革派以言论之力、主张之功，有以成之也。实因吾民族与彼满清于此最近五六十年中，种因如是。因果相循，愈趋愈烈，故最后之揭晓不能不至。准此以谈，则癸丑革命之未成也，亦正以种因不足，故结果未至。若夫兹今革政，大为易证，则吾历史上已种之因，不能不容其一发泄也，明且审矣。是故一切事端，皆为旧日已种之因之发露，决非现在之言论与主张所能以创造之变化之左右之也。

是则上述之群龙无首之状，亦正为已种之因之发露，非一二人之力所致也。是以联邦论者有罪乎？无罪也。联邦论者之无罪，与辛亥以后统一论者之无罪相等。虽然，联邦论者有功乎？亦无有也。联邦论者之无功，亦与统一论者之无功相等。盖辛亥以后，国是之不堪闻问，非统一论者之咎也。乃因有元凶大憝，日以贼民卖国为事，所谓不善用统一是也。他日苟仍不善用分治焉，则亦决非联邦论者之咎也，明矣。间尝思之，以为政制之为物也，往往差之毫厘，谬以千里。于同一政制之上，其善恶之判仅在一间耳。其得为善也，行统一固可，行联邦亦可。其不得为善也，行统一固不能善其治，行联邦亦胡足以强其国哉！

论至此，读者或疑吾言：何前后不伦，一至于斯？特不佞更将有说。夫前所谓仅在一国者，即谓全国国民之最大诚心与最后觉悟。诚心未至，觉悟未深，虽任择一政制而行之，其行愈久，败坏之量愈多。反是，最大之诚心既符，最后之觉悟已至，则不必妄事更张，即就目前之形势而建设之。建设愈久，进行之果愈佳。是则其功罪不在政制，而在运用此政制者之全国国民，其所含德之量耳。

全国国民之最大诚心与最后觉悟，将何法以致之乎？曰：是决非片言数语所能唤起者也，必以历史之教训，切肤之经验，诏示于前；更以时代之精神，民族之根性，召感于后。正即前所谓不以言论为因果，而以历史上之因果为因果者是也。非历史上因果之演进至何程度，则全国国民之诚心与觉悟，始可达于何程度。历史上因果相循未至最后，则民族之诚心与觉悟，亦必未能遽至最大之度。居今日而观察已往之历史，则其所孕发之诚心与觉悟，将至何态，因不难推知也。

是故以袁逆之造因，遂有今日革命之果。以今日革命之造因，又必将有群龙无首之相之结果。今假定已呈此相矣，试判其为良为恶。不佞审情度理，依良心之判断，为周密之推求，以为此群龙无首之象，实无善恶之可言。盖其可以为善，亦可以为恶。善恶良劣之间，只视全国国民之诚心与觉悟，以为转移耳。所以者何？历史上之事实，以自然之因果而生，固勿论矣。然因果关系者，非必然的关系也。由甲产乙，由乙产丙，由丙产丁。当甲之生也，吾人察其必至之势，只知乙必继至，而不能知有丙。盖丙由乙而生，非由甲而生也。故因果说与定命论大异其趣。定命之说谓见甲即知丁，以由甲至丁，有一定之运轨也。而因果说则不然。甲生乙，则甲为因，乙为果。由乙而始生丙，由丙而始生丁。虽甲必生乙，乙不必生丙，丙不必生丁。故仅有甲时，决不能预定乙丙丁将继续实现也。准是以谈，吾人前谓一切事端由历史上之因果关系而然，实非谓于冥冥之中，有一定不移之轨道，为命运之所必遵行者也。于因果关系之上，吾人虽不能于现在而变更已有之事实，特可于未来造必现之原因。所谓不能以言论左右时局者，即指上义。若夫以言论为造因，种之于现在，收于将来，未始不可也。

不佞窃本斯义，愿以言论为种因，以示国人于将来呈群龙无首之际，一表其诚心与觉悟，使其于可良可恶之间自为判别耳。申言之，即愿国人于他日各出其诚心与觉悟，以运用时局致于良善是也。然欲其致此，亦必有道。不佞思之，重思之。若一旦此现象立呈于邦人之前，决不可即判定此为恶现象。夫恶者对于善之谓也，试问舍此之外，果更有善者否？无有也，既无较善于此者，即此即不得为恶。此其义一也。现象本无善恶之可言，在人之运用若何耳。苟预睹其弊焉，出最大之诚心与最后之觉悟，以矫正之，以杜绝之，未始不可减轻其弊几分之几。积而久之，必至全消。故不可遽认为恶。此其义二也。且夫事实者，非因人之要求与不要求而成，乃出于自然。所谓不期然而然者也。既不容吾人有所好恶选择于其间，则一旦事实成立，亦惟有于此事实之上，求所以改善求所以利用求所以变通，如是而已。若根本上先否认其事实，于实际初无影响，又况非一二人之力所能为。故不如直视为一种事实，不加善恶之评定，而仅思有以变化利用之法之为愈也。

吾言至此，可知此种各省分治之现象既为事实。事实之来，有远因，有近因，一基于历史，初非一二人之力所能挽引。当其既来也，只可求于其间，微加变化，使趋于正，而即于善。论者必疑吾言，夫前言以事实上之因果为因果，绝不容言论为之率引，今忽又言当征加变化，得毋前后矛盾乎？虽然，读者试深思之。一国之政治，一民族总意之表示也。安得谓言论之力不能及于政局？第是所谓言论者，指一二有识者之大声急呼。而政治之进必待总意之自变，决非一二人所可左右之。总意之变且演也，亦有一定之程序，即前所谓事实上之因果是已。惟总意于其自变自演之际，未尝不可以一二人之主张，或为之加速，或为之阻格，或为之转向，或为之改正，此则所谓微加变化之意也。顾一二人之主张，欲使总意蒙其影响焉，必有一定之时期，迎合其机之将启，逆料其运之必至，于是加以己意，导之正轨。迨其势既成，从而扬之，必不加甚；从而逆之，亦不见阻。此研究民族心理与群众心理并社会学者，所诏吾人之铁则也。故读史者，每怜法皇鲁意十六之庸弱昏瞆，不能逆睹民意之趋势，而预为之救济。迨夫其势既成，又不甘恬然就范，屡思反抗终致身亡。英吉利之革命，何不类此？德则否，师丹为相，预知潮流之所趋，毅然行改革案，使民权之势力增而未至极度，使贵族之势力减而未至极度，两者调和，国基以固。此普鲁士之所以兴也。普鲁士强，德意志帝国遂以支撑。然则善导总意，宁非一要事哉！

由前所论，已知言论之力，未尝不可使政局为之稍稍变化。前提既定，请入正题。吾前谓此后政局将呈一群龙无首之象，对于此现象之将来而未来也，吾人以言论之力，当执何法以善导之。吾以为此问题之解决，不外两端：一曰守法；二曰让德。

兹先言守法。夫法而曰守，必先有法。请姑舍守法而更先言法。以成法言，则有约法，有国会法（谓关于国会之各法）。果全国之人各出最后之真诚以运用之，未始不足见效于实际。特其所关者以中央为主，而于地方之制盖付阙如。他日定宪，必有省制之制定。省制之内容如何又一问题，兹且勿论。要之，一旦省制既成，则各省先有此守法之热诚。故吾今所论不重在法，而重在守也。

欲使守法之德日进月益，则其初步必有须注意者数端。

第一，所定之法必切于时代现势，不可过其分量。由是以言，则立法必斟情度势，不可使其过于严苛，致事实上有必不能行之势，于是法成具文。夫法之一条成具文，则其他各条亦必同时轻减其制宰之力矣。于此之际，当知历史之遗迹，与事实之已然。无不为，权在行政。夫权既在行政，则加以法之拘束，必其自身有愿守法之心而后可。若能自外以力挟之，使其不得不守法者，则权已不在行政，而在立法与司法矣。惟其立法与司法无实权也，故全国之人宜有真诚之提携，以促行政者之审悟，必使其自愿入法律之轨道始可。第欲其自愿，则法律必不能绝对与彼以难堪。此所以不宜有严苛之规定也。

第二，所定之法不可不留有改善之余地。由此以言，必使立法一方留有伸缩之作用，他方又必使改正手续较为轻便。若不然者，一度立法，永不能变，事实不符，法之尊严威信，竟以堕矣。故于法治初试之际，必使法为比较的活动。盖国家初未尝一度实行法治，欲由专制而入于法治，则必其国内一切事实、一切现象常为专制之习所中，而与法治相冲突。强而行之，法之真义必失，而成具文。于是空揭法律之名，而阴行专制之实，兹可惧也。救济之道维何？曰：不外于法但求其最低度能确实施行而已。何谓最低度？曰法不求其完备，亦不求其周详，更不求其精微。苟一旦大体而具，则必使此大体切确施行，而无丝毫损益。否则法愈完备，愈周详，愈精微，以专制之习未除，人民之德未进，一切事实不易入其法之准绳故，则此美备精详之法适成一精美之玩具，为国家之点缀品耳，宁有实益？故初步之法治但求法之最低度能实行，亦足矣。若夫更进，则当求之于此后之立法。虽此最低度之法，最粗最略之法也。最粗最略之法惟适于法治之第一步，及其稍进，必求所以益之，于是改正尚矣。此所以修改之予续必采取比较的轻便也。

第三，所定之法务，必取公平正直之主义，不可有所偏倚。由此以言，必使立法纯出于公平。俾此法一行，皆得其利，同时皆得受其制限。无一势力纯得其利，亦无一势力纯受其害。于是法律为各势力之行为之规律，各必依据以为准绳。由此而享其权利，由此而课其义务。其利益之所在，其制限随之。于是利益与制限之交替，彼势力与此势力之往还，则其国遂生一公平之轨道。立法者深察而体验之，使此公平之轨道成为法律，社会上必赖以得福利矣。

以上言法之与守法之关系也。盖法必按切时代，而后可守，法必留有改良之余地，而后可守。法必成于公平，而后可守。质言之，法必使人以可守，而后始可责人以守也。法之可守要素在法治已进之国，诚无待研究。凡经法定手续而成者，均有可守之要素。而在法治未进之邦，方其初施实费商酌，不特手续上之形式，必公允得当，即内容之含量亦必斟酌尽善。于是有上述之三义也。于三义之外，更有一端。尤当注意者，即以专制之遗，事实上之特别势力既不能铲除净尽，若以法律否认之，激生变端，直不若以法律承认之，制限其行为也。许以相当之范围，以安其心。于此范围内，听其享受相当之利益，于是不致有乱法之行动。法赖以固，而积久之后，再思变更，未尝即无机会也。

吾人论法之可守要素既竟，请专言守法之德。吾以为守法之德，其生也，断非由于偶然，必有苦痛之教训，事实之经验，生存之觉悟，最后之真诚。何谓苦痛之教训？必其于乱法违法之时，以事实之所趋，潮流运会之所至，不得不受其苦痛，于是始悔前此之不依法律为大谬也。何谓事实之经验？必经历各种事实，知惟依法而行之外，实无更有优于此者。何谓生存之觉悟？知惟依法而足可保其生存，欲生存焉，舍法莫由。何谓最后之真诚？必伪诈之道既穷，于生存上不得不出其诚心也。凡今所论，尤特指势力而言，不仅谓一班人民而已。盖中国于此数年内之状况，实一各种势力互不相让之状况也。申言之，即国内有多数之势力。其势力为新为旧，为良为恶，兹且勿论。

要而言之，此诸势力绝不顾及自身之地位，唯拼命以求扩张，思所以倾吞他势力，而压制之耳。吾尝谓一国家之臻强臻善，固视其国内所存势力之分量，若势力之数既少其量更低，则国家必强。诚以国家之为务，在排斥国内一切势力，而独存所谓国家者之一势力。唯近世先进国对于此目的，亦只能做到几分之几。若夫使国内之特别势力扫除净尽，则今兹世界尚未有此种善良之国家也。由是以言，势力之存在殊不足为祸，盖有因势利导之法在焉。若一国家之内既有多数之势力，而此诸势力，唯以互相倾压为事，各思为盲目的发展，则其国未有不衰者也。譬如甲之势力思并吞乙丙丁戊等势力而全灭之，乙之势力思并吞甲丙丁戊等势力而全灭之，丙之势力思并吞甲乙丁戊等势力而全灭之，推而至于丁戊罔不如是。即知不能全灭焉，亦压制其他，而自居优势。譬如甲之势力思压倒乙丙丁戊等势力，而独占优卓之地位。乙之势力思压倒甲丙丁戊等势力，而独占优卓之地位。推而至于丙丁戊，罔不如是。终日为压倒他人与制服他人之思想，不问力之何如，贸贸然而行之。此即最近数年来中国之现状也。于是举全国之知识，竭全国之能力，以纵事于自讧。于是党派之争焉，新旧之争焉，驱全国之人皆陷于疑狭之境。甲疑乙，复疑丙，又疑丁。乙疑甲，复疑丙丁。推而至于丙丁，罔不如是，则成一互疑之象。由疑生伪，由伪生诈。于是一国之中，所余者唯排挤倾陷、猜疑、伪诈、争执、阴谋而已。试问政象如此，其何能淑？

盖一国之所以强，端在消除内讧，而从事外竞。且国家唯不能从事于外竞者，为有内讧。消除内讧之法，唯有一途。夫亦曰诚而已矣。语云：不诚无物。为政之道，端在于诚。诚由何而生？曰：由于有最后之觉悟也。何谓最后之觉悟？曰：必各势力以互思吞压之结果。知事实眩不能相下，于是一变其吞压之法，而易为相敬相让各自保守之局。彼先进之国所以虽有特别势力，而不为国害者，正以此耳。吾国人于此，不可不有所法焉。

虽然，相敬相让，非漫然可成也。其由来基于经验之教训，其标准则唯有法律。故守法与让德，实同一意味。无让德者必不守法，守法者必有让德。故吾人欲各势力之守法也，必先以让德为倡导。所谓让德者，即自审其力之不足全灭他人，而不为勉强之争抗，互相甘让，相剂于平也。盖各势力于互不相下之际，必有最后之觉悟。此觉悟为何？曰：自保其力，不勉强以事扩张是已。吾以政治学上之一支，有所谓"政治力学"者，实为研究政法之士所不可忽也。"政治力"者，即群众心理之进行方式。易言之，即总意进行之涂径。夫群众心理之前进与变化也，有一定之方式。依其方式以进，必得成功，逆之则败。于是，请以"力"字以代之。力非他，即国内全体人民意志之势也。全体人民之意志不一，故其力常为错纵。其错纵之势，又复有一定之公式。所以必须研究者，此耳。研究之，则得实践于真际。故此种研究非超然的泛论，实必自身即为势力之一。于诸势力之漩涡中，自研寻其前进之涂也。

夫凡为一势力者，于其势力自身之地位与夫能力，必有最后之觉悟。研究政治力学，知其自身之力至何度量，审众势之所趋，将呈何态然后可定其进行之方针。不宁惟是，政治力学上有一大原则。曰：不可过用其力是已。何为过用其力？曰：我本有一分力，而我思用二分力，其结果必勉强以行，力竭声嘶，其本有之一分力亦必因而丧失净尽。故过用其力，未有不败者也。此原则之外，更有一补足之原则。曰：必留有余力。何以言？我有三分力，而我仅用二分，则非徒成功可恃，且足历久不敝。常留有余力，以应非常之变。若不之察，全力是用，则一旦变生，遂无以应，必至于倒。凡此力学所示，无异于兵法。故言治与谈兵，其事殊，其理则同也。

所谓不过用其力，与所谓常留余力者，皆让德之谓也。凡为一势力者，自身对于退让，必有绝大之觉悟，然后其地位始可巩固，其生命始得永久。其所赖与共存之国家，亦必不致因此衰亡。设其不然，于此外患迫切，危机一发之秋，而犹为盲目的内讧，各势力不能为放下屠刀立地成佛之最后大觉，仍以伪诈相交往，以排挤相角逐，以疑猜相待遇，于是彼以阴谋制此，此以阴谋报复之。是一袁氏死，而众袁氏生也，化一大国蠹而为众小国蠹。昔之患在专擅压制，今之患在纷扰互讧。犹诸患疟者，热去而寒来。寒热其病症不同，其为症则一耳。不得热为疾病，为寒为康健也。

吾尝与今之士大夫论国事，十而八九持武力解决之论。夫以快刀斩乱麻之法，将一切腐败，一扫而奏之。将一切障碍，一举而除之，宁不快心。故此非理论之问题，乃实力之问题。即为问汝之实力果能举此与否是也。如其能之，则举手投足之劳即可措办，诚邦家之福。若其不能，徒托奏言，恃为号召，亦但激起反抗、促进阴谋、制造诈伪而已，播植排挤争执之种子，遮掩诚心共济之发现。与国有害，与事无益。吾诚不知论者，果何所恃而出之也。

进而言之，试问以力征伐者，其自身亦为一种势力否乎？如其否也，别为一超然之物，则其力何由而生？用是反证，则必亦为一势力无疑，是犹一势力而思压吞其他势力也。此一势力之实力若果能达到压吞他势力而绰乎有余之量，则于事实上，固不待有号召者主张者，而早已压吞之矣。他势力若果已至被压服之程度，则固早已被压服之矣，宁能支持至今？用是反证，则此一势力不过徒有其心，实无其力。于此现状之下，若不翻然改计，仍以压吞为鼓吹，排挤为宗旨，则由反抗而生互讧，由互讧而召瓜分，此实不可逃避之途径也。吾尝观辛亥癸丑乙卯之故事，未尝不太息于各势力不自知节制其力，徒思为逾度之争。即今思之，亦犹余有怵耳。

是以当今之时，各势力贵能自审。吾人于傍，亦唯有以退让为劝，以容人为劝，以不可过用其力为劝，以必留余力为劝。若逐其流而扬其波，则祸患之所届，不知伊于胡底矣。故吾人今日之责任，不在商榷法制，而实在劝化运用政治者，使其必具有一定之德也。

要之，袁逆未死以前之中国，于表面唯见一人，不见有人民，亦不见有地方。其背面，实有潜伏之多数努力焉。袁逆既死以后之中国，必将为于表面，唯见有多数之势力，不见有人民，亦不见有中央。所谓多数势力者，在袁执柄之时，皆潜伏勿显，而其存在自若也。故自辛亥以来，统一论集权论于表面虽曾采用，实则未尝丝毫有效于真际也。故袁逆之罪，不得谓为统一论者集权论者之罪。迨袁既殂落，此多数势力蜂起而为政治之活动，于是将成分权之现象，实非分权论者之力使然也，事实固如是耳。分权之成，不得谓为联邦论者分治论者之功。若此后所届，酿成纷扰之局，割据之势，如唐之藩镇，春秋之封建，国家之覆亡，民族之衰颓，由此而生，则联邦论者分治论者固亦足自明其无罪也。何以言之？袁氏既统一其所统一，又虽保他人不联邦其所联邦乎？

吾言至此，吾心滋惧。吾侪书生，徒发空言，固不足济事于万一。而师我者病，方据为口实，又宁能无怖于心，永夜无憀。偕友观剧，见演莎翁名剧者，其饰贵族名姝，一切行动皆为鄙贱佁夫之动作，辱我莎翁不浅矣。因思剧虽小道，犹尚如此。一入国人之手，顿现其原形，能毋浩叹。然则一切法制之商榷，亦何异于编纂莎翁脚本？为彼辈一演也，其能不露本有之形状者几希矣。综合以言，今日之中国除此多数势力者自身顿觉推诚相让守法入轨之外，实无救亡之法。从今以后各出真诚，于诚字上痛下工夫，则国家庶乎有豸。不佞之言，尽于斯矣。

掷笔后，重读全篇，恐读者将疑吾对于联邦论为之根本打消，殊不知不佞自信初无异于前。特联邦论如甲，中国分权之现象如乙。甲乙之间相差实远，不得谓乙生于甲也。至于能否导乙于甲，而成正轨，则非理论上当否之问题，乃事实上能否之问题，亦要视诸势力而各占一省者，有此诚心与觉悟与否耳，与第三者之高谈法理无关也。恐生误解，寄辨于篇末。

（载《新中华》第 1 卷第 6 号，1916 年 6 月）

贤人政治
（1917 年 11 月 15 日）

关乎支配国政之根本原理之两论系

夫近代国家，自表面观之，固有种种形态，然究其里面，则无不有一根本原理，以为支配。世间论者，每多忽诸，有国体之争，有法制之争，咸属枝末，而非根本。根本原理者何？即国之所由建，种之所由进也。勿论何种国家，亦勿论何种民族，其所以不致覆亡者，不外乎能领悟此种根本原理，而施诸实际耳。特关于此根本原理，自昔推究者，固不乏异说，然可综合分别之，为相反之两大论系。

两论系成立之故

黑格尔①之论历史哲学也，谓主义必有正负之两面。有甲说焉，必有相反之乙说，以与对立。迨甲乙二说相调和而成丙说，则又有丁说生焉，与之相抗。甚且推至无穷，要皆准此法则以进化。验之于例，则哲学上于一方有一元论焉，他方必有多元论；于一方有唯心论焉，他方必有唯物论；于一方有观念论焉，他方必有实在论；于一方有定命论焉，他方必有自由意志论。吾尝细绎《易经》之旨，即言对立两系之理，如有乾必有坤，有阳必有阴，有天必有地，于是则得归纳而成定理焉，即宇宙间实有对待律。政治为人群所由自处之道，精微绵密，发源于哲学与伦理，其亦必有对待律行乎其间，自无疑矣。

---

① 详见 Hegel, *Lectures on the Philosophy of History.*

调和之需要

夫对待之两种主义，必为各得真理之一方面，不可偏废。故近代思想之精髓，即在认真理为多方面，实在为进化，是以现代之学说，无偏重于一方面而抹杀其他者，乃注重于调和，以为完美圆满，即调和之义也。趋向于调和而进，是为进化。然调和无止境，故进化亦无穷期。愈调和乃愈进化，此所以现代思潮无不以调和为出发点也。哲学上之思想如斯，科学上之思想，亦复如斯，政治上之思想，又何独不然哉！

庸众主义与贤能主义

所谓支配国政之根本原理之两论系者何乎？曰：其一为庸众主义，其二为贤能主义。

多数决主义与少数决主义

庸众主义，以为人类平等者也。政治之运用，亦当人人而与焉。虽然，众人之所见常不能一，为之奈何？于是有多数表决之法。今有十人于此，八人之所言相同，虽有二人为之反对，然必即以决定。故以为国家所当执行者，多数之所欲耳。多数欲战，则国家必宣战；多数欲和，则国家必媾和。一政之施，一事之举，乃唯多数之意思是仰。所以设国家之体制者，专为达多数之祈求耳。顾其为说，有一前提焉。盖即谓凡多数之所欲者，必为善是已。然而，此不可仅恃想像，以为武断，而当验诸实际。夫事实上，所以诏告吾人者，凡多数之所欲，果尽为善乎？

贤能主义之成立，即由解决此问题而生者也。贤能主义以为于事实上，多数之所见，不尽为是，多数之所欲，不尽为善。不特此也，且多数之所见，往往流于舛谬，多数之所欲，往往陷于罪恶。凡此之事，史不绝书。盖是非无定，善恶无衡，因进化而变易。例如古者天圆地方之说，为常人所共信。追哥白尼出，以一人之思考，破陈说而代以新诠。当其初时，鲜有信者，历世既久，始为不磨。苟断代以论，当时之多数，固尽为舛误也。又如蛮荒之民，有食人之俗，习于其群，无或非之者。推溯吾人之远祖，当其在僿野之际，亦未尝不如是。然卒有今日之进化者，必赖有首出庶物之仁人，创立宗教，以驯其凶残之性，以育其高尚之德。合群之能事，文化之推进，胥于是成焉。顾此大智大仁大勇之一人，往往不为当时众庶所容，如耶稣之死于十字架，苏格拉底之死于狱。挽近之例，如俾士麦之政纲，辄见否于议会；米拉伯之画策，不见用于朝野。类此之事，不胜枚举。要足证多数之所见，于一定之时间，非徒不尽为是，抑且概为舛误。多数之所欲，于一定之时间，非徒不尽为善，抑且概为罪恶。于此实有二论据，详之如下。

第一，人类知慧之进步，本以个人心理较群众心理为速，此则千真万确之事实也。个人心理常静，对于真理能充分之推求。群众心理，则鲜不流于浮躁，不能沉思。黎本曰：群众心理者，不拘何时何处，及为数若干，概为一种特别心理状态。其思焉，感焉，行焉，要异乎其在个人独居之状态。黎本之论群众心理，以为乃系一种劣等心理，富于冲动，而乏思考；易受暗示，而趋极端；多为固执，而不改进，如稚子，如妇人，如未开化之人。[①] 于是可知群众心理，非多数个人心理之集合，乃另为一种特别心理。而此心理，实较个人为劣，如常为无目的之冲动，如易受无理由之暗示，即其最著者也。

第二，真理之认识，初不因多数之人所见相同，而得其正鹄；亦不因一二人所见独异，而损其真值。盖是非不当以头数定也。有十人于此，唯一人贤能智睿，余皆鲁钝，或拜火为神，或视影为鬼，此一人者独陈其非此。此则是非不以头数决定之好例也。

由是以言，唯持多数，其不能得真是非也，明且审矣。盖数之多少，与理之是非及事之真伪，乃绝不相涉。故是非真伪之标准，当别求诸他途，而不能以头数多寡为判也。且不宁惟此，多数之心理，乃系一种特别心理，而非单纯之汇合。此特别心理，殊为劣钝，常激易蔽，对于事理之追求，转不如少数之为冷静公平与周密也。是则非但不能以数之多寡而判理之是非，抑且常呈反比例之现象矣。

此外犹有一端，曰：凡一社会，其积愈大；凡一团集，其数较众者，断不能止有正负之二种意见。夫既有数种主张，则事实上实无真之多数，不过比较多数而已。决定之方法，若即此比较多数为衡，则此比较多数以外者，乃适为真之多数。换言以明之，即真之多数，实反对此意见者也。宁非一至奇之事乎！

用是贤能主义不以多数为取决，以为人而贤也，虽为少数，其所造

---

① G. Le Bon, *The Crowd*, Chapt. Ⅰ, Ⅱ.

诣，必较众虑为深，其所贡献，必较群黎为大，其所负担，必较常人为重。出其所独得之确信，展其所自修之天才，以为一群谋福利，其功果必较诸群众之自谋为适当也。

吾人因认定庸众主义为多数决主义，贤能主义为少数决主义。

代表主义与自由意思主义

虽然，庸众主义既取决于多数矣，顾于大群之中，国家之面积既巨，人口之额数亦众，则取决多数之法，苦不能见施于实际。不得已而有代表之法焉，即选举若干人为代表。然其为说，亦有一前提，曰代表者之一举一动，皆足宣达被代表者之意旨是已。是代表之所产生，正由其能代达被代表者之意思耳，故曰代表由推举而成。然而于此亦复有疑问焉。

第一，代表者之主张，是否尽为被代表者之意思。设使二者永久契合，无或稍违，则代表原则不致破毁，固也。如其不然，纵不为完全歧异，即有一二点不一致，而代表原则，已不啻根本动摇。又况事实上，一二点之不一致为习见之举，而完全歧异，亦复具有可能之性，是则代表原则之基础本不确立也，明矣。

第二，代表之推任，当即为选举。选举果为代表者与被代表者之间所立之一种委托契约乎？然而各国之现行制，皆有议员在院内发言，对院外不负责任之规定。是不唯证明选举实非委托之契约，抑且破除此等性质之嫌疑。柏哲士尝论之，以为此乃所以得良立法部之道。[1] 吾亦曾有说，详证其非[2]，兹不赘也。

---

[1]　Burgess, *Political Science and Constitutional Law*，Ⅱ，p. 122.

[2]　兹录拙作《近世国家论》之两节如下：

通常谓议会为人民之代表，此说殊为欠通。兹详述之，然其中亦有二种：（一）谓代表为法律上之委托关系，此为代理说；（二）谓代表为一机关而代表他机关，此为代表说。

兹先辟代理说之谬如下：

代理者，法律上之委托关系，必为人格与人格之交涉。易言之，即当事者勿论，代理与被代理双方必同为人格也。果尔则疑问生矣。曰：代理之议会果为一人格与否乎？被代理之人民其全体亦为一人格否乎？抑各人民为各各独立而非由议会，乃由独立之议员以代理之乎？夫议会若有人格当为法人，全体人民若有单一之人格，亦当为法人。夫人民全体相结合即成国家，国家为法人，自不待言。国家以外，更无全体人民。若云全体人民为法人，即不啻谓国家为法人，离国家别无全体人民。盖人民既云全体，是必为有组织有结合。既有组织与结合，则即为国家也。国家为法人，诚属正当。特国家之法人，不能以议会之法人代表之，其他司行政等各部皆同为国家之机关，实行国家之作用，固不独一议会为然。设论之原意在代表人民，今以三段论法演之，乃竟为代表国家。可见原说之不合论理也。且国家既为法人，

第三，凡人格皆有其固有之意思，凡机关皆有其特具之职权。若谓

（续前）则凡为国家执行其作用者，皆当为国家之机关，不得再为法人。何以言之？机关非人格，于前已言之矣。譬如人有人格，而其手足不得再有人格，不过仅为人之机关耳。否则即为分裂，必生冲突。正如二重人格之精神病者。有国如此，不能生存。且以议会代表国家，则与其同等之法院、元首等又将代理何物？是以议会与法院等相同，皆为国家机关，不能再为法人也。若以人民各各独立为言，则代理者为议会乎？抑各散在之议员乎？以议会言，议会既非人格，又安能代理各人民？以议员言，则人民所欲各殊，是否先有代理之契约？此层容次款详之。苟自抽象而论，普泛之民福固属存在，然凡国家机关皆以谋民之福利为旨归，固不止一议会为然。又况各该议员之权由于机关而生，是为机关体若云代表各人民，当于机关之外尚有作用。今则非于集会其言，乃等于平民，此其明证也。加之集会之权，乃国法直接所赋与，初非因选举而得。由是观之，谓各议员代理各人民，实无是处，不待辩矣。

复次，代理关系出于委托，为法律上之契约行为，则必有所谓契约者，不可不一究之，此契约是否即为投票。易言之，即为问选举投票，果为选举者与被选者之间互相合意而成之代理契约与否是也。果尔，则以通例言，契约关系依当事者之意思得以取消，而人民之取消议员实未之前闻。且选举多用无记名法及复选制，即欲取消，事实上亦复不能。此证明选举非契约者，一也。况取选举制者，固不独于议会。若总统，若地方长官，若自治员莫不自选举而出，未闻以之为其代表，何独于议会云然？殊不可解。若总统自议会选出，则总统代表议会矣，宁复可通。此证明选举非契约者，二也。夫契约关系，必被代表者先有一定之意思而不能自己实行之，于是委托于代表者。若有意思而能自行代表之，原则为之打破；他若并无意思，则代表亦复不立。人民之意思，果何若乎？以私利言，人欲各殊，不复一致，无从而代表。以公善言，人民虽无不是认公善，然能扑捉此公善者，厥惟国家之大意识，实较个人之小意识为亲切，故国家之各机关无一而非谋公善之发展，决不止一议会。各国议会有受理人民之提案与请愿，则人民有意思尽可随时发布，不必预举代表，显与有意思而不能行之原则相背。此证明选举非契约者，三也。且选举之票额，各议员未必尽同。得票多者，所代表之人亦应多，得票少者所代表之人亦少。果尔，一议会之中各议员之权利不等，则议事胡由取决？此证明选举非契约者，四也。则选举非委托之契约也，明矣。

代表说亦有二谬点，述之如下：

代表说以为议会诚非人民之法律上代理者。代理与代表有别。前者为法律行为之委托关系，后者不然。一机关不能执行其意思，于是乃设他机关以代之耳。此机关正乃彼机关之缩型。故代表者，非指民法上人格间之委托，乃公法上机关间之关系也。然此说于肤视之固不见若何之大谬，且在君主国君民固有分界，君为国家之一机关，民亦宜为一机关也。然细按之，乃知其不然。盖此说之根本误点，即在认国民全体为国家之一机关。且此误谬，正出于机关与成分之混同。殊不知成分者，组织之原质也。机关者，作用之官品也。如人之细胞乃所以构成其人者，谓之成分则可，谓之机关则不可。而人之目耳手足所以实现人之行为者，谓之机关则可，谓之成分则不可。故国民者，国家之成分，而非国家之机关也。若国民为国家之机关，则既为机关，即无人格，而其行为又必皆为其背后人格者之国家之意思。然征之事实，国民乃自有意思自有行为，初非皆属之国家。夫各各独立之国民，既非一一皆为国家之机关，而全体之国民又不能集成一机关。且自其结合言之，即当为国家，初非二物，既为国家，又安能同时而为国家机关耶？若自其散漫言之，则既无组织云，何而能谓之曰机关，是则国民勿论为全体为散立，均不得谓之为国家机关。夫国民既非机关，又何能设立他机关以代表之耶？

复次，今假定人民为机关，然何以必须用一机关为其代表乎？吾知论者必曰：以人民之机关无能力，不能自行实现其作用也。此言一出，适足证人民非机关矣。何以言之？机关以能实现其作用而成立，如目之所以为机关者，以其能司视之作用。若目不能视，是为废物，又安云机关耶？故如机械装置之假手足，不能视为其机关。以此种假手足，仅足壮观而不能司作用也。故人民必有机关以代行其作用者，则其自身必为非机关无疑矣。由是以言，代表说亦复不能成立也。

一人格之意思全由他人格移付而生，若谓一机关之职权纯以他机关委付而来，事实上均无是处。故一人格，其意思之是否正当，若全视乎其合否被代表者之旨趣，而为衡断。则其固有之意思，早不成立。此则于自由意思与固有职权之事实，大相背谬者也。

是故贤能主义，以为凡属人格各有自由之意思，凡属机关皆有独到之职权，其自身对于行为不行为，负固有之责任，独立而判断是非，辨别善恶于一事焉。信其善，则本于固有之职权与责任，当毅然行之，不必以是否合乎被代表者之意旨为判焉。

吾人因认定庸众主义为代表主义，贤能主义为自由意思主义。

平等主义与等级主义

庸众主义以为人类智能之不齐，由于社会待遇之不平，除天然不具者外（如聋盲废疾等），实无轩轾之必要。盖今日人智之不齐，乃食昔日社会制限，与夫政治禁格之赐。以实例言，如贫富之悬殊，贫者不能与富者受同等之教育，其智能遂逊于富者。设一旦开放，则未必遽分高下，诚以人之才能，由天所赋，故在先天，概属同一，迨至后天，为境遇所限，凡此皆社会之罪也。往往因才能之等差，遂生阶级，待遇随之亦异，其间压抑才能，使无由表见者，事实上又比比然也。此又皆由政治与社会有以致之耳。是故欲齐一智能，当急谋平等之开放。

虽然，于此实有二问题焉。一曰人类于先天绝无差别，所有异状果均起于后天乎？二曰以平等开放之待遇，果能齐一民智乎？

于第一问题，不可不诉诸生物学，则有拉麦克与卫斯曼之争。[1] 拉之说，谓后天所赢得者，亦复遗传于子孙，其在子孙，遂生先天之异禀，而衡否之，在生物学上，洵多异议。然自有机进化说发生以来[2]，已认生物之进化，非纯为体质之进化，乃系有机之进化。抟精神与物质为一体，以适应外境，淘汰机能，而为进化。故葛尔顿之研究，以皇家学会之会员二百七人，而察其家系，每百人中，有四分之一，为属于知慧阶级。[3] 休斯透取渥克福德名册而研究之，以九十二年为衡，其中最

---

① 拉卫之争论，详见 Kellogg, *Darwinism Today*，第二六二页以下。

② 见前书第二〇八页以下及二二九页以下，及 Baldwin, *Development and Evolution*，第三七页以下。

③ 见 Kellicott, *Social Direction of Human Evolution*，第一四五页。

有名之人，其父之为最有名或次有名者，百中得三十六。次有名之人，其父为最有名或次有名者，百中得三十二。普通人之父为最有名或次有名者，百中得十四。① 是则可知，不仅体魄可遗传于子孙，而知慧亦得遗传于后世。挽近有所谓进种学者②，即基于此原则。于此可断言者，自有生民以来，所谓原始人类者，即有境遇之殊，而境遇亦足影响于精神体魄。精神体魄上所生之变化，且遗传于子孙，故以先天无差别为言者，不知此先天何指。若谓不可穷诘之原人，则纵假定其无差别，然数世以迁，差别自生。是以自有历史以来，以个人论，其先天未有不差别者也。③

于第二问题，则应知待遇为缘，而非种因，自未必能获齐一智能之果。盖各人之利用外缘有不同也，譬诸庠序，有徒数百人一堂授课，为之师者同属一人，则其成绩，宜无出入矣。孰知事实上未有如此者也。智慧之童与鲁钝之徒，其学绩常为判然。此何故欤？曰待遇者不过一种机缘而已。人之捉取机缘以利用之，不能尽同。有善用者，有不善用者，有用之得果十分者，有用之得果五分者。故同一机遇而不产生同一结果，事实上比比然也。若谓机遇既同，结果如一，实无是处。

于是对于此事实，以平等之开放以矫正之乎？抑依其天然之不等以徐图改造之乎？庸众主义取前说。其结果，后世之收效若何，虽不可知，而目前之形势，则大起纷扰。何以言之？使智与愚平等，贤与不肖同科，于是智者贤者不能展其所能，愚与不肖得逞其所欲，势必使智与贤悉被淘汰，愚与不肖独擅胜场。其流弊所及，必有不堪胜言者矣。故以平等之开放，以矫正天然之不齐，必不足以达到目的，虽宗旨无舛，而手段适得其反也。

贤能主义取后说。以天然之不平等，决不能以遽然之开放矫正之。必先依其差别，设以制限，先于目前期得最大之福利。盖目前之最大福利不可得，则未来之改善，亦必无由企图。所以，祈求最大福利之方法，即为因事设宜，依其等序，置以制限。俾人类智能之发挥，各适如所含之量。例如甲之智能，仅可举办某事，则使甲为某事而止。乙之智能高

---

① 见 Kellicott, *Social Direction of Human Evolution*，第一四六页。
② 原语为 Eugenics，其定义见前书第三页。
③ 摩根谓可分三端以言：一、个体作用，因适应生活之条件，有体魄之变化。二、种族作用，乃由此种新赢得之变化之遗传而成。三、种之进化，即为累积此种遗传之结果。见 Baldwin 书第三四七页。此说尤为主张先天有差别之最力者也。

超于甲，则乙应为之事，亦必重于甲，庶足使甲乙所有之智能，发挥至最高度。至无屈高就低之弊，复无提低就高之害。否则于一群之中，非轻减智能之度，即为事实所不能，故必使各适如其量度。于是一国之中，一社会之内，智者得发挥其特有之智，贤者得发挥其独具之贤，而愚不肖亦适如其低度之才能，以维持生计。此法一行，不仅使个人得发挥其智能至最高量度，抑且使一国中所有之智能得发挥至最高量度也。

吾人因认定庸众主义为平等主义，而贤能主义为等级主义。

单调主义与复调主义

不宁惟是，庸众主义既认人类智能可以齐一，人类待遇可以平等，于是于职务之异，方面之殊，不复注意。推其极端，必工可以为农，农可以为士，皆具同等之智能，不必有殊特之技术。而贤能主义，则以为流弊至此，蔑以加矣。

贤能主义，以为社会与国家，为多方面的，必多方面同时而成立而发达焉，则社会之能事始尽，国家之职掌始完。然于多方面之社会，必使人依其性之所近，与习之所尚，以各事于一面。譬如甲之性习近于子事，则甲从事于子。乙之性习近于丑事，则乙从事于丑。以人言，甲乙以至无限。以事言，子丑以至无穷。和合甲乙与子丑，则始得完成。而社会之自体与国家之大我，乃为之实现矣。

吾人因认定庸众主义为单调主义，而贤能主义为复调主义。

非个性主义与个性主义

夫庸众主义，既谓人类本属平等，不惟漠视先天之差异，抑亦蔑视后天之不同。而在贤能主义，则以为此种不平等，全由于个性之存在，个性于文化上有极大之影响，甚至可谓无个性之殊，即无文明，未尝不可也。故文明之起源，即在个性。哲人乾母斯尝论之，以为个人之差别虽微，而实属重要。并引泰德之说，谓社会法则为模拟。盖人于一方有独创性，他方有模拟性，二者相辅为用，遂使个性极微之差异，得为社会进化之原因。[①] 此诚透宗之论也。

_____

① 见 James, *The Will to Believe*，第二五五页以下。至于泰德之说，见 Tarde, *Social.*

复次，个性之殊与社会之为多方面者有关。盖必以人类各展其个性之特长，以当社会之一面。例如甲赋有宜于子事之个性，则得发挥其独具之才能，以从事于子事，则甲之为事，必较乙丙丁为优。乙之于丑事亦然。综合人类甲乙等之个性，以当一群之子丑等方面，各为特别之发展，则一群之福利，必得臻于最高之量矣。

吾人因认定庸众主义为非个性主义，而贤能主义为个性主义。

齐进主义与率导主义

庸众主义，既不认人类有异禀与殊能，则必以为人类进化之向上也。但须各自为之，初不待有杰出之才，为之提携与率引。其谓各个人之发展，本无迟速锐钝之别，但得同一之机会，便有齐一之进化。

而贤能主义以为不然。夫天然之不齐，前既述之矣，个性之重要，前已详言。故贤能主义，以为人类之进化，以平面为齐进，则迟且钝。以角形为锐进，必猛而速。此盖物理上之公例，而应用于人事者也。有一群焉，其群中之各分子，齐致前进，各自发展，而为平面之进行，必不若有首出庶物之人，具超群之特识，挟持而进，提率以趋，则其迟速之间，必有不可以道里计者矣。贤能主义对于此点，亦有二论据。

第一，领导为普遍之自然的现象。莫福德详论之，以为系社会力之一，历察动物及人类之现象，如猿，如象，如鸟，皆有率领与服从之征迹。[1] 他如小儿之群戏，亦必有率领者与随从者。[2] 故莫氏认为社会上普遍之机能[3]，盖率领之现象，起于天然，实为一种本能。即以自然淘汰与生存竞争而言，则此种本能正由自然淘汰之法则，以适者生存之故，得渐以成立。详言之，即非有领率，不足以生存，以此为适，而不适者淘汰以去。是则率导者，实为群道必需之件，进化不外之则。

第二，不由率引，而取平等之齐进者，不过空想，永无实施之日。盖人类之天性，于一方有服从与追随之本能，于他方复有倡导与率引之本能。不见夫小儿之游戏乎？一儿为首，群儿从之，固起于人类之模拟性，然可见人类之本能，本有二面。若尽削减其服从之本能，以去其模拟，趋于极端，必致群道涣散，不复有社会矣。此种空想，全

---

[1]　E. Mumford, *The Origins of Leadership*，第十页以下。
[2]　Groos, *The Play of Man*，第三三八页以下。
[3]　Mumford 书第三页以下。

背乎实际，然不尽有害。盖以此为提倡，于比较的程度以内，未尝不可得收几分自由之效。特此法仅能唤发几分之自由，决不能尽扑灭其模拟与服从之性能。盖止能矫正率引现象之末流之弊，而不足根本上为之推翻也。

不宁惟是，今之民主主义，莫不趋赴于此倾向以行。然真之民主主义之社会，决不恃此齐进主义，对于率引亟为注重，故有所谓社会中枢者。[①] 盖谓众人中之俊者，负一世之舆望，初非限于一方面，乃各方面皆有此中枢之人以为表率也。如学问、技艺、政治、教育、实业等，各有其俊秀之士，且凡此各方面中，又有种种之分类。于学问中，则有医学、天文学、经济学等。有疾则叩诸医者，而医者与一班常人，又必皆唯医中之圣者之言是听。币制则叩诸经济学者，而经济学者与一班常人，又必视经济学大家之论为依违。故社会中枢者，于每一社会中，最得优厚之信用者也。夫在信用为服从，在得信用，则为率引矣。故社会学者谓社会之进化，端赖社会中枢。而社会中枢，大抵为天才，富于独创性。而一班常人，则止有模拟之本能。则一方特创，他方模拟，于是进步生矣。

以言政治，亦有斯征。如政党鲜不有党魁。密启尔斯曾详论之[②]，以为民主主义不能无组织，所谓多数参政者，乃属空想，事实上所不能有者也。既有组织，必有首领。密氏更推论政党与首领为一，无首领即无政党。密氏之研究，纯自心理与社会方面，精微绝伦，启发良多。不佞此作，亦蒙其赐也。

加之，人类道德之发展，实以个人道德为远出于群众道德之上。克里斯丁逊曰：政治者，群众道德之实践的表现也。其视伦理，则瞠乎后矣。盖政治与伦理，本为相通，特个人道德，先进于群众道德数百年，故有前后之感也。又曰：群众道德不能与个人道德同其步骤者，以其无责任之感觉耳。[③] 虽克氏谓平民政治与专制政治，不过比较之词，要在发展群众道德。然于此实可知个人道德既高于群众，则个人自较为可恃矣。克氏之论，乃不啻于贤能主义加以反证也。

吾人因认定庸众主义为齐进主义，而贤能主义为率引主义或保育主义。

---

① 原语为 élite 详见 Giddings, *Elements of Sociology*，第一一〇页以下。
② Michels, *Political Parties*，第二一页以下及二二六页以下。
③ Christensen, *Politics and Crowd Morality*，第七九页以下。

个人本位主义与社会本位主义

庸众主义，以个人为本位，以个人之幸福为出发点，而视社会与国家，纯属个人之集合，为达个人目的之手段。其前提，以为个人固能独立而生存，由其主动而构成社会与国家。则社会与国家者，纯为假象，而非实在也。其以为文明进化，皆为个人而设，个人有主我之自由，为生活之本位。推其极端，自轻视社会与国家，易流于无政府主义与社会主义。自其个人本位言之，易陷于唯我主义。贤能主义则不然。其谓社会之起源，虽有种种异说，然社会终为有机之结合。① 既为有机之结合，当然为超越个人而存在之实在体，有其自性。不仅为个人之乌合，社会内之个人，各有向上发展之天职，而社会与国家之自身，亦有向上发展之天职。是以学者名个人为小我，而以社会为大我。则前者为小我之自我实现，后者为大我之自我实现。贤能主义，一方主张个人之个性之存在，而他方则又认超个人之大我之个性亦复存在，以为二者初不相悖。何以言之？个性之训，不限于个人，有小我之个性，有大我之个性，虽相因循，然其发展同属一途，实为互相补充。微小我之自我实现，则大我不能完成。微大我之自我实现，而小我不能确立。肤视之，必以为贤能主义既以社会为本位，似与前言个性颇相矛盾。殊不知苟细按之，当即明其不然也。

贤能主义以为社会乃大精神也，于体制为有机之组织。濮申薅尝推论之，以为凡个人精神，皆为社会精神之一系，即个人精神之统觉，互相综错，以构成社会精神。此社会精神，乃不因个人而异，乃别有其实在性也。②

贤能主义，所以注重少数之俊秀者，所以注重于个性之发挥，所以注重社会中枢之率引者，乃正主张所以完成大精神之机能。若庸众主义，以社会为漫然之乌合，或为平等之契约，则社会之机能尽失矣。

吾人因认庸众主义为个人本位主义，而贤能主义为社会本位主义。

人民主义与国家主义

庸众主义以个人为本位，贤能主义以社会为本位。故前者为人民主

---

① 详见 Groppali，*Elementi di Sociologia*，第二章。
② 见 Bosanquet，*The Philosophical Theory of the State*，第一七〇页以下。

义，后者为国家主义。

何谓人民主义？言积民成国，国家纯为手段，将来情势变迁，则国家亦未尝不可废弃。而国家主义不然。以为人类之进化，与国家不可须臾离，故国家虽为造福人民之具，然非纯为手段。盖手段者，迨目的既达便可抛弃也。国家永无可以抛弃之一日，故不得目为手段。此国家主义之精义一也。[①] 复次，国家主义，以为个人各别福利之总合，并非为国家之福利。国家之目的，亦当然非各个人之目的之总合。盖个人目的在小我之满足，国家目的在大我之实现。然互相为用，初不相背。然亦非一物，是以应于人民以外，更充实国家之自性。此国家主义之精义二也。此外，国家与人民实同时存在，断非先有散立之人民，而后团结成国者。特莱启克谓国家如言语，一日不可离。[②] 良有以也。

吾人因认庸众主义为人民主义，而贤能主义为国家主义。

功利主义与理性主义

凡政治上之原理，无不出于伦理之学说。庸众主义之基于伦理也，为快乐说与功利说。快乐说之诠生人宗趣，以为唯乐是求。而功利说则谓与人俱乐，胜于独乐，众人之所同乐，斯为善，亦正为一群之福利也。特人与人之间，不能无稍殊焉，亦不能无所似焉，于是综合其数，增加其量。易言之，集众人之苦乐之所同，而定其标准，则有最大多数之最高幸福之法则也。

贤能主义之基于伦理也，为理性说与人格说。以为生人宗趣，在自我之实现，发展其理性而已，不能以单简浅薄之快乐为旨归也。何谓自我实现？曰：自强不息，以完全其人格，求合于至善是已。其破快乐说之论据如下：

夫快乐为一种感觉，感觉初无一定之标准，纯为内的关系。如得意之人观月，起一种美感，益助其豪。患难之人，则兴凄叹，转滋其悲，故感情无恒，快乐与否，不关外物。此其一也。且感情有度量之分，如饿时得食，固为可乐，然饱食以后若再进食，必引以为苦。可见苦乐无

---

① 见 Bluntschli, *Theory of the State*，第三〇五页以下。

② Treitschke, *Politics*（Dugdale 译本），第一册第三页。

恒，纯属量度之适否。此其二也。外此，则人于困苦之时，亦有一种乐趣，人于富贵之际，亦常与苦痛相伴。如在狱中，虽苦矣，然在达观知命之士，未尝无悠悠自得之乐。如富翁显者，为境所驱，亦不能无苦痛之感。可知人之向上活动，不能以唯乐是求一语以说明之。此其三也。更以生物为证，如蛾之扑火，葵之向日，概为一种无意识之冲动。初不知所求者为乐，及其一旦求得者，亦复不知果为乐否。则生物之活动，初非预知有乐而后求之也明矣。此其四也。他如勇士杀身，仁人殉国，其为求乐乎？虽欲曲解，终不可能，此等行动，纯属意志之决定，夫亦曰贯彻其意志而已。至于意志遂行之结果，是否为乐，初不之计。可见，人生目的固不在求乐矣。此其五也。凡此驳论，本为伦理学上难解之题，争论颇多，兹不尽述。[①]

贤能主义，且以为众人之所同乐者，决非社会之福利，与国家之目的，盖截然二物也。试举一例。如欧洲大战，各牺牲大多数之生命，以保其国家之福祉。若必以为牺牲者为少数，收益者为多数，方足定国家之目的，则于此例，将何说之辞？又如群盗杀一人，在被害者固为少数，而获赃之盗，实为多数，似牺牲与收益，正合比例，然决不能以盗为无罪。于是可知国家之福祉，与多数之乐利，本为二种范畴。虽有共同之点，而实非一物。在贤能主义，以为但祈求国家之福利，则多数之快乐，即寓于其中矣。即各为理性之发展，充实其自我之人格，则社会之大我，亦得借而实现焉。不必以最大多数之最高幸福为悬鹄，而一群之福利，乃不期然而致也。

复次，所谓最大多数之最高福利，诉诸事实，殊难确定。第一，为多少人数之不易衡量；第二，为高低福利之不易测度。故此说纯为想像。若曰只可以想像得之，则以此法为之想像者，曷尝不可易以彼法耶？是则既同属想像矣，又安见此之优于彼乎？故贤能主义，不取此种方法，而另以理性为标准。合乎理性者，为国家之福祉，而大多数亦必蒙其利焉。不合理性者否之。质言之，即不以数量为判定之准绳也。

吾人因认定庸众主义为功利主义，而贤能主义为理性主义。[②]

---

① 详见 Paulsen, *A System of Ethics*，第二五一页至二七〇页。

② 本节所论之功利说与快乐说，参见 J. S. Mill, *Utilitarianism*，及 Bentham, *Principles of Morals and Legislation*。而理性说与自我实现说，参见 Kant, *Critique of Practical Reason*，及 Green, *Prolegomena to Ethics*，最近有 Wright, *Self-realization* 一书述之尤详也。

旧进化主义与新进化主义

凡伦理上之主义，无不有哲学上之根据。盖一为人生观，一则世界观耳。实则人生与世界，亦属强分，非有系统之浑一观不可也。庸众主义之基于伦理也，既如上述，其观于世界观，则以为世界之进化，唯自其微尘以观，各物之进化，始集成世界之发展。其视宇宙之浑一，非属有机作用。易言之，即止有万物之进化，而无宇宙之发展。宇宙为静止，而宇宙所容纳之万物，则有变迁。此庸众主义之宇宙观也。

贤能主义则反之，以宇宙之浑一体，其自身为进化之发展。宇宙有体有用，不仅为万物所占领之场所与时际，且其进化不可逆测。故贤能主义，为现代思潮之所产，其特点有三：一曰，必为有机的调和，言对于各种方面为之统一也。二曰，必与生活相关切，言不陷于无益于人生之空想也。三曰，必为创造之进化，言不认世界为固定，而谓其进化必含有创造之意也。

是故贤能主义之世界观，适合于柏葛逊之创化论①，而其人生观，则又适合于欧肯之精神生活论也。②

吾人因认庸众主义为旧进化主义，而贤能主义为新进化主义。

空想主义与历史主义

庸众主义忽视数千年之史迹，以为已往者，止限于已往，而不能影响于未来。故于未来之施设，另以理想为之，不必依据过去之事实也。贤能主义以为不然。过去现在未来，实为一系，不可判分。深究过去，即知未来，故欲于未来为之措置，非熟考过去之事迹不可。所谓由已往而推知将来是也。是以庸众主义，忽视已往之历史；而贤能主义，则注重于昔时之陈迹，以为凡此历史，皆为表现一种原理之象征，苟能由此象征而窥得其原理，则得之矣。

吾人因认定庸众主义为空想主义，而贤能主义为历史主义。

---

① H. Bergson's *Creative Evolution*（Mitchell 所译）。此书不佞将译为华文，以饷国人。

② Gibson, Eucken's *Philosophy of Life*，第八五页以下，但欧氏著书颇多，不佞惟读其 *Main Currents of Modern Thought*（Booth 所译）一书，于 D. E. 二节论之尤详。

诸端之综合

第五节之多数主义与少数主义，与第六节之代表主义与自由意志主义，为属于政治制度问题之范围。第七节之平等主义与等级主义，与第八节之单调主义与复调主义，为属于社会制度问题之范围。第九节之非个性主义与个性主义，与第十节之齐进主义与率引主义，为属于文明原理与夫教育原则之问题之范围。第十一节之个人本位主义与社会本位主义，为属于社会学问题之范围。第十二节之人民主义与国家主义，为属于国家学问题之范围。第十三节之功利主义与理性主义，为属于伦理学问题之范围。第十四节之旧进化主义与新进化主义，为属于哲学问题之范围。第十五节之空想主义与历史主义，为属于观察方法问题之范围。以上则庸众主义与贤能主义所诠者之大较也。由对比以述之耳。

庸众主义之由来

庸众主义之发生，可远溯于太古。希腊之雅典，自毗兰克来斯以后，平民主义已臻极度，遂致沦亡。盖毗氏在时，控制于上，率导全国，得致富强。毗氏逝世以后，平民主义之恶征，次第发现，贱民跋扈之风日甚，民会中常占多数，以私欲私利为旨趣，议决不利于国家之议案。且更从事于压制贵族与富者，使社会上高尚富华之气，优秀超越之风，一变而为卑劣猖獗之习，堕落苟且之行。当时忧时之学者，咸太息痛恨之，遂定有 Democracy 一词。所谓 Demos 者，此言贱民，即含讥贬之意。此平民主义一语之由来也。

庸众主义与社会主义

庸众主义之趋于极端也，必为社会主义。然社会主义，亦有相反之二种：一曰有政府之社会主义，二曰无政府之社会主义。前者废私产制度，废家族制度，而于一切共同生活之事务，设立一共同之机关以掌管之，其权乃较现代各国之政府为大。后者废私产，废家族，唯不立共同机关，使人民返于原始之散立状态。故二种之说，乃截然相反。一者仍属于社会本位之思想，谓之曰国家主义，亦无不可。一者则纯系个人本位思想之所出。夫庸众主义，既与个人本位思想为缘，则精神上不能无矛盾。此言庸众主义与社会主义之关系也。

庸众主义之实现

庸众主义，不过一幻想而已。历史上固未尝有完全之实现也。然亦不得谓无实现，特无完全之实现耳。于程度上亦曾有几分之几之实现，如现代之平民政治，概为庸众主义之程度的实现。故吾人分别观之，认事实上之庸众主义，与理论之庸众主义为二物。兹分述之。

理论上之庸众主义

夫庸众主义，虽曾为程度的实现，然即此程度的实现之中，亦百弊丛生矣。[1] 于是有"平民政治之弊唯有更广之平民政治以救济之"一语。[2] 然所谓更广之平民政治者何乎？非所谓总投票与直接立法乎？总投票之制，罗伟尔曾列表以明之。[3] 其投票人百分中常有未满其半者，而可否亦于焉取决？于理论之民意，宁复相符。故罗氏之诠民意，仍袭卢骚之说。

吾以为理论之庸众主义，以卢骚为极轨。然其说在理想诚为充足，在实际则绝无实行之可能。兹略述之。

卢骚之《民约论》有言曰："由此推知总意者，常正，而又属于公益者也。然非谓人民之意思皆无乖谬。夫人之所思索，为一己之利而已。而莫明其故，虽非自堕焉，要不免于自误。盖有时而倾于恶故也。是以众意与总意之间，有绝大之鸿沟焉。后者仅关乎公益，前者则惟私利是求，不过为个别意思之集成耳。特除此种意思互相加减外，而总意仍留为其总差也。苟人民得正确之报告，彼此毋交商，自表其所见，则微差之意见之总合，即总意是已。且此总意，必常为善。若派别生，大群之中复立小群，此种结合之意思，在结合固可谓为总，而在国家，则仍系个别也。盖其表示，非有若干票代表若干人，乃有若干票代表若干

---

① 详见庸众主义之正面一节。

② 此 Alexis de Tocqueville 之语，见所著 *Democracy in America*。书中一时未能检出其页数。

③ Lowell，*Public Opinion and Popular Government* 之附录 A. 与 B.

团结耳。差别愈少，其结果之为总也乃愈不可得。若一团结压制其他，其结果非微差之总合，不过一差别而已。于此则实非总意，乃一特殊之意思而独占胜利耳。要之，总意所能表现者，必于国内无特殊之团结，人民得自思其所是。此则兰寇葛斯所立之制度也。若有派别于此，则必使其愈多愈善，且必阻其不等。此又琐伦诺马与塞维所立之制度也。微此设备，始能保总意之发现，而人民庶不致自欺。"

又曰："吾人各以其人身与权力共同置于总意之最高指挥之下，且在吾人之地位上，皆为其分子，即为全体中不可分离之部分。"又曰："国家者，道德的人格也。其生命由集合其分子而成，其要务为自我保存，则必有普遍强制之力焉。由此以指挥其部分，使增进全体之福利。夫民约之赋政治体以绝对之权，俾得指挥其分子者，正犹天赋人以绝对之权，以指挥其官器也。此权于总意率引之下，故得而名之曰主权。"[1]

是则卢说之旨，以为国家之意思，斯为总意，总意之内容为公善。凡此所论，纯属理想，当更端讨论。惟总意之果为存在与否，必以其实现为衡。夫以何法使总意得为之实现？在卢骚初无满足之答案。此则大可异者也。

卢骚于此只有二法，已如上述。一曰，使国内绝无丝毫党派之团结发生；二曰，如其不能，则使党派愈多愈妙，又必设法使各相平衡。试问此二法，于事实上果有实行之可能乎？吾知其必无也。不惟开明如今日之各国，未有无党会者，即远溯太古，虽民智未进，然所感不无异同，所交不无亲密，以自然的关系，而产生党派，殆亦不可逃避者也。至于既有党派，而谓能禁其有大小强弱之殊，则又梦呓之谈。可知此二法者，于实际上皆无是处。

卢骚之方法虽有二，然其精神则一，夫亦曰保障各人之自由发表其意思是已。盖其前提之义，以为苟人人而得自由发表其意思，而无外界之干涉，则其意思必常正而善。由是观之，卢骚纯以自律论为根基，即着眼于内部之良心，而漠视外围之影响。此其为论，在伦理上实有研究之余地。今简单述之。

近世伦理学，纯以科学为基础。自达尔文以降，比较心理之研究与社会心理之研究，日益发达，知所谓良心者，乃进化之结果。盖不徒良心为然，凡一切道德本能与伦理观念，率由进化以变易。此则历史之所

---

[1] Rousseau, *Social Contract*（trans. by Cole.），第二五至二七页及第一五页。

示也。① 故全以自律为标准，而忽视他律者，不能说明人间之伦理现象也。

准此以论，则对于卢说，不能不有非难。第一，人得自由发表其意思，固得谓近于正而善，然只得视为概然，不得认为必然。盖人类之道德不齐，修养不等，或以为此事之责任重大，慎重将事，竭其知能以赴之，或以为可不负责任，儿戏出之。即如选举，勿论何国，其国民之有权者中，知其责任，率天良以投票者，能有几人？以百分计之，不知成何比例。此诚不能不令人浩叹者也。第二，意思之发表，于道德问题以外，尚有知识问题。知识不齐，亦为不可避者。故有时非其道德有亏，乃系知识不足。若纯恃良心，而不问知识，谓其必得良效，恐无是处。第三，人之互相交际，亦为事实之所不能免，无法使其隔绝。夫既不能禁其交际，则外的影响及乎其意思者，亦必为不可免除。既有外的影响，则意思不能无变化，则所谓常正者，殊非必然。第四，人之为善，有时须恃他律，若谓免除外的影响，其自主的意思咸为正当，亦无是处。盖有时其外的影响，足导之于善，有时自主之意思，亦不免趋于恶故也。由是观之，不惟于历史上，卢说从来未有实现之事实，抑且由理论上，卢说亦永无实现之可能也。

有限的庸众主义

卢骚曰："以严格言之，并无真之平民致治，且永不能有也。盖以多数为治者，以少数为被治者，与自然律相反故耳。"② 以故近世之平民政治皆为有限之平民政治。即前言庸众主义，只有程度的实现之意也。然所谓程度的实现，实谓因限于事实，不能为完全之实现。此则因事实之制限，一变而为主张之有限。故有限的庸众主义者，盖指平民政治应加以限度，使不趋于极端而言也。

虽然，所谓有限者，其限以何为界乎？其限界以何标准而定乎？在主张者，初无明晰之回答，不得已，则惟有各以本国之国情为标准，而定其限界。果尔，则庸众主义之精神，已失去泰半矣。

---

① 以历史事实而比较研究伦理者，有 Sutherland, *Origin and Growth of Moral Instinct*, 及 Westermarck, *Origin and Development of Moral Ideas*。至于进化论派之伦理说，则有 William, *Evolutional Ethics* 一书，其第六章即第四二三页至四六五页论良心尤详。

② 见前引卢书第五八页。

庸众主义之正面

庸众主义之背面，固有独到之精义，容下节论之。然其正面，以近代采取平民政治之诸国之历史为证，则但见其弊，不见其利。

第一，议会制度，所以代表民意也。然果能代人民谋福利乎？先观国会政治之祖国英吉利。其近来政治大权，悉移于内阁，国会之作用大减。次如美，美之立法，盖取卢骚之论旨，先防立法部之腐败，其后各州议会与联邦议会之信用渐低，遂有总投票与直接立法之制度焉。[①] 德法学家耶律芮克曾论代议制度之将来[②]，谓通观一世纪以来之历史，依宪政之经验，于一世纪以前，以极大之奋斗而争得之国会制度，今则已显生意料以外之变化。此勿论何人，未有不为之惊奇者也。其变化起于不知不识之间，逐日而愈甚。一言以蔽之，即对于国会制度之信念乃渐趋薄弱是已。而此种信念之淡薄，又成普遍之现象。勿问何国，概如是也。在耶氏之意，以为率此倾向而前，终必有一日致国会失其权威，于政治上堕其作用，其地位亦必摇动，或有他种制度起而代之，未可知也。德伦理学家包尔逊，亦有"国会之衰颓"文[③]，论旨与耶氏相似。其言曰："五十年前热心仰望之国会，今则已失其光辉。"则国会因其信用渐低，已失其为重要也可知矣。[④]

国会以何故而失其威信乎？则曰：以私利为前提，措国事于腐败，或卤莽灭裂焉，或费时偾事焉，或议决不利国家前途之法案，或打消福国利民之政策。自国家言，则不足以谋福利。自民德言，则奖励罪恶，风俗日媮。自民意言，则多数垄断，紊淆是非，政党操纵，无复自由。自政治言，则一切进行，必多停滞。此近世国会制度所以堕其信用者也。

第二，政党者，所以运用国会与内阁者也。然政党之弊，不可枚举。国会制度之失其信用者，其主要原因，乃在党弊。盖政党之存在，

---

① 前引 Lowell 书第十章为"代议体信用之堕落"（即第一二九页至一五一页）论之颇详。

② Jellinek, *Verfassungsänderung und Verfassungswandlung*，第七节即第四三页以下。

③ Paulsen, Das Sinken des Parlamentarismus，载所著 *Zur Ethik und Politik*，第二册第四七页以下。

④ 尚有德人伯鲁曼亦主斯说，见 Blume, Bedeutung und Aufgabe der Parlamente 载 Laband, etc. *Handbuch der Politik* 第一册第三六五页以下。

必须多数之金钱。其金钱之取得，勿问以何方法，要不离乎秘密与黑暗。故勿论何党，皆有背面，斯为一切弊窦之源。如猖獗，专擅，自私，轻率，凡此恶德，皆与党俱存。夫代议制度，既不能无党，则此种之弊，殆亦为不可免也。挽近以来，泰西学子反对政党之论，不一而足，其论政党之最详者，为俄人渥斯特露郭斯开①，专就英美之现状，详为叙述，加以评论。其言曰：以选举制度之必然结果，产生政党，孰意乃竟致与代议政治之最初目的相反也。如美国薄斯②之跋扈，英国前列议席③之专横，其压抑他人之自由意思为何如。故政党之弊，亦为不可逃避者也。

第三，选举制度，所以宣达民意者也。然而选举之施行，果能悉依民意乎？如美国薄斯之强迫，英伦浮区④之卖买，不惟选举不足以代表民意，抑且反致民德日堕于卑劣也。他如近来比例选举之运动，既言比例，则选举之根本意思，不能不为之变化，即选举之代表，非以人民为本位，乃以政党为本位，其意义乃大殊矣。

选举制度所以不能免于弊者，以人性不完，民德不齐之故。其间不能无贿赂，不能无轻率。使一班选民，咸知负有重大之责任，即文明先进之国，亦有所难能，世界初无斯境耳。

要之，庸众主义所有之诸制度，皆不免于有弊。其弊乃与制度俱存，无法除免。马克开启尼谓平民政治之理想，与其实际，乃有鸿沟之分。⑤ 是则近一世纪以降，世界各国无不痛心疾首于平民政治之流弊者，有自来矣。

庸众主义之背面

庸众主义之正面，既如上述，为一种制度与弊害相伴者。然何以不能尽废此种制度耶？则其背后盖有至理存焉。其至理为何？则曰国内所有之各种意思必设法以宣泄之是已。何以必使各种意思皆得宣泄耶？则

---

① Ostrogorski, *Democracy and the Organization of Political Parties* 第二册之结论（即第六〇七页至七四一页）。

② 原语为 Boss，见 Bryce, *American Commonwealth* 第二册第一一一页以下。

③ 原语为 The Front Benches，谓议会中占前列议席之阁员。

④ 原语为 Botten Borough，谓历史上相沿袭之选民而并无一定之区域，但有权可以投票，为一种游居之人民。

⑤ McKechnie, *The New Democracy and the Constitution*，第一五页。

有原因二端如下：

一曰，文明日益发展，教育日益普及，故人类知识日益扩充。凡昔之知识幼稚者，今皆得有满足之学艺，国内有知识者，逐渐增多，则此有知识者，对于政治不能无观感，不能无主张。然历史上所遗之制度，只适于曩昔之当时状态，对于此种新近增加之有知识者，杜其参政之途，此所以不能不变通者也。否则国家必受莫大之损失，且将不免于内乱。于是亟宜变更历史上所遗之制度，以求合于现势，广为容纳，使国内有知识者悉数得发挥其意思，尽量得畅达其主张，此实因事实上知识增多之故，有不得不然者也。

二曰，生活日益复杂，交通日益便利，故经济状态日益进步。凡昔日历史上所遗之经济制度与社会组织，其实质已于事实上为无形之变化，则其形式必与之不相应符，于是生一种倾轧与竞争。欲弭此争，必使经济制度与社会组织，皆趋于开放，以生产要求者与社会活动者之增加。故新增之未得者，对于既在之已得者，提出平等与开放之要求焉。此亦因社会与经济之状态变迁，不得不如是也。

要之，庸众主义之所由生，即庸众主义之所以不能逃避之原因，实为文化日开之结果。易言之，即社会状态变迁之结果。夫社会状态之变迁，既属自然之势，则庸众主义乃应运而生，同为不可免除者也。

庸众主义为含有利害观念之信念

黎本告吾人曰：凡见诸实际者，必使理论变为感情，斯可矣。故庸众主义者，非高深之学理，乃浅薄之信念也。夫罗比斯披耳者，手造恐怖时代者也。当其为推事时，因不忍见死刑之判决而辞职，其仁慈为何如？迨后竟至月杀数百人，不稍恤，其性格之变，由信念为之。此种浅显之信念，易于深入人心。虽世界各国，未有纯粹建立于庸众主义之上者，然勿论何国，鲜不为庸众主义所侵，正职是故耳。

然庸众主义之为信念也，实夹杂利害之观念于其间。何以言之？凡信念之背后，皆为利害。如念佛者，佛教之一种信念耳。然其意在求往生乐土，则为一种利害问题之关切于己身者无疑矣。如祈祷者，耶教之一种信念耳。然其意在求上帝降福于其躬，则又显系利害观念矣。故勿论何种信念，无不挟利害之心与之俱存。庸众之为信念也，其背后之利害观念，即为上述之倾轧。质言之，乃系一种阶级竞争，即本来未参与统治权之阶级，与本来参与统治权之阶级，争平等，争开放。本来未享经济制度之利益者，与本来享受经济制度之利益者，争平等，争开放。换言以明之，即争政治之开放，争经济之开放，亦即平民与贵族争，贫者与富者争。其争之里面，无所谓是非，亦止有利害而已。故庸众主义者，不过平民与贫人向贵族与富者争斗之旗帜耳，非他物也。

法兰西大革命之起也，非源于民权之学说，乃生于经济腐败，财政紊乱。巴黎贫妇数百人，击鼓而叩宫门，曰请皇给面馒。皇大惊出奔，秩序遂乱。此革命之始也，世人熟知之矣。故近世国家，无不采取几分庸众主义之制度者，即所以调节阶级竞争，容纳经济分配。盖亦不得不如是耳。

实际上之庸众主义

勿论古今，未有纯粹建国于庸众主义之上者。如希腊自昆兰克来斯以来，宜可谓纯正之平民政治矣。则有特别原因二：一曰雅典为城市国家。夫以城市为国家，其范围甚小，统治自易。二曰有昆氏表率于上，仍恃少数杰出之士，非真听命于群愚也。有此二种特别原因，为其功成之要素，始得而维系焉。然不久毗氏逝世，百弊丛生，卒以沦亡。后之史家，不能不为之太息痛恨于当时之平民政治也。

次如法兰西，革命数次，求得民权，其发布之人权宣言书，学者谓徒仿英美之形式，而实际上初未尝取得如许之民权也。① 其后宪法数易，制度屡更，迨至第三共和始行固定。而行政部之权，犹卓越如昔者，历史之所遗不能遽改也。② 就中大革命以后之状态，足资研究。卡立耳之叙述③，虽不免于小说之性质，然当时之情形借窥一斑。其庸众主义之高潮，可以见矣。然所有文明学艺社会，皆蒙其破坏，人类所赖以存者，至此尽失，故不复能久。其后第三共和成立，庸众主义者，泰半已死。当时执政之人，皆属非平民主义者，故有"共和国而无共和主义者"④ 之讥。然卒以此挽狂澜于既倒，法兰西卒有今日者，于庸众主义加以严格之限制，有以致之耳。设听其狂流不加挽救，吾知法已早

---

① Jellinek，*Declaration of the Rights of Man and Citizens*（M. Farrand 所译）。
② Dicey，*Introduction to the Study of the Law of the Constitution*，第二五二页。
③ Carlyle，*French Revolution*.
④ "Republic without Republicans"，见 Bodley，*France*，第一册第二七三页。

亡矣。

法兰西之革命，谓效法于美利坚之独立。实则美之立国，并非基于民权之学说，乃扩充旧有之规模耳。盖英之清教徒，不见容于祖国，遂相率而移居新大陆。有移民公司，其组织周密，有类国家。其后各州之宪法，即为公司章程之扩大，而联邦宪法，更为各州宪法之扩大也。清教徒素具高尚之人格，纯洁之思想，故其能出于善运用公司章程者，以运用州宪与国宪。详言之，其人民之权利，由社员之权利蜕化而来。其政府之权利，董事之权利蜕化而来。其政府之制度，依公司组织之体型而成。故其成立非庸众主义之力也明矣。[①]

英吉利亦莫不然。益格罗刹克逊人种，本富于自治性，凡地方事业皆以公议行之，此即议会之滥觞也。[②] 其后虽渐趋于平民政治，其酝酿乃恒千年之久。国会与英皇争权者，凡数百年。顾降至今日，执政权者，仍属一定之阶级。[③] 是则英伦之所以为英伦者，初非恃庸众主义之原理，乃就其历史上固有之民性而为之演绎以成耳。此后之变化，亦必以民性为准绳，自与庸众主义无涉也。

英与美之立国，与其谓基于庸众主义，毋宁谓基于贤能主义。试溯英之历史，则见其贤相之多，令人兴感。美之独立经营，纯属少数贤者。故曰：恒古今遍大地，未有纯粹建国于庸众主义者。凡历史之所示成功者，皆属贤能主义；失败者，必为庸众主义。虽后之趋向不可知，然此种事实之证明，颇足与人以觉悟也。

庸众主义与庸众主义者之相反

夫庸众主义为多数主义，既如上述矣。然历史上凡鼓吹庸众主义，提倡平民政治者，其目的不在多数之利益与平民之幸福，乃不过一种号召耳。借此以博庸众之推戴，以为己身阶于显要之机会。故庸众主义，为多数主义；而庸众主义者，仍为少数主义也。盖其所提倡者，纯为谚语之"敲门砖"。门既开矣，砖便可弃。庸众主义，纯为庸众主义者之手段，以此达其个人利禄之目的，固与真之庸众无涉也。

是故世无真之主张庸众主义者，因亦无真之庸众主义。庸众主义

---

① 详论见 Cleveland, *Organized Democracy*。

② Masterman, *The House of Commons*, 第五页以下。

③ Lowell, *The Government of England*, 第二册第五〇八页以下。

者，为利己之野心家。庸众主义，为野心家竞权之敲门砖。一者为少数主义之变相，一者为空虚缥缈之符号，一者为投机人，一者为欺人语。其内幕与表面，乃绝不相侔也。

以历史证之。法兰西之例，世人皆知。即如俄、如日、如我国，皆有明切之事实，可为指证，特有程度之不同耳。若流于极端，则必陷于暴民专制。若不加限制，大都趋于此途。非惟与其本来之大多数福利之目的相反，抑且并于既有之大多数之福利而蹂躏之，听少数之暴徒为自私自利之活动。有国如此，未或不衰，历史可鉴也。

密启尔斯之论德国社会民主党也，以为政党者，竞争团体耳。故勿论揭櫫若何之主义，终不能无组织，其组织又为专制之制度。是以近世各国之社会党，虽鼓吹社会主义，然仍为少数者争权之作用。有专制之党魁，有共利之党徒，则可知所谓主义者，不过一种手段耳。于此则有一疑问焉。曰：何以野心家揭櫫庸众主义之旗帜，而常得遂其志趣耶？则答之曰：是不难知也。第一，庸众主义以多数为言，闻之者最易入耳。且以利益分给于人，人孰不乐受？故以此为号召，必有数多之党徒。此等党徒，与其共害利，愿为之鼓吹，于是其人乃得争权之机会矣。第二，前不云乎近世社会状态，已于实质上变化矣。而其历史上之制度犹相沿而未改，势不得不生一种倾轧，鼓吹庸众主义之野心家，即乘隙而入，为投机之事业。此亦其易于有成之一因也。

然而，一旦庸众主义者致身高显，则必将当时之主张，完全抛弃而后已。而其下之徒党，又必仍以庸众主义为手段，以倾其人而思代之。历史殊不乏此例也。

庸众主义之综合观

综合上述诸点以观，吾人固不能于实际上，以所以产生庸众主义之原因，为之否认。然吾人实可于理性上，确定其并无根本原理之存在，不过以社会竞争之副因，而蒙以不相涉之信念，遂生动力，为一种假现，而非实在也。且夫社会竞争（即阶级竞争与政治经济之竞争）与此假现之信念，初无必然之联带关系。盖社会竞争为人类所应解决之目前问题，而信念之庸众主义，即为解决此题之方法。顾有不幸，即庸众主义，不惟不能解决此难题，且从而梦之，反以增其困难。故曰无必然之关联也。

贤能主义之由来

凡一种思想，必为一种民族之特产物。如厌世思想为印度之特产物，自由意志思想为欧人之特产物，人本主义思想为中国之特产物。故庸众主义，为希腊雅典人之特产物。希腊之雅典，为城市国家，人口甚稀，面积亦小，其公民历来本有参政之惯习，其下更有奴隶制度，以为经济上之协助，故能成功。中世纪以后，文艺复兴，专搜希腊之古训，希腊之思想已浸入人心。其后如培根、洛克、孟德斯鸠、卢骚之流，无不承其绪余，以阐扬希腊思想之精髓焉。

贤能主义，为东方诸民族之固有思想。中国自有历史以来，所有之学说，虽历言为政在为人民谋幸福，然从无主张多数表决之制度者。盖以为为政之目的在庸众，而为政者不可属庸众也。罗马亦然。罗马帝国未成立以前，原为数小共和国。此诸小共和国，卒不能维持其国运，而并吞于罗马，遂建帝国，思想亦为之一变，有所谓 Pars Maior 与 Pars Sanior 之语，前者此言，多数之部分；后者此言，贤明之部分。凡事取决于后者[1]，其思想之一班可以见矣。

贤能主义之先驱者

贤能主义之先驱者，夫人而知为柏拉图矣。吾人于此，请先述柏氏思想之概要。柏氏以为国家等于个人，非仅于体质然，且于精神亦然。即挽近国家为有机的人格之旨也。故与其谓国为人而设，毋宁谓人为国而生，即亚里斯多德所谓国家先于个人而存在之意。所谓国家主义之精髓，即基于此用。是柏氏注重于教育，以为教育国民者，乃使国家完善圆满之道也。且更注重于分职教育，以为国家犹个人，其心理亦分三部：曰智、曰勇、曰和。治者正当其智性，故宜特教以智；军人正当其勇性，故宜特教以勇；工商正当其和性，故宜特教以和。合治者之智、军人之勇与工商之和，而后国家之心理始达完善。[2] 柏氏之论，精辟如是，五千年以来，无或易者。

---

① 见 Gierke, *Genossenschaftsrecht*，第三册第三二四页以下。
② Jowett, *The Republic of Plato.*

故贤能主义，亦得名之曰柏拉图主义。诚以历史上所有论政之古德，虽咸趋于贤能主义①，然圆成周密，未有如柏氏者也。

降至近世，则以笪尔伯鲁克为巨擘。笪氏以为理想之国家，当如柏拉图之所拟，以具有特别高深教之一阶级为中坚，常使其勿堕，严立登庸制度，以继其后。同时使此具有特别教育之中坚阶级，与军队合为一体，则有精干忠勇者，以捍卫邦家。盖大凡一国政治之良窳，在国内是否有忠勇为国之一阶级。有之，则以此主持国是，支撑大同，国未有不强者也。设其此阶级已斁，而别无新者以代替之，则政治必至腐败，国家难与图存。有清其例也。清季皇室腐败，不足适应现代，故清室渥矣。犹其次也，而政事于冥冥之中堕焉。民国代兴，形同杂凑，无中坚阶级，忠勇为国，独负责任，致无起色。笪氏之论，岂不然哉！岂不然哉！②

要之，笪氏之论，其独到之点，在明国家之成立，必赖有一专以政治为职业之阶级。具特别教育，致有特出之才能，与独厚之操守。专以发扬国力为天职，百计以强其国，不暇他顾。盖国家之强，与其自身有密切之关系也。

其次，以科学原理说明贤能主义者，当推泰洛。泰洛之著书出于欧战发生以后，故对于政理颇多发明。彼以达尔文之自然淘汰论诠释政治，以为生存竞争之外，尚有所谓卓异竞争焉。政治之进也，纯恃此。盖人有一种天性，即求为政治上之卓异是已。能使此卓异竞争常得实现，即为自然淘汰，致卓异者常得优胜。率此以进，而勿中辍，则政治修明，国乃强盛。泰氏历述史绩，以证实之，且以为选举者，择优之谓也。政府之主要任务，不在立法，而在率导，使贤者得尽力于国事，其国必兴。故选举之观念，与代表大异者，不过一种计画，使群中各种意见，皆得宣泄耳。近世政治，以选举与代表，混合为一，此大谬一也。议会政治，所以行卓异竞争之自然淘汰者也。故其职在督促，而不在执行。英之政治所以得成功者，即以议会为试行卓异竞争之场所耳。卒能推举卓异者奉诸国家，使展其天才，竟其功业。反之，历史上之亡国者，鲜不为排斥此卓异于政治以外。一正一负，则原则可定矣。近世政治，以议会与政府混合为一，此大谬二也。泰氏之说，根据史乘，吻合

---

① 其间如 Machiavelli 为尤著，他如 Kant，Hegel 等皆属此类。

② Delbrück，*Regierung und Volkswille*.

科学，洵贤能主义中最稳健者也。[1]

政治之正轨

征诸历史，国家之所与立在，以贤能主义为正面，而以庸众主义为背面。即于正面，务使一群所含有智能才力，得发展至最高度。而于背面，又必谋群志之宣泄，使其情感可以召通，无壅塞之弊。易言之，即一国政事之进行，恃贤能主义；而群众之安宁，则恃庸众主义。故一为消极，一为积极。不能积极以行贤能主义，其国必不治，以抑贤就愚，流于无识故；不能消极以行庸众主义，其国亦必不治，以不能宣泄众志，久压必爆裂，时生内乱故。是以今日之国家，其所当务之急者，第一，在若何以焕发其贤能；第二，在若何以宁息其庸众，决不使庸众被压，挺而走险，酿成革命，亦决不使贤能受制，致不能发展其特长，为群愚所牵率。夫贤能导引于上，群生安息于下，此盖郅治之极轨也。

是以贤能主义为正宗，而庸众主义则为补偏救弊而生。故采用庸众主义，当有量度。其量度，又不妨因国而异。详言之，即因其国之文明而异，即因其国之民性而异。惟近世文明开放，鲜有不容纳几分之庸众主义者。奥相梅特涅之所以失败，正由未知此理耳。

勃兰斯之论政力也，谓有向心力与离心力，一如物理之一迎一拒。物之完成其作用者，在恃迎拒之适度。否则拒过于迎，则散；迎逾于拒，亦不能支。为政之得以致善也，亦恃向离之适度。离重于向，则分崩焉，不复成国；向超于离，亦积重难返，必自腐焉。[2] 然向心力者，由贤能主义而促成；离心力者，以庸众主义为导线。则国家不能无向心力，故贤能主义并非创造之物，乃事实上自然而存在者。国家亦不能无离心力，故庸众主义，亦非创造之物，乃物理上必然之结果。特不过贤能主义者，为特别之鼓吹，则向心力可致较高于离心力。而庸众主义者为有力之提倡，则离心力可致超越于向心力。其结果纯为程度之比较，决非无有之问题也。

然程度分配上之所谓适度者，非普泛言之，亦非谓平均相等。盖必以向较重于离为原则，特可因地设宜，由国而异。即于甲国焉，以其国

---

[1]　Taylor, *Government by Natural Selection*.

[2]　Bryce, *Studies in History and Jurisprudence*，第一册第二五五页至三一一页。

性民俗之殊特，因其向心力特重，而逾于甲国所需之向离相当比例，则应提倡庸众主义以矫正之。而于乙国焉，以其国性民俗之不同，因其离心力特高，而超乎乙国所需之向离相当比例，遂宜鼓吹贤能主义以救济之。其提倡鼓吹之结果，于甲国得以增加离心之力，于乙国得以促进向心之度。然而于甲固非尽灭其离力，在乙亦非全减其向心，终仍必保其向较高于离之适度比例。是贤能主义仍为正面，而庸众主义仍为背面，未尝稍变也。

主义与国情

今夫贤能主义，与庸众主义之施设，既以国情而生程度之别，则何种国家宜采贤能主义乎？何种国家宜采庸众主义乎？

自庸众主义言，本无极端施行之可能，要亦不过容纳其几分而已。且贤能主义，亦不能舍之而孤立，此即前言调和之义也。以例为言，如路易十四时代之法兰西，如革命前之俄罗斯，如前清时代之中国，尚有其他，不胜枚举。凡具有此等国情之国，非采纳适度之庸众主义，不足维持治安。苟在上之政治家，独具炯眼，毅然立开放之制度，则必可免于革命，避破坏而保平和，国运以隆。如日本之维新，德意志之统一，英吉利之革政，其好例也。反之，执政者才拙心蔽，不此之审，必酿成内乱，国之命脉乃大受亏损。于此则国家隆替之机，可得而辨焉。

盖能由为政者自行开放，以容纳庸众主义于几分之几者，仍为保留贤能主义于其正面，而不过于背面，稍增高其庸众主义之量度而已。易言之，即仍取向心力较大于离心力之适度比例，不使离逾于向也。

不幸不能维持，致出决裂，则离心力高于向心力，即为庸众主义压倒贤能主义。以例言之，大革命后之法国，革命后之俄国，以及革命后之中国，所以皆内乱频仍，永无安谧者，盖缺中坚之力，足以维系统一也。在此等国家，庸众主义之观念深中人心，往往流为暴民专制。如法之恐怖时代，尤其最著者也。下之，则庸众主义与固有之特别势力相激战，国家元气，人民幸福，皆于激战中消耗以去，必致沦亡。其庸众主义非徒不足救国，抑且反以贼之。如革命后之中国，又其适例也。

总之，庸众主义高压于贤能主义，则离心力逾于向心力，必越乎国家。所以维持生存之适当比例，于此之际，除设法提倡贤能主义，以促进其向心力外，殆无他途也。盖国家之所与立，恃贤能主义为正面，而以庸众主义为于背面补其不足。今以庸众主义为正面，则贤能主义无所凭借，未有不衰者也。

现代之思潮

现代思潮，虽未趋于贤能主义之完成，然已有此倾向，则不容讳也。其反面，是为庸众主义之破产。故学者名十九世纪之末叶与二十世纪之初期，为平民政治之反动时代。现代思想家之代表者，如渥斯特露、郭斯开、包尔逊、耶律芮克、罗伟尔、赫斯拔黑[1]、马克开启尼、比洛克[2]、迭更逊[3]、卫尔斯[4]、瓦拉斯[5]、赫尼斯[6]，无一不详揭平民政治之弊。虽有主张维持而加改善者，然于现在已有之弊，则从未有否认者也。故现代为庸众主义之破产时代。惜乎代之而兴者，尚未完成圆熟耳。

贤能主义与国体

贤能主义与庸众主义，皆非单纯之法制，乃为社会组织之种类。其相关者，以有形言，为法律，为政治机关，为社会制度。以无形言，为国民性，为教育精神。夫既与法律有关，则自与国体，亦非漠不相涉矣。

然世人多谓庸众主义之国体为民主，贤能主义之国体为君主。此实误解之尤者也。有君主国体而采庸众主义者矣，如英人自称为平民政治，此其一例也。有民主国体而行贤能主义者矣，如美人自谓其为非平民政治[7]，又其例也。故谓贤能主义与国体有关，则可；若谓其必与君主国体相联，则大不可。

今论此题，非先阐明国体之义不可。吾以为世人喜为国体之言，实

---

[1]　W. Hasbauch, *Die Moderne Demokratie*，其结论（自五七九页至六〇七页）论之尤详。

[2]　Belloc and Chesterton，*The Party System*.

[3]　L. Dekinson, *Justice and Liberty*.

[4]　Wells, *A Modern Utopia* 及 *Anticipations* 二书。

[5]　G. Wallas, *Human Nature in Politics*，以第一九九页以后之论述为尤详。

[6]　Haynes, *Decline of Liberty in England*.

[7]　Kales, *Unpopular Government in the United States*，第七页以下。

不知务之谈也。夫国体之殊，止限于形式。论其精神，鲜不从同。[1] 故国体者，亦曰政体，非国家最重要之问题，不过一机关之形式的种类耳。[2] 论其立国之精神，在贤能主义之下，自与庸众主义不同，然于形式，则初非差异。是则贤能主义，未尝不可于民主国体之下行之也。泰洛氏亦曾论此，其言曰：宪法之改革，并不致阻格贤者之高腾，此平民政治所以有益于国家者也。共和之所以有光荣者，即以使卓异之才，得居上为政耳。故平等之法律之所得奏功者，仅为废除特权，以助贤能之升，且抛其庸众政治之思想。质言之，即民主政治之有成，止限于采用自然淘汰之政治之原则也。[3]

于此则不惟贤能主义无碍于民主国体，抑且民主国体必待贤能主义而益彰。何以言之？为政之原则，在使贤者得以常升，不肖常以下降。如一室之中，必开窗以纳清气，且凿穴以泄浊气，则此室之空气，能保其常新。政治亦应如是，贵在流通，最忌板滞。[4] 故君主国体，虽能于一方阻遏不肖者之干政，然于他方亦复窒碍贤者之出。民主国体反之，于一方固能使贤者跻于显要，然同时于他方亦易酿成群愚之跋扈。此二种国体，其对于贤能主义，皆有过犹不及之感。故不得谓君主国体为较接近也。

国体之改善与贤能主义

于君主国体之下，欲行贤能主义，必废历史上之阶级，而另以优秀列为阶级，为相当之开放，俾得竞争。盖无竞争，必自堕于腐败也。于民主国之下者，适得其反，必置相当之限制，以抑遏暴民，立特权之制

---

① 此 Maine 之言，现在政治学国法学上已成定论。

② 拙作《近世国家论》之一节可资参证，揭之如下：世人谓以统治权所有者为标准，而生国体之差别，以统治权行使之方式为区别，而生政体之分类。殊不知统治权所有者，止为国家之自身，不能属诸国家机关。盖国家，人格也。国家机关则不得再为人格。凡权利之主体，当属人格，不能为机关所有，犹诸财产所有权当属人格之人身，不当隶于其机关之手足。故统治权之主体必为国家自身，若夫君主民主皆为执行统治权之国家机关。乌得据统治权而私有之耶？此说不攻而自破也。盖与国家人格论，于根本上相矛盾，国家人格之真理既为近世所征，则此说当然归诸淘汰耳。至于谓政体之分为专制与立宪，其纰缪尤甚。夫专制者，决非政体之一，不过国家发育未致完成之一境而已。譬诸幼童，谓幼童乃系人类之一种可乎？是必不可也。夫人种有黄白之分，勿论黄白人种，咸由幼稚而至成年，若竟并列幼稚与成年而为两种，则其为荒谬，又宁待论？

③ 前引泰书第一五八页以下。

④ 其详可参见拙作《制治根本论》，载《甲寅杂志》。

度，以保障贤能，俾得展其所长。总之，在君主之国，腐败之贵族居上，使平民之贤者，不克自效于国家。其为害也，等于暴民为政，使少数之才能，无以施展。而救济之道，亦复相同。在君主，则当力破贵族之专横；在民主，则当翦除暴徒之跋扈。苟能致此，民主之功用，亦等于君主；君主之效力，亦同于民主。初无优劣之分，唯视其国本属何种国体耳。如其为民主，自不必改弦更张，而易为君主。其为君主者，亦不必易辙而改建共和也。

贤能主义之政治组织

夫中国既为共和矣，当就民主国体而加以改良。其改良之政治组织，将为何？似请得而论之。

吾人以为政治组织之最优者，莫若笪伯鲁克之两元组织论。笪氏以为君主国当采两元组织，吾以为共和亦然。何谓两元组织？曰：以专职政治与议会政治并行是已。详言之，即于一方，有以政治为专职之一阶级，隐然为社会之中心，国家之柱石，具殊特之经验，受独有之教育，自成一系，忠勇为国；而于他方，则设庶议之机关，使外此一切社会上之意见，得借以宣泄，且收稽查之功。故于一方行议会制度，俾社会上各种意见得以发泄；他方确立一种势力，此势力受社会庸众之督责，常以自新，然不致为庸众所颠覆，而取以代之。于是政治常进，幸福日增。此吾人所悬揭之最良国家也。

专职政治之养成

专职政治之要素有二：一曰官吏，二曰军人。苟全国之人才皆入此二途，政治未有不修明者也。盖近世各国，蔽于庸众主义者，固由官僚政治之反动所产，然彼所见之官僚为腐败者，是官僚之不良，而非官僚政治之不足取。吾尝谓今日为庸众主义之破产期，故官僚政治亦逐渐实现也。如德意志，世人所熟知者。德之隆盛，率恃官僚政治。盖聚国中第一等人材咸入官署，或为军人也。次如英吉利，论者谓其独免于官僚政治，实乃不然。英之所以强，乃正赖专职政治也。英之各部总长，其职不在执行部务，而在督视部务之执行。[①] 其部僚皆属专职人员，自成

---

① George Cornewall Lewis 之语，见 Bagehot, *English Constitution*，第二八三页以下。

一系，初入者无此熟练，局外人亦无从窥测。再次如美，专职政治之要求亦日甚，如市政之取委员制，其著例也。盖非专任，则责任不专，事权不一，矫合议之弊，则当以贤者赋予专责。一方既有才能，足以发展，他方付以权限，无所阻挠，法莫善于此也。开尔曾论美国之政治，谓仍在政客政治①之域，而未跻于平民政治，并陈其救济。②殊不知美之所以有今日者，纯恃此专职之政客，以政治为阶级得展特长耳。罗伟尔则谓专职之需要，可视私家营业而明。近世私人营业，无不借重于专家，则政治之有待于此，亦从可推知。且政治之有待于专职也，初不限于一二事。凡一切职务，皆必延专家以司之。③此罗氏认为足挽平民政治之流弊者也。且罗氏之论英伦曰：英吉利之政权，迄今犹在上级人民之手，即国会之当选，亦多属显者，特其特种阶级，初非固定，时有新陈代谢之作用，行乎其间，故得勿承其弊。其所以然者，以人民无平等之妄想，与嫉妒之恶德耳。④用是可知一国政事之进化，在恃有专职之一阶级。此阶级成一小社会，隐然为国家之柱石，忠勇奉公，以国为志，惟精惟一，无复他虑，即泰洛所谓之卓异竞争，各思于政治上展其抱负。继续竞争，乃有进步。如甲之措施，必求善于其前任，而代甲以兴之乙，又必求较善于甲，是谓卓异竞争。然此卓异竞争，必行乎有专职阶级之国。若无专职，则竞争不立。特此阶级不可过于固定，必时得有新陈代谢之作用，以自竞于内部，庶不致流于腐败。此又为必要之属性也。

其次，则为军人。有所谓军国主义者⑤，精神即系于此。盖一国之兴衰，纯以军队之良楛为准绳。苟国内所有之精华，咸集于军队，则国未有不强者也。反之，军人恶劣，又无法以去，其国亦未或不衰。彼德意志之所以强者，即以全国一等人物集中于军队故耳。夫军人为国干城，必以国中最优秀者充之，然后乃足以尽捍卫之责。若近世之军国主义者，以全国之经济，于可能之限度，扩充于军实；以全国之才能，于可能之限度，集中于军队，即于国力民才，务以其最高度委付于武事，盖亦国家主义之必然结果也。

---

① 原语为 Politocracy。
② 前引 Kales 书第二篇以下。
③ 前引罗氏《舆论与民治》第十七章、第十八章、第十九章。
④ 前引罗氏《英国政治论》第二册第五〇八页至五一三页。
⑤ 原语为 Militarism。

是故专职政治之养成，第一在有一定阶级之官僚，第二在造精练之军队。而此二事之成，又必恃国内本有之特别势力。本此固有势力加以改善，足以造成善良之兵队，亦足以陶育专职之社会，是在此势力之自觉。苟此势力竟不知适应时代之要求，并无远大之目光，株守旧法，则必为其下潜滋之庸众主义所攻倒。而此取以代之之庸众，又必不足挂持国命，则有国至此，斯真亡矣。于此之际，使人不禁兴天命之感。盖历史上之国家，兴亡何算？其兴也，无不以固有势力之自觉；其亡也，亦无不以固有势力之不悟。是则兴亡之机，唯在固有势力之自觉与否而已，与庸众无涉焉。故推倒固有势力，乃谬计之尤者也。近世人民，乘庸众主义之妄想的狂澜，而思对于固有势力加以打击，固不为尽属无功，然其根本，实为舛误。何以言之？对于固有势力加以打击者，若其结果，并未颠覆此势力，不过加以警告，俾其自觉，幸而此势力亦因而醒悟，力自振作，趋于日新，则其功用固未可厚。非特此打击者之真目的，在推翻固有势力，取而代之也，不亦谬乎？虽然此事之枢纽，仍在固有势力能应时代之趋势，而自行革新与否，即能因他人之攻击，而自行觉悟与否，亦不得纯责彼攻击之人也。

议会政治之容纳

夫议会，在法律上并非人民之代表，既详述之矣。然其在政治上，实含宣泄社会上各种意见之作用。法律上之议会，吾人训至国家机关之一而止。而于政治上，则认此机关所以不可缺者，在宣达社会上之各种意见，使与政府以相见耳。是以议会之职守，在为社会陈情，使在上者与在下者常得沟通，而无隔阂。学者谓议会为社会之缩型，良有以也。

虽然，于此则议会之组织，亦大有关系焉。如英之议会，不仅为社会之缩型，抑且为政治家出身必由之径。于此以锻炼其才能，以培养其名誉，即以所谓卓异竞争之法，必争得卓异之地位于议会，始能一跃而握政权，此英之例也。若夫德美，则异乎是，而收功亦同。德之议会，诚足代表社会，然不足阻挠政府。其善良之点正在此。自有历史以来，师英者皆无良果，可知英制非可学而跻。故后进之国当有觉悟，不可效英之成法，以议会为一切政治之源，而当以议会为政治之副动力，另以议会外之固有势力为主动力。即务使一等人物由固有势力继承而出，凡优秀之最者，悉入固有势力之系统下，为政治之中心。至于议会，则仅使其为社会陈情，俾执政者有所采纳，有所融洽，不致下情不能上达，致生横决，故为政治之镜鉴。以政治之镜鉴，补政治中心之不足，庶几完成无亏焉。此笪氏两元组织说之精髓也。

选举与代表之意味

选举与代表之义谛，绝不相侔。选举者，贤能主义之精神所寄者也。即推举我所认为贤者，委以为政之重职。夫贤者立于社会，必有共同之承认，故多数所推者必为贤。此其为说，虽有近于庸众主义，实则不然。盖庸众主义之选举，为代表主义；而贤能主义之选举，为委任主义。前者以为我不能躬自亲政，势不能不以我之意见，使人代表以执行。后者反之，以为我不能躬自亲政，则我委托贤者，听其措施。故在贤能主义，其选举之意味，纯为推贤尚能，而自行参与政事之涵义于其间也。且贤能主义，亦非尽废代表，特以为代表者，限于宣达意见，务使各种意思，皆有一机会得以发泄。由是观之，贤能主义选举与代表，乃截然二事。此又其与庸众主义相异之一点也。①

贤能主义之社会

前不云乎？贤能主义与庸众主义，皆非仅属政治组织，乃实为社会制度之种类也。② 故贤能主义，当有贤能主义之社会。

贤能主义之社会，有必要之民德二：一曰于积极方面，人民必概有辨别贤不肖之识力；二曰于消极方面，人民又必率有让贤避能之谦德。由前之说，则人民能辨别贤不肖，故得以尚贤而抑不肖。由后之说，因有让贤之德，则自知安分守己。此二种民德，实相辅而行，不可或缺也。

盖无辨别贤不肖之智力，则是非紊乱，善恶不分，国本不立也。然无甘让之德，为无聊之竞争，其足阻挠贤者之上升，之施设，亦大矣。此庸众主义之流弊。于贤能主义之下，非排斥之不可，苟不加以制限，

① 凡此所论皆本泰洛说，详见其书第四章。
② 迭更逊亦持此说，见前引其书第十一页以下。

则必陷于暴民专制。而文化之精神，人类之福利，未有不蒙其损失者也。①

所谓国有道，庶人不议者，实贤能主义之精神也。以近代之经验，始知此语含有真理。彼德意志之所以强者，即在人民有"纳税服兵守默"② 之德耳。故浮嚣者，国家之大忌也。政治之进，即在力去浮嚣。虽白芝浩谓政事之进步在恃讨论，然讨论之事仍属少数之贤者。若广为开放，必流为极议，是无益而有损也。

贤能主义之教育

贤能主义之社会，既如上述，则所以造成此种社会者，端赖有特别之教育。

其特别教育之制度，当然为阶级教育。其教育之精神，当然为人格主义与精神生活主义。所谓阶级教育者，非于全国教育分别阶级而施行之，乃于公共教育以外，有私性的特别教育。如小学至大学，是为公共教育，大学毕业以后，如其人在特别阶级者，当再受特别教育也。至于教育宗旨，当取人格主义，使其自我实现。③ 圆满向上，育成超人④，以为国家造福耳。

结　论

政治上之有格言曰：人民之政府，即为人民而设之政府，亦即由人民而成之政府。⑤ 此庸众主义之所诠也。而柏哲士易之曰：人民之政府，即为人民而设之政府，亦即由人民之秀者而成之政府。⑥ 此贤能主义之所诠也。二者之不同，仅限于此。密启尔斯亦曰：于近代政党现象之下，贵族政治以平民政治之名义而行，其平民政治，乃混合贵族政治

---

① 其详可参阅拙作《国本》篇，载《新中华》杂志。

② 原语为 "Steuer zahlen, Soldat sein, Maulhalten"。

③ 此格林之说，见 *Prolegomena to Ethics*。

④ 此尼采之说，参见 Lichtenberger, The Gospel of Superman (*The Philosophy of Nietzsche*)。

⑤ 原语为 Government of the people，for the people，by the people。

⑥ 即 Government of the people，for the people，by the best of the people。见前引柏书第二册第四页。

之元素。故于一方为贵族政治,取平民政治之形式;他方则为平民政治,取贵族政治之内容。① 其所以然者,盖以庸众执政,为事实之所不可能,而率导者之发生,且为事实之所不能免也。密氏之论,其精微蔑以加矣。吾即以其言用结吾篇。

自　跋

此篇,乃著者十年来思想上之产物也。辛亥之岁,曾函告友人,与相辩难。其后以民权论之狂澜日高,不愿以此挑战。迨至丙辰,审国人已饱受苦痛之教训,破迷知返,遂稍稍揭橥其旨于杂志日报。虽多反响,而颇见赞成,以为此乃适当机会,可以讨论矣。因更缀此篇,纯以朴实说理,不杂感情。夫真理以讨论而益明,当世明哲,倘有赐教,亦著者所最引为荣幸者也。(此系来稿,自负言责)

（载《东方杂志》第 14 卷第 11 号,1917 年 11 月 15 日）

---

① 见前引密书第十页。

第三种文明
（1919 年 9 月 1 日）

我以为人类的文明，自有历史以来，可以分做三个时期。每一个时期各有特征，可以说第一种文明、第二种文明和第三种文明。

第一种文明是习惯与迷信的文明。依古代文明史的研究，知道古代人类完全是拘束于习惯，个人没有超越习惯的思考与能力，所以威斯透麦克说："古代社会上习惯就是惟一的道德律，未开化的人类不许个人有独立的良心。"这就是习惯与迷信的解释了。这种文明的特征，在思想方面，是没有人格的观念，没有自决的行动；在制度方面，就是宗教制度，皇室制度，地主制度和奴隶制度。至于最初的酋长制度和乱婚，因为在历史以前，可以不必说了。在原人时代，各部落互相掳人，掳了去的人等于牛马，这便是奴隶制度的起源。至于帝王制度却起于宗教，就是政教不分。总之，在这种文明底下，思想是束缚的，制度是阶级的，但是没有国家的发展。

第二种文明是自由与竞争的文明，也就是从习惯解放出来的第一步。第一个表现是科学的发生；第二个表现是政教分离；第三个表现是革命与立宪的运动。科学出世了，习惯与迷信的拘束失了权威，个人乃得自由思考与自由行动。个人自由的第一步是缩小宗教，就是政教分离。那第二步便是推翻以前的制度，就是革命与立宪。殊不知自由与竞争是相连的，有了自由，竞争必随伴而来。在一方面，个人因自由而竞争，就生了资本制度，佣工制度及其他附属的制度，在他方面，因为竞争而有国家的富强，就生了国家主义殖民制度，及其他附属制度。总之，在这种文明底下，道德上是个人主义，制度上是国家主义，经济上是竞争主义，思想上是唯物主义，社会的组织是有阶级的悬隔，民族间是战争的。

第三种文明是互助与协同的文明。因为尚没有成熟，不能详细说明。然而也有几点可以预言的：

一、思想上道德上必定以社会为本位。

二、经济上必定以分配为本位。

三、制度上必定以世界为本位。

四、社会上必定没有阶级的等次，虽不能绝对，也须近于水平线。

要而言之，第一种文明是宗教的文明，第二种文明是个人主义与国家主义的文明，第三种文明是社会主义与世界主义的文明。现在我请拿这三种文明比较一回。第二种文明是部分自觉的，第三种文明是普通自觉的，第一种文明是不自觉的。第二种文明是偏重个性的，第三种文明是偏重群性的，第一种文明是本性未开发的。所以，这三种文明各各不相同。有人说现在社会主义的新潮流是复古，这便大错了。

下这第三种文明的种子的人，第一从生物学方面讲来，是克鲁泡金（Kropotkin），与伐伯尔（Fabre）。他们二个人都是实地上考察动物的生活，知道生物生活的要素是协助，不是互争。第二从社会学讲来，现在大多数的社会学家——如颉德（Kidd）为尤甚——都是倾向社会性的。第三从法学讲来，是狄骥（Duguit）和斯泰姆拉（Stammler），一个主张没有权利，一个主张法律是自律的制约的意志。第四从经济学讲来，自然是马克斯（Marx）派的社会分配说了。现在社会主义的学说虽是分歧，但是大体已经确定了——社会主义与进化论相关的疑问，与犯罪学相关的疑问，与淑种学相关的疑问解决了，思想上可以说已经大成了。

在事实上，这第三种文明，因为大战的缘故，方才出芽。因个人的自觉有先后不同，民族的自觉也有先后不同，欧美先进的民族自然比中华民族自觉得早些。这次大战把第二种文明的破罅一齐暴露了，就是国家主义与资本主义已到了末日，不可再维持下去。因为资本主义存在一天，那阶级的悬隔愈大一天，结果没有不发生社会的爆裂的。国家主义存在一天，那武力的增加愈甚一天，结果没有不发生民族间的惨剧的。这二个本来是互相结托，用国家的权力行经济的侵略。到大战告终，这二个已经同到了末日。除了一部分的政客，还在那里讲什么非牛非马的国际联盟以外，恐怕觉悟的人已经是不少了。

我尝说大战譬如春雨，第三种文明的萌芽经了这春雨，自然苗壮起来。但是尚须吸取阳光，才能成熟。阳光是什么呢？就是大战后的各国革命。里宁说："你们以为大战后必定是世界平和，我以为大战后必定世界大革命。"里宁的观察真是不错。大家要晓得，现在支持国家主义与资本主义的，只有欧西三岛和亚东三岛。如果他们一有革命，世界必从风而靡。就好像一间破屋子，止有两根柱子支着，两根柱子一倒，便都坍了。这个结果是个什么呢？就是全世界的大改造——依第三种文明的原则来改造。

所以，我们现在应当准备着，以待大改造的临头。不过我们有一个最苦痛的地方，就是中国今天的现象，是十七世纪、十八世纪、十九世纪、二十世纪的人聚于一堂。虽则欧美先进国也是复杂的，他们的思想也有差池，但是新的究竟居多数，且相差也不甚远。我们则不然，一则开化的很少，二则距离得太远。大多数的人，仍逗留在第一种文明与第二种文明之交。不但没有第三种文明的资格，并且也没有第二种文明的陶养。这个真是苦痛了。

但是，我对于我们中华民族的前途，是很乐观的。因为世界改造以后，必定是取互助主义与劳动生活。互助主义不必说了。从劳动生活说来，我们人口很多，生活很低，自然能取得一个地位。不过大改造未成以前，在这个黄青不接的时候，不能不有一个办法。据我看来，第一是文化运动——广义的教育，第二是设法变外货为外资，第三是移民。文化运动，尤当是启发下级社会的知识和道德。变外货为外资，就是目的在变纯粹消费阶级为劳动阶级。止要是工厂能自治，本来不怕资本家。若果能行工厂立宪制，就是外人开的，也不妨事。那移民就是往各国需要人工的地方去。总之，以文化运动为重要。

最后，我请说一说文化运动的方针。我以为我们虽则仍区留在第一种文明与第二种文明之交，但是不应该再提倡第二种文明的知识和道德，而应该专从第三种文明去下培养工夫。要提倡互助的精神，要培植协同的性格，要养成自治的能力，要促进合群的道德。我这篇不过是"发凡"，自信不甚详尽。我因为脑力不足，不能细述，"读者谅之"。

（载《改造》第 1 卷第 1 号，1919 年 9 月 1 日）

突变与潜变
（1919 年 10 月 1 日）

　　我的朋友章行严君近来在寰球学生会演说一回，他说的大意是："新时代非截然为一时代，则在此时代中之青年，欲别于前一时代之人，自号曰新青年，与前一时代之人截然不同，亦不可得。夫无论何时代之人，宜讲究最适合于该时代之政治学问，以求自立。若袭此最适合者，以新之名号，斯亦可耳，然决非与旧者析疆分界鸿沟确立之谓也。宇宙之进步，如两圆合体，逐渐分离，乃移行的，而非超越的；既曰移行，则今日占新面一分，蜕旧面亦只一分。蜕至若干年之久，从其后而观之，则最后之新社会与最初者相衡，或厘然为二物，而当其乍占乍蜕之时，固仍是新旧杂糅也，此之谓调和。调和者，社会进化至精之义也。社会无日不在进化之中，即社会上之利益希望情感嗜好无日不在调和之中。故今日之为青年者，无论政治方面，学术或道德方面，亦尽心于调和之道而已。万不可蹈一派浮薄者之恶习，动曰：若者腐败当吐弃，若者陈旧当扫除，初不问彼所谓腐败者是否真应吐弃，彼所谓陈旧者是否真应扫除，而凡不满意于浅薄之观察，类欲摧陷而廓清之也。故今之社会道德，旧者破坏，新者未立，颇呈青黄不接之观。"云云。不外乎"移行"与"调和"两个意思罢了。

　　我不敢因为是朋友便不提出异议，我细细想想，觉得他的话实在是不妥当。

　　我很承认调和，但我主张的调和恐怕与章君的意思不很相同，这一层请在下面详说。现在先讲"移行"，我以为移行便是渐进。人类的进化是不是由移行上得来呢？这个问题不是常识的推测所能解决的，也不是用比附方法所能说明的，必定根据科学的事实，取论理的归纳，方能回答出来。

我虽然没有什么学识，不过在生物学社会学的书籍也略得了些概念。据我看来，这"移行"说乃完全是常识的揣测，因为他看见两个圆体移行，就拿来做个比喻，那里晓得生物的进化和社会的进化却不是如此，所以不根据专门科学的事实而单靠着常识的推理，必定要失败的。

生物的进化，据达尔文说是微变累积起来的，就是逐渐把无数的小变化累积起来，便成了一个大变化。达尔文的这种说就是"移行"的渐进说。现代一般生物学家都晓得这个是推理，不是实际。实际上生物的进化乃是突变（mutation），自抵费里（De Vrie）发明突变说以来，加以古生物学（即化石生物学）的证明，已经是没有疑义了。抵费里的突变说，是说生物到了一定的时期突然自变其形态，在没有变的时候，那变的因已经潜伏在当中了。所以只有突变与潜变两种。突变是变的表现，潜变是变因的发生，凡是一个生物他表面上不变，但变的因已经在那里潜萌暗长，到了时候便突然呈露了出来。

生物的进化是如此，社会的进化也是如此。在一个社会中，表面上没有变化，而里面不能没有变的种子。这个种子渐渐多了，一旦爆发，便变了一个新社会了。所以我说只有突变与潜变，而没有移行。譬如我们鼓吹新思想便是创造潜变（即下变的种子），决不能与旧的调和，一调和了，便产不出变化。等到我们新思想成熟，那突变就可发生了。所以潜变是不能调和的，调和潜变便是消灭潜变。但突变以后可以调和，因为调和是 harmony（谐合），不是 compromise（调停），调停是敷衍，谐合是配置。凡是一个社会必要各部分配置得宜，方能协力互助。所以我的调和说与章君不同，我以为调和不是甲乙的混和，乃是另外一个东西（如丙）。我记得黑格尔有个方式是正 thesis 负 antithesis 合 synthesis，合虽是由正负而生来的，但是另外一个东西。我以为调和也是如此，决不是正负的混和，必定是正负以外的东西。所以是谐合，不是调停，因为调停便是混和了（化学上 mixture、compound 两字很有区别也是为此）。

总之，章君的移行说我是反对的，他的调和说也和我的说不一样。究竟章君的主张对呢，还是我的对？只好请大家评判了。

（载《时事新报》，1919 年 10 月 1 日）

答章行严君
（1919 年 10 月 12 日）

我们讨论一个问题必有一个范围，如讨论"调和"，我们便应得先说明什么是调和，什么不是调和，那么讨论起来，便不致于出乎范围以外。据我看来，调和有二个意思，一个是甲乙化合变为丙，一个是甲乙互让。前者是"哈穆乃"harmony，后者是"康波罗密斯"compromise；一个是自然的现象，一个是人为的现象。譬如甲乙二种相反的思想可以融合起来，变成丙种思想。却不是故意使甲退让几分，乙亦退让几分，双方缔结了一个媾和条约永不再犯。乃是顺应自然的趋势而变化，变化成熟了，自然就有丙出现，这便是"哈穆乃"；否则，故意缔结退让的契约是"康波罗密斯"。这二个的区别是：一个是甲乙化为丙，一个仍只是甲乙。所以一个是自然的化合，一个是故意的调停。

不过在政党的手腕上，常常有调停的事。这种调停不过一种不得已的手段，不是一个普遍的原理原则而可以应用到各处去的。如德国斯巴达卡斯团的首领里伯开尼须 Liebknecht，他即反对调停，他有一本书名为 No Compromises；就是英国的莫利（Morley），虽主张调停，他的意思也不过是说政党间若没有调停必要债事，并不是把调停认做科学上的原则。

照这样看来，章君在党派间主张调停，我因为已是脱离党派的人了，所以不加反对。但是章君竟把这种调停扩充起来，应用到各处去，我便不能不提出驳议。

除了这二个意思以外，还有二个，就是"共存"与"相同"。共存就是两个东西同时存在，这两个虽则同时存在，却不是调和。譬如章太炎与唐少川、徐世昌同时生存在中国，但是他们不但没有来往，并且是主张相反的。所以不能把共存认做调和。若说凡是共存都可以调和，那么天下没有不可调和的了，水与火也可以调和。至于相同，譬如说旧道德主张克己，与新道德主张利他是相同的，但相同不是调和，因为只要取了新道德便够了。利他既以代表克己，那么只要新道德存在，旧道德废了，也不要紧。这如何是调和呢？调和必定两个都是元素不可缺一的。所以"相同"与"共存"都不是调和。

我所定的范围如章君也同意，那么章君所说的便是出乎范围以外了。何以故呢？章君说"新旧两社会之衔接，最初有若两圆之合体，如甲乙为旧，丙丁为新，新未立时，两圆合体如一圆也。甲乙社会中，一旦有新思想发现，则甲线向外扩而为丙，乙线向内缩而为丁，而丙丁之新社会成矣。设新思想更进一步，或有几分之几，见之实行，则社会又复改观，丙线扩为戊，丁线缩为己矣。向下戊扩为庚，己缩为辛，乃至庚经若干线扩至于子，辛经若干线缩至于丑，皆以类推，迨社会之成为子丑也"。照这样说，是明明说新圆与旧圆是并存的关系，新的增加一份，旧的便汰去一份，这如何是调和呢？章君又说新社会中，总有旧的品质杂存在内，这乃是旧的未曾汰除净尽，如何说是调和呢？既然说新旧调和，如何又要增加新的汰除旧的呢？实在讲来，新的逐渐增加，旧的逐渐汰除，这便是新旧不调和的明证。所以章君把杂存认做调和，乃是章君的第一个舛误处。新的出来与旧的有相同地方，章君认相同为调和，是第二个舛误处。

我们本来认新旧是共存在空间的，也有相同的所在，不过要把新的扩充起来，将旧的挤了出去。并不是说新的可以一天长大，旧的可以立刻消灭。但是共存却不是调和，若是调和，便是新的认旧的有道理，如何能把他排斥呢？况且也有相同的地方，有了新的，便用不着旧的了。所以章君的渐进说，本来与我们没有矛盾，不过渐进与调和绝对不能并为一谈。

至于说到社会进化，不是单靠渐进的，虽则不是顿进，但是他的步骤不是平均速度的，乃是有时快有时慢的。所以我假定他是突变（但是mutation这个字只能用在生物上，我上回不过说生物也有突变，所以拿来作引证，并不是说社会有mutation，读者不要误会）。我上回说过突变是变，潜变是变的酝酿。变的酝酿就是种动因（factor），并不是变。章君把潜变认做移行，不单是误会我的意思，而且是太不合理。物理学上说不动的物也有 potential energy，章君也能说他是移行么？要晓得"潜伏"是"内蕴"的意思，如何能做为变移的解释呢？

讲社会进化的文章，有魏君嗣銮的一篇为最好。他最反对推想，与我所见是一样的。譬如中国周秦时代文明最发达，乃是突变；泰西希腊罗马以及法兰西大革命，都是突变；就是现代的大战，也是突变。所以突变的价值是很大的，差不多突变以前与突变以后，仿佛是两个世界。此次大战，就是个好例。所以单纯的渐进，是不能说明社会进化的道理。此外，还有一二句话是不关本题的，就是章君说抵费里的学说"绝罕采用"。我以为辩论只在意见，不是"潘查门富"。若是彼此把所藏的书搬出来，我实在不愿意。不过我对于章君诋毁抵氏的说却不能不说几句。我以为"绝罕采用"这四个字出于章君的口里，足证他对于进化论太无概念。莫尔刚（T. H. Morgen）说：In more recent times another idea has become current，mainly due to the work of Bateson and of De Vries，the idea that variations are discontinuous.（*A Critique of the Theory of Evolution*，p. 18）这本书是 1916 年出版的，可以见挽近的趋势了。就是偏重于新拉麦克派的柏格森，也很承认突变。要之，生物的突变是个事实，无论何人不能否定的。不过近来自孟德尔（Mendel）的遗传法发见以后，大家都用孟氏法则去说明突变罢了。至于抵氏发见的突变事实却没有消灭。

还有一点，就是章君说我引证黑格尔的法则说明新旧思想不能调和，这乃是章君把我的文章完全看错了。我引证黑格尔是说明调和的性质，我认为变后可以调和，而未变时的变因不能调和，调和变因便是消灭变化，也就是使变因不发效力，如甲乙调和而成丙，必定先有甲，次有乙，现在乙还没有成熟，如何能调和呢？所以我以为守旧论不足阻害新机，而调和论最是危险，也就是为此。我所说的潜变不单是指思想，突变不单是指政治，即在思想内也有潜变与突变，就是有变的酝酿与变的发生。酝酿是不能调和的，现在是思想的潜变时代，所以不能调和，一经调和，那未成熟的新思想便消灭了。也就是社会的潜变时代，在社会改造以后可以调和，在未改造以前，一讲调和，就把改造的动因消灭了。

最后我借着这个机会，说一说我的宗旨。我曾经与傅斯年讨论过，我以为凡是文明都有价值的，凡是价值都有时代性的。所以天演论在天演论的时代是有价值的，却在今天便属过去了。中国的一切旧文明都是如此。所以对于旧文明不承认他在历史上的地位而一味乱骂，我是不赞成的。但是新旧调和论，我也不赞成。因为主张此说的人，又把已过的文明看得太重了，硬说《天演论》在今天尚是个希世之宝。这如何可行呢？总之，凡是价值都有时代性，不可因为在甲时代的东西到了乙时代失去价值，便说他在甲时代本来没有价值；也不可硬说他在乙时代还有价值。这两说乃"过犹不及"，我都不取的。

（载《时事新报》，1919 年 10 月 12 日）

我们为什么要讲社会主义
（1919 年 12 月 1 日）

客：你们为什么要提倡社会主义？

我：我们为什么不应该提倡社会主义？请你先说一说！

客：一言以蔽之，药不对症。

我：我们讨论一个问题，最忌是说笼统话，社会主义的药如何不对中国的症？我们非把他详细解剖一下不可。第一，先问社会主义的药，是那几个原质配合成功？他的作用如何？第二，须问中国的病在那里？他的症候如何？所以我请你分条讲来。

客：先从表面上说，当欧战未终以前，中国人没有一个讲社会主义的；欧战完了，忽然大家都讲起社会主义来了，这不是一件很奇怪的事情么？所以从这一点看去，可以说现在讲社会主义的人都是学时髦，出锋头，我所以不敢附和，就是为此。

我：你说的这番话，乃是出于人情之常，我也很承认的。我不敢说现在讲社会主义的人都是学时髦，我也不敢说现在讲社会主义的人里头，绝对没有学时髦出锋头的人。所以我以为今天应当分别讲来，就是把人与主义分开。离开现在讲社会主义的人，试问抽象的真正的社会主义，是否与现在的中国有容纳的余地？如绝无容纳的余地，即使有真正讲社会主义的人也是不相干。如果尚有容纳的余地，虽则讲的人是学时髦出锋头，但是关于社会主义的本身没有丝毫的损失。换一句来说，就是不能因讲的人不好，便说不应当讲。所以最后的问题，仍只有社会主义与中国的关系，和讲的人的好坏没有相干。

客：你既说到抽象的真正的社会主义，那么我们两个人的谈话便归到本题了。我们先要对于社会主义给他一个严正确切的定义，于是在这个共同承认的定义之下，方可以开始讨论。

我：理当如此，请先说你的社会主义定义罢。

客：社会主义的定义固然是各人不同，我们拿书籍来看，便知道的。但是也有一个共同点，就是：无产阶级对于有产阶级要求平等。因为近代的物质文明太发达了——生产的机器与消费的物品都是层出不穷——把人类的生活演成了两个极端。这便是富者愈富，贫者愈贫。贫富愈分离，那贫的人对于富的人愈起憎恶的感情。所以有这种社会主义发生，乃是要做社会革命。

我：这句话不错。据你所见，社会主义是不是一个单纯的经济问题？是不是一个单纯的生活问题？是不是一个单纯的阶级问题？

客：都是。

我：果真如此，便和我所见不同了。据我所见，社会主义乃是一种人生观与世界观——而且是最进化最新出的人生观与世界观。

客：这个意思我不明白。请你详细说一说！

我：要说明这个理由，非把社会主义思想发达史来讲一下不可。须知"社会主义"四个字是包括的（all embraced），他好像一个人，有幼年，有壮年，有老年。那幼年的人与壮年的人虽同是人，但性格绝不相同。所以社会主义发生最早，那古代的空想的社会主义，就好像年幼的人；近代的科学的社会主义，就好像年壮的人，他们两个的性质是很不相同的。虽则他们不相同，但也可以包括在一个概念之下，好像幼年者与壮年者同是人，所以说是包括的。就是说社会主义一个名词包涵各种各派的社会主义，这是包括的一种义解。还有一种义解，就是指社会主义本身是多方面的，不是一方面的。因为社会主义是改造人的全体生活——从个人生活到全体生活，从精神生活到物质生活，都要改造。并不是只拿人生的一个态度一个方面去改造的。换一句话来说，就是总改造，不是特改造。凡是改造人生而合于社会主义的原则的，社会主义无不把他综合起来。这便是包括的第二种义解，所以社会主义是包括的。

客：固然古代的社会主义与现代的社会主义不同，但社会主义总以马克思为正宗。照马克思的学说看起来，确是一种经济问题。

我：社会主义到了马克思便得到科学的基础，这个议论我是承认的。若是说社会主义以马克思的学说为止境，无论什么人，都不能承认这句话。我们稍把近来讲社会主义的书来翻阅一下，便可以看见马克思以后不晓得分了若干派。这便是马克思学说不包括的证据。因为他的学说不包括，所以后人要去扩充他修正他。总之，现代的社会主义是经过无数的修正，无数的扩充的最后结果，不单是马克思一人的学说了。

客：这是从思想方面说的，若是从环境的变化上说来，又当如何呢？

我：思想的变化和环境的变化有密切的关系，我们因为社会的各种科学尚没有十分发展，我们没有十分切实的凭据，所以不敢说思想与环境究竟哪一个先变，哪一个后变。但是据我一个人的观察，以为虽是思想先变，但是这新思想的发生乃出于对于环境不满足的直感。这种直感虽是很浑朴的，但非常有示唆的力量。所以不能说环境与思想在最初没有十分关系。因为思想与环境的关系有二种：一个是顺应的，一个是反激的。

那不满足现状的直感，便是思想与环境的反激的关系。社会主义的发生，虽是出于无产阶级对于雇主暴虐的环境起一种不满足的直感，但是对于这个环境，却不只无产阶级因为自身的利害要起不满足的感情，就是其他的人也有时觉得不满足。所谓"恻隐之心人皆有之"，就是这个。所以对于现在状态的不满足，到了近代，已经成了一种普遍的感想。对于现在环境的改造，到了今天，已经成了一个普遍的要求。你不看见各国的贵族学者都连翩加入社会党么？这便是个证据。总之，对于现状的不满足而大家都觉得有改造的必要，乃是各阶级共通的情形，不能说只是无产阶级要求社会革命。

客：旁观的同情不能算做有力的原因。

我：这句话固然不错，但要晓得这并不是旁观。因为单纯主张经济改造的社会主义一旦实行到实际上，便当然发见了二个条件。第一个是非把个人的精神生活改造不可。第二个是非全地球的旧制度一齐推翻不可。从第一个讲来，便是从唯物主义移到精神主义。从第二个讲来，便是从一阶级主义移到全世界主义。

因为精神方面的思想不解放，道德不改造，那物质方面的经济组织是不能改造的。又因为世界上全部的旧制度不推翻，一个阶级的障碍是去不掉的，既然是精神解放与世界改造，那便不是一个阶级的事，乃是各阶级共通的事了。

客：请你举例说明！

我：这个很容易明白。譬如中国人听了"社会主义"四个字，便疑心是主张贫民抢夺富人的财产，独身者奸占有夫的妻子。社会主义中固然有主张共产的，也有主张废除婚姻制度的，但是他有一个极重要的前提：就是须知社会主义的道德与现在资本主义的道德完全不同。必定有了社会主义的道德，方能行社会主义的制度。所以蔡子民说，必定男女之间一丝一苟，方能谈自由恋爱。中国人的疑心社会主义，是完全拿旧道德的眼光来看新制度。他忘记实行新制度时候必定要先有新道德了。

客：你说到这一点，正给我一个有力的论据。就是中国旧道德未改，万不能讲社会主义。今天要讲社会主义，必定引起一群流氓，借了共产的名义去做掠夺的勾当。你说这不是一种危险的现象么？

我：这个现象所以发生的缘故，据我看来，决不是因为社会主义的提倡，乃是因为实际上早有一种生活困难的原因。须知现在中国有一个现象，大家非大注意不可的。这就是普遍的生活困难。在乡村因为生活困难，遂跑到都市；在都市依然是生活困难。所以在这个普遍的生活困难状态下，无论什么主义必定都变了抢饭吃的手段，不单是社会主义有这种危险的。

客：请问这个普遍的生活困难的发生原因在何处？

我：说到这里，便知道社会主义不能不及早提倡了。中国的普遍生活困难虽则有种种的原因，但我敢说可以大概分为两种。就是物质方面的原因和精神方面的原因。这两方面却还有密切的关系。先从物质方面讲来，一言以蔽之，是西方物质文明的压迫。若详细说起，生产机关因为机器的发明与外货的输入，几乎驱逐干净。生产机关愈少，自然是贫困了。再从精神方面来讲，因为物质文明发达的原因，旧日制约的道德完全破坏，流于放任。自然是富的愈侈华，贫的愈堕落，全以个人目前享乐为本位了。那里晓得他们是互相因果的呢？就是国民愈贫便愈堕落，愈堕落便愈贫；国民愈贫外货愈输入，外货愈输入国民便愈贫。再简括做一句话来说，就是物质文明愈压迫，生活便愈困难；生活愈困难，物质文明愈压迫。

客：我也如此观察，不过我以为救济这个危险可以用提倡实业的方法，不必去讲社会主义，因为讲社会主义反而阻挠实业的发展。提倡实业是正路，社会主义是空谈。

我：我以为不然。振兴实业固然也是赞成的，但不是惟一的方法，也不是最彻底的方法。因为从个人的立脚地看去，中国人中有一个人振兴实业便免得他的生活困难，是一件很好的事情；若是说四万万人个个都去振兴实业便能免去普遍的生活困难，这个理想是事实所不许的——即绝对不能实现。所以从个人的立脚地来讲振兴实业，我可以赞成。若是说振兴实业是救济中华民族全体的一个彻底办法，我便不相信了。因为有一个极大的势力，自从西方压到东方。这个大势力虽则发生在西方，却是有余力及到东方。不但是及到东方，并且把东方压得丝毫不能动颤。这个大势力虽可以叫做资本主义的势力，然而"资本主义"四个字尚不能包括完全。我们假定他是私有冲动（Possessive Impuls，这是罗塞尔的定名）的组织力，这个私有冲动的组织力所发现的制度，便是资本主义与国家主义。西方各民族用了这个组织力来压迫我们，就是拿政治方面的国家主义与经济方面的资本主义合并来征服我们。我们好像被一块大石压着，没有活动的余地。资本主义的性质有两点：一个是集中的趋向，一个是压制的势力。集中的趋向就是只有小资本集成大资本的趋向，没有大资本散做小资本的趋向。压制的势力就是大资本能把小资本吸收了。这两点是相辅翼的，简单说起来，就是只有大资本吸收小资本，没有小资本抵抗大资本的道理。从这个原理讲来，无论中国怎样募集资本终是不能抵抗外国资本的。况且振兴实业的前提有两个：一个是没有内乱，一个关税保护。关税的保护既然绝对没有希望了，那没有内乱一层也是无把握的。所以振兴实业只能个人小做，不能认为全部的彻底的救济方法。至于天然的富源是总在那儿，无论讲什么主义都不会消灭的。

客：既然如此，请你从积极方面说应当讲社会主义的缘故！

我：现在我把反对的诸说都驳倒了，便应当从正面解决这个问题。我们讲社会主义有两点是请大家注意而不要误会的。第一，不是专讲未来而抛却现在；第二，不是专讲世界而抛却中国。因为如此，所以我们对于现在的中国应当有个明确的观察。必定有了这个观察，方能预见中国的未来与世界的未来。

客：中国的现状是如何呢？

我：我可以说中国的现状是一言以蔽之，在他人的私有冲动的组织力支配之下，这种组织力不但是把中国的物质方面吸收得干净，并且把中国的精神方面弄得不堪。总之，中国在物质与精神两方面同是受他人私有冲动的组织力的影响，已经到了不能自立的地位。物质方面显而易见，可以不论。单从精神方面讲，中国本来的思想与道德经过这个物质文明的筛子筛了一下，留的固然不少，去掉的也是很多。现在有人还在那里攻击旧道德的守节，其实守节在这种物质文明的潮流中早已不能维持了。那复古家也不过付之长叹罢了，他丝毫没有挽回的力量。所以守节问题不必攻击而自然可以减少。这便是物质文明对于旧道德的影响，也就是旧道德的变化。他的变化有线索可寻，就是依着资本主义的原则。举例说来，如拜金主义的风行，如奢侈，如竞争私利，如滥用自由，等等，都是与资本主义的社会组织有连带关系的。中国虽没有得到资本主义的本体的幸福，却受了资本主义的余波的弊害。这乃是西方资本主义的余风所扇，并且已经及到中国社会的各方面了。如奢侈，如崇拜金钱，如滥用自由，如个人快乐主义，都是强有力的证据。不过西方的资本主义在本国，本国的社会起了变化；而中国则资本主义在国外，他的余风所扇也把社会变化了，所不同的只此一点罢了。况且中国本来是实行家庭制度（指大家庭而言）的寄生生活的，现在加上一个资本制度的寄生生活，所以堕落得更快了。我尝说，中国没有社会，而有无数的家庭（group of families），现在更加上资本主义，便是不重人只重钱。

在这种无社会只有家庭与不重人只重钱的国家里头，如何能够有人道呢！家庭制度是寄生生活，资本主义也是寄生生活；家庭制度是快乐主义，资本主义也是功利主义。所以物质文明的筛子没有把家庭制度筛去。可见得只要打破寄生生活，同时便能废除这两个怪物（松巴特Sombart 称资本主义为怪物）。说到这里，便知道我们主张社会主义既不像工行的社会主义（Guild Socialism，前译为自活的社会主义，似不甚妥）建立一个全国的工行（National Guild）；又不像多数的社会主义（Bolshevism）组织一个无产者专制政治（Proletarian Dictatorship）；更不像无治的社会主义（Anarchism）废去一切机关；复不像国家的社会主义（State Socialism）把所有生产收归国有。乃是浑朴的趋向，却是惟一的趋向。好像说我们非向东不可，虽则向东走去，走到尽头，看见一种特别境象；但是在定方向的时候，却不能详明说出这种境象来。虽则不能详知以后到达的境地，然而方向却是一定而不可移的了。我上说的种种都是证明我们非决定这个趋向不可的。

现在更详细说说，这个趋向就是逆现社会的——现社会的逆向，也就是一种文化运动专为反对现社会的。现社会是寄生生活，这个趋向便倾向于共同生活；现社会是偏重资本，这个趋向便倾向于普通的劳动；现社会是自由竞争，这个趋向便倾向于互相扶助；现社会是个人快乐主义，这个趋向便倾向于社会幸福。无一不是和现状相反的。所以可以总名为与现在相反的文明运动——新文明运动。

客：你说中国只要决定浑朴的趋向，可见得中国与各国是情形不同了。

我：诚然，中国的情形虽与各国不同，却是程度的不同，不是性质的不同。中国比各国不过相差一步。好像各国先走一步，中国迟走一步。先走一步的自然先到一个境地，迟走一步的自然也有一个境地。境地虽不同，但是大家都必要经过的。现在各国所处的境地是选择制度的境地；所以有生产国有说，无产者专政说，全国工行说，地方工行说等等。中国今天尚没有到这个境地，用不着做具体的规划，但要提倡一种社会主义的人生观与宇宙观，先使中国人的精神革了命再说。不久到了第二步，自然就有讨论具体制度的必要了。须知社会主义是包括的，就是新文明的总称。这个新文明虽则从世界上一二处发源，但必定总汇起来，布满了全世界，方能完全实现。所以不可把社会主义认做那一国对于他的特别状态下的特别政策。他乃是全人类反对现在状态的一个共通趋向，不过顺着这个趋向，往前走，各有快慢的不同罢了。可见得我们今天讲社会主义既不是专讲未来而抛弃现在，也不是专讲世界而抛弃中国。我们既认中国是世界的一部分，要改造世界，便不当遗漏了中国。况且改造中国，非就从现在预备起不可。

客：你说是趋向固然不错，但是非有预定的步骤不可。

我：我以为大大的不然。我们只能定方向，而不能定以后的步骤。因为步骤不能预定，非走了第一步，不能有第二步。因为第二步是由第一步创出来的，第三步是由第二步创出来的。走了第一步，不能定第三步，因为尚隔了第二步咧。所以我们只要往前走，愈走愈能发明新方法去适应新境地。若是不走，不见新境地，自然也不能发明新方法去适应他。我们今天既在第一步的时候，就应当先把第一步的工夫做完了，不必急急讲第二步。

客：虽则不必急急讲第二步的办法，但不可没有从第一步而远望第二步的观察。

我：这句话很不错。但观察与办理是不同的：一个只能得大概，一个非具体规画不可。在第一步的时候，观察第二步的发端是可以的。譬如从现在的中国可以观察最近未来的中国，但是即使我们想出一个应付未来中国的办法，这个办法究竟有效与否，不到实行的时候是绝对不能预决的。所以观察是认识事象，办理是运用事理。一个是外的，一个是内的。所以我们对于未来只能观察而不能应付——非到那时候不能应付。

客：你对于中国的未来做如何观察？

我：我以为中国从今天以后没有建设，只有破坏。这个破坏不是少数人故意做出来的，乃是大多数人的自然趋势；所以我叫他自然破坏。好像一座塔，辛亥革命不过破坏了一个塔顶，从此以后逐层破坏，到了今天还剩了好几层在那里，尚没有破坏干净。现在全国都是怨气，都布满了"破坏"的呼声。所以在最近的未来，或者就有小破坏出现，然而大破坏还在后头咧。这彻底的大破坏以后，究竟呈何种现状，我们虽则说不定；但是我们可以说，没有建设则已，如果有建设，必定要依着社会主义的原则。所以从这点讲起，我们现在把社会主义的真髓宣布出来，不致使人误解，便足以防止许多的流弊。

客：如此说来，我也不反对。

我：总之，我们讲社会主义不是从物质方面破坏现在的制度入手，乃是从精神方面传播一种新思想、新道德、新人生观、新生活法入手，也就是先从打破现在社会上资本主义的习惯入手。不是对于中国问题做单独解决，乃是对于中国问题用解决全体人类问题的共通方法去解决他；不是对于中国前途的自然破坏去促进他，乃是预先指出将来所不能逃避的自然破坏起来了以后的建设方向。所以不是专讲未来而抛却现在，也不是专讲世界而忘记中国。

听说我的朋友刘南陔君对于这个问题也做了一篇文章，题目是《我们为什么要讲劳动问题》，他是专从经济上立论的，与我这篇从文化上立论的有些不同，但是读者非参观不可。

（载《解放与改造》第 1 卷第 7 号，1919 年 12 月 1 日）

由内地旅行而得之又一教训
（1920 年 11 月 6 日）

有一部分人住通商口岸，眼所见都是西洋物质文明的工业状态，于是觉得西方人所攻击西方物质文明的话，都可移到东方来，而忘了内地的状态和欧洲大不相同。

我此次旅行了几个地方，虽未深入腹地，却觉得救中国只有一条路，一言以蔽之，就是增加富力。而增加富力就是开发实业。因为中国的唯一病症就是贫乏，中国真穷到极点了。罗素先生观察各地情形以后，他也说中国除了开发实业以外无以自立。我觉得这句话非常中肯又非常沉痛。舒新城君尝对我说："中国现在没有谈论什么主义的资格，没有采取什么主义的余地，因为中国处处都不够。"我也觉得这句话更是非常中肯又非常沉痛。现在中国人除了在通商口岸与都会的少数外，大概都未曾得着"人的生活"。筑山君自美来信，他说美国农夫比中国中等人家还要好得多，可见得中国人大多数都未经历过人的生活之滋味。我们苟不把大多数人使他得着人的生活，而空谈主义必定是无结果。或则我们也可以说有一个主义，就是使中国人从来未过过人的生活的，都得着人的生活，而不是欧美现成的什么社会主义、什么国家主义、什么无政府主义、什么多数派主义等等，所以我们的努力当在另一个地方。

这个教训我以为是很切实的，好高骛远的人不可不三思之。

（载《时事新报》，1920 年 11 月 6 日）

致独秀底信
（1920 年 12 月 1 日）

独秀先生：

得你的质问，具答如下：

我以为中国现在贫穷到极点子，第一个急务就是增加富力。至于增加富力的方法，或用 Cooperation 或用资本主义，不妨各据当地的情势而定。在这种现状之下，中央政府与地方政府（省与县），绝对不会变成强有力；政府而不能强有力，则劳农主义永远不能实行。所以我们不能拿欧洲何种现成的主义来无条件地应用。至于说不是抬轿的人即是坐轿的人，以现状论，抬轿的人不以为苦，而反以不得抬轿为忧，则其穷苦可知。今我们执抬轿的人而告以人格，他必笑我为迂了。而此种穷困实为一般物力缺乏的结果，换言之，即国民经济全般的不足，而非仅由资本家的榨压。所以我们的注眼处宜广及经济界全体。

总之，我的意见如下：

一，我不相信以地域如此广大交通如此不便之中国，能实行一种主义。我以为中国以后总不外乎地方自决。

二，勿论地方如何自决，而以中国民族的根性与时代的趋势，决不会产生强有力的地方政府。无强有力的政府，则劳农主义不能全部实行。

三，中国物力太穷乏，而穷乏的原因不是纯由于资本主义。故救穷乏也不当专在打破资本主义一方面下工夫。

四，但我深信外国的资本主义是致中国贫乏的唯一原因，故倒外国资本主义是必要的。若以倒国内资本主义而为倒外国资本主义之手段，其间是否有密切的关系，我尚未敢断言。东荪上。

长期的忍耐
（1920 年 12 月 1 日）

颂华兄鉴：

　　来函论旨颇有可商榷处，请为公陈之：须知现在中国之内地，遍地皆兵，遍地皆匪，以言建设劳动者阶级的国家，现国内以缺少真正之劳动者故，止能建设兵匪阶级的国家，而绝对不能建设劳动阶级的国家。此乃事实，愿公特别注意者也。至谓保障平民之政治与法律，则现在一班人民不求政治与法律，但求得食与得衣。其故有二：一曰不知衣食与政法有关，二曰饥寒交迫，实无暇远虑。彼野蛮人之无高远观念者，非不为也，实来不及也。

　　公谓有二问题，曰开发实业是否采集产生主义，曰应否暂时采用 Dictatorship。吾以为两问题即一问题，盖所谓集产机关归诸公共管辖之下。而所谓公共管辖，即为政权之行使。欲以政权行使于经济方面，则政治方面必有强有力之组织与组织的分子。故肯定第一问题，即同时肯定第二问题。惟中国目前之情形，则与第二问题大相矛盾。夫做 Dictator 不难，而难于得其拥护者。中国之老实的百姓，决不知何为拥护，即拥护焉亦无丝毫之力。然则以兵为拥护者乎？果尔，则非 Dictator 乃傀儡耳。今中国无人有 Dictator 之资格，固亦难矣，而况绝无拥护者。正犹军队，不在有帅而在有兵，今既无兵而又无帅，则第二问题不能成立也明矣。

　　第二问题不能肯定，则第一问题必随之而倒。公谓开发实业必借外资，将来人民受两重乃至三重之压迫，与吾所见相同。惟吾以为，此乃无可幸免。公谓社会革命将莫由兴，吾则以为不然。惟其如此，方有社会革命。第一，社会革命必起于富之分配不均，而不能起于富之一班的缺乏。盖贫乏太甚，则一切举动皆不能实行。譬如直接行动之罢工等，决非十分贫乏之工人所能为。第二，贫乏之可患甚于不均，不均可由重新分配之法，于短时间内救正之，而贫乏则非短期所能救济。俄劳农政府之办法，对于不均固完全解决矣，而对于贫乏则尚在试办。罗素所不满于彼者，或亦在此。盖两相异之问题，不能用一相同之方法为之解决。故吾敢预言中国真正社会主义之起，必在由贫乏而进于不均之时代。在此贫乏与知识幼稚之时代，纵有事件发生，必为假借名义，此不可不预知者也。我辈不主张社会主义则已，若主张之，则当有极长期之耐性。在此种具有不能产生真社会主义而又易于产生伪社会主义之条件之时代中，止可冷静研究，并宣传事业亦可少做。

公此行宜以国内情形时时徘徊于脑际，于是乃能以国内情形与彼土情形相较，又与彼辈主义及政策相较。若将本土情形完全忘却，则纵考察得彼中办法与主义，亦止适于彼地而已，未必遽能移用于我也。匆匆敬覆。东荪上。

（载《新青年》第 8 卷第 4 号，1920 年 12 月 1 日）

答高践四书
（1920 年 12 月 1 日）

　　至于中国今日之所急者，乃在救贫。以中国除少数区域外，本物产不丰，在锁国时代犹足自给，近则每况愈下。弟尝究其贫乏之由来，以为有二大原因：第一为远因，曰物产未开发。而物产未开发之原因，则由于资本缺少与不能集中。而资本缺少与不能集中，则有数因，曰民力本不甚丰，曰向有不愿以财产充资本之习惯。而其最大之原因，莫甚于企业者之不道德。工商业之经理人，即所谓企业者也。而中国之企业者，于一方面虐待劳工，于他方面则侵吞股本。故中国无坐食利息之股东，苟非资本家自兼经理人，则未有不失本者也。以此之故，视投资为危途，则资本自不能集中。加以连年兵祸，百业俱停，致实业无法发展。第二为近因，曰外货之压迫。夫外货挟资本主义与国家主义之势而来，自不可抗。盖自近世资本主义兴，欧洲各国遂为资本之阶级国家。此种资本家利用国力以征弱种，俾达其商战上营利之目的。中国经济力本不足抗衡，而加国力之弱，遂尽为其所蚕食。中国至今日所以愈加贫困之者，尤在近因。弟尝言欧美之资本主义不倒，则中国永无翻身之日。

　　至于中国现有一二资本家，虽寥若晨星，然尚不得谓为真正之资本家。以彼等或借外债，或中外合办，次则买外国机器，用外国资料，盖在此种外国资本主义大力之压迫之下，中国资本家极不易产生。我侪对于此种非纯正之中国资本家，止能认为拾外国资本家之余剩，补外国资本力之空隙。设有人攻击中国资本家，弟则以为彼辈所处之地位已极可怜，而尚欲攻击，实为太忍。须知即使尽打倒中国资本家，亦不过如在烈日下息二三盏电灯耳，其结果则外国资本势力更为侵入。盖中国民不聊生，急有待于开发实业。而开发实业方法之最能速成者，莫若资本主义。况外国资本势力已占优势，更进一层，易如反掌。一班贫民但求得目前之生活，遑论将来之利害。故吾知中国资本家倒后，外国资本立即侵入，则一班贫民必欢迎之不暇也。可知问题不在中国资本家。苟中国物力不发展，外国资本主义不倒，则中国前途必不堪问。

然二者互为因果，即外国资本主义不倒，则中国物力不易发达；中国物力不发达，则无丝毫抵抗外国资本主义之力。弟以为联络各国社会党，谋颠覆世界的资本主义，固为上策。然吾民能力甚微，能补助于人者究有若干，未敢自信，则于不得已中，唯有在外国资本势力下，乘其空隙以开发实业耳。特吾之开发实业，非欲造成强厚之资本主义与国家主义，以与外国对抗，吾人固知资本主义与国家主义绝对不能造成，不过吾人之意在培养民力，使稍有抵抗之能而已。

吴稚晖先生言，人类止有两种，一种坐轿的，一种抬轿的。吾以为中国阶级果能如此，则社会主义宜可兴矣。顾中国现状犹未到此，乃尚有多数人求为抬轿的而不得者在焉。

弟以为第一步，当使社会上无此种求生不得之人，则始有抵抗能力。他日尽归类于资本劳动之两阶级，而有阶级战争，则进一步矣。须知使求生不得之贫民为劳工，乃进步之现象也。夫在未演成资本劳动之两大阶级之社会，易言之，即在未发生阶级战争之社会（或稍稍发生而不成形），社会主义之说决不能入人人耳而动其心。

可以日本之例证之。日本之有社会主义，数十年矣。当时如堺利彦等，恒为社会所轻视，今则此辈偶出一书，辄风行全国，获利颇厚。此无他，实因日本利用欧战期间大扩充实业，实业大发达之结果，演成两极端之阶级，同时因教育之普及，受教育者亦降为劳工，劳动阶级遂自觉矣。工人能读此类书籍，故销行乃广。

若夫中国，不但虽价廉至一文，工人亦无钱买，且学生教员之购买力亦有限。近来因杂志书籍之渐渐增加，而学生之家庭亦多有担负不起者，则中国一班人民之贫困，可想见也。即以马克思而论，彼之著述不过预料资本主义自身之必倒，然资本主义若未至推车撞壁，恐亦未能即倒。今日欧洲资本主义已推车撞壁，故始呈此末路之现象。以此之故，弟确信中国将来必演成资本与劳动之两大阶级。弟尝见日人所办之某杂志，有调查中国劳动状态一篇，其结论曰：中国所要求者，非改良劳动，乃创造劳动也。其言殊当。

盖中国资本家不出，外国资本家必入而取代，故弟认中国资本家之有无不成问题。惟中国贫困至此，对于一切皆无力抵抗为可忧耳。故为救急起见，宜设法养成抵抗能力，则莫急于开发实业，以增加物产，先救济物质生活。而开实业之法，不外私人企业（即资本家）与共同企业。弟以为对于私人企业，可不加妨碍；对于共同企业，宜设法创造，而不必拘于理论，当以地方情势为衡。

弟以为近来鼓吹之诸新说，止协社于现在之中国有实现之可能性，其余概为空谈。弟向倾心于同业公会的社会主义，近则以为人类原理而普泛言之，固属最善，而在中国则不知须俟何年何月始能实行。即以劳农而言，决不能实现。第一，以中国地域如此之广大，交通如此之不便，若举全国而奉行一种主义，势所不能，则惟有各地自决。各地自决，必于劳农主义有妨碍。第二，纵各地可以自决，然以人民之狃于历史上无政府思想之惯习，亦决不能借政权以贯彻主义，势必听社会自动。社会自动，则与劳动主义之贫民专制相冲突矣。

弟默察中国近十年间之趋势，必为地方自决与社会自动二者。故真正之劳农主义决不能实行。所可虑者，在此民不聊生之际，将有一种伪过激主义出现。弟觉今之青年，大多数以感情上之刺激与经济上之压迫，已倾向于此主义。纵不甚了解，而已成一种空气。若此种空气渐渐流入兵界，则祸必发作。现在国内遍地皆兵，而无一人有裁兵之权。兵一日不安顿，则祸一日潜伏。彼时所呈现状，必有非吾人所能料者。此种观察，或弟之神经过敏，亦未可知。惟弟既见到此，即不愿自欺欺人。此后有教育事业可办，则拟专心于教育。否则译书著书，专研究一二门哲学，决不为政论，亦不为社会运动，颇思静观世变也。未识兄何以教之？东荪顿首。

（载《新青年》第 8 卷第 4 号，1920 年 12 月 1 日）

现在与将来
（1920 年 12 月 15 日）

　　罗素先生说："吾到俄国即相信自己亦为一共产党人；然与一班深信共产主义之人来往后，我之疑念转加一千倍，不惟不信共产主义，即凡人类所最崇仰与冒苦而求之一切信条吾亦不敢相信。"他又说："……则吾深幸西方人之有怀疑态度。"我自听了罗素先生这些议论以后，我本来潜伏在心中的怀疑态度便发了出来。我在《时事新报》上撰了一个时评，表示我的怀疑点——但是对于实行上怀疑不涉于原理——大旨和罗素先生在京的演说，说我暂不以社会主义赠中国，因为中国现在即实行社会主义必没好结果相同。于是许多朋友，就写信来问我究竟是什么意思。我想一一答复却很麻烦，不如做一篇文章罢。

　　我这篇就是提出几个问题而求其解答。第一个问题是中国现状是什么？第二个问题是从现状的潜伏趋势里推测未来呈何状？第三个问题是我们的使命是什么？

　　先从现状来讲，有普遍的要素几点：（一）大多数人民无知识，和原始人类的状态所差未必甚大，我名这个为"无知病"；（二）大多数人民困于生计，因本来物产不丰，加以连年天灾人祸，以致愈贫，我名这个为"贫乏病"；（三）自民国以来，以连年内乱以致兵匪愈增多，我名这个为"兵匪病"；（四）自前清以来，关税外交完全失败，外国的国家主义与资本主义合而为一，以压倒中国，我名这个为"外力病"。

　　就第一和第二而说，所以中国没有市民（亦称公民），则被治者中便从来没有对于政治上、经济上之有力的阶级，所有的止原始生活的农民与人性变态的兵匪，此外工人商人都是很少的。——总之工人与商人都不成为有力的阶级。就第三而说，自然是军阀当道。就第四而说，中国全在外国经济力压服之下，国内产业不易发展，亦是一因。总之，由前清帝制经革命的过渡无形中把政权蜕移于军阀之手。惟连年内乱，自从政客发明勾结军队之妙术以来，军阀遂自形分裂。于是由分裂而互攻，愈互攻而愈分裂，末日便到了。

说到这里已转到第二问题。我以为军阀虽到末日，然其消灭之路有二种：一、一部分蜕化为财阀，而他部分为新兴阶级所灭；二、为等于军阀者所灭。因为倒军阀只有武力与经济力，而空口是不行的。第一种是平和的或渐进的，第二种是革命的或急变的。取了这一种便不取那一种。先说前一种，军阀之蜕化为财阀，百里已经详说了，不必赘述。至于新兴阶级，百里亦提过："抑更有间接影响者则民主政治之气焰是已。西洋所谓民者何？市民是也。市民者何？商而有钱者也。"我近来觉中国各地的商会渐渐地增加势力，而交通口岸的商会尤有能力。试看现在的自治运动，便是中产阶级渐起的明证。须知中产阶级的渐起并不是凭空的，必根据于实力；而实力之最大者止有二种，即武力与经济力。我们须知中产阶级能起立一分，便是他们背后的经济力强了一分。因为中国大多数人都贫到求生不得，所以经济的企业便迎合而来。须知现在的贫乏，虽则因军阀的掠夺而生，分配不均亦是一个原因，然而根本必是由于一班生产的缺少。所谓一班的贫乏，而非单纯的分配不均。则可知将来必有一种新兴阶级，名他为财阀，亦无不可。但不能说都是军阀变的，军阀虽则有一部分或大部分蜕化为财阀，我们还要晓得财阀必定亦有和军阀开战的时候，必定亦有一部分军阀是灭在财阀手里。因为财阀可用经济力制垂毙的军阀之死命。

更有一因，就是中国的实业，不论中国自己开发与否，外国总是要来大开发而特开发的。不过外国势力一来，中国自己的企业亦必乘势而蜂起。到那时，外国的势力便不啻给中国财阀以保障与后盾，则末路的军阀更无法相抗了。我预料新银团必成，铁路统一必成，这便是外国势力助中国实业家以打军阀的。至于这种实业，南通便是个好例。现在仿南通的，亦不知凡几。将来或有大结合的一天，便是新兴阶级的完成。这是从第一种而讲，那第二种便不同了。因为第一种虽有趋势而成熟必甚缓，现在不过方在开端罢了。在其迟迟而行的中途，则军阀自身不能无变化，这是一个原因；人民贫乏太甚，求食不得，不能久待，这又是一个原因。因为有了这些原因，于是第二种却是可能的。但因为他是突变的，所以我们难以详细推测。不过有一点可以预知，就是劳农主义的宣传。工人听了不过是罢工，没有什么要紧；农人不识字，他是不听的；商人因利害相反，听了就反对；独是兵与寄生阶级之贫困者一听便可入几分。将来的变化如何虽不敢说，然在这种环境对于无论何人都使他不能安生，则必定发生变化。变化的招牌最可利用者，却莫若这个主义。所以我疑心有伪劳农主义出现。

但是历史与学说有教训于我们，就是凡一种主义的政治，都是一种阶级的要求。如民主主义的政治是建筑在市民阶级（亦名为第三阶级）上，就是因市民阶级全体的要求而产出来的，不是因少数市民所组织的政党之奋斗而成功的。市民阶级的政党，如所谓自由党、进步党、共和党、民主党等，虽则始终奋斗，然而假设市民全体无实力，不蹶起，终不会有今天。各国的社会党不能算不奋斗，虽终因为劳动阶级全体比较上知识薄弱能力不厚，所以尚未到最后的那一天。最近日人山川均说，非知识阶级自觉了，加入于劳动阶级，用脑者与用手者互相提携，则无产阶级不能完成。不但知识阶级加入于劳动阶级要费许多时日，并且即如俄国农民虽是劳动阶级之一类，而尚不能一致进行。可见这些事都非经过相当时间的工夫不可。

论到中国，劳动阶级除了交通埠头因为有少数工厂才有工人以外，简直是没有。况且他们要发生阶级意识，还不知要经过多少次经验的教训。在他们的阶级意识未生以前，这种未自觉的劳动者，人数又少，直不能有何势力。所以民国元年的社会党立刻消灭，正是为此。而现在只能谈到改良劳动者的生活状态，而不能发生社会主义的运动，亦是如此。上海一隅虽发生了许多工会，然都是无聊的政客所为，与工人无关。只有机器工会比较真正，所以他宣言不涉主义。而况现在中国市民阶级方在将自觉而未自觉之间，正想创造成一个阶级，则劳动阶级比较知能低下，当然自觉更要迟一步了。最可怪的是中国前几年在未创成市民阶级的时候，就有了什么国民党、进步党，近来又在未创成劳动阶级的时候，又要组织起社会党来了。总之，党的奋斗与阶级的自觉是相待相成的。须知并不是党的组织必定后于阶级的自觉，不过党的组织若不在阶级自觉的萌芽之初，则除了静待以外，无法发展。可见凡是一种主义的运动都是以党的奋斗为先锋，以阶级自觉为后盾。并且无论他的思想是否改进的，而其初发于运动必是顺应的。所以议会主义失败而直接行动主义方为有力。党是代表那阶级的，若他背后没有阶级，必不成立。中国现在离劳动阶级的完成与自觉尚早，所以纵有人热心运动，然只能缩短程途，而断不能一跃而跻。这是说真正劳动者的国家之组织尚早。

然而有人说我们不必等劳动者完全自觉，因为完全自觉是不可能的。我们不妨暂时用狄克推多制贯彻劳农主义，一方再和俄国联合以谋互助。我以前亦作过这个梦。——不过我不赞成狄克推多而只赞成与俄国通力合作，以共产主义推翻世界的资本主义罢了。现在我以为不必从理论上去反对，只须从事实上把中国一看，便知其不可能了。请略述如下。

第一，国中无人有狄克推多之资格。凡是在未来二三年内可以起来活动的人，必定其人在过去二三年已为社会所共知。以现在社会上知名的人而论，绝没有这种人，不是能力不够便是学识不够。

第二，狄克推多不是自己一个人要做即可做的，必须有相当的拥戴者，方能压制反对者。中国劳动阶级为数极少，决不能为拥戴者，即拥戴亦无实力。除此以外，只有失掉人性的兵与恶习已成的党人及穷无所归的一部分寄生阶级。第一种虽较有力而不受管辖，第二种则绝无法支配，第三种虽无力而害事有余。总之，这些人若不满其兽欲，则立刻变为反对者。以此辈为拥戴者，乃是绝对靠不住。

第三，中国民族的根本性虽有狄克推多的倾向，然仍有一个相反的倾向潜伏于其背后。如所谓舆论民意即是，很足以为此制的暗礁，所以中国历史上绝无强大的狄克推多。近来加以民治的潮流与自由的呼声，此暗礁乃渐大，必有充足的能力阻狄克推多制之成立。

第四，近来的新趋势是分化——由国治降为省治，由省治降为县治——此趋势与狄克推多相反。因分化的缘故，则第一是各地自决不受统一的命令；第二是社会自动，不受政权的命令。这种精神上的趋势，看来必继长增高，不可轻视。

第五，中国向来没有组织，无法提纲挈领。

以上是说狄克推多的劳农制不能发生。但是万一发生了，尚有三个理由，可决其必是昙花一现。

第一，中国民族的根性最怕大更张，若有极大的更张必不能实行（但长期间无形的推移当然不算）。

第二，中国人习惯向来是求速效，若不见速效，立即反对。

第三，是外国的压迫。须知中国的资本主义简直就是在中国的外国资本主义，因为除了外国资本的实业以外，中国自己办的很少。外国资本势力侵入中国，恐数倍于俄国。中国要打破资本主义而行共产主义，就是要打破他们在中国的势力，他们必定不肯放过。无论各国国内社会党如何活动，然而以现在各国政府的势力推翻我们这种空浮的劳农革命，总是绰乎有余。日本即可以大活动，而日本国内社会党人的势力又最薄弱，决不能牵制。至于说俄国能帮助我们，这乃完全的梦想，事实上绝不会有的。此外如食粮的分配与生产机关的转移，或都能发生极大的混乱与惨杀，而阻其进行，致于失败。

据以上所说，则真的劳农制度决组织不成，而伪的劳农革命或可一度发生。我所谓伪有二个意思：一个是破坏的意思；一个是假借名义的意思。就是只能是破坏的，不能是建设的；只能是假借的，不能是真正的。破坏乃是自然的趋势，可从精神与物质两方面而讲，即人心的不安与生活的难得。这个两方面是互相因果的。因为人心太不安，则人人有一种奇怪的心理，就是觉得现在的环境太不堪忍耐了，赶紧离开了罢，无论变什么样子总比现在好些。这种心理乃是变动的促进力。还有一种，就是正在厌恶现在环境而又未想出若何改变的时候，忽听见一种传说，这种传说又说得天花乱坠，于是便动了念。既经动念以后，加以环境的更加恶劣，迫得他不知不觉地愈加相信起来了。所以这种盲目厌恶现状的心理，是非常可怕的。本来政治的腐败与内乱的频数，都是使生活日见艰难的。民不聊生则挺而走险，所以破坏是自然的趋势。至于假借名义，虽不敢断言，不过已经有些党人，一面干护法分脏的勾当，一面自命为社会主义者。这些人一旦把固有的招牌用完了，必定利用这个招牌。因为这是世界的新潮，可以骇倒一切。况且这个主义究竟没有试验过，一班人心容易倾向。

我们推论到此，便知真的劳农主义决不会发生，而伪的劳农革命恐怕难免。至于伪劳农革命发生，不消说不能福民而必定是害民，则不必我多说，只须一想便可推知了。并且这个假东西亦断无继续存在下去的道理。天下凡成立的东西，必是实体不是假现。假现必是一刻即消灭的。所以我敢说假定伪劳农革命发生，不过在已过的许多内乱上，再添一个内乱罢了。这个内乱完了以后，差不多仍恢复未乱以前的状态。或则亦许弄假成真，但非经过长期的混乱不可，这事总是万中之一。

说到这里，请转到第一种。创造新兴阶级的趋势在上面已略说过，现在再详说一下。中国现在既有贫乏病，则开发实业为唯一之要求。虽开发实业不限于资本的企业，然在中国现状之下，真正的政治集权共产主义如俄国劳农制度决不能发生，则除了资本的企业以外，只有协社的企业。须知协社的企业既然可在资本主义下实行，便是与资本主义可以并行。协社主义既然不能驱逐资本主义，则资本主义以外国势力的后盾与固有的基础，加以经济学上的原则必定发展。所以在开发实业以裕民生的大要求下，我们虽可极力提倡协社，然而无法阻止资本主义的进行，这一点是须大注意的。况实业发展不论何种方法，总是增加富力及于一班人民。虽其分配的程度不同，然不能说只有资本家得利而贫民丝毫无所增。即使有人说劳银铁则，然现在有求为劳工而不得的人甚多，此说尚不适用。就现在人民太贫得求生不得而讲，即使资本主义的企业发达，终是利在目前而害在将来。我们没有法子破坏他的缘故，亦就在他能利于目前。我们若在此时即破坏他，便是我们认题未清，其详见下。

此外还有一个重大的原因：就是我们对于军阀的推倒丝毫无能力，而能倒军阀的只有他们，因为他们乘着国内的要求与外国的势力，其来不可侮，而有制军阀死命之能力。军阀倒后，实业若发展，则可得平和的秩序。我们在平和的秩序下可以从容宣传文化。且实业兴后，虽阶级分明而无求生不得之人，方有讲教育的余地。因为物质生活与精神生活有关，物质生活有最小的限度，在此以上虽有种种程度，而精神生活都能发展，如穿布衣的与穿绸衣的都能读书，过此以下则不能发达，如没有衣服穿的人不能读书。我们须得认清这种趋势虽决不是福利人民，但不能说他没有增加富力的事。我们认定这种趋势，只是把阶级分明起来，造成一个绅商阶级（即市民阶级，不过市民二字译得不切，亦就是第三阶级），同时造成一个劳动阶级。而把求为劳工而不得的人吸收进去，却是他的好处。现在有许多人在上海与工人联络，我说这是利用资本家。若资本家不开了这几个工厂，又往那里去联络工人呢？为什么不到内地去，就是因为内地没有工厂。可见工厂在先而劳动运动应在后。现在中国内地所实行的未尝不是同业公会制度。中国这种畸形而兼幼稚的同业公会，自然不能及同业公会的社会主义所主张万分之一。这种畸形的同业公会很难改良与发展，只要稍有此中知识便能知道，决不能和机器生产的工厂竞争。在生产太缺乏的中国现状下，资本主义的机器生产实是竞争中之第一优胜者，无论什么他都胜过去的。所以外国经济力能势如破竹而来，便是明证。加以各国共产主义的革命在近数年内未必发生，则世界的资本主义未消灭一天，则中国一天势必顺着此轨而进。

以上是说在开发实业的大要求下，资本主义、机器生产的工厂必日增一日，乃是不可抗的。这事不论我们愿意不愿意，愿意亦是如此，不愿意亦是如此，乃是一个自然的趋势。

以上所说纯是推测。现在由推测周围情势的结果，断定我们的使命。——便入了第三问题。我们当自问是不是确有社会主义的倾向，如其是，则须有自知之明。第一须知我们自己没有打消军阀的能力。譬如我们天天骂安福部，然而打倒安福的是吴佩孚不是我们，因为我们没有直接的实力。第二须知我们对于应付贫乏病，以增加生产力救不得食不得衣的人，虽有方法却不及人家的来得有速效。我们有了这两点自知之明以后，我们便知道现在还不是我们的时代，我们对于现在尚是不合宜。什么人合宜于现在呢？我看就是绅商阶级。其理由已如上述，不必再说了。我记得君劢与稚晖在德国的时候有一段趣话。那时正在推翻袁洪宪，君劢说，我代表立宪党，你代表国民党，我要求国民党先让立宪党执政五年。稚晖不答应。原来他们都没有得国内的消息，那里晓得全没有这么一回事呢？不过各国政党认自己不宜活动的时候而让他党活动，却是常有的。我以为这个让德，我们是应当有的。这个阶段的原理本是马克思教我们的。马克思对于阶段的次第是"预见"（自然的逆睹），不是"约束"（人为的安排），即蓝宁亦然（见日本《改造杂志》上室伏高信氏《蓝宁之乌托邦》一篇）。我相信这些阶段未必有一定的期间，可以由少数人的继续努力而生变化。所以罗素不赞成唯物史观的太硬性，想亦是为此。但是不能十分越阶，这一层要大注意的。可见马克思之经济进化论是有相当的价值。现在中国要实行社会主义，似乎太越阶了。所以我说绅商阶级适于现在。

譬如说有一个资本家在他的工厂里设补习学校，并不减少时间而移其二三点钟于授课；如其缺课照工作时间扣资，因为现在的工人已染恶习不能不强制。同时又定出分红制度，把每年红利分给工人，但不交出而贮蓄于银行，怕他拿去嫖赌用了。此外立疾病保险金与老年抚养金，更在厂里立娱乐的地方。若更进一步，缺课而可不扣资，并兼收工人的子女，分红而可领出。这种温情主义本来不算什么，然对于现在的中国却不能不算最适宜。现在的人都欢喜谈工人苦状，而对于工人苦状的真原因多不看见。要晓得工人受苦固然是事实，但直接受自资本家很少很少，而通统是受自工头的。我尝说中国愈是下级社会愈是寡头制度。我近来以观察所得，知道企业的所以不能发达，原因全在中间阶级的做恶。近于资本家的是经理账房掌柜等企业者，近于劳动者是工头。企业者专门侵吞股本，以致有钱者视投资为畏途，故中国绝少不自经营的资本家。工头专门剥虐工人，以致工人道德堕落，终年怠业。则工人的受苦全在劳动界自身的制度，可以无疑。现在人只听工人一方面的话，自然是只看工人的苦痛。若问一问彼资本家，必亦有一大篇话，未尝不是句句实情；在现行制度下亦不能十二分苛责资本家，因为从井救人总不是人的常性。我相信工人的种种不好不是天生的，而是历年来制度所迫的。但既然迫坏了则非慢慢地改好不可。若能把制度逐渐改良，而使工人逐渐培养，则将来自然可有结果。设一旦开放，亦必没有多少好处。所以我认温情主义比工厂立宪主义在现在中国为有益于工人。我这话不是完全理想。我听见人说聂云台就在那里办学校、办保险；久大盐公司就废除工头制度；我的朋友蔡衡武先生所办的织袜厂就不限钟点，好的工人每月可得四十元。其余的还有，只不必多说罢了。又如陈嘉庚以家产兴办大学，张季直的预定遗嘱说所有私产都移为地方公有，无锡荣氏亦办了十几所小学，试问你能说他们不是最合宜于在现在么？现在亦有人组织工会，乃是想改良工人的生活，当然不能与社会主义并为一谈。我想主张社会主义而干此事的人，亦决无如此自己解嘲的。

这讲的是工人，至于农人，要晓得中国向例地主与佃户多是平分收入，甚至于佃户得六成，地主得四，所以农民对于所受地主的痛苦没有十分深刻的印象。即使废了地主，农人生活虽有变化然未必甚大。须知农业的不进实由于天灾兵祸。兵祸能破坏农业不下于工业，这是很容易知道的。至于天灾，亦大半由于农民太无知识，不知设法防御。无论何国，凡是农民总是最富于保守性。因为农人都是守旧的，所以一切改革若以农民为基础总是不行的。故我以为农业在现在没有速成的改良法，而只有以教育的力量救济农民的无知病，有了知识以后自然能开发地利。这是说革命性的更张与农业无甚关系。于是我们可以明白工人农人在今天所需要的，只是取得教育与改良生活。

取得教育非长期不可，改良生活虽有种种的方法，然而因为必与取得教育相关，总以平和的渐进的为佳，所以我认新兴阶级的推移是合宜的。但是有人说将来教育全由资本家来包办却危险万分，我以为不然。天下最笨的就是讲教育主义。试看日本五十年来讲的忠君爱国主义，何以社会主义的思想反比在无严格的教育主义之中国来得蓬蓬勃勃地发达呢？要晓得人是活的，死物可由人制造，要他方就方，要他圆就圆。人是活的，不是能由他人来制造。你教给他的主义，因为环境关系可以变化，而你教给他的识字读书学算等等的基础工具，他却取得了。他取得这个工具便可以自由使用。如工人在资本家设的学校里识了字，我们便可把马克思《共产党宣言》给他看。若是他不识字，我们便无办法。所以这一层是不足虑的。总之绅商阶级的发生，我认为等于前二十年的练兵。前二十年的练兵是个潮流，不能抵抗。若没有练兵的这一回事，革命必不成功，前清不会推倒。但革命以后造成军阀，亦是由此而来。可见无论什么都有时代的关系。在这个时代合宜，在那个时代便是弊窦。我虽然很承认百里所说的"财阀政治资本主义之刻鹄而类鹜者也"，"黄金崇拜之怪象殆将百出而不穷，而外状之淫汰骄侈将与内在之卑鄙龌龊成正比例而进行"；然而我却以为这是必然的阶段，不可越过。

于是我们可以解决第三问题了。就是问我们在这个期间究竟作什么是好？我以为有两条路：第一条是现在即宣传社会主义、劳农主义，并进一步组织团体；第二是在静待中择几个基础事来做。从第一而说，我们是制造伪劳农革命。在无人赞成中，忽听见有人赞成，自然是空谷足音了。一个人在空谷中不堪寂寞，固是人情；然而对于足声却不可不细细辨别，须辨出足音是人的足音还是兽的足音。若来的是兽不但不能慰寂寞并且反被他吞了。我们睁开眼睛看看：兵啊，匪啊，党人啊，求生不得的寄生阶级啊，这些人能成事么？所以我说在现在决不会发生真的劳农革命。上面已说得很详，不必再述。若明知其假，而希望弄假成真，虽是一种理想，但我的良心是反对这种理想的。于是可知我们不但不当取第一条路而当取第二条路，并且还有一个附带的义务。

请先说取第二条路的方法。必有人以为天下决无静待而不做事的道理，凡是一个主张不去努力实现他，如何能有成功呢？既然主张这个主义，便应得努力去做，不必多所顾忌。我对于这番话完全赞同，因为我亦如此想。但做事须有次第、有方法。我所说的静待，不是绝对的一事不做，乃是依着做事的次第与方法而做事。——读者不可惑于静待二字的表面上意义。现在我把我们可以做的事列举出来。

第一是普通的文化事业。这个普通的文化事业有很大的力量：第一是授人以基本知识，第二是打破旧思想旧习惯，第三可以陶养人格。所以我们不论何种学说与主义都当忠实地介绍过来。这便救济无知病之一法。

第二是广义的教育事业。这个教育或为学校制或非学校制，只要能授知能于无知能者即为一种教育。这亦救济无知病之一法。

　　第三是切实的研究。平心而论，我们虽倾向于社会主义，然已确定的不过是个倾向罢了。对于社会主义的详细内容乏深切的研究。这是何等大事，岂可漫无研究而就随便主张呢？与其看了几本书，就深信不疑，不如看了几本书就动了怀疑之念。哲学的起源是怀疑。愈怀疑愈研究，研究的结果方有肯定，这是当然的理。若是并无研究而就以耳食之谈来干宣传事业，实在要不得。甚于看了几本书，一路看书一路宣传，亦未必妥当。最好是从容地彻底研究，不必急于确定。因为不愿意"轻信"方有"真信"，因为要求"真信"方不愿意"轻信"。所以现在中国的现状不能立刻实行何种主义，正是给我们以从容研究的时机。我们不患不能干宣传事业，而患所宣传的是半生不熟的。凡是半生不熟的必定易于被人利用。这是我们自身的问题。

　　第四是协社的实行。我以为在这商业组织的社会下，商业愈发达则消费协社愈需要。差不多消费协社是唯一的急需物了。至于因利协社，在乡村亦是非常需要。消费协社发达了，生产协社方能发达，因为两者有密切关系。总之，协社在今天已不是主张的问题，乃是实际需要的问题了。这是我们对于救济贫乏病的可能方法。

　　至于附带的义务，不是别的，就是我们对于伪劳农革命的发生，既不当赞助，亦无法阻止，却不可不表明这事与我们无干系。同时我们谈主义便不能不慎重一下。往往随便说一句话，而他人听了便发生很大的风波，这种事是常有的。现在既然情形如此，好像晒干了的薪，一点火即大烧起来，则我们不能不对于火柴的抛下加以检点了，因为若能幸免总是好的。

　　我的话已完，总结如下。

　　一、我从现状中潜伏的原因上推测将来有两种趋势：一，渐造绅商阶级的趋势；二，暴发伪劳农革命的趋势。——一缓一急，一必然一可能。

　　二、绅商阶级果成，则劳资两阶级方能分明，其结果先好后坏，因为初起必是合时宜的，而后来必定是不行了。

　　三、绅商阶级初起的好处，在吸收求生不得的人为劳动阶级，于无形中增加些富力，亦稍微提高些知识。其最大的好处，就是瓜代军阀而免去内乱。

　　四、伪劳农主义万一发生，必是纯粹破坏的，绝难转到建设方面，不过在许多内乱上加一个内乱罢了。所以我们对于影响上应得谨慎，因为我们不主张弄假成真。

五、我们当有自知之明：我们无力打倒军阀而只能眼看军阀与绅商阶级的瓜代，我们无力阻止绅商阶级的发生，纵我们极力鼓吹劳农主义亦不过引起一个伪劳动革命。

六、所以我们只能干文化教育与协社等事业，而于主义的详细内容则须研究后再确定。

七、我们要明白我们的使命是代绅商阶级而兴。或则军阀消灭后，救生不得的人已大部分吸收了以后，社会上免去伪劳农革命的内乱，社会主义的运动方可发生。

最后我再声明一句，就是这篇的见地是折衷历史的自然阶段说与理想的人为创造说，调和性善的人生观与性恶的人生观，以明我个人的立脚点，不专求他人的强同。

附识：以上所称的我们，乃是告趋向于社会主义者。至于我个人，此后拟专研究哲学。只希望将来由上面所谓我们者，造成新社会后，做一个分子，尽相当的义务。

（载《改造》第 3 卷第 4 号，1920 年 12 月 15 日）

一个申说
（1921 年 2 月 15 日）

　　我作了一个小小的短评引起了无边的风浪，在我却是非常的荣幸，在社会也成了一个大悬案。当时和我驳论的人很多，有些是我所畏敬的师友，我无不答复——如周佛海君就写信数次讨论此问题；——有些我明知其为手指五弦目送飞鸿，所以我不屑和他们辩论（即有人骂我狂妄我也愿受）。后来刘南陔君要求我做一个比较的正式说明，我遂作了《现在与将来》一篇。不料此问题却更进一步引得任公先生和老友志先都加入讨论。他们的文章寄到上海的时候，我读了真是说不出来的快活。快活之余，不由得不再申说几句。

　　任公先生给我的书所论和我所见完全相同。不过我的前作和任公的此信，都是偏于一方面，即是我们对于资本主义的态度的方面。至于我们对于社会主义的态度的方面，虽于其中得了几个暗示，然而尚都未详细说明。现在我要申说的就是要补足这一方面——专说我们对于社会主义的态度应该如何。

　　我对于社会主义的态度不像公彦君主张资本主义与社会政策，因为资本主义正和社会主义相同，也不是一国要实行，就能单独实行的。设使世界全球的资本主义皆倒了，中国虽是工业幼稚，然而也不能单独维持资本主义。至于社会政策，我以为也和社会主义一样，同是一种正待试验的东西，决不能说在实验上已经证明社会政策比社会主义好些。社会政策若单独一个一个地实行起来，因为社会是连带的，未必有十分效力，例如增加工资必生出物价腾贵，而工人都兼为消费者，结果仍受影响。若同时把一切社会政策实行，岂不是即等于社会主义了么？我又不像一湖君，只在消极方面设法减轻必然的伪赤化之黑暗，因为我始终固守我的阶段说。我的阶段说是什么？简言之，资本主义必倒而社会主义必兴——特此所谓社会主义，其内容或经多少变化亦未可知，要总不是现在有缺点的社会主义（现在各种社会主义都有缺点，不过，在我看来，基尔特社会主义比较上最圆满罢了）。我承认各种社会主义皆有缺点；但我相信，以人智之进步，终久会依着现在社会主义之根本的趋势，发见一个比较上最圆满的社会主义。大凡最晚出的比较上必是最圆满的——如基尔特社会主义最晚出的，所以他在比较上是最圆满的。不过基尔特社会主义是英国的产物，虽其根本原理可以普遍应用，然而不能不有多少变化。所以我在《时事新报》上曾发表一个意见，就是劝罗素先生实地去研究中国的同业公会，因为欧洲中世纪之基尔特已经无存了，不能不在中国寻其遗迹，从此遗迹上或有些贡献正未可知。

总之，不但基尔特社会主义如此，其他一切社会主义都是正在研究修正中。我敢说学问上的社会主义与信仰上的社会主义完全是两个东西。信仰上的社会主义等于各种宗教，本不需有真理为其根据，只要有一种热烈的感情就够了。至于学说上的社会主义则尚在创造修改之中，迄今未见大成。不过常人往往把两个混合为一个，成了一个学说与信仰相混合的社会主义。我常看见佛教的信徒用种种诡辩以回护佛教，未尝不言之成理持之有故；而其实仍是从信仰的动机而出，不过外面穿了一件理性的外套罢了。现在一班爱护社会主义的，无一不是如此。所以我又敢说非有极冷静的头脑，不能把这混合的东西剖分开来，或减少其混合的程度。

我以为我们非把学理上的社会主义与信仰上的社会主义分开，则我们不能在学理更把社会主义推进一步，换言之，即不能创造出来一种更圆满的社会主义。若说起创造新社会主义，真是谈何容易，以我们学术幼稚的民族而说此大话，岂不是太不自量了么？然而我以为不然，我们不妨和世界先进民族共同研究，或则亲阅先进民族的实验，或则取鉴先进民族的失败。须知世界各国也都正在那里研究，并未尝有一定不变的主张，换言之，即是各国也都正在学理方面下工夫，并不是已认为学理早完成而只须实行。所以我们的研究虽不必有多大把握，然而以世界各国共同研究继续用功的结果，未必我们于其间竟绝无所得。因此我的意思对于社会主义不取消极态度而取积极态度。我有一句要言：我们对于资本主义须把实际看得重些，而我们对于社会主义须把理想看得重些；我们对于资本主义须把切近的目前看得重些，而我们对于社会主义须把较远的未来看得重些。更换言之，我们要创造新社会主义便不能不把他推得很远。

为什么我们要注重于未来呢？这便是我的阶段论所在了。我以为中国之前途有两条路，但是顺着一个方向；现在正在前进而尚未到分岔的时候。所谓两条路就是"共管"与"赤化"。共管不消说自然是各国共同管理中国了（各国共管之议论见诸外人文字者不一而足，高君跋四、李君寿彭曾为我们择译其二三种，已登于《时事新报》）。我所谓绅商阶级之勃兴，乃是共管之一方面——或可说有密切关系。我固然明白若没有共管一层，绅商阶级是不会勃兴的。至于赤化则无论总是假的。能否把赤化弄假成真，能否使绅商阶级成立，这个关键与其说在中国自身，不如说在国际变化。苟英美的资本主义尚有四十年之命寿，同时俄国因通商而反失其向外发展的力量，则赤化必不成而共管必实现。这一阶段，虽有许多可说，然为费篇幅起见，暂不详述。

不过这一阶段以后必有真社会主义出现。我给颂华君一函，曾说中国的问题虽即是世界的问题，然不能即以中国为匙而解决世界问题之钥。必定世界有变化，中国方能同时变化。我们既看定中国现在绝少劳动阶级而只多游民，则第一可断言赤化不能弄假成真，第二可断言共管之翻身即为社会主义之世界。中国彼时之变化必与世界全体之变化同时发生。在世界全体之变化未熟以前，中国不能有多大的变化。因为这个缘故，我们必须积极地研究社会主义（将来世界必行社会主义，可见所引罗素的话）。

现在我须说几句研究社会主义之方法。我以为我们研究当分两种：一种是自己研究，一种是使全国人有机会共同研究。第一种可以不必详说，因为大家都已晓得了。第二种就是充分尽量把学理的书籍翻译出来，使人家都得着共同研究的机会。但是民国元年的时候只输入了"社会主义"四个大字，多一个字也没有。这两年来，却有了 propaganda（此字译为宣传太轻，而译为煽惑又似乎太重），而不像日本那样真面目的介绍，与学理上的商榷。因为这种事业必须学者来干，不单是热心的青年所能济事。所以我敢说中国现在最不需要的就是社会主义的 propaganda。一湖君虽然说尽量把社会主义不是抢产杀人的道理宣传出来，然而我相信这种宣传绝不能减轻伪赤化的危险，因为这是一种消极作用，天下决没有不与积极作用相连的消极作用而能生效力的。我们要消极作用生效力，则我们必须在消极作用背后建立一个积极作用方可。换言之，我们决不能单纯免去伪赤化的危险，我们要免此危险则建设一个真赤化（or what not）。我并不反对一湖君的主张，不过以为我们的任务不当止于此罢了。公武君说真的决不能引起伪的，固然不差，但是种种 propaganda 却不能算真的。我并无丝毫权力能禁止他人做这种"煽动"事业，但我总以为中国现在绝对没有煽动的必要。

现在我总结几句如下：

一，我们对于社会主义总当认为最后的标的，宜努力随着各民族的共同研究去创造。

二，我们对于不需要的 propaganda 当免避。

（载《改造》第 3 卷第 6 号，1921 年 2 月 15 日）

读《东西文化及其哲学》
（1922 年 3 月 19 日）

一

在中国这样干燥的学术界，人们的思想这样浅薄，要有一本比较上有心得的著述真是难得了。所以挽近出版界，除了翻译以外，很少有价值的东西。友人梁君漱溟在这个沉闷时代居然把他的新著出版，好象在黑暗中点了一盏明灯，所以我们都有先睹为快的心。梁君寄给我两本——一本是给家兄的——同时却都被人抢去了。后来我还是向友人李君石岑处借来，始得一读。我读了以后，不由得起了一个批评的心，口头上也尝和友人闲谈时批评好几次，然而总想做一篇比较上有系统的批评。本来批评也不是容易的：第一须彻底了解著者思想的背境，第二须于复杂的观念中提纲挈领而不断章取义于枝节，第三须在批评中指明批评者的立脚点。

当我们未读他的全书以前，我们看见他这个标题《东西文化及其哲学》，总以为是列举东西文化之异同与哲学之差别。等到我们读完了他这书，我们虽则也发见他列举东西文化之不同点，并且关于哲学也制了一个表。他从西方化先说起，他承认科学与民治是西方文化的面目，这是时人所反复称道的，不是他的发明；但他却以为这只是西方化逐渐开发出来的面目，而还不是西方化所从来的路向。他以为不从路向上去探求，而只模仿面目是终久不会模得象的。于是他辟了唯物史观，从佛家唯识派上另建了一个"生活史观"。他的最根本的一段是生活的定义：他说生活就是连续的努力，用他的术语来表示，就是现在的我对于前此的我之奋斗。现在的我，不须十分解释，就是向前活动的一念，也就是意志的现时一要求。至于"前此的我"，他是拿这话来表：（一）为前此自己而成的物质世界，（二）与我相同的"他心"，（三）支配殆成定局的宇宙之自然律。他说连续不断的要求是大意欲，而生活就是大意欲对于这殆成定局之宇宙的努力。他把生活下了明切的定义，于是又把文化来下定义：文化就是生活的样法，文明是生活中的成绩品。他说人类生活的样法有三种：一种是向前要求而努力前进的；一种是持中自己的意志，而使其自安，不放其突进的；一种是设法复返于原始无冲动的状态以取消生活的。他说第一种是西方化，第二种是中国化，第三种是印度化。他说西方化是发挥理智的作用，所以是直觉运用理智；中国化是在自得其乐的直觉，所以是理智运用直觉；印度化是从理智中发出否定生活的方法，所以是理智运用现量。于是我们便知道所谓"东西文化及其哲学"，只是"哲学观的东西文化论"，而不是民族心理学的东西文化论。

近来科学发达的结果，民族心理学离了社会学心理学而自成一科。虽则书籍尚不甚多，然而逐渐出版，必成一个大观。因为近来心理学几乎注其全力于本能（instinct）的研究。虽则本能的分类，各学者所主张极不一致，并且行为派（behaviorist）更把本能看做不是先天固定的，然总不免是由遗传而增减其程度。照这样说，先天与后天本没有严格的界限。例如好奇心（curiosity），各民族就很不相同，即以中国而论，其在知识方面好奇心就不甚发达。因此我相信将来民族心理学一天一天发达起来，必从本能与民族的关系上发见许多道理——或则发见二次的（secondary）民族本能也未可知。如梁君说中国人有中庸的性质，西洋人有算账的习尚，这都是民族的特性。不过这些特性不是不能变的。美国郝金博士（W. E. Hocking）在他的《人性及其改造》（*Human Nature and Its Remaking*，1918）一书上讨论本能甚详，最后并论到人性的改变。他说意志除了自己变更以外是不能变改的，但经验是内外相应的，所以意志由经验而自变。这话很对，因此我们不必因民族有特别本能，而就以为不能采用他族的文明了。

这一段话并非与梁君的书不相干，读者须知我是主张用科学（即民族心理学、人种学、地文学、社会学、历史学等）来研究东西文化的。我以为象梁君那样把东西文化之根本都还元到哲学上，只能算一种观察而不能算研究文化全体的方法。为什么我要这样说呢？我以为有二个问题：（一）文化还是从哲学产出的呢，还是因为同出于民族根性而彼此有互相影响了呢？（二）文化与哲学的范围是绝对相应的么？在这两个大问题下，先有许多小问题，就是如梁君讲中国哲学只举了一个孔子，究竟老庄申韩玄等算不算中国哲学，与中国文化有什么关系？又如梁君对于印度哲学只举一个佛教——尤其是唯识宗——佛教以外的思想究竟如何呢？中国哲学与印度哲学，我因为根基太浅不能详举，而对于西洋哲学曾看过几本书，我觉得不必以近代哲学论，而即以希腊哲学来讲，已是万花齐放，异说纷呈了。虽各种哲学学说影响于该民族的生活有势力大小的不同，然却不能说该民族绝对不受某一学说的影响。于是我们从两种事实上看：一个事实是无论那一民族，其中的哲学学说都不止一个，并且是很复杂的，但是其民族中的各种哲学虽互相反对，而都带有这个民族的特性；一个事实是思想的交通，如印度哲学却不一定在印度，所以在一个民族中可以有一种哲学思想竟和他族中的一种哲学相同。从这两种事实便证明：哲学是哲学者的宇宙观与人生观，他发明这种宇宙观与人生观虽受民族根性与时代背境之影响，却有些是出于个人的努力（即创造力）。于是我们对于前述二个问题都解决了，就是于第一，文化不是哲学所产生，因为同时影响于文化的有许多相反的哲学学说，所以不能说中国文化是孔子哲学所产生；于第二，文化与哲学的范围不相应，因为哲学终有些是个人的努力，这种个人的宇宙观与人生观决不是该民族中人人所同具的。所以我的意思，无论中国文化（依梁君定义即中国人的生活样法）与孔子思想有多大的关系，然而总是两个东西；印度文化无论与佛家思想有何等关系，然而终不能并为一谈；至于西洋则更复杂了。象梁君这样把文化还元到一个哲学学说，我总觉得这种态度未免太过了。

其实所谓中国哲学、印度哲学、西洋哲学，只不过是一种徽识（symbol），用以象征某种思想罢了。而所以用此徽识并无他意，不过因为他原始发生的地方在那里罢了。所以有人说梁君此书精采全在下半部，这句话在我看来，就是说梁君此书在论哲学的比较而不在论文化。梁君若专就哲学来分类比较并说明是根于民族性，这样便是说哲学自哲学而文化自文化，其间有密切的关系；并非说哲学如电影的镜口而文化如电影，一切电影皆从镜口中放出。果真这样，我便十分满意，因为我细绎梁君语气，如说印度人走第三条路，中国人走第二条路，西洋人走第一条路，好象是说印度人，中国人，西洋人，各自故意于许多可能的路中择取一条路，以为安身立命之所。其实我们决不可把一个民族认为一个自觉的单体，我们即取哲学的见地，以为民族即是大我，但须知小我本不是整个的，而何况大我呢？我们个人的行动都未必能严正一贯，又何况集合的民族呢？

人类无论如何，总有两方面：一方面是个人的创造，即自由；一方面是群体的支配，即合化。虽两方面是互相辅翼的，但却不能说只有社会而没有个人，也不能说只有个人而没有社会。——即不能说社会是实在，而个人是假现或反之。于是我们便不能说某一民族是根于哲学的见地而走某一条路，而只能说某种哲学比较上吸收某种民族的根性最大，则其学说可认为代表的思想罢了。我深信孔子的思想可以代表中国的思想之大部分，然不能说中国文化就是孔子的哲学。因为孔子总是一个个人，有些个人的创见。

所以我对于梁书的最浅的批评，是只认他专是从哲学方面而观察文化的，不认他是从全体上（as a whole）研究文化。

二

梁书最精的地方，自然是论佛家哲学的了。我于佛学无研究，不过觉得世人的谈佛都是蒙头盖面，唯有梁君此书乃真说透。他先从佛家的做工夫上说起。须知佛家的"修"，是根于他的宇宙观与人生观而一贯的。他说做工夫的第一步，是排斥知识而复返于现量；第二步，是更进而实证真如。第一步如看鸟飞，但见鸟而不见飞，也不辨其为鸟；第二步如看鸟飞，不但不见飞，并亦不见鸟，真是空无所见。为什么要做这样工夫呢？他背后却有一种根本原理。佛家以为本体好象一个静止的大海，而生命即其突起的一波，波一起了，于是才有物我与能所。波若自落，则一切皆无，岂不是复返于真如么？因为波自落则没有了个体，没有个体则无物，无物则无空间，无空间则无时间，宇宙便"还灭"了。此理已由梁君在其第四章中讲得非常精透。照这样说，佛家是以为宇宙由动而成，但是这个动却是静的变幻，所以非复返于静，不能证得绝对，因此主张做工夫。从这一点上看，我是佩服佛家有实验的精神——这种精神和科学的精神没有两样，所以佛家不是单纯的诡辩。这是我佩服佛家而以为是西洋许多哲学家所未见到的。

但我对于佛家思想向来有一个怀疑，因为我在十八九岁的时候曾信仰过佛学，后来却一天一天怀起疑来了。我以为照这样做工夫（我以为不做工夫而谈佛理，便不是真佛学），一个人证得真如以后怎么呢？于是便有两个问题：（一）是不是因为静止的大海已起了无数的波，其中一波自落是不中用的，非无数的波都自落不能到真如境界？（二）假定是如此，则修行证果的个人仍须生活在世上则应如何生活？在这个地方，佛家的矛盾便发现了。所谓无数的波自然包括无生物在内，我知佛家决不如此之浅见，主张把生物复返于无生物，无生物再复返于绝对。生物与无生物之区分，正犹动物与植物之区分，不是由植物再变为动物。须知动植同是由单细胞的元形生物而分歧发展以成，况生物与无生物并无严格的分界，所以决不能说做生物很苦，而做无生物则很乐。这种浅薄无理的思想，当然不是高深的佛家所应有的。于是我们不能不问生物的人类可做这种工夫，此外动物植物矿物又将如何呢？这是一个疑问。况所谓宇宙既是非一非多，而又一又多，则不但其中的一物修行了不中用，并且此一物的界限先就不成立。于全宇宙的大生命流中，如何一个小流能独反抗呢？这是第二个疑问。假定大生命流止息了，则在发动以前与止息以后，这个时间既不是一个时间，则便是绝对的了，宇宙止息而仍有绝对的时间，岂非一个不可解么？这是第三个疑问。此外，则我们又不能不问静止的大海，何故无端起波？《起信论》讲真如生灭二门而论到无明薰染，其中矛盾很多。即照唯识家的说，七识执阿赖耶以为我，七识又自阿赖耶变现影象，则何以阿赖耶要自己打成两截加了重幕呢？这是第四个疑问。

从这些疑问上看去，佛家尽管做工夫，而离"还灭""超绝"远得很。所以依我的愚见，以为佛家以做息止生活的工夫而生活，乃是一个矛盾，因为佛家要息止个人的生活很容易——自杀便行了，而要息止宇宙的大生命则绝难。要主张个人为还灭宇宙而生活，终不免是一个矛盾。我从这个见地，以为佛家只是一种理想，而不能算一种文化。因为一班佛教民族（印度、蒙古之类）的生活虽受佛教的影响，然大部分是出于下等动机。即如中国佛教即很盛，然而所有的和尚能找到有几个知道佛家真谛的？因此我以为佛教自佛教，佛学自佛学。梁君把佛教，就认为佛学，说他是一种绝有力的文化，使我不能不怀疑。

须知佛教的流行，固然是由于释迦的精神之伟大，然而也必由于佛教有一部分的"俗化"——如天堂地狱福田等说。本来为息止生活而生活的人，非先对于生活有了彻底领悟不可，自然是很少数。纵使有这种人而终不造成一种强有力的文化，只不过个人的理想罢了。我故以为印度文化究竟如何，却是一个待考的问题。梁君所说只是佛学，似乎不必把印度文化混在一起。这是我所直感的一点，还不敢十分自信，所以这一点，我也肯让步。但我以为梁君推测未来文化的趋势，主张佛家文化将于较远的未来而大兴，这种主张是我所大反对的了。我以为这种"超绝"的"从事"（即从事于超绝的工夫）只能问可能与不可能。如其可能则今天也可能，如其不可能则今天不可能，明天也不可能，断不能说今天不可能而明天就可能。果真如此，则我们不能不问明天所以异于今天在那些地方。若说是条件未备的关系，则条件显然是不在自身而在环境。照在梁君所说，好象人类现在还没有这种要求。将来向前追求到无可追求的时候，必定发生向后追求的要求。梁君以西洋的淑世主义（meliorism）已到尽头，而折入自得主义（即中国思想）为例证。我以为这乃是梁君观察的差误，后当详论。

除一点外，梁君实无法证明将来人类对于生活一定比现在人类更要烦闷些。在我的意见，生活即是奋进，而奋进中本含有烦闷，所以努力的人生观是一个正流，而厌世的人生观则是一个伏流，表面虽然是逆的，却也是正流的一个附属品。我们只要看许多厌世的人便知道：他们尽管悲观却尽活着。所以生活既是奋进不断，则永久没有满足。所以总有两方面：一方面是前进的冲动，一方面是不满之感。好象一张纸，一面白而他面黑，其实只是一张纸。因此，我以为厌世的哲学决不会消灭，然也决不会大盛。我把厌世哲学认为生活的奋斗中之怨声，奋斗不已，则怨声自不会绝。但这种思想只能是一种伏流，而不能成为一种文化，也不能为那一民族所独有。因为奋斗中的怨声是人类所都有的，不限于某一民族。

三

我对于梁书，除上述一点最不满足以外，尚有最不满足的一点：就是梁君说中国的自得其乐主义将代西洋向前奋进主义而兴。我以为梁君这个观察是错了。我们从现代西洋文化的变迁上讲，在思想方面，科学的发达如故，不但科学的原理即应用科学也天天在那里进步，新式的机器层出无穷，近来更发明"人工学"（human engineering）科学的方法来统御人工，足见功利思想之发达了。至于哲学，则当然是詹姆士、柏格森、罗素等的天下。詹姆士、杜威是讲淑世主义的，不必多说。柏格森与倭伊铿完全是主张动的，和孔子的悠然自得主义绝不相同。梁君说倭伊铿思想有接近中国化的倾向，不免有些误会。我对于倭伊氏书止看一二种，不敢断言如何，但曾与友人张君劢谈过，他对于倭氏学说很有研究。他说倭氏完全主张奋发，他的精神生活是猛进的，不是随便的。此外如新实在论派的罗素，不但其说是根据于科学，并且论到文化与社会问题完全是主张创进的——和柏格森的原理相合。

若说社会方面，则现代最大的潮流是社会主义。据我看，社会主义完全是个人主义的反动。因为西洋个人享乐主义太发达了，发达到穷头，不能不更进一步而变为社会享乐主义，即用集合的手段（collective means）以谋福利，而代自由竞争的手段。所谓社会主义即是社会享乐主义，乃是享乐主义的进一步（方法上进一步），并不是调节意欲。即如梁君所引的基尔特社会主义，其实和其他社会主义不过方法不同，而根本并没有差异。我以为梁君为什么有这种差误的观察，其中必有一个缘故。就是梁君最初讲西洋文化是向前要求的，又讲是以直觉而运用理智的（所谓直觉，照梁君讲即是先发见有自我），而后来梁君却把西洋文化只看做物欲的征逐。

须知物欲的征逐是向前要求的一个表现，却不能是向前要求的全部。否则西洋文化便太无价值了。除非老顽固，决没有这样诋毁西洋文化的。但是梁君后来却没有把这个区别弄得清楚。

我承认近来西方的思潮很反对物欲的征逐，如反对国家主义，如反对战争，如反对阶级制度等。最显著的是罗素，此外如克鲁泡特金与基尔特社会主义派。所以梁君所引各说诚然不差，然这些说只是主张向前追求应改变方法，而不是主张持中意欲以自得安分。质言之，即西洋现代的思想，以为以前因为向前要求用了自由竞争的方法以致同类相残过甚，现在须得改用互助的手段，专心于征服自然。所以从征服自然这一点上看去，便知即主张性善的克鲁泡特金，也就与孔孟大不相同。总之，现在西洋思想虽是向"爱"字上走，但其爱只扩张到全人类而止，象佛教主张不杀生而吃素的思想，仍是他们所不了解的。即此便是证明他们仍是向前要求，而绝不是持中意欲。并且据我看来，西洋这种态度乃是更进一层，以前是个人逐物，所以同类相残，以后变了社会逐物，则所得更多。如共产主义的思想就是这样，他主张用集合的力量（即社会）为个人造幸福，所以我说这是社会的享乐主义。既为社会的享乐主义，则有两点必须注意的：（一）享乐必须平均；（二）必须免去抵牾。因这两个条件，则物欲（即物质文明）不能不减去一部分（如太侈奢而无实用的东西），而同时逐物的动机也不能不加以修正。我有一个浅近的比喻：若是持中意欲，必是有了马车就不必造汽车，点了油灯不必制电灯，而社会的享乐主义则不然，乃是要使得个个人都坐汽车，个个人都点电灯，甚至于还嫌汽车不快电灯不亮，更用科学的新发明来制造更快更亮的，所以他仍是向前要求的。

现在我略一附述我个人的主张。我是不赞成持中意欲的。因为我们若不取顺着生活本来的趋势以奋进，便应得息止生活。这种持中的办法，实在是要不得。息止生活只有能否问题，而没有时期问题。如其不能，则应得顺着本来的趋势以前进。持中调节是勉强的，既不能减除痛苦，又不能满足意志，所以我认为这种控制意欲是一种不自然的生活。一旦与物欲（即物质文明）相遇，没有不立败的。中国现代道德堕落到这班地步，全是为此。因为中国人向来过这不自然的生活，一遇着物质文明，所以立刻便变坏了。我以为从此以后，中国人没有法子再可抑止他的意欲了，因为他本来是饥虎，不看见食物便罢，一旦看见还不要立刻跳出来么？等到已经跳出来了，再讲孔孟之道以为救济，必是劳而无功的了。所以我对梁君的结论："（一）要排斥印度的态度丝毫不能容留；（二）对于西方文化是全部承受，而根本对于其态度须改过；（三）批评的把中国原来态度重新拿出来"，三条中之前二条完全同意。我以为中国所应采取的自然是除去物欲征逐的奋进主义，换言之，即淑世主义。这种主义是根据新科学的——罗素论人性有创造冲动，如克鲁泡特金论互助为进化之因素，皆由是出于科学的研究。须知这种淑世主义，一方面虽不控制"欲"，而他方面却极力扩充"爱"。妙在调和众欲而成大欲，即是不使个人福利相抵牾而造成人类的大福利。换言之，即使自利与利他各得其所，并合在一起以发展到极高度。这种生活完全是奋进的，而不是持中的。

至于这种人生观的哲学，则唯用主义（pragmatism，此字译为实验主义实不甚妥）可为代表。可惜中国人几乎没有人真了解唯用主义之精神。唯用主义以认识论为基础，他以为真伪之唯一的标准是在效用。如我看见一个铅笔，是不是真的呢？若我能拿他写字，则当然是一个铅笔了。否则，我实在无法证明他真是铅笔与否。但唯用主义的精髓，却不仅在这一点。他以为真既是有用，即是"善"，则真便不是固定的，乃是在创造中的。所以他不承认已成的实在，而只以为实在是在构造中（in making）。换言之，即没有已成的宇宙，而宇宙是在自身创造中。

他以为认识不是对于已有的东西而从外发见，乃即是自身创造。因为他把主观与客观凝为一片，而只是一个实现（realization）。所以，我们可以知道他既不是观念论，又不是实在论；既不是唯心，又不是唯物，和梁君所述佛家宇宙观的下半段（即动以后）是相类似的。可惜现在一班介绍这个主义的人们，往往侧重于唯物方面，把他弄得很浅薄了。我以为这种认识论与本体论，必是对于佛学有素养的人方能理会。这是我的意见，与梁书无直接的关系，所以不必在这里详述。

梁君的上述三项中，虽前二项是我所赞成的，但加上第三项便使我不能不怀疑了。因为梁君是反对东西文化调和论的，梁君在他的书上对于这种调和论驳得十分痛快，我本是反对调和论，所以十分满意。却不料梁君最后于全盘承受西方化上，同时又主张重提中国原有的态度。二者并行，是不是调和呢？这一点使我非常怀疑。不过我也相信一个民族有他由历史而来的根性，断不是一旦要采取外来的文化而就能立刻办到的。并且外来的文化充分灌入以后，固有的根性也不会消灭，必仍杂然呈露于其间，所以总不免有些变态，不过这些仍是小节。我们须知西洋文化实在已不仅是西洋的了，已大部分取得世界文化的地位。例如梁君所举的科学与民治，就最浅近的而言，我敢问那一个民族能不坐火车点电灯么？如其不能，便是已经跪在科学的面前了。将来人类的交通日密，全地球的人类渐渐同化起来，自然都向这一条路走。因为奋进以征服自然而扩张生活，本是生命固有的倾向。西洋文化既是大部分上含有世界文化的要素，则我们采取西洋文化便不是直抄他族的东西，乃是吸收人类公同的东西。我并非说西洋文化全体上一丝一毫都是世界文化，但我敢说中国文化在世界文化上只能占一很小的部分，而印度文化则是一个伏流，不过是正流所附属的一种相反表现罢了。

我对于梁书的批评已说完了。我认梁君确是当代中国学者中第一个能深思的人，梁君确有哲学的天才，我不能不希望梁君再有第二部名著供给我们。

附白：梁君此书第三十一页（商务印书馆版）上引证我的话，其实乃是友人朱君匡僧说的（可查《时事新报》《学灯》）而不是我说的，我曾写信给梁君请他更正。后来他复信说已经排好，是来不及了，所以我特在此声明一下。

（载《时事新报》副刊《学灯》，1922 年 3 月 19 日）

劳而无功
（1923 年 6 月 9 日）

丁在君先生为反对张君劢先生的"人生观"，于是拿了"科学"来打"玄学"。迄至昨日止，我已拜读了他的洋洋大文两篇了。我读了他的第一篇文章时候，就觉得有许多话非说不可，但我仍是暂时忍着。后来看见林宰平先生一篇文章，我真跳起来。凡我所蓄于肚里，所要说的话差不多都被林先生说出来了。我十分佩服林先生，却又十分感激林先生，因为这一下我既可不闷得难受，又可不必写得手酸。我肚里的意思虽经林先生发泄了十分之九，然尚有一分，似乎亦应得吐出，方能痛快。所以我看见林先生的文章后即加了一些按语；继而一想，按语总不十分畅达，因此我把按语拿来改编，以成此篇。

我于开始以前有一个重要的声明：就是我对于丁、张两先生都是朋友，我今天只驳丁先生而不驳张先生，并不是由于友谊有厚薄，只因为我有个脾气是不欢喜锦上添花而只欢喜雪中送炭。在丁先生第一篇文章初发表时，就有人来报告于我，说丁先生方面已预备有许多人对于张先生一个人来"群起而攻之"（这个话本是谣言，不过《努力周报》迄至今日却除张先生自己的文章外，所有谈到"科玄之战"的无一不是反对张先生的）。我当时听了这个传闻，虽明知不可靠，但却预料丁先生方面（即攻击张君劢的方面）总不会寂寞了，用不着我来凑热闹。于是我决定对于丁先生来烧一烧冷灶。想不到素来不甚做文章的林先生居然放了一鸣惊人的响炮，把我的文章十分之九都抢了去了。对于丁先生所应当说的话，十分之九既被林先生道破了，我今天所说只是一些余义。既是余义，便是"附言"的性质，所以很难标个题目。若标题为"反诘丁先生"罢，或"对于丁先生的怀疑"罢，则所应反诘的所挟疑问的决不止此数。所以我不得已，便拿我这篇文章的结尾上一句话为题目。这原是由于想不出好题目来的缘故。

为叙述简明计，我先说明我对于丁先生的态度，然后加以理由。现在即列举如下：

（甲）我认为丁先生不是真正拿科学来攻玄学，而只是采取与自己性质相近的一种哲学学说，而攻击与自己性质相远的那种哲学学说。

（乙）我认为丁先生对于科学的真正性质没有说明白。

（丙）我认为丁先生对于科学，与汉学家的考据混为一谈，这样宣传科学是有害无益的。

纲领既定，请加以说明。先讲第一点。丁先生第一篇题目是《科学与玄学》，第二篇亦离不了"科玄"字样，当然以科学为符箓而拘拿那个名叫"玄学"的鬼了。可是玄学这个鬼却亦非常调皮，他一躲便躲在名叫"哲学"的人身上，丁先生投鼠忌器起来，于是枪法就乱了。丁先生对于玄学始终不下一个明切的定义；对于玄学与哲学的关系亦始终无一字提及。敌人尚未认清，就先开炮，我真佩服丁先生的勇敢。要是换了小弟兄，万万办不到。

其实玄学的性质亦很易明白。哲学向来分三部：即认识论、本体论、宇宙论便是。因旧日的沿习，学者往往名本体论与宇宙论为玄学。可见玄学就是哲学，不过范围较狭而已。哲学中本来有两派：一派始终没有深入本体论的野心，一派有这种野心。丁先生最喜欢听胡适之先生的话，胡先生凡事都取历史的观察态度。我希望丁先生亦学一学胡先生，把自从希腊以来的思想史一看，便是这两派的由来了。我以为这两派的战争亦好像中国的朱、陆异同一样，我们不必加入他们的战争亦如外国人不必参加我们的朱、陆异同一样。哲学一天发达一天，玄学的意味早已变迁了。丁先生还要俯拾当时攻击玄学（其实当时的玄学只是神学）的话来说，未免近于无的放矢。丁先生崇拜詹姆士，我请拿詹氏的话来告诉丁先生。詹氏在他的《哲学之几问题》一书第一讲上就说，玄学在最初的意思是与科学相反，其实我们应得变更原有的意思。（按原文如下：In the modern sense of something contrasted with science, philosophy means metaphysics. The older sense is the more worthy sense，and as the results of science get more available for co-ordination，and conditions for finding truth in different kinds of question get more methodically defined，we may hope that the term will revert to its original meaning，science，metaphysics and religion may then again from a single body of wisdom，and lend each other mutual support.）

不仅此也，他并且说哲学对于人生非常重要，不能反对。丁先生若不推崇詹姆士，我原不敢拿他来做挡箭牌。只因为丁先生好像是个詹姆士的知己，知道他称赞柏格森是一种虚让，不是由衷之言。但詹姆士的话如上述的，我却不敢包是违心之论，所以仍旧举了出来，请丁先生再鉴定一下。但是我不由得要说一句笑话：就是张先生拉了兰克司德，而偏偏丁先生不争气亦拉了一个詹姆士，真是无独有偶了。

虽然，我本来亦晓得哲学与科学的界限是难分的：如牛顿的绝对运动论在当时何尝不是科学，然而马赫便说是哲学而不是科学。而马赫的经验论却被发明量子的濮朗克所讥笑：以为仍是哲学而不是科学。马赫攻牛顿，濮朗克再攻马赫，难保不再有人攻濮朗克么？所以这种争论实是无谓。我以为我们东方人学西方思想，却不必并此无谓的东西亦学了来。我现在更举一个好例。这个例就是丁先生的话。丁先生说柏格森说心的绵延如雪的堆积完全是比喻，不能算数。诚然，但请问丁先生为何对于马赫所说思想和天响雷一样（按原文为 We should say "it thinks" just as we say "it lightens"，今照丁先生译文）即不认为比喻呢？难道不是同一比喻么？何以对于一个比喻存而疑之，对于另一个比喻则存而不疑？何以对于一个比喻则引为攻击之的，对于另一个比喻则引为攻击之具呢？这种以矛攻盾，是否科学家的态度呢？所以我劝丁先生不必高谈科学，老老实实自认是对于某种哲学因与自己的性质相近而欢喜，对于某种哲学因性质相远而厌恶罢了。近来精神分析学研究人把性情志愿假装为理论以发表，名曰"理由化"，我看丁先生的这种科学论完全是理由化。须知"心""物"等问题不谈则已，一谈便就到了哲学里头去了。从正面肯定，固然是哲学，而从反面否定，亦离不了哲学。我现在亦学胡适之先生，把孙行者与如来佛的比喻，用在我所敬爱的丁先生身上：哲学就好譬如来佛的掌心，丁先生一个筋斗翻了十万八千里，以为出了哲学的范围，其实还在如来佛掌心里。

说到第二点，则是全篇主旨所在了。丁先生对于科学的性质，与科学的确实性，所说的话皆不能使我满意。先讲科学的性质。丁先生在他的第一篇中说了，又在第二篇中重言以申明之。其原文如下：

> 科学的方法不外将世界的事实分起类来，求他们的秩序。等到分类秩序弄明白了，再想一句最简单明白话来概括这许多事实，这

叫做科学公例。凡是事实都可以用科学方法研究，都可以变做科学。

我现在要求读者重读的即是"对于事实，分类以求其秩序"，与"拿简明的话概括许多事实"这两句。以浅陋如我的人看来，我们的常识就是分类以求秩序和用简明的话以概括许多事实。如我们说"金""银""铜""铁"便可算对于自然的事实为之分类，并且这四个字便是简明的话可以概括许多事实。设我这个解释没有误会，岂不是科学与常识相同么？但实际上取得科学资格最早的是物理学，物理学就不仅是对于自然的万物分起类来以求他们的秩序。如"金""银"等是常识的分类，科学上却只是原子，并且近来电学进步了，知道原子的不同是由于阴电子的数目。若果科学的能事仅是分类，实际上却愈分而类愈不立，换言之，即所谓"类"反而逐渐消灭了，难道科学不亦要跟着消灭么？如晚近的相对论，其生命就在几个公式，我们实在看不出他是对于何种事实分类。科学发达的结果得着了一个"有教无类"，则说科学就是分类未免太初步了罢。再如植物学动物学，好像是完全基于分类的；其实植物学中另有植物分类学，而这个植物分类学在植物学全体中并不占第一把交椅，则其故可以思了。至于丁先生这种论调，我知道是本于皮耳生，不过丁先生也太无抉择了罢。所以我不能不立一个代替说以补丁先生的不足，我的话曾附载于梁任公先生文章的骥尾，现在再抄录如下：

> 据我所见，科学乃是对于杂乱无章的经验以求其中的"比较不变的关系"，这个即名为法式或法则（也许是暂定的）。如两个人加两个狗是四，而两个猫加两个鼠亦是四。都可用一个加号来表之。因为经验的内容总是只有一次的。如我今天写字便与昨天写字不同，所以科学并不十分注重于内容，而注重于方式，即是关系，即是关系的定式。所以分类乃仍是初步，而不是最后的。至于得了这个"比较不变的关系"的定式便用一个简单明白的表号，但这个却不是"概括这些许多事实"。

照我这样说，设没有大错，则我们便知道科学的公例不是概括许多事实的一个简明话，乃是表示与内容无甚关系的方式。上文所述的猫狗等都是关系者，都是内容，而科学的目的则不在问任何关系者而求比较不变的关系，不问任何内容而求比较确定的方式。但科学并非对于内容诿为不知，却以为一切内容都是关系所造。相对论便是顺着这个趋向而得成功的。所以科学能昂首天外，亦正在此。得了这个定式，便可自由操纵一切。

可见科学自身便有论理，科学不必另外求助于形式论理，这一点我觉得自命担负宣传科学的大责任的丁先生却没有看清楚。林先生说丁先生的论理思想太旧了，真是实获我心的话。若果科学的基础是建筑于形式论理的三段论法之上，则科学的正确性必定完全在视其合乎论理方式与否为断了。但实际上论理学是比较幼稚的，而物理学化学反比论理学先发达。若把数学归纳在论理里头，则非欧克立德的几何学亦是晚近始出。我尝说亚里斯多德的论理与欧克立德的几何一样，到了现在都不够用了。不料丁先生一方面排斥亚里斯多德的玄学，而他方面却默采亚氏以来的传统论理思想。

次讲科学确实性的标准，丁先生说：

> 科学既然以心理上的现象为内容，对于概念，推论，不能不有严格的审查。（中略）凡常人心理的内容。其性质都是相同的，心理上联想的能力，第一是看一个人觉官感触的经验，第二是他脑经思想力的强弱。换言之，就是一个人的环境同遗传。我的环境同遗传，无论同什么人都不一样；但如果我不是一个反常的人——反常的人我们叫他为疯子痴子——我的思想的工具是同常人的一类的机器。机器的效能虽然不一样，性质却是相同。觉官的感触相同，所以物质的"思构"相同，知觉概念推论的手续无不相同，科学的真相，才能为人所公认。否则我觉得书柜子是硬的，你觉得是软的；我看他是长方的，你看他是圆的；我说二加二是四，你说是六；还有什么科学方法可言？

依我这个拙笨脑筋看去，好像是说科学的确实性即基于人心的相同，特此处所谓人心是指感触思构而言。果尔则我的疑心又起了。我现在学丁先生的乖，对于丁先生亦说一句"拿证据来！"丁先生在他的第二篇果然拿了证据来了，他说：

> 这是事实，不是理论。自从嘉尔登拿统计的方法来研究生物的现象，成功了所谓生物测量学（Biometrics），我们所谓"常人"已经有了统计上的根据。即如英国的常人是五尺八英寸高：五尺以下的是矮子，六尺六寸以上的是长人。但是矮子同长人的标准完全是随意的；五尺以下的矮子，和六尺六以上的长人之间又有许多过渡

的人把他们和常人联合在一块。智慧测量的结果同高度是一样。假
如我们说痴子的智慧是零，天才是一百，常人的是五十：一至四十
九把痴子同常人联合一气，五十一至九十九又把常人同天才的界限
相混合。肢体与高度相称的是常人；若是一个人头异常的长，身异
常的短，或是四肢绝对不能相称，他就是一个怪人，同心理上的疯
子一样。研究疯人心理的学者，都觉得疯子的性质一部分与天才有
几分相似，因为都是感觉特别发展的原故，但是疯子的一部分发展
过度，失去了心理的平衡，而天才的各部分发展相称，能保存生活
的常态。长人矮子同常人是程度问题不是种类问题，天才痴子同常
人的分别，也是比较的，不是绝对的：长人虽然长，然而他的长的
程度是为种族能力所限制，所以世界上没有八尺九尺的长人，况且
长人的体格的系数（Index）如头骨的宽长，手臂的比例，等等还
同是寻常人一样。天才的智慧，高出常人的程度，也是为种族能力
所限制，他的心理同生理的组织也是同常人的是一类的机器。这是
近七十年生物学心理学的根本观念，不是可以随便推翻的。

这段话我看来看去简直不明白丁先生说些什么，因为张君劢先生并
没有主张有不学而能的突飞天才者，所以丁先生的话全是文不对题。生
物测定学的书，我没有看见过，所以不敢说什么，不过据我看来，好像
身体的长短不及智慧的高低对于这个科学确实与否的标准性问题来得关
切。所以我专讲智力实验。但一讲这一点，则丁先生所谓事实却立刻变
为不幸的事实了。何以故呢？因为立刻就把丁先生口口声声所说的"常
人"的绝对界限推翻了：所谓 normal 与 abnormal 只是程度的差别罢
了。讲智力实验而探其理论的基础，实在没有很多的书。我所看见的只
是一个小册子，名曰人类的效率与智力的层次，乃是美国研究低能儿大
家过达德所著。一提起这个人名，丁先生当然晓得。就美国军队曾试验
过，共分七等，而最高等只有百分之四半。若科学确实性的标准在人心
的相同，恐怕相对论即要失了科学的资格，因为百人中就未必能有四个
人懂相对论的。即以寻常所见的而论，一个幼稚园小学校有儿童六七百
人，设若教师不先讲明二加二是四，而即教儿童回答，恐怕能说二加二
是四的就未必定占全数。难道数学上的二加二是四，其确实性是基于人
心的相同么？最浅的例，如相对论上有"空间弯"，就是我们人类所不
能目睹的；并且有人说我们人类可以看见长广阔而不能看见第四量向，
正犹海底扁鱼只能看长广而不能看见阔一样。可见若说科学的确实性是

基于人心的相同，实在危险得很。

现在再说回来，仍讲到智力实验，过达德告诉我们说有一个不因学习而改的先天智力，所测的即是这个抽象的智力而不是具体的学习。我想这个话丁先生听了一定大不高兴，因为不料货真价实的科学方法却背后先有一个玄学的假定。但是削去这个假定，科学的智力实验法亦立不住了。

至于丁先生说凡用科学方法都是科学，于是我们的问题一转而为科学方法的讨论了。科学方法若即是形式论理，则不但玄学用之，宗教用之，乃至小说戏曲亦都用之。于是普天之下莫非科学。科学既早已如此普遍，丁先生大可不必再费九牛二虎之力以提倡了。可见科学方法决不仅是形式论理。然则是归纳演绎么？归纳演绎在性质上与三段论法又所差几何呢？所以我不得不立一个代替说如下：

> 科学果有一个唯一无二的方法，则始可说凡用这个方法的都是科学，可惜科学在今天，据我看来，还是各有各的方法。如心理学有观察、实验、内省三法，无论如何，不能排斥其二而仅留其一，使与物理学相等，至于法学的方法与化学的方法即不相同，决不能说法学的比较即是化学的解析。科学对于所取的对象可以各取各的方法。如天文学便不能离了望远镜，又如生物学中分出细胞学。可见科学各有方法与分支发展，只由一个所谓科学方法（即分类与归纳等）高悬于上，决不能统一。

我这句话的意思如下：科学各应其对象而各取特殊的方法，这些方法虽是二次的（即林先生所谓的实质论理），却是非常重要。若抽离这些各别的二次的方法以成根本的方法，势必愈普遍而愈失其独到的精神。我们要真心提倡科学便不能仅仅注目于空洞的根本的抽象的方法。

最后我还有一句话：就是科学方法与科学是不能分家的。这两个东西，如影随形，决不能说我们先提倡科学方法自然而然便发生科学。例如丁先生相信心物是一件东西，试问这见解是由科学方法取得呢，还是由科学取得呢？平心而讲，心物合一论本不是科学乃是哲学。不过现在让一步而即姑认为科学，但亦必是科学的内容而不是科学的方法。总之，我认为科学方法不是科学所穿的衣服可以随便剥下来给别的任何人穿的。我亦是相信心物合一论的，但我仍觉得丁先生的态度却近于武断，为科学家所不宜。罗素说心物是由同一的材料构成的，我很想研究这个问题，所以把他的书看来看去，却除这种简单的说明外并没看见有何等详细的解释。我对于罗素已抱遗憾了，不料丁先生更奇怪：在他的第二篇第六段"精神与物质"中除了引证断简不完的马赫与罗素的话外，简直可算没有说明，即有一两句说明亦是十分模糊。我们研究哲学的人尚且对于这种大问题不敢轻信，而研究科学的人平素对于这些问题既没有在实验室试验过，又没有做过长期的冥想工夫，而竟轻信如此，似非所宜。

第二点已说完，请说第三点。第三点实在不用多说，因为科学方法不是汉学家的考据为理很显明。科学注重在实验，考据不过在故纸堆中寻生活，至于那个故纸是否可靠尚是问题。至于存疑的精神，我想除了释迦便要首推笛卡儿了，但这两个人的思想即不是科学。可见仅仅一个"奥康的剃刀"不能即算科学。牛顿有 Hypotheses non fingo 的名言。但他自己立有绝对运动与绝对时空，他的假说可就不算少了。可见假说的多少完全是程度的等差而没有性质的不同。总之，丁先生怕西洋玄学投入中国的宋学，来借尸还魂，这个精神不但我原谅丁先生，并且还有些敬服；只可惜丁先生同时却把科学投入汉学，做一个同样的借尸还魂。这样遥遥相对一来，使我们旁观者看了大大提不起兴趣来了。

至于以宣传科学而论，我固然看不出张先生的玄学妨碍科学在中国的发展至何程度，然亦实在看不出丁先生这两篇文章促进科学在中国的发展能至何程度。——亦许是我的神经太不灵敏了。若说我对于科学的态度，自信可以不必待丁先生来劝化。但我对于科学却认为是一个大理想。我尝说科学好像一把快刀，一切东西碰着了必迎刃而解，即最神秘的生命精神感情意志无一不受其宰割。但是只有一个东西，仍然在外，即是能宰割一切的刀其自身。换言之，即是伟大的智慧。我们看见一辆汽车，看他内部的机括自然是呆板的死的，但回顾创造汽车者的智慧便不能不说是创造的活的。科学发展之所无穷无尽即在此。自从淑种学发明以来，对于人类自己的智慧亦可以设法改良，所以科学是最富于活气的。凡把科学认为机括，为呆板，这乃是不懂科学。丁先生抱定宣传科学的宗旨自是前途远大，但无端把个"考据"拉了来混在一起，则丁先生在中国科学史的功罪他日恐怕要成问题了罢。我现在重诵林先生的话以为结束：林先生说以这样拿烧酒滚水愈冲愈淡的办法而提倡科学乃是糟蹋科学，我则说是劳而无功。

我这篇本来完了，但我一想大家都是好朋友，不妨再进一步说说。我以为这个问题本是一个大问题，以顽皮的态度虽无伤大雅，然于社会究不很好；并且亦可不必再争论下去了，因为争论下去必定勉强学哲学的人来临时抱佛脚谈科学，同时勉强学科学的人来临时抱佛脚谈哲学，这当中便难免不有疏忽。这事太不经济，还是其次，而给社会以恶影响，则为害却大。例如张先生文中牛顿与原子并举，这个漏洞被丁先生吹求出来了。丁先生第二篇中把杜威列入否认思想的行为派心理学中，我想这个漏洞将来一定亦要被张先生吹求出来的。丁先生只根据罗素的《心之分析》，其实杜威、詹姆士、席勒都是机能派，而行为派对于他们攻击甚力，不能因为罗素的一句话即为定谳。然而这些都是无心之错，算不得什么。不过张先生、丁先生在今天的中国学术界中已不是黄毛丫头，而已跻于命妇的地位。似乎大家何必定要强不知以为知，使社会稍受影响呢？这便是区区的希望了。

至于我呢，预先声明：如蒙赐教，恕不答复。其实我作此篇固然是由于闷得受不住了，然亦未尝不是受了丁先生的暗示：丁先生说杜里舒不配反对达尔文（读者注意，我以为反对达尔文与反对进化论是两件事，决不能说反对达尔文即是否认进化论），于是我一想，以研究生物学数十年的人不配反对达尔文，而研究地质学的人却反而配赞成达尔文，则我们研究哲学的人当然亦配谈科学了。不过我后来再想一想，仍是以"下不为例"为佳。所以附此声明。（此篇经予自校，略易数语，特此附白，东荪识。）

（载《时事新报》副刊《学灯》，1923 年 6 月 9 日）

谁能救中国
（1923 年 6 月 25 日）

我想在现在除了一部分人专以祸国自私为事业的而外，凡稍有知觉的人，看了这种时局，无不要以口问心，提出下列两问题：

一、怎样救中国？

二、谁能救中国？

即以著者而论，此二问题昼夜相随者几及二十年。当其始，以为关键在乎法制：有善法则中国便可转弱为强。后来事实继出，一一为之否认。于是这两个问题在实质上即变为一个问题。因为完全是一件事，而不能分开。这个理由却非略加说明不可。所谓"谁"决不是指具体的人，如孙中山、吴子玉等，乃是说一种悬想的人格。必具备某种人格方能从事于救济中国。既然是指抽象的人格者而言，当然"怎样"两字即包括在内。所以说两个问题实是一个。

自晚清以迄现在，爱国之士对于救国所下的方剂实不下几十种，择其大者言之，如清末的立宪，民国的共和，与现在的省宪。当一说初出，大家以为此乃起死回生之圣药；迨投药以后，而国家的病状如故，于是使我们晓得此等主张，不过主持论坛者自炫之具。虽其间未尝不出以真心，然其志仅在宣传而不在躬行，则可断言。如有以农业救国为说者，自身不惟不自从事于农业，乃并农业教育而不甘其寂寞。总之，今日中国决非理论之宣传，方案之拟议所能救济。什么一种主义，怎么一个策略，这些空言断断乎不足以使垂死的民国得以复苏。

我们试翻阅历史，无论为朝代的更换，或国家的灭亡（即一民族被他民族所统治），其最初必是知识阶级先堕落。所以一民族，而其知识阶级若将其祖先所由成功的美德及人类所必具备的要件渐渐消失，则此民族必不能独立于世界。梁任公说，现在时局所以如此大糟，实因屡次改革把最优秀的都牺牲完了，而新的又来不及发生，致呈青黄不接之现象。其实梁任公这句话只道着事实的一半；他对于当时最优秀的到了现在乃堕落得比常人还厉害这个事实，却未看见。至于新起的知识阶级，其堕落亦不下于当时负盛名的人，终日萦其心曲者无非恋爱与出锋头。近来离婚拒婚逃婚等事之多，足使人大惊。若进一步而言，此种现象实为个人自利主义之一表现，换言之，即个人享乐主义之一表现。其弃妻不顾，足证同情心之薄。但求自己另得良偶，遂对于他人幸福毫不顾虑。有时不得两全，则但求自己满足便即了事。青年如此，则壮岁可知。故中国的知识阶级可谓已大部分衰颓了，其颓唐并不在年龄，年老的固然都衰颓了，而年轻的亦大部分含有衰颓之气。一个民族而其中的知识阶级一不振作，则其民族必不能竞立于世界。因为知识阶级在一个民族中就好像神经在机体中一样，神经一坏则生物必坏了。

中国知识阶级所造恶果之最大者，莫过于将无赖放出。今日以前，中国能维持平和数十年，至少必有一种秩序抵制恶人使不得逞。原来秩序的目的即在使社会性扩大而抑制反社会性的动作。不意中国知识阶级日以打破此种宰制为事，于是捧武人，造内乱，惟恐一班无赖不能出而作祟。我尝比中国的知识阶级为《水浒传》上的洪太尉，掘开石碣，放出妖怪。迨无赖尽出，自居主人，而知识阶级反退于宾位以媚之。故知识阶级的罪恶，实不在小。

照上述的而观，可知中国时局糟到如此，乃由知识阶级的自身堕落所致。有人以为知识阶级既不足恃，则不如筑国家之基础于他种阶级上（如劳动阶级）。我以为此说不切于事实。须知无论如何，知识阶级决不能排斥尽净。因为知识阶级不是经济上的阶级，而是社会上的阶级。经济的阶级以生产方法而分，政治的阶级以权力运用而分。社会既不能无组织，有组织即有权力，有权力即不能无运用，于是凡有知识者必易参加此运用。故知识阶级在政治上实为近水楼台，除绝对个人无政府主义外，这种事实是无法消灭的。因此，不谈政治则已，谈政治舍改造知识阶级外无由。

有人告我湘鄂战争时的故事。湘军人多而军器甚少，王占元的北兵则军械甚足。于是湘军乃徒手上前以夺敌人的枪。前一排死了，后一排即从死尸上走过。如是者死伤无算而卒夺得枪械不少。若有人问我：谁能救中国？我敢毅然决然答之曰：知识阶级若能具此种精神便能救国。可惜湘军有此精神者只是小兵，将校则无之。

自五四以来学生的名誉如日中天，然降至今日，社会上一提及学生，无不望望然而却走。此无他故，盖当日学生的行为正如革命伟人的壮烈，而今日学生的行为亦正如革命伟人的堕落。举国人人所景仰于学生者，只在一点，即在军警森严下以赤手空拳之青年公然敢打卖国贼，如此而已。除此以外，学生并无可佩服的。这种精神，质言之，即是牺牲的精神，或不怕死的精神。此种不怕死是积极的，而不是消极的。如近人所倡不合作主义便是消极的，其感人决不如积极的那样深厚。所以不合作主义唯在亡国的印度可以实行，而垂死将衰的中国决不起何等影响。

于是，我对于上述问题可得一正式回答：即非培养壮烈的牺牲精神于知识阶级，则国家总是不救的。我不相信中国劳动阶级在一二十年内能握得政治的重心。即有以劳动党为名的，亦必仍是知识阶级的变相，不是真正的工人。但是我们一方面，却不能不认定现在的知识阶级是堕落了。兹总括我的意见如下：

一、民族的衰亡以知识阶级的堕落为先河；

二、中国今天确是知识阶级已衰颓了；

三、欲救中国不外培养知识阶级的不怕死的壮烈精神。

（载《东方杂志》第 20 卷第 12 号，1923 年 6 月 25 日）

中国政制问题
（1924 年 1 月 10 日）

一

我曾在本杂志上作了一篇文章，题目是《宪法上的国会问题》，登在《宪法问题专号》上，距今将要一年了。我想爱读本杂志的诸位，断乎不会没有看见的；并且我想诸位倘若一经提醒，亦必能忆得起那篇文章的内容。我想诸位中忆起那篇文章的必亦有一种异感，觉得我所预料的几点，竟不幸而完全中了。但我今天再提那篇文章，并不是向诸位夸口，自以为是一个大预言家，乃是郑重陈述于诸位前，使大家知道中国的政治制度确是尚待解决的悬案，而不是已经解决的与已经成立的。换言之，中国应当采用何种政制，在今天尚是问题，这个问题并没有解决。我那篇文章对于这一点，便是一个有力的证明。现在我不避重复，再把那篇文章中所预言的两个要点开列如下：

一，我在那篇文章上预言国会一定恢复，国会恢复后宪法一定制成，但所制的宪法却一定要不得。那篇文章当起草时国会尚未恢复，可是出版时国会已恢复好久了。

二，我又预言经过几次所谓"护法"的内乱以后，无论任何不规则势力都不愿放弃国会而即想利用国会了，但同时人民方面则厌恶国会的心理与对于代议制的怀疑却一天高深一天。

以上两点，照现在的时局来看，可谓完全中了。原来当我作那篇文章时，只见吴佩孚主张恢复旧国会的新闻，文章成后出版相隔竟有数月，大约是印刷上的缘故。出版的时候，国会已经开会，并且已作了许多不满人意的事情。有人说我料定宪法可成，乃对于议员尚有恕词。其实宪法的成立，却更加一层扰乱。因为宪法虽由实力派所拥护，而其中规定不利于实力派的居多，实力派决不能完全奉行；并且由议员制定，而议员的人格在社会上生了问题，不能不影响到宪法的尊严性。于是宪法这个东西，除了把约法抵消以外，它的作用尚在不可知之数。所以宪法的成立不是由活动而趋于固定，乃是更造成一种不固定的局面。现在宪法竟告成了，国人对于这个纷扰，至少必有一番努力方能渡过，足证这些举动一件一件接续而来，乃是专促动我们，使我们对于中国政制的根本问题不能不再翻出来重新估量一下。

反对重新估价，大约有两说。一说是最浅薄的，以为对于现行政制若根本摇动，势必恢复君主制。于是凡遇着根本怀疑的论调，即认为主张君主而谋颠覆国宪。其实这样拿大帽子压人，钳制常人的口或则可以，而想恫吓学者的良心却无能为力。因为学者本是昂首天外的，只知有是非，不知有利害。葛利莱（Galileo）相信地是圆的，当时宗教用种种方法压制他，然他终是相信地是圆的。古今学者为宗教政治所压制，真是例不胜举。我觉得这些例，却反给我们以勇气。就是我们只须自问所见是否真确。如其自己相信已是十二分真确了，则外界的威吓言论与侮蔑言论大可不必计较。所以，我们对于中国应行何种政制若从根本上着想，当然不必拘泥于现行政制；即有人诬为破坏现行政制，亦可不必申辩。总之，这种威吓对于有研究心的人们是无用的，因为决不能因此使其怀疑心不起，使其表示怀疑的勇气减退。质言之，即不足以使他们有所畏缩。

另一说是以为，现行政制自辛亥起迄今不过十二年，为期尚短；现在纵然百弊丛生，黑暗重重，而安知五六十年以后不变假成真么？这个议论自然亦有相当的理由。大凡一国改制往往不能速效，而尤以旧国为然。一种民族既有其悠久的历史，锢习的风化，而一旦尽纳入新的制度中，使丝毫无格扞不入的地方，这本是一件不可能的事。所以在改制的初期，不能责备过苛。但是以上的理由，却不能拿来为中国现状作辩护。因为我们须把效果与趋向分别观之。我们只可说没有效果，但不能没有趋向。如现在有一颗小树，我们说现在虽不成为树，但五六十年后必定成树。我们这个判断，是根据于一种观察，认定小树自身上即有长成大树的趋向。若是一根枯草，我们断不能即肯信将来能长为大树。须知这件事的证明，不必候到五六十年以后。设如小树天天不长，而隔了五六十年以后，在他满六十年的那一天突然而成大树，自然非到那时候不能证明。无如事实不然，凡五六十年后能成大树的小树，必在其一年至十年的时候已是天天继长增高了。我们可以拿他的二年比一年，十年比五年，以证明一可能效果的趋向。政制亦然。断不能说已实行了十二年，却一年不如一年，等到满了五六十年忽然大放其光明来了。可见，若说一种政制必行了五六十年后方能有利无弊，则其端倪至少在今天必亦能看见一点儿。否则，我们实无法断定将来可比现在好。总之，说现在中国是假共和，是无论何人都一致承认的；至于说这种假共和将来可以变为真共和，我想这句话一经分析，必便立不住了。

可见，这两说都不足阻我们对于中国政制下彻底研究工夫的勇气。所以，我今天仍是把这个问题提出来。

二

中国自受外来的刺激以来，知道由今之道无变今之俗，决不足以国存。于是近三十年来，无论是练新军，是兴学校，是办铁路，是谋立宪，是讲共和，要而言之，是学外国，希望和外国一样。这种革新运动于有意识无意识之间，行了数十年。其间虽波折无数，失败重叠，然却有一个一定的方向，就是向着近世国家而趋。详言之，即是努力于构成一个近世式的国家。不过其努力不定出于有意，有许多是在无意中罢了。这些努力虽有互相抵消的地方，然而其总量亦不能不算很小。何以努力了这许多年而仍然没有进境呢？好像一支船，虽大家都在那里挣篙摇橹把舵挂帆，忙得满头大汗，而船身仍却未离开原处。这是什么缘故呢？我想决不能单纯透为挣篙摇橹等努力的时期太短罢。设如船底果有暗礁，恐怕不尽是摇橹挣篙所能解决罢。所以若只认为是由于努力时期不够的一原因，似乎太单简了罢。可是这些努力，却亦不能说完全是空费的。

我的学力固然不够解决这样的大问题，但我却不能不竭力之所及试一解决。现在先讲中国于有意无意间所趋向的近世国家是什么。所谓近世国家，我给他起一个怪名词，就是"民族战团"。何谓民族战团呢？就是（1）其结合以民族为单位；（2）其目的是侵略他种民族，而同时抵御他种民族的来侵；（3）其手段是残苛的武力与狡诈的外交；（4）其在平时专想以经济收吸他种民族的汗血，以养肥自己民族。这种民族战团最初或许是偶然，后来却变为强迫的了。因为一个民族组成了战团来凌辱其他民族，则其他民族不能不各组成战团以相抗。所以，近世国家所以普遍，全球上各种民族不能不起而构成近世式的国家，其故全由于强迫。就好像商店的竞买一样，一家减了价，其余各家亦不得不跟着减价。但自卫与侵人是在事实上没有严正界限——虽则在意义上截然不同。大凡能抵御的，必亦能想法侵略。所以一来一往已成了交织的状态。交织状态愈复杂，则阴谋诈计愈得层出不穷。于是便成为民族间的生存竞争，而国家的组成便是对付这种生存竞争的唯一工具了。这样干法是起于欧洲。中国在未与世界交通以前，没有把民族抟为一体成一个战团，用以自卫，兼以侵人的必要。自海通以还，屡次受外族的欺侮，所以亦觉得有生存竞争的必要。这方发生变法维新的问题。但数十年来，我们对于这个问题只感着紧急万分的压迫，恨不得立刻解除，如志士因忧而自杀的事几乎每年总有所闻，但人们却往往因压迫过于急切，反而不去细细地反复思考了。现在我要请求诸公的是，暂把这个民族生存竞争的压迫之感搁在一旁，而放远一步眼光，静心平心地从容考量一下。

三

据我个人考量的所得，我们虽可断定中国不复能安于旧状，然却不见得必定能构成这个民族战团的近世国家。我现在把这一层分析一下。

须知这种近世国家，既是一个平时战团，必由两种人而组织：一种人如军队中的参谋，他们是天天在那里画地图，想如何防守，如何进攻的；另有一种人是如军队中的小兵，专门做炮灰的。前者是资本阶级与治者阶级，后者是劳工阶级与被治阶级。在古代，资本阶级的灵魂没有钻入治者阶级的躯壳中，所以治者阶级高悬于上，不能与社会打成一片。可见近世国家乃是所谓"国民经济"（按 national 译为"国民的"颇易误会，似应改译为民族国家经济）的产物。必定经济发达到这个地步，而近世国家方能应运而生。经济既发达为"国民的"（即民族国家的），乃把这一个民族国家，用经济为脉络，而抟为一体了。于是把治者与被治之间亦打通了，即把社会的意思直贯通到政府里去了。这便是代议制度所以成立一个缘故。原来代议制度在历史上有很久的起源，其存在的理由亦有多种，不过这一个理由却是许多理由中一个很重要的。由此我们可以知道中国所以未能构成近世国家，其根本原因即在经济没有发达到"国民的",不能以经济为脉络把全民族抟为一个单位,因而社会与政府截然两橛没有沟通,于是孤悬于上的政府自渐腐败,而散漫于下的社会日承其弊。现在所有一切腐败现象,如军阀的跋扈与议员的堕落,都足以证明中国的政治没有社会化,还是和以前一样。换一句话说,即仍是古代式的国家。这种国家其实不成为国家,只是一种镇压关系而成为习惯罢了。

以前学者主张超越的好政府,其实只是一种近乎幻想的理想罢了。我以前亦相信柏拉图的哲人主义,现在我对于这个意见不能不加修正了。就是把哲人主义扩大到一切组织上,以为无论社会上任何机关都须举贤任能。但这样却把哲人主义化为浅薄了。社会上任何机关,其分子既都须有道德有知识的人来充任,则全社会的事务必可得最大效率的发展,较一个或少数智能超群的人高居于上指挥操纵,要好得多。因此,我不相信有超越的好政府,而以为只可有把社会灵魂钻入政府躯壳的政府。这种政府只可说是不会单独腐败的,至于是真好真坏却尚难说。现在各先进国的政府比较上能代表民意,即是其例。所以中国此后若希望有超越的好政府忽然发生,内以控制一切恶势力,外以抵御异种的侵略,在事实上必是不会有的。所可能的只有设法把社会上的民意钻入政府,使政府变为社会的一种表现机关。换言之,即把本来是两截的打成一片。达此目的有两种方法:一种是共产党的方案,主张以社会革命为手段把政府为无产阶级的机关,代表无产者的公意。换言之,就是把无产者的灵魂钻入政府这个躯壳里去,于是政府与无产阶级打通了。另一种是照现行状态而进,更特别扩张工商业造成资本主义的社会。资本主义社会造成后,政府当然为资本阶级的表现,一举一动代表资本阶级的意志。这两种方法都有可能的程度,然都去现实很远。完全是少数人的想像,而尚不是全社会的努力。所以,中国目前的状态乃是政府孤悬于上而民意不曾钻入政府。须知近世国家的政府,其特征异于古代的就在一个是一个意志用一种形式而表现,一个是两个意志,而强的意志压制弱的意志使等于无。所以古代国家的政府,其意思是政府自己的,而不是人民的。中国的政府未尝没有自己的意思,但不仅与人民无涉,并且与人民相反。这种政府自然是单独陷于腐败而不能自拔了。

论起中国改制以来,何以民意不能钻入政府,其故却在没有民意。没有民意这句话似乎说得太过火了,其实隐微的与空泛的不得算民意,必关于实际利害方有民意可见。所以只有资本主义社会与无产者专政的社会可有民意。一种民意是关于工商业的利害非利用政府来解决不可，因此资产阶级非设法把意志钻入政府去不可。另一种亦是关于利害非用政治手段来解决不可的。于是可知中国的经济状态既没有发达到国民经济的程度，自然没有非钻入政府不可的民意。一班人民大部分是在农业经济状态，所以他们没有政治意识。他们只是被虐，以被虐的结果，反而于无意有意中发生一种反对政治的意识。这种意识名为"无治的习尚"似乎不甚切当，不过却很占一部分势力，无论如何不能漠视。因为中国地域太广，交通不便，教育不振，自然更难使人民干与政治了。所以自辛亥以来，政制虽是变君主为共和，而实际上仍是那种旧式的政治，<u>丝毫</u>亦没有改变。加以连年战祸，把人民生产的能力和组织破坏了不少。经济不但没有进化与发展，且反有毁坏与退步。经济状态一天不如一天了，而尚想建立以社会为灵魂的政府，岂非南辕而北辙么？所以，在这样的天天戕伤社会元气中而求能创造一个好政府，我想必是绝对不可能的。大家若明白这个道理，当知政府决不能超越的好，只有把实际上利害问题民意钻入其中而打成一片，政府乃不致于单独腐败。无奈中国现在尚没有这种民意。这便是中国所以虽行新制，而新制仍建立于沙上，乃是浮着不生根的。

四

要使政府不能单独腐败，除了打通政府的后壁使与社会合化以外，没有别的办法。无奈中国在今天，一因产业不发达，二因教育不发达，尚没有这样积极主动的民意。因为大凡一种人民想利用政治，必是从实际的利害上打算，觉得非经过政治的活动不可。所以政治意识的自觉，必先有阶级利害的自觉。这种自觉，只有近代已构成国民经济的民族方能有之。若中国，大部分尚在农业时代，所以没有这种主动的自觉。中国此后应当如何？当然是非启发这种自觉不可。启发的方法有两种：一种是现在无意中所趋赴的。质言之，即创造资本主义的社会，以经济势力左右政治。另一种是少数极端派所梦想的。质言之，即是干生吞活剥的无产革命以建立共产主义政府。后者决不会成，即使幸成，亦必仍退到原来地位。因为政治可以随意改革，而经济状态却非自然长大成熟不可，不能像气球可以吹大的。所以后者没有讨论的必要。前者目前虽不能算没有多少势趋，不过将来推演到什么样子，却尚是大疑问。因为社会上缺乏资本，一切产业不能振兴，倘若吸收外资则事业虽可举办，而情形却大不相同了。所以不敢断定照现在的经济组织只要发达起来即可以左右政治。

照这样说，在现在无论拟成何种理想的制度，在实际上却不能充分发挥所理想的主义。所以我以为与其凭空想拟政制，不如决定运动的方向。须知政制好像衣服，若不先设法把身体养胖了，而专制一个宽大的衣服，又有何用处呢？即以代表议政制为例，必先有对于实际问题的自觉民意，然后方能有真正的代表。中国人民既尚未有这种自觉，则当然所选的议员不是捐班的官吏，即就是武人的代表。这亦难怪议员，因为人民没有意思，倒是军阀有意思，怎能不使议员卖身投靠去做军阀的代表呢？可见社会发展，尚未到适合代议政制的程度。在这种状态下徒然改为代议制，亦必无用。因此，我以为在今天的中国，讨论政制的具体组织大半是空费的。好像身体既在变化不定中，今天短明天长，今天瘦明天肥，则衣服亦断不能固定而无变化余地。所以一切政制在今天的中国不但事实上是在飘摇不定中，即在理论上亦应得不必硬使其固定，不过运动的方向却不可不决定。于是，我不妨大胆代大家定这个方向。我以为这个方向，可以英字"devolution"来包括之。这个字可译为"权力下散"。换言之，即是一种"批发"。如制宪权本是中央的，中央制定地方制度使各省照办，可是各省得把这个权批发一部分来自己行使之，以自制宪。这不过一种举例罢了。其他的例尚多，如教育事业本由政府教育部命令办理的，却可改由教育团体的教育联合会或省教育会直接议决办理。可见这种批发有两种：一种是以地域的大小为次第，做横的批发，如由国批发到省，由省批发到县；另一种是以事业的种类为区别，做纵的批发，如教育归教育界办，实业的归实业界。办这种种批发的结果，有两种好处：一是加重地方团体事业团体的责任，使其有充分操练的工夫，其结果便得增加社会全部的功用；二是减轻孤悬于上的政府权力，使政府不得为任何非社会的势力所假借。我们只有在这个方向下拼命努力运动，凡政制而合乎这个方向的都可引为一种帮助。如新宪法中颇有一部分是合乎这个方向的，所以有人主张承认宪法，借宪法以争民权，我亦不反对。不过我以为这只可为手段的一种，并且这个手段亦只能帮助这个方向的进行于一小段落。而这种权力下散运动全部，尚不能仅靠这一个手段。所以在我看来，这个宪法必等于约法，他的功用总是有的，不过只是一部分，决不能即算中华民族的根本政制。

中国的社会不发展根本原因有两种：一是集权的荒废；二是军阀的横梗。由前而言，虽大半在形式在习尚，而是虚的，不过阻碍社会的自展却仍有力量。所谓集权的荒废，就是明明是集权制度，然而不行使其权，又不让人行使。我尝譬喻如一个贪食的人，把好几桌菜都抢到自己面前，虽则自己吃不下去，却决不让别人来吃。须知集权而在新兴时代原没有什么大坏，集权而在衰颓时代实在足以阻遏在下的自由发展。中国几乎完全是集权而又复荒废，所以社会颇受影响。

至于军阀为今天中国唯一的大梗，乃是全国众口一舌的，不待详说了。现在的问题便是如何以消除这个阻梗。这个问题要详论起来，非另篇不可，现在只能说到这个批发运动与军阀的关系。据我的推想，似乎中国的军阀不像一块大石头，只须把他搬移了就不足为障碍。现在一班人高呼倒军阀以救国的大概于无意中是抱了这种误会的观念，即以军阀为当道的一块大石。其实军阀是很复杂的，不是一下就能铲除的。所以依我看，只有社会势力与军阀势力的消长而没有军阀全倒或全灭的事实。有人主张实行大规模的罢税，这个罢税方法如能实行，我当然是十二分赞成，不过这种仍是社会与军阀争势力的消长而已。所以我对于这些与军阀相抗争的方法无一不赞成，且以为这些方法都应得为权力下散的批发运动的工具。

五

照这样运动下去，把集聚在一起而又不行使的权力都分散下来。分散到底，必有人虑为使全国分崩离析，其实不然。须知组织性不是凭空鼓吹能成功的，必须实际上感有需要。要社会上各方面的人们自己感有组织的需要，必须使他们先有事业可做，然后自己知道了责任，因此便感到组织的需要，且必感到组织的范围的愈广愈好。所以把责任下降而分散于各部分的结果，决不是分崩离析就拉倒了，必是由责任下散而重新发生一种新联合的需要。这种新联合可根本上与以前的旧统一不同。就是可以依着基尔特社会主义所谓职司（function）原理，使各当一种职司的社会势力，因必须与其他职司相待相成的缘故，而重新集合成一个新总体，到那时便产生中国根本的新政制了。

总之，中国的政制问题非等到这块石，从山顶上滚到平地上，决不会解决的。我们只有努力使他滚得更快；倘不注意于此，而即取现在所有的制度为已成而不变，则发现许多不适应的现象。因此我对于中国前途，并不很悲观。我以为强勉学外国而竟学不像，勉强造成近世式国家而竟造不成，这不见得就是中国的大不幸。这个观察亦有人同时见到。不过他们的主张和我不同：他们以为中国既不能强勉造成和外国一样的近代工业国，则唯有安于原有的农业状态，提倡东方道德，以生息于固有的文化中罢了。而我则以为凡以前都不能完全恢复，并且现在亦不能停止不进。所以中国想维持旧状是不可能的，想恢复以前的样子更是不可能的，想闭关自守亦是不可能的。然则中国应当如何呢？我以为自辛亥以来十余年以迄今日，都是胡乱努力的时代。这个时代中努力并无一定的方向，只是感着不安，非跑不可而已。今后这种胡乱努力，尚须经过不知若干年岁。不过于乱糟糟的当中，隐然有一条线路：就是所谓 devolution 是了。

这种批发运动，便是彻底改造中国的唯一途径。证之于学说，亦复相合。马克伊缶（Mac Iver）著有《人群》（*Community*），把国家和社会分析得很清楚。他以为"社会"（society）是人与人间的意思关系的总称，乃是一个最广的泛名词。"人群"则是指有一定地域而共同生活的人类关系。"团体"是人类为一定目的而组织的，至于国家则不过特种团体而已。一班学者往往误认国家即为人群，以致生出种种乖谬。实际上，人群与国家其范围不一致，例很多，如硬割甲国的地方归乙国等，便是最显著的了。马氏此书为近来社会学上的一部名著，我很想译了为中国高中师范的教本。照这样说，足见国家是和俱乐部研究会一样的特立团体，这种团体尽管消灭了、改更了、重组了，而仍与人群无伤。我们明白这个道理，我们对于"中国"组织不成近世式的装甲经济团体的"国家"，便可不必悲愁了。我们不必专请抵抗他人，我们须得昂首天外，认定人类在宇宙的本位，谋更合理的生活。所以我们现在顺着这种权力下散的运动，把社会促起自觉，由自觉而自动，然后方有重新联合的发生。须知这种运动就是使社会各职司得自由发展，在人群上谋进化，而不专靠国家。因此，我以为中国不必再执迷不悟定要强勉去制造那种不自然的近世国家，我们可以使社会各职司，充分发达了，而另成一个职司联合的新国家。所以我们对于政府权力的瓦解不必愁，对于无治的思想不必怕。有人在这个时代主张强有力政府与集权政治，我以为除了供非社会的恶势力假借外，是没有什么用处的。现在把我所感想得到的，再总括言之如下：

一，中国现在政治制度并没有生根，我们不妨因其飘摇不定而推想将来可建立一个更合理的制度。

二，但这事却不能十分性急，只有努力于批发运动，使由解放而自觉。

三，社会的各职司果能自由发展，决不患不能另发生一种新联合。

设我这个感想不谬，则救亡的责任便应分别言之：第一，旧式的烈士不恤牺牲生命财产以救国家，这种精神对于剪除恶势力是十分有用的。不过若以为恶势力去掉了，即以这些人组织政府，以政权来改革一切，我以为必仍是不行的。所以第二，必定把建设事业由社会上各部分自动，不必希望有一个超越的好政府从天上掉下来为人民的救主。我们看清楚这一点，则对于中国的前途便能得几分把握了。

（载《东方杂志》第 21 卷第 1 号，1924 年 1 月 10 日）

联邦论辩
（1925 年 3 月 25 日）

我近来久不作讨论政治的文字，因为精神集中于他方面，所以无暇及此。今天看见本杂志第二十二卷第一号有高一涵先生的《联邦建国论》，其中牵涉到我，不由得不出来说几句话。我所要说的很简单。只有三层如下：

一，当时何以仅主张分权而不用"联邦"名词的理由；

二，联邦的真性质；

三，联邦与职司的联合。

在民国三四年的时候，我与丁佛言先生常常讨论，以为何以一省的长官一经中央任命后，赴到任所，其所作所为不能完全唯中央之命是听，至少有些地方非参酌本地情形，自动地处置不可。再三想来，便发现中国的"省"确不是纯粹的行政区域的"地方"。虽则也是一种区域，然其性质有历史上他种意义夹杂其间，不类近世国中专为行政便利而随便划分的区域。既然"省"不是纯粹的行政区域，则吾人对于省只有两种主张。一种主张是废省。换言之，即把这个非纯粹而不正当的行政区域废去，而另依行政原则重新划定。另一种主张是存省。但存省却不能把省视为寻常的行政区域，因为他的性质并不如此。则将如何呢？莫如即依其原有的性质，组成类乎联邦的制度。我与丁君当时皆主张后说。在《中华杂志》上曾有数篇文字发表。恰为章秋桐先生看见，以为宜照名学上定名之法，必名我们的主张为"联邦论"，且以为我们当时所以不愿居联邦之名者，由于慑于当时的舆论。认为"舆论专制之势已成，自由讨论之风莫起，强顽者有所惮，自好者亦默尔而息"。这是章君当时的观察。不意今天高君也竟与他作相同的观察，并且引他的话为证。其实他这种观察用之于他人

（如王亮畴先生等）是否相合，我不敢说；用之于我与丁君，则我敢说确是观察错了。今天幸喜高君重提旧事，便给我一个剖白的机会。

我们当时虽发现"省"确非寻常普通的行政区域，然却同时也要见"省"又非联邦中的"邦"。或许我们当时对于联邦的观念，尚没有如今日这样明了（参阅下文）。但我们当时确看见世界各联邦国，其中央权力总是逐渐增大，换言之，即向心力增加而离心力减少。暂不论联邦国必有散立的各邦，而后连盟以造成一国与否，而联邦之向心力增加则总为不可磨灭的事实。于是我们当时遂发为一种议论，主张联邦与统一并非对待：联邦的对待是单一，而单一与联邦同为求统一的手段；或采单一以得统一，或采联邦以得统一，纯看情形而定。据此说，则统一显然是国家的唯一要素，不统一即不能成其为国家了。联邦既与统一无妨，则类似联邦的分权更没有问题。因为我们当时总觉得中国即使改名为联邦，其向心力也大于任何初成的联邦国。只在这一点上，我们总觉这个数千年所养成的向心力实可十二分宝贵，并且极容易摧残。所以我们不愿意公然即用"联邦"二字，就是怕有一个联邦党出来，恰与美国的"联邦党"相反，主张扩张邦权而减削国权。这是当时的心理，就是以为人家的联邦国方且在那里挣紧，我们本未十分松散，又何必先制造离心力然后再培养向心力呢？到今天看来，我们当时完全是杞忧。我们以为很可宝贵的这一点较初成联邦为高的集化力，经这几年来内乱早已荡然了。可是我们当时确是认中国的集化高于联邦，各联邦国所努力的在中国已早得之，所以不愿再以联邦名义，为人借假以促进分崩离析。凡此种种，乃是我们当时的真心理，并非慑于舆论的权威，不敢立异。而况联邦与统一并非对抗，果真舆论一贯主张统一，我们即使主张联邦也不与他冲突，又有什么害怕呢？所以章君的观察对于我们是不切的。

至于我们当时不愿以联邦名义助长分化，到了今天看来，已完全成为没有意义的事了。因为一个民族国家，其能抟为一体固靠着历史上传下来的许多习惯，然而这些习惯也是有可塑性的。外面的情形一天一天变化起来，这些习惯自然也就跟着改变了。若有与之相冲突的则便会把习惯冲破。所以政治状态一天不上正轨，这种历史上传来的集化风气终久要被毁去的。可见我们当时太不通达了，近三五年来便给我们以实际的例证。试问这几年来中国的分崩离析还不是发展到可以惊人的程度么？这些制造分崩离析的却并未利用"联邦"名义，足见分崩离析是一件事，而联邦又是一件事。果真如此，则因中国现有分离的趋势，便出而主张联邦，未免太不对题。须知联邦论固不足促进中国的分崩离析，然若说中国现状是趋于分崩的，所以非采用联邦制度不可，则论理上却也绝对不许。因为作此说的人太不懂联邦的真性质了。照这样说，可见联邦的讨论等于一院两院与阁员管部与否等讨论，必定把国家先上了近世政治的轨道，然后才能从容讨论，以定去取。断不是一种国家，用单一制未上轨道，而用联邦制就能一跃而入轨道。好像病人，当他病卧在床的时候，议论不到穿什么衣服。要谈到穿那一种衣服好，必定设法使他先立得起来。老实说，中国今天实在不发生什么联邦与单一的争论，正犹中国今天讨论不到一院两院的分别，因为国会根本上就不像国会，不成一个东西。所以中国迄今是在一种畸形怪状之下，凡政治学上的正则理论都用不上去。因此我对于高君拿行会派所说的对等主权来辩护中国的现状，以为似乎大可不必。这种曲说，我以前亦曾偶然作过，后来想想总觉大可不必。此一层似无须多说罢。

若谈到联邦的性质，与我们当时所见却也相符。联邦的标准，旧说以为在二重主权，新说则以为主权之下断不容再有一个次等的主权。于是新说是只主张联邦国的"国"有主权，而其中各"邦"无主权。然则邦又何以区别于单一国的"地方"呢？于是他们又立一"自立法权"说，以为地方不能自立组织法，其如何组织系由国法规定；而邦不然，能自立宪法，自定组织，因名此为"自组织权"。以上是政法学者在书本上的说法。其实这些理由都是追加的，不是根本原则。近来苏维埃联邦国发生，更给我一个好例。就是自组织权也不足为联邦的标准。换言之，不啻说联邦没有标准，联邦与单一没有大分别，至多不过程度的不同，而没有性质的差异。照此说来，以前的二重主权也是对的，因为初起的联邦国邦权甚大，解释那时的事象原不为大错。至于后说的自立法权更是不错。以为联邦国一天进化一天，中央权力增大，自然二重主权说不适用，当然只可用一个主权说来解释了。既不能在主权上求出分别，则不得已降一步，只好在立法上求分别，于是乃有自立法权说。所以这种对于事象的事后解释，都不能算错。苏维埃既成，自立法权说又不足为标准，这完全是事实的变化，不同于学说。于是可见所谓学说，只是仅仅乎对于已起的事实为事后的追加说明而已。不特关于联邦的学说如此，即"主权"亦然。自拉斯开（Laski）一派出来，把主权从历史上研究，发见他只是一个历史的产物，并不是理论的原则。并且只是一种抵消他种的消极观念，全由当时的事实而产生，没有普遍的必然性。立国唯一要素的主权尚且是事象的事后解释，又况联邦呢？至于苏维埃发生后，联邦的学说应有变化，自是当然了。这种变化，便是把联邦与单一所有性质上的分别一概废除，而只认为有程度上的等差。须知这种新变化，并不是起于联邦国一方面，换言之，即起于联邦国的趋近于单一国，并且也起于单一国方面，换言之，即起于单一国的趋近于联邦国。如柯尔就以为英国的地方划分得太小了，不足为经济的单位，所以他主张改为大的"区"（region，见 Cole：*The Future of Local Government*）。可见不特联邦国有单一化的趋势，而单一国也有联邦化的趋势。双方愈趋愈近，自然分别愈小了。将来事实变化到什么样子，虽不敢预言，然而双方接近却已成了目前的倾向。所以，从此以后我们便很难分别联邦与单一了。从这一点上说，可见我们当时不主张用联邦名义，到今天看来，原没有十分大错，或许反而好些，也未可知。所以直到今天，我只主张采"联合原则"，而仍不主张用联邦名义。

最后说到联邦与职司的联合。原来联合有两种：一种是纵的联合；一种是横的联合。前者以各团体以对于基本社会所尽的职司而联合；后者以地域的扩张而联合。前者如工会与农会，彼此交易而互助；后者如一县与他县联合，因地域接近而共办有益的事业。近来基尔特社会主义即主张根据这两个原则，把社会重新组织过。在我个人思想，我本是倾向于基尔特主义的。不过论到中国的实情，我则以为相差尚远。老实说，中国今日的毛病并不是职司配合上有什么悖戾，对等主权有什么轧轹。所以拿这种学说来想医中国目前的病症，必是文不对题。至多只能说将来把中国祸乱的制造停止了以后，为增进幸福计，须得把各职司重新配置一下。至于目前仍不能用此为弭乱的手段。因此，我以为主张社会不是单一体而是群与群的集合体，此种乃是学者研究中世纪对于当时事象而下的一种事后解释。这种解释，对于中国的历史虽不能说全不适用，然也不能说绝无问题。所以此说不足为中国改制救时的根据，只能悬作理想，求他日实现而已。

以上所说，只是我的感想，并非对于高君提出讨论。且我也不愿再讨论此类政治问题，因为政治究竟是一件实施的问题，若所谈与所主张均不能见诸实行，而实际反相距渐远，则谈时安能有兴味呢？我所以不愿论到政治，纯因现实状态太不成样子，完全离了轨道。若所言不求切于实际，便是在脑中自造一乌托邦，当然不算讨论政治。可见现在中国的政治真是无法讨论了。

（载《东方杂志》第 22 卷第 6 号，1925 年 3 月 25 日）

出世思想与西洋哲学
（1925 年 9 月 25 日）

我作这篇文章的目的，在要说明出世思想的哲学根据，换一句话来说，就是在西洋哲学上可以寻到印度出世思想的根据。因为从来没有人在这一方面着眼，我所以特别提出来讨论一讨论。

我要作这样的文章，其动机在十八年以前。那个时候我和蓝公武君、冯心支君同住在日本东京本乡丸山新町。因为我在十九岁的时候，本是佛教的信徒，时常和蓝君讨论生死问题。蓝君因此从桂伯华先生学佛。有一天，他告诉我说他同桂君走路，在路上谈大地山河皆心所造的道理。回来的时候，他走到御茶之水桥，正值深夜，便一个人坐在桥的栏杆上，仰看月色，顿觉得山河全变，于是心中有一种说不出的感觉，而大悟万物唯心的道理。我在那时已略略领受西洋哲学的滋味，尤其对于心理学起了兴味。我听了蓝君的经验谈，便生了一个疑问：即佛教所谓解脱或涅槃的境界，是否一种心理的变态？当时我心中颇想肯定此问题，只因学力太浅，没有得着充分的证据。后来因为人事牵率，亦不再向这个问题下工夫，不想有何种解决。不过在日本时却听见早稻田大学哲学教授纲岛梁川曾亲证这种境界，著有经验的自白。可惜这个材料未搜集起来。归国以来，这个问题偶尔亦曾想起。记得在五四风潮的那一年，与胡适之君谈起佛教，我即告以有此疑问。但胡君总以为佛教是一种智识的游戏，而大乘是百货商店。后来在《学灯》上与常燕生君、吕秋逸君通信讨论过一二次。当时虽略抒己意，究未畅达。到了今天，我实在忍不住了。我本来不是研究佛教的人，今天来谈出世思想未免越分。但我含蓄了十余年的意见，实在不能不想法子一吐。我亦顾不得其他了。我很愿研究佛教有心得的人们屏弃其先入之见，对于我这个外行人所说的评定一下。

我们要明白出世思想是什么，非说明出世思想的动机不可。而说明出世思想的动机，莫妙于拿佛本经上释迦太子出游四门的故事来作实例。佛经上说：

> 太子出游，看诸耕人，赤体辛勤，被日炙背，尘土坌身，喘呷汗流。牛㸪犁端，时时捶掣，犁镐研领，鞅绳勒咽，血出下流，伤破皮肉。犁扬土拨之下皆有虫出，人犁过后，诸鸟雀竞飞吞吸取食。太子见已，生大忧愁，思念诸众生等有如是事。语诸左右悉各远离，我欲私行。即行到一阎浮树下，于草上跏趺而坐，谛心思维，便入禅定。

以后第二次是于东门遇老人，第三次是于南门遇病人，最后第四次是于西门遇死人。经云：

> 既又出城西门见一死尸，众人舁行，无量姻亲围绕哭泣，或有散发，或有搥胸，悲咽叫号。太子见已，心怀酸惨，还问驭者。驭者白言，此人舍命，从今以后不复更见父母兄弟妻子眷属，如是恩爱眷属生死别离更无重见，故名死尸。一切众生无常至时，等无差异。太子闻已，命车回宫。默然系念如前。……太子自念出家时至，于是后夜中内外眷属悉皆昏睡，车匿牵马，逾城北门而出。尔时太子作狮子吼：我若不断生老病死忧悲苦恼，不得阿耨罗三藐三菩提，要不还此。

人生只是生老病死，真没有味道到万分了。梁漱溟先生解释得好："譬如看见花开得很好看，过天看见残落了，此为最难过的时候，觉得没法想！昨天的花再看不见了，非常可恼！又如朋友死了，父母妻子死了。真痛煞人，觉得不能忍受！或幼时相聚的人，一旦再见却老了，要想恢复以前幼时乐境是不可能了！或看见亲爱的人生病，宛转苦楚，将如何慰他才好呢！或看见人们为了亲爱的人死亡而哀痛时候，觉得如何能使死者复活以安慰他才好呢！总之，怎样能将世间的老病死都除掉；若不能则这样的世界实在不能往下活！"梁君并且说这种忍不住的情感是真情实感，不是怕死。"印度人的怕死，非怕死，乃痛无常也。于当下所亲爱者之死而痛之，于当下见有人哀哭其亲爱者之死而痛之，不是怕自己将来要死。当其痛不能忍的时候，觉得这样世界万不能活下去。诚得一瞑不顾，早自杀了。无如怕死仍是不了，自杀仍是不完。死不是这样容易的，必灭绝所以生者而后得死。所以印度人坚忍辛勤以求出世。求出世即求死。他们非怕死，实在是怕活。""所谓老病死不重在其本身；老病死的本身，固然很痛苦的，然而尤重在别离了少壮的老，别离了健旺的病，别离了生存的死。所痛在别离，即在无常。"但"我们的宇宙只是事情的相续。相续即是无常，更无一毫别的。而我们要得宇宙于无常以外，于情乃安，此乃绝途"。虽则是绝途，而迫着我们非设法去走不可。此正梁君所谓真情实感了。

可惜梁君只取浅显易明的老病死来说，而没有拿"生"来说。须知生老病死是一件事。我们在前引的太子看见农夫一段，便可明白。梁君说这一段是指众生的生活都是相残而言。须知相残即是维持生活的唯一方法。这段话的命意在明生活的维持，完全在无结果的劳瘁与极危险的相残。若不劳瘁以自毁驱体，若不残杀以吞食同类，直无以维持生活。换言之，即生活并非自然而然的事实，乃是一件非设法维持不可的东西，不维持即不能生活。而维持之法，只有一方面自毁，他方面毁人。于是所谓维持生活，即无异于毁坏生活。而老病死即是这样维持生活的必然结果。明白了这个道理，便知不仅是老病死的可怕，实在是生的可怕。梁君说不是怕死乃是怕生，可谓精辟之至。但何以生如此可怕呢？这亦容易明白。就是因为"诸行无常"。无常为什么就是苦呢？上文已说过，少壮不能常住，必定要老，固然是苦；健旺不能常住，必定要病，固然是苦；生存不能常在，必定要死，固然是苦；然而同在少壮中，昨天的状态不能常留，必定变成今天的另一状态，亦是很难受的。又如吃了一顿饭，没有几时又饥了；做了一件衣裳，没有几时又破了。这些都是不好受的。所以人生的一切苦，其根原就因为世界是无常。换言之，即既是无常，则人生世间只是苦境。佛教所谓"苦谛"就是主张"生活即痛苦"，生活一天就是痛苦一天。我们不要以为这种主张太过火了，试看古今的文学，凡是第一流文学，没有不是对于人生发感慨的。对于无可奈何的事情用呻吟来发泄其感情，便是文学的真义。至于近代的所谓问题文学，完全是第二流。人类有这样许多的文学，便足证人类是在那里不断地感叹人生，亦足证人生是不断地在那里痛苦。所以说生活即痛苦，实在并非过言。

我们试从人类思想方面观察，必见思想的努力无不是设法拨开这个"无常"，求得根本的常住本体，便从反面证明上述的道理了。我们感官所接的，都是五花八门的现象。我们对于这种纷杂变幻的现象不能满意，总想在其根底上求得一个"不变的"。这个"不变的"一旦而得，便可由此而推及其余。不过思想未进化的时候，以为这个不变的是一种质体。如希腊哲学始祖泰来斯（Thales）主张万物的本体是水，一切由水而出，复归于水。后来思想稍进，便觉得拿一个质体来当做一切物的本体，是不妥当的。所以即德莫克立托斯（Democritus）一流的原子论派，其所谓原子亦只是一种极限的概念，没有多大的体质意义在内。后来柏拉图主张"idea"（此字可译"理法"，旧译"理念"亦可用，"观念"则太不切了）便是于变化不居的物相，后以为必有常住不变的理法或式式。这便是把"不变的"由体质而移到原理了。我所以述此，并非注重在说明希腊哲学上思想的推移，实在意在证明科学思想的起源。须知科学思想与希腊哲学是根本相同的。孛乃德（J. Burnet）教授著《古代希腊哲学史》于其序上有言曰："It is an adequate description of science to say that it is thinking about the world in the Greek way."可见科学是和希腊哲学一样，努力于森罗万象的感官世界上寻求有万世不变的原理世界。这种努力是起于人类有一种"求常"的意志，实为显然。所以我们须知对于无常的现实世界设法变为恒常的理想世界，乃是人类唯一的要求。人类根本上就有这种要求，否则人类即不能生活。西儒常谓生活即奋斗，这句话是不错的。所谓奋斗，就是对于现实的纷乱变幻而战，对于无常而战。因此我们可以知道西洋哲学（科学包括在内）与印度思想，其所要解决的问题是相同的。换言之，即题材是相同的。不过答案却不同。一个认定这个无常世界非全部立刻推翻不可；一个则以为这个世界可以逐渐改造，而达到理想的境界，所以在西洋哲学上进化论是其唯一的特征。一个认定这个无常世界只是因缘和合而成，本性是空，求不出根本原理；一个则以为这个世界虽纷杂变幻，不可究诘，然其中终有几分条理可寻，足证这个世界是有几分理性的，人生其间亦是有几分价值的，所以在西洋哲学上从认识论研究知识的合理性是其最重要的方面。且由此推演到道德的根原，把道德的合理性筑其基础于知识的合理性上。西洋哲学对于此同一问题的答案与印度思想不同，其详非本篇所论。现在所以略略提及，无非要证明印度思想所取的问题乃是人类普遍的要求，并不是一种特别的怪想。

现在我要说到本题的中心了。究竟出世是什么？其境界如何？其方法如何？有人说涅槃是寂灭，有人说不是。这些专门的讨论，我本不是研究佛学的人，不愿参加。不过我敢说出世既不是和死一样的消灭，又不是和不动心一样的达观，必定是确确实实有一个绝对异乎世界的境界。

不是诡辩，不是主张，乃是一种亲证。不是理智的判断，不是迷信的崇拜。请先述日人纲岛梁川的亲历，次述日人白井赖吉的经验以证明之。

> 余一夜万籁无声，灯下执笔，忽觉我即非我，于是笔动，纸声，一切皆变为不可思议，立现眼前。虽仅瞬间，然实与自无限深渊而出现之神灵相会合，其惊愕之情非言语所能形容。（纲岛氏《病间录》意译）

> 余因师嘱遂入股于某公司，因其营业不良，余本无产，致有经济担负过重之忧。其时正值四月三日假日午前十时，以忧虑之余徘徊于庭园而吟咏焉。心中思师或不致陷我。而忽焉立起一大变动，如舞台之顿易背影。一切忧虑，不安，希望，矜恃等皆俄然消失，如红炉上一点雪。此种状态止现在之瞬间，无过去，无未来。继自审我确非死，但"我"又确非我。（白井氏《宗教问题之最后解决》意译）

上述两段，读者切勿拘泥于文句。须知这种境界本是绝对不可言说的，所谓"言语道断"便是。以不可言说的而偏要言说，自然其所说必有许多不妥的地方。我们应得加以十二分的原谅。

我们为什么相信这两段话呢？安知不是一种欺人的话，只把自己一时的幻觉大惊小怪地拿来夸大其词呢？现在要明这两段话不是作伪，不是幻觉的夸张，不能不诉诸宗教心理学。可惜素来的宗教心理学只是分析信仰心，对于这些重大的神秘问题未曾有何等贡献。不过自詹姆士的《宗教经验之种种》（James: *Varieties of Religious Experience*）一书出世后，宗教心理确稍稍进步了。尔来研究便集中于此一方面。例如美人楼巴（J. H. Leuba）著有 *A Psychological Study of Religion: Its Origin, Function and Future*（1912）与 *The Psychology of Religious Mysticism*（1925）两书，对于此问题即已逼近。我现在即略采其说。

宗教心理有一种状态，西文名曰 ecstasy 或（rapture 或 mystical ecstasy 或 ecstatic trance）。此字普通作为"出神"（即视而不见、听而不闻的总称）的意思，但于此却不仅是这个解释。日人通常都把他译为"恍惚"，我觉得十分不妥。白井另起了一个名称曰"太觉"，我想亦不很好。现在且不必求一个确译，请先述这种状态的几个特征：

一、知觉与思虑以及情感之顿失。这种状态名为 mystical intoxication（即神秘的麻醉），就是普通五官的官觉都停顿了，普通三段论法的论理判断作用都无用了，普通喜怒哀乐的情感亦都全变了，一切烦恼居然消失，所以可名曰"解脱"。

二、觉有大我，即神契合。此名为 deification（即见神），就是觉得自己与一个比自己大的东西融化为一，于是遂致小我消失了。

三、豁然开朗。就是所谓 illumination（即顿见光明）。楼巴更用一个专名曰 photism。因顿见光明而有所启示，所以又名曰"天启"（revelation，或译神启与神示）。

因我没有亲证这种境界，所以我只能叙述上列的三点。至于此外是否尚有何种特征，我则说不出了。但即据上述的而观，似尚有几点可以说的。

甲、突发。这种境地是突然而现前的，不是预期的。所以楼巴以 suddenness，unexpectedness 与 passivity 为其特性。

乙、绝言。就是不可言诠（ineffability），亦即所谓言语道断。所以一人亲证而不能述告他人。

丙、无时。就是没有时间，原来"没有时间"在平常人是不能想像的，而在这种境地，或许是确有的。据白井说他所经验的唯一特征，即为时之消失。

以上所言，好像都是就消极方面而言，其实这种境界是积极的。凡亲证这种境界的人必定是亲证"不死"，必定有与寻常对待性快乐不同的快乐，于是他乃自己发出大勇气，所以他的做人是与寻常不同的。白井对于这种境界有一种解释。他说这"是心之同质异态"。按同质异态本为化学上的用语，即所谓 allotropy。例如金刚钻与黑铅以及烟煤，都是炭素构成的。这三个东西在化学上的原素是一样的，而形状与性质则彼此迥乎不同。并且这种同质异态可以由此变为彼，化学上名曰 allotropic modification。就是甲乙两物由相同的化学原素构成，可使甲物变为乙物。所以白井拿这个例来说明这种境界，以为这乃同质异态的变化，无论何人都能办到，因为这只是人心的自变。白井恐怕有人误会，特又申言这个境界是"人之同质异态的变化"。我以为"白井"这个解释是不错的，但取证于印度宗教的各种修行方法便知。印度人寻求这种变化，不自佛教始。佛陀未出世以前已早有各种方法，所谓瑜伽便是。美人卡林顿（H. Carrington）著有 *Higher Psychical Development*：*Yoga Philosophy*（1920）述各种瑜伽的各层修法，如第一 Asana（大约是趺坐）；第二 Pranayama（大约是调吸）；第三 Protyahara（大约是静虑）；第四 Dharana（大约是禅定）；第五 Dhyana（大约是证觉）；第六 Samadhi（大约是圆成）。因为印度人的思想是始终想把现实的人们根本变化过，所以想出各种方法来以求到于"彼岸"。不过这些方法有许多是有流弊的，佛出来自有许多的纠正。

总之，据佛教所说，似乎这种境界初不限于一种，是有种种层次的，如佛教所谓声闻层与圆觉层等，大概就是说有些人虽亲证这种境界而不完全，有些人完全亲证了。且不仅层次有分别，复有真假的不同。如我上文所述友人蓝君的经验当然是假的，而纲岛与白井的经验即似是真的，但恐怕亦不十分完全罢了。至于修法，则方法更有种种，如净土的念佛是一种，禅宗的坐禅又是一种。此外，止观等类，不一而足。梁漱溟君更有明切的说明，其言大意如下：

头一步。现量（纯静观的）在平常甚微甚暂。必须把牵混于比量非量的现量分离开来，即将其有所为的态度汰去而变为纯静的。倘能做到，便是头一步工夫。以何为做到之验呢？就是看飞鸟，只见鸟（但不知其为鸟）而不见飞；看幡动，只见幡（但不知其为幡）而不见动。

次一步。顺头一步现量而更进一步静观便是。这以何为验呢？就是眼前的大地山河人物都没有了！空无所见！这空无所见就是见本体。

梁君更以罗素拿活动影戏来说明动的道理，应用于此。他说看飞动的东西不见飞动是因为飞动乃是一种形势，意味，倾向，并不是具体的东西。现量无从去认识，因为现量就是纯粹的现前感觉。这种感觉只好像一张影片。假定那个东西的飞动为一百刹那，则便是一百的影片相继而起。每一影片是静止的，虽则有一百个而仍都是静止的，所以飞动始终不可见。于是唯有由非量与比量把影片的相续串连比配起来，飞动乃见。可见设若非量与比量不起而独有现量，便只见鸟而不见飞了。梁君这种还元到纯粹感觉的主张是否有充分的根据，我是外行，不敢妄评。不过读者若读我下文所述，亦当知其中似乎不无问题罢了。

见鸟而不见飞，见幡而不见动的境界，必定是确有的。憨山大师说他有一天起来便溺，却不见水流。我想，憨山是何等人，决不会欺人的。这种境界若果真有，读者必跟着起了一个疑问：就是这亦不过是一种非常境界罢了，如何能算为出世呢？解答此问题，我却有些意见。

白井不是告诉我们说，这种太觉的境界以时间的消失为唯一特征么？读者若把这句话细细咀嚼，便当知见鸟而不见飞究竟是什么意思了。照物理学上讲，自然"动""时""空"是三个独立的范畴，各不相混，决不能把动还元到时，或把时还元到动。但在哲学上这三个范畴都不是独立的。有些哲学家把时间算为空间的一个进向（dimension），就是把时间消纳在空间了。有些哲学家把空间认为许多时间次序的交列，就是把空间消纳于时间了。至于动则异说更多，如希腊的散诺以飞矢不动为喻，用时空的无限分割性证明动是实际上没有的。换言之，即是假的。近代如伯拉德来（Bradley）亦有详细分析，证明"动"是一个自家矛盾的观念。所以这三个观念不是不无归并的。例如柏格森就是把时间还元到动。他以为时间是由动而生，所以他说"时者创也"（time is invention）。所谓创即是向前的冲动。因为向前创进，于是方构成时间；所谓时间，只是宇宙全体的向前冲动。若果此说而不谬，则我们对于时间固可拿来说明，并且对于生命亦可拿向前冲动来说明。于是"时""动""生"（即生命）三者实在于一个范畴中。所谓生命自不外乎"相续"。除了相续以外，很难寻得生活的特征。但相续就是时间，所以时间是创进的历程，生命是创进的作用，而动是创进的总称。英人卡阿（Wildon Carr）解释柏格森的哲学，称为"唯动一元论"。这就是认"动"为宇宙的本体，一切都是由动而出。我们认定此说，则我们对于这种见鸟不见飞的境界便可以认为是出世，是解脱，是还灭，是叔本华（Schopenhauer）所谓的"大意志之否定"。

照上文所述似乎尚有些不甚明白，因为太简单了。现在请即申说一下。须知所谓现世界自然是森罗万象的总称，但这森罗万象若稍经整理，便见只剩了四个范畴，即"时""空""物""心"便是。哲学的研究总是对于这些去下工夫。不过时空心物不必同时解决，于是炯眼的哲学家便择取时空来解决。因为时空问题解决了，则宇宙问题便完全解决了。自古迄今思想家无不注重于时空，就是为此。

但我今断章取义，请先以康德的时空论来说一说，因为康德可算是近代第一能解决这个问题的人。康德的态度，谦逊一如现代的科学家。他从切近的而着手，不于远处立假定。他那以经验为题材，但他从经验上发现我们的认识无论如何必具时空两个方式。换言之，即必落在时空的格子内，否则即不成其为认识。更换言之，若不具时空的条件，则我们一物亦不能认识。如我们看见黄色的桌子，无论如何这种感觉必具有广袤，没有无广袤的视觉。如我们觉得牙痛，无论如何这个感觉必具有历久，没有无历久的内感。所以，康德以为时空是直观之先天的方式。犹如我以眼镜架在眼前，无论看任何事物必须经过这块玻璃，否则就一物不见。所谓直观之先天的方式，就是说直观所必具的条件或格式。既然这个必具的方式和眼镜一样，无论看什么东西必须经过他，则须知眼镜若是凹的则看物都小了，若是凸的则看物都大了。可见外物的本形虽没有变，而眼镜却可以使他有不同。因此足见眼镜是在主观方面的。就是客观的材料必须投入主观的格式中，方能把浑朴变为分别。于是康德以为外物只是材料。材料就是未成熟的，换言之，即不成东西的。既然不成东西，当然是不可名物的与不可言诠的。主观即是格式，而根本的格式就是时空。康德把时空认为是直观之先天必具的格式，就是把时空认为是主观的，但通常对于"主观的"一语，很有误会。多数人以为是各人不同的，或各人所私有的，而不与他人共同的。其实康德所谓主观的，不尽是这样解释。他所谓主观的，依我看来，似指现象界的而言。例如今有一物于此，甲乙丙丁四个人都带着眼镜来看，甲带黄眼镜便看是黄的；乙带绿眼镜便看是绿的；丙带蓝眼镜便看是蓝的；丁带白眼镜便看是白的。于此所以证明甲所看的黄色不是其物的本色，就是有乙丙丁等三人，他们都看见不是黄色。至于乙所见的绿色亦然。所以黄色绿色都是主观的，这原无十分费解。但时空却不和这个一样，好像甲乙丙丁四个人都带着黄眼镜一样，看这个东西都是黄色的。大家既然都看这个东西是黄色的，便可说这个东西的本色是黄色，换言之，即其为黄色乃是客观的本来面目。但康德以为不然。虽京城亿万人于此，看这个东西是黄色的，且竟没有一个人看他不是黄色的，而这个黄色必仍不是这个东西的客观本象，乃依然是观察者的主观观象。这一点似乎很费解，然我们不妨另立一个比喻，便可明白。就是我们可以假定人类自生下来就是带着黄眼镜的，而从古迄今没有不带黄眼镜的人。于是我们便恍然于所谓主观，不限于指各人各样而言。换言之，即有一物于此，纵使人人都看他是黄的，而这个黄色仍是人们的主观，不是外物的客观。这句话非经过思想训练的人不能懂，但稍稍把思想训练一下，便即可明白。康德所谓时空是主观的，即不啻说时空只是现象界上的，至于本体界则未必有时空了。康德把一切可见可闻可思维可意欲的，都总名为"现象"。至于"本体"则是离言的。所以所谓现象便是"世界"或"现世界"，而所谓本体即无异于超此世界。因为此世界中无一而非现象，非拨开这个世界不能见本体。康德此说实足为佛理张目。难怪深受印度思想影响的叔本华，以为一切形形色色都是意象，对于康德此说大为惊服，竭力赞扬了。我们从康德这种主张（即主张时空是主观的）上既发现时空只在现象界，而本体界则未必有时空，岂不指示我们的对于此世界与超世界下了一个严正的区别么？详言之，即此世界之所以为此世界，就在其具有时间与空间。设若竟没有时间与空间，当然可算超越此世界了，并且亦唯有把时空消灭了，方足为真正的超越。

康德这种学说对于佛学的世界观有所张目，既如上述。而近代的相对论从科学方面对于康德的学说又有所助发，亦不容不一述。

有许多人都说相对论的时空合一说与康德的时空主观说绝对相反，所以有许多人从相对论而证明康德的先天论不甚充分。因为康德把长阔厚三量向的欧克立德几何学认为直观的空间上根本方式，而近代非欧克立德的几何学出来致把这种方式打破了。于是便认先天论与相对论不相容。其实此说未免皮相。康德的时空说不但与相对论不背，且得相对论而益彰。德人卡西来（E. Cassirer）于其近著 *Einstein's Theory of Relativity Considered from the Epistemological Standpoint*（此书经美人斯瓦培 Swabey 夫妇翻译了附于其大著 *Substance and Function* 之后）第五章中辩之甚详。须知相对论所诠的只是测量上的时空，而先天论所诠的却是时空其自身。这岂非相对论的时空与先天论的时空无涉么？何以还说先天论得相对论而益彰呢？相对论虽从测量上研究时空，然其研究的结果乃得知道不但空间不能与时间分离，并且时空亦不能与物体分离。我们当去测量时候，得依自身的根据立有坐标系，各人的坐标系不同则其所测的时空便不相同。因此我们可以说时空是有种种的，而不是纯一的与公同的。所以法人劳哀（Laue）说相对论于哲学上最大的贡献，就在破除旧说，谓一个直流的时间贯通一切。虽则各系中的空时互不相同，然此系中的各坐标轴若能与彼系中的各坐标轴相转换而竟叠合，则时空仍得相同。于是可见时空虽非绝对的，而却仍具有客观的意义，不尽是主观的。因此有人谓闵柯斯基的"四朝向中连续体"（four dimensional continuum）乃是一个绝对世界，是一个独立的存在。此种学说，显然与上述的康德学说不同了。然而我以为不然。须知所谓若坐标相合则时空仍相同，并不必就是说客观上确有这种时空，而只须说我们的尺度相同罢了。所谓尺度，即是主观的规范，又安能说与康德说相反呢？所以我说康德说得相对论而益彰，就是因为相对论是从测量上入手，而其结果居然把时空的公同性一笔勾消了。其破除时空的绝对性便是把时空不认为客观上独立的存在，自然是为康德说张目了。于是使我们知道空间只是事物的并列（coexistence）；时间只是事物的前后（sequence）；而并列与前后乃是我们认识事物时候的格局（schema），此种格局即是所谓尺度。若果时空只是格局，则岂不是把我们的常识从根本上推翻了么？诸君试思！

时空的观念大革命了，则现在的宇宙应呈何种状态！我们平素安居的现世界岂不本来就是魔宫么？并且这个魔宫岂不是我们自造的么？佛教所说万物唯心所造是何种解释？我今暂不援引，不过须知这个世界的硬性，换言之，即其客观性，就在时空二个大柱子。若把这两个支柱宇宙的大柱子夺去了，则这个宇宙当然不成样子了。所以我们从时空问题研究进去，不但可以发现这个世界与超越这个世界的区别，并且可以知道这个世界所以成为这个样子，是由于什么缘故。

我们从上文所述，既知道康德所谓时空是主观的，乃是属于现象界而不属于本体界的意思，便可以知道相对论上所谓时空是有客观的意义，原来不与康德相冲突，于是我们更可进一步从相对论所启发的上以研究时空。现在请述英大数学家怀特海（Whitehead）把空间还元到时间的主张。他以为相对论的实验告诉我们说"时间的进向"（time-direction）不止是一个，却有许多个，于是我们可以说有种种的时间统系（time-system）或时间序列（time-order）。于是他以为空间的序列，只是由于各种进向不同的时间统系互相关系而成。如空间上的所谓"面"即是由一个时间统系与另一时间统系横交而成。故几何学上所谓线，面，并行，垂直，会合等都只是表示各种时间序列的互相关系而已。怀氏的名言是："Position in space is merely the expression of diversity of relations to alternative time-systems. Order in space is merely the reflection into the space of one time-system of the time-orders of alternative time-systems." 照这样说，岂不是本来没有空间么？空间只是各种时间交加横架而成的么？果真如此，则岂不是把空间完全还元到时间了么？但是有一个俄人奥斯屏斯基（P. D. Ouspensky），撰有《第三学津》（*Tertium Organum*）一书，完全把时间还元到空间，可谓与怀氏正相反对。此人所言亦不能算无理由。他从动物的时空认识来下研究，以为蜗牛只知道线的长，而不知道面的广，所以蜗牛是一进向的生物（one-dimensional being）。而犬马猫则知道线的长与面的广，然不知道积的厚，所以犬马乃是二进向的生物。至于我们人类对于长广厚都能知道，所以人类是三进向的生物。他并且说蜗牛只知道第一进向即所谓"长"，而第二进向我们所谓"广"，在蜗牛即变为时间了；犬马知道第一与第二进向，而于我们所谓"厚"的第三进向，在犬马即变为时间了。所以我们于空间知道三个进向，而把第四进向算作时间。照他这样说，显然是主张只有许多的"进向"（dimensions），而无所谓空间与时间。原来空间与时间只是进向的分类，我们于四个进向中把三个进向认为空间，一个认为时间。其实这个分类并非必要。故在奥氏的意思，以为凡进向而未曾明白认识的都认为是时间。就是蜗牛对于第一进向知道了而对于第二进向则未完全认识，故第二进向在蜗牛即为时间。我们人类于第一第二第三各进向都完全认识了，对于第四进向则未完全认识，故第四进向在人类即为时间。倘有超人能认知第一第二第三第四各进向，则时间必又退为第五进向了。因此他以为进向是无数的，因为空间是随着空间的认识而变化。换言之，即可以说本来客观上没有既成的空间，而只有空间的认识（或空间的表象）。空间的表象是一层一层地开展的，如蜗牛只有一进向，而犬马则有二进向，人类便有三进向，说不定超人有四进向五进向。所以他主张空间只是"心"（consciousness）的开展，而没有客观上既成的空间。至于时间与"动"（motion）都是假的，换言之，即是幻象等于镜花水月。奥氏把时空融化为一而只成进向，又把进向的增加归于心的开展，自成为一种神秘的唯心论，固不待言。惟把时空的区别抹煞了，认为只有进向，这种主张原与正宗派的相对论绝相符合。闵柯斯基说空时若分离了必都成幻影，必结合为一方得存在，就是这个意思。奥氏的议论从表面上看去好像奥怀氏根本不同，其实亦不尽然。须知怀氏亦把时空归纳于一，他以为无所谓空间与时间而根本上只是一个"扩"（extension）。而所谓"扩"亦就是"引"（series）。所谓时间与空间，乃只是把这个扩与引来分类，认其中某种引为空间，某种引为时间而已。其实只是引与扩。换言之，即引张与扩延便是。可见怀氏把时间再还元到一个唯一的根本的扩引，则与奥氏所言亦无十分抵触。我们固不必因怀氏是大科学家即全信其说，同时亦不必因奥氏非科学家而即否认其说，因为两说虽似相反而真相同。我今所以述此，在证明从科学上研究时空必可见康德的主张不为无因。且可知道近代科学对于时空的见解不但不反对康德，乃并且加了许多的补充。

说到无所谓时空而只有一个根本的扩引，则使我又不能不想起英人亚历桑逗（S. Alexander）的时空论了。他以为时空只是一个，而不是两个，所以不可分。因此他定名曰空时（space-time），而不称为空间与时间（space and time）。他的宇宙组织论，是与英国动物心理学大家穆刚（L. Morgan）相同。主张宇宙是一层一层地创新的，每层虽有新创的东西，但仍包含其原有的在内。他以为空时是最根本的一层，由此创生出来第二层，即所谓初性；由此又创生出来第三层，即所谓物质；由此又创生出来第四层，即所谓次性；由此又创生出来第五层，即所谓有机物；由此又创生出来第六层，即所谓生命；由此又创生出来第七层，即所谓心。此说自其每层皆有新东西创出而言，他们自己定名为"创新的进化论"（emergent evolution，穆氏有一书即取此名）。自其每层皆必包含旧有的在内而言，他们自己定名为"内包论"（involution）；自其层层创生而言，美人康葛（Congor）则名曰"层叠论"（theory of levels）。此说尚有一个要点，即每层所创的虽为全新的而却只由于关系的变化，并无他故。所以此说又极力主张"唯关系论"，以为东西的不同只在关系的变化。关系这个字他们不用"relation"而用"relatedness"，似乎更为抽象些。按此字当与佛教所谓"缘"字相当。佛教以为一切东西都是因缘和合而生，并无自性。

照这样说起来，亚氏所谓各层都是现世界所由构成的，换言之，亦可以说就是说明由本体如何以构成现象。我们由康德的先天论而知道现象与本体之分；我们再由相对论而知道空时确是现象界的基础，但现象却不必是不具共同性与不具客观性的；我们更由亚历桑逯的层次创新论而知道这个现象界的所由构成，详言之，即根本上只有一个时空合一的东西，由此而因关系的各种各样遂次第创生物质生命与精神。这种学说与佛教所说有一个静的本体（如名为阿赖耶识之类）为一切现象所由起，虽现象生起而本体未亏，所以同时即幻即真，似乎有些相同。总之，我今述此并非强勉附会，因为我最怕的就是时人所识的"古今中外派"，当然不会步其后尘。不过今天所以仍为比类的说明，却亦另有用意。

从上述数段，我们可以知道时空确是一个大秘密，并这个秘密的矿窟是可以发掘的，不是永不可得的。并且即如以上数段所论，足见时空的秘密已经被人开发了不少，可见常识误认时空是既成的，其坚实独立殆无比伦，而其实决不是如此固定。我们由时空这一条路而研究进去，似乎可以窥见本体。我不敢说如梁君所言见鸟不见飞的境界究竟是如何，但果真见鸟而不见飞即为有空而无时。须知有空无时是何等奇怪的境界！但据我的理想，以为无时而有空是不可能的，不过我却以为超越时间同时超越空间或许是可能的。因为时间与空间是不能分开的，并且只是一个,上文既已详言之了。我们既不能想像有一个无空间的时间,亦不能想像有一个无时间的空间。所以我不相信有梁所说的"纯静观"。不但纯静是问题,即观亦是问题。至于我尚承认时空的超越则正和佛教诠释"真如"的方法,完全用"拨"而不能下一个有定语,如非有非非有,非无非非无,非动非非动,非静非非静之类。所谓出世,我想就是如此。不外乎还元返本,借亚氏的最初一层的"空时"来说,把"空时"再还灭了,岂不是出世了么?上述时空数段对于此理很有帮助,就是使我们知道出世虽绝对不能着一字,然却从时空上得着一条证明的进路。

从时空上既已证明出世的理想并非不可能的,但佛教的思想却不是由理论而得到的。这便是印度思想与西洋哲学的根本分歧点。西洋哲学即是科学,其唯一的工具只是论理的推演。换言之,即只是诉诸人们的理智。于理智以外不靠别的。而印度思想则不然。据我的揣察,依上文所述,似乎是靠着一种神秘的亲证,这种亲证可由修练而得。但有一点却非大大注意不可,就是佛教一流出世的道理虽由修练的亲证而得,然其得到后却又以理智演为理论的说明。如佛教的"业论",便是最显著的一例。须知"业"是不由亲证而认识的。因为业是何物,如何成立,完全是一种说明。好像孟德尔(Mendel)遗传律上有所谓"显性",自己既不能知道,只能由他人来实测,所以这种遗传律乃完全是一种说明与解释。佛教说现世界的成立由于"业",即是对于现世界所以构成的缘故下一种理论的说明。因此我们须大大明白佛教是由两部分而成,但这两部分是互相辅佐的。所谓两部分,就是一部分为神秘的亲证由实修而得;另一部分为理论的说明经论理的推演而织成,专用以辅助前一部分。后一部分有许多是与西洋哲学相通的地方,但其根本精神却是不同。即须知这一部分虽为理论而仍专以补充亲证的一部分为目的,不能独立,且若独立了便顿时失其价值。现在研究佛教的人们往往不分别这几点,以致总有几分蒙首盖面的嫌疑。

至于亲证的那一部分,以我们并未亲证,自然不敢说什么。但楼巴说,上文所说奇异境界可由药力而得。他说有一种植物剂,名曰 Mescal,服了下去,使人恍若解脱,有不可言喻的安乐,不觉丝毫疲劳。又有一种药,名曰 Hasheesh,服了下去亦和前药差不多。总之,这些药服下去后,一切的官觉都变了,身体亦觉得异样了,看出去任何东西都有美观了,有一种光耀豁然开朗于面前了,时间好像是消失了,灵魂好像是从身体中解脱了。楼巴不但说药力能致此境，并有时生病亦能遇着这种境界。他说有一种疯病（epilepsy），病的征候即是如此。果楼氏所说而不谬，则佛家的这种亲证岂不是一种病态么？岂不是一种生理上的变化么？果真是病态，是生理的变化，岂非佛教等出世思想根本上即是一个自欺欺人的大迷妄么！我的学力太浅，不敢遽然即下此断语。不过我对于佛家却愿为相当的敬重，以为他所提出的人生问题是对的，他的动机是大勇大智大仁，他的理论一部分亦大体紧严周密；可是他的理论与他的实证有不可分的关系，若是他的实证一部分有摇动，则其理论一部分亦当然生问题了。我们既未从实证上否定他，自然不能说什么。我所以不满意于今之研究佛教者，即因为他们从不在修证一方面去试探一番，而仅在文字上作考据工夫，未免把佛教认错了。

最后，我个人的信仰，则仍是循西洋哲学所走的路。我对于出世思想仅佩服其态度，如上文所述，其欲把绝对无可奈何的宇宙整个推翻，使其归真还灭，其用心之勇真可令人吃惊。或可讥为蚊负山，然蚊子而竟有负山之大志，终是可以大恭维而特恭维的。至于其在理论上居然寻得解脱的根据，成立一种精深无比的哲学，说明宇宙的构造，竟与现代思想有许多暗合的地方，其为大智似亦可以上此尊号。此外，他的改造世界的动机绝对不是为了自己，完全以全体着想，其为大仁，又不待言了。我所以称出世思想确是大勇大智大仁，但我何以又不赞成他呢？我以为却又有一个相等的大勇大智大仁存在，即西洋淑世思想便是。西洋淑世思想发源于希腊，得近代科学而益彰。故所谓淑世思想，即是希腊的哲学与近代科学。借用梁君的话，即是西洋人走的那一条路。这条路自从希腊人开创了以后，迄今虽为时并不比别的路走得久，然却最有成绩。这便是我所以赞成他的缘故了。走这条路只恃一种工具，是曰理智，或论理的推演，已如上文所述了。这种工具看来好像很不济事，其实就人类全体的历史来看，却是唯一可靠的。

来过中国的德人杜里舒，说人类只有知识线是进化的。我想若人类的知识能一线相延而不断；若这个线能渐渐增加扩充，则人类必非复旧观了。人类的其他方面必亦同时受了影响了。安得说知识线进化而其他不进化呢？但他的说亦有几分理由。我们就人类文化的发展来看，确可见其余的东西总不免断灭或循环，而唯有一件东西，却是日积月累，在那里不断地自己长大。这个东西就是知识。于是我们可以知道唯由理智而得的知识，换言之，即由论理推论而得的知识，是可以前人传给后人，后人补足前人的。这就是说这种知识有两种性质：一，共享性，即不是个人所私有而能传给他人。二，堆积性，即前人所得的知识无论如何荒谬，而至少对于后人总有些启迪；后人纵使十分修正前人的知识，而知识不能完全抹煞，换言之，即人类的知识只有修正而无消灭，所以能堆积起来。

从这一点上看，理智与论理虽不能如直觉与神启等立刻给我们一种意外的所得，然却能逐渐领导我们前进。所以我以龟来比喻理智，而以兔来比喻直解。兔虽跑得快，然终不及龟走得有恒，所以龟反得赶过了兔。有许多性急的思想家总觉由理智所得的太寡，总想抛开理智而另取一个更有效的工具，乃孰知他们把理智抛开了，他们所得的至多亦不过如后人以理智所得的一样，但还没有像后人以理智所得的那样切实确定。因此，我敢说凡拘弃理智的人，决不是因为别的缘故，只是因为他的性子太急。须知凡知识而没有共享性与堆积性，则必是靠不住的。理智的可靠与由理智而得的知识所以为比较确实，就是因为人人能共享，渐渐能堆积。惟其能共享故能修正，由不确而渐即于确；惟其能堆积，故已成的部分终有些是不摇的。所以我们从人类知识的历史全历程，拉长了看来，定当发现唯一可靠的还只是理智。正不必他求，即求亦是徒劳。我根据这个道理，反对一切不依理智的思想。

科学家最大的优点，即是牛顿所谓"我不造臆说"。这一点亦即所谓奥康剃刀。就是谨守目前，不想跑得太快。我常说宗教与哲学科学的不同，就由其对于安于不知的态度而有分别：科学真肯安于不知；哲学就不十分肯，但总还以为有所不知；至于宗教，则必以为一切既知而没有不知的了。以跑路来作比喻：就是科学安步而前，每举足十分迟缓却亦比较稳固；哲学即有几分性急了，觉得这样走法太不爽快，不免要放大了步；宗教更觉得放大了步还不称心如意，非一个跟斗三万八千里不可。但我们若把全人类抟为一体看来，把世界当作一个全体看来，则我们必见走得慢不见得是坏，而跑得快却未必是好。所以淑世思想是龟的办法，换言之，即是老牛拉车的办法：不求速效，但天天去做水磨地工夫。人类在有意无意中已经做了这种工夫数千年了。这数千年若是一无成绩，则淑世思想岂不是幻梦么？不料这数千年居然有了一些虽在疑似之间，然而却不得谓绝无。所以我不敢说淑世思想已有成绩，但我却敢说淑世思想已有了端倪。譬如哥仑布去寻美洲，在大海中仅见远远地有形似陆地的一个黑点，这就是所谓端倪。岂非端倪的发现，其重要即等于发现全身么？淑世思想经了数千年的努力而得有端倪，不啻完全把他的可能性证实了。亦正好像哥仑布看见黑点以后，证明他以前的推想不谬一样。

总之，我们从人类数千年来在无意有意中对于世界所努力的改造工夫而观，实在可以大胆宣言：这个世界确是可以改善的。即使不敢说能把这个世界变为天堂，然而以往事证之，总可以说有许多事在当时以为绝对无可奈何的，后来居然都有法可想。例如古代人最黯然消魂的就是离别，离别的苦痛是在从此不能通情愫；然而到了现代虽远隔重洋却竟能通话，不但可以达意，且可亲闻其声。又安知将来科学发达，有许多人生缺憾不能设法逐渐消除呢？所以我们虽不敢说能把这个世界改善到绝对没有缺憾的地步，然至少我们敢说这个世界的许多缺憾不是一成而不能变的，不是绝对而无法对付的，既有了这个诏示，使我们确确实实知道改善世界真有可能性，则我们生于此世自然会有勇气了。这种勇气是向上的，不是自私的。凡只图享乐的人生不是有勇气的，乃只是自暴罢了。

我见我们中国人很少能知人生的真义，所以我主张提倡淑世思想，以振其委靡之气。然提倡淑世思想，便不能不大大输入希腊文化。因为人类文化大别为五：就是埃及文化，希腊文化，希伯来文化，印度文化，中国文化。埃及文化久已亡了，无从批评。希伯来文化具有禁欲性质，亦是一种似是而非的出世思想。中国文化当以道家为代表，孔子亦是大部分承其绪余，中国道家思想以任天为原则，最排斥的是人为，所以可名为顺世思想。因此我以为希伯来文化无足取，惟希腊文化，苟得而发挥光大之，可以变为世界文化。且要救目前中国，亦唯有充分输入这种文化，使理性主义大倡，则中国的前途或有几分希望了。所以我对于梁漱溟君主张不提倡印度思想于今日的中国，很表同情。我所欲言的恐尚不止此，只因已十分冗长，将来当另篇详之。

（载《东方杂志》第 22 卷第 18 号，1925 年 9 月 25 日）

由自利的我到自制的我
（1926 年 2 月 10 日）

一

去年元旦（但是阴历）我曾为《时事新报》撰了一篇论说，题目是《祖先崇拜与我》。当时我看见祭祖的风俗依然通行，而实际的社会则早已非复旧观了，使我觉得非常奇怪。因为这种祖先崇拜的性质与现社会的实际状况根本上是矛盾的。中国今天的社会是何种社会？我想读者试闭目一思，不难把现在社会的可怕印象都唤起于目前。质言之，今天中国的社会乃是人人自利的一种冷苛社会：在这个社会中绝寻不到什么热情，什么牺牲，什么友爱，什么报德，什么互助。这个社会中只有自私、利用、阴谋、宣传、植党、卖国等。总之，凡生在这个社会中的人总是把与其相与的人们不当作"人"而当作东西，供他的利用。这种彼此不拿人当人的社会居然犹留有以报德为主旨的祭祖，这不是一件可以注意的事么？因此我乃悉心观察一下。孰知我观察的结果，知道中国古代思想与中国现今生活乃是绝对相反。于是我的问题是：

一、数千年的礼教古国而变为现在这种自私自利的冷苛社会，究竟起于何时？

二、此后是否有方法使这种社会再变得好起来？

二

中国古代的思想是什么？我们从祭祖一端来看，亦可看得到几分：就是中国的文化是"没我的"。何以名为"没我的"呢？"没我"一辞本是日本人所创用，但我觉得这个名辞很有意思。须知"没我"是与"主我"相对。后者是谓以我为中心，凡以我为中心的必先自觉得有"我"，所以"主我"思想是由我的自觉而生，至于"没我"思想乃系没有发见自我，因此"没我"与"无我"不同。"无我"是把我否定了，所以"无我"是印度派的出世思想，而中国的古代思想尚没有发达到此。日本人特创"没我"一辞，以别于"无我"乃是很有深意的。我们从中国人的祖先崇拜便可看出这种道理。须知祖先崇拜不仅是报答先人生我育我的劬劳，乃兼含有一种意思，表示我只是祖先的一个分支，而不能有独立的存在，差不多可以说我的存在完全由于祖先所定，我的使命就是续成祖先的使命。于是我的生命不是自己的，乃是祖先的；其结果则我只有天职，而无自由。一方面我应得报答祖先生我的恩，他方面我应得继祖先生我的志。我的生存的意义即在于此。设我不知报德，便是自暴。这种精神名之曰"没我"思想，我想是不错的。

　　这种"没我"思想，虽不免于幼稚，然其主旨在维持人群，却亦不必厚非。须知古代社会不如现代社会那样有组织，乃是很散满的。虽则鸡犬之声相闻，而可老死不相往来。因彼此无相需，不必互相有无，不必群策众击。所以古代的社会是很散满的，几乎可以说，组织性甚低。但是我们切不可因为古代社会的组织方面未发达，而就推想到古代人的心理生活方面，以为必定亦是个性很强而群性很弱。恐怕实际上是适得其反。须知利己的心情是后来发达出来的，真正所谓"原人"决不有巧诈的利己用心。我们虽不敢说古代人的群性一定比现代人来得强些，然而我们却可以说古代人的个性却是比现代人来得弱些。须知现代人的个性这样发达，幸而社会的组织渐渐抟紧，所以社会尚能存在。倘使以个性发达的现代人而使其生在组织散满的古代社会中，必定使社会不能进步了。以中国论，所谓"基本的社会"就是家庭，而维持家庭的虽是于不知不觉之中靠着几种本能（如爱子的本能等），而传统的训条所谓"孝"亦是很有力的。因此我们应晓得古代的社会，因为组织很低薄，其维持专在传说与教训以及礼俗，和现代社会建筑于利害上的迥乎不同。所以这种"没我"思想在维持社会上不是绝对没有功用的。

三

　　我们既知道古代社会是建筑于传统礼俗之上，但传统礼俗一天一天堕其尊严，则将如何呢？我想这便是社会自转移其性质：由不自觉的结合而变为自觉的结合，由天然的结合而变为意匠的结合。这种变迁的由来，其唯一的主动原因便是理智。理智渐渐抬起头来了，则一切迷信、习惯与传说等，便如寒冰遇着烈日，断无不渐渐消融的道理。但我们必须知道理智的初开，换言之，即其初醒，无不是抨击的，破坏的。所谓破坏，从轻的一方面来说，就是对于早有定价的东西另行估定其价值；而所谓另行估价即不啻将其原有价值打破。从重的一方面来说，就是对于原无问题的事情而提出疑问，而所谓提出疑问即不啻将其原有地位推翻。大凡提出疑问与另行估价，总是对于原来的那个东西或那件事情认为不合理。这个"不合理"三个字，很足以表示理智的初醒，就是理智起来摇动以前的状态。把原来的状态完全摇动了，颠覆了，使其失了拘束力，这便是所谓"解放"，所以理智的初起总是谋解放。这乃是其特征。

然而我们更须晓得理智的初醒与自我的发觉是紧接的，因为理智起来摇撼习惯风俗信仰，其摇动一分便是解放一分；解放一分便是自由一分；自由一分便是自我独立一分。理智所抨击的与所破坏的愈扩充，则我的自主愈完成。所以主我思想是理智发达所附带而起的。换言之，即初民生活大概是不自觉有我的，只是为习惯传说的随从者罢了。迨其理智渐渐开发，遇事必思考一下，于是便不甘于束缚，乃觉得有"我"，我乃有"自主性"。须知自主性与我是同义语，知道有我，就是自主的发觉。所以这种自主的觉悟乃是理智开发的一种特性。我们于此乃得有两种特征：即自消极言，自所对言，理智的开发是破坏的；自积极言，自自身言，理智的开发是自主的。

但既发觉有我，同时很容易陷于利己的流弊。我认为利己心与理智有密切关系即是由于此。然而这只是流弊，不足为理智咎。须知理智的本性是什么。精神分析学家佛洛德说人类的心总是求快乐的，如小孩总是一味游戏；迨到后来实际上遇着困难，不能快乐下去，于是才会晓得天高地厚。例如小孩子看见火光，觉得光亮好玩，便伸手掬取，迨到他把手烫痛了，他才知道这个东西不是玩。佛洛德名此为"快乐原则"（principle of pleasure）与"实际原则"（principle of reality）。我想借他这个意思来说明理智的发生，以为理智的发生就是他所说的实际原则。详言之，得知人类天生是耽于幻想（day-dream）的。我们只须看古代人的心理便可证明。神话是最富于幻想的，宗教大部分亦然。此外，如

"方术"（magic）亦是由幻想而出。至于诗歌大半是出于想像。我们以神话、方术、诗歌、宗教、寓言、童话等为证，足见古代人的生活是富于幻想的。这种幻想乃是用以安慰自己，使自得其乐的。如相信"不死"（即死后尚有灵魂可以复活）即是一种幻想，用以安慰对于死的恐惧。这种安慰，自近代看来，固然完全是自己骗自己，但古代人生存在世却得力于此种自己骗自己不少，因为这样一来提起了生活的勇气而减少了悲观与恐惧。但到后来，这种自骗自总是维持不下去，所以渐渐移到实际上来了：由宗教转出哲学，方术转出科学，由诗歌转出写实派的文学。我们不啻把全人类视为一个人，应用佛洛德的由"快乐原则"转到"实际原则"，必可见理智的开发就是这种的转换。所以理智的第一级特点即是所谓"客观的"（objective），换言之，即尊重客观的实际。客观的实际是怎样，即怎样，不必讳言，不必遮掩，不必曲解。客观的事实虽则我们极不愿意他，虽则使我们极不快活，虽则极不利于我们，然而总觉得丝毫不改，直认为真相确是如此。所以理智的第一步，即是除去热烈的情感而直认冷静的事实；绝去爱憎而仅留是非。我们即据进一点而观，便可知理智与利己心是根本不相干的。所以利己心的发生不得据为开发理智的罪状。但理智初醒容易流入于自利，却亦是往往有的，这一层容下文再说罢。

现在且接着述理智的第二级特点。尊重客观乃是求真或求诚。但往往昨天以为客观的真际是甲，而今天再仔细观察乃发见客观的真际是乙，因此便难保明天不更进步认客观的真际为丙，后天又难保不变为丁。照这样甲乙丙丁一层层地无穷推移下去，岂非我们永久留于尚未得真正窥测客观真相的境界么？换言之，莫非我们永久只得许多连续的"暂时的真理"，而始终未得着一个不变的"绝对的真理"么？既然我们所得仍非究竟，则必仍不足为真正的客观。照这样便是由尊重客观而折回到怀疑了。所以第二级的理智特点便是"存疑主义"，以为一切所得全是"概然"（probability）而非"确然"。第一级的理智是自然主义，而第二级的理智是存疑主义。这个意思于本题虽无正面的关系，所以于此提及乃是怕人误会我的意思，将谓我提倡理智主义，遂亦主张浅薄的自然主义，而使他们知道理智并不与自然主义始终相伴。

四

现在我应得说到利己心与理智的关系了。所谓"利己"一辞好像可从正面来下定义：就是说利己是凡一举一动只求于自己有利，不计其他。其实这个辞包含有一个负义在内：就是但求有利于己，虽违反公众而不恤。所以这个字若仅是正面，并不能算是坏的。因此我们知道通常所谓利己实包括负义而言。既然"利己"一辞兼有"反群"的意思，则我们不能不研究到维持人群的道德。须知道德有两种，亦和法律有两种一样。法学者分法律为两种：一为正法或合理法（just law），一为具体法或形式法（positive law）。前者是法的原理与法的本性；后者是有形的法典，因为依法律程序而立的法规，其中未必尽合乎法的本性，所以尽有具体法而非正法的。道德亦然：一种是学理上的道德，可名之曰"真正的道德"；一种是习俗上的道德，可名之曰有形的道德。前者是morality，后者是moral code。换言之，前者是道德的原理，后者是具体的礼度。两者的范围初不相合：有时习俗礼度竟与道德原理相合，有时道德原理竟有未见于习俗礼教中的。因此我们知道具体的道德只是风俗传说习惯礼节等，而这些风俗传说礼仪等却不尽与道德原理相合。于是我们得着两种道德，彼此范围互有异同，即所谓无形的道德理论与有形的道德传说，正和just law与positive law的分别相同。这是从性质上分别，至于从发生上来看，却是无形的道德理论较有形的道德传说来得幼稚。直到今天，其范围还没有定，其性质亦未弄得明了，所以客观派伦理学家不认有道德而只认有风俗。而在我个人的意见，则以为风俗只是所谓positive morals而非moral in itself。不过我们却无法拨开这些风俗以求见真正的道德；我们只能渐渐修正风俗，或选择合理的风俗而汰除不合理的礼度，以求其与真正道德由逼近而符合。好像道德是心灵而礼俗是躯体：没有心灵而能离身体的，但我们却亦不可因此而即说是只有身体并无心灵。

至于如何修正风俗，第一步必须发见风俗不是道德。若仍照昔日不自觉的状态，以为道德就是礼俗，除礼俗以外无道德，则必谈不到什么修正了。所以第一步便是于有形的道德传说以外尚认有无形的道德原理。这种发见或觉悟，在一方面看来，就是对于旧道德有所破坏。旧日道德的传说一旦而堕其权威，则自然容易陷入利己思想。因为旧日的道德标准既皆动摇，人的一切行为便无所拘束了。于无拘束的行为中又不能不自定一个标准，这个暂时的标准莫过于自我。所以利己思想是小我的发觉——但非进一步而发觉有大我，不足以救其弊。以小我为暂时的标准，这便是推翻礼俗的道德时所必然附带而生的一种现象。推翻礼俗乃是理智的初醒，这便是由不自觉经半自觉而进于自觉。利己主义乃是半自觉时所起的一种病症。换言之，即这个过渡期间所必现的畸形。

我们若认明这一点，不但可以对于目前中国这种人欲横流的社会不有何种悲观，并且可以对于中国的前途或许认为有可乐观的地方。老实说，利己主义的人所以能取巧，只因为大多数人都是浑浑噩噩的，所以他独能成功。设若人人都有充分的知识，能辨其奸，能防其诈，他亦必无从施其技了。总之，在老实的社会中，有二三个人独精明，则这几个人自然占了便宜。倘设一个社会中，人人都很精明，则吃亏的人必少。我这话不是主张一个社会中若都是恶人便无法为恶，乃是说假定一个社会中人人的知识理解都发达到相当的高度，则断不会有人受愚，有人取巧，势必渐近于平衡而各依常轨。并且我们须知人类的知识总是向"开化"而前走，绝不会后退的。我们要嫌人类渐渐太聪明了，使他闭明塞聪，乃是一件做不到的事。所以老子一派的绝圣弃智的主张实是不可能的，不能实现的。

于是我们应得明白：凡是因知识开化而产生的恶果，只有由知识更开化一层始足以疗之，断不能因噎废食，将知识淹灭而倒退到无知识。所以凡是因理智开发而产生的恶劣影响，只有把理智再进一步开发方能为之救济。万不可因此而反闭塞理智，复返于浑浑噩噩。尤其要明白：知识的开化，换言之，即理智的醒觉，是好像排山倒海而来的，没有一件东西能够阻止他。又好像一把快刀，当之立断。所以要使其后退，使其返回，是绝对不可能的。但当其初开必有恶影响亦是当然的。可见利己思想是理智初起推倒传说道德礼俗时所附带产生的一种流弊，我们只有更把理智促发一步，使其发见大我的存在，便足以纠正之。

因此我认为救中国只有提倡理智主义，充分开发知识。我根据此理，所以觉得现在一班杞忧家以为道德陵夷，人心不古，大发悲叹，乃是无聊。挽回现在中国社会的道德决不是高呼几声"道德救国论"所能济事的。我以为道德这件东西不是口头所能提倡的，亦不是笔墨所可劝化的。所以人们虽有世道人心之忧，天天发了许多感慨，亦仍是无裨于实际。我虽不相信经济的一元论的唯物史观，但我亦愿承认在许多原因之中经济亦是一个重要的原因。设使理想能够改正经济，则显然可见经济不能成为铁则。这一层非本题所论，不必再提。

总之，道德决非空言所能提倡。只有就实际的趋势设法推进，俾得自觉。苟人人能充分自觉，则是非利害得失的算盘必不肯打得甚短。换言之，即不愿打短命算盘而愿打长命算盘。所以因理智而生的弊病只有再由理智来救之。我承认现在中国的社会破坏了传统的道德，诚然是比昔日不如，但要医此病却不能使其返古，惟有再推进一层。我这个主张并非创论。希腊时代，苏格拉底与柏拉图救济当时诡辩派的破坏传统道德就用了这个方法。苏格拉底主张道德就是知识；所谓善即智，恶即愚（Virtue is knowledge, vice is ignorance）。这句话虽可作种种解释，然而在相当的解释之下，我以为很对的。道德若就上述的第一种而言，其唯一的要素便是靠着自觉。所以人们的作恶是由于不自知其为恶，由于不自知尚有比此为善的。故在苏格拉底的眼光看来，盲目服从地作好事，不及思辨自主地干坏事。因为其作好事是偶然的，不是可靠的。我的意思虽不如此极端，但我终觉得教自觉作坏事的人倒退而肯从此作好事，是不可能的。因为知识辨别力一开便塞不住了。苏格拉底与柏拉图的伟大思想虽无救于希腊的灭亡，然迄今却发为西洋灿烂的文明。中国的今天和希腊的末季完全一样：畸形的个人主义盛行。其结果，贿赂公行，巧言欺世。但我想假使希腊不为外族所征服，而如此长久下去，亦必会自易其辙。因此我甚望国人一注意希腊的史实以资借鉴。

五

以上所言几乎把第二问题先行解决了。就是说这种畸形的个人主义盛行的社会只有再开发人们的理智，使其自觉得有"自制"（self-control）的必要，使其自觉得有大我存在，庶几小我方有价值，于是乃可一转而入高尚的理想，自遏其私欲。第二问题解决，请言第一问题。

我于开首曾揭疑问曰：现在中国这个人欲横流的社会，其变到如此究始于何时？依我的切实观察，我愿断言其不始于与外国物质文明接触的时候，而始于未与西洋物质文明接触以前。我疑心在西洋物质文明未输入以前，中国的传统道德传说已早成为具文，只是一个空壳，没有实际的力量。并且社会上所流行的风俗渐渐变得与传统的道德观念不甚相干了。降至今日，所谓礼教除名称外，其实质与现社会几乎完全无关。老实说，现社会中的一举一动无一是合乎礼教的命意的。现在还有一班人在那里大骂什么"礼教吃人"，我实在可怜这班人是瞎子，因为他们没有睁开眼来看看社会的现状。若举这种例，将不知凡几。总之，说礼教与现社会无涉，苟稍观察得深些的人断无不首肯的。所以要骂社会尽可不必涉及礼教，而要批评礼教亦不必以现社会而证。不过礼教的有名无实，我总疑心是一种自然的变化，而不是由于西洋物质文明的驱迫。这种自然的蜕化在社会制度上是很多的，而在生物上亦有相类的，如男子的乳。至于这种废颓的社会制度，其例更多，不胜枚举了。

总之，社会上往往有很伟大的制度而仅存其形，其内容完全变化了的。道德亦然，风俗亦然。原来礼教是表示道德的涵义，后来变为空的仪式，其内容的真义好像水蒸气一样早已腾化出去了。我因名此为"礼教的蒸腾"。我相信礼教的蒸腾在西方物质文明输入以前。所以物质文明一来便好像火星飞入干柴，立刻即烧起来了。现在的中国决不是礼教吃人，乃是私欲吃人。在这种率兽食人的社会中，礼教是已死的陈死人，他不能负责任；物质文明是偶然的闯入者，他亦不能负责任。现在所谓新派的人们痛骂礼教固然是大错，而另有所谓旧派的人们诋毁物质文明亦同是大错而特错的。

六

论至此可以归结了，就是：

一、中国原来的道德渐渐蜕化了：把意义蒸腾了而只留有形式的空壳。

二、这个蜕化在西洋物质文明输入以前，所以物质文明不是道德的破坏者。

三、理智初开的时候总有流弊，不必十分大惊小怪。

四、由理智开化而生的流弊，惟有理智再开化一层始足以救之。

总之，我主张救中国惟有提倡理智。

民国十四年十一月十四日稿

（载《东方杂志》第 23 卷第 3 号，1926 年 2 月 10 日）

兽性问题
（1926 年 8 月 10 日）

一

所谓兽性不是说禽兽的性质，乃是说人类的野性。人类有许多行为，如残杀、奸淫等，是和禽兽一样，所以称之为兽性。换言之，即人类至于今日虽经文化的浸染，受教化的转移，然而尚有若干野蛮根性残留未去。于是就生了问题，问题在如何设法化除这残存的野性？所以亦就是人欲问题。在今天人欲横流的中国，这个问题还不值得一讨论么？

我现在提出这个问题，原是补我前作《由自利的我到自制的我》一文的不足。我在那一篇文章立有一个结论，就是：凡一种民族当其初转到理智的路上必先发生流弊；而欲医理智所产生的流弊，唯有再进一步扩充理智。质言之，即是唯理智能救我们。这种主张可谓是主智主义。主智主义有一个缺点，就是太抹煞情感了。我前文对于情感方面一字未提，或许引起读者的误会。所以现在非有以说明不可。

中国今天的社会真是一个恐怖世界，到处都是兽性的表露。土匪的焚杀淫劫，已是报不绝登了，其他社会上各种现象虽不如焚杀淫虏的显明，然亦未尝不是出于兽性的动机。我们不能对于强盗诵《孝经》，所以土匪一部分兽性问题只好划在本文范围以外。我现在所研究的，就是那些不必借重刑法的权威而犹能克制的兽性。

最显著的莫如现代的文艺。我虽于现代的创作很少寓目，然偶一翻阅，即见是男女色欲的描写。足见这就是对于自己的兽性，春色满园关不住，一枝红杏出墙来了。其次即为诋毁礼教的呼声。我早说过，礼教到了今天已是已死的空壳。这种空壳对于实际的人生固然没有益处，然而亦未必有何等大不便利，而尚有一大部分人在那里天天抨击礼教。所以我们不能不用佛洛德的解心法，把这种呼声当一种 symbol（可译象征）来看了。

二

西洋的格言中有一句话，说人有两方面，一方面是禽兽，他方面是神。照这样便是说无论何人总是有几分兽性的。究竟人性是如何，恐怕要讨论到性善性恶的问题了。中国为性善性恶打了几千年的笔墨官司，而实则对于善与恶两个概念的界说并没有弄清楚。孟子所谓性不是 human nature，乃是 instinct，按此字向来译为"本能"。近来心理学上为了本能又闹得不亦乐乎。其实"本能"是存在于生物学与心理学的交界。心理学若反对本能，他就往生物学一跑，而心理学不能越界拿人，必致失败。至于本能为善为恶，实在不能成为问题。因为依生物学一派的人来解释，本能总不外是为了"自存"与"传种"。这两种作用亦说不上是恶是善。照这样说，岂非性善性恶的讨论为莫须有么？果尔，则上文所说人类总含有兽性亦不成问题了。然而，实际上我们看见有些人们吃了酒，失了自觉的控制力，对于平日所动心的妇女作出暴行来，这不是兽性的突发么？还有些人们为目前有一笔不义之财，心中天人交战了许久，而最后仍是取入手中，这不是兽性的表露？所以近来反常心理学（abnormal psychology）产生了，知道泛论性善性恶是无济的，必须实际上分别研究人类行为上的悖戾与心理上的错乱。

近来反常心理学告诉我们说所谓常人与反常人，并没有绝对的差异。换言之，即是没有常人。从这一点上又告诉我们一个重大的涵义，就是主张自然主义的做人论不能成立。何谓自然主义的做人论？浅言之，即是一个人生在世上应当一任自然，饿了就吃，困了就睡。这种一任自然的做人法，是我们东方人的思想。但西方亦有这种思想，并且亦很发达。我今天不是批评思想，请不深涉论。在这种论者总以为人生所有的悖戾是起于不顺着自然。这话表面看去似乎很有道理，其实细按真际乃是大谬不然。即以区区小事的"吃"（即食）而论，究竟饿了就吃是自然呢，抑每日三餐是自然呢？当我们已养成每日三餐的习惯时，我们对于三餐觉得很自然，而不必随饿随吃。但谓三餐是自然，则又不然。有些地方总是每日两餐，他们亦不觉有不自然。总之，人性是有伸缩性的，换言之，即有可塑性。你在相当范围内要雕塑成什么东西，便是什么东西。至于人性的本来面目，却是很难看见。而况经了几千年的文化浸染，把本性早已薰熟了。

照这样说，仍是偏于主张人无本性。果尔，则又安有兽性问题呢？近代的新心理学所发见的却非如此。以为人类不是没有本性，本性亦不是恶，但人生却不能顺着本性而行。所谓本性，即是本能。本能的原始命意无非是在要保存自己与继续种族，自然说不上善恶，但我们却不能顺着本能而做人。我说这话似乎与近代新心理学不符。须知近代新心理学虽则告诉我们说，人类的一切高尚行为与心理都可以穷求到有下等动机潜伏其中而不自觉，然而却又告诉我们说，一切下等动机都可以转移向高尚的方面来发泄。假使我们不把下等动机移向高尚的方面来发泄，则文化必不起。并且因为实际的情形，必有时绝对不能使下等动机照原样发出，设不转移，必致精神异态而成疾病。所以，反常心理学发现本能可以转化，这一层是在文化上在道德上在教育上十二分重要。

三

这种转移，在新心理学家有一个专门的术语，就是"sublimation"。此字日本人译为"升华"；友人吴德生译为"高尚化"，友人张君劢译为"锻化"；我则愿译为"升高"或"升移"或"提升"。按佛洛德初用这个字，是指色欲的升高而言。据他的观察，有许多人爱艺术，爱学术，发挥音乐的天才，发挥诗的天才，往往是由于失恋，遂把本来的情欲移到这些高尚的方面来发泄。但后来许多新心理学家总觉得佛洛德的泛色欲论是太过分了，所以以为这种高尚化是不限于色欲，而任何下等本能都可以提升。凡本来只是利己的本能，都可以设法变为有益于社会的本能。例如"自炫"（self-display）本是下等本能，与色欲有关系的，如孔雀的开屏是炫于雌而求偶，蟋蟀的鸣声亦然。但到了人类，则把这种本能提升为"爱美"，而音乐与艺术的发源即由于此。又如"好奇"（curiosity）本是一种本能，然可以升移到专向学术方面发展，即变为"好学"了。不然，若向色欲方面去发泄，即变为荒淫。所以法人薄缶（Pierre Bovet）说："我们的本能即有最近于兽性的，亦都可以教化；换言之，用解心学家的术语来说，就是可以升高。这就是说总可以把他化为无害而有益的。须知现在社会上最有价值的，如科学，艺术，与宗教，其起源都是很卑贱的。如'爱国心'与爱人类的'人道观念'都是由爱亲心的本能而出。宗教的情绪亦是出于此。争斗的本能可以武士道的规则左右之，可转化为英雄主义，或开垦荒山，或克己修道。至于色欲本能的化身更多，尤以'牺牲'与'慈善'等为最。解心学家知道一种本能所以能转化为他种本能，就是因为这些本能都是同源的，换言之，即同出一源。"从这段话中我们可得下列各点：

一、一切本能都是由一个"根本欲"（libido）而出，所以总是同源的。而所谓根本欲只是"精神力"（psychic energy）的别名；其实亦就不啻是生命的冲动力，与柏格森的 elan vital 无大差别。

二、一切本能，只要不违背生命的向前冲动，总都可以转化提升，把下等的升到高等的。

三、提升本能便是文化的所有事。如不升移本能即无文化，人类亦无进步。

从这三点上，我们可以明白现代所谓"文化人"与蛮荒时所谓"自然人"迥乎不同。而文化人之所可贵，亦即在把固有卑下的本能提升到高尚的方面。不幸现在竟有一部分不学无术的人们，还在那里主张人类应得照着固有卑下的本能原样来生活，去乱闯。这真是思想界的病征了。

我写到此，正接到梁漱溟先生自北京寄来的《卫中先生的自述》一册，当即翻开一看，便见有一段是本能升移的好例，录之如下："其时年龄正当春情发动期，身体活动热度很高，精神的热度因而益高。本来应当找女子，而我不但不找女子，并且不找朋友，而独找基督。基督是我朋友，是我当时所爱的大人物中最大者。直到十七岁时未曾爱过别人。自从音乐开了我的本心，找到基督。所以音乐的第一变化就是让我春情的活动升到精神的地步。"（原书第五页）按卫中即是卫西琴，到中国来即在山西办教育有十余年了。他的教育主张很有独到处。照这段话看来，不但企慕伟人（爱大人物）是本能的升移，即皈依宗教（受上帝）亦是由此而出。可见，一个人生在世上第一件要事就是升移本能。设若率本能而行，便是禽兽。

四

所谓升移本能并不是压抑本能，因为我们的本能只能升移而不可压抑。压抑本能，往往反致横决，或致生病。所以我主张升移本能而却不主张苦行、克己与绝欲。其实我们中国的礼教并不是绝欲主义。即以制礼作乐而观，可见梁漱溟君所说的调和节中是大概不错。我们可名此为节欲主义，就是使人欲虽不绝灭，而自行节制，得保中和，不致泛滥。这种节欲主义在原始的命意未尝不善，无如后来流为刻板文章，便早失了效用。所以我们对于这种礼教的硬化或淀化诚然可以大反对而特反对，但须知此与节欲主义的本义无涉。西洋文化不免偏于纵欲，印度的出世思想方才真是绝欲。绝欲是否可能，问题太大，不敢置喙。纵欲与节欲都有流弊。节欲的流弊，是把奋发猛进的精神渐渐萎颓了。例如中国人始终没有征服自然的思想，不知充分御外物以厚生，便是其一微。我尝在《时事新报》上作过一篇文章，题目现在忘记了，而意思却尚记得。我当时即以为提倡科学与解放人欲有关系。老实说，科学所以站得住，就在能造出无数的东西以扩充人们的生活。换言之，即纯理科学与应用科学有绝对不可分离的关系，并且纯理科学的价值是因应用科学而增高。反之，纯理科学若无应用科学为之张目，则不过是一种臆说（hypothesis）而已。而应用科学只旨在宣达人们的欲望，克服环境，统御物质，以增托生活。所有一切物质文明都是应用科学的产物。这些物质文明其实皆由厚生的动机而出。所谓厚生，即不啻满足人生的欲望。所以，节欲主义往往使我们有了烛灯就不想有电灯，有了小车就不想有火车。中国虽有天然的富源而无人开拓，或即因为此。这是说节欲的流弊。但节欲的优点亦甚多，第一能得一种心平气和的生活，在这种生活中，心坦神怡，即梁漱溟君所说的"直觉的生活"。

不幸，近数十年来，我们中国人不能再保持其固有的这种悠然夷然的生活了。一则是因为物质方面太一天一天穷迫了，二则是因为环境亦变化了。所以近来社会一变而为洪水猛兽，人心亦一变为魑魅魍魉。乃还有许多心术不堪问的人唯恐青年不堕落，天天播弄邪说，以促进人欲的横流。欲挽狂澜，我以为唯有提倡理智，鼓吹养成理智的生活。所谓理智的生活不是事事计算，乃是遇事必自问其是否应做。理智的作用重在辨别是非，不在计较利害。设若一个人能把理智来控压情感，则必不仅有计较利害的心。因为计较利害仍是暗中情感奴御理智，换言之，于不知不觉中理智为情感所利用。若真能使理智抬起头，不为情感暗中所左右，则决不会仅计较利害而不问是非。所以凡是对于理智主义有所诟病，决不是对于理智的本身。

我主张以理智利导情感，就是使情感跟着理智走。情感而能为理智所导引，则情感同时亦得满足。所以我这种主张既不是纵欲主义，又不是绝欲主义，亦不是节欲主义，乃是化欲主义。所谓化欲主义，就是把下等本能升移到高尚方面去，使其亦得满足。

至于升移本能的方法，当然有赖于修养。诚如法人鲍顿因（C. Baudouin）所说，我们今天的科学进步，对于本能升高的法则，尚远不能如物理学的计算电流与热力那样有把握。解心术的学者止能靠助本人的自动。所以，升高本能仍以本人自动的努力为原则，而教育的劝掖亦有力。总之，这些方法的讨论虽很重要，然以非本篇的主旨，我请另篇详论罢。本篇的目的在告诉中国目前的浅薄思想界，使他们知道以往的制欲固然不见得很好，而现在的纵欲却是大害，须知于两者以外尚有一种化欲的可能。文化所凭倚即在于此，并且由此可证明从纵欲主义的立脚地而来攻击礼教，是比主张礼教的老顽固还要贻患于人类社会。

我曾允许人撰一篇《做人论》，而迄未动笔。本篇即可算我的做人论之一节。希望关心世道的来共商榷这个升移本能的问题，以形成舆论，而挽回浅薄的风气。十五年六月二十日初稿。

（载《东方杂志》第 23 卷第 15 号，1926 年 8 月 10 日）

西方文明与中国
（1926 年 12 月 25 日）

胡适之先生告诉我们说，西洋文明是理想主义的，而不是唯物的，真使我闻而喜跃。他大鼓吹不知足，而说我们东方文明是知足。我对于东方文明没有研究，所以不敢说东方文明究竟是否如他所指摘，只好暂置不论。我现在所欲讨论的乃是我们采取西洋文明是否绝无问题。所以我这区区一短篇并不是批评胡适之，乃是补足他，换言之，即于他的那篇文章后下一转语。

第一，我要请一班注意于东西文明争论的朋友，不仅胡适之先生，要放开眼界来看中国的现状。中国自近三十年以来，尤其最近十年，已早走上了西洋文明的这条路，但是于无意识中走上去的，换言之，即于不知不觉中自然而然到了这上头去。试看每年出洋的学生有增无减，每年毕业归国的亦突然增加。以近两年的比例，恐怕不下千名。介绍西方学术的出版物亦是一个证明。这就好像以盐水来冲淡水，盐水的成分愈多，则淡水中必愈咸了。所以我们对于西洋文明到中国的前途，非但不必杞忧，且亦正可预料其必然大兴。这是自然的趋势，即大势所趋，不是任何一人鼓吹主张的力量。

至于其间偶有极少数的人，在那里诅咒西洋的物质文明，我们不可仅从其阻碍西洋文明的输入来注目。须知西洋文明的输入既排山倒海而来，是阻挡不住的，即反抗亦是百分之九十九无效的。所以我们正不必引为毒害的妖言，特辟而辟之。我们当认这种反对西洋文明的言论是有缘故的，而当一研究其故何在。

在十余年以前，我早就主张中国应当彻底采用西洋文明，不过后来我实地察看中国社会情形，知道纯粹走西洋这条路不是绝无问题。换言之，即是不如设想的那样简单。自欧风东被以来，不消说，论政治，只见纷乱不见安靖；论社会，只见摇动不见向荣。这些还不去说他，最有影响的就是那些经过西洋化的人们，所谓新人也者的做人方法与生活态度。因为做人的方法变了，生活的态度改了，所以无论社会上任何方面都受了影响。而显著的方面，莫如男女关系的婚姻制度。但我们拿老先生与新人物来比较，就社会全体的福利来讲，实使人发见不出什么分别。不过老先生用作伪的方法，迂缓地以充满其下等本能；而新人物以门面的标语，勇敢地以充足其下等本能罢了。所以现在的中国是一个 laissez faire。旧道德之不便于本能的弃之惟恐不速，新道德之不便于本能的不愿迎来。在这种畸形状态下，凡不满意于现状的人因为依恋故旧的缘故，发为诋毁西洋物质文明的言论，其言虽非，其心可恕。所以我们应该引为问题的，不是如何以阻止他们的言论，乃是如何使这班新人不演这样奇怪把戏。

说到这里，我不能不又回到西洋文明。西洋近代的文明是希腊文明的复活；希腊文明是主知主义，以为凡人生缺憾都可由知识来补足。所以才有利用厚生的一切施设。但我们须知西洋近代文明不纯是希腊文明，还有希伯来的宗教文明为主要的成分。所以我们看见许多的大科学家同时对于宗教，不但不反对，还有热烈的信仰。这种文明对于生活上很有影响。往往有些科学家对于所研究的，虽则常本其不知足的心而猛进，却同时又像中国的理学家或道学先生那样，乐天而知命地生活着。可见，单纯的不知足是不能使人生活下去。且单知人生目的是求幸福，亦势必令人都误会为求个人的私利。总之，人生只是率欲望而前进不已，亦是不行的；抑止欲望固然是不行的。所以西洋有希腊文明以推之，又有宗教的文明以挽之。在这一推一挽之间，他们得了进步又得了安慰。换一句话来讲，就是个人本位的主义太发达了，是不行的；但促进利用厚生，却又非以个人思想为推动力不可。这其间如何把增进人生的福利，使其在个人方面的与在群体方面的相调和，实是一个难以解决的大问题。因为其间往往有冲突，所以时时演成畸形，发为悲剧。

至于我们的东方，固有的文明，已不能担负这个"挽"的责任了，于是只有"推"，势必至于推车撞壁。所谓挽，无他，就是精神上的安慰。虽各人的环境不同，所需要以安慰的自亦不同，然而无论何人，仅是由当前的欲望而率进，必是不行的，必须有安慰他的灵魂的，而社会秩序即建筑于此上。无如中国固有的文明大部分于无形中腾化了，现在只有考古家在那里研究，这便证明其与现时人生无直接的接触。在这种形态下，安得不成如我前所说的一种放任状态呢？

在这样情形下，输入西洋文明不是绝无问题，这是我愿促起讨论文明问题的人们注意的。至于我个人的意见，虽则仍主张彻底输入西洋思想，然对于畸形状态却以为亦非有一种补救之法不可。

（载《东方杂志》第 23 卷第 24 号，1926 年 12 月 25 日）

《新哲学论丛》自序
（1929 年）

    我是十八岁读《楞严经》便起了哲学的兴味。平素尝有一种疑心妄想：以为非窥探宇宙的秘密，万物的根元不可。于是习作冥想。中间虽有几年动了救国的念头，从事研究政治，然而始终没有抛弃这个痴心。近十余年间，更不断地翻阅哲学新著。每有所阅，辄取其要点达成一篇。积而久之，居然亦有好多篇。友人怂恿刊集，我终觉得尚须有待。现在以现代哲学（contemporary philosophy）为教课，乃知前此零星论文，未尝不可供学子研究当代思潮的参考，所以才敢把他汇集起来，刊为单行本。

    本书所集凡十三篇。第一篇的上篇是拼合原作《这是甲》与《知识之本质》两篇而成：《这是甲》载于《东方杂志》，《知识之本质》载于《教育杂志》。以其中所说未敢自信圆满成熟，止能说是略贡端倪罢了，故改为今题。下篇系原名《宇宙观与人生观》。今分为二，以其后部分改为人生观，用作附录。此三种曾大加删正，决非原文旧观。第二篇原名《名相与条理》。第三篇名称未改而内容亦有删削，原文系载于《哲学评论》。第十篇系载于《民铎杂志》。其余各篇皆有删改，至第十三篇亦系两篇拼合而成，原为《由自利的我到自制的我》与《兽性问题》两篇。

    至于次第则不依著述时的先后，而依思想发展的顺序。前三篇偏于著者个人主张的方面。由第四至第十一诸篇是偏于叙述他人学说的方面。第十二与第十三则不关于哲学的中心问题，所以列之较后。读者欲知现代哲学思潮，似可先取第四至第九诸篇读之，然后再看首篇，便可知著者主张的由来了。

    本书总算是著者近数年来的成绩，但我对于此却不敢自引为满足。

其故实由于我选择的任务太难了。近来中国学者有一个大毛病，就是不肯向难的地方去进攻。他们总是想向容易的地方去尝试，所以他们易于成功。至于我则最喜欢向难处研求，愈难愈要追求，所以我终免不了失败。因此我自知我在哲学的创造上是一个失败者，然或许是一个很光荣的失败者，比他们的成功还要光荣。我想到此，我不能不以失败自慰自豪了。

最后我应得感谢的是《东方杂志》主干钱经宇先生，因为得他的盛意甚多。其次则是挚友俞颂华先生，若没有他给我帮助，则本集是刊不成的。

西历一九二八年十二月三十日自序。

（选自《新哲学论丛》，上海商务印书馆 1929 年版）

将来之哲学
（1930 年 3 月）

曾听见胡适之先生有一篇讲演，名曰"哲学之将来"。他在上海大同大学讲演过一次，又在苏州青年会讲演过一次。可惜我都没有机会参与其间以聆取他的讲演的内容。

蒲鲁东（Proudhon）撰了一部《贫乏之哲学》（*Philosophy of Poverty*），而马克斯（Marx）就撰了一部《哲学之贫乏》（*Poverty of Philosophy*）去驳他。就名称上看，我今天的题目是《将来之哲学》，好像就是针对胡适之先生的《哲学之将来》而说，大有马克斯出来打倒蒲鲁东的样子。其实大大不然。因为我曾声明我不曾聆教过胡适之先生的高论，所以我敢说本篇不是 controversy 的性质。

说虽如此，但我亦尝从间接得知胡适之先生对于哲学之将来的主张。大约他以为哲学是没有将来的。换言之，即现在虽有哲学，而将来却一定会没有了。因为哲学是不必要的。何以言之？我们所要研究的一切问题，不论关于自然界抑或关于超自然界，不论在物质界抑或在心灵界，都可以送到科学的范围内去，请科学家去研究，哲学家不必插嘴。至于除此以外尚有科学家所不能解决的问题，则哲学家亦未必即能解决，只好归于永久的悬案。

我现在姑且把这一番意见推演一下。这种主张有几个要点。

第一点是好像采取柏拉图（Plato）的主张，把知识（knowledge）与意见（opinion）设有严正的分别。好像是以为只有科学够得上说是知识，至于哲学则不过是意见而已。知识与意见不相同的地方就在于知识是精确的，而意见是随便的。如我看见阴云四布，我说天要下雨了。这乃是意见，不是知识。因为天阴不限于必须下雨。如我说（a＋c）（b＋c）＝ab＋c，这便是知识了。因为知识是经过实验的，不是以意为之的。照上段的意思来讲。好像就是主张只有科学才可以算是知识。所以我们要想得知识，则我们非走"科学"这一条路不可。而况就知识的用处来说，必定精确的知识方可有用处，那种不精确的则是没有用处。譬如我要煮鸡蛋，我要不至于沸度，则我用热度表（有专于煮物的）便可得。虽天天如此，而百无一失。否则若我不用热度表而以意为之，则必烧得有时太老，有时太嫩了。可见精确的知识比不精确的更有用处。因为精确了则只能有一种知识，而不能有两种以上的。例如二加二是四，乃是因为一加一是二，二加一是三，三加一是四，所以二加二等于三加一。这个得数只有一种，决不会有两种以上。又如天阴起来了，甲说要下雨，乙说不下雨，无论如何其间必有一个是对的。我们可以用天文学上测验气候变化的结果证明甲乙两说的孰是孰非，而决不能说这两说都对，而可同时存在。所以我们可以说凡是公说公有理，婆说婆有理的都不是精确的知识，只是意见而已。意见的用处远不及知识。所谓 knowledge is power 乃是指精确的知识而言，至于随便的意见决不能产生严正的效力于实际。现在我把我所说的第一层归纳如下：

一、知识而精确方得谓为知识，不然只是随便的意见。

二、精确的知识其得数必为只有一种，决不容有相反或相异的两说同为真理。

三、精确的知识对于人生有严正的效力，换言之，即有确实的用处。至于不精确的知识——意见，则没有十分严正的实效，且有时反足领导人生于错误。

根据这三点来批评哲学，于是得有下列的结论：

一、哲学之为知识也，只是不精确的，所以不得名为知识，而只好称之曰意见。

二、哲学上往往二三种异说同时都能说得下去，所以哲学只是意见，即只是哲学家的随便意见而已。

三、这种意见影响于实际人生虽不是没有效力，然而他的效力却是很不可靠的。换言之，即这种意见——哲学，只有广泛的影响而不能有切实的用处。但人类所以需要知识就在其有切实的用处，若只是宽泛的影响便失了知识的真价。

根据这三点的批评来说，自然可以说哲学的地位远不及科学。好像科学是金，哲学只能是银，其贵重是有上下之别。这便是所谓第一层的论据。

尚有第二层的论据。就是以为虽则科学较哲学为精确，为有用，为可靠，为有价值，但科学却有限制，这一层是不能不承认的。但论者亦有解释。他们以为科学所不能解决的问题诚然是有的，不过这些问题既不为科学所解决，则其他的学问——如哲学宗教——亦未必能解决。因此他们不主张科学所不能解决的问题可由哲学或宗教来解决之。他们以为哲学对于这些问题依然是无办法。根据这一点，所以主张人类只须有了科学就够了，不必再加上一个"哲学"去画蛇添足。至于科学的有限制，他们认为是由于科学尚未十分发达，将来科学一天一天发达了，必可以把所有现在不能解决的问题，亦都得有相当的解决。这就叫"科学蚕食哲学宗教"。详言之，即哲学上所有的问题与宗教上的问题，都渐渐移入于科学范围。凡哲学上的问题一度为科学所解决，即变为科学的"题材"（subject matter）了。从此可不再归于哲学。这样一来，则哲学的范围日见削小，而科学的范围日见增大。宗教亦是如此。科学蚕食哲学的结果，必致哲学完全消灭而只剩了科学。不过在目前还没有到底，所以只可说科学是在发展的途中而哲学是在颓落的途中罢了。

以上大概是贬斥哲学的人所主张的话。这许多话不是纯出于感情，却有一估量的价值。我现在即根据这种论调来开始讨论。

我所要说的虽是关于将来的哲学是怎么样子，但对于将来哲学究竟消灭与否一层，亦不能不先研究一下。据我个人的意见，说将来必是科学蚕食哲学，这句话中待商量的地方似乎甚多。第一须问将来的科学是否即和现在的科学一样，换言之，即试问科学自身有无变化。如其科学自身就有变化，将来的科学大异于现在的科学，则蚕食哲学的依然不是现在的科学。果尔，不啻说现在的科学不能蚕食哲学。好像说刘备击败曹操，其实这句话不能如此笼统说法。在刘备守徐州的时候，乃是为曹操所败。彼时刘备直败到穷无所归。到了赤壁之役，与孙权合兵，方才大破曹军。可见在当阳败走的刘备和赤壁以后的刘备，其环境其势力其情形完全不相同，直无异于两个刘备。再譬如五六岁的我，不能读哲学书，三十岁以后的我，能够讨论哲学问题。但我的名字依然是那个，不能因为名字同一，便把幼年的情形与老年的情形不相同处亦抹煞了。论到科学，论到哲学，亦莫不然。我们只可以说十八世纪的科学是如何如何，十九世纪的科学是如何如何，甚至于应该说十九世纪前半期的科学是如何如何，后半期的科学是如何如何，而决不可笼统地说科学是如何如何。这样笼统说法好像是以为科学自身不在变化中，几百年总是那个老样子似的。其实我们只须稍稍涉猎科学史，便知道其不然了。所以主张科学蚕食哲学的朋友，是第一没有明白科学的性质，第二没有明白哲学的性质。我今天且就这两点来讲一讲。

我们中国人一提"科学"二字就有一个大误解：以为科学就是什么社会科学。其实科学中虽有许多的种类，然而程度最高的却不能不推物理学。我们普通所谓科学就是暗中指物理学及其乡邻而言，说得再让逊些，即就是没有不包括物理学在内的。所以我们可以说心理学以及社会学，其为科学也，都远不及物理学。今天我们说科学既以物理学为代表，则论到科学变迁的史迹便不能不一述物理学的历史。但我们今天说"物理学"三个字已经是过于分析了，其实在物理学的初起，他原是和数学、天文学以及化学不可分开的。所以我们可以说物理、数学、天文是一组（group）。这一组是科学中的老大哥，或老前辈，其他科学都远不及他的成熟。于是我们可以得一结论：曰唯有物理学是成熟的科学，是具备的科学，至于什么心理学社会学都是幼稚的科学，不具的科学。换言之，则一个是科学中的成年人，其他只是科学中的小孩子（幼童）。

我们今天既要论到科学，当然必须以科学中的成年人拿来作为科学的代表者，而决不可拿科学中的小孩子来代表科学。犹如我们讨论美国人，决不可拿美国的未成年者小孩子来作代表。既然科学的代表者是物理学这一组，则我们不妨即以物理学的变迁历史来代表科学的变迁历史。

现在请即从物理学的内容与物理学的方法，这两方面来讲，以见内容与方法都有些变化。先讲内容罢。我们为节省篇幅起见，可以分物理学内容的变迁历史大概为四期，如下：

甲、第一期姑名之曰机械主义期。在这一期内，其主要的概念是"机械的"（mechanic）一语。其意是说一切物理现象都须用机器来说明。这乃是物理学初期的光景。如盖列刘（Galileo）以及托里开立（Torricelli），至于牛顿（Newton）都是以力学上的概念代表物理全部。

乙、第二期姑名之曰原子论期。在这一期内，其主要的概念是"原子的"（atomic）一语。自化学大家达尔顿（Dalton）重新整理希腊思想的原子论以来，原子律（law of atomity）便由化学而及于物理学全部。

丙、第三期姑名之曰进化主义期。在这一期内，其主要概念是"进化的"（evolutional）一语。这乃是近世的趋势，原来因为生物学出来，生物学上建立了"进化"的概念，遂把这个概念渐渐移到天文与化学上，于是物理学亦稍稍受了一些影响。究竟纯粹物理有无进化仍是一个未决的问题。然在天文学、地质学、化学等至少受了这种思想的影响，则无疑义。

丁、第四期姑名之曰有机主义期。在这一期内，其主要概念是"有机的"（organic）一语。这乃最近的新趋势。但这个趋势正在发端，尚未大成。

以上所述虽是很简括，然已足表明我们对于物理的知识之变迁了。就是我们最初差不多只有一种概念，就是所谓机械的，后来又加一个新概念，即所谓原子的。这两个概念主宰了物理学好几百年。到了晚近发现了电子的突破飞出而有新原素的出现，于是有所谓"人工的变化"（artificial transmutation）。虽这种人工的变化不能即算为"进化"，然而宇宙的奥妙却非单纯机械性所能说明了。直到最近怀特海（Whitehead）一班人出来，把"有机的"一概念引入于物理界里去。于是物理学的内容，便大大地和旧日不相同了。我们可以说现在物理学和以前物理学在基本概念上就有不同，又何况其细目呢！

这是讲其内容的变化。至于其方法的变迁，尤其令人可以注意。我们亦可以把这种科学方法分为三个时期，如下：

一、第一时期，在此期中的科学方法，可以说是"哲学的"（philosophical）。质言之，即偏于建立"假说"（hypothesis），而其假说又以哲学为背景。如牛顿之绝对空间与绝对时间与绝对的动，便是其例。

二、第二时期的科学方法可以说是"实验的"（experimental）。就是专注重于实验。这个实验方法虽开始于物理学，而后来却普及于其他科学；如今天的心理学差不多以实验为其唯一的方法了。

三、第三时期的科学方法可以说是"数理的"（mathematical）或"测量的"（metrical）。就是说只能用数理去推测，而已超出于实验了。

我们今天要讲的不是第一与第二的分别，乃是第二与第三的分别。须知第一与第二的分别是在态度，就是由粗浮而进于踏实，这乃是因为求诚的缘故。凡愈求真理必愈虚心，愈虚心必愈求确切。所以哲学上的推想而进至实验上的证明，便是目的在于求确切。从治学的方法来看，实是一种进步。至于第二与第三的分别，虽亦是由于求诚而出发，但其结果却出于小范围的求诚以外。须知科学方法到了第二期，差不多以为非有实验不足以言方法；但此种实验无论用何种精巧器械，而其最后的凭证依然是我们的官觉。例如显微镜，虽可精到几万倍，然而终是把所见的对象使其呈露于肉眼之前。所以实验的最后证据依然是我们的官觉，不过把目不能视及的使其视及，耳不能闻到的使其闻到罢了。换言之，即外界事物的形样依然取决于官觉的所感。若是官觉所绝对未曾感过的，则我们便无从谓其有。例如此世界以外的另一世界，我们在官觉上既不能看见，又不能听到，则只可说没有这样的一回事。所以实验的方法虽精微细巧，而其原则却总不外乎"眼见为真"一句话。若是眼所未见，则当然不能说是有这样的东西，又何况是真是伪呢？因此凡眼看不见的都可以说是假的。这便是方法上唯实验主义的原则。读者当知这种原则是何等狭小啊！所以由第二期的实验不能不再进到第三期的数理测量了。

到了第三期的数理测量，不是尽废实验，乃是仍有实验，不过实验的意义却大变了。以前是专靠实验，到了现在却把实验只认为一种佐证罢了。例如哀斯坦的相对论，虽然有二三项是在天文学上证明的了，但这几项仍是相对原理的应用，不是直接表示相对原理。所以只能认为佐证，而不可即认为是自身的证明。因为相对原理的本身是不能实证的，而可以实证的只是其应用于某某等处。详言之，即如水星近日点一项而言，即证明哀斯坦的计算法较确于牛顿的计算法，然而仍不是直接实验相对原理。至于相对原理之不能实验，亦是很容易明白，因为我们居于地球上，却从没有一个人于感觉上真觉得地球在那里转动。若我们凡事必诉诸官觉方能为真，则我们除了相信天动说以外必无他法。不仅相对论不能直接实验，并且现代物理学上所谓电子等亦都不是因为用显微镜看见了以后方才主张的。老实说，这些东西，说的好听些，是科学上的大发明；说得不好听些，未尝不可说是说梦话，因为究竟我们亲眼未曾看见，亲耳未曾听过。但是我们却宁愿相信这种梦话，比较亲眼所见、亲耳所闻还要可靠。这并不是迷信科学家的话，亦不是科学家有一种催眠术能把一班人迷着了。须知亲眼所见与眼见为真的原则出来，就是不足奉为最良方法。如其凡事非亲眼看见不足信其为真，则所谓"亲眼"一语究指何人的亲眼。如果指我个人，则我所未亲见的事物真不知凡几？我从未到过四川，但我能说四川是没有么？如果是指现在一班的人类，则这些人们从未亲自看见孔子与凯撒——因为他们死了几千年了——然则能说孔子与凯撒都没有这样的人么？并且现在的人们从来没有到过南北极，然则亦应说南北极是没有么？所以专恃官觉的实验证明本不是最好的方法。我们与其采取官觉的实验，不如采取合理的说明，因为官觉的实验太有限制。所以现代科学虽然仍本着原来的求诚求真的精神，而却是不能不超出于实验以外。

到了现在，科学对于实验便另取一种态度，就是不以实验为建立学说的根由，而以实验为建立学说的辅佐。所以在以前，物理学未有不是"经验的科学"（empirical science）的，但到了现在，究竟物理学是否经验的科学，却有人提出疑问了。虽则罗素在他的《物之分析》（*The Analysis of Matter*，1927 出版的，不是在中国演讲的）上竭力主张一种复杂的知觉论，仍想把物理学完全归到经验科学里去，然而他所说的只可算是基于经验而生的推测与计算，仍不是直接的经验。果真物理学所需于经验，只在使经验不悖于所推测所计算的而已，则经验对于物理学的关系便大变其性质了。因为在以前是依靠于经验，而在现在则只求不悖于经验。所有实验，亦只不过证明与经验相符合而不相违反罢了。须知依靠经验与不背于经验在意义上很有不同。相对律的实验证明（如水星近日点等），只是证明其与经验不悖而已。相对律的原理并非由于这些实验而后产生。所以不悖于经验与由经验而出，实不相同。若果经验的科学一词是指由经验而出的科学来讲，则现代的物理学诚不免不是经验科学的嫌疑。好在这个问题方在学者争论中，将来必有进一步的贡献，以我的浅学，当然不敢多所插嘴。不过我们于此总可知道物理学是科学中最进步最发达的，所以他的方法已是越过了"实验"而更进一阶了。换言之，即已经知道仅恃实验已是不够了。因为物理学是科学中最进步的，他方能觉得实验的不够用。至于心理学等现在方在幼稚时代，所以总是以实验为唯一的生命。这乃是资格与程度使然，不足为怪。不过现在学心理学的人昧于此义，主张只有心理学所用的那种实验方法是真正科学方法，则未免太陋了。老实说，现在学心理学的人们总是用老鼠兔子白鸽等实验一下，决不是十分进步的方法。因此我敢说现在号称为"科学的"心理学，其在科学中仍是极幼稚的。

从上述的科学方法的变迁便可知道，科学并不是在那里一成不变，而实是自身即有沿革。不但自己有变化，并且他的变化又有一种趋向。这种趋向，从哲学来说，却可以说是趋于接近哲学。现在请详言其故。

我们在上述的物理学内容与物理学方法的变迁上，不是就指出最后一阶的特色在于"有机的"与"数理的"么？要知道所谓"有机的"，就是指全体相关而言。若谓全宇宙是有机的，即不啻说万有相关而不能散立。如真如此，则分析即于背后早伏有综合，而于方法上亦必是分析与综合相倚。但在以前的科学把宇宙认为是机械性的东西，自是以为只须据其一块即可知其性质，用不着再研究其全体互相关系的结构。所以这种万有相关的概念，确是把旧日与科学作良伴的唯物论打退了。须知唯物论虽有哲学的色彩，而总不是正统的哲学。科学上既取了有机的概念，则科学便由唯物论而进于非唯物论了。科学愈近于非唯物论则当然是与正统哲学愈相接近了。并且我们须知由机械的观点而进到有机的观点，乃是由纯（homogeneity）而进于驳（heterogeneity），由散而进于合，由分而进于全。原来纯与散与分是科学的本有范围，而驳与合与全则渐渐侵入于哲学的范围中去了。科学的概念既然是由纯而向驳，由散而向合，由分而向全，则说科学是渐渐向着哲学而趋近，谁曰不宜？

这乃是说科学的内容，至于其方法亦然。科学的方法渐侧重于数理。须知数理并不是别的，而只是逻辑（logic）而已。我在上述的一段不就说过么？我说科学的方法已超过了实验而进为数理的。照这句话的意思，如果把数理的即不啻等于逻辑的，则岂非科学已经超过了实验而反走到逻辑的路上去了么？科学的工具既然以逻辑为主而以实验为副，则科学在方法上便与哲学岂非又相近了一些么？原来科学与哲学的唯一重要的区别点即在实验。科学可以实验，哲学不能实验。倘若实验在科学不是居于最重的地位，而居于辅佐的地位，则科学便与哲学相接近些了。所以我们今天可以说（1）科学不是一成不变的，而是有其沿革；（2）且其变化又是较接近于哲学。根据此二项结论，我们便可知道主张科学蚕食哲学的人们对于科学先就没有认识清楚。他们的大前提就包含有谬误，所以他们的结论终不免于不正确了。

科学自身的变化既已讲完，现在接着讲一讲哲学自身的变化。须知哲学自身的变化较科学自身的变化更要大得很。哲学的变迁不仅是改变样子，简直有存亡断续的危险。所以哲学的变化更大于科学的变化。因为科学的变化可以说只是自身的改变，而哲学却不啻死了一次而又重生，如此蜕壳了好几次。我们现在即可历举哲学的苏生的次数。为叙述便利起见，我今分哲学为三个期，如下：

一、第一期可名曰宇宙论期。此期的要点即在其为"宇宙论的"（cosmological），就是说此种哲学，其中心不外乎宇宙论。自希腊的泰莱斯（Thales）以来而迄于近世初期的伯鲁诺（Bruno）以及霍布士等，都是属于这一派的。

二、第二期可名曰认识论期。此期的要点即在其为"认识论的"（epistemological），就是说此一期内哲学由宇宙论而退到了知识论，遂以知识问题为其范围了。这虽由希腊的苏格拉地与柏拉图开其端，然到了近世的康德始为成立。所以我们不妨以康德为这一期的代表。

三、第三期可名曰价值论期。其要点亦就是在于其为"价值论的"（axiological），就是说凡知识总离不了主观与客观，而单纯只有客观即不能成为认识；凡说到知识当然即包括主观在内，既然如此则知识与价值没有性质上的区别，而不过是程度不同罢了。就是价值在比较上不是普遍的有效，知识是普遍的妥当。从这一点可以说知识就是普遍有效的价值。这样说来，便把知识问题归入于价值问题了，换言之，即以价值论为中心以谋解决知识问题了。这乃是新康德派的趋势。虽晚近学者辈出，而我们不妨暂以文台榜德（Windelband）为代表。

以上是大略分期。现在请加以释明。为便利起见，即将我在拙作《哲学 ABC》上的一段话抄录于下：

> 我们要明白哲学是什么东西，则不妨"哲学"当作一个姓"哲"名"学"的人来看，而给他作一个传记。述他何时呱呱堕地，何时成年，何时老大。现在即取此种办法而作一个大概的略传。哲学本是 philosophy 的译语，而直译起来则应该为"爱智"。初有此字时不过指"思索"而言，没有特别的意义。后来苏格拉地出来，自称为一个爱智的劳工，方有了另外涵义。就是他以为世人的知识不足为真知识，世人的求知不足为真求知。须于世人的普通知识以外另求真正的知识，而名此种求真知识为"爱智"。这便是哲学的诞生。哲学诞生下来即带有一个大使命。这个使命是根据于求真知识的心。就是一言以蔽之，曰唯真是求。求到了一层以后不能即此告终，必须再进一层；再进一层以后仍不可即引为满足，必须又进一层，因为愈进一层当然是愈真一些。如此层层追进务必达到于最后为止。所谓最后即无可更进之谓。所以我们从哲学的使命来看，可以说他是追求最后的真理。用俗话来说，他是追根问底：问必须问到底，追必须追至根。因为必须把所求得的知识愈即于真，则不期然而然必是愈问愈到根底。凡是不属于最后的，不在根底上的，必不是绝对的真理。既要求得真知识便是要求得绝对真理。所以哲学的目的和其他学术不同，乃是专注重于直到最后。

这是讲哲学的初生。哲学于其初生，就是想拨开常识的假知识而另求得可靠的真知识，则第一个代表者便是泰莱斯。他首先不相信世人的宇宙观，而自创一个宇宙观。他以为世人以为万物是无数的物体各自存在，乃是一种浮浅的见解。其实万物都是从一种本体变化而出。我在《哲学ABC》上亦有一段话如下：

> 泰莱斯只有一个主张，至今传诵，就是他主张万物的根本是水。他以为一切物都是从水变化而出，将来还可复变为水。这句话看来似很可笑的，但哲学的基础即从此而定了。因为这句话包涵有一个重大的意义，就是在表明我们所看的万物都不是真东西，都不是本来样子。真东西是什么呢？我们名此曰"本体"（substance），不是本来样子的则可名曰"现象"（appearance），于是便这样两个互相对待的概念。须知万物既是由水变化而出，则显然是万物不过是现象而已；唯有水方可配称为本体。本体是自己存在的，是绝对的，是不变的，而现象是倚靠本体而始有的，是相对的，是常常变化的。姑不论万物的本体是否为水，而把万物与本体分为二，这总可算在思想上开了一个新纪元。因为我们的最初总不会想得到万物只是现象而另有本体，能分开万物与本体乃是在思想上很大的进步。

这乃是表明第一期的哲学的根本性质。在这一期内，哲学的主要问题是宇宙的本体是什么，一切的东西是从那一个东西里变化出来。所以哲学的职务亦就在追求这个万物根本的本质，想发现其为何物。于是其结果乃有唯物论、唯心论、两元论、中立论等。在唯物论者，以为宇宙的本质就是物质或原子；在唯心论则以是为绝对的精神或各个人的心意；在两元论则以为是心物二者；在中立论则以为是一个绝对的中立第三者或无数非心非物的中立分子。无论如何，而他们的主张总是对于万物的本体而说。但万物究竟有本体么？宇宙究竟有本质么？如果是有，我们何以能知道呢？于是我们的问题便改变了，我在《哲学ABC》上亦论及此层，如下：

> 哲学虽定了这个方向，但后来人们对于万物根本的问题却渐渐怀疑起来了。他们不是疑心万物有无根本，他们乃是疑心我们怎样能知道万物的根本。现在确有这样的一流意见，他们以为哲学已是不必要的了。换言之，即我们是否有知道万物根本的能力，这一点实是不可不先问一问的。若是我们没有能力以知道万物根本，则我

们研究万物根本，岂不等于生瞽喻日、夏虫谈冰么？须知这样发问，便不啻对于我们知识的能力发生了疑问。换言之，就是我们既对于知识的能力怀有疑问，则我们便应得把这个疑问列为先决问题，就是我们应该先问我们是否有知道万物本体的能力。倘若我们确有此种认识的能力，则我们方可作宇宙论的研究。不然便全是费话未免太可笑了。这样一转移，便把知识问题列为第一，而以本体问题列为第二。于是哲学上数百年以来的中心问题，便由本体论而移至知识论了。换言之，即哲学的中心问题变了：前者是问什么是宇宙的本体，现在是问我们的知识果有达到绝对真理的能力与否。这个转向乃是深有理由。譬如你要斩木头，你必用刀，并且你的刀又必须很快利。所谓工欲善其事必先利其器，就是这个缘故。你想要知道万物的根本，你必定先有一副很锐利敏活透切的知识。正好像斩木头一样。你不可专心只问木头斩作方块或是直条，你应得先问你的刀究竟是否锐利。设若你的刀不锐利，你便须设法使他磨一磨。如你的刀只是一片朽木，则你虽磨一磨亦必是不中用的。哲学上的问题，亦正和此相同。你不必先急急于求解决宇宙本体是什么问题，而应该先求解决"我们究竟有没有知道这个本体的能力"的问题。须知这样退让一步，乃是出于慎重。而这种慎重的态度，又是根于真知识的用心，和唯真求的精神是完全一贯的。但这样一来，哲学却就变为知识论了。

照这段话所说，则第二期的哲学所以变为认识论的，其缘故便可明白了。但哲学所以要变为认识论的缘故，固是由于自己求真切确实，然而亦由于环境的迫逼。这话怎讲呢？可以说是由哲学与科学的接触。我请再把我在《哲学 ABC》上的话列在此处：

哲学是求知，所以他的对象本无限制。在最初所有天文地质人事天行上一切问题都可归入哲学内，去探索其所以然之故。但后来人们却知道如此笼统去求知势必不能得有真知。于是乃分门别类去求知。此种分门别类的求知便是科学。科学的诞生，就是因为研究愈求精细势必范围愈自狭小。这是基于分工的原则。于是乃有各种科学，把原来在哲学内的却提了出来。所以有人说哲学好像一个老母亲，这许多科学就是他所养出来的儿子。并且更有人说哲学于生出科学以后把所有的财产都分配给予了各位儿子，他本身于此一无所有，于是便到了寿终正寝的时候了。换言之，就是到了所有研究的题材都归于科学以后，哲学便失其职务了。现在确有这样的一流意见，他们以为哲学已是不必要的了。换言之，即哲学已是多余的了。因为有了科学已是足够的了，不必再须有哲学。哲学之加于科学，正犹锦上添花。须知锦已是很美观的了，不必再添些花于其上，而况添了，反弄得不清楚。这就是说哲学之加于科学，不惟无补于科学，并且反而加以扰乱。徒乱人意则有余，相助为理则不足。所以我们不妨听哲学自己寿终，不必使其续命延年。

照这段话来看，便可见在科学初从哲学分出的时候哲学确有一种危险：就是自身尚能存在与否的危险。科学好像枭鸟一样，一经养下来便要吃他的母亲——哲学。这便是科学与哲学的第一次接触，亦就是哲学第一次遇着了对手。但这一次的接触是科学胜利了，哲学失败了。因为哲学知道这回接触是无法取胜，所以一经接触，哲学即不复抗击，立刻实行总退却，退到自己的最小范围内。然而科学虽是向哲学猛攻，不过等到哲学退至最小的范围作为自己的壁垒以后，科学却无法再进攻这个森严的小壁垒了。所以这次的科学与哲学的战争可以说哲学只有退，而无进，科学虽有进而却未曾攻入哲学的老巢。这是从哲学与科学的接触而言，至于说到哲学自身的变化，我们又可以说这便是哲学的第一次变化。因为哲学从来没有遇着对手，总是妄自尊大，以为天上地下无一物不可以由哲学而知悉其性质。乃自科学出来以后，哲学方知道环境已经变了，从前的包办的态度非取消不可了，所以哲学自己先就让步一下。这种让步乃是环境所使然。

于是我们应得讨论哲学的老巢究竟是什么了。哲学既退到这个最小的坚固壁垒中，这个壁垒绝对不能为科学所占领，则这个壁垒必有绝大的特色，当可不言而喻。须知这个特色并不是别的，而即是上述的知识问题。因为科学无论如何总是拿了知识来使用，好像拿了刀来斩东西一样。科学的心目只有所要研究的事物，却没有这个研究事物的工具。例如天文学的对象是天界现象，物理学的对象是物质的构造，心理学的对象是有知觉的生物之心意作用，其他科学亦莫不如此。这些科学从来没有想到我们是否有知道这些对象的能力。如果他们亦想到我们须得先问一问究竟知识的能力如何，则他们便研究不下去了，势必把所有的科学都暂时停止，而都先变为知识论。因为他们不愿意去涉及这个高深的根本的先决问题，所以他们总是依着他们原定顺序进行。他们既不能都归于知识论，则这个知识问题势必由哲学把他担任起来了。这就是哲学的第一次自身的变化。详言之，即哲学出来担任什么天文、物理、心理、生理等，到了现在方知道这些职务以分给科学为宜。哲学把从前所有的职务让给科学以后，却还留了一些，这一些就是知识问题。所以以前的哲学是以宇宙问题为其题材，以后的哲学是以知识问题为其题材。以前的哲学因为其题材包括天文、物理、化学、生物、心理等，所以和科学有冲突；以后的哲学只限于认识论，因为认识论是科学所不能夺去的，所以和科学没有冲突。可见哲学自己的变化不仅是对于科学有所让步，并且是对于科学想求调和。

在这个变化中，我们可以康德为此种趋势的代表者。康德的时代已是科学由幼稚而到茁壮的时代了。他深知此后哲学必须觅一个新职务而与科学分工。若是仍想占据科学所有的范围势必不如科学，因此他乃提出他的"先验的哲学"来。他以为科学都是经验的，唯有哲学是追寻先验的原则。他并且发现倘若没有先验的原则，则经验必不能成立。因为经验所以有可能性的缘故就是由于有先验的格式，再加以后天的材料。他说"思想而无内容则是空的，直观而无概念则是瞎的"。这句话就是说，没有后天的经验作为内容固然不可，但没有先天的法则作为格律，亦是不能成为认识。他在这个转变期内所贡献于我们的，虽仅是这样的一个大体方向，但这个大体方向却支配了数百年的哲学而直到现在的目前。

这个变化，在哲学自身却不可不算为很大的变化。这个变化以后，又继起一个小变化，就是由知识论而又侧重到价值论了。此期的代表者暂认为新康德派的文台榜德。此人在其论文集的《前奏曲》中讨论哲学的性质。他主张哲学是研究价值的一种学问。但所谓价值却和我们普通人的观念不同，现在请加以释明。他以为我们通常总以为哲学是研究"纯有"（pure being）的一种学问，换言之，是研究"纯粹存在"（pure existence）的一种学问，实是错了。哲学不是如此的，乃是研究"在意谓中的存在"（existence plus meaning），而这个与意谓共存的"有"即是所谓价值。须知价值虽不是一个客观的观念，而却亦决不是主观的观念。所谓价值乃是指其自身而言，因此遂有"价值自身"（德文为 Wertansich）一语。这个价值自身乃是一个独立的范围，既不属于客观又不属于主观。属于主观的，我们名之曰"评价"（valuation wertung）而非价值。属于客观的，我们名之曰"财物"（the goods Gitter），而亦非价值。所以价值是超于主观客观之上，而又存于主观客观之间。用现代的哲学术语来讲，他是 objectives 而不是 object。用英美新实在论的术语来讲，他是一种 subsistents 而非一种 existents。因为他不是"现实的"（actual），所以德文有一个特别字专以表现他，就是 das Gelten（此字可译"妥当"）。价值既是在主观的评价与客观的财物以外的一种非现实的东西，则科学决不能以此为对象；于是对于这个范围来下研究便是哲学的任务了。所以文台榜德对于哲学下了一个定义，就是："哲学者，普遍妥当的价值之批判也。"换言之，即批判价值的一个学问。这样一来，则哲学便又由较广的知识问题而移到较狭的价值问题。以前是对于知识下批判，可名之曰"知识批判之学"，现在是对于价值下批判，可名之曰"价值批判之学"。须知在知识上求普遍的妥当，势必导入于纯有。今既不必涉及纯有，则又必引到价值方面。这乃是由于知识问题研究的结果所使然。换言之，即进一步以研究知识，而于主观客观以外另发现一个独立的领域，则此层必为价值问题是无疑的了。虽则由知识论而变到价值论是一种自然而然的变化，其变化亦不甚大，然而未尝不稍加一些新的意义。所以我今列为第二次的变化，把以价值论为中心的哲学列为第三期。

从这样的两次变化来看，可以说哲学自身的变化比科学自身的变化要大得很些。哲学的第一次变化，差不多可以说是死生存亡的关键。幸而未曾断气，还能一息尚存。至于科学的变化，却从来没有这样的危险。须知这乃是从表面上看才如此的，殊不知实际上并不如此。哲学在其第一次变化时好像是命在呼吸之间，其实科学所施于哲学的攻击都只是伤害哲学的皮肤手足，而从来没有伤害及于哲学的心肺。换言之，即哲学虽受了科学的攻击，却从来未曾受过致命伤。所以在表面上看，好像哲学吃了亏，其实哲学于要害的地方却始终未有摇动。科学在表面上好像没有多大的变迁，但他的中心点却在暗中自己移动。所以我们可以说哲学与科学自身同有变迁。不过哲学从表面看来似变化甚大，而根本上却是其中心点未曾移动。科学不然，在表面上变化甚微，而其中心概念却渐渐自己改动了。因此之故，浅见的人们总以为哲学自身有变化，而科学无甚变化；并且以为哲学是受科学的压迫，而科学却不曾受过外力的压迫。但我们若从其根底来看，哲学的中心点始终不摇，何尝不可说哲学是未受压迫呢？科学的中心概念自己暗中移动，又何尝不是有所压迫么——虽这个压迫不是由于哲学？所以我今天说一句简单的话，就是：科学的自身变化是暗中移动，哲学的自身变化是层层剥蕉。

这种剥蕉式的变化，就是把外层蕉叶一层一层剥去，而最后便看见了其中的卷心。换言之，即剥去外皮而只留中心。这个中心虽离了其外层而却未曾改变。我今以这种样子来比喻哲学的变化。哲学的中心在最初是深藏在许多枝叶的当中，不容易辨别出来；自科学的诞生以后，基于分工的原则，于是便把各种事实之经验的现象，分门别类以归于各科学听其说明，而独留此中心问题的"先验的妥当性"，由哲学自己专门担任了。可见这个中心却是只有隐显之别，而无大小之异。现在即请把这个中心来说一说。

须知凡关于自然界（即心理现象亦包括在内）的研究无不是属于科学，这是无人否认的了。但研究自然界有两种态度：一种态度是把自然界认为自足的，换言之，是自己独立成为一范围而无所倚靠的。另外一个态度是以为所研究的自然界却不是自足的。第一个态度可以说就是科学，第二态度亦可以说就是哲学。换一个方面来表现这个意思，就是科学以为只有自然界，一切都在自然界以内，除了自然界以外别无所有。而哲学则以为自然界只是我们心上的所对，好像镜中的花与水中的月，虽确是花，却必在镜中，虽确是月，却必在水中；设若离了镜与水，则花与月亦就不能成其为花月了。质言之，花月之所以为花月，乃是就因为他们在于镜水之中，假使出了镜水，虽未必即无，而直是不可思议。所以哲学亦以自然界为题材，但他总把自然界认为是在思想以内的，在认识以内的，而不是超越的与自己独立的。这便是哲学与科学根本不同的所在了。

怀特海（A. N. Whitehead）亦就是抱这样见解的一个人。我现在借他的话来说明这个道理。他说（见其所著 *The Concept of Nature*）科学是 thinking homogeneously about nature，而所谓 thinking homogeneously about nature 就是 thinking about nature without thought that nature is thought about。所以若是 thinking about nature in function with thought about the fact that nature is thought about，这便是 thinking heterogeneously about nature，而这个 thinking heterogeneously about nature 便是哲学（metaphysics）了。若是用中国语翻译出来，就是说科学是单纯研究自然界，而哲学是夹杂研究自然界。何以区别单纯与夹杂呢？研究自然界时不想到自然界是在我们的思想中，这便是单纯；倘若研究自然界时而同时想到这个自然界是在思想范围内的，这乃是夹杂了。怀特海以为科学与哲学的分别正在于此。同时他并且承认这样单纯

研究自然界而不想到自然界是在思想以内的，乃是为方便起见，换言之，即只是方法上的（methodological）。主持这样见解的人，尤以英国数学家赫伯孙（E. W. Hobson，见其所著 *The Domain of Natural Science*）为最明显。他说他承认有两个世界，一个是物质的，一个是精神的，换言之，即是心与物之二元主义。至于这两元之如何联络，则不妨交给哲学家去研究，所有唯物、唯心以及中立的第三者都是哲学的学说，科学家在其本分上实无过问的必要。不但这个，并且对于实在论或现象论的争执亦不必参与。科学所以只认有现象原不过是一种方法而已。但这种主张并不说可以只要科学，而不必有哲学。须知所谓物质与精神只是两方面，而不是截然不相交通的两件东西。所以这种办法使科学只限于在物质方面，原只是科学为了自己便利起见，并不是以为科学研究了，物质便可以把精神方面亦概括在内了。以上虽是赫伯孙的主张，然而要可见近代科学家对于哲学与科学的分担职掌，大概是采取此种见解。

不过其中仍有一个问题。这个问题就是：试问这种方法是否很有效的？若果是有效的，则可见研究自然界而同时想到自然界在思想中，其为方法必是不如不想到自然界在思想中来得便利。换言之，即研究自然界而想到其在思想中，必至于无法研究下去。所以研究自然界必须不想到其在思想中。这一番话，在方法论上确是有相当理由。但我们须知方法上的便宜与否，与实际上的真实与否，并不是一致的。有时方法上很便利，而实际上不是真理。所以我们不能因为方法的便利，即认为其中必有真理在内，这一点是我们应得先明白的。详言之，就是我们须知科学之所以如此，仅为方法上的便利，并不是说惟有这样方法，乃可得最后的真理。并且这种方法我们亦可认为是"暂时的"（provisional）。所以我们不可以方法而概真理。

说至此，我们可以看见科学是有方法的。换言之，是为方法所拘的。而哲学是无方法的，换言之，即不拘何法而唯真是求。因为科学有方法，所以科学有"预立的假定"（assumption or preassumption），而哲学因为没有固定的方法，所以他不须有假定在其预先。用比喻来说，科学是先有题目，而在题目之下来做文章，所作的文章便为题目所拘了，不能超出于题外。哲学不然，只须做文章而不限于在任何题目下，所以哲学恰似天马行空。因此我们可以说科学有前提，而哲学无前提。这便是根据上述的态度而生的科学异点了。

我们现在又须再论到哲学的自身变化。从上述的来看，便知哲学自身的变化虽是很大，但其中心点始终未尝移动。这个中心点，可以说就是研究自然的宇宙而同时想到这个宇宙是在思想中的。这个态度是自希腊大哲学家柏拉图以来就决定了，而一直到现在。老实说，康德只不过换一种说法把这个旧问题来表现一下，以后的哲学家亦不过把康德的说法再改换一下罢了。说来说去，却离不了这个。所以美国的乌尔榜（W. M. Urban，见其所著 *The Intelligible World*）主张有所谓"永久的哲学"（philosophy aperennis）。他以为自古以来哲学所企图的始终是宇宙之"可理解性"（intelligibility），就是把世界认为是"有意谓的"（meaningful）。所以哲学的对象始终为在价值中的"有"（existence plus value），而不是纯粹的"有"。这个传统的立场可以说是由苏格拉地传授于柏拉图，由柏拉图传授于亚里斯多德，由亚里斯多德传授于笛卡儿，由笛卡儿传授于洛克，由洛克传授于白开莱，由白开莱传授于休谟，由休谟传授于康德，由康德传授于黑格儿与叔本华，而一直到现在的诸位大哲学家。乌尔榜又名此为哲学之"大统"（the great tradition philosophy）。我的意见亦和他相同。我以为只有这个传统的中心点是未尝移动，所以我敢说哲学的外表是有很大的变化，而哲学的中心始终未变。

现在先把科学自身变化与哲学自身变化的比较来一个归结，然后方可论到将来哲学究竟为何种境象。我们可以说科学是在暗中由分而渐趋于全，而哲学却始终固守这个 existence plus meaning 的问题。照这样说来，岂不是科学始终未能蚕食哲学么？诚然，不但哲学从来未被科学所吞并，并且想进攻哲学的科学而其自身先就未曾立得固定。我们难道不可因此即下一个结论曰：在过去固是哲学未被科学所侵略，然而根据这个事实，我们岂不可以说即在未来恐怕哲学亦未必就被科学蚕食罢？

于是我们的问题，又转为将来的哲学是什么样子了。我以为根据上述的话来看，便可知道哲学的生存是没有危险，将来亦永不会有消灭的那一天。凡主张哲学无将来，换言之，即主张哲学将来必要归于消灭，都是不明白哲学的性质。既知道哲学之所以为哲学，便知道哲学是永存的了。这只是讲到哲学的永存，而未及于哲学将来的变化。但若上述的话而真确，则我们不但可以知道哲学不至于灭亡，并且同时亦可以知道，哲学即在未来亦未必有什么很大的变化。何以故？因为哲学的中心点始终没有摇动。以已往的事迹大可证明未来的情形。所以我们可以说将来的哲学，决不是有什么新奇的变化，而必仍是根据这个传统的中心点而有所进展。纵使有很大的进展，有新颖的学说，然而决不能打破这个传统的立场。

讨论到此已很冗长了，请即作最后的结论以为收束，如下：

一、科学与哲学自身都有变化，不过科学的变化似乎颇有接近于哲学的样子，而哲学的变化却始终未曾波及其中心。

二、所以科学有方法，而哲学有立场。科学在方法上比较固定，而哲学在立场上比较不移。

三、哲学在表面上好像亦趋近于科学了，但这乃是哲学有些采纳科学的方法，而与立场无关。

四、所以我们可以说晚近以来科学之接近于哲学是由于概念有变化；哲学之接近于科学则是由于方法有变化。

五、虽则哲学亦渐渐接近于科学，却决不是为科学所吞没。

六、凡主张只须有科学而不须有哲学的人，在我看来都是不明白晚近科学性质与哲学性质的人。

这篇文章，是我在上海大同大学的讲演。然当时所讲实不及此三分之一。因为当时未能把我的主张中重要各点都能说出，所以现在重加编纂，加以扩充，遂成此篇。但在未赴大同大学以前，我曾允黄子通先生为《哲学评论》作一文，在燕京大学开学时宣读，我所想到题目就是此篇。无奈仅作了一半，而期已届了，所以只好留为大同大学讲演之用。现在稍加整理，仍送交《哲评》，这便是本篇的颠末。著者附识。（西历一九二九年十一月二十日）

（载《哲学评论》第 3 卷第 2 号，1930 年 3 月）

哲学不是什么
（1930 年 11 月 20 日）

（本月一日午后二时半讲于本校逸仙堂，此稿承张先生视加校阅，谨申谢意。仲礼附识。）

俗语说："三句不离本行。"我是研究哲学的，所以我今天要讲的是哲学。我亦曾看过几本哲学的书，如谈哲学不致于是十分的外行。凡是一种东西，全是由正反两方面来解释。例如：今天冷，是正面的；或说今天不暖，是反面的。前几天胡适之先生曾讲哲学是什么？他或许是从正面来说哲学。我今天讲哲学不是什么，并非与他争论，乃是要从反面上来解释哲学，使诸君容易了解。近来一般人对于哲学的批评，概可分为三个理由：

一，说哲学先有，而科学在后。因为学术的研究，一天进步一天，人类的知识渐渐地分门别类起来了。如以前只研究生物学，以后又分为动物学、植物学；而动物学再分有脊动物与无脊动物。所以我们的知识，全归于各科，这就是科学。在分科以前的就是哲学，全由哲学脱变而来。现今各种的科学渐渐进步，而哲学本身就无形中消灭了。如祖父的财产，分给儿子，再分给孙子，最后祖父就成为无产者。胡先生或许即抱这种意思。

二，说哲学是各人随便的意见，所以各人不同；科学是一种公式，所以人人所见都是一致的。在哲学上，甲有甲的哲学，乙有乙的哲学，丙有丙的哲学；但科学是大家共同一致的，决不会有争论的，好像二加二等于四，断不会等于五。

以上两种的理由，为一般人反对哲学的意见。现在尚有第三个理由，乃是胡适之先生的主张，就是说：

三，现在的哲学，乃是古代的科学。因为古代哲学家的推想，往往就是后来科学的结果，但是科学却比那推想要精确得多。换言之，即无须要哲学了。

今天我们不妨对于这三种批评，稍加以分析。请大家仔细想一想，即可以知道其中尚有讨论的余地。

一，知识的研究所以有分类，是为便利起见，但研究的对象，不是分开的，是整个的。例如我们研究桌子，为分工省力起见，你研究这边，我研究那边，他研究其他那边；但是桌子是整个的，仅研究一面是不能了解的，非要等待各人研究所得，才算知道桌子的整全真像。又如研究生理学的人，或研究心理学的人，他们的研究只是人的身体一部份，而实际上的人却不能仅有生理而无心理。可是无论何种分工研究，终须将来有一天集合起来的，这集合分门的知识，以成一个整全的知识，便是哲学的任务。或许又有人说我们可以坐在家中等候各分门研究都有了十二分结果，再来集合也不算迟。换言之，即现在不要哲学且等到百年后再说。其实这也不然。因为我们人类有好奇心，单从一方面下研究，万不能满足我们的求知欲。所以现今欧美有许多科学家，例如物理学家、心理学家等，到了老年往往都变为哲学家，就是因为他们不满足单方面的知识，而想探求全体的知识。可见这种好奇心，是无论何人不能干涉的，是不能加以禁止的。

二，知识的确切不确切，只在程度，没有意见与知识的严格分别。如果有人说哲学是痴人说梦，科学是确实的智识，是他根本不了解现代科学的情形。须知科学只是一个笼统的名词，其中包含的科学程度却相差甚远，如社会学与政治学，就不可与物理学数学同日而语。我们知道物理学、天文学、数学比较可算为完全的科学，至于社会学可算是三岁孩儿，心理学也不过几岁而已。老实说，社会科学中的见解，差不多与哲学同样也是没有一致的。以政治学来说，有主张议会政治的，有反对议会政治的，各有一说，言之成理，莫定谁是，难道不是和哲学相同吗？为什么在政治学中仍可以叫做科学，而在哲学里便认为痴人说梦，而说他不是知识呢？其实各种问题，只有程度不同，如在同一个班中的学生，有考一百分的，有考六十分的，还有考不及格的，可见仍只是程度的分别，而不是性质有何根本大不同。再讲科学中最高的如物理学。在十八世纪至十九世纪，大家认为牛顿氏的定律是神圣的，终因相对论而出来了，致生疑问。但相对论出来并不是使物理学上的问题减少，反而增加多了。现今即在物理学也有了争论余地，并不是绝对大家一致的。所以一切学问只有程度上的等级，没有性质上的区别，即科学和哲学也不过是程度上的不同而已！

三，说以前的哲学，即是以前的科学，在哲学史上未尝不可如此说，但思想不能笼统。我们试分析古代的哲学，其中究竟有没有科学呢？经分析以后，我们必定知道古代根本就没有哲学和科学的严格的区别。我们虽知道哲学是包括一部分的科学，切不可说以前的哲学，就完全是以前的科学。此句话犯了名学上内包外延的错误，这是第一点。尚有第二点，就是哲学有时反可以引导科学。例如达尔文的进化论，从生物学上讲是他的创见，从思想史上讲实则希腊的亚里斯多德即早有此说。由此可证科学未尝不受哲学的暗示，哲学未尝不可帮助科学的进行。现代许多人，尤其中国提倡科学的人，总以为科学的发明，如同在街上拾了一个皮包打开一看，见着内有一千元。其实科学的发明决不是那样的简单，决不是无意中得之。科学家往往先有想像，然后才能研究。如我以为北平为出人才之地，先有了这种念头，然后将种种的材料搜集起来，如果材料充足，便是得了证明。如先没有想像，又何能去研究呢？现在一般提倡科学的人，举旗呐喊，上书"科学方法"到处宣传，其实他们所宣传的科学方法，就在哲学范围以内。我初不知道什么是科学方法，因为外国并没有离了哲学而单讲科学方法这一类书。后来我才明白，所谓科学方法，就是逻辑中的方法论。但须知逻辑是在哲学内的，离不了哲学的。一方高呼打倒哲学，他方面宣传科学方法，实在是一种矛盾。

总之，我的话不是替哲学辩护，果真哲学要寿终，我一个也无能为力。我乃是希望你们听众，各人都须有一个分析的头脑，对于张东荪所说的哲学不倒，你们也须得分析一下，不要完全相信。对于胡适之所说的哲学要死，也须得分析一下，不要完全信他的话！

（载《哲学月刊》第 3 卷第 1 号，1930 年 11 月 20 日）

我亦谈谈辩证法的唯物论
（1931 年 9 月 18 日）

近来很想知道一些俄国的哲学思想。在我浅陋的脑中，好像俄国最初根本上不要哲学，后来却又想另外造出一个新哲学来。所以，我今天说到"俄国哲学"这个名词，似乎有些不妥，然而又似乎亦还说得下去。

偶然在《哲学》杂志（*Philosophy* vol.1，No. 22）上看见一篇俄国哲学近状的报告，其中说马克思主义的哲学家近来大努力于区别辩证的唯物论（dialectical materialism）与机械的唯物论（mechanistic material-ism）为二。虽则列宁早有此说，然而近来有一个新著更将此点弄的明显些。这便是白赫甫斯基的《辩证的唯物论之哲学》（B. Byhovsky, Ocher philosophii dialect icheskago materialisma）。据说这本书是新出的，其内容的要点却有些介绍。现在我亦转述之如下：

第一是关于物质的定义。这本书亦和列宁一样，是采取认识论的见地，以为凡作用于我们的器官上使我们生有感觉的，便是所谓物质。于是物质不能有性质与种类的分别，而只是存在而已（matter is all that exists）。换言之，即凡有即是物质。根据此意，著者遂以为宇宙间只是物质，而所谓"心"（consciousness）只是物质的一种变相。物质的组织有另外一种特别样子，遂成为心。这句话不是说心由物质而唤起，乃是因为物质变化只能产生物质的变化，所以心亦只是一种物质变化而已，并且这种特别组织（即心）乃是由进化而出。详言之，即物质的构造逐渐进化，等到达到一种较高的程度，便有所谓心，其实仍只是一种物质的变化罢了。

第二论到机械的唯物论与辩证的唯物论之分别。著者根据上述的见解，以为机械的唯物论如霍布士（Hobbes）、赫尔拔哈（Holbach）等人都是主张有纯粹匀净的原素（homogeneous elements），换言之，即好像极微的粒子，于是一切东西由这些原素拼合而化成，一切变化都用机械律（mechanical law）来说明，所以名为机械的唯物论。白赫甫斯基对于此说，是大反对而特反对。他所主张的是辩证的唯物论，其所不同之点是在把变化认为是辩证式的（dialectical）。什么是辩证式的呢？就是由甲而发展到非甲，而甲并不因为变了非甲而毁灭，乃仍然存在于非甲中。所以在辩证的唯物论中一切变化不是机械的，乃是辩证式的发展或进化。这种进化不仅是数量上的变化，而含有性质的变化（qualitative distinctions）。于是由粗朴的无机物而生有生物，由下等生物而生有聪明智慧的人类，我们不能把后起的而都认为同是由于原素拼合而成。可见，适用于无机物的物理法则（physical laws）未必仍适用于生物，所以这种唯物论不是机械式的。

以上是杜定顿（N. Duddington）女士在那个杂志上所介绍的话，而经我意译出来的。读者如不见信，尚可取那个杂志来对阅一下。

在这一番话中，使我有许多的感想。第一个是关于物质的定义，若是取认识论的见地则问题就多了。譬如说凡作用于我们官觉的是物质，须知自来所有哲学家没有一个不承认有东西（something）作用于我们的官觉之上。柏拉图承认这个，但他不名之曰物质，而名之曰"相"（image，eidola）。这是指各别的而言。至于能普遍的，能共同的，便是所谓 idea。柏开莱（Berkeley）亦承认这个，但他不名之曰物质，而名之曰性质（qualities）。于是有第一类性质与第二类性质之分。休谟（Hume）亦承认这个，但他不名之曰物质，而名之曰印相（impression）。康德更承认这个，但他不名之曰物质，而名之曰"混杂者"（the manifold）。其实再广义一些，他所谓的"现象"（phenomena），亦正是指此而言。到了现代哲学，所谓 data，所谓 object，所谓 given，都是指这个东西而说的。所以我敢大胆宣告说：从古到今没有一个哲学家否认这个东西的存在，即叔本华亦承认有个 vorstellung 以代表 other will，问题只在研究这个东西如何变为"可理解的"（intelligible），而不是这个东西的存在与否。倘使硬要把他名之为物质，则纯粹是一个名辞的争论。若果只须主张有这个东西便是唯物论，则我们可以说柏拉图、柏开莱以及康德都是大大地唯物论者。并且自有思想以来就没有一个唯心论者，因为没有人不承认有一个作用于我们官觉上的东西的存在。

第二是关于物质的变化。既然把性质的变异或分化（qualitative

specification）加进去，则所谓变化乃就是"进化"（evolution）。既然把心认为由物质分化到某种程度而生，则这种主张和进化论毫无区别。不仅和斯宾塞（H. Spencer）的旧式进化论相同，并且还和柏格森（Bergson）的"创造的进化论"相同；不仅和柏格森相同，并且又和穆耿（L. Morgan）的"突创的进化论"（emergent evolution）相同。可见，所谓机械的唯物论与辩证的唯物论之分别，就只是抛弃德穆克里托（Democritus）、霍布士等一流的唯物论，而转到自然主义的实在论的经验论的进化论（naturalistic realistic empiricistic evolutionism），其内容毫无新颖，所有的都是欧美哲学已经早有过的。又可见自从新物理学出来了以后，旧式的唯物论（即把物质当作本体的）实在无法维持了，不料欧美的哲学却暗中袭击了他们的老巢。但是他们却要说欧美哲学是有产阶级的思想，非先打倒有产阶级的哲学不能够打倒有产阶级。果真他们的思想就同于欧美哲学上的进化论与实在论以及经验论，则我们对于这种打倒的呼声亦可不必害怕。

可是他们对于名辞是不肯放松的。主张的内容明明是经验论，而他们却非名之曰唯物论不可；主张的内容又明明变为进化论了，而他们却非仍守着"辩证法"三个字不可。因此使我联想李安宅先生的论《名字之魔力》一文，和胡适之先生的《名教》一文。大约文化未十分开的民族，对于名辞有一种强烈的迷信；而文化愈进则人们的分析力愈进步，便不肯为几个空的名辞所左右了。须知名辞的作用，不单是表示自己的所信，并且表示所恨。所以，凡他们所不喜欢的学说，都可随便加上一个"唯心论"名辞，不喜欢的人则名之曰唯心论者，好像法国革命的时候以"贵族"二字为骂人的话一样。果真有唯心论也罢了，果真他们的唯物论绝对和他们的哲学不同倒也罢了！无如一经分析，原是相差无几。所以我愿意诚诚恳恳向倾心俄国的人们说一句话，就是如其以感情为出发点，我们决不再多说一个字；倘使真正愿以理论与天下相见，我个人很愿意来共同分析。

（载《大公报》副刊《现代思潮》第 3 期，1931 年 9 月 18 日）

我们所要说的话
（1932 年 5 月 20 日）

一

中国这个民族到了今天，其前途只有两条路：其一是真正的复兴；其一是真正的衰亡。先就衰亡来说罢。自清末以至现在，在表面上好像在那里时时刻刻挣扎着以抵抗这个衰亡的趋势；但实际上抵抗的效力却远不及下落的力量。所以到了今天，从国民经济上看，从国际地位来看，从政府纲纪上看，从民众道德上看，都未见得高出于四五十年以前。我们固然知道一个大民族有他的悠久历史与广大地域，决不会一旦即致灭亡，但历史上却亦不乏这种先例。就是无论你民族如何大，只须你长久不能统一，长久在内战之中，你就会逐渐为外族所吸收了。中国这几年可谓毫不振作，毫无觉悟。我们且把这近三十年的历史作一个回顾。

当清末的时候，一方面由于中国人的昏瞆糊涂，他方面亦由于外国的有计划的侵略，遂结成所谓不平等条约，把中国自身的发展遂束缚着了。不但束缚，并且愈陷愈深起来了。在那个时候有识之士以为照这样下去必致于瓜分，所以在清末的时候最足以惊心动魄的便是所谓瓜分论。其实在当时却并非全属杞人忧天。假使欧洲自身不起变化，这个可能性未见得就会消灭。因为要挽救危亡，于是乃起了革新运动。从此中国人的心中都有一个必须救国的意思。这个意思几乎普遍于全国。但一谈到救国便须有救国的方法。救国是人人所同的，而救国方法则各人所见不同了。所以从表面上看来，这多少年的混乱与争斗好像是救国方法的互相争斗。平心而论，无论何人当其初动念想救国的时候，未尝不有些清明平旦之气。但到了后来因为愈争斗便愈横决，愈活动便愈私欲发达，以致外族的压迫每深进一次，国人对于救国的自觉虽愈感得切要些，然却因此引起内部的纷争亦愈烈一层。其故由于外族的压迫还没有到唤起民族自觉的程度，所以内部的纷争每加烈一层，而外来的侵略又随之深入一步。直到现在，差不多已将达一个"转机"时期。这个转机不是别的，就是中华民族或则从此陷入永劫不复的深渊，或则即从此抬头而能渐渐卓然自立于世界各国之林。

二

现在且就复兴的方面来说。所谓转机的关键，就在以敌人的大炮把我们中华民族的老态轰去，使我们顿时恢复了少年时代的心情。这便是民族的返老还童。就心理学上讲，以个人论，往往在重大刺激或重大压迫之下，其心理可以突然变化。且其变化亦未尝不可是幼年光景的再现。须知惟有少年或青年心理方有胆量。有些明白的人们都在那里提倡民族自信力与民族自信心；但苟没有少年性情，外患一压，便使得自信心减少。庚子一役于中国在精神上的损害实在很大，就是把自信心丧失了，现在虽渐渐恢复，但依然流于浪漫。因此我们以为中华民族的复生，必在如何对付那个重大刺激。现在这个客观条件的刺激是已具备了，只是希望所产生的心理变化，却须看我们的努力如何了！说到这里，且容我插一段无直接关系的话。

我们以为中国所以糟到今天，完全是由于士大夫阶级的道德破产。中国有五千年的历史，但所有的统治阶级却并不是士大夫。士大夫始终处于辅佐的地位，不过这辅佐却与治乱很有关系。所以中国的历史虽都是一治一乱之局，然而其治大概都由于士大夫。但自海通以来，中国的情势必须跟着世界潮流，这种治国的旧法应该完全结束了。旧法虽然结束，士大夫阶级的人们却没有接受新法的资格。在上文已说过，无论何人，当其初动念想救国的时候，未尝不有清明之气，但这个清明之气经过了许多的磨折，便只剩了实际利害与个人私欲。所以中国人们直接间接与政治有关系的。降至今日，其道德破产已成了公认的事实。这一班人，无论是握军权的也罢，经手财政的也罢，作官吏的也罢，甚至于读书与教书的也罢，都免不了下列的毛病：（一）取巧；（二）嫉妒；（三）伪善；（四）营私；（五）玩手段；（六）虚骄；（七）工趋避；（八）不负责任,等等。要而言之,几乎很少有人是坦白,赤诚,勇往,与忘我的。换一句话来说,就是只有好像老人一样,富于阅历,多心机,多瞻顾,多自私;而不像少年人,多热血,少顾忌,无计较。因此,我们以为民族的返老还童是不能专属望于士大夫这一班人。

三

我们说这句话却不以阶级为立场。从狭义上说,即是不主张排斥任何阶级(假定阶级这二字是可用的)。老实说,士大夫一类的人亦有其长处。不过自从欧风东渐以后,把士大夫讲气节讲理学的优点完全丧失了,这真是一件最可痛心的事。我们相信民族观念是人类中最强的,阶级观念决不能与之相抗。无论是已往的历史,抑是目前的事象,凡民族利害一达到高度,无不立刻冲破了阶级的界限。日本人压迫我们到这种天地,虽平日在对抗中的资本家与劳工,平日在仇视中的人民与军队,亦都不由得不联合一气,从事于抵抗,所以民族观念是深中于人心而较阶级为强。因为民族观念固由于种族本能而生,却依然有深切利害的背境。例如日本的无产阶级在这一次事变中,很希望能随着他们代表帝国主义的军阀而得解决生活问题。

倘使他们真笃守马克思的遗教,果然想先自革命,则他们是否能得有确实的好处恐怕亦未敢自信。所以,马克思想以阶级作大的横断而有以打破民族国家的纵断,实是一种迷梦。实际上已经屡次试验了。只有民族的纵断而能冲破阶级的横断,却未有阶级的横断而能推翻民族的结合。即以苏俄论,他的成功处不在阶级斗争的国际化,却只在社会主义的民族化。换言之,即以民族持为一体,形成一个强有力的国家;于内部实行集产主义的生产法,对外则更与帝国主义无稍异。以俄国现在的办法,愈证明民族观念是强于阶级观念。所以,我们不是以阶级为立场而来说话。关于民族一层,我将于下段再论之。

我们既不站在阶级的观点,但又承认士大夫的普遍的道德破产,则论者必疑我们逢着了困难。其实历史所昭示于我们的却近在目前,决不是无路可走。当马占山在最初于黑省对日本打了几个胜仗,全国的人无不慷慨输将;十九路军血战兼旬,屡败敌人,几乎没有一个人不愿牺牲一切以相助。从这两点上看来,中国的民族自觉心,即所谓民族意识,确是在那里抬起头来了。中国前途的一线出路,亦就在于这个有民族自觉心的民众。所存的问题只是：如何把这有民族自觉心的民众组织起来？

四

我们说以民众为立场，乃是注重在民众心坎中的真正要求。所以，我们既无须排斥任何阶级，亦无须联络任何阶级。凡以阶级为立场的，必是以争斗为目的。以流行的时髦话来说，这是以"恨的哲学"为出发点。我们虽不必高揭"爱的哲学"为标语，然而却必须以全力排斥这个恨的哲学。须知以恨为出发点，想排斥他人，想打倒他人，其结果必更引起他人的排斥，于是恨乃更甚。好像火上加油一样，决不能以油来灭火。所以由恨为立场，其结果决得不着和协与平安。

我们相信以民族作出发点，其中无论如何利害错纵，然总可以寻得出一个一致点。在这一点上，好像卢骚（J. J. Rousseau）在二百年以前已经见到了。他以为一个人，苟其是成年了，对于他自求多福之道必是由自己见之方为真切。如其人人都能自求多福，则必可有一个共同的途径。这就是说，把各人利害不同的私益互相抵消以去，而尚余有个公益。这个公益却是一切私益的基础。没有了这个公益，则各人的私益亦必无所附丽。例如中国人是世居于中国这块土地上的，倘使国土被人侵略了，则无论工人，农民乃至于官吏兵士，虽各人因地位而有殊特的利害，然受这个侵略的影响则是共同的。一国的土地虽丧失一隅，而在未丧失的地方人民则立刻都受了影响。所以一切的私人各别利益都是"上层建筑"（此是马克思唯物史观上的术语，现在借用一下），而必须有一个公同利益作其"下层建筑"。这虽是卢骚的议论，然而于此却可借此证明民意就是力量。所以，我们相信只有民众关于自己切身的共同利害而发出此心坎中的真正要求，方才是力量。无论你有千军万马，这个力量是不能摧残的。往往有人把古语"水能载舟亦能覆舟"来比喻民心，想来亦就是这个意思。

五

怎样能使中华民族复兴？我们以为必须有下列条件：

A. 有一个极大的智慧；

B. 是全民心坎中的要求；

C. 有由渐而扩大的信用；

D. 有最后而决不轻易使用的实力。

所谓大的智慧，不是指一个人的头脑。到了今天，无论任何经验丰富、学识充足的人，亦决不能凭一个人的脑力足以应付这个难局了。所以必须集合无数人的智慧而形成一个极大的智慧。其中有固定的原则，有全盘的计画，有统一的配置，有分层的步骤，且有修改的余地。尤其要包括各方面，例如政治制度，经济政策，教育方针等等。这个大智慧，必须是在理论上可称为比较上最圆满的学理，在实际上可称为比较上最合需要的方法。换言之，即不仅是创立一种新制度，想出一种新计画，而且必须有一个新哲学。倒过来说，不仅必是有一个空泛的理论，而且必须是一个具有一百二十分科学性的方案。老实说，从这二十余年的经验来看，必使我们恍然大悟，知道数十年以来所有国人言之有故持之成理的救国方案与主义，都是浮光掠影之谈，经不起一再推敲。所以，我们敢说这个大的智慧始终未曾形成。以往所有的几乎可以说都是庸医乱投药。医而不自知其庸已是可怜，乃竟至惹起包医的争斗更是不堪了。总之，这个最合需要的大智慧未出以前，愈是乱投药，换言之，即愈是你创一个主义，他起一个运动，势必使国家愈纷纠，人民愈疲倦，以致于更难有起色。所以，我们首先最不赞成的便是那些盲动，而愿把我们的区区精力先作一个小小的引子，俾全国知识界得共同从事于这个大智慧的创造。

六

在这个当中却包含有许多的问题，必须加以讨论。我们现在首先要讨论的，就是"民主政治"。我们固然知道政治制度无不以经济为基础，现在亦并非离了经济而单讲政治，不过为便利起见先提出而已。要讨论这个民主问题，不能不联带述及国人对于民主政治的观念。在辛亥革命前后，似乎在论坛上的政治主张已趋向中国非行民治不可的样子了。迨后来国会成立，几度令人失望。加以最近国民会议的选举，在这些实例上遂致有许多人对于民主政治的实施不能无所怀疑。国民党公然主张训政，虽是侮辱全民的人格，然却亦有一部人听了不觉得有什么逆耳，则其故可以长思。因此，我们以为民主政治在中国确是十二分重大的问题。我们不能专凭感情说话，否则，你只能得一部分人的满意，而不能得着另一部分人的同情。

我们的意思既不同于无条件主张民主政治的人们，却亦决不同于主张中国不适于民主政治的人们。细加分析起来，这其中却由于有一个大误会。先就反对民主政治来说，其持论不外乎两点。第一点是中国人民知识能力不够实行宪政；第二点是世界各国中多有趋向于专政的样子，可见这个非民治的趋向已是世界共同的潮流。为国际间互相争强起见，自不能不亦采取这个态度。我们对于这两点，都可加以强有力的驳论。

就中国人民知识能力不及格来说，倘使为事实，则必是全国的人民都如此。决不能有一部分人民被训，另一部分人民能训。被训的人民因为没有毕业，所以必须被训。试问能训的人民又于何时毕业过呢？何以同一人民一入党籍便显分能训与被训呢？可见训政之说真不值一驳。所以即主张中国人民程度不够，势必亦得不着训政的结论。倘训政说不能成立，则我们对于人民程度一层原不必计较。换言之，即无论如何，终不能不向民主政治而趋便是了。说得明白一些，即我们可以不管人民的程度，总得在可能范围内尽量使民主政治为之实现。我说这句话，不包含建立一个不合人民程度的民治制度。须知我们的意思，只是主张民主政治仅仅是一个原则。按照这个原则而实施于中国，当然必须看人民的程度而定其可以实现的量度。就是说：能实现到百分固然是好；若使不能，则九十九分亦好；再不能，便降至九十八分亦未尝不好。照这样下去，纵使降至五十分或四十分，却都不能说不是民主政治。明白了这一点，则人民程度便不生问题。换言之，即只能作为实施时酌量的根据，而绝对不能作为反对或延缓的口实。

七

而况人民程度如其是不够实行民主政治，则必定亦不能由专政而得获福利。为什么呢？我们固然在历史上看见不少的圣君贤相，以一个人的能力，握行政的大权，而把国家弄得到富强之域。须知这是可遇而不可求的。中国既改了共和以后，贤明的人若是能起来秉政，以大权为人民谋福利，则人民至少必须真正认识这个人的价值。苟人民能辩别贤不肖，以从事于推举与信任，则不啻说人民已有实行民主政治的资格了。所以在人民程度不够的时候而主张专政，这是徒然为枭雄造机会。因为无论如何，所能起来的执政者必定流于窃国祸民。可见，以人民程度不够为理由而反对民主政治，势必供奸人利用，以致于政治更形败坏。

现在的讨论又可移到第二点了。老实说，当一个国家在紧急的时候，自然容不得发言盈庭日中不决的事情出现。我们亦承认，普通的民主政治诚有效率迟缓与力量分歧的弊病，但我们却须回头一看战时的各国政府的组织。例如英国的战时内阁，不但是各党混合，并是头数很少。这样的战时政府很能集中全国力量，做起事来亦非常敏活与迅速，所以效率是很高的。但我们却不能说这种政府是反乎民主政治的原则，我们反而可以说这样的政府所以能集中权力，正由于根据民治主义的真正精神。不然，便流于专制了。可见政权的集中，换言之，即行政效率的加高，实在与民主政治根本上不相冲突。所以我说这其中是由于有一个误会。这就是把政权的集中与敏活认为与民主精神不相符合。其实稍有知识，便可剖释。至于说世界的潮流，如赤俄的共产党专政与意国的棒喝团专政，好像民主主义是不时髦了。在我们看来，却亦可用上述的眼光来解释之。我们承认这个世界上的各国，因为经济情形愈趋愈失其自然，所以几乎都有紧急状态陈于他们自己的目前。他们为了解决自身的困难起见，不得不要求有个强有力的政府。俄国之所以有共产党专政，在我们看来，是和英国之所以有混合内阁一样。意大利之所以有棒喝团专政，亦是正和俄国之所以有共产党专政一样，同是应他们的紧急需要。可见凡是处于紧要的时代，当局的权限自不能不求其统一与集中与敏活。这是事实使然。但在这个多事之秋，自然各国都有他的危险与困难。所以从容论道的民主政治不能不有变化，乃是理所当然，势所必至，原无足怪，但却不可认为这是与民治原则相违背。因此我们亦承认确有这样的世界潮流，不过不是政治制度的自身有何不足之点，乃只由于时势的要来。且须知这个时势的要求，在各国，因为他的历史不同与环境不同，不可以一概而论。所以民主政治的原则是不摇动的，各国得依他的环境情势与时代要求而设法变化之，以得适应。

经此一解释，读者便可明白第二种理由的反民治论，是由于误会而生。而所以产生此误会的事实，却不可抹煞。我们现在愿根据这个事实，仍依照民主政治的原则，来提出一种"修正的民主政治。"

八

我们的修正民主政治，其实乃真是真正的民主政治。至于普通所谓民主政治，却是根据民主政治原则而生有偏弊的政治制度。我们为便利起见，名为"修正的"，而其实只是去其偏枯，救其过甚。

须知民主政治的精神，在使国家的实际意思即完全等于人民的共同意思。所以没有一个民主国家不在宪法上规定民意发出的所在，即所谓民意机关。但不幸民意机关往往为党派所冒名顶替，以致所代表的不是人民的公意，却是党派的意思。这是任何民主国家所最易犯的现象。原来照卢骚所说，最好没有党派方可以选举表示公意，在近代国家已是绝对不可能的事了。现在所须注意的不是求办到没有党派，乃只是必须求办到虽有党派而于重要关头仍不能压倒人民的公意，换言之，即必须求办到人民公意仍能于党派意见中脱颖而出。按党派的原理来说，只有两党轮替秉政，是最理想的形式。无如国家政事到了紧急的状态，政策却没有两大类的分别。而党派的活动又不能因为政策的要求一致即趋于不分。所以愈是小党纷立的国家，各党所主张愈少相异之点。总之，从民主政治的精神来说，政党的存在本不是原则上的。换言之，即只是出于运用民主政治时一种不得已的情势。在这个情势上固然以两党轮流当国为正态，然却亦是可遇而不可求。即只可依情势的自然而推演以成，决不能勉强用人力以致之。这样看来，岂非民主政治本身即含有一种流弊么？我们不像一班迷信民主政治的人们，对于这一点却很愿意不为掩饰。这便是我们所以提议修正的缘故。

我们所想出的修正的拟案是什么？首先可说的便是：必须建立一种政治制度，在原则上完全合乎民主政治的精神；在实施上必须使党派的纵操作用不能有所凭借。于是这种政制，在平时，不拘两党或多党都能运用，即假定无党亦可运用；而在紧急时候，立刻可以集中全民的意思与力量，不分党派。我们相信这样的制度不是不能创造的。倘使成立，则民主政治的弊病便减去殆尽了。并且说得极端一些，在这种制度下，万一只有一党，表面上或许有点类似一党专政，而实际上却依然是民意政治。因为这个硕果仅存的党，必定是真正民意的表示。所以，我们心目中的修正的民主政治，在一方面固是既打破多党的纷争，又防止一党的专擅，而在他方面却对于多党或一党的事实上存在，亦未尝矫揉造作加以不容许。总之，修正之道，只在一方面须遵从其自然，而他方面须设法矫正其过甚。至于详细的内容，则暂缓叙述。

九

我们提议修正民主政治，却不仅有见于党派捭阖之有碍于国家大计一端，实在又觉得普通民主政治太把人性的差异忽视了。老实说，一个国家的形成乃是一个异质的结合（heterogeneous unity），而不是同质的结合。所以其中的人才各有不同。此不同的人才又各与国家的职司相当。以浅显的例来说，如工程师是因为他的天性近于此道而始学习成功的，但国家社会却正需用这一门技术。所以一方面是人性本来不同，而他方面是国家的职司本亦有种种。首先见及此点，是古代大哲柏拉图。他在《理想国》（*The Republic*）中详述此理，无奈后来反为近世初期的"平等"思想所埋没。我们以为仍须对于这一点用近代科学的眼光来补充之。换言之，即必须取近代科学上关于人性差异的研究与关于社会组织互相关联的研究，来证明此说。

以各种个人的差异与社会的各种职司相当，可从横的与纵的两方面来观察之。先说横的方面，这便是以个人的专长而发挥总体的异质结合。人们最初只知道人性与择业有关，职业与全体相配而已。但近世的科学发达到所有的知识都成为专门的，所有的技能都成为特长的了，所以国家政治的事情已不是具有常识的人所能应付措置了。政治上用专门家虽始于市政，然而却已逐渐推广及于全部。近世的政治一天一天向着借重专门家知识的路走去，已是无可讳言的。不过我们还觉得未能满意。我们主张不仅是借重专门家的知识，并且必须使专门家占有地位，这个地位是不为党派作用所左右，或政潮所冲动。这样的主张，不仅在于使政务各部都由专门知识来处理，并且亦在于使政务的大部分因为由专家设计，便可比较上成为坚实稳定，不致于时常发生无谓的变化。这一点，是和上述对于民主政治的修正同其命意。总之，我们于行政总希望能尽量办到专门化，稳定化，敏活化，与统一化；但必须在不违背民主政治的原则之下。用比喻来说，我们固然不愿因噎而废食，同时却亦不愿因食而致噎。就是不愿以求行政之顺利而流于专政，但决不愿因开放民意而使行政停滞且招纷乱。在这个兼顾之中，我们求得一个一举两得之路，即注重专门家是已。须知此后的国家政务一天一天趋于专门，非有专门技能与知识不足担任。这乃是趋势所使然。顺着这个趋势而再推进一步，便可把政务的各部变为专门学科，其内人物亦必是专门家。

这便是政务各部的专门化。

十

再从纵的方面来说。照科学所讲，人的智力是有先天的不齐：有人智力高，便宜于用脑；有人智力低，便宜于用手。我们的意思，却不须依照这个定命的不平等论。须知智力的等差以外，尚有兴趣的分别。有人对于读书起兴趣，另有人对于耕田有兴趣。经济学者往往把劳工认为"乐在其外"，这实是近代机械文明的流弊，而决不是劳动的本态。我们相信苟能把机械的生产法加以改良，必可恢复劳工的乐趣。从这一点上说，我们不承认耕田是一件苦事，而读书是一件乐事。其所以在现社会中耕田不及读书的缘故，不在于耕田与读书自身有何上下，乃只由于社会制度所使然。假定仅就耕田与读书自身而论，不顾及其社会的报酬状态，则两者纯可说是兴趣的不同，这句话不过举例而已。这种境况当然不是可一跃而跻的。不过我们专就对于政治一点，似即在现在亦可适用。例如有人终年在乡里，当然对于乡政特别有兴趣。如其不使这种人来与闻乡政，而使奔走国事的人们来担任之，必是不得好结果。所以反之，一国的政事亦不可交给专心乡政的人们来讨论。因此，我们主张被选者的资格可以分类。就是乡村镇的被选者，其资格只须住在那个地方对于他们自身有关切与兴趣就够了，不必再加什么条件。县的被选者便可稍异于乡村镇，因为担任县政的人所需要的知识便与乡村不同。例如乡村镇可以人人都有被选权，而县的被选则不能不限于那些对于县政有能力的人们。这些有被选权的亦多宽不定，有一县有权者较多，有一县则较少，这都是可以的。总之，县的被选者与省的被选者以及中央被选者须各编成册，都依其资格定之。

其资格如何规定呢？当然只好以经验与学历为标准。或者更可用测验再甄别之，最后还须俟本人的更正。这样的程序，即先调查，再测验，又更正，自是比较上繁重。不过我们希望国人要破除一个先入之见，这个就是以为选举必须取其简便易行。我们以为选举是一切政治的根本。倘使根本不清，则一切皆无办法。中国自有选举以来，始终没有人真正尊重他，总是想利用或操纵。甚至于引用英法美德的事例，以为凡选举都离不了金钱。我们以为国家机关的产生只有两个方式，即选举与世袭。世袭的方式是为君主，中国既非君主国，当然只有出于选举一途，所以选举在民主政治上绝对不可免的。明白了这一点，便可知道我们只可改良选举而不可轻视选举。并且我们以为中国政治所以弄到这步天地，决不是因为选举制度不好，实只是因为二十年来从未有真正的办过一次选举。详言之，即不论政府或选民或当选者，没有一方面是真有诚心对于选举的。因此我们相信倘有一个机会能使中国人民对于选举有诚心，有认识，得实行，则必可有法免去那些为人所诟病的弊病。所以，第一步应得把藐视选举的心先去掉。必须使人人养成一种习惯，即对于选举觉得是一种神圣不可侵犯的天职与权利。他人若侵犯我的选举权或褫夺之，便和侵占我的财产妻子一样。这样观念的养成，固然大部分有待于公民训练的教育，然而亦与制度有关，即必使选民所投的那一票可以发生影响。例如蒋政府下的国民会议，差不多都是写好了几百票填在匦中。自然有许多人不愿去投，因为明知道他这一票是不生影响的。所以只须防止这一类的操纵与破坏，而听投票者自行竞争，则纵使一票之微，必定亦有了价值。根据这个理由，我们提出这个分类的被选资格法。

总之，我们亦知道调查选举的程序如此，本此一件难事。但总以为中国苟要施行新政，则三件大事——清查人口，清丈地亩与编定选册——是绝对不可因此困难即可有些马马虎虎的。

十一

我们根据上述的两点，可以说把民主政治略加修正，而这个修正，却是使民主政治由空想的而趋于科学的。因此不妨即名曰科学的民主政治，用以别于十八世纪民约论派的基于平等原理的民主政治。

说到行政求其敏活，自然政权不能不求其统一。有人便怀疑起来了，以为若无平衡抵制之力势必流于专制。我们亦见到此，所以主张行政愈趋于集中，则司法非十分独立不可。原来行政立法司法三权分立，在近代已稍稍变化了。虽则变化了，而其原来命意在于平衡与钳制则依然是不可忽视的。所以我们以为由立法而监督行政往往把行政的稳固化与计画化减低了，便不如以司法来任此钳制的作用。须知我们怕行政的专擅，无非是怕他侵犯人民自由，而人民生命财产等自由权的保障，则当诉之于司法。在中国这种情形之下，有人主张设监察院，仿照前清的御史制度。我们以为照近世法治国的原理来讲，这种只有参奏权的御史制度是不能相容的。因此便不能不特别注重于行政诉讼。关于行政诉讼，应得在各法院中另设一庭，即于民庭刑庭以外另有行政诉讼庭。这样的主张和所谓平政院完全不同，因为平政院仍是行政范围以内，不能有独立之权。并且在现在的中国确有一个大问题构呈在我们面前，就是官吏的贪墨，差不多已弄到中国的官吏没有一个人不是贪赃舞弊的了。这实在是中华民族衰老的征候，亦真是一个极大的污点。须知旧俄帝国之亡，即亡于官吏因贿赂而腐化；而新俄共产国家之兴，亦即在党人中究以能奉公洁己者居多数。国民党之所以为全国所吐弃，亦正是由于其党员自身的贪墨，以及招纳无数的弄钱的官僚。最可笑的是，廉洁政府之呼声愈高，而贪赃收贿之程度亦立刻飞涨百倍。所以，苟不能把这个弊病彻底铲除，则无论何派组织政府亦必等于建筑高楼于沙漠之上。因此，我们以为这是中国当前的一个大问题。而这个问题若求解决，又舍诉之于司法，没有别的径途。

照这样说，岂不是把立法与行政列在一边，又把司法列在另一边么？把平衡与钳制之道专委托于司法么？此处自然又牵涉到立法的问题了。原来在三权分立说初起的时候，却未曾料到后来的推演必至于立法与行政愈趋愈密。内阁制的产生，就是为了沟通这两部而应运以生的。但我们以为立法与行政固是必须打通，然而却亦不可把行政完全依靠于立法。因此主张这两部的关系，还得有相当的制限。例如不信任投票是内阁更换的方法。我们既不愿把行政完全投到立法的怀抱中，则对于不信任投票的制度当然不能采用。再如弹劾，亦是立法所以左右行政的一个把柄。我们既不愿有不信任投票以致行政随立法而时时变迁，则当然亦必不愿有弹劾的制度。总之，我们在精神上赞成平衡与钳制之原则，但以为宜由司法任之；至于行政与立法虽可合一，然仍须有相当制限。

十二

政治论完，便应得论到经济。老实说，居今日中国，那一个不知道造产（即增加生产）是一百二十分重要。但以何方法（即制度或途径）能造产，则却大足绞干我们的脑汁。为什么呢？即率今之道，无变今之俗，走资本制度的路，恐怕是绝对无希望了。在这一点上，我们敢说一句干脆的话：即中国不但不应走资本制度的路，并且亦很难走上这条路去。现在即请稍稍加以说明。

中国资本制度已否成立，有许多人在那里作无谓的争论。今天不是问中国的资本制度建立了与否，乃只是问此后开发产业能否由资本的方式来推进。因为纵使在都市大埠已有了资本的形式，然而总是没有发达，不能与各国抗衡，则无可讳言。所以中国已否成立资本制度的讨论，与现在所要研究的问题无关。英国的柯尔（G. D. H. Cole）说：有人以为人类最大祸害，第一是贫穷，第二是奴役，而他则以为贫穷是征候，奴役是疾病。所谓奴役就是不平等。照他的意思，是以为贫穷由不平等而生，不是因为贫穷而方有不平等。但我们在此处则以为各国的情形或有不同。以中国目前的情形而论，恰与之相反，实在是患寡而甚于不均。亦可以说，是急则治标，须知疾病真是贫穷。所以，中国的唯一无二的问题是如何增加国家民族的富力。或则有人说，倘使国内能去掉各种妨碍，则产业自然便可发达。到了今天已证明这句话未必可靠。因为国内的种种障碍尚可假定有去掉的一天，而国际的势力断乎不容你一踢而就倒翻。所以想不借国家的力量而听人民各自企业，必不能与外来的压迫相抵抗。因此我们看到顺自然的趋势，走资本主义这一条路是不能得有符合我们希望的结果。就是说，仿照欧美资本先进国家的样子，顺着现在的状态再进一步，变成一个产业革命，这件事是不容易的，并且亦未必很好。翻过来，以为前途绝望，非先打倒四围的帝国主义不可，这一种办法亦是幼稚得可笑。但可以总结一句，就是想增加生产必须由民族自己努力。什么利用外资，什么联合无产者的国际，这都是有害而无益的。

十三

我们正在苦闷之中，而俄国的有计划的经济颇给予以刺激。俄国自承他现在的办法还是一种过渡，但不站在俄国的立场上看来，却有若干点足为经济学上的一个极大转向。老实说，在经济思想上，以前立在个人主义与放任状态上的经济学已早不切于当今的世界了。无如好像中国人都知道旧式建筑的房子不切实用，但却没有机会把他完全折毁而另建筑新的。俄国的情形正好像无端起了大火，既把房屋烧了，则自然不必再建筑旧式的了。所以，俄国给予我们的教训不是思想上的新趋向，而乃是在实行上指示许多的实施方法与经验。我们以为这个有计划的经济之实施，在经验上与方法上是人类最可宝贵的一件事，至于他们那些理论，阶级斗争啊，唯物史观啊，完全不相干。

这个在某一种意义之下，就是所谓集产主义（collectivism），亦就是所谓国家社会主义（state socialism）。在此似乎有一个名辞的争论，就是国家社会主义与国家资本主义之区别。老实说，学者对于名辞不免有所爱憎。假如真正无所容心，则这个区别便可不立。不过另有一点须得声明，即人们往往把人类的经济就各种主义而划分，好像有一个资本主义的经济而与社会主义的经济截然不同。其实在实际上就本来没有纯粹的资本主义，任何机械生产的社会中本杂有手工生产。在资本制度中合作社居然可以存在，并且可以发达。自有资本主义以来，即附带有社会政策，社会政策的堆积苟依一定的方向，便可成为社会主义。凡此种种，足见实际的经济状态无不是复杂的与混合的。明白了这一点，便可知道所谓国家社会主义只是在原有的混合经济上再增加一方面，而并不能办到国家社会主义的清一色。不过我们却主张原来由自然演化而成的混合经济，依然是根据于放任原则，所以是不切于我们今天的需要。我们必须把原有自然的混合经济，而一变为全盘计画的混合经济。其要点可述之如下：

我们根据大量增加生产的需要，按出有效的方法，而把国家资本的经济与私营的经济以及合作的经济制定一个相当的比例，在统一计画之下进行。

十四

照上述的话来看，我们所主张的即是把国家社会主义的要素加入中国的经济中。怎样加入呢？第一是必须把一个民族在国际上对外作一个经济单位。换言之，即一个国家必须办到完全自给，至于仍有不得已时所需要的外国货品，则必须由国家代为采办。于是，国家可以酌定何种需要何种不需要，借此则外国的倾销政策（或译音为屯并政策）乃可免除了。第二是必须把全国的经济由国家来通盘计画，定一个统一的发展方法。换言之，即国家必有一个统筹全国经济的计划权。第三是必须国家以公道与平和的方法，吸收或移转一大部分私人经济的社会生产上剩余价值，而由国家用于再生产。这三点可简括之如下：（1）国际贸易管理权；（2）一切产业通盘计划权；（3）吸收一部分社会生产余剩价值以充国家资本权。这三种权应得赋予于国家。关于国家操对外贸易权一点，在目前的中国自然是很难办的。但我们的意思却不在以此而为排外的根据。我们相信国际经济还是于相当的限度内仍必须建筑在合作的基础上。中国若始终以完全仇视外国的心理，把他们一律认为帝国主义者，则非谋产生一个世界革命，中国不能翻身。不过使各国（或许日本在例外）了解世界经济必须合作，亦不是绝对不可能的。所以，我们一方面极力设法把国家弄成一个对外贸易的唯一枢纽，他方面却仍可不完全违反世界经济的互助与合作的背境。从此点上讲，我们所主张的对外贸易由国家办理，是和打倒帝国主义的意义并不相同，不可误会。我们所谓国家社会主义即指此意。

在现在的中国，最先要设法解决的问题就是贫穷，则我们相信只有采取这样的国家社会主义方是办法。因为这种主义的凭借便是民族主义，以民族的抟成一体来作一切的根据。其所以与共产主义不相同的地方，亦就在共产主义以阶级为立场，而这个主义即以民族为分野。我们亦知道共产主义于发展经济上较现行的资本主义国家为优，因为资本主义的国家究竟以经济托于人民，国家只在旁边，任保护之责而已。共产主义则可把经济与政治冶于一炉。所以不是经济自行发展，而国家加以助力，乃直是一个东西在那里生长。换言之，即政治完全与经济合一，只成了一个发展而已。这样自然于发展上更为强有力。但我们所不满足的就是因为注重于阶级的缘故，把国内的一部分原气牺牲了，同时又想求那不可必得的国际上同等阶级的联合。这样一来，在一方面把民族的团结性完全打破，在他方面徒然引起其他民族的畏惧。所以俄国的办法在本国是牺牲太大，殊不值得；在国际是徒然引起疑忌，毫无益处。可见，在经济的改造上以民族为出发点与以阶级为依凭，却须看情形而定。熟知俄国历史的人必能见到这一点。俄国利用阶级来发生革命，后来的建设却仍走回到民族的路上去了。总之，中国的情形很与俄国不同，想以阶级为立场而翻造经济，其难必倍于以民族作根据的重整经济。并且以阶级而破坏民族的固结尤有弊害。关于此点，便是我们所以毅然决然反对共产主义的缘故了。

十五

共产主义还有两点是我所要反对的。第一是一切生产工具收归国有以后，势必都变为官营。第二是一切生产工具属于社会以后，则私产制度必是废除了。现在先从第一点讨论起。

民主国家的主权属于全民，但全民不能个个自己执行政事，于是必有官员以组织政府。在经济方面，所谓一切生产工具属于社会公有，亦正与这个情形相等。因为社会全体不能个个人都去管理，势必即由这个代表社会全体的政府去担任。所以共产主义和国家社会主义是一样的。倘使一国没有很多的廉洁的公务人员，则这个国家休想能实现国营的企业。在俄国的情形似乎是共产党员在那里担负这个职务，而在中国则向来是官营事业的腐败数倍于私营事业。所以，这种主义下所附带的官僚政治，实在是一个可怕的东西。英国大哲罗素（B. Russell）游历俄国，远在五年计划开始以前，但他却早就见到这一点。他说这样把产业管理权集中于国家，势必产生"官僚政治"（bureaucracy）。虽则我们亦知道官僚政治不一定是坏的，不过在积弊已深的中国却绝对不可再火上加油了。因此，我们对于孙中山的国有论始终有些怀疑。证以国民党当国的成绩，更没有人再敢主张这种国家资本主义了。这固然是共产主义的弱点，却亦未尝不是我们所提倡的国家社会主义的难题。倘使此难题不得解决，则国家社会主义之遗害岂非亦与共产主义相等么？我尝对人说，共产主义在经济上确是开了一个新天地，即把放任的经济变为计划的经济；但在政治上，即在权力的分配上，却并未曾有何新贡献。因为他依然不能对于自由与权力（freedom and authority）之间作有巧妙的调和。罗素说这种制度是有亏于自由，这确是不刊之言。所以，我们一方面因为增加生产的需要太急切，所以不能不主张国家社会主义；而他方面又不能不设法防止官僚政治。

我们自认在这一点上，或许是我们在思想上的新贡献了。老实说，有计画的经济实在是人类的一条新路，有百利而无一害。所可惜的只在于执行的人们恐怕要流于专制，以致妨害大家的自由权。现在倘能把自由亦设法参纳于其中，真可以说是世界上最完美的制度了。侧重于自由的有所谓行会的社会主义（即基尔特社会主义 Guild socialism）。这种社会主义在产业已发达的国家自是可行，惟中国尚不足以语此。不但因为中国是农业国，工业还极不发达；并且中国的同行公会等职业团体却是比较上保守性质很浓，对于开发实业不能有所推进。经过多少年的变化，可算已证明"业治论"在今天的中国还是谈不到。不过这种主张却大有优点，因此我们以为宜酌取其精神之一部分，以加入于"计划的经济"之中。

详言之，即国家对于产业只有全盘计画之权，至于经营管理的公务人员不妨即为所委托的同行公会的"行员"（Guildsmen）。换言之，即国家依自定的大计画而从事于开发或整理各项产业，但不需有大批官吏为之经管，仅托付于职业团体的各行公会便可以了。至于如何委托，如何分配其利益，如何监督，如何奖励，这是细目的问题，现在尚谈不到。今天只能决定这个大体的方向而已。我们所要说的亦只是这个大体的趋向。

十六

第二点关于私产的存废。我们以为这是与生产工具有关的。大约生产技术的工具愈幼稚，便是愈不社会化。凡不社会化的，便是属于私有。所以，现代的人类学家很少有赞成穆尔刚（Morgan）的《古代社会》的。须知古代社会是共产的，这假说业已动摇了。据今所知，原始人类的生产器具大概是私有的。所以私产虽不能说是根于人类天性，却至少可以说决不是资本制度所创造。换言之，即不是与资本社会俱始。将来万一有废止的一天，至少亦必须视生产的工具发达到了绝对不能由个人处理的地步。所以，居今日而谈废止私产，真是不明经济发展的历程。罗素于最近的新著（*Scientific Outlook*）中，述及科学上新发明的应用及于人类的住、食与家庭，以致日常生活完全变了样子。例如以前是家家自己烧饭，现在都可不必。因此便牵及房屋的式样，就是每家都不必有厨房了。此种举例，还是自其浅者言之。倘使人类因为科学发明的大进步而竟至于不食生物，专用化学品来注射，则私产的需要必更减少到极度了。所以私产的存废不是问题，而真问题乃在如何利用科学的发明以逐渐减轻私产的需要。根据这一点，便知道对于私产是不能用革命手段来废止的。俄国之所以翻然改途而采用新经济政策，便是一个证明。现在科学的应用尚未充分，生产的工具还十分幼稚，而竟要诅咒私产，真是妄人妄谈。我们以为这是有心之士的责任，即应得以全力攻之。

所以，我们不妨即主张承认私产的存在。须知资本制度所以发生以及其所以演成现在的畸形，其故不是由于私产制度，而实由于放任状态。质言之，即有了私产再加以放任，乃始有资本主义。所以，至多只能说资本主义由私产而演出，却决不能说有私产则资本主义必随之而来。明白了这个界限，便可知道资本制度的摇动不必完全连累及私产的存在。而况我们在上文已说过，经济的历程在实际上总是混杂的。即在社会主义的国家中，亦正不妨有私产。这是我们所以承认他的理由。

此外尚有一点，就是私产的保留足以奖励人们从事于生产的努力。最近俄国对于工作效率特别高的工人给以特别工资，而同时又奖励人民的贮蓄。这些都是利用人类遗传下来对于私产的心理。并且俄国在前几年因为政府强制征收农产，以致农人不愿多种，遂演成食料恐慌。这个又正是反面的好例。总之，人类于其自己所手造之品，不无爱护宝贵之心，而想自己受用。可见私产之用处亦很大，只看你如何处置。若是处置得当，则私产不但不是弊害，而反是利益。

十七

我们虽承认私产，却亦未尝不知其有弊。我们以为其弊害不在私产自身，而在其偏枯。近来有一个很好的教训，就是欧洲有许多的小国，他们虽是比较上落后的国家，其产业居然亦非常发达。但他们都鉴于各先进国的弊病，却不期然而另开拓了一条新道路。这个新路，就是所谓产业普遍化。为了行文方便起见，曾有人名之曰普产主义。其普遍化的方法，例如在农业，则画定耕作单位，把佃农变为自耕农，于是大农变为小农，人人都有土地了。在工业上，更可分给工人以股票，则工人便尽为股东。这样的办法虽是一种社会政策，但与普通为了资本家保护其权利的社会政策大异其趣，这完全是国家的一贯方针。本了这个方针，用了各式各种的社会政策，累积起来以求达到目的，这便是所谓普产主义。我们发现有许多国家，有鉴于资本主义的流弊，已不知不觉走了这一条路，而这个路却颇足予我们以参考。于是，我们遂主张关于私产一方面应将采用这样的普化方式。

但这样的产业普化，必须有国家公有的财产方可有所调剂。所以，并不是纯粹的私产普遍化。公产的作用有二，都是根据产业的性质而成。就是说，有若干产业不宜归于私有。万一私有了，便致不能普化。这便是说，若要私产而不致集中于少数人手中，则有若干种产业必须归于公有。此外，尚有许多产业是资本大而利息轻的，倘使由私人来办，则人人必都愿办那些成本轻而获利厚的，以致于这种产业便无人去创办。但为一群的福利起见，却又是不可缺少的。所以，这一类的产业必须属于公有。因为公家的企业，无论由国家抑由地方，总是不以营利为目的。照这样来说，可见在私产方面我们主张办到普遍化，但并不是只存普遍化的私产。换言之，即在私产以外必须有公产。这个主张，和上文所述的混合经济是相通的。

至于所谓普遍化，就是指人人以劳力所得由本人保有之。而所谓保有，即指本人能使用，能出让，能享受，他人不能侵犯而言，并不限于管理与经营的方法。例如一亩田，属于一个农人，因为他能耕种，而他人不能抢夺。但这个农人若听其荒废而不耕，则国家便有权干涉他——或没收之。可见"所有权"之观念到了近代，已没有了绝对性。因为一个人既是社会中的一分子，他的财产自然亦必是社会的财产之一部分。他若处置其财产而竟违反社会全体的公益，则他虽直接对付其所有，而实即间接对付社会。因此，社会不能不加过问。所以个人对于财产的自由处置权，换言之，即所有权，必须以不妨害社会公益为限。又如一个股票，凡持票都可向公司发言，参加公司的议决。然而却不能提议解散公司，各把股款领回即分头归家。所以财产尽可私有，但并不因私有，而失却公家的干涉权。明白了这个道理，便知道私有财产是与上文所述的社会主义不相冲突的了。

十八

与私产有密切的就是农业。俄国虽宣布一切土地属于国有，农人耕地只有使用权而无所有权。在此我们须把使用与所有两个观念略加分析，则必可见这纯是一个名辞的争论，在实际上毫无意义。前清的地契上又何尝不是属于皇帝而由人民使用？在实际上使用与所有并无分别。俄国的农民不仅可以出卖其田地，并且即在集合农场亦可自由退出，只须有人出相当的价钱来顶受。这和股票的买卖以及商店的出盘受盘一样。可见，凡使用权而能固定便可买卖，但一经买卖即无异于所有权了。这仅是名辞的区别，与实际上不相干。所以，我们以为与其主张土地国有而农人有使用权，反不如主张土地私有而国家有全盘整理权与支配权并公用征收权，因为这两句话是一个意义。我们并不反对这个精神，只以为用我们的言语来表示更切确些罢了。

说到国家如何支配土地，自然第一个标准是田地的所有，应该以实际耕种者为限；第二个标准是田地的多少，应该以实际耕种者自力所能及为限。由第一而言，是变佃农为自耕农，即所谓耕者有其田便是。从反面来说，乃是废除坐食的地主阶级。这种办法在许多国家早已实行了。大家都知道罗马尼亚有此法，其实此一类的办法还有多种，不过不是用暴力行之罢了。由第二而言，是免除雇农，即农工或长工。现在中国的赤色区域所行的"均田制"，亦是对于此事而生，不过这种无赔偿的夺田亦有背于公道。这一点是比较上困难的，因为即在俄国迄今尚有所谓"富农"（此乃指使用他人帮同耕田而言）存在。但我们亦未尝不可斟酌各地的特别情形，设法依平和与公道之原则间接化除之。

以上所言，仍是一个抽象的原则；至于实施的时候，各地方情形不同，断难有一律的办法。要之，在未开垦的边陲既是土地广大，则当然可以酌采俄国的集合农场的办法；而在已开垦的内地，还以规定耕作单位，听其各别经营为宜。这是关于经营方面的话。须知经营与所有不一定有必然的关系，尽可各别所有而仍不妨合作经营。至于如何合作，又须看各地方情形而定了。

不过中国的农业问题不仅是分配问题，而实另外有一个重要点，即是应用科学技术于农业生产的问题。例如改良种子，改良副业，兴办水利等等，在在都是根本之图不可忽略。关于此点完全属于技术专门，我们于此容不多述。

此外，尚有一个农业金融的问题。我们以为这确是一个最紧急的。现在一班农村的困苦全在金融枯窘，所以首先非解决这个问题不可。关于这一方面，恐怕合作社是一个最好的法子了。须知改良种子等科学技术的应用，亦非依赖于此不可。因此农业银行与合作社的设立，实在是解决农业问题的总枢纽。

十九

于农业问题之次，我们要说一说工业。老实说，中国本是农业国，所以对于农业的整理应该比工业更切要。我们以为除了若干重工业与国防有关系的以外，工业的开发应该与农业联合。这就是说，除了已有的工业应加保护使其发展以外，国家创办新工业必须先立一个通盘计划。这个计划在性质上大可类似俄国的几个五年计画。先调查主要的工业有若干种为必需品，然后根据这个需要定出开发的步骤。其中有关于国防的，当然须以全力提前赶办。至于其他须以性质分类。例如凡系独占性质的，当归国家或地方来开办。又如人民日常生活必需品之轻工业，则不妨奖励人民自办。至于与农业有关，亦宜统筹兴办。于是我们的主张可约分三点：

（一）全国工业必须在一大计画下，分期兴办；

（二）工业区域务必与农业调和，使两者互助，以致都市与田园无极大分别；

（三）在大计划中的各种工业，视其性质，以定那一件归国家创办，与那一件由人民开发而由国家奖励与扶助之。

此外，如与工业有关系的交通，不屑说是应该以经济为本位。计划全国的铁路与汽车道以及航空事业，以经济与国防为标准而定开办的先后。凡此都是技术方面的话，自有待于专门研究。将来我们当有详细讨论，现在在区区一短段中自不愿多论。

不过工业问题，还包有一个劳动问题，似乎亦可一加讨论。我们还是深信科学管理法的，以为惟有改善劳工的生活，提高他们的体力与知力并加以训练，方可以使生产的效率提高。所以长期的工作，徒增疲乏，于效率无补。因此，在现在要生产大量提高的时候固然不可贼戕劳工，然而亦不可太把劳工引坏了。如养成怠工的习惯等，是绝对要不得的。所以在这个时候劳工运动务必慎重。须知劳工享受的改善当以其效率为正比例，就是生产效率愈增高则工人生活愈可改善。效率倘是逐渐增高，则工人生活亦宜应逐渐改良。并应该仿照俄国的生产竞赛的办法，规定工作单位，由团体或个人首先做完便可得奖。此说完全以生产为本位，和所谓温情主义根本不同。其不同之点，即在温情主义只是给一些小惠于劳工，而并不承认其人格。我们主张于一方面防止劳工的堕落以致生产低落，而于他方面却非提高劳工的人格不可。

如何以承认劳工的人格呢？第一便是承认罢工权。按理而论，工作本是一种契约，结约中的一方倘有不满意，当然可以提议修改；修改而不能成立又当然可以毁约。所以罢工权的存在是不能否认的，但不得扰乱秩序罢了。第二是团体承顾权，即劳工以团体而向工厂缔结劳动条件之契约。换言之，即工厂招工由工会承包，而不对于工人个人发生直接接洽。这样，则工厂方面便不能任意挑剔工人，亦不能随意进退工人了。不过关于工会的组织，国家须有规定，以防止工会自身的流于专制。换言之，即国家必须制定一个以民治主义为精神的工会法，用以监督各工会。第三是所谓工厂立宪制。这种制度是好像把一个工厂等于一个国家，内中设有一个会议，由工人选出代表，议决一切厂政。德国曾试办过。我们以为未经训练的工人遽然来议厂政是不行的。所以此制不是由一条法令便可举办，而必须先择国立的工厂中一二处来试办，以树模范。这三点都是关于劳工人格的制度，无论如何必须使其逐渐实现。

二十

与农工业有密切关系的，便是租税制度。须知租税不可仅为国库收入计，原来各国为实行社会政策起见大都利用租税，于是有所谓租税政策。查中国所有租税只顾搜括国民精力，丝毫无一定原则。倘使现行租税制度不完全改变，则中国国民经济决无发展之望。所以，我们以为今日应确立一定政策，把所有租税彻底改正一番。此项政策原则，大致包括有下列各项：

第一，租税必须合于经济学上租税原则；

第二，租税必须能借此以达到社会的经济公平；

第三，租税必须不妨碍企业的发展；

第四，租税必须兼能吸取私有产业的剩余价值以归公有，为再生产之用。

关于征收方法，我们以为中国的租税倘能涓滴归公，为数必亦可观。故除租税自身应改正外，征收方法的改变实为唯一切要。我们主张统一征收机关，不分租税的性质是属中央抑属于地方，亦不论租税的类别，凡可以统归一机关征收的，不妨即归一处办理，这样便可减少大批冗员。于是除了关税等以外，如所得税，营业税，土地税等等都可统办，规定百分之若干归中央，百分之若干归地方。如此则地方亦不得自由增税，便可把全国的租税列在一个统一计画下与一个统一计算中了。至于征收人员的养成，则宜另立专门学校，不仅注意专门的技术，并且须有坚苦卓绝的操行。同时又想严定单行法规，专对于经手财务的官吏有贪赃舞弊而设。

此外在经济方面可说的话尚多，不过不必在本篇中一气说完。因此，我们且换一个论点。

二十一

现在要论到教育方面。现在的教育亦和经济一样，其弊病就在于放任状态。因为如此，所以有最显著的缺点三端。第一是好像在个人主义下的经济竞争一样，只知大批制造，而不预计将来的销场如何。现在的学校总是在那里制造毕业生，尤其是所谓"大学"的。至于制造了毕业生出世了以后，对于社会有何用处，则毫不过问。第二亦是好像商品一样，出什么价便买得什么货，所以没有钱的人便受不到良好教育。但有钱的人未必个个聪明，可有造就；而没有钱的人亦未必个个愚鲁，不堪造就。因此，所造就的未必是好的，有资质的又未能造就。第三是退一步讲，纵能免上述两点，而所有教材亦仍是不切于中国现在的需要。这可名曰古董的制造，换言之，即制造废物。从第一点上说，是数量的漫无标准与分配的毫无比例；从第二点上说，是教育受财产制度的支配不能使人各尽其才；从第三点上说，是教授的内容不适应于现时立国造产的急切要求。根据这三点，我们便有一个改革案。其精神尤在把教育认为是造成民族团结之唯一方法，与再造国民经济之最好途径。

我们的意思是必须办到人人都受教育，受教育的结果是把他变成民族国家的总动员之一，于是每人都是生产者。换言之，即我们的目的是把全国的人每个都要变成军事动员之一与生产动员之一，这样才是教育的成功。不然，说一句干脆的话，简直不必要教育了。因为现在的教育只是制造消费者，只是制造文人。这些文弱的消费者在民族的生存上简直是赘疣。

但大家须知长期的动员决不限于能力的技艺，而必尚有道德的条件。有一个朋友曾说过一句话，这话却足以代表我们的意思。他说：在现在的中国应以三个标准而测验教育的成功与否。第一是看所教出来的人是否能开枪；第二是看是否能做工或种田；第三是看是否能与人合作。反之，倘其人第一无军国民的能力；第二无生产能力；第三处于一群中动辄闹意见，则这样的人便是教育的大失败。这个朋友的一番话是与我们所见相同。现在中国人不仅体格不胜军事之训练，与技能不是生产的，并在行为方面素来缺乏合群的良好习惯。所谓中国人无三人以上的团体，虽是一句骂人的话，却亦含有真理。因此我们的教育标准必须注重三点：（一）军事训练的普遍化；（二）生产能力的普遍化；（三）共同生活的新道德习惯的创造与养成。

二十二

根据上述的第一点，所谓必须人人都受教育，就是指强迫教育的实施。第二点所谓不受经济的限制，就是指免费的实行。近来已有许多国家不仅小学完全免费，并且中学亦办到免费了。但以为宜多设专门学校，而这些专门学校亦须有相当的免费办法。至于大学为造就高深学术的人才而设，当然不必人人都入，所以无免费的必要，仅设有奖学金足以使有天才者不致因经济而失机会就够了。第三点所谓生产技能的普遍化，就是说把所有的小中各级学校都与其所在地的产业发生联络，使所有学生同时为生产的实习，且于毕业后得有生产技能。第四点所谓军事训练的普遍化，其目的在养成民族自觉心与军人生活的习惯。就养成民族自觉心而言，公民教育必须与军事教育合一。务使人人就主动方面都成为良好的公民，作国家主人；而从受动方面，都成为良好的军人，服从命令。换言之，即养成国人有参政的能力同时有服从的习惯。就军人生活而言，不仅是对于物质方面，要养成习苦耐劳，造成一个强健的身体；并且在精神方面还须培植勇敢，牺牲，服从，奉公，守法等的道德。但现行的军人却有无数恶风，当然必须把现在军队风纪完全改变了以后，方能谈到以军事训练普遍于全国学校。因为这种办法不仅是预备对外可以一战，并且对内亦可永绝军阀的产生。学校的军事训练与民团等自卫组织，亦可打成一气。平时是一个自卫的工具，有事即可一呼而集，用以为对外之助。第五点所谓共同生活的习惯的养成，是指另造一种生活态度而言。大凡一个新制度要用旧人物来运用总是不行。因为他们的机体上已印就了旧日生活态度的痕迹，而这些态度是不合于新制度的。所以，凡要一个新制度能确立起来，必须要设法造成人民有一种新的生活习惯。我们虽不相信那种严格的唯物史观，以为必须境况先变然后人的性质方可稍稍改易，但却亦主张造成一种新生活态度必须有新环境。不过所谓环境不必是整个儿的社会，只须把学校办得和所谓"新村"一样，亦足以供其新生活的实习了。我相信苟能造成新的学校制度，自然亦可以把旧日生活习惯改掉了。所以，教育的目的不只在授以技能，乃兼在造成新人。

以上所述是关于我们对于教育的主张，但仍可把其要义归纳如下：

我们的教育必定是有计画的教育，所谓"有计画的"是指政治经济等统辖于一个计画之下，从政治言，可以说是有计画的政治制度与运用；从经济言，可以说是有计画的经济分配与发展；所以从教育言，当然是有计画的教育方针与施设。但在此处所谓有计画的，却有两个意思：一个是指教育制度自身而言，就是说教育依那个大计画而定；另一个意思是主张教育乃系贯彻大计划的工具。须知教育是造人的，则可换言之，必须依我们的计画来造人，但同时又必须造出人来实现那个计画。可见，教育的重要乃远在政治经济以上。教育的实施固然有待于政治制度经济情状的助力，而最后政治的成功与经济的改造却必又有待于教育的收效。这便是我们所以重视教育的缘故了。

二十三

与教育相关的是思想问题。我们以为第一宜仿欧洲各国的通例，办到学术独立。所谓学术独立，不仅须以法令规定，并且于事实上养成自由讨论的风气。尤重要的是学术机关自己维持秩序，不受外力干涉。倘能如此，则思想自由在学术界已可谓完全成立了。第二是言论自由的问题，这个本属于民权范围。中国二十年来亦颇有人疚心于自由权无保障，所以有人曾主张什么人身保护状。我们亦有见于此，总觉得对于自由权而仅谈到空泛的原则是不够用的。惟中国的情形与欧美不同，不能专抄他们的先例即得解决。因此，我们以为应得按照中国情形，规定保护人民各种自由权的单行法。这单行法是实施法，至于原则当然列入于宪法中。普通有所谓"非依法律不得制限"一句话，足见只有法律限制自由，而从没有以法律保护自由。我们以为应该在保护中寓有限制，而不可随时立法漫加制限，这一点却亦与思想自由有密切的关系。

或有人以为思想与言论太开放了，势必致国论纷纭，使政治不能顺利进行。我们亦知道议论纷杂足以低减行政的效率，但以为这是一个错误的观察。国家的政治求其敏捷与效率高，只在于行政系统是否如身之使臂、臂之使腕，而对于社会上的舆论并无关系。并且社会上舆论愈发达，行政反可得其助力。因为既许可言论自由以后，反对政府的思想固然可以发表，而赞助政府的言论更可以发表。因为真正民治的政府，他的基础是坐在产生政府的大多数公民的同情上，其政治的设施又适合大多数人民生活实际的需要，所以言论愈自由政府愈能得舆论的赞助。

"要知道赞助政府的言论"，这决不是专靠政府自己所制造的宣传。倘使不许言论自由，而政府一味宣传，决不会生何等效力。所以，从这一点上可见政治上效率的提高与社会上自由的开放，不但无抵触与矛盾，并却正相助相成。因为我们虽则很爱护政治的效率，但我们却更爱护思想的自由，以为无政治的效率则行政失其意义，但倘无思想的自由，则国家失其灵魂。所以，思想自由是人民的根本。纵使两者即有冲突，我们亦断乎不可牺牲自由而迁就效率。像俄国那样的办法，必须先经过一个阶级的专政，把人民所有的自由暂行牺牲，而以为将来或可有一个自由天国出现。我们则以为国家是一个民族全体的公器，断不容那一个阶级来霸据一时，而牺牲其他的自由。倘事实上有此，则宜努力打破，于理论上更不可认为应该。所以，我们主张为政治效率增高起见，政府权力当然宜于集中，但集中的限度是以行政为界，断不容侵犯到社会上去，把人民的自由亦受管辖。国民党的所为正与此相反。他们对于社会无往而不用压迫，但对于行政却不求其集中。任何土豪，任何官僚，只须一旦加入彼党，则割据自若，不奉命自若，自由行动自若。所以，他们的党是分裂的，他们的政权是分裂的，而他们对于党外却是压迫的。说一句可怜又可笑的话，他们因为对内分裂所以必是对外压迫。我们的意思以为必须做到恰正与他们相反：即政权务求其统一，行政务求其集中，而社会务使其自由，思想务听其解放。因为我们知道他们的办法是古今中外最坏的办法，而这个相反的路是人类达到幸福的最良途径。

二十四

关于教育的话尚有多端，现在不必详述。读者看见了我们一番话以后，或许有一个疑问：就是好像我们认中国是一片平地，由我们爱种什么花草在上头就种了下去一样，而忘却了中国现存的一切障碍。其实我们又何尝不知道中国的现状决不像平地，乃正是满地荆棘，非彻底的铲除了这些荆棘不足以言种植？中国现在为建设上最大的障碍，自然是军阀与土匪。所以，军队问题是一切问题的前提。

因为历年内战的结果，使中国人对于军事及军队大都不免有轻忽或厌恶的心理。但经过这一次日本对华侵略事件以后，我想大家的心理应得改变。这却给我们以对于军事问题的一线光明。老实说，今天的中国决不是"废兵论"所能解决。前十年有许多人大倡废兵论，到了现在必恍然大悟：知立国于今日世界非军事无以自存。各职业的人尤应与军人融洽联络，视同一体，则终止内战，改进军政，并不是没有办法，亦不是困难到一百二十分的事。我们一方面要大大地提倡对外的军备，提高军人的人格，使他们有一条光明的路可走；他方面须以全国的力量反对内战，同时大减常备军额。至于维持秩序则当由人民自办民团，专为自卫之用。苟民团能普遍，则土匪自可绝迹，而同时亦可消除军阀。总之，对于军队问题必须好像导河一样，一方浚导，一方堤防，积时稍久，便可自然上轨道。既入轨道以后，便可按照我们的国防计画完全改组。说到此，则可知我们所应努力的是：（一）如何使现在祸国殃民的军队，变为救国卫国保民的工具；（二）如何制定一个国防大计，以与经济计画教育方针打成一片。

关于国防计画，不是此处所应说明。关于处置不上轨道的军队，其实并无秘诀。只须把编制权教练权调遣权统一于国家；把军队的驻扎与地方行政完全划分为二；把所有军费由中央统一支给；把军人的地位由法律来确定之，即规定服役资格与俸给，以便递升；把军人的活动由法律严加制限，例如不得兼任任何官吏，不得对于政治问题发表任何通电与谈话等，就可以了。总之，我们的意思，是以为专从消极方面收拾现在的军队是不行的，而必须另有国防计画在积极方面足以指示一条新的出路于军人方可。至于减少常备兵，把他们化为农人（或工人）亦是很有办法的。其详似乎可以不必在此处多说。

二十五

以上所说虽不免有涉零星，然而却仍是在一个统一的原则之下。根据总原则乃有整全的计画。现在且说一说总原则，以为结论。

我们感得人类文化有三个要素是不可缺一的，就是进步，公平与自由。为求进步则不能不讲效率。倘若不然，则人类必常留于贫困疾病的状态。所以，人类必须求文化增加的"进步"，乃是因为背后有所逼迫使然。但有时为了进步而致有亏于公平，即平等，就是把这一部分的人供给那一部分的人的牺牲。进步得了而公平未得，这不是最高的理想。然而，又有时因为得有公平而反失却自由。罗素在他的《到自由之诸路》上述及艺术与科学在各种社会主义下的情形。他说：在资本主义下亦未见得不如社会主义。这真不愧为尊重客观的言论。老实说，各国的情形不同，未可一概而论。本有自由的国家，其所急需的当然是公平。本有进步的国家亦然。中国在今日各方面都感大大不足，不过比较上还是贫乏为最大之患，其次即为外患。我们应得尤其注重进步，换言之，即重视效率。所以，必须有一个全体的计画，把政治经济教育军备冶于一炉，对于中华民族所以生存与发展之道作一个大大的推进，于是使政治经济教育军事合成一个大效率。但这样办法之中，却又须切切铭记：不可有亏于公平与自由。换言之，即必须在不丧失公平与自由之范围内来提高效率，促进进步。因为没有自由，则国家便常在变态中，纵有效率得不到真进步。没有公平，尤是一种社会的病态。我们所求是在正态中的进步，而不求那些变态的效率，决不希望有所谓一治一乱之局。那种治就为乱的因。正态的进步乃是所谓长治。须知长治惟依常轨始可得之。所以决不能抹煞公平与自由而专求效率，并且亦惟于平和中可以求得。中国数十年来因为政治不良，主张革命。其结果革命以后又继以革命，乃演成所谓循环革命与连续革命。而国家元气、民族精神却都于此耗尽了。我们以为非打破这个循环的连续的革命之趋势，则中国永无希望。因此主张此后有计画的改革，必须在一方面是取消旧的，而同时在他方面是建立新的。所谓新的，决不是指政权而言，乃是立刻敷设一条新路，以便全体民族人人都能循此向着一个目标而竞走。如果全国大家都有一个目标，共同努力，则决不会引起内部的纷争。

现在大弊在于包办（说的确切些，乃是包而不办）。须知包办是制造二次革命的原因。国民党以革命起家，却天天在那里制造第二次革命，这真是愚笨到可怜的程度了。所以，要免除继起的革命，则于新制度中必须有公平与自由，这便是我们所以虽注重进步而绝对不肯对于公平自由有些放松的缘故。不但必须兼顾公平与自由，并且须使公平与自由各能发展到高度方可。换一句话，就是在不妨碍效率的范围内，须使公平与自由发展至最高度。如俄国在法律上规定不平等，这种制度实在比资本制度的法律上规定平等而实际不平等还要有弊病。但他们为贯彻其主张起见，亦未尝没有苦心。不过我们以为不必十分牺牲公平与自由，亦未尝没有贯彻计划的可能，尤其是在中国的情形之下。所以，我们主张这三个要素须得并重，务使其各不相妨。

二十六

以上所说的话虽已冗长，然仍不过是我们所要说的话中百分之一而已。有许多话自然是记者一人的口吻，不能算完全代表我们。但大部分的意思，却是我们公同的。总之，我们于政治是把根据效率的科学与个性差别的科学与站在平等原理上的民治主义调和为一；于经济是把易于造产的集产主义与宜于分配的普产主义以及侧重自治的行会主义调和为一；于教育是把淑世主义与自由主义调和为一；然后三方面再总综合之，成一整个儿的。现在更把我们公同议决作为此后言论的根据的几条，列在下面：

A. 总则

一、以国家力量使民族有一体之自觉，社会尽协合之机能，个人得自由之发展，并对外取得平等地位——改善国际关系，期达永久平和。

二、基于（甲）确定平等基础（乙）保持个性自由（丙）力求效能增进三点，建立关于政治经济教育之整个计画。

B. 政治

原则

三、以民主政治为根本原则，依国情充量实现之。

四、国家政事重在效率，贵乎敏活切实；社会文化欲其发展，当任其自由岐异；以此为集中与开放之分界。

五、政治制度中使专门家占有地位，以减少党派操纵与掊阖之作用。

制度要点

六、国民代表会议行使国家主权，由全体公民每若干万选出代表一名组织之。其职权为（甲）选举宪法起草委员与修正案起草委员；（乙）表决宪法与宪法修正案；（丙）表决政府所提之各种定期建设计画大纲如经济建设等。

七、中央议会为一院制，其选举法为直选选举。其职权为（甲）立法；（乙）议决预算决算。

八、中央行政院由中央议会选出行政委员若干名组织之，其任期与中央议会议员相同。互选委员长一人，对外代表国家，对内公布法令，余分任各部政务。

九、实行司法独立，法官须超出一切党派，并须有严格保障。

十、行政诉讼隶归司法范围，广设法庭俾得人民对于行政处分受害所有救济，其检察官亦得自行检举起诉。

十一、设立全国经济议会，由各种从事于生产之职业团体，推举代表组织之，为全国经济计画之谘询与建设机关。

十二、各级政府（乡县省中央）组织与选举法，以宪法规定其大纲。

十三、各级议会之选举以普选为原则，被选举权以人民之能力资格为标准而定。但其当选名额分配，须依社会生活各方面之情形规定各类技能团体（如工程学会农学会经济学会会计学会等）以及各种专门学术家技能家职业家，务得分取得最低限度之代表。

十四、设立审计院审核各级政府之决算。

十五、确立文官考试制度以分科考试登庸之，并励行保障法与惩戒法。

十六、凡关于宣战媾和以及借款之条约缔结，必先得中央议会之同意；但变更领土须得国民代表会议之认可。

十七、宪法上规定人民身体言论结社集会信仰等自由权，除扰害公安外不加制限，并规定任何立法与此相背者无效。

十八、政府为执行行政及司法行政职务，使人民或财产受不当之损害由国家赔偿之。

行政要点

十九、为社会经济发展及文化分布之便计，得更定省区县区等。

二十、国家财政严格用预算制度与决算制度。

二十一、财政管理与支付由各别机关掌管之。

二十二、对于各友邦另立平等之新条约，以代旧日一切有损国权之条约。

二十三、减少常备兵额，化兵为农工，给予土地或职业，并试行征兵制度。

二十四、设立中央军政机关，以统一制度编制训练并调遣全国军队。

二十五、依国防计划定驻兵地点，并扩充兵工厂使军事制造与普通工业有相当联络。

二十六、国家规定条例优待军人，但现役军人于军职外不得兼任何官职，军人一切行动应对于普通法庭负责，对于政治不得以通电或宣言或公开谈话发表其意见。

二十七、除中央政府依宪法规定许可外，任何军人不得宣布戒严。

二十八、另定官吏纳贿舞弊之单行法，以加重刑罚为其要点。

二十九、奖励人民自卫组织之民团，并另定治匪条例，以加重刑罚为要点。

三十、为个人谋生存之安全并改进其智能与境况计，确认私有财产。

三十一、为社会谋公共幸福并发展民族经济与调剂私人经济计，确立公有财产。

三十二、不论公有与私有，全国经济须在国有制定之统一计画下由国家与私人各分别担任而贯彻之。

三十三、依国家计画使私有财产渐趋于平衡与普遍，俾得人人有产，而无贫富悬殊之象。

三十四、国家为造产之效率增加及国防作用计，得以公道原则平和方法移转或吸收私人生产或其余值，以为民族经济扩充之资本。

三十五、谋民族经济在世界经济上取得平等地位并得辅助之，并促进世界经济问题之解决。

政策要点

关于农业

三十六、国家对于全国土地有支配权与整理权及公用征收权。

三十七、农业区务使能与工业区联合，俾农人得兼为工人。

三十八、规定耕作单位。

三十九、依法律与公道使佃农变为自耕农，并以公道与平和方法化除工农。

四十、普遍设立农业贷款银行，并补助与奖励农业合作社之建立。

四十一、大兴与农业有关之水利等。

四十二、以科学方法改良种子与耕作器具以及种植方法并改良副业。

四十三、提倡或奖励畜牧与造林。

关于工业

四十四、国家于全盘经济计画中，依社会之需要，规定工业开发之程序。

四十五、依工业之性质定公有私有之分别，凡天然富源与公用事业如矿业电力铁路等，以公有为原则，但已归私有者得议价收回之。

四十六、各项企业依计画所定得招致国内外商家参加，其首先投资者许以减税或减轻运费等优待权。

四十七、由国家就交通发展状况依农林牧矿所在地势，在全盘工业计画上制定各种制造业之分配。

四十八、奖励特种国货之制造，并保护技巧之手工业，由国家与以补助或保证其贷款之利息。

四十九、原料品免除运输捐税。

关于劳工

五十、设立劳动保险，对于工人死伤疾病失业以国家力量救济之。

五十一、承认工人对于雇主有团体缔约权。

五十二、承认工人有罢工权，但不得扰乱秩序。

五十三、提高工人知识能力品行以渐达于工厂立宪制度。

五十四、以生产效率为标准定分红制度，得分给股票于劳动者。

五十五、以各地生活指数为最低工资标准。

五十六、设立调解机关以劳资双方与代表消费之第三者组织之，以执行强制调解。

五十七、另定完善之工厂法，注重工人福利。

关于租税

五十八、根据租税原理与社会政策，废除恶税，重订税制。

五十九、所得税遗产税土地税等采累进制。

六十、力谋征收机关之单一化，以统一机关征收各税，以比例分解中央与地方。

六十一、关税力谋完全自主，并办到入口贸易由国家办理。

关于金融与贸易

六十二、划一币制，统一国库，并统一纸币发行权。

六十三、由国家设对外贸易银行并置对外贸易准备金。

六十四、依全国人口分布与经济状况分区以定银行设立之数目，过此得限制之。

六十五、设立调节物价之机关并限制投机事业，凡民食以及其他生活必需品尤须使其价格各地无甚高下。

关于交通

六十六、依农林牧矿之天然产地及海岸河流为根据，筹建全国平均发达之铁路路线，于最短期间先成干线及在边陲之环线，其分线支线得招商承办。

六十七、整理内河航路，制定保护航业办法，并收回内河外人航权。

六十八、收回外人沿航权，并补助或创办远洋航业。

六十九、提倡或兴办大规模航空事业，平时供人民交通，有事时得充军用。

关于人口

七十、平衡与调节各地人口之密度，实行内地移民。

七十一、垦荒殖边，以国营农场或集合农场法创办之。

七十二、根据淑种学原理于教育卫生以外，更以刑事政策汰除不良人种，并设法予人民以节制生育之便利。

C. 教育

原则

七十三、发扬民族文化，普及国民。

七十四、增进人民生产能力。

七十五、励行公民训练。

七十六、养成共同生活之道德习惯。

七十七、提高贡献于人类之学术研究。

七十八、保障思想自由与学术独立。

七十九、使人民不因财产限制而失其受教育之平等机会。

方案要点

八十、实行强迫教育，以县为单位，分区实施，分期推行，并缩短年限。

八十一、设立工作学校，养成就各地方需要上人民之生活技能。

八十二、使各级学校分别与农村或工厂联络，实施个人生产技能与同共生产习惯之训练。

八十三、实施公民训练，养成国民对于国家负责之观念。

八十四、中等以上学校严格实施军事训练，使军人生活之优点为之普及。

八十五、以社会教育方式，对于男女成年人实施民众成人教育。

八十六、设立托儿所，就农村与城市分别实施之。

八十七、设立分区之教育视导制度。

八十八、设立感化院，对于不良少年施以特别感化教育。

八十九、各学校教学活动励行团体竞争法，以矫专用个人竞争法之弊，使共同生活与个性发展有所并重。

九十、中小学校以及托儿所成人教育平民教育等一律免费，膳宿书籍全由国家或地方供给。

九十一、多设专门学校。专门学校与大学不论国立私立均由国家就所需用之人才与社会各业之需要指定各科学额之比例与人数，超过限制者国家得禁止之。

九十二、大学设奖学金制度，使家贫者仍有求得高等学识之机会。

九十三、为全国平均发达起见，中等以上之各学校须视人口密度与地方需要分开设立之，私立学校亦同一办理。

九十四、各种学校教员实行按若干年为一级之进级增薪制，并予养老金。

九十五、设立专攻高深学术之研究院，颁布学位法，以提高中国对于世界文化之贡献。

九十六、规定国外留学办法，限制资格。

九十七、改师范学校为教育专门学校，养成健全师资，俾有领袖社会与建设工作之道德知识与能力。

九十八、划出一部分教育行政权限由教育会执行之。

二十七

上列各条虽是我们的主张，但我们并不愿立刻定为金科玉律不加讨论而就遽然加之于国家。我们只是把他认为一个讨论的基础。老实说，中国到了这样的地步了，哪一个人不应该牺牲成见，放弃自己的历史，抛开局部的利害么？所以我们之所为，依然只是在唤起国论，使大家平心静气，从理性的指示与良心的左右而求出一个可以走的道路。凡是有诚心的倘蒙赐教，不论全部赞成或一部赞成，亦不论全部反对或一部反对，更不论以往的立场是什么，我们都愿虚衷承受。但讨论的结果，若认为我们所见到的确可算是一条新路，则大家便可不问以往，而共同起来集中力量向着这一条路走了。到了那时，我们亦无所用其谦挈，愿为努力者之一。我们的区区之意就在于此。（民国二十一年二月二十八日写完）

（载《再生》第 1 卷第 1 期，1932 年 5 月 20 日）

生产计划与生产动员
（1932 年 6 月 20 日）

一

我们在第一期上说，中国的急需自然是造产，但造产必须有统一的计划，于是"有计划的经济"恐为今后世界共同的趋势了。其实这个趋势的必要亦十分显明。中国银行对于去年度经济情形有一个报告，已为各报所转载。凡看过那个报告的无不知世界各国的经济所以不振的缘故。所谓生产过剩，所谓失业增加，并不是就全人类平均而言，供给已超出需要了；乃只是生产与消费两方不能接气。所以生产并未过量，而依然只是不均衡。这便是私人资本制度所必生的流弊。可见此后趋于统筹生产与消费，使生产为有计划的，实是各国共同的要求，这便不仅是社会主义的国家所走的路了。

自然走上了这条路的以俄国为首屈一指。俄国的情形现在正可谓是"齐一变至于鲁，鲁一变至于道"。俄国革命以后，实行恐怖的共产主义，是为第一期；后来改为新经济政策，是为第二期；现在实行五年计划，注重于生产，所谓新新经济政策，是为第三期。在第二期中，人民的自由恢复了一些，而却有退还至资本主义之惧。现在第三期中国民的总富力确实是增加了，所以在这一期内的游俄者无不对于他有惊服的心理，于是俄国变成了一个有计划的造产的榜样。凡想到开发生产而能用统一计划的便无不联想到苏俄。这样说来，似乎有一个问题呈于我们面前：就是试问产业落后如中国这样，既有竭力增加生产的需要，可否仿照苏俄的办法以从事于此？

对于这个问题又可分两层来说。第一是说仿照苏俄而亦须和他一样，同样经过第一期第二期而直至现在的第三期。第二是说仿照苏俄办法第三期，而不仿照他的第一期第二期，换言之，即略去第一期第二期而径仿第三期。

关于第一种，我想没有讨论的必要与余地，因为这就是共产党的所为。他们对于此层只在那里盲目地去做，却亦未彻底地思量过一番。所以我们正不必和他们辩论。不过我们可以知道：中国的情形决与俄国不同，环境决不许如此做去。不但外的环境不容许如此，并且内的环境也未必相宜。因为造产而必须先毁产是一件不可解的事，而况毁了以后未必能再造。所以走第一种的路是：将来的造产未可必，而目前的毁产却木已成舟了。在现在普遍贫困之中再想加工制造贫乏，实在是最可痛心的。

所以我们所要讨论的是第二种。因为我想歆羡俄国近状的人们一定很多，这个问题确值得一讨论。

二

国民党不是在那里想利用外资么？不是在那里设立经济委员么？不是主张民生政策想大规模造产么？何以知道他的生产政策不能见效呢？我们以为生产计划必须要有，没有计画的造产是无济于事的；但仅有生产计画而没有人以担荷此计划的见诸实行，亦必是徒然的。我们敢说国民党有见于生产的需要是很对的，不过他们决不能达此目的，就是他们没有相当的人物以担荷这个责任。我这句话不是说他们中缺乏专门家，亦不是说他们没有人想做此事。老实说，做这件事是极不容易的。国民党虽有几十万的党员，然就是此数，全用于生产事业的动员，或充为生产动员中的指挥者，还有些不够；又何况这些党员几乎没有一个有生产动员的资格，至于动员中指挥者的资格，更不必说了。翻过来说，国民党在国中不足为生产动员尚足为怪，最可恨的是他们居然竟成了毁产动员。军阀自然是唯一的毁产者，但党员却亦不亚于军阀。我们所以主张开放党禁完全为此。换言之，即为保留人民一些原气起见，不能不使国民党早些停止其毁产的工作。所以根据这个理由，我们以为纵使党政府重币聘请外国经济专门学者，不论其为社会主义者抑为正统派，制定有极详极好的生产计画，亦决不能有效。为什么呢？因为没有人可充动员，尤其没有可充指挥者与发动者。详言之，即他们的党员不足以语此。他们的党员不但不足以语此，乃并普通官僚所能的都不能做。所以党政府办外交不能不用旧人，办财政亦不能不借重老吏。总之，在这样的党治下，生产计画等于废纸，这一点是大家要明白的了。

明白了这一点，读者便可知道以下的讨论不是以现状为前提。

三

要知俄国所以有今日，亦决不是突然的。青来先生在他的《社会改造问题》中有一段，现在抄录于下，以代我的说明：

> 自苏俄五年计画实行，生产增加已有相当成绩；人民生活所需虽尚艰窘，未能达舒适愉快之境，然较诸数年前则物料已粗足自给矣。彼先进诸国方陷于不景气之旋涡中，物价递落，恐怖迭起，失业人数与时俱增。两方相较，气象不侔。于是有少数论者以为："私产制度已临末路，私产制之经济陷于无政府状态，缺乏整个计划，供求不能相济。在共产制下之经济则不然：运用国家力量，确立全盘计划；工作效率既极注重，节制消费尚能合理。盖能借科学方法以实现其社会主义者也。苏俄政制虽不足取，而其整个经济计划似有可采之处。此后我国亦宜集中国力，统筹全局，方可免散漫无纪之弊，而收生产增加之效"。持此说者，对于近年苏俄国富增加颇有歆羡之心。然以鄙见论之，苏俄施行五年计划，其前提有三：（一）没收私有土地及大规模之工厂；（二）独占国际贸易；（三）扶工抑农。而其最要关键则在以党之力量激励党员作先锋，驱使一班人民追随其后是也。若欲步俄后尘而不有此三前提，则试问私有财产不没收，国家资本从何而来？土地不归公有，农业如何集产化？国际贸易不由政府独占，如何能操纵物价？扶工抑农之策不行，如何能以廉价之农产品倾销于国外？廉价之农产品不倾销，如何能换回机器材料，以实行其工业化耶？其尤要者，政策虽已确定，苟不有党以激励党员，如何能驱使人民勉就范围耶？

这一段话中至少包含几个要点，我今即依此进而讨论之。

四

照上述的这一段话来看，俄国所以有今天正是有其缘故，而其缘故又可得而言。我想第一当然是所谓没收政策。于是我们且研究一研究这个没收政策。为国家增加资本计，当然最好是转移私人的财产。不过此事亦有难易，须看环境而定。中国的情形与俄国不同。中国的私立工厂大部分在租界内或其附近，并且这种工厂获利本不甚丰，因为与外货竞争的缘故。更并且这种工厂，就全国来看，还可算极少数。这都是与俄国不同，究竟俄国在革命以前其工业化的程度与中国不同。所以没收政策，倘在中国实行起来，必是有极大的阻力，同时实行的结果却未必能很大地增加国家的资本。这还是就利害上说，至于应该不应该则又是一问题了。

此外如没收土地，中国情形与俄国不同。中国究以自耕农居多数。即在佃农部分，其地主亦不是大地主。所以只能使耕者有其田，却决不容易把农人变为工人，把田地变为国有，一律以工钱待遇。可见没收政策倘使实行于中国，其所奏的效亦绝对与俄国情形不同。这一点是我们要劝一班俄迷的朋友要多用一用脑筋的了。第二当然是所谓国际贸易由国家办理。这件事当然是一件最理想的了。但俄国所以成功却得之于意外，就是受各国封锁之赐。各国封锁他，他亦乐得不用外货。但中国却没有这样的好机会好运气。我们希望各国来封锁我们，但恐怕他们偏偏不来。可见独占国际贸易是一件死里得生的结果。中国想走这条路亦不能算是不对，只是能否死里得生，则决敢说绝对不能像俄国那样成功。这亦是倾心俄国的人们所不应忽视的。第三说到扶工抑农便到我所要讨论的生产动员问题了。老实说，俄国革命的动力本建筑在工人阶级上，其成功则由于取得农人的同情。但以后依然是压迫农人，所谓新经济政策便是对于农人的压迫稍有让步的表示，现在的新新经济政策中所谓农业集产化乃是另换一方法来加以压迫。于是我们可知道俄国的共产主义与共产党始终站在与农民冲突的立场上的。说得好听些，可以说是站在设法化除农人而尽变为工人的立场上。共产党到了中国来，便花言巧语驱农人，这如何能瞒得过明眼人呢？所以中国决不能扶工抑农，因为中国的工人尚未形成一种支配全国枢要的地方。并且中国依然是一个农业国，倘不建筑在农民身上，则一切施设必归于无人能支持得住。但农业的改革是不能迅速的，这一点又和俄国情形大不相同。

最后说到党。在此处我们虽很不赞成一党专政，因为这样政制太有亏于自由；但却愿对于俄国的共产党为真面目的认识。我以为俄国之所以有今天不能不算建立于共产党党员的人格上。游俄者无不看见他们的服务精神而有所感服。虽则亦难免有些大权在握任意胡为的样子，然而究竟真舍的去干。虽则亦有许多作威作福的地方，然而究竟不是普遍如此。虽则是十分操切，然而究竟是向着一个理想而趋。所以从这些地方来看，可以说没有了共产党决不会有这样的成绩。至于中国呢？我在前段已说过了，造产的大命是国民党无法负担的，则不能不想到中国的共产党。中国共产党的内容现在已不是神秘的了。他们的情形除了当局者迷以外，几乎可以说没有一提的价值。于是问题便一转而为：中国的生产动员的冲锋队在那里？

五

我们的讨论暂换一方面罢。所谓不经过俄国的第一二期而直仿照其第三期，便是不要阶级斗争与唯物史观。这件事是可能的么？

所谓唯物史观固然与哲学是风马牛全不相及，但在社会运动上却有一种意义，就是不外乎说资本制度本身含有矛盾，愈发达则其矛盾乃脱颖而出。这种说自一方面看自然有他的缺点，就是把人类本于理想的改造认为毫无可能性。然而在他方面则亦有长处，就是革命必须等到客观条件的成熟，在未成熟以前不必盲动。至于阶级斗争更为明显，就是革命的动力总须建立于斗争的一造之上，否则便发生不出来力量。换言之，即借他们本来从事于斗争的力量来做革命的力量。所以必须把党的组织建立于一个阶级上，而决不能建立在各阶级上，因为各阶级所共同组成的一个党决不能利用阶级斗争的力量。所以从这些地方看阶级斗争与唯物史观，对于第三期的俄国经济建设亦不能说完全没有关系。

明白了这个道理，我愿再进一步来讨论。即试问：抛弃了唯物史观与阶级斗争，我们怎样能取得社会化的造产？

六

对于上述的几个问题，我们很希望那些站在共产党以外又同情于俄国情形的人们多多用一用脑筋，不要仅过屠门而大嚼。至于我们的解答，现在亦可借此机会来表示一些，但要声明的即这尚不足为我们主张的全部。

我们以为有几个前提，必须先行认明。第一，我们不能实行没收政策；第二，我们不能利用阶级斗争；第三，我们不能以世界革命为中国的出路的先决条件。这几点既定，则我们的方向便有了。

但还有一层是我们必须明白的。则除上述以外，尚有二点是中国与俄国不能比拟的。第一点是军队，第二点是财政。俄国在帝政时代军队本没有私人化，所以革命时加以改编，居然不生问题。至于财政亦是食帝政之赐。把租税系统成立了，直至革命并未变成紊乱。这二件事是很好的凭借。至于说到中国则大大不然。在军阀时代是明争暗斗，把国家原气消耗殆尽。国民党来了，依然是军阀化、贪官化与坐地分赃的土匪化，其明争暗斗更加十倍。所以我敢说假定共产党成功，必定亦变成军阀化、贪官化与土匪化。可见中国只有三个问题横在大家面前。一个是兵的问题，一个是匪的问题，一个是财政的问题。这三个问题一天不得解决，则休谈造产。可见俄国的病是贫乏，中国的病亦是贫乏；但二者的病征虽同，而其所以致病的根由大不同。若用同一的药方来处治，恐怕不但不能治病，反而要因吃错了药而致死。我们在前一期本杂志上说医治中国的病必须有一个极大的智慧，创造一个最新的药方。这句话就是绝对不能完全抄袭他人，但未尝不可以他人为参考。

倘使兵匪问题不得解决，则生产问题全是空谈。因此我今天不谈，因为说出具体办法来，徒然供军阀削剥之利用而已。

七

可见中国与俄国正好像甲乙二人同患贫血症；但甲因肺病而贫血，乙因胃病而贫血，其致病之根由是不同的。因为贫血不妨注入他人的血，即所谓借血。但病根不除，仅是借血亦决医不好。对于造产的问题亦当作这样的看法。增加生产当然是所谓当务之急，然而根本上致病之由则必须先设法除净。但一说到病根，则中国与俄国完全不同，又安能抄袭俄国的老药方呢？

所以，我们以为中国今天有心于国事的人们太懒了——他们的脑子太懒了。他们急得了不得，总想马上得到一个救国方法，但他们却懒得很，总不去自己思索，自己发明。说起来太可怜！大概在知识方面用工夫的只有两种人。一种是青年，他们的知识本只是一知半解。不过他们却有血性，有勇气。另一种是中年人，他们的知识是完全用作他们在社会上地位的工具。所以这两类人决不会有什么开发新路的可能性。我们在本杂志第一期上说，救中国须先有一个大智慧，亦就是指此。

现在且说到进一层。我们愿意提出这个问题，其意在于表明：生产计划不能离生产动员，必须先预想生产动员是那一类人，然后才可制造详细的生产计划。否则，所谓生产计划直是一种乌托邦的空想而已。

我现在不能就积极方面说出哪种人可充生产动员，但我已就消极方面说出我们与俄国不同之点，即不能用没收政策，不能用阶级斗争等。根据此点，便知我们所走的另一条路必须基于下列的几点：（一）必须发现有一种利益是全国人民所公同的；（二）必须在进行期中不能十分损失各人现有的利益；（三）必须在相当范围内不与外国势力正面冲突。

先讲第二点。在这里是注重"在进行时"一句，倘使指结果而言，则无异于出期票。老实说，在军阀时代，那一个军阀说出来的不是福国利民的政策么？结果如何？国民党秉执以来，说得尤其动听，凡好听的话几乎没有一件是他们没有说过的，但他们的行为与他们的说话完全是南辕北辙。可见以后不谋改造则已，否则必须出支票，使受者得现款。若是专门滥发空头期票，而反先要受者贴找一些现款则决骗不了人。现在退一步说，即如俄国情形亦与我们所希望的不合，俄国到了今天，工人的生活诚然增加了福利，但农人是否比革命以前较好，却人人估计不同。不过经过这样许多年的困苦而方能如此结果，亦毫不足以自解。总之，俄国是先使人苦到百分，破坏得百分，然后才有乐，有建设。这一点是我们绝对不能故意去学的。所以我们必须注重于"即在进行中"一句。

八

说到第一点与第三点，我们以为可揭出两个字来。一个是所谓"安定"，即英文 security。这个字的意义不是说暂时的相安无事，乃是注重在"定"。所以必须有保障，有保证。譬如保险，便是对于安全或其他的一种保证。我想中国人到了这步天地，哪一个不想安居乐业么？哪一个不想有勉强可能的生活么？无如实际上没有一个人能够安然生活下去。因此我以为安定或许是中国人全体（除少数捣乱分子以外）所共同的利益。但此事不容易。为什么呢？即暂时的相安不能算安定，安定必须有许多的条件。第一，全国的军队必须根本改革；第二全国的财政必须没有破绽；第三全国的秩序必须有法维持。若是暂时不打仗，不足以语此。但这些条件中尤要者则在照此办去，人人自然都承认是向安定走了。倘使专靠主观，以为武力可以统一，则其结果治丝益棻而已。因此，我们以为苟能得着安定，便可把安定当作现款支付全国。彼时不妨向全国领到此款的人们求其出些代价。所谓代价者无他，即这些人必须拿出他们的体力或财力之一部分效劳于国家造产事业，充为生产动员或冲锋队。

关于第三点，则有一个字是"合作"。造产当然以国家为单位。若由个人私自企业，必不能和外国先进产业竞争，其结果必致倒闭。由国家来办亦有难处，难处仍在对外。苟关税不改正，依然是十二分困苦。所以，要想国家独占对外贸易，是一件难如上青天的事。我们主张必须有一个大智慧，亦就是为此。详言之，即必须在这些千难万苦之中绞脑汁而按出一个可行的方法。不过我想无论方法的内容是如何，而"合作"二个字恐怕是离不开的。既然不能离合作，当然亦就离不了"渐进"了。

九

最后再说到党。我请于此先从题外说到题内。我觉得中国人的无知识未免太可怜了。国民党的一党专政和俄国的一党专政根本上完全不同，却没有一个人敢说，恐怕亦没有人能说。俄国的一党专政的理由是因为要实行社会化，所以必须由无产阶级起来专占政权，而共产党即为代表无产阶级的党。他不是不许他党存在，乃是不许其他阶级参与政治。因为他们以为政党总是代表利害的，而利害则以阶级不同而分。所以俄国在法律上公然规定那一些人没有选举权，且多纳税，其命意是在用渐进的淘汰法，把阶级除去，而都变成无产者。所以，他的一党专政是有这样的理论为其根据，决不是赤裸裸地把国家认为一党的私器。

至于国民党则不同。他们的理由是所谓训政，以为人民程度不够，非得他们来包办一个时期不可。所以二者在理论上其根据完全不同。但我们看来，俄国的理由虽不合人性，然其自身尚可说能以自圆；中国的国民党则并圆其说都不能办到。自治未办，不能实行宪政，这是人人都承认的。那么，就赶办自治好了，为什么要反而取消已有的人民言论自由权呢？人民自由权即是宪政要素之一，国民党最后的目的既在宪政，为什么现在必须先把这个已存在的要素的萌芽拔去了呢？按理应该对于已有的萌芽加以培植。可见，国民党的训政是等于斩了已生出来的树苗，而偏说另外可以种出新树来。这种骗人欺人是一百二十分明显的。为什么一班人直到九一八事件发生，才觉悟国民党的人物不够训政，而始终不知道这种以训政为理由的一党专政是根本不通的？

即以党费为例，亦足见国民党与俄国不同。俄国的党费一项不见于国家的预算。我想这个缘故是因为他们的党员个个有工作——不是党的工作，乃是社会与国家的工作。他们皆有了工作，当然有收入，便不必由党来养活了。中国则不然。党员的工作是党内的工作，而不是社会上职业与国家机关的服务，所以只好由党来筹一笔款以养活他们。从这一点来看，这正是国民党的可怜。党员的用处等于保镖的人，专为执政者保镖而已。以前议员先生们就靠此为生，现在轮到党员了。所以中国的情形与俄国根本不同。我这一番话不是诋毁国民党以求快意，乃是告诉大家：以后如再有另外的党而想专政，必是亦走到这一条死路上去。

十

于是我愿最后得一个结论。这个结论不必是正面的。

我以为现在大家没有不知道一个政策要见于实行，必须有组织力。但我今天要唤起大家注意的是：从事于组织之先，必须有一个社会理论。我们走俄国那条路，却不必十分多用思索，因为他已经有了一个社会理论存在了。我们既不能走他的路，则我们决不可单模仿他的方法，因为方法与理论是相关的。所以我主张须得另有一个社会理论。根据这个，方能下手去组织。这便是上文所说生产计划与生产动员必先想出其关联处方能制定。

本篇所要说的话止于此。因为著者看见倾向俄国最近建设的人一天一天多了，所以专提这一点来讨论，就是以为大家须得更观察得透澈一层。不然，徒为共产党间接宣传，未免太冤枉了罢！

（载《再生》第 1 卷第 2 期，1932 年 6 月 20 日）

党的问题
（1932 年 7 月 20 日）

一

现在我亦来讨论一讨论党的问题。本篇所谓党，当然是包括国民党与其他的各党。因为有在朝在野的分别，便不可一概而论。在未论到具体的党以前，还须说一说抽象的党。

政治的运用不能没有党，这是民主政治的唯一特征。君主政治是自上而下的，所以一切用人都可以命令为最高出发点。照原则上讲，君主政治可以没有党，民主政治则不然。因为自下而上，所以在社会上民众上必先有组织，不然便无法上去。所以党的存在在民主政治是不可免的。此处所谓民主政治，依然是取广义的。例如意大利与俄罗斯的一党专政，依然可在这个范畴内，名之曰民主的专政。这和君主的专政是不同的。其不同点依然是在于一个是自下而上，一个是自上而下。但我们可以知道自从君主立宪出来以后，都变了自下而上的了，可以说自上而下的简直是没有了。明白了这一点，便知政党的存在是不可免的。换言之，政党在政治运用上是不可少的。

老实说，现在有一种很奇怪的现象：就是年轻的人们太迷信党了，年老的人们或中年以上的人们又太厌恶党了。我以为厌恶党的人们不尽是没有根据，而迷信党的人们却亦未明了党的性质。

我在此愿意把这个道理分析一下。试看中国的历史，有党必有党祸，党祸之起由于党争，而党祸烈时国家且不保。因此有识之士无不说党是害国的。

甚至于说政党是舶来品，和宪法一样。外国的东西一到了中国来立刻变了样子，在外国是有益的，在中国却变为有害的了，一切制度到了中国来都变坏了。为什么政党到了中国不会变坏呢？当然没有这个道理。民元以降，政党所演的把戏已经够人们头痛的了。一党专政之下所演的把戏，更令人作三日呕。所以，有人说中国只有朋党而没有政党，现在不仅党外的无党籍者痛心疾首于党，即在党内的人们亦自知这样实在下不去。

这个缘故在什么地方？我以为党必须有党德。英国人从小在学校里就训练这个党德。所谓 sportsmanship，所谓 fair play，都是党德的根据。曾记得梁任公先生在《新民丛报》上就宣传过英国两个议员，党派不同，在议场争辩得脸红耳赤，迨出院以后，依然握手吃咖啡。在现在的人们听了好像很陈腐的话了，其实，我敢说这乃是今天在中国最新颖的说话，亦就是中国人今天最应该听的话。本来在民元的时候，早就应该鼓吹这个道理，培养这种习惯，但是当时的人们不觉悟。在倒袁的时候，我以为这是化除政争的好机会。因为到了那时，无论急进缓进，无论集权分权，无论总统制内阁制，而共同的敌人只是帝制。既有共同的敌人便须有联合战线。联合战线一经组成，则党争便可化除。久而久之，养成一种联合的习惯或同盟的习惯。不料倒袁以后，各方面所得的教训却正是一个反面。他们不但不认与人合作为必要，却反而以为以前的排斥人家没有彻底。于是大家都想来一个彻底的排斥。好在中国这个国家不妨忍痛作为试验品。北洋派和非国民党的人总算排斥了国民党好几年。北伐成功，国民党来了一个大大的反巴掌。到了现在，诸位的气总算是出了，而国家的命却在呼吸之间了，可是赤色的朋友还在那里候着预备来一个大廓清，大杀戮。举国的眼光只知在对内相仇，却对于外族的侵略反而淡然置之，甚且以外族为背境，这真是灭种的现象。我不知道经过这些辛苦的试验以后，大家能否觉悟到党德还是重要的。党而无党德，则人们对于他有所诅咒便是当然的。所以我说有些人反对政党的存在是有根据的。

二

但照上述的理由看来，我们无论如何不高兴党，厌恶党，而党的存在依然是不能免。所以，我在此便须一说年轻人们迷信党太过的弊病。

社会的成立本是基于调和而成的。但无论一个社会内如何调和，而总免不了有冲突与轧轹，所以轧轹与调和是社会的两方面。人性亦是如此。人有合群的天性，然而亦有争斗的本能。一个社会的得以维持，就看其中调和与轧轹是否足以相抵而有余。一个人在社会上生活，亦就看他的合群性与个人独立性是否能相剂而反有补益。假使社会的组织因为愈趋而愈失了平衡，则自然其中的轧轹为之暴长。现代的社会都变了畸形，就是为此。个人如果训练其争斗本能，自然亦都会变为无往而不革命的人。所以，我以为现代青年迷信党是由于这种本能而出发。如德国的希脱勒招纳青年加以军队编制，这种办法完全是利用这种争斗的本能。青年人本来好事，有血性，自然愿意加入战斗。须知所谓社会运动，就是社会的暗中斗争。无论何种斗争不能没有组织。例如足球必有球队，在同一队中尤必有同仇敌忾之心。在一个团体内有同仇之心，是所谓党的意识（其实应为党的自觉心）。

各党对于党员的训练都注重于此点。中国人本来富于偏狭的心理，士大夫阶级的读书人尤其有传统的文人相轻的习惯。对于素来胸襟狭小的中国人再加以"党的意识"的训练，真是火上加油。于是全国立刻变为许多互相仇敌的国家，全社会充满了仇杀的戾气。彼此之间，感着一种你杀我、我杀你的空气压迫。这样的一个国家，这样一个民族如何能抵得住外侮呢？我要请大家静心想一想。

须知党在英文是 Party，就是"部分"的意思。更须知部分是对于全体而言，没有全体不能有部分。例如足球不能仅有你这一队，亦不是有了和你对垒的另一队就够了，必须有共认的足球规则与评判员。如一队足球健将只顾猛踢，而不顾规则，不理评判员，其结果必致把足球根本上破坏了。党的活动亦然。党是部分而国家或民族是全体，所以只顾党的利害而不顾国家的利害，这是一件最可注意的事。因为党的利害与国家的利害有时不一致。例如有人说现在的政府要对外让步而对内压迫，这便是利害不一致的一个好例。因此我以为把党看得太重的人们应得在现在有一个大觉悟。觉悟什么呢？就是必须知道中国今天已非寻常时代，乃是在一个非常时期，在这个时期只有为全民族生命而奋斗。换言之，即只有全体的利害而没有部分的利害。因为在这个时期，全民族的生命在呼吸间，已早不是那一党那一部分的问题了。再换言之，即在这个非常危急的时候，而尚有人以部分利害为前提，则这些人便是中华民族的罪人。所以，我们今天所要提高的不是党的意识，乃是民族的意识（即民族自觉心）。老实说，中国的今天简直等于英法各国大战时一样。他们在大战时没有一国不抑止党派的纷争而求发为一个举国一致的精神。所以，我愿意正告那些重视党的人们如下：在平时你们未尝不可把党看得重些，但在现在非常时期，等于对外作战的光景，你们必须把全民族的生存与国家的利害看在党之上。再说得深切些，政党本来是社会上斗争的运动，但在这个非常时候全民族的生存已濒于危亡，你们不应该再本了原义，各在自己的立场从事于社会的斗争；而应该组成一个联合战线向外来侵略的异种民族去斗争。根据这个意思，我以为有些人看党太重至少在这个非常时代是不对的，是不应该的。

三

我现在即开始一批评国民党罢。国民党可批评之点太多太多，但其最令人不满意的一点就是所谓党高于一切。我有一天遇着说"现政府在知识道德上不下于在野人们"的蒋廷黻先生，他说他所不满意于国民党的地方，就在于党在前而国在后——即党在国之前。我是向来反对国民党的一个人，我的反对理由却亦和蒋先生的新近的不满是完全相同的。国民党所以先党后国的理由，不外乎以为国的存在是依靠于党的存在。所以他们说：没有国民党就没有中华民国。他们以为中国在历史上这一个阶段有他的使命，而负担这个使命的就是国民党。倘使中国没有了国民党便不能完成这个使命，于是中国的存在失了意义。好像是说中国等于小孩子，而国民党是保姆。这个小孩子倘使失了这个保姆，则不是夭折便是失学，二者必居其一。其实这些话都不必用口舌来争。反正有事实摆在那里，凡是有眼睛的人都可看见。是不是没有了国民党就没有了中华民国？这是事实可证明的，只有国民党才配统治中国，亦是事实可证明的。在九一八以前，虽有人明知这个理论不通，虽而不愿来扰他们的清兴，自九一八以来，恐怕即在党内的人，即干得最起劲的人，其内心的深处亦自己起了怀疑的微波罢。所以到了今天不是谁有资格配治中国的问题，更不是算账的问题，亦不必你怪我，我怨你，你忌我，我恨你，乃是一个大家如何痛下忏悔，而群策群力以救危亡的问题。换言之，即是不问既往，而专为了民族的生死关键，如何打开现局，另辟新路的问题。

关于这一点，似须有进一步的说明。我现在举一个例罢。《时代公论》上有好几篇讨论国民党之危机与其自救方法的文字。那种深刻的批评，敏锐的眼光，公开的态度在在令人佩服。不过我总觉得依然是从党的立场（不论作者有无党籍）而说破其危险并提出自救方案。我虽是在理论上处于国民党对敌地位的人，然而我却有诚心亟愿意看见国民党的自救，并且我相信国民党亦决不是不能自救。不过其自救却有两种：一个是自现在立场而得救，一个是改变了立场而得救。迄至现在为止，党内以不变立场为前提，所提的各种自救法以及爱护国民党的党外人的批评与条陈，在我看来，都是不中用的。其理由容于下段述之。

国民党如欲就其现在的立场而得自救，只有一条路并且极简单。但除此一条路以外，除非是改变了性质，却没有第二条路。如有人问我：是什么？我可以直截了当地说：就是把国民党所有的军队（尤其关系深的军队，不妨把杂牌军队暂时除外）与所有的党员都立刻站在和十九路军在上海时的同一地位便行了。须知十九路军还不是党军么？现在全国人愿意奉为国家的军队。可是十九路军作战的时候，因为政府不援助而人民接济，所以宣言是代表全民族作战，而以属于一党为耻。十九路军本属在党，而尚且如此，则全国人无法跟着你走，便可知了。我敢说如其国民党全党都和十九路军一样，则全国的人民，无论其中有多少反党的人们，都得跟着走。即连共产党虽心中不愿意，亦没有法子不跟着走。我说这句话并不是主战，乃是仍然就长期抵抗而言。但不是口头的抵抗与空言的抵抗，乃是指见于实事的有力的抵抗与自御。尤其不是嗾使他人去抵抗，乃是说：国民党必须把他的嫡系军队与有资格的党员统统站在最前线去抵抗。必如此，国民党方能把他的整个的党救了。不然，另想法子得救，亦必是先改换了现在的立场。

四

除此以外，我们不妨讨论整理党纪的办法，但这却不限于就国民党而言。须知一个党到了不得了的时候只有清党与改组。所谓改组，不啻把原有的一个党化为几个新党。在民元时候，章行严先生曾提出"毁党造党"的议论。不过那个时候大家只知道有所谓改组，而尚不知道有所谓清党。原来清党亦是苏俄所发明。不过在实际上清党和改组并没有很大的区别。因为被清而驱逐出来的党员倘不能杀尽，或尽放逐国外，则他们当然会另组一个新党，来相对抗。这样则名为清党，乃是改组。国民党反共以后便是这样情形。所以，与其说是清共或反共，毋宁说是分共（即与共分家）。在这个情形之下，就一个党的内部来说，似乎好像有了办法，其实就其贯彻他的使命来说，却是反而增了一层阻力。因为这样不过是把党内的暗争，化为党外的明斗，亦许争斗格外激烈起来。所以无论是清党或改组，总是对于本来工作的成功加以障碍。例如共产党把他的重要党员在三五年间陆续开除尽了，他们却都变了反对共产党的共产主义者。根据此点，我认这种自救法是于事无济的。

我们在这里要说一说，为什么在中国这个特别环境中更不能仿照俄国的办党方法。先就清党来说。须知清党是因为党内有了敌对的异派了。在党内的异派和在党外的敌人是一样的。所以无论是排斥党内的异己或是压制党外的异党，其最彻底的法子当然是完全杀了或全部放逐，或完全逮捕监禁。俄国自革命以来就是采用这个方法。以我推想，在本来胸襟狭小的中国人内，其中当然不免有少数人依然抱了这个残忍的反人性的迷梦。但事实的教训却比我们的口舌争论来得有力量。国民党自清共以来，共的势力在社会上在实力上只有增而无减。我向来立在与共产主义理论相反的立场，但我却不愿抹煞这个事实。而共产党的开除法，亦徒然多了几次的告密与打架。这就是证明在中国这样环境中，彻底的消除异己是绝对办不到的。第一，中国有所谓租界，在租界未取消一天，则一切政治犯都能得其荫庇一天；第二，中国各方面的利害不一致；第三，中国迄今并未统一，所以法令不能普遍有效；第四，中国各地方情形不同，不能有一律办理的对付方法；第五，中国的社会组织太散漫，无从稽查；第六，中国人的传统观念是扶弱抑强，对于坑杀异己的方法无不是暗中反对的；第七，中国人向来对于当局不易起信仰，所以难得人民与政府合作。因此，我们以为这是很明显的，即异己苟不能彻底排尽，则一党决不能独据领导权。

我正写到这里，看见《独立评论》上所谓剿匪问题。他说："我们对于国民政府要请他们正式承认共产党不是匪，是政敌。"我想这句话和我的意思是一样。老实说，国民党到了今天无论如何必须承认党外有党。不是你愿意承认与否的问题，乃是事实使然，事实告诉你们如此。须知对付异党只有两个方法：一个是比赛，一个是合作。因为党以外尚有大多数的民众。比赛就是竞争，竞争就是看谁真能为民众谋福利，得民众的欢心，取民众的同情。这种比赛，就是英国式的两党轮流秉政的形式。在平时固然是很好的，但在非常时期却还不够用。因为民众的利害亦是复杂的，决不会民众全体拥护某一党，而势必致于甲党有他的民众为后盾，乙党亦然。这样在平时尚无大碍，而在非常时期必致纷争而误大事。所以，在非常时期，只有各派合作之一法。

合作的形式又有两个：一个是所有各党都合作；一个是大部分几党合作，而尚余留一二党派在外，不去管他。大概第一的办法决难办到，事实上只有第二个办法，如今天的英国尚有一部分的劳动党在外，德国的情形更为显明。德英之所以如此，足证世界完全到了一个极紧张的时期，这个时期的严重性等于大战相仿佛。大概一个民族的全生命濒于危险的时候，没有不采用这种联合各种力量，以形成举国一致的对付的道理。

<h1 style="text-align:center">五</h1>

根据上述的话，我们可见国民党所以自处之道决不能出下列四种以外：

（一）仍自现在立场，还想独据领导权，则其自救之法只有我上述的那个简单方法。

（二）抛弃现在的立场，真了解时代的严重，在一个全国共认的救国纲领之下，与党外的各种力量以及异派合作。

（三）放弃领导权。

（四）率性屈服于敌国之下讨生活。

第四条路是我们所最不希望的。老实说，国民党中很有些爱国忠贞之士，欲举党来走这一条路，事实上决不可能。万一如此，内部必起战争。这固是国民党的大不幸，亦正是国家的大大不幸。我们虽在党外，却具一百二十分的诚心不愿有此。第三条路亦是事实上必无的。质言之，即是国民党让出政权。姑不论国民党人大部分是有权位欲的，恬淡的人很少，决不会做出此事，即在事实上我们虽立在异派的地位，然为国家前途计，却亦决不愿意有此事。因为国民党交出政权，必是他派接受政权，试问这个他派是一派呢，还是多派合成的呢？纵使多派联合，而国民党总不在内，如此岂非仍留在外有一个很大的势力么？这个势力便是一切施政与建设的阻力。所以，中国此后无论政权是何种形式来构成，而国民党是其中的若干部分，总是其中的一个不可缺的因素。要想把他除外，则政治必不能运行。所以，我敢说第三条路是必没有的。但是在国难会议的时候，党内的神经过敏者与党外的一二杞忧家却曾有一度恐慌。我在当时就觉得好笑，今日回思仍可捧腹。

现在所余的只有第二条路与第一条路。第一条路可名曰国民党的顺势的自救；第二条路可名曰国民党的改弦更张的自救。第一条路最好是在九一八以后就决定走上这一条去，到了现在虽不能说机会尽失，却真是错过了很多。以现在的情形来推测，似乎他们离这条路愈来愈远了。所以我们不妨谈一谈第二条路罢。

六

国民党要走第二条路，便有几个前提。有人以为这只在乎国民党有无诚心结纳党外的人。我以为这决不仅是一个心术上的问题，而且是制度上的问题。老实说，只须改了一种新制度，在党外的人乃至于异派不限于加入政府，即在野亦可以形成合作的局面。不过这个制度的变更，必须先改变他的理论。我们现在可以分两点来讨论。

第一，必须把国家的制度与党的组织绝对划分为二。国家的制度著之于法律，党的组织亦是见之于条文。所以这个问题，就是国法与党法必须划分。一党专政的国家如俄罗斯与意大利，都没有这个问题。有之，只有我们的贵国。这和党费由国库支给一样，乃是中国的特产。我们可以看见苏俄的各种法律尤其关于政府组织的根本法，其中并不见有共产党字样。所谓苏维埃，实际上就是民众大会的意思，乃是国家的机关，而绝不是党的组织。须知照理论来讲，国家的制度是属于一国的，是公的；党的组织无论专政与否总是属于一党的，是私的。因为什么要有私的组织？乃是为了要运用公的制度。因为公的制度之下必须有私的组织方能运行有效。所以，国家的制度总是表，党的存在总是里。这个分别是很重要的。因此只能以党来运用国家，不能以党而吞没国家。俄苏虽是专政，然这个分别的痕迹依然留存。即意大利除了选举法以外，亦是很明显地保存这个界限。详言之，即国法只是规定国家的制度，在这里决不能规定与党的关系。否则，便是国与党的界限分不清楚。我说党只能运用国家，乃是说党至多的限度亦只能替国家立一个国家的制度，俄国的苏维埃即是其例。但决不可把党的本身变为国家制度的一部分或一机关。但照国民党的立法来说，国与党始终混为一谈。例如国民政府委员由中央党部的政治会议产生。在事实上是如此，亦可以不论，但此事而竟规定为法律，则为不可。须知政治会议是党的机关，而不是国家的机关，国民政府无论如何总可算是国家的机关。假如有一个国民会议（这是国家的机关）而全由国民党党员充之，国民党在他的内部有一个政治会议，议决何人充当政府人员；但这个决议不能直接有效，而必须在形式上经过国民会议的一度投票。虽则国民会议的议员尽属国民党，但这一番手续却是不可少的。虽是多此一举，却因为是同一人而兼两个机关。详言之，即在政治会议时是以党员的资格，而在国民会议时以议员的资格。明白了这个道理，便知道党的决议不能直接即为国家的法律，而必须经过国家机关通过的一种形式，并且党的机关亦决不能规定在国家的制度中，因为是两个系统。

我们固然知道一个革命的党，贯彻他的革命目的，当然可以代替国家立法。在辛亥的时候所定的临时约法，又何尝不是革命的党所为，并不是人民自定的呢？但革命的党只可以权代人民来为国家立一种制度，却决不可把他自己的家法变为国家法律中之一部分。我们试看各国的革命史，没有不是这样的。即如俄国意国的专政党，他们对于国家的组织与党的机关在法律上依然划分为二，虽则在运用上是联而为一。因此，我认国民党的专政与俄意的专政根本上完全不同。俄意的专政是由政党政治而进一步出来的，中国的专政没有经过政党政治那一阶段。俄意的专政仍是根据西方人对于政治的观念，中国的专政却是从东方传统的政治观念而出来的。说得明切些，就是由"家天下"的观念出来的。说得不好听些，可以说是一种篡窃式的。所以，俄意的专政是政党政治的反动，而中国的专政是土产的君主思想在暗中作祟。

总之，我希望国民党中有人能对于这一点看一看清楚，务使党的机关不规定在国家的法律上，而不与国家的机关混成一个系统。蒋介石召集国民会议，制定约法，似乎有几分感触到这个问题的存在了。孙科的救国抗日纲领似乎比较上更接近于这一点。但我以为这是国民党的分水线，非有大魄力的人，有真正的国家观念，不足以挽回既往所铸的大错。

即照国民党的训政论，这个办法亦是错的。因为训政在乎训练人民，则必定由国民党替国家建立一个根本制度。国民党同时运用这个制度树立模范给全国看，而断乎不可在训政时代是一种制度，在宪政时代又是另外一种制度。这样如何能训练人民呢？所以训政论虽根本不通，然即就训政而言，亦应该把国家的组织与党的机关分开。自国民党当国以来，各方的批评不能不算很多了，但这样的一个重要点却竟未见有人注意，我颇引以为怪。

七

第二，是关于国民党的革命理论。老实说，在前清主张革命无非是因为政治不良，其理由很简单明了。但自他们容共以后，却不是那样了，亦东施效颦起来，有什么世界革命而中国革命是世界革命一阶段的话。于是有所谓国民革命完成中国对于世界革命的使命，国民革命是民族对于帝国主义的革命，而世界革命是全世界无产阶级对于有产阶级的革命。我敢明切地说：这些议论都是骗死人不偿命的。可怜国民党被骗了，还不自知。我亦明知道这些议论是根据帝国主义压迫中国的事实而生，但须知中国受各强国的压迫是一件公认的事实，而所以救亡之道则并不必有所谓世界革命。有些人们抱了一个很古怪的心理，以为帝国主义者压力太大了，中国决不能自救，必须先推翻各帝国主义，来一个世界革命，然后中国才能翻身。九一八以来，第三国际的台柱子俄罗斯不但不能助我们，并且与日本妥协。我想这个实际的教训，很可以打破这些幼稚可笑的观念。国民党自反共以后亦自觉得：若不高唱世界革命未免对共产党相形见绌，于是有所谓"三民国际"，真是集天下滑稽之大成了。

曾记得在《新月》杂志上胡适之先生与梁漱溟先生讨论过帝国主义的压迫的问题。梁先生虽没有明白说出他的立场，而胡先生却始终主张中国必须自己争气。在这一点上，我们对于胡先生的主张愿表示完全同意。现在又有人在国民党内主张恢复"党的革命性"，我以为亦许仍是依照这样的革命理论。殊不知这个革命理论是共产主义所专有的，必定立于国际主义方可采用。若是以民族自救为立场，实无采取此说的必要。即如"党高于一切"的口号，其实亦是由此而来。因为党是世界无产阶级的公物，当然可以超出国界而高于国。若是以民族主义为立场，则无论如何党决不能高于国。国民党自十三年改组以来所采取的一套革命理论与一套革命技术，完全是共产党的，但他的主义却是三民主义。而所谓三民主义，其民族主义就是族国主义（Nationalism）；其民权主义就是民主主义（Democracy）；其民生主义就节制资本与平均地权来讲，只是国家资本主义而兼含有社会政策。这些与国际主义共产主义的世界革命本不相侔，并且都是在共产主义露头角以前的东西。孙中山因为利用俄国的款与械，所以才把他们胡乱凑合在一起。这是已往的事迹，人所共知。最可怜的是何以国民党反共以后，不好好儿地整理一整理其理论系统呢？可以说这几年来的国民党完全是无理论的，只在那里左支右绌地应付现实而已。有之亦不过"党八股"，等于我们在清朝的时候读四书五经，除了为进身之阶以外，而与实际政治没有丝毫关系。近来看见《时代公论》上提倡什么资产阶级的政治，以为民主政治离不了有产阶级；又有《新创造杂志》主张以农工与小资产阶级建立政权，注重职业团体所选举的国民代表大会。姑不论其主张如何，要不失为想替国民党找一个理论。我亦以为国民党如果真心想走我所说的第二条路，则非根本上抛弃这一类的议论——中国革命是世界革命之一阶段不可。

就上述的两点来看，就是国民党若有诚心想度过这个国难，决不是仅仅乎招纳党外的人们集合在一起所能为功，而必须自身先变化其性质。换言之，即必须把他的血中所存的共产主义要素完完全全抽干净了方可，如此方可对付内忧外患的国难。所以不是各派如何与国民党合作的问题，乃是国民党如何自己改变方针的问题。

我们这个意见，自然是从党外而观察得来的；但我敢说我自信我是立在中华民国的国民地位来说话，并不是单纯立在反对国民党的地位而说话。——固然亦不是像现在有些人立在党的隶属下作御史式的说话。

八

讨论国民党的问题，本不是专为了国民党，乃是借此为例证以明我们此后所要求的是何种样子的党。换言之，即何种样子的党方能应付目前的难局。欲明其故，必先一言这个非常时期的国难是何情状。我以为有下列几点可以注意：

一，对日的问题如何得一个出路。须知日本承认"满洲国"已只是时间问题了——说不定本篇付排中，日本已正式发表了。满洲国的军队在日本训练之下，已是公开的秘密。我所谓出路，就进一步讲，是如何收回东三省而仍为中华民国的土地；就退一步说，是如何对付日本以"满洲国"为先锋向关内的侵略。须知这两方面却是一件事：不能收回失地，即不能保腹地；能够对付这种侵略，就能够收回失地。这是目前的唯一大问题。民族的生死存亡系之于此。

二，如何把武力置在政治力之下的问题。须知这是中国能否成为一个国家的问题。日本人骂中国不是个国家，就是指此。辛亥革命以来，政变虽有多次，而这个武力高于一切的形势却始终未变，所以国家始终未曾统一。以后如再有政变而仍是在武力的形势下，则亦不过再戕伤国家的元气一回而已，决不会有光明。所以，这个问题是中国能否上轨道的标准问题。此而不能办到，则对外亦必无办法。

三，如何社会得安定的问题。自民国成立以来，无岁无内战。社会的秩序逐渐破坏得底层了。加以土匪蜂起，更是不堪设想。偌大的一个国家竟没有一个地方可以使人民安居乐业。所以，如何得安定，亦是一个起码的要求。若此而不得，则一切建设休想着手。

四，如何生产的问题。中国自海通以后，虽向来是一个入超的国家，然而却从没有像挽近这数年那样加速度的进步。入超的国家本不足以立国，而近来入超竟至五万万之巨，真是骇人听闻。而输入品居然以农产物占第一位，更足以令人惊心动魄。可见，中国现在大家人们都是在食尽当光中。试问这样能够延长几时呢？所以，生产的问题是中国有无续命汤的问题。如不能有，则灯尽油干而已。

前一个问题是对外，后三个是对内，然而须知对外对内是一件事。对内无法解决这三个问题，则那个对外的问题亦必不能有办法。所以，我愿把四个问题列在一起。且看解决这些问题，所需要的是什么。

我以为这又是很明白的：若要对于这些问题有办法，必须先求得一个举国一致，而断不是任何一派，一党，一部分人，所能单独胜任的。明白了这一点，则知道中国是在二重国难之中。第一重国难是内部的，第二重国难是外部的。内部的国难等于一个人在那里生病，外部的国难等于一个人受了他人的侮辱。换言之，即内的国难是如何造成一个国家，而排除其障害；外的国难是如何抵抗外侮而保全自己的生命。根据这个两重国难，我们敢正告国民党如下：你们如其立在共产党的理论上，以为阶级的分界在国家的分界以上，国家的亡否不算一回事，亡了以后还可以由阶级的革命而翻身，所以只有打倒帝国主义是目标，自己国家的独立与自由反而是小问题，则你们在这个国难紧急的时候独占政权，压制人民，我们当然无话可说。否则，你们依然站在族国主义上，以为必先维护自己国家的独立与民族的生存，而打倒帝国主义是另外一件事，抵抗帝国主义却必须先办，则你们便不能不改变态度，即必须改压制人民而为联合人民，改独力支撑而为全国一致的对付。

虽然，国民党能否办到如此，我们且不管。但我们可以说：这个非常时期至短亦必十多年，所以国民党可以不论，而以后的党却不能不注意于此。就是我们所要求的党必须具有下列的条件：

一，必须明白现在的中国是在非常时期中，对外的难关决不是一部分人所能抵当的，对内的建国大业，亦决不是一部分人所能担负的。

二，必须明白现在国家生命已在呼吸之间，除设法走上新路外，决再经不起那些老套的逾轨政争了。

三，必须有与人合作的肚量与德行。

四，必须言行一政。

五，必须发现有若干点是立国的根本要素而为各党派所共认者，首先相约把这些要素建立起来，再言其他不迟。

照以上所说的几点来看，我们所需要的党是何种性质便明白了。苟违反这些条件，则党之存在只为国家的害，不能对于国家人民有所好处。所以有人诅咒党派，我以为就是因此。而中国历史上只见党祸，亦是因此。党祸与亡国相连，与外族的侵略相连，亦就是由于此了。

九

我们论至此，愿意得一个结论。且借常燕生先生的话作我的结论罢。他评论废止内战同盟，说：

> 一个广土众民的国家，个人与个人间，部分与部分间，意见的争执，权利的冲突，是绝对无法避免的。妄想统一一切不同意志，取消一切冲突的争端，是永远不会成功的。惟一的办法，就是使这些意见与权利的冲突争执，用比较不流血的方法表现出来，用选举票代替机关枪的办法表现出来。这不是根本废止内战，战争是人类的天性，无论对内对外，永远不能废止的。唯一的可能方法，就是废止用机关枪决胜负的内战，改成用选举标决胜负的内战。在民治国家的统制之下，每年每月每日每时都有极剧烈的内战发生，国会内党派的舌辩，报纸上舆论的笔战，选举期内空前的政治竞争，以至于摔茶碗，扔墨盒，打家毁舍，示威游行，一些小小的纷乱，都是国民练习内战的机会。因为这种参加内战的机会太多了，所以国民不需要有他种方式的内战，不需要以机关枪来代替口舌纸笔，他们有政见的冲突吗？好，到选举场上去！有权利的追求吗？好，到选举场上去。想把持一国的政权的，想得到权势与地位的，想报仇

的，想升官的，想出风头的，都一齐到选举场上去决斗，到议会席上去决斗，一次失败了，下次再来。这种内战是理与力的结合，是秩序与斗争两种人类天性的调和，是不妨时时刻刻举行的。这种内战无论激烈到什么程度，不至于流多数人民的血，蹂躏多数人民的财产，破坏国家的秩序，动摇国家的根本。这就是民治主义的唯一功效。

但是常先生所说的还是民治轨道已成立后的情形。须知这个民治的"轨道"却很不容易敷设或建立。因为在激烈的政争中，轨道是立不起来的，必须有一个时期的互相息争与容忍或合作。这是我们须注意的了。

所以，我们可以换一句话来说：就是在目前的中国，我们所需要的还不是以选举票表现内战的党，乃是能敷设或建立这样的民治轨道的党。党而如此，决不会有党祸。若是换一句话来说，即我们必须有一个大规模的建国运动，造成政治轨道；若是有党，则这个党必须是能符合上述的条件而肩负这个大任的。并且中国人近来对于制度太重视了，而对于人又太轻视了，以为人的好坏不成大问题。共产党的唯物史观出来，对于这一点更为加重。但我们以为一个制度的创立，必须先有些伟大的人格者在那里努力。所以，这一层亦是讨论建国的党时所应注意的。

（载《再生》第 1 卷第 3 期，1932 年 7 月 20 日）

阶级问题
（1932 年 8 月 20 日）

一

我作了一篇《党的问题》，专是从时代的需要来说话。其实讨论政党却离不了阶级的讨论，因为论政治便离不了经济，论经济又必须把社会冶于一炉。所以我那篇讨论政党的文字，若要稍稍涉及学理，便不能不自然而然扩充到阶级的讨论。现在我作此篇，亦正可说是那一篇的续篇。

本篇所要讨论的是在于阶级与政治的关系，尤其是在中国的社会情形上。在这个中自然亦须稍稍讨论到新创造派的小资产政治的主张，与时代公论派的民族资本家政治的主张，并且还想借此以明共产派阶级斗争说的矛盾。

本篇虽亦论到中国社会的阶级情形，但不愿参加现在社会史论战。因为这种先抱了一种革命战略再讲社会史的办法，是我们无从与之讨论的。并且我以为我们所注重的只在现在中国社会是什么情形，用不着远溯以往。以往的状况与现在状况虽有关系，却不是决定的关系。所以，我们如果对于现在状态而真有切实的认识，即使对于以往状况未曾判断得当，亦不十分要紧。

二

现在我要讨论的是"阶级"一辞究竟何指。有许多青年好像一听此名辞，便觉得其明了和桌上的笔，天上的月亮，人身上的头一样，是一个"自明的"（self evident）事实。殊不知大谬不然。老实说，阶级是一个极不清楚的概念，非严格下定义不可。如果我们肯细心分析，必见其中大有问题，决不是很明显的，很实在的。换言之，即照马克斯派来说阶级，在事实上却没有那么一回事。

须知我们平常是为马克斯派所蒙蔽。我们往往看见社会学上亦承认阶级，历史学上亦承认阶级，遂以为马克斯一流共产派所主张的阶级就是指此而言，以为阶级是各种社会科学，不论正统与否，所都承认的了。其实大谬不然。须知社会学所诠的阶级，不是马克斯所谓的阶级。而历史上所讲的阶级，亦和马克斯所说的不同。可见，天下最易于误解的是名辞，因为名辞相同而遂以为其涵义相同。殊不知名辞尽可相同，而涵义却是各异。先就社会学上的来讲罢！

原来社会学上所讲的阶级，只是"社会的分化"（social differentiation）。而社会的分化是有种种的原因，经济的分野固然是其中的一个原因，然而却不限于经济方面。年龄的不同可以形成社会的层次，老年人与青年人往往形成对抗的情形就是为此。男女性别不同亦可形成社会的分界，往往许多妇女会联合起来向男子主张他们的权利。至于人种的不同，尤其是最重要的原因。所以社会的分化是不限于经济的方面。并且照一斑社会学上讲，阶级的发生总是由"社会的机能"（social function）有分化的必要而成。所以，阶级的定义在社会学上是很宽泛的。例如有些社会学者竟公然主张阶级的成立，于社会进化上是有益的。所以在社会学上的所谓阶级与马克斯派所谓阶级，其意义的范围大小并不相同。至少，我们可以说社会学上的阶级是广义的，而马克斯派的阶级是狭义的。因为马克斯所最注重的在所谓"由生产方法不同而生的生产关系"，因为生产关系有不同，于是乃有不同的阶级，换言之，即乃有阶级的分野立成起来。而社会学上的阶级却不限于建立于生产关系的不同。根据此理，则社会学上的阶级可以有各种各类的。例如店员在社会学上是一个阶级，而在马克斯派看来只是无产阶级。所以，社会学上的阶级是多种的，而马克斯派的阶级是"对分的"（dichotomous）。于是在马克斯派便发生了一个问题，即是中间阶级存在与否？此中间阶级一辞在德文是 mittelstand，可见他们显然不承认是一个阶级。这里所说，其要旨在表明社会学与马克斯派的不同。我们现在立在社会学的见地以讨论阶级，则不能不对于马克斯派加以驳斥。

马克斯告诉我们说：一部人类史，乃是一部阶级斗争史。如果阶级的涵义是照马克斯的定义，则这句话还有意义。倘使照社会学的定义，则这句话并没有什么深厚的意思在内。因为等于说历史是人类相斫书，说一部历史就是打仗的纪录而已。但打仗的两造若始终不变，还可以证明这两造总是要争斗的。无如每一时代的当事者都另换了新人，我们只可说战争是出于人之天性，却无法主张有永久对敌的两个东西。因为在 A 时是甲与乙争斗，而在 B 时是丙与丁争斗，在 C 时是戊与己争斗。须知 A 时的甲，与 B 的丙，C 时的戊，未必是一类。顾在马克斯，却以为无论甲换了丙，丙换了戊，而始终是一个掠夺或榨压的阶级，其对方是一个被掠夺或被榨压的阶级。这里便是问题的中心了。

例如有人用唯物史观来解释美国的建国，以为英人移民到美洲，第一件事是虐杀土人。在论者是想用此以表明掠夺，殊不知这种掠夺与现在社会中的资本家对付工人完全不同。因为资本家与工人同在一个社会中，同在一种法律下，所以资本家与工人是一个社会中的两个阶级。而美洲土人与移去的白种人却不是一个社会中的两个阶级，所以虐杀土人不是阶级斗争。如果是阶级斗争，则马其顿的吞灭希腊亦必是阶级斗争了。果尔，则历史上所有战事皆是阶级斗争。于是欧洲大战是阶级斗争了。我不知协约国是掠夺阶级呢？还是德奥是掠夺阶级呢？总之，国与国的战争，人种与人种间的虐杀，若都是以阶级斗争论，则阶级的意义便不明了。马克斯派的惯技只在玩弄名辞，务使一个名辞在这里涵义如此，到那里涵义如彼。一班不学无知之徒遂为其蒙混。我在拙作《道德哲学》上早揭穿其义。不过在那本书上是专就唯物史观而言。马克斯对于物质决定思想，下层建筑决定上层建筑，其意义是始终以闪惑其辞来见长。严格用名学来检查他，必见其犯许多毛病。现在他的阶级论亦是如此。他对于一名辞始终不肯有严格的界说，总是用偷关漏税之法来作搭题文章。我们倘使不许其搭题，则我们便可知一部人类史又何尝尽是阶级斗争史呢！老实说，阶级的分野一天一天分明起来，乃是随着社会进化而来。在原始的初民，只可说有斗争（因为斗争是本能）而未必真有阶级，而有阶级的时候却未必尽是斗争。所以马克斯的议论是经不起细分析细研究的。

三

须知马克斯的阶级观念，是由于看见产业革命以后情形而生的。马克斯亦决不是一个超人，他的思想亦决不能施之万世而皆准。因为他不能不受时代的影响。要知道自从大规模的机器生产出世以后，于是生产关系遂判分为二：一为资本所得，一为劳动所得。在这个未判以前，虽有掠夺，却不是经济的掠夺，亦不是生产方法上或生产关系上的掠夺。你能说资本家榨取工人的剩余工力，就是等于强盗的路劫么？我想稍有头脑的人决不会说两者是一样。凡是说主张两者一样的人都是脑筋不清，没有分拆力，没有思考心的人。我今亦不和这些头脑不清的人们来争论。

须知劳动所得何以会只能维持生活呢？这乃因为其地位使然。我们只须一检当时的法律便知。原来欧洲各国的民法都规定劳工关系是雇佣关系。因为是雇佣关系，所以没有罢工权。罢工便等于造反。这种雇佣关系的规定，是根据罗马法的原则而来。罗马法的精神，依然是承继希腊的所谓自由民与奴隶之分别。可见，依罗马法原则而成的雇工在精神上是和奴隶差不多，但法律却后来进化了。所谓"由身分而到契约"是进化的征候，这句话确不是错。要知道后来的法律已经把雇佣关系的字样完全废去了，法律上又承认了罢工权。例如德国宪法，更有劳动权与生存权的规定。于是阶级的性质便和从前不同，不必像俄国那样实行共产主义，而现代的工人已经变更了他的被掠夺的性质。不仅资本制度的自行崩溃没有给马克斯预料得中，并且工人阶级永久不变其斗争性亦被马克斯猜错了。在现代的经济固然有很大的破绽，而阶级的斗争却并不以此而加烈，其故可以长思。可见，马克斯派把他的全部重心建筑于阶级斗争上，不但在中国不适用，即在外国亦不免于言过其实。

至于中国情形，更为显然。例如中国的徒弟制度，虽学徒对于师傅和奴隶对于主人差不多，然其性质却不是雇佣关系。再例如作官的不许兼营商业，这便是以政治来支配经济。可见中国的社会情形，决不是那样可以拿一个外国名辞笼统地罩上去的。你说他是封建社会罢，亦未必然；你说他是资本主义的前期罢，亦未必然。老实说，这种把历史划成一定的公式来，硬要向一个一个的民族头上嵌去，实在是一件拙笨到万分的事。欧洲各国虽民族不同，而其文化究有共同之点，所以尚有可说。好像世界语一样，有人说世界语是欧美的共通语，而不是真正全世界的共通语，这句话实在对得很。马克斯一流的历史公式，至多亦不过是欧洲各国的历史的共相，而决不能当作一个普遍的范畴，亦完全适用于我们东方。所以，我觉得中国社会史论战完全是一个无聊的东西，徒表示中国人对于自己的认识不清而已。

四

我们当然不能反对阶级的存在，不过决不能像马克斯派那样只分为"布尔"与"普罗"。须知店员是一个阶级，而与工人并不在一个范畴内。经理人是一个阶级，和股东并不是完全同在一个立脚地。此外，如佃户便与长工（即雇农）大大不同，手工业的学徒与工厂内的工人亦不可一律而论。即如包工制的工头，既不是资本家，又不是劳动者。凡此种种，足见社会的阶级是很复杂的。在这样复杂的社会内，要使其形成对垒的两大势力是不免于太理想了。所以，阶级的讨论在社会学上是一种研究性质，但马克斯一流的阶级论却不是如此，乃是先立有一个目的，然后再以说明来强勉证明之。他的目的是社会革命，换言之，以一个阶级为基础来抢政权。这一点确是马克斯派与众不同的所在，因为以前的改革家只讲社会应当如何改良。例如卢梭说人性相同，天生平等，所以不应有君主制贵族制，而只应万民平等的民治政体。马克斯派不然。他们不讲应该怎样，他们只说历史的实际趋势必定变到怎样，他们以为无产阶级起而握政权是天然的历史过程。所以，以前的改革家是以是非为出发点，自伦理而言；马克斯是以定命论为出发点，自历史的历程而言。此两说的优劣不在理论的内容，而在其对于听者的心理。如你告诉一个逆子说：你不应该杀父母。如果那个人是不相信是非的，他可以偏要如此。倘使你告诉他说：杀了父母以后，必受雷击。他听了以后立刻觉得害怕起来。因为杀父母是第一步，而雷击是第二步的紧跟着来的。这便是应该论与定命论的不同处。倘使你对于工人说：你应该反抗厂主，他必不十分首肯。若是你对他说：资本制度成立以后接着必是共产制度，好像一棵树，开花以后必定结子一样，则工人听了必是勇气百倍。所以马克斯派的历史定命论并不是真有见于历史是有固定的历程，乃只是为了使无产阶级起信心起见而硬说如此。或许他们中亦未尝没有一二个人知道历史并不如此固定，但他们为了"战略"起见，却不能不一口咬定其如此。所以，马克斯派的历史定命论不是学理，乃只是战略。总之，马克斯派的一切理论大部分是为战略而设。只可理论而屈就战略，决不会为了真理而牺牲策术。亦可以说在他们，理论与战略是一个，真理与策略是一个。如果有不一致的时候，则宁不要真理。这种态度只能骗无知识的人，却骗不了我们。这亦就是他们所以要反对智识分子，屠杀智识分子的缘故。因为学者没有别的本领，而识穿他的西洋景却有这个本领。

我们且不管他的历史定命论，现在只讨论一些他的阶级说。老实说，他的阶级说，其命意是在于立在一个阶级上，把这个阶级作为一种力量来夺取政权。因为他有见于凡是政权所在总是代表一种利益。原来无论那一种人执政，总是为了他们自己的利益而去做的。不过以前的政治制度在法律上承认这种特权，于是乃有所谓特权阶级；后来民主政治成立了，在表面上却是一律平等。

所以民治制度下的政府，若果要他亦是代表部分的利益，则只有说他是由于议会产生政府，由于政党产生议会，由于阶级利益的不同而始有不同的政党。可见，马克斯想以阶级利害为政治运动的出发点与原动力，虽其方法是避去议会制度，然而他这个意思之所以产生，却是有鉴于欧美的民主政治情形。倘使他生在中国，而从来未看见欧洲民主政治的运用，决不会有这种意见。所以，马克斯死后即有所谓修正派的社会主义出现，主张仍利用议会以争政权。须知马克斯当时对于不利用议会争政权一层，并没有十分坚决的决定。不过他颇忧虑议会为资产阶级的代表所全占，劳动阶级未必能有代表加进去而已。后来议会的情形亦变了。例如目下德国的选举，共产党即拼命向这一条路走。可见，以阶级利益为基础而来谋取政权，其最好的方法还是选举。抛弃选举而来主张以阶级表现政权的成立，在我看来，总欠头脑不清楚。

我们不妨以中国的情形为证。现在在他们为了中国社会的性质起了很大的论战。但无论他们怎样的说，而实际情形并不相干。老实说，现在共产党能有今日还不是完全靠着所谓红军么？这种红军既不是农民变成的，亦不是工人组织的，原来就是军阀的散股与土匪的化身。他们的基础完全建立于这个东西之上，至于农民与工人可以说毫不相干。这个缘故就是因为中国的农民，迄今为止始终还未训练成有阶级意识。工人虽经过几次罢工的教训，似乎稍有觉悟，但中国除了二三交通大埠以外，却没有大批工人，所以工人不能形成一个能左右政治的力量。农民既不成为一个整个儿的阶级，工人又太无力量，则他们除了寻觅土匪，托命于土匪散兵的枪杆上，尚有何法呢？一班人对于共产党并未看清楚，以为这就是无产者的革命。其实这些完全与欧洲式政治性质根本不同，依然只是中国历史上的揭竿而起的老套子。关于这一点，请述一述中国社会的情形便可知道。

五

中国社会虽与欧洲不同，然亦可用社会学来研究。须知所谓阶级，乃是指社会上由某一种利益与某一种机能而归类的人们而言。这种归类是有永久性质的，并且必须有职务来表现。例如工人乃是指天天作工而靠工钱吃饭的人们而言，这种工人方能称为无产阶级。至于中国的流氓，虽家无恒产，腰无半文，然而却不是无产阶级。因为他不在阶级以内，他只是个游离分子。你看他今天虽腰无半文，亦许他明天就会发了几十万的横财。所以，所谓无产阶级决不包含这一类的人而言，换言之，即不是这个人无产便可算他是无产阶级。因为一班人有此误会，并且是一个很普遍的误会，所以我非特别说明不可。——其实这是常识，早应知道。

明白了这一点，我们方能讨论阶级。中国的社会不是没有阶级，中国社会的阶级都具有些东方色彩，所以其性质有些类似所谓"喀斯特"（caste）。要说明喀斯特是什么，总是以印度的情形为最适当的例。可见二者之差别，止在有无遗传的关系与比较上去是否自主。须知所谓"自由去就的阶级"（open class），乃是近代的产物，古代总是不许你自由去取的。中国的各种阶级都是如此。在海通以前，当然没有机器的大工业，所有手工业都有学徒制度，并有同业公会。每一职业内的人们差不多是不改变的。中国所谓"行"，即指一种职业，而同时即是一个阶级。所谓"改行"固然是改换职业，然而却颇为世人所切忌。可见中国的行业本来是比较上固定的。种田的是农人，做各种工艺的是工人，业贸迁的是商。这是三大类，每类中当然还可以细分。我以为因为中国的阶级近于喀斯特，所以中国于各种阶级以外却有一个特别的东西。这个不是别的，就是各阶级中所余剩下来的。我为便利起见，可以名此"余剩阶级"。不过阶级二字实在不宜用于此处，因为他们实在不是一个阶级。不如名为"游离分子"较为妥当，或用旧有名辞，名曰"流氓"亦无不可。例如农民人口过剩了，所剩的便不能不离农村而别谋出路，工界商界亦然。这种余剩的人们的出路在历史上只有两种：一个是政界，即入政界去作官作吏；一个是匪界，即作强盗。换言之，即只有政治与盗匪是他们的尾闾，他们可向这两处泄去。须知中国自实行考试制度以来，便成了"将相本无种"了。大部分的官吏出身于农家。所以只有士大夫这个阶级最不固定，亦可以说士大夫简直不成为一个阶级，因为太流动得厉害了。于是，使我们知道历来的中国政治所以成为一治一乱之局其故安在。老实说，治是由于这些余剩者大部分有了出路，乱即是由于制造这一类余剩者而使之加多。余剩者愈加多，遂愈乱得厉害。

可见，中国的政治始终建立于这个余剩阶级之上，其他的真正的各阶级反始终居于被治地位。中国各朝的帝王不是由权臣而变成，即是土匪而成功。中国的匪患从未有剿清过的，只有招抚。所以入政界与做强盗是一件事，都可以接近政权。中国虽有数千年，而这个情形始终未变。一直到了与外国接触以后的现代，还是保留大部分未变。

明白了这个道理，便知中国所有各阶级都是安分的，都是只求安居乐业的。只有那些余剩者有政治欲，因为他们的生活是依靠政治。所以，无论何人想得政权，只有向那些余剩者去下工夫，其他的各阶级是不见得能来真助你的。于是历来想得政权的人，没有一个不是运动土匪，勾结军队，利用政客。有人说：在这种情形之下，要想仿照欧美近世国家式的民主政治，是永久不会成功的，因为第三阶级站不起来。须知欧美的民主政治完全建立于资产阶级之上。我承认这句话是对的。但调过来说，中国政治既不能托命于第三阶级，则便亦决不能建立于第四阶级。换言之，即亦决不能建立于无产阶级之上。须知无产阶级是指每日靠作工吃饭的人而言，不是说现在腰无半文的流氓。可见，说民主政治不能实行于中国，则根据同一理由必是说共产主义（或社会主义）亦决不能实行于中国。因为第三阶级不能站起来，则第四阶级亦必同样不能站起来。所以说中国不能实行民主政治而反宜于实行社会革命，这真是欺人之谈。但稍一分析，便知其矛盾不通到万分了。因此，我们对于真正共产主义者想以无产阶级来建立政权的议论，应当与立宪派主张民主政治等量齐观，而不必害怕。

但我们对于那伪共产派却得害怕，因为他们的把戏依然在那些余剩者身上演出来。他们勾结学生，其实学生正即是上述的余剩阶级之一种。至于土匪与军队，乃至无聊政客，何一不是这种余剩者呢？老实说，这种人最可怕：他们有挺而走险的勇气，有只知自利的私心，而又从来没有定见。现在我要论一论这种人的性质。我以为这种人所以不是一个阶级，正因为他们没有共同利害的自觉。所以历来政客军阀但求有利于己，不恤卖国，不恤同类相残，同志相仇，这是为此。因为他们没有所谓集团生活的习惯，他们朝秦暮楚本是惯技，所以无论何种名义，他们都肯来投入旗下。因为这个缘故，我敢说中国决不会真赤化，但那假赤化的可能性却非常多。不妨拿国民党来作一个例。国民党的党员可以说百分之九十五是属于上述的余剩阶级的。国民党的首领，其实比著者还要聪明，早就见到此层。因为不向余剩阶级去觅鹰犬，便没有轿夫，自己不能受抬。他们只想有人供其驱使，那里还虑得以后的结果如何？并且中国历史上得天下的先例那个不是逆取顺守？老实说，在这样情形下，要想得天下亦只有逆取。所以国民党的一大套理论，什么国民革命啊，训政啊，三民主义啊，都是表面文章，其心中只是一个赤裸裸的"得天下"。这本是中山先生的传统精神。所谓逆取，就是说要得天下非招纳许多混账东西来拼命抢夺不可。所谓顺守，就是得了天下以后却又非把政治建立在安分良民的基础上不可。历代的君主于马上得天下以后必须大杀功臣，就是为此。党国要人中颇有些人主张把下级党部取消，其所以迟迟不敢实行的缘故，只是因为既得的政权尚未稳固，不能不暂留些保镖的打手一用。这就是党费不能取消的缘故，亦正是党费必须由国库支给的缘故。原来这些余剩者靠此为生，首领们亦正利用这一点。

说到这里，忽然想起《时代公论》上萨孟武先生的话。他说："讨论中国经济的趋势，既然不能无视国民党的主义，则我们讨论的目标，当然须由国民党的主义开始。不过除了讨论主义本身之外，还须观察国民党的构成分子。如果民生主义是共产主义，而国民党的构成分子，大多数乃出身于非无产阶级，或民生主义是资本主义，而国民党的构成分子，大多数乃出身于非资产阶级，则主义和党员之不一致，对于主义的实现有什么影响，我们非详细讨论不可。"（《时代公论》第十四号十二页）

不过我看这句话是无意义的。萨先生虽然在党内，恐怕不及旁观者清。老实说，不仅是国民党，即任何党，我从来没有看见能够跳出这个余剩阶级以外而另有真正阶级作根据的。我看国民党的党员既无所谓非无产阶级，亦无所谓非资产阶级。他们当革命的时代，贫无立锥地；迨革命成功了，却腰缠万贯，你说他的万贯是资本么？却又不然，转瞬之间又可用完。所以这些人只可说是一种特别阶级，名之曰革命阶级。惟有这种革命阶级，是永久的"革命尚未成功，同志仍须努力"的。他们的思想与意见是极飘忽的，甲主义出风头就用甲主义；乙主义有利益就采乙主义，一生一世吃革命饭，最无定见。因为他们只有个人生活的利害，没有社会上较深的机能关系。总之，今天的党，国民党也罢，共产党也罢，都是建立于这个余剩阶级上的。

六

根据上述的话，我们可以得一结论。就是中国情形与外国不同。旧日历史上的余残形势依然残留着，始终是分两种人：一种人是有业而固定的，一种人是无业而流动的，至于财产的有无却没有关系。向来的政治都是建立于后一类人的身上。所以我敢断言，真正的无产政党（共产党）在三四十年内是不会成立的。

现在余下来的问题，就是国民党能否改为代表资产阶级。萨孟武先生说："中国的民族资本家能够不能够铲除封建军阀，这个问题当比较二者力量的大小。民族资本家的力量固然不很大，而封建军阀的力量更见微弱。最近数年，军阀已经日暮途穷，有没落的倾向（军阀在经济上渐失去独立的资格，而须依附于中央），而资产阶级则渐次侵入中央政府之内，对于各种行政，有容喙之权，这个时候，中央政府若能照顾民族资本家的利益，民族资本家若能积极的援助中央政府，则一面不难打倒割据各地的封建军阀，同时又得铲除中央政府内部的封建残滓，而树立民主政治。"

不过据我们所看见的是：地方割据的军阀固然渐减少其独立的财源，中央财政的枯窘却更倍于他们。虽则有些所谓银行家也者奔走于国府之门，虽而民族的资本却日见毁坏。天下岂有资本日形减毁而资本家反有发言权的道理？所以那些所谓银行家也者，却不足为资本家。率今之道，无变今之俗，我们实在看不出有丝毫的征兆，是向着改涂易辙而趋的。萨孟武先生这种希望，我亦不反对；不过若认是事实，认是征兆，认是在那里进行，便错了。

至于《新创造杂志》上萧淑宇先生主张建立小资产阶级的政权，我以为亦是由于未曾看清此点。他说："我们应该按照社会的需要，团结全国农工小市民的力量，去担负中国革命大业。"他亦知道国民党中小资产阶级的人很少。他说："国民党的党员成分中，百分之六十以上是军人及其附庸，百分之三十是无职业的党棍子，百分之五是学生，自由职业家和大小工商业者，约百分之五是工人，农民完全没有。以上这统计，是南京中央党部一位职员告诉我的。党员的成分如此，它的社会意识的表现，可想而知"。

我们现在所要讨论的不是如何为了小资产阶级谋福利，乃只是如何把他们的力量拿出来以建立政权。这一点可惜萧先生没有说明，而他只说："中国的各社会层中，农工阶级所处的地位最劣下，生活最痛苦，我们以近年来革命失败的事实来对照，农工阶级所受的损失最大。譬如，连年内战，匪乱四起，农民既不得安居耕种，而生命财产且不能保。不平等条约不能取消，关税不能自主，本国工业不能发达。帝国主义者年年加其的经济侵掠，直接间接还是农工群众的血汗。他如公债的滥泼，盐斤的加价，各种杂税的征收，贪官劣绅的敲榨，件件都是直接影响到农工和小市民身上！"

须知农工小市民的苦痛是一件事，而他们的力量，用以树立革命政权又是一件事，并且最受苦痛的却未必就是最有革命性的，最能造反的。所以，萧先生的目的依然是不能达到，因为萧先生是在于想拿他们来作争政权的力量，不仅是对于他们的苦痛想谋救济而已。

总之，萨先生与萧先生都是反对共产主义的，我们愿表十三分的同意。但二位却于无意中，被马克斯把思想拘束着了。我看见好些人都是反对马克斯的，但他们的思想却都落在马克斯的窠臼中。我以为马克斯的可怕，不在其主张而在其范畴。人们于无意中不期然而然把这些范畴套在自己的思想，于是便好像孙行者永久跳不出如来佛的掌心了。所以，我主张我们不妨承认马克斯的主张确有许多地方是对的，但对于他的硬性的范畴，固定的格式，普遍的程序，总之，这些无聊的圈套，却非彻底打破不可。换言之，即我们对于这些东西必须抉其蕃篱，破其壁垒。不然，我们上了当，还自己不知道；中了毒，还自己莫名其妙。岂非太可怜了么？所以，我愿意以十三分的诚意向两位先生说：倘使中国社会经济情形在二三十年内会大变化，则以阶级与政权建立并为一谈的主张，在中国实在无发生的必要。老实说，这亦和民国初年的情形差不多。民国初年一班读书的有心人士把法律上的名辞拘束了思想，为了什么内阁制总统制缠扰不休，而对于赤裸的中国真相反少正面窥破。现在的人更加上了些什么资产阶级无产阶级的纷纠，使思想愈落在臼凹中，便对于中国政治的见解愈少独立的精神。我这番话不是责备两位先生，乃只是表示自己以往的错误。

此外，还有一点可以附带讨论：即是资产阶级也罢，小资产阶级也罢，都不能像无产阶级那样单调。所以都是多个阶级的总称，而不是一个阶级。倘使说到与政党的关系，则决不能像无产阶级那样可以实行一党专政，用以消灭其他阶级。可见，凡主张不建立于无产阶级上的必须同时亦不主张一党专政，但两位先生对于此点，态度很欠明白，这亦是我所引为遗憾的了。

七

　　讨论的话差不多已说完了，现在稍稍说几句正面的话。须知要明白阶级与政权的关系，必先分开阶级利益与阶级意识为二。阶级利益是一个阶级普遍而又共同的利害。例如增加田赋，在农人必是普遍受损，所以反对加捐便是一个阶级对于其利益的觉悟。但须知有些阶级对于自身利在何处，害在何点，却未能大家都晓得。例如人力车夫很难成一个阶级，有些车夫反而表同情于主人而仇恨同行。所以阶级利益是一件事，阶级自觉又是一件事。尽管一个阶级内人人有共同的利害，而却未必其中的人人都能够觉悟得如此。可见阶级自觉并不是随着阶级利益而来的。换言之，即决不是有了阶级利益，或有了阶级的存在，便有阶级意识。譬喻言之，好像人有脑子一样，但决不是有了脑子便是学者，要成学者却非得读若干年的书不可。阶级的自觉亦然。工人经过几次的罢工教训，农民经过几次的抗租运动，或许能稍稍启发一些自觉心。但这些还是靠不住的，必须有待于教育，即知识的进步。所以先进国的阶级容易有阶级意识。除了知识以外，还须有事实的教训。中国的运动工人的人们，只知道煽惑他们乱闹一顿，其结果养不成劳资双方的对垒，所以对于造成阶级自觉并无多大的促进。明白了阶级利害与阶级意识是两回事，便知道阶级利害在任何国家都是事实，谁亦不能否认，但阶级意识却不是那样要有就有的。须知要想以一个阶级来占领政权，组织政府，决不是根据于阶级利益，乃必须诉诸阶级意识。倘使这个阶级尚未自觉（即未自觉共同的利害），则这个阶级决不能站起来以树立一个政府。所以阶级与建立政权发生关系是在于阶级有自觉。我承认中国的各阶级有阶级利害，因为这是事实。但事实迫我无法承认中国各阶级已有了阶级意识。于是我们可以说：中国的任何阶级，资产阶级也罢，小资产阶级也罢，无产阶级也罢，都还没有到造成阶级意识的程度。至于我所说的余剩者，乃是人自为战之徒，不成为一个阶级，更谈不到阶级自觉了！

这样，我的意思是说：我们对于政治的主张不必建立在任何一个阶级上。这是第一点的意思。还有第二点是：我们必须注重于所有的各阶级。这句话的涵义就是说：我们必不可建立在上述所谓余剩者（流泯）之上。我在本杂志上《论生产计画与生产动员》那一篇中即提及此点。须知凡是建立于所谓余剩者上的，迨其一旦得了政权，想实行生产计画，必定感着极大的困难。因为他所率领的这些人们只能抢饭吃，却不能造产业。本篇仅在于讨论，故关于正面的话止说到此为止。

（载《再生》第 1 卷第 4 期，1932 年 8 月 20 日）

辩证法的各种问题
（1932 年 9 月 20 日）

　　本篇是我在青年会所设的读书互助会演讲会所演讲的。原记录的是荣涛与于振纲两君，不过我当时演讲还有许多意思未曾提及。现在把他增加进去，自然在结构上不能不有改动，所以本篇不是我当时演讲的原稿，乃是就原稿而加以扩充的。

　　今天要讲的题目是："辩证法的各种问题"。在未讲到本题以前，想起一句话，就是在前两天有人告诉我说，在外国杂志看上见一个格言，这个格言是：你要得新知识，须看旧书；你要得旧知识，须看新书。我想这个格言正可用在我今天的题目上，因为大家必是都看见现在有许多关于辩证法的新书。但大家读了这些新书以后，我敢包：所得的依然是旧知识。若果要想得一些新知识，恐怕还得把古人关于这一类的书拿来读一读。

　　今天要讲辩证法的各问题，自然必须先讲辩证法是什么。我所谓各问题，其实就是各种难题。我的意思在于表示所谓辩证法也者，本身上含有许多难决的问题。换一句话来说，即是我以为这些难题一经提出以后，则所谓辩证法也者在本身上，便成了一个争论不休的东西，或未得解决的东西。试问一个东西本身含有许多难题，没有成为定论，又如何能拿来应用于他处呢？所以我本次讲演的目的，即在告诉大家说，这个辩证法是一个问题很多的东西，不要认为已成定论的东西。

　　至于什么是辩证法，却不是一句话能答复的。须知辩证法是原文 dialectic 的译语。这个译语根本上就不通，其故容我后来讲罢，现在姑且沿用这个名词。因为什么不容易用一句话来答复呢？实在是因为这个字有悠久的历史，而各人的用法不同，各人所定的涵义不同，并且这种不同却甚大。于是我们可以说甲有甲的辩证法，乙有乙的辩证法，丙有丙的辩证法。再换言之，那只有一个名词相同，而其内容却各各完全不同。

要明白这个道理，便不能不简单地作个历史的叙述。查 dialectic 这个字本是希腊字，在原义只作"问答"或"诘问"或"对话"的意义。不过在希腊时代却与古代的印度一样，是富于辩论的。他们以为由诘问，可以得知一个东西的反面，再由一个东西的反面，得知其所以如此。详言之，即由于一个东西不是"好"，而可知道他是"坏"。所以他们喜欢用这种辩诘的方法以得知识，这乃是希腊在纪元前四百至三百年时候的情形，亦可谓比较上通行的。有人说开始创出此法的是散诺（Zeno of Elea）。恐怕他的学说是含有此类性质，但这个字却仍非始于他。原来这个字，在希腊是一个很通常的字，我们亦正不必去考究哪一个人最先使用。

现在我们姑且选出四个人的学说来作代表。第一是柏拉图，第二是亚里斯多德，这二个人是古代的；第三个是康德，第四个是黑格尔，他们是属于近代的。就中尤可以黑格尔为正宗，请以次来说。

柏拉图很重视这个字（即 dialectic）。可以说经他的手，这个字才赋有特别重大的新意义。他在《理想国》第七章第五三一至五三四页一段上专讲这事。但我们要知道他的真意，非明白其哲学不可。不过他的哲学，不是三言两语所能讲完的，我现在只说一个大概罢。他的意思是主张，于我们目见耳闻的形形色色的现实世界背后，另有一个原理的世界。好像我们用铁筋来造房子一样，一切的房子都是由铁筋架成的，但我们却看不见铁筋。须知铁筋只是架子，具体的东西必由于架子而始成。因此架子是根本，而东西是化成。柏拉图以为我们这个世界所以如此，乃是由于有一大套的架子。这个架子，在他却视为和"道理"是一样的。所以，他以为现世界以外有一个理世界。理世界是正本，而现在世界是副本。这个"理"是我的译语，原文是 idea。有人把这个字只译为"观念"，这真是大错而特错。因为这个有译为"观念"的嫌疑，于是便有人说柏拉图是唯心论者。其实这亦是错误。我们只能说他是理性主义者，而不能说他是唯心论者。

他的辩证法是什么，更可由此推知了。简单来说，他的辩证法，就是拨开现世界而达到理世界的方法。换言之，即一种训义，对于我们的思想用责问与反诘之法，好像剥蕉一样，一层一层剥下去，最后必可达到一个真正的中心，这个中心就是所谓"理"。所以，他的辩证法乃是个"认理之具"。但和这个字的原义（即一问一答）却并无大异，因为他主张惟由于诘问乃可把真理引伸出来。可见所谓辩证法在最初，不过是一种诘问与回答的方术而已，后来柏拉图却拿了来作为达到最高原理的工具。读者可详见《理想国》第七章，现不多说。

亚里斯多德的辩证法和柏拉图不同。他在《题论》（Topica）一书上说到"辩证法"这个字。他用这个字比较上最合于希腊当时流行的原训，仍是一问一答的意思。我们可以说是一种"发问求答"的方法。但我们须知亚里斯多德是形式逻辑的建设者，他这种发问求答的规则，必定亦就是形式逻辑的各种法则的应用。换言之，即我们必须依据逻辑法则以发问，以回答，如此方为正确的问答。所以，在亚里斯多德对于这个字，并不像柏拉图那样，使它负有特别重大的使命。

近世的康德在他的《纯理性批判》上，亦有这个字。不但他声明和古代的原训却不相同，康德以为我们的感官印象只是杂多混乱的，而把这些杂多混乱的使其为条理化，则有待于我们的"了别"（understanding）。但我们的了别，亦只能使感官印象统一整理至某程度为止，即离不了经验界。倘使想再进一步，求个绝对的统一，则势必直超出经验界以外。例如求万物的绝对本体，但这却不是了别所能为力了。于是理性乃起而代之。理性因有此要求，遂制成几个最高的概念。康德名此为"超验的假象"（transcendental illusion），而他的辩证法即是对于这种超验的假象之论理的研究或批判（logic of illusion，或 critique of dialectical illusion）。可见康德用这个字，其训义完全和前人不同，亦与普通用法不一样。

至于黑格尔，则我们不妨多说一说。人人都知道他的辩证法程式是正反合，但我们须知他是一个研究哲学史的专家。他看见希腊哲学史上有许多"对偶"的谈论，例如毕撒过拉斯（Pythagoras）有"奇"与"偶"之对待，"有限"与"无限"之对待。黑拉克莱托斯（Heraclitus）有相反而争为万物所由生的主张。本来希腊的哲学，往往把火与水认为两个相反物，湿与干亦然。柏拉图把生与死认为相反，亦就是基于希腊当时通行的思想。不过这里却有层次。就是有的人只看到有所谓相反，例如毕撒过拉斯；有的人只看到相反而必归于统一，例如潘曼尼德斯（Parmenides）；有的人却能看到相反虽必归于统一而仍是相反，例如黑拉克莱托斯。换言之，即于 opposite in unity 一句中，各注重不同。有注重 opposite 的，有注重 unity 的，亦有注重 opposite 与 unity 的。黑格尔大约有见于此，所以发明正反合的程式。其实这个正反合的译名，亦不甚好，往往令人误会有所谓正（即是正面）。但在他的原意，并不固定指何为正。所以张君劢先生想改译为"起承合"，又有许宝骙君译作"内外合"。我想他的原意是（1）在自己（in itself）；（2）对自己（for itself）；（3）在自己而又对自己（in and for itself）。所以，第一可译作"本"，就是"本主席"的那个"本"字；第二可译作"对"，就是"对我生财"的那个"对"字；至对第三译作"合"，可无异议。但是我对于第一译作"起"亦认为不错。原来就可借用佛教上的"缘起"一辞。有人把怀特海德（Whitehead）的 actual occasion 译作"机缘"，我想不如译作"缘起"。原来黑格尔所谓"正"，亦不啻是怀特海德的 actual occasion。

于是我们便知道在黑格尔的意思，是认世界好像一个绝对平静的大海。在这个海上起了一个微波，便是所谓正。就这个波自己而言，所以说是在自己。但这个波依然是大海的水做成的，其本身便含有本身以外的成分在内，所以说是对自己。在自己而又对自己，便是所谓合。这乃是世界上一切东西所以成立的唯一程式。大概黑格尔的意思，是替宇宙寻得一个不易的法则，一切东西都是依着这个法则而成。所以他的学说被人称为泛逻辑主义。不过他的逻辑是动的，而这种动却是在逻辑的本身。我们明白了这一点，便知道他亦和柏拉图一样，只可说是一个理性主义者，而不可说是一个唯心论者。因为他只主张有一个"理法"，而这个理法却不是我们心上的影子。

除了这四家以外，我们不能不推马克思，不过他不是一个哲学家。他很赞成辩证法，但却不是纯从哲学来立论。他自己本人的话很少，倒是他的徒子徒孙的话居多。他的目的，只在于用这个正反合的程式于社会变化。他以为原始社会是共产的（正），现在社会是资本主义的（反），将来社会是必然地变到共产（合）。因为他把这个程式用于外界的环境，所以他说必须把黑格尔的辩证法颠倒过来。所谓颠倒，是把黑格尔的由理性出发而发为自然，乃改为由自然出发而发为定式。所以严格讲来，黑格尔可以说是辩证法，而马克思的却只可说是自然法或自然历程。但马克思所以要引用黑格尔，恐怕是因为当时黑格尔的思想在德国是时髦的缘故。马克思本身必亦未料到，后世他的徒子徒孙会这样把辩证法大捧而特捧，奉为经典。我想他若早知道如此，必定还要多加几句解释，以防误会。其实他的目的是显明的：只是想在历史上发见一个定命论的公式而已。换言之，即想发见一个决定论的公式以说明一切历史。所以，在马克思的历史定命论与唯物的客观主义与辩证法，是必须合而为一的。

以上所说都是极简略的叙述。虽然即在这个简单的叙述中，亦足见所谓辩证法也者，在各家是绝不相同，可以说各家有他的辩证法。并且就各家所主张的内容而言，这个字译为"辩证法"，便有许多地方不得其宜。严幼陵先生主张一字数译，即完全看他的意义而变。现在的人们实在太忽视这一点了。我亦主张译外国名词，随其涵义而不同。就 dialectic 而言，照原义只应为"问答法"，但柏拉图的意思已经超出这个范围，康德与黑格尔更简直没有问答的意思包含在内。所以除照原来的意思，尚可勉强译为辩证法。至于康德与黑格尔，则这个"辩证法"的译语可谓全不适用。

现在且不讨论译名，请即提出几个问题。第一个问题是：辩证法是一个方法呢？还是一个行历呢？即是 dialectic method 呢？还是 dialectic process 呢？或是二者兼而有之呢？我们必可见照亚里斯多德的意思，则辩证法只是一个方法，并且是应用形式逻辑的一个方法。照柏拉图的意思，亦只能是一个方法，不过却是一个很高深的东西，实在即等于一种"学问"（science）了。所以，我对于柏拉图与亚里斯多德所用的这个字，主张即译为"学问"。按中国所谓学问，就其原义，乃是"学会发问"的意思。因为问不是一件容易的事，必须问的正当，然后方能引出正当的答案。而正确的知识，却从这样的发问得来，所以不妨即把 dialectic 译为"学问"。

说到康德与黑格尔，则辩证法便不是一个方法。在康德乃是一种批判，其实亦正是一种"学"。至于黑格尔，却不但不是方法，而乃正是一个"行历"。不过这个行历不是时间上的历程，换言之，即不是有时间性的，乃只是逻辑上的历程。换言之，即这个历程只是"正反合"一种动性的逻辑而已。我们明白了这一点，便知道这个字译为"辩证"固然不妥，即译为"法"亦有问题。因为有时是方法，而有时即不是方法。马克思是继承黑格尔，所以马克思的辩证法亦不是方法，而只是历程或行历。不过黑格尔的行历，绝对没有时间的成分包含在内。马克思既用于人类历史与社会进化，则当然不能不含有几分时间性。这便是马克思误解黑格尔的所在了，亦可以说马克思把黑格尔的原义改坏了。

若谓黑格尔与马克思都是把辩证法，既认为是一个方法，而同时又是一个行历，须知这个辩护是不通的。因为方法是主观自定的规则而施用于客观，行历是自然的事实而映射于主观。照马克思的唯物论来说，当然不能是主观立法。如果是外界的映入主观，则便是以行历为主。所以依然有分别，决不能说同时是方法。因为照这样说，显见方法是由事实而来的。可知兼而有之之说，仍是有问题。

第二个问题：辩证的行历是否与进化相同？照黑格尔说，辩证的行历既无时间成分在内，当然绝对不是进化，但马克思于此又曲解了。马克思的党徒总喜欢求助于达尔文（Darwin）的进化论。论劳动与生活的关系，亦要借重于进化论；论道德观念的变迁，亦要借重于进化论。他们探取进化论的地方可谓很多。但我们苟一细思，便知马克思派一手拉着黑格尔，一手拉着达尔文，实在是表示他们自身的无知识。原来辩证法的历程，根本上没有丝毫进化的意思在内。黑格尔的正反合只是一个，并不是一个正反合以后又接着来另一个正反合以继其后。所以，黑格尔的正反合是空前绝后的。于是我们可知有辩证即无进化，有进化即无辩证。但在实际上，即照马克斯说，将来的社会变成共产以后，试问共产的社会内还有进化没有？如果没有，这方合于辩证。如还有进化，则是进化而非辩证。我个人的主张，是根本上反对黑格尔的辩证法的。所以我以为要达尔文，便不能同时要黑格尔。

第三个问题是：辩证的现象是否普遍的？黑格尔的意思，当然认为宇宙的一切都是中于辩证的程式。不过他却有一个前提，就是他以为"思"与"有"是一而非二。换言之，他以为心与物一而非二，既然思想与存在（即实有）是一个思想的法则与实有的法则，当然亦是一了。其实须知这仍是以思想的法则，来代表"存在"的法则。因为一切实有必与思想俱存，所以黑格尔的辩证法不免有偏于思想程式的嫌疑。于此马克思又把他改正了，马克思派认此纯为"存在"的法则。果尔我们不能不一问：一切存在是否都能嵌以这样的程式？于是便有人说：物理界上的阳电与阴电，什么 proton 与 electron 都是辩证的现象。我听了这话，真是要笑得肚子痛了。老实说，自然界固然是有"两极性"（polarity）或两极化（polarization）的作用，最近美国心理学生理学者都用这个两极化来说明神经作用。不过我们须知，两极性和所谓正反合并不相同，安可附会在一起呢！可笑的是美国耶路大学的努斯罗波（T. S. C. Northrop，见所著 *Science and First Principles*），他对于小宇宙的原子（microscopic atom）与大宇宙的原子（macroscopic atom）形成两极性，遂谓与黑格尔的"正""反"相通。这真是极牵强附会之能事。我们只须把头脑稍稍弄得清楚些，便知道两极并不是相反，两极化亦决不是由相反而成的"相成"。可见马克思派的人们没有一个不是头脑混淆的。他们把精虫的争入胎球和工厂工人的罢工，以及两个国家的打仗，统统归于一个字（即战争 war）之下，而谓为都是战争。其实三者绝不相同。工人的罢工虽争而不流血，精虫的入胎是物理（或称生理）作用，这都和两国交兵大大不同，而安可用一个字来总括之呢？正反亦然。须知"男""女"不是一个正一个反，"天""地"亦不是，"日""月"更不是，"白""黑"至"红""绿"，都绝对不是。所以倘使把这些都认为是辩证的现象，则这个人的脑子可谓糊涂到万分了。我们决不愿和这类人讨论。

第四个问题是：试问正之后有反，是否以正为因而以反为果呢？照黑格尔的原义，是以正反合为一套，所以正反合三者同时存在，而不是反在正之后，正在反之前。但照马克思则不然，照马克思的历史定命论（即唯物史观）来说，确是以经济条件来决定社会此后的变化。所以在马克思是在正反合之间，有前后可言，这一层和上述的时间性是一样的。黑格尔没有时间，而马克思有时间。黑格尔没有前后，而马克思有前后。所以黑格尔是真以辩证为行历，而马克思是辩证无名而因果律无实。我们真不懂何以马克思不老老实实承认因果律，而偏要探取辩证法，其实因果律亦不见比辩证法坏些。

第五个问题是：倘使照马克思派那样到处都可用辩证法来观察，以为天下万物没有不具"内在的矛盾"，一切物的成立都是由于有相反者相争而始生，则我们敢问：辩证法自身是不是亦具有"内在的矛盾"？亦是由于有相反者相争而始生？倘使辩证法不如此，则世界至少便有一个东西是不含有内的矛盾的了，则世界上至少有这个辩证法是不由相反而相成的。

总之，辩证法的问题实在太多。现在只举这几个，然每一个又可生出几个小问题。所以有些人把辩证法认为已成"定律"而想到处应用，实在是不思之甚。老实说，我们若为使思想进步起见，首先便应把这些混淆的东西加以剖解。但这乃是哲学家的工作，决不是社会革命家的工作。所以别的问题我们可以不谈，而论到辩证法是什么，似乎非请教研究哲学的人们不可。

（载《再生》第 1 卷第 5 期，1932 年 9 月 20 日）

为国家计与为国民党计
（1932 年 10 月 20 日）

一

国民党的人总是以为我们不能以善意来批评他们，但我现在却愿来一试。至于他们认为我今天的批评是否善意，这是由于他们自己的眼光，亦不去管他。所以就我自己而言，我自信本篇确是对于国民党的一个善意劝告。

我为什么作此篇文章呢？乃是因为有见于时下的一种讨论。这种讨论是由杨公达先生在《时代公论》上开其端，后来各方面亦颇有参加者。现在先把杨先生的话撮要于下：

> 造成新局面的先决问题是改组现在的政府。我们要有一个强有力的政府，我们这个国家，这个社会，这个民族，如同"橡皮带"一样，能伸能缩，可以拉长，也可以放短，是得过且过，敷衍苟安的。我们现在要有人实地去干，无论你说他是法西斯蒂也好，说他是独裁也好，只要他肯克苦的干，实地做点成绩出来，总比那"多愁多病"的人高明些。

> 要得着一个强有力的政府非统一中国不可，想统一中国，非统一中国国民党不可。现在的国民党，四分五裂，派别歧出，意志非常不统一，做起事来，效率自然减少。统一国民党，并不是件难事，只怕没有人肯干。统一国民党有两个办法：第一个办法是各干各的，各派各自干去，谁得着人民的信仰，谁干得有成效，其余的各派自然会受淘汰。第二个办法是只是我来干。若是你想干而又不真正干，反而掣肘我干，我就老实不客气，不让你顿在这儿，不仅

要你退避三舍，还要你永不兴风作浪。这两个办法都可以，有魄力的人，就可以干。至于谁有这种魄力，我们就不知道了。总之，我们目的是要中国强有力化，因为惟强有力化始能抗日，始能应付国难。不但党要强有力化，政府和人民也要强有力化的。（《时代公论》二卷一号《抗日的途径》）

原来这样的意见，杨先生不止发表了一次。差不多他是在那里处心积虑来主张这个道理。我们只须看他所得的反响便可知了。

此外，杨先生对于国民党的挽救方法主张恢复总理制。在《时代公论》二十八号上有曹翼远君一篇文章可作杨先生的代表。其言如下：

着眼于总理制的职务本位而倡言恢复，这倡言并不落于灵诞。所谓职务本位的总理制，便是一般政党所设的总理，日本的政友民政两党，英国的保守劳动各党，意大利的法西斯蒂党，土耳其的国民党，在原则上，无论一党专政的党，或多党对立的党，都应该有一个首领，以期责任明了，遇事果断，统制得人。新创立的党要建立革命事业固须如此，已握得统治权的党要发扬并完成其革命事业，尤须如此，将要没落的党要恢复其革命事业岂可不如此。

还有一位张岳生投函于《时代公论》，他说：

鄙意认为如欲恢复"总理制"，必须依照杨公达先生所说积极的采取非常手段，由"国民党现存派别中，有一派能以统一党权为己任，本大无畏的精神，不避一切难险，采取史达林对付托洛斯基，孟梭里尼对付尼蒂的手段，不惜放逐异己的别派，举一网而打尽之"（见《时代公论》二十三号《革命的回忆和国民党的复兴》）。由此，国民党才能统一，"总理制"才可希望恢复。

但此论一倡，反响甚大。据说《南华评论》杂志上有许多文章专攻击此说。而我看得见的却有陶希圣先生一篇（见《独立评论》第二十号）。他认为这个主张是一个时代错误的意见。他说：

我们应当知道，苏俄及意大利的一派所以可以专政，是因为这一派能够集中社会里有力的群众的力量。一派专政不是由于他有钱有兵，乃是由于他有政策有计画有民众的拥护。尤其是由于他能够解决国家和民众的迫切问题。民众没有服从一派的义务。民众只跟随那能够帮助自己解决问题的人。

几年来的一派政治，以丧失东三省为结局，民众对于一派政府当然不能够不怀疑。因之，国民之间便发生党治反党治的论争及一党专政与民主政治的斗争。杨先生把时局拉回去两年多，不注意于国民的公论，只斤斤于政府地位的独占或分沾，这是时代错误的了。两派政府也不能救中国，一派政府也不能救中国。中国的得救，只有一条路，这便是集中国民的权力以自救。

二

我们的意见以为这个问题在表面上是国民党家里头的问题，外人不便与闻，而在实际上却与全国治乱有关系，所以我愿对此稍事分析。

我以为杨先生的主张可以说包含下列各点：（甲）党的清一色，（乙）政府的清一色，（丙）党的杂凑，（丁）政府的合作（或表面合作）。杨先生以专政的党为立场，所以把党的清一色对等于政府的清一色。反之，党的不清一色即等于政府的不清一色。但须知二者本没有必然的连合，党可以清一色而政府可以各派合作，党可以杂凑而仍专掌政权（如今天的国民党）。明白了这一点，便可见这个问题不是那样的简单，而必须化为二，即第一问题是国民党自身如何挽救，第二问题是政府如何改组。决不能说国民党改组了即等于政府改组。因此，我先以党外人的资格，对于国民党如何自救的问题，向国民党人进一忠告。

我以为专就国民党内部而言，杨公达先生的主张实在不是错误的意见。我这句话并不是说杨先生的主张完全对的，我只是说他的话中有一部分是对的，是那一部分呢？就是他说："各派各自干去，谁得着人民的信仰，谁干得有成效，其余的各派自然会受淘汰"。不过他的意思和我对于他的解释或许还有不同。果尔，则可算我对于他的一个修正。我以为他的主张是非经过修正不可的。

现在且不说他的对的那一点，而先谈一谈他的那一些不对的地方。第一点是他以为尚有第二个办法：就是"我来干，老实不客气不让你顿在这儿"。我名此为放逐政策或排斥主义。自从俄国共产党排斥党外党内异己以后，又看见意大利的榜样，我们中国人本来自从娘胎里生下来就带了这种排斥异己的根性，一听有人能够对于此事加以一个justification，真是要喜欢得口也闭不了了。但是老天爷太不作美，偏偏给我们中国人以这样的一个环境。这个环境非他，其特点就在于无法彻底排斥异己。即短短地民国建元廿年光景，就有不少的教训。袁世凯，段祺瑞，吴佩孚一个一个都试验过了。现在轮到国民党，在国民党中蒋中正，阎锡山，冯玉祥，胡汉民，汪兆铭亦都在那里挨次试验着。降至今天，情形更坏。那一个想来一个彻底排斥，势必立刻起一个极大的内战。山东之战与四川之战都是预兆。所以排斥异己主义虽是中国人的第二天性，却偏偏不宜于中国的环境。这一点我希望杨公达先生要注意一下。换言之，即你在理论上纵使讲得通，而在事实却亦是办不来。所以我们无讨论的必要。

第二点是杨先生以为国民党内各派各自干去而仍可以不变化现状，这乃是大错而特错的。须知现状不变化，则国民党各派必皆无法干下去。不是你掣肘我，就是我钳制你。结果诚如杨先生所说，精诚团结是失了，而分道扬镳又有所顾忌。所以，杨先生以现状为前提而主张各自干去，亦是一件不可能的了。

三

然则如何呢？我以为杨先生的话须加以修正，即各自干去这个原则是对的，但欲达到这个目的必须先有一个条件，即诚如杨先生所说"看谁得人民的信仰"。我不知道杨先生意中的人民信仰是以何方法来表示的，但据我们的普通常识，无不知道是以选举票的多寡来表现的，且除此外别无方法。果真杨先生的意思亦包含此义，则非实行宪政不可了。所以，各派欲要各自的干必须有下列各点：

（甲）必须各各承认此后中国政权的转移全由民意为之左右，而绝对不在以武力为之争夺。此乃是一种大觉悟，非有此觉悟则以后一切无从说起。

（乙）必须各派相约而共立一个共守的轨道，然后方可从事于竞争。

（丙）必须各派各有自己的显明主张，与人民相见。

（丁）必须各自组织，各有首领，各有党员。

对于这四点请加以总说明。杨先生对于所谓精诚团结，以为事实上早以实例示人以不可能了。但我们须知一个党内各派的合作与各党的合作原是一样的，各党各有其历史与主义，何以能会合作呢？

所以，合作本来不是一件容易的事。即在外国，党与党之间的合作没有不是有一个前提的，即必须有若干政策是一致的。一个党内如果政策完全一致，又何致于分为若干派呢？可见党内各派的合作其难，只有更甚于党与党之间。当国民党高呼精诚团结的时候，凡懂得政党的人无不好笑。因为政党的分合是以政策的异同，决不能基于友情，决不能因为昔日同隶一党，则现在便须团结。这是我赞成杨先生的地方。

既然不能合，则当然是分了。现在国民党中的无论那一派，我看都没有爽爽快快分出来独树一帜的勇气。为什么呢？这却是中了专政的毒。说到此不能不一说专政。老实说，国民党的专政是模仿俄国而成。这事只须看国共合一的时候便知。但我们稍一细按便知国民党的专政又和俄国的专政完全不同。俄国的专政不是达于宪政的过渡，他只有社会主义的建设，而从无"训政"的理论。他所以专政之故，在以无产阶级执政而改造社会，使有产阶级渐将消灭。所以，不是一党专政而是一阶级专政。国民党不然。他不要消灭任何阶级，但他却侮蔑全国人，以为都不够资格实行宪政。二者性质既不同，则我们不可相提并论。我们若纯就宪政而论，必见自国民党的原来立场决不能产生现在的这个样子。这乃是一个大矛盾，这乃是一大错，聚九洲之铁所铸成的。我实在不懂，何以国民党内有如许多的读书人乃并此而看不出？这真是怪了！最奇怪的是汪兆铭先生。他力竭声嘶地主张党内实行民治。我们不懂为什么党内必须实行民治，而党外（即国内）偏偏不宜于实行民治？我们稍懂一些政党组织的原理，必见汪先生的主张适得其反。

须知民主国家所以必须有政党，就因为国家机关（尤其是议会）是基于平等的原则，在法律上人人都有资格参与的。但事实上若是人人各自为战，而没有领导者，必致于无法运用。所以，凡有民选的国家机关必须有政党以为辅佐。政党的产生不过在于使民选的运用有所便利而已。可见国家机关是在国法上的，我说这是"表"。政党的组织虽是人民所公认，然而决不能由国法规定，具有国家机关的性质，我说这是"里"。国民党的对于国家所施的最大错误，就在于这个表里不分。我已经在前几篇文章中说过了，现不重述。

现在所要说的是：为什么必须有表有里？这个道理很容易明白，就是国家机关以平等原则而成，政党必须以领导原则而成。所以行使一人一票的民治精神只能用在国家机关的产出上，而不能完全用于党内。如果党内必须彻底实行民治，则党的基础必见摇动了。老实说，政党内部本来不十分求民治化，因为政党的基础是建立于政纲与党的首领上。党员的加入原以同意于政纲为限，乃是所谓"跟从者"（followers）。政党是要党员来跟从党魁，却未必事事取决于党员的多数表决。政党与国家机关的区别即在于此。一个是先有政见，先有领导者，然后再聚集同志；一个是有一定数的人，由这些人的多数以定政见与办法。一个可以说是自上而下的，一个是自下而上的。自下而上的当然非实行民治不可，至于自上而下的，就本性来说，不必实行民治。至于各政党亦有什么代表大会，党员大会，然而这些不过谋内部的团结与意见的疏通融洽而已，并非采取多数制。即使表面是多数表决，然须知政党的多数亦和国家机关不同。政党的党员本因赞同政纲而始加入，所以全体党员当然完全赞成党魁的主张。如有反对的人，这个人决不会再作党员，而必是脱党而去了。只有自我们中国人不懂合则留不合则去的道理，往往加入一个团体必定要捣乱一场。所以，我认为汪先生主张党内民治，党外专政，这是不但根本上不懂政治，并且不懂政党的性质。汪先生以直接领袖国民党，间接领袖全国的地位，而居然发出如此无知识的主张，能不使人可笑复可怜么？就这一点而言，使我们对于杨先生的话倒有些空谷足声之感。只因我们困居谷中太久了，所以不能不把足音亦视为真人了。杨先生一派以为党必须有首领，这是对的；但首领却不限于一个人。多数首领而能合作，亦是可以的。若多数首领而不能合作，则当然只有爽爽快快各自分道扬镳。

我以为中国人对于政党始终没有得着真正的观念，总是把政党误会为"家族"或家庭。国联调查团报告书说中国人只有家族观念，而国家意识太薄弱，这句话真是正理名言。中国人对于西方的一切制度，其实都不能真正了解。政党亦其一端。国民党因为其初是个秘密结社，所以类似家族的样子更甚。最初的规模小没有问题，后来大了自然不能照旧单简。但他们却是和一个大家庭内兄弟吵架一样，情愿彼此打得头破血流，而总是不愿分家分居。中国人养成只知对内，而不知对外的习惯就是由于几千年生在这样的环境。此外，国民党内各派不愿意分家的缘故是在于专政制度。因为政权只限于国民党，所以争政权便不能不先争党统。于是真老包与假老包的双包案又演起来了。

说到此，使我们想起以前的国会。国会里的捣乱，提起了令人头痛，所以到了现在，有些人一听"宪政"二字就联想到以前的国会，因此不起好感。但我们仔细一想，便知道现在的国民党就等于以前的国会。凡当时国会所影响于政治上的坏现象，现在无不在党内重现出来。然则现在的党治又有何点比以前为优呢？所以倘以反对以前的政治为理由而赞成一党专政，这真是不通之至了。国会闹了许多年，最后把国会闹丢了而后已。国民党以"党"来代替国会，又是如此演去，其结果不难推知。所以，我对于杨先生的意见以为有几分可注意的地方，就是在此。

统括上述的话，我以为国民党各派应得各自堂堂正正拿出政纲与政策来，与全国人共见。不要只是躲在空空洞洞的三民主义背后，专想拿武力来摆布。须知国家到了这步田地，已是再经不起几回内战了。像孙科那样的《救国纲领》不论其内容如何与诚意有无，而总算是一个自命为政治家的人起码所应有的。

最后，我以为陶希圣先生的话是完全对的。但他是为国家计而发言，并未提到国民党的问题。老实说，我们是党外的人，本来不能有所论列，并且亦不愿管此闲事。无奈国民党与国家的关系太密切了，他的一举一动都足以使国家蒙极大的影响。我今天来说几句话，原是想使国家的损失少因国民党而加重，人民的痛苦少因国民党而延长，如此罢了。只是爱屋及乌的关系，亦是投鼠忌器的关系。不过关系虽如此，却不是出于恶意。若有人说你们党外的人们，自然有利于国民党的分裂。我敢回答道：这完全是误会。老实说，国民党的分合与我们绝对完全无干。至于我所以作此论，实在只是因为看见许多不通的议论，不能不替他们分析一些罢了。

（载《再生》第 1 卷第 6 期，1932 年 10 月 20 日）

民主与专政是不相容的么
（1932 年 11 月 20 日）

一

当我们发起《再生》杂志的时候，同人等于政治想预先求得一个一致的主张，所以不但许多友人见面时讨论，并且还有许多友人通信来参加讨论。就中即有一部分人提出民主与专政的问题，以为我们既不赞成旧式的民主政治，为什么不爽爽快快主张专政呢？当时我个人的意思以为这个问题实在有讨论余地：我们既不能蒙头盖面从制度上否认民主政治的优点，而又不能不问三七二十一完全取消专政的长处。所以，我久想对此问题从事分析一些。今天此文其动机即来自那时。

其次，最近看见有许多人讨论政治，而总是一提民主与宪政便联想到民国十六年以前的情形，并立刻起一种反感，好像十六年以前的政治比现在还不如，我们又何必多此一举而改专政为宪政呢！不仅我个人有此印象，即他人恐怕亦都有此感觉。有一天遇见张镕西先生，他是主持民宪协进会的。他告诉我说，必须由民宪协进会具体主张出来一个宪法的内容，不然人们将来疑心该会是主张恢复旧日约法与国会的了。从这句话看来，便知以国会与宪法（或约法）来号召必难得多数人的同意。因此，我就推知现在社会上实有一大批人是反对旧日式的宪政的。平心而论，著者亦是反对者中之一人。著者在当时反对那种政治，岂有到了今天还会反而赞成么？不过我们论事宜稍稍持平。若说我们的理想政治决不应该以十六年前的情形为满足，恐怕是无人不赞同的。换言之，即无论何人，在未绝望以前，总有希望。凡是希望总是想办到比现状好。从现状上而想恢复到十六年前的情形，实在不见得较好。所以无人对此有所希望。

不过这仅就希求而言。至于持平以比较二者，则我敢说现状决没有比十六年前为好。这一点恐怕有许多人未曾注意。其所以不注意的缘故乃在舍去政制而不谈，而专就其他。若专就造马路、建航空等等而言，当然是进步了。不过政制本身却毫无优点可言。这是题外的话，现在不说。总之，我这篇的目的在于就制度与运用上阐明民主与专政的关系，并说出其不是不相容的道理。

二

我为叙述的便利起见，先作一个比喻。假如当十六年春天国民党北伐军大成功的时候，他们真能实行所谓"民主革命"，换言之，即他们现在所忘却的民主革命，这块招牌在那时果真能切切实实地实行出来，试问大家想一想，中国成一个什么样子？如果再要具体地说，则我们可以作下列的描写：即国民党在那时于武力的统一以后，立刻颁布新宪法。在国家的宪法颁布以前，亦不妨得到一省，就颁布一个省宪。依据省宪，实行选举，组织省政府。依据国宪，实行选举，组织中央政府。我敢写包票，国民党人的当选至少必占百分之九十以上。余外的当选者虽不挂国民党党籍，而亦必是国民党的同情者。反对者决无法当选，不必用法律来限制他们，那一时的民气便足以得到这样的结果了。国民党人既占九十分以上，则所有政府的决议在实际上等于国民党的党中决议，可以说各级政府的意思就是国民党的意思，其状态在精神上和现在的专政并没有两样。试问假如当时如此，大家作何感想呢？

我举这个具体的比喻为例，乃是意在说明拿民主政治的制度为了一时权宜之计，作为专政的运用，并不是不可以的。不过为了说明的充分起见，更须将这个情形与现在的专政制度作一个比较。第一点，这样的情形是依然以民主政治为原则的。须知民主政治本来是一种"精神"（spirit），本不限于那一种制度。英国虽有君主，但英国是民主政治的国家。中国现在虽无君主，然而依然不是民主政治。照国民党的主张，本是主张民主政治，无奈他硬分训政与宪政为截然不同的两个时期。我们从外面来批评，便不能不说他的宪政时期是民主政治，而他们的训政时期是非民主政治。我不懂一个主张民主政治的党而必须先有一个非民主政治。如果不是欺人，便是自欺了。所以，我上述的那个假拟的比喻，按照国民党的原来主张并不是不可能的。其好处就在能替国家立一个民治的当轨。这个民治制度是国家的基本组织，乃是万年有道之当，决不因时局而变化的。现在则不然，规定训政为若干年，在训政期内的制度与宪政期内的制度截然不同。我实在不懂在这样截然不同的两制度中间，怎么样能由一个制度而过渡到另一个制度。这乃是训政论的内在的矛盾。第二点，是上述的情形既以民治为原则，当然是包括有言论自由等等。须知言论自由在中国实在比任何东西都可宝贵。倘言论而能自由，则政府与官吏必有所顾忌了。现在政治如此黑暗，就因为舆论不能抬头。第三点，既是以民治为原则，当然没有特别阶级，换言之，即在公民权利上人人是平等的了。这样一来，党部的鱼肉乡里便不会有了。第四点，是政治既上轨道，人民方感安全。然而必须人民感着安全，方可谈经济建设。国民党未尝不注重于建设，顾乃不知所以安定政局。所以现在的所谓建设，其结果都等于逆水行舟，进一步退二步。这四点尚不过泛言之而已。

总之，国民党把他的真正使命的民主革命放弃了，到了现在愈走愈入岐路。什么法西斯蒂啊，什么新国民党啊，什么中华新革命党啊，愈弄愈离替国家建立一个根本的永久的制度之途愈远了。

三

上述的话，似乎未达到本题。现在请从正面来说明。先由专政说起罢。

我以为，专政的好处在那里？何以会引动了许多人倾心于此？恐怕是简单的罢，就是因为专政的国家，他的国家是统一的，政府是有力量的，有计画便能见诸事实的，决没有捣乱与纷扰以及无政府状态。老实说，这种不统一，不能实行政策与计画，而终日扰乱的现象本是人人所痛恶的。只是以何法去掉这些坏现象，却非经过一番研究不可，决不是蒙头盖面以一知半解便可以解决的。所以，我认为中国人对于民主与专政都没有真正的认识。

我就个人所见，愿意把专政分为两种，并且以我自创的名词来区别之。第一种是以法律来规定专政制度，我名此曰法律上的专政（legal dictatorship）。第二种是不见于法律而实际上是专政的，我名之曰道德上的专政（moral dictatorship）。以法律来规定专政，自是与民治原则相冲突。因为民主政治是以民权一律平等为基础，不容其内一部分人而有特权（privilege）。所以，我们若认定民主政治是合于人类天性的，则不能不反对法律上的专政。至于道德上的专政则不然。他不必有特权由法律为之规定，不必有法律作保障，只须以人心为后援便够了。凡我们所认为专政的好处，都可于道德上的专政见之。至于法律上的专政，不但未必能有上述的好处，且其弊害更百倍之。所以法律上的专政有百害而无一利。所余的问题只是道德上的专政与民主政治是否相容。于是我们不妨亦把民主分两种，即其一是以民主为一种制度，而另其一是把民主作一种精神。如认为是一种制度，则必是具体的了；如认为是一种精神，则只须有若干根本点不变就行了。我以为民主政治的根本点有二：一曰个人自由，二曰公民平等。我以为任何政治制度苟能不违反自由与平等这两根本点，则我们都可断然决然称之为民主政治。明白了这一点，方可讨论他与专政能否相容。

四

如果民主政治的精神只在其根本原则，则我们即使把具体的制度加以变化以后，而必是仍不失为一种民主政治。我亦知道民主政治虽是一种精神，然而亦决离不了制度。于是，我们不妨一讨论制度。制度是死的，而在活人去运用；制度只是大的架子，而其内如何办理依然在乎人。可见制度不过是法律，法律亦不过规定一个范围与界限而已。至于在范围以内，界限之中的，则人的运用尽有上下余地与活动余地。以往的民主政治制度诚然易于引起捣乱，不容易使政府强有力，一个大计画，不容易见诸实行。须知这是某一种民主政治的弊病，而不能抽象地归咎于民主政治的精神与原则。须知民治精神并不限于如此。所以我们主张把旧式的民主政治制度加以修正，务使其具有弹性，换言之，即有伸缩余地。这个伸缩余地是怎么讲呢？须知民主政治的精神，是个人自由与机会平等。而这个自由与平等乃人类的天性。所以民主政治是常轨的政治，换言之，凡是有人类便于政治都应得如此。但这种常轨政治有时未必能应付一时的变态，即紧急状态。所以，民主政治的长处即在于能得长治久安，至于你若取其一个时期的政治成绩来看，恐怕其效能（即效率）远在他种政治以下。例如圣君贤相的君主专制未尝不可把国家弄得十分强盛，然而人存政举，人亡则政息了，并且种了不少的祸根。所以专制政体，不论为君主抑为一党，其结果总是演成一治一乱之局。而民主政治则不然。他的效率不十分高，却能够持久。好像善跑的马，不是一刻飞奔，一刻缓步，乃是走起来有一个不快不缓的恒率，民主政治的长处就在于此。不但在某一特殊时候，逢着了特别事情，十分紧急，便不能不使你感着民主政治的效率迟缓了，缓不济急了。然而，须知这个毛病不在于民主政治的本身，而只是在于那个时代有特别严重性。因此，我们以为倘使民主政治不能应付特别的紧急时代，则民主政治终不能不说是有一些缺点。所以我们主张使他有伸缩性。这个伸缩性，就是指务必使民主政治在平时固然可以顺利进行，而在特别时亦能加紧其效率，以与时代的要求恰恰相应。我们在本杂志第一期上提出修正的民主政治，就是指此而言。再详言之，即在平时民主政治无问题，自无须于修正；而在特别时则必须使其容易集中全国力量。换言之，即在特别紧急的时期，必须使民主政治在法律制度上虽毫无改更，而在实际运用上可与专政同其性质。这便是我所谓的道德上的专政了。但须知这种道德上的专政，亦只可为一个时期的现象，而不可久长下去。因为这种现象的产生必由于下列三个形式之一：

甲，一个大党，以其绝对多数来握政权。

乙，在朝的党虽非绝对多数，而在野的各种反对派自愿采取静观态度，而予在朝者以全权（free hand）。

丙，各党派或大多数的党派在一个共同点上合作。

这三个形式都是应付非常时代所以使政府有力的办法。无论采用那一个形式，而民主政治的制度依然可以不摇动。因此，我绝对不相信在民主政治的制度上产生不出强有力的政府，并且绝对不相信有了绝对大多数的党，而犹须先毁了民主制度而后方能专政。像国民党那样，既是全国唯一的大党，对于民主政治还不放心，而偏要讲训政，已经是可笑了。乃不用民主政治，而仍然不能得强有力的训政政府，岂非更可笑么？所以，就中国的目前病状而论，病根不在民主与非民主之争，而只在国民党是不是一个健全的党。倘使国民党是一个健全的党，对于他所宣传的民主革命而真有诚心，我敢说中国即使立刻建立民主制度，而国民党依然得实行我所谓的道德上的专政。并且我们这些党外的人们，亦未尝不赞成这种道德上的专政。

五

根据上述的话，我敢说一班表同情于专政的人们实在有所误会：他们把道德上的专政与法律上的专政混而为一，于是把所有道德上专政的长处都亦误认为法律上专政的优点。殊不知二者绝不相同。法律上的专政不但不具优点如道德上的专政那样，并且乃是因为道德上专政不能成功而始有的。因为若果道德上专政得以成立，即不须有法律上专政了。可见凡是在法律上规定专政制度必是于无形中承认自己是个强权者，并不是代表民意的举动。所以这种法律的专政制度必是和强权者同其寿命。强权一旦倒了，则这个制度亦必改变，这种法律亦必立刻取消了。于他方面便是有多数人为被征服者。这些征服者目前无可奈何，一旦有机会必起而反抗。这个道理，卢梭在他的《民约论》上论之甚详。他说专制君主与其臣民所订的法律，是一方面所有利益归于君主，他方面所有义务属于人民，这种片面的法律实在不成为法律。一党专政的立法亦和君主对于臣民的立法一样，都是片面的。所以严格讲来，不是法律，乃是强者之意志——不拘强者为一人抑为一党。我不知道何以卢梭的名著在中国的思想界如此不发生影响！所以我主张赶快把《民约论》用白话译出来，务使家喻户晓，则中国方有希望。

所以我说这个误会是关系很大的。第一，于无形中把民主政治损了价值；第二，对于专政加以理论的证明使野心家得有所借口。于此便可见有许多有良心的朋友（例如徐青甫先生著《经济革命救国论》乃系多年沉思之结论，其爱国热血与学术良心俱足佩服，惟对于宪政则仍有不足之词；又如梁漱溟先生提倡村治，从下层下工夫，其虑国事之深刻，思想之独到，皆为当代少见者，但亦惜其必谓民治不能行而后方有所谓村治）偶一不慎，反使本来无大问题的东西竟生了问题，而野心不逞之徒就从而生心，这实在是我们念书的人所应自励的了。又如现在的青年一闻民主政治便觉得是老生常谈，十分不过瘾，必定去寻那些新奇可喜的东西。其实中国今天大毛病就在不能把老生常谈实现为事实，而决不在于另有什么奇怪的妙法。老实说，一个国家要治理得好决不能靠巧妙不经见的方法。在社会上的有知识者不能做青年的领导，而只是想炫奇，想以出卖野人头而博得人们的欢心，所以才有今天这样不得了的现状。我以为我们以后大家应该以"平实"自勉，以"平易踏实"自勉。

这就是我所以愿意对于民主政治稍加分析的缘故了。

六

话已说得太多了，但为明了起见，不妨再作一个简明的结论如下：

一，以自由平等的民主政治为制度而于非常时期使其集中力量，由一个强有力的政府来率导全民，其精神和专政差不多，这并不是不可能的。

二，所有专政的长处只在于能贯彻计画与政策，而不在于有一种人在法律上高于普通人且具有特权，所以专政的长处无须以法律来表现之。

三，以法律来表现专政，则其所有的长处必全不能见。因为凡是在法律上造成一个特权阶级，则这个阶级必是立刻即化为腐败了。国民党当国以后，腐化与贪墨之风暴长，这就是法律上的专政的自然结果。现在一班人不明此理，以为这只是人的不好，而殊不知这是专政制度的必然结果。

四，因为民主制度是常经，专政的运用是一时应变之计，所以我必须稍稍修改民主政治使其具有能随时代而变的弹性，即必须把民主政治使其在平时得照常进行，而在非常时有和专政一样的效力。

五，根据上述的话，我以为现在迷信专政的朋友应该都回过头来主张这样的民主政治。因为惟有这样民主政治方能举专政之实，像时论所说的那种专政反而不能收统一与强有力之效。

六，所以我把专政分两种：即道德上的专政与法律上的专政。换言之，即专政是一种运用与专政是一种制度。我们不反对以民主为制度而以专政去运用他，我们只反对以专政为制度的。

七，我们所以反对专政制度就是因为不但不能达到原来那种目的（即统一与强有力等），并且是种下了莫大的祸根，又复违反人类自由平等的天性。

八，我们不但不反对那种道德上的专政，并且以为在国难期内，国家既须有五年或十年，或十五年的国防计画与经济建设大计画，则当然必须在不背民主政治的基础上，换言之，即在民治制度上，有一个集中的力量用以推动之。

以上八点，是我今天所要说的。因为病后匆匆执笔，或有辞不达意处，千乞读者勿以辞害意，便可以不致有误会了。最后我还要声明的，即我用"道德的"一辞系取西方 moral 一字的原义，而与我们东方所谓道德则涵义却有广狭的不同，亦乞不要误会。

说到此本已完毕，不过又忽然想起一件事，即我这种主张或许有人疑为与所谓"民主集权"相仿佛。我亦承认大体上有相类似之点，不过亦很有可以分别之处。须知民主集权是俄国发明的东西，其目的是能办到最下层有极大多数的民众，最上层有寡头的领袖，而把中间一层的人们减少其左右政治的力量。而我们则以为这个形式只要不违背民主政治上的个人自由与机会平等，都是可以的。所以我们是以民主为根本，至于集权与否须视时代的要求而定。在平常时代，民主而不集权是可以的；在非常的时代，民主而集权亦是可以的。总之，我个人的意思不反对所谓民主集权。不过汪兆铭一流所提倡的民主集权是就一个党的党内而言，不是就全国而言，于是，我们便有所谓"国的民主"与"党的民主"之分别。我在前一期本杂志上早已说过了，只有国可以行民主，一个党内决不能实行民治。俄国是无产阶级专政的国家，其情形与中国不同，不能相提并论。这几年来有一个最可笑的事情，就是当局不问三七二十一尽管乱抄他国的制度。乱抄了一顿俄国的把戏，弄得这步田地，据闻现在又有人想抄袭意大利了。总之，中国人若不于此有一个翻然大觉悟，则不过使国家多受一番祸害，好像一个人生病一样，多害了一场病而已。尚何言哉！

（载《再生》第 1 卷第 7 期，1932 年 11 月 20 日）

国民无罪
（1932 年 12 月 20 日）

一

自国难发生以来，一班有心人痛恨一党专政之误国，于是乃有所谓宪政运动。在国难严重的时候，国民党未敢过于高压。这个运动到了后来，居然亦发现于国民党内部。现在该党的三全会议通过了几件这一类的议案。不过我们的意思，觉这其中依然是有商榷余地。我们的意见固然不是反对宪政，然而亦不是赞成这样的宪政。换言之，我们固然是反对训政，但亦未尝不以为宪政应有施行的次序。现在就从这两点上来讨论一下。

二

先从反对宪政的理由来说。反对的人总是说一纸宪法条文，决不能把国家弄好，并且宪政离不了选举，在这样状态下如何会有真正代表民意的选举？既然宪法无用，选举全伪，又何必行宪政呢？这是反对者的口实。然而，我们亦承认仅有一部宪法是不中用的，在现状上是无法办选举的。这两点都是很明白的，无人否认。不过根据这个理由而主张仍由国民党来训政，则是陷于大谬不然了。姑不论训政比有名无实的宪政还要坏些，原来训政的理论就没有通。我在此处愿把这件事再彻底讨论一讨论。

我以为国民党的训政论是以宪政不能立刻实行为理由。其所以不能立刻实行之故，就是因为一切设备未周，例如人口调查，与人民识字以及地方自治等等；而设备之所以未立，则又由于人民程度不够，于是便不能不由国民党出而代庖。好像保姆一样，在小孩子未成年以前，须得他来代为照顾一切。这是国民党的训政理论。但是国民党内已经起了宪政论，他的理由是承认训政的失败。以事实来说，不训犹可，一训而失东三省；再训而增加国债数倍于北洋军阀时代；三训而赤匪遍地，农村成为普遍的破产。这许多话似乎近于詈骂，然而却是实情。党内的人居然亦见及此，不能不佩服其有良心。

训政固然是确确实实地失败了。凡稍有良心的人无不承认是失败了，并且这个失败是很惨的。但立刻就能实行宪政之说，却不因此而得证明。于是我们的难题依然是：现在是否能立刻实行宪政？

我以为国民党有见于宪政之不能立刻实行是很对的，只是他们所说的理由却不对。不但不对，并且是极荒谬。何以言之？他们以为宪政的障碍在于人民自身。须知任何国民无论其程度如何，决不会有把自身作为宪政的障碍的。于是便知宪政之所以不能实施，其故不在人民方面。换言之，即人民对于宪政的实施本没有什么大关系。要办选举，假定没有特别势力去操纵，总可以有一个比较上代表民意的结果。要办人口调查，亦是很容易的。至于识字运动，在短期间亦可有相当效果。地方自治更不必说了。总之，在人民方面没有可作宪政之障碍的。

三

宪政的障碍在那里呢？显而易见地是在于国内有特殊势力，这个势力是不愿把自己置在法律轨道内的。须知法律的性质在于划定界限，而凡事一有了界限，便不能随便。所以即如君主立宪国的御定宪法，亦是对于君主皇室或政府加以限制。所谓三权分立亦是此理。所以凡是宪法总是对于执政者有所拘束。假使执政者不愿意受拘束，则宪政决不能成立。这是最浅显的道理。

所以中国自辛亥以来始终未上政治轨道，并不是因为在人民方面有何不足，实在是只因为有了特殊的恶势力不愿受宪法与法律的拘束。有时这个恶势力就是政府，有时政府利用这一类的恶势力。自辛亥以直到今天，可以说这个状态未尝稍改。我不知道何以国民党的人而竟熟视无睹！并且须知二十年以来，我们争人权，争自由，争法治，亦都是想对于这个不良状态加以改易。即以著者个人而论，在袁世凯时代，即以此义向特殊势力而争；在北洋派时代，亦是如此。国民党在野时，我们未曾表过同情，亦就是因为早见到他们一旦秉政亦决脱不了特殊势力的恶习。我们当时宁愿与国民党为敌，就只在于此。到了今天，社会上一班人，当恍然明白了罢。国民党之取北洋军阀而代之，完全是换汤不换药。所以，我最引为遗憾的，就是国民党的宪政论依然未捉着宪政的关键。自从三全会议议决以后，北平《晨报》即有一个评论，可说是和我所说是相同的。其言如下：

> 三中全会决议事项关于政治者，则有中央常务委员会所提出之召集国民参政会案。第二次大会时，决定于民国二十二年内召集之，而代表之产生，则参用选举延聘两法。职权则参照中央政治会议及国难会议所举各点规定之。所有关系国民参政会之法规，由中央常务委员会议交由立法院议定颁布之。此即国民党在训政时期给与人民以训练参政之组织也。人民参政，原有天赋本能，无须训练。且从民主原理言，参政乃人民自然权利，非任何人所得而限制或剥夺之，夫政治者常识也。人类苟具相当智识，即有参政能力，故授与参政能力者，教育也。教育果能授人以思索及判断之方法，则凡出校门者，即可从政。是以教育程度为判定参政能力唯一之标准，舍此以外，不得再有任何限制。若参政者必须经过训练，则训练之者又当如何？今之以训练他人自任者，曾经此过程否？在教育尚未普及，人民智识尚未提高之时，参政资格较高，或非得已。但根本否认，则非民主精神，可断言也。国民参政会之设，一切法规虽未公布，而大体倾向，不难预测。参用选举延聘两法，自不能认为民意机关。况所谓选举者，为直接选举乎，抑为职业团体选举乎，性质亦迥然不同。而选举与延聘之人数比例若何，权限大小如何，又为该机关有无价值之关键。吾人所忧虑者，民意机关若变为官意机关，则其妨害宪政之发展，有不可胜言者矣。三中全会因于明年内设置国民参政会，故将召集国民大会之期，携至民国二十四年三月。所谓国民大会者，仅有议决宪法及决定公布日期之权，而轻轻将起草宪法之权，置诸圈外。世界新兴国家未有于革命后二十余年，尚无根本大法者。国无法轨，由何而治？二十四年实行宪政，仍未缩短训政之六年期限。今日纷乱，病在无法。国民参政会

明年即能如期成立，而与国家根本问题，毫无关系。立国要素，第一在有法，第二在守法。有法不守，害更大于无法。无法不足损法之尊严，毁法乃足致法之死命。中国人民最守法，而中国政府最不守法。吾人试举昨年七月一日所公布之约法，以绳此一年来政府之行动，有一与约法之条文及精神相合者乎？

四

我们在三中全会的两件议决案中，可以见得他们的用意所在了。姑且不用恶意去揣度，然而必可见他们确有一种心理，就是以为目前不宜于遽然开放民权。但我们的看法却和他们大大不同。我们始终认为在人民方面无论你给予若干的参政权，而决不会闹乱子来。所有的乱子都在于执政者、军阀与官吏。有偏私的执政，有拔扈的军人，有割据的军阀，有贪墨的官吏，于是一切皆归于无办法。何以国民党独不怕这些腐化恶化的东西，而偏偏怕人民参政呢？可见国民党于此可算完全是瞎了眼睛。老实说，今天中国宪政的障碍就是这些坏东西。国民党如果真心看见中国宪政所以不能实行的缘故，便不应该以保姆自保，而应该以扫地夫自任。直言之，即替国民扫除这些荆棘。以比喻来说，中国如一块土地，宪政如一棵美树。其所以这棵树不能种植在这块地上的缘故，决不是因土地的性质与其不相适合，乃只是因为这块土上已经种满了恶草。苟没有一个拔草的农夫先把他扫除干净，则这个树是种不下去的。国民党倘是如我所说，而真以这样的拔草者自任，则我们愿意以一百二十分的同情来表现于他。所以他的训政论若果是训民其名而训军训官其实，我们亦未始不可以赞成。不过以往的事实使我们大失望。他们不但不训军，不训官，而他们的政治生命却反托命于这些恶化的军阀与腐化的官僚之上。他们站在军阀官僚的特殊势力一边而以训政为口实来摧残已有微细萌芽的民权，这真是他们的不觉悟了。到了现在，似乎他们的人中已有一些觉得军阀未必是长城，贪官未必可靠了。我们虽很同情于这种觉悟，但仍以为未见彻底。何以言之？因为他们还没有看到：惟有提起人民的正当力量，方足以折止军阀的特殊势力；惟有自己肯为法律所拘束，方能使一切行政上轨道。但照三中全会来看，似乎他们还有一点儿怕，就是人民的力量；亦还有一点不肯，就是不肯自己受拘束。所谓不彻底，即是指此。

五

根据上述的话，便可见实施宪政当然须有程序。国民党的态度并不完全错，而只是其内容却错了。现在决定二十四年开始宪政，我不知道二十四年以前，所有的预备工夫，自国民党看来，是否已经做完？倘使已经做完，则我敢问是如何做的？须知预备工夫等于学生在学校学习一样，必须规定今年读完几科，明年读完几科，后年读到何程度，于是最后方能得到毕业。现在规定二十四年毕业，而二十四年以前的各项课程并未排出，岂非一大笑话么？如果到了二十四年其情形依然和今年一样，甚至于和去年一样，则足见必须延至二十四年实行之议毫无理由。而他方面又足见在二十四年并不要真实行宪政，因为天下断没有这样滑稽的事！所以我们愿作下列的结论：即倘使国民党真有诚心以逐渐推行宪政，便应于二十四年以前拟定如何扫除宪政的障碍的步骤，例如，如何统一军队，如何统一财政，如何打倒贪婪，如何确立文官制度，如何严守预算，如何审核决算，如何建立地方制度，等等。倘使国民党计不及此，则足证国民党到二十四年并不想真以政权还诸国民，他们依然想造成十六年以前的那种假宪政来骗人。如果现状不改，则所谓宪政至多不过多了一番选举而已。约法会议不是所谓选举的么？以北平市而论，先天的注定是董周，可见这种宪政与非宪政有何分别。

六

总之，中国人干政治其根本精神，有一点绝不合于近世国家，就是中国人的人生观。中国人的人生观虽不是个人主义，而其结果反成为个人主义，这一点是和欧美人不同的。我在一个中学校中曾讲演过一次，题目是功利主义。我把边沁的学说略略叙述以后，就加以批评。我以为这种功利主义虽是由个人主义而出，然而他的个人却是在社会中的个人。所以求个人福利，必须同时增加社会全体的福利。可见个人主义的人生观，与社会主义的政治论是绝对不冲突。中国人则不然。他的人生观不是个人主义的。例如梁山泊上的"替天行道"，中国人差不多人人都有一个"替天行道"的思想与抱负，于是你亦替天行道，我亦替天行道。道相同则结党营私，道不同则互相攻击，甚至于残杀。国民党要拿他的三民主义奉为经典，把孙中山的遗嘱定为天宪；共产党要把所有的异己一律杀完。我以为这都是这种替天行道的心理在那里作祟，亦正是所以中国人一听共产主义便能入耳的缘故，亦就是本来一个普通政党的国民党而偏偏要采取苏俄专政形式的缘故。

我以为中国人若不从今天起对于这种替天行道的心理加以变化，则中国前途决不会有光明。须知宪政不在于仅有一个宪法，当知宪政的实行确与国民态度与精神有关。国民的态度若不变化，宪政决不能有真正实现的希望。须知宪政的真谛，就是在于调剂各种不同的思想。中国所以不能成为近世国家，就在于根本不懂这个调剂之道。自清末以来，主张立宪，主张民治，我想都无非想把这个调剂之道的基础建立起来。虽然当时立宪派的言论很多，然就今天来看，其中最能懂得宪政真义的却不能不推章士钊（行严）先生。他的《政本》论，主张"有容"；他的《调和立国论》，主张与异派相调和。我以为自来论民治，论宪政，实在以他为最能得其神髓。所以宪政不在于宪法条文，而在于干政治的人们的态度。这个人若抱了我是替天行道的意见，则决不会承认他的"道"以外尚另有别的"道"存在，于是唯我独尊起来，便不能不与宪政相抵触。因此，我以为国民党内有了宪政运动，虽不能不算一种觉悟，然而我们却又不能不希望其更进一步，而彻底了解宪政的真义不在宪法，而在是否能容忍与能调和。

更须知所谓容忍与调和则其前必有"争"与"异"。不争无所用容，不异无所用和。所以宪政的要点有二，即一方面是争，他方面是让。这是同一人有此两方面，而不是一个人争，另一个人让。中国人最大的缺点，亦就在于不善用争，亦不善用让。总是不当争而争，不当让而让。不当争而争则是捣乱，不当让而让则是奴性。反之，当争而不争是奴性，当让而不让是捣乱。奴性与捣乱是宪政之大敌。所以，实行宪政不仅在朝的人们必须懂得调和与容忍的道理，而在野的人们亦必须了解这其中的关键。

七

谈到这里，我又想到一个问题，就是近来有许多人已经明白"徒善不足以自行"了，所以很注重人的问题。例如最近一期的《国闻周报》上有前溪君一文。大意是说一切救国方案都有可疑之点，因必须先有一个好领袖方可。又如近来朝野都有注重道德的呼声，以为惟有提倡道德方能救亡。亡友金井羊先生在他临死的时候曾致函于我，亦提出此义。我自信对于这一点可谓想过一下。我的意见与时人大大不同，为以为所有道德都是向内的。换言之，即道德不能提倡而只能实践（即躬自实行）。再换言之，即道德若变为向外的（即不向自己本人而专向他人）则立刻必皆变为虚伪。我说向内的，就是指向自己而言，亦就是对于自己加以拘束。我的意思和康德完全相同，以为只有自己加自己以限制方为道德。若是以此来制人则必变了其义意。所以我以为提倡道德的不能奏功，就在于"提倡"二字在此是不适用的。因为道德只能对己，不能制人。因为这个缘故，所以道德必须与法律政治等等相待而成。今天说政治法律不可恃，反而不如道德，显然是大违反这个道理。老实说，在野的杞忧家还可以叹几声"人心不古"，而在朝的人竟把其政治的失败归罪于道德，这真足见其途穷了。我以为无论如何有政权在手的人，不应该作此无聊的主张。并且现在所讨论的不是指一个人的道德，乃是指民德（即国民道德）。这个国民道德是一个国民（即民族）多少年代传来的，那里能够轻易改造呢？倘说中国民德不好，即无异于说中国人根本上不可救药了。我以为我们还不必如此悲观。友人赵厚生先生在《复兴月刊》上说："万一这样有望的民族竟免不了安南印度朝鲜的后尘，我们终不能不挥泪大呼：曰国民无罪！国民无罪！"我觉得他这句话是完全对的。

我亦以为宪政的不能立刻实行，政治的不能上轨，国民是不负其咎的。国民党内的宪政论者，亦未尝不明知宪政的障碍在军阀的割据，官僚的贪婪，武人的拔扈。然而他却不愿说出，而反把这个罪状移在国民身上。这样的栽赃，国民是不能承认的。

我这篇文章似乎全是消极的批评，其实不然，我实在是从善意方面，希望国民党内的宪政论者有更进一步的觉悟。

（载《再生》第 1 卷第 8 期，1932 年 12 月 20 日）

教　训
（1933 年 3 月 20 日）

一

　　平津的停战协定，可算在实质上把中日问题告了一段落。在善于用烟幕弹的政府，还在那里腼颜自称当局方针始终不变，今后还要挣扎到底。其实这个问题已自然而然告了段落，所余的只是所谓余波而已。余波之中包括排日的取缔，甚至于再西进而入察省，这些固然使中国受不了，然勇于对内怯于对外的我国军事当局亦必终于忍受而后已。所以这些余波一了以后，段落便显然告成，在不争气的中国人到了这时必以为好了，可以歇一息了，可以缓一口气了。于是，在上者依然作他的独霸政权，排斥异己的好梦；在下者依然想挺而走险再演几次内乱。殊不知我敢说满洲国的完成不是日本野心最后一幕，乃是日本野心最初的一个楔子。

　　须知济南事件就是日本自己告诉中国说，他对东亚有极大野心。中国受了这样的大教训，而犹不知警惕。后来万宝山事件发生了，中村事件亦起来，中国依然是冥顽不灵，说来真可怜！那时的地方当局（东三省长官）和中央外交当局乃至最高当局，真和吃醉了的人一样完全在沉睡之中，所以到了今天论起功罪来，送掉四省的责任不能不加在他们身上。国民若将来能拿出主人翁的地位来，必须有一天组织国民宣判他们以误国偾事之罪。

　　且须知万宝山事件既起，论理便应得决定最后态度。纵使不能，则迟至九一八事件发生，必定立刻决定最后态度。我所谓最后态度只有两个，可任择其一：一个是和，一个是战。和则必须以速又出之以诚。换言之，即是认吃亏。但须知愈早了尚可吃亏较少，否则愈宕延必致反而损失加重。所以苟采取和的一条路，则只有相机下手，愈早愈好，不可把机会错过。九一八发生后立即直接交涉，是一个机会。后来交给国联时，日本提出五项原则，亦可算是一个机会。再后来国联秘书长德拉孟提出调停案时，又是一个机会。但愈后便愈于我不利，可见和的机会是每况愈下。把这些机会都错过了，再要言和亦必无从说起，最后势必把这条路弄断了。须知现在的停战不是和，乃是城下之盟，乃是屈服，乃是战败的自然结果。当局在此又腼颜以讲和来遮掩屈服，真是世界上第一等的大说谎家。因为和依然是主动的，依然是讨价还价。现在中国对于日本只纯粹是被动，日本说什么是什么，丝毫不能折扣。这样只是日本单方的意志，中国不过被处分而已。安能谓之为"讲和"！所以我们不反对采取和的方法，但我们却大反对必这样的自然结果为讲和。

二

若决定最后的态度是战，则必须把全国的力量都拿来一拼，而断乎不是地方军队上的问题，亦决不是派遣三五万兵对付一下的问题。老实说，把日本的侵略认为地方问题，责当地军队以守土大义，这本是一个大错。派了少数军队去援助，只有把事情弄得更坏些。所以，我们主张战而不主张抵抗。至于以抵抗为名而行作战之实，当然是我们所主张的。于此所谓战，是指以全国力量来拼而言；所谓抵抗，是指以局部力量来抵御而言。至于宣战形式的有无，本不成问题。我国当然不配和日本宣战。不过日本侵略我国无论从那一块土着手，而我国必须以全国的力量去抵御方是正当办法。所以，我们的意见和党国当局完全相反。他们高标一方面抵抗一方面交涉的政策，于是说，不能战所以抵抗，不能和所以交涉。其实误国偾事就在这句话。在说者自以为非常巧妙，殊不知他"心劳日拙"即见于这个巧妙的言辞中。须知抵抗只是小规模战斗，老实说，以小规模战斗来抗日本，决不足给日本以教训，而裁止他的野心，还不如老老实实不抵抗（即决定走和的路）。因为这样的抵抗，一则无济于事，二则为日本所轻视，三则更惹得日本人因愤怒而愈骄横。老实说，弱者对于强者只有两个态度：一个是不与决裂，一个是拼命到底。而最不好的态度是惹是招非，换言之，即揪虎须是也。这种态度不足以制虎，结果反为虎所害。

国民党当国以来所有的对外政策，始终站在这样惹是招非的态度上。忽尔无端亲俄，忽尔无论对俄绝交，忽尔又无端与俄复交；忽尔无端收回铁路（中东），忽尔又屈服；忽尔无端收回租界（汉口），忽尔又让步。种种轻举妄动，把国家在国际的地位弄得一个莫名其妙。各国对于中国都以嫌疑的眼光来看，简直没有丝毫同情。日本为我东邻，这种情形他看得清楚。所以他把几十年所蓄存的阴谋发出来，预料中国必是无法应付。可见不抵抗则已，要抵抗必须变为大规模的战斗，即无宣战形式而实质上必即是作战。这样的大规模抵抗虽未必即得最后胜利，然而却至少使日本有相当的损失，便是使日本付相当的代价，中国于此虽败犹荣。现在不然，政府的意思正和我们相反：他对于和以为是愈迟愈好，对于战以为是愈小范围愈好，因迟和可以表明他是无可奈何，小规模的战可不致损失实力。可见他只有自己，丝毫不知有责任。揣政府的用心，他又何尝不知道这样小规模的抵抗无济于事？其所以必须如此者，不在对外而在对内。他的意思是在告诉人民说，你看我不是在这里抵抗么？于是反对政府的人们便不能以不抵抗来责他了。可见中国人做事，任何事情都必挟有私心，另有用意。著者所最引憾恨的，就是不明白这个用意的前敌军士。他们却真是本了爱国热心，把性命来牺牲。这些武装志士白白地送了命，不过替政府担了一个抵抗虚名，而其实际却等于不抵抗。于是政府有了口实，便可宣告天下说，我不是不抵抗，实在是抵抗不了。政府为计甚巧，无奈明眼人却亦不少。老实说，这种把戏能骗动几个人呢，实在是一个疑问。

至于政府的态度本甚显明，所谓一方面抵抗一方面交涉，就是可和可战，随时和随时战。这种政策，和我们所主张的和战任择其一彻底行之是正相反。有人骂政府说他是不和不战而又亦和亦战，我以为这样的不和不战正是可和可战的自然结果。因为始终举棋不定，采取可和可战的方针，其结果必致不能和又不能战。所以我们以为这是一个根本的错误，亦就是这一次中日问题中给我们的一个大教训。

三

有人对我说：你这话本是常识，政府中人岂有不知？他们所以不如此，必不是不愿为，而乃是有不能为的苦衷。我听了这番话，又引起我在对内方面责备政府的话了。所谓苦衷，不外乎政府以前的历史。政府所以不能早决定取和的一条路，有人以为国民党本以打倒帝国主义的口号而起家，今天向帝国主义叩头，自然有些难为情。其实党政府数年以来对外关系，又何尝不是乞怜于帝国主义？所以打倒帝国主义的口号不是他们的真正的障碍。有人说现在的民气不比以前了，因此没有人敢出来再作李鸿章。说者好像以为李鸿章是卖国，而现在的不和不战是不卖国，殊不知这样反比李鸿章为不如。至于民气一层，据我用冷眼观察，真正以为中国可以战胜日本的人实在没有几个。几乎人人都知道战争是危险的，所以若说人民一致主战因此政府不敢主和，这完全是错误的。老实说，若单就对外而言，国民党决不反对走和的一条路。所以反对的缘故只在于不信任政府。因为这个政府以往的成绩太坏了，他们的历史太坏了。以这样的坏东西来讲和，必定使人疑心其为卖国。所以一班人民所怕的，只是现政府万一来一个对外大拍卖对内大高压，这如何受得住呢。因此，所以不等到他有和的意思便先行反对，使他走不上这一条路上去。这完全是对内的缘故。

还有人主战，却是对于现政府想给他一个赎罪的机会。政府以前只知自私自利，把军队作为自家的工具，把国库作为自家的私产，把人民当作奴隶。于是全国离心，已成分崩离析之象。在这样的死气沉沉中把对外来作一致的目标。政府首先为倡，自然可以一洗从前彼此间的怨气。那时人民对于政府必定换了一副眼光去看，军阀虽割据自雄，然对于中央却减少了疑忌。全国的人心到了沸度，使只有对日的狂热，而不想再彼此算旧账了。所以主战的人对于现政府实在是想挽救他一下。但这班党国要人却总疑心是叫他们去上当。所以他们便以抵抗为名来搪塞舆论，同时却始终不肯牺牲他自己的真正实力。他以为若拿实力去拼必定有损失，损失了他的地位便无法维持。所以他宁愿日本人占了中国的土地，而不愿自己的实力真有损失。他怀了这种鬼胎，于是总以为凡是主战的人就是叫他去上当的人。人民愈主战，政府便愈不敢上前。这便是由于政府与人民成为两橛的缘故。政府与人民的利害不一致，政府之利在固位，其害在下野。于是凡是以固位而不致被推倒，虽丧权辱国割地亦都肯做。殊不知政府愈存心如此，则人民愈要起来想推倒他。这原出于互相疑忌与不相信任的缘故。其实政府倘能聪明一点儿，便知走战的一条路未必即为损失实力，即使损失了实力亦未必即丧失了政权。政府不能看透此层，实在是由于政权欲太浓，以致于蒙了心窍。所以，我说主战论者不是政府的敌人，乃是政府的好友。他们都是想给党政府以一个赎罪的机会，用以涤去以前对内对外一切罪恶，而把国家换一个新局面。

四

此外有人说政府所以不能战的缘故，由于实质上中国尚未统一。其实连年的内战都是政府酿成的。我尝说北洋派有皖直奉直之战，所以北洋派亡了；国民党有蒋桂蒋阎冯之战，国民党在实质上已经亡了。可见无论任何势力其内部一有交哄，断无法对外。我在上文说，日本对华的野心本是司马昭之心路人皆知，而况又有济南事件示以预兆。这时候当国的国民党应当如何小心翼翼，如何自己振作，其实即使十分小心，百分振作，亦难免对日不生麻烦。顾乃不然，一旦政权到手，便得意忘形，对外是一味胡闹，对内是尽力内讧。终日打主意想收拾异己，于是造成接连的内战。把全国财力都用于军费，把国家的原气，戕伤殆尽。当此疲敝已极之际，日本自然乘机而入，谓国民党替日本人造机会，谁曰不宜？

并且既已在这样的四分五裂状态下，如何能对外作战呢？因为内战的结果虽表面上是一国，其实依然是军阀割据，彼此猜忌。中央自己不出战，而责当地的军阀，则这个军阀疑心是为秦越，彼此利害冲突，便无法对外作战。然而追原祸始，这个互相猜忌与利害冲突局面又叫我去牺牲，借此以消灭异己。中央倘若派兵，又必疑为假借名义来并吞异己。可见全国既分是谁造成的呢？还不是执政柄的人么？他既在以前造成了这样的一个充满互相仇视彼此猜忌之局面，则当然不能主战。不过这个不能战不可认为当局的苦衷，而加以原谅，乃正是当局的责任，应加重责备才是。

总之，政府所以不能照我们的主张，毅然决然于或和或战的两途中，任择其一而彻底做下去，乃是因为他们的历史太坏了。详言之，即他的历史使他不能走和的路，同时又使他不能走战的路。我们以单就对外而言，对于他的不能彻底决定一途尚可诿为时势所逼，至于这个时势的造成，换言之，即时势何以推演到如此之太糟特糟，则他们却不能不负责。所以稍有良心的政治家只有引退一法，这便是两党政治的必要处了。须知一个国家其生命必较一个党派的生命为长。往往在一国之内有两党，甲党主张联 A 国，乙党主联 B 国。甲党在朝当然贯彻其政策，但一旦局势大变，则甲党虽想改计而联 B 国，无如事实上必是办不到，彼时只有下野而让乙党去执政。虽甲乙两党政策相反，而于国家都是有利。这便是近世国家的"政治的弹性"。古代在君主政治下虽不能完全符合这个原则，然至少尚可更换宰相。到十二分重大的时候，即君主本人亦可下罪己诏，凡此均为政治上的伸缩性。最奇怪的就是现在的"党国"，他连君主时代的弹性都没有。不但不更换宰相，并且连罪己诏亦不下，好像他们根本上就没有错一样。他们为怙恶计，那只有使国家的利权与土地倒楣了。所以国民党自比于诸葛亮，其实他们这个诸葛亮却不是三国时代的那个诸葛亮，乃只是尼采所谓"超人"。因为诸葛亮还认失街亭是一个错误，国民党到了现在，四省的土地不知何年何月始能收复，然而却始终在表面上没有向国民认过错。所以我常说"党国"的政治不仅是开倒车退到君主专制的政治，乃并且退溯到古代酋长式的政治。对于酋长式的政治而想找一些弹性，则除了革命便无他法。

记得国难会议的人们去访汪兆铭，他说国民党的政权是革命来的，诸公如不满意不妨去革命。这句话从表面看似乎太不像话，而其实却是真理。因为酋长式的政治是除了革命不能有出路。我今天郑重说此，不在于表明今天中国尚有革命之需要，乃只在证明这样的酋长式政治是万万要不得的。这便是我们所以决然主张民主政治的缘故，因为只有民主政治方能办到政府的利害与人民一致。政府与人民利害不一致的国家，决不能对外。柏拉图在二千年以前已经把这个不磨的真理告诉我们了，后来卢梭更看得清楚。凡有政治学上常识的人都可知道，我亦不必多说。

五

总之，这一次对日的吃亏不是吃亏在对外，而实是吃亏在内部自身。所以，国民党的罪状不仅是对外的轻举妄动，惹出大祸；而并且是在把国家腰斩为两橛：一个是所谓诸葛亮，一个是所谓阿斗，二者的利害不一致。所以除了外交政策的谬误以外，中国此次的吃亏根本上是在于这样的酋长式政治。因此在国难初成，我们就大声疾呼主张打破现状，另组举国一致的政府。到了现在，忽尔听见开放政权的呼声发自党内。老实说，到了今天，在人民方面早已不要求开放政权了，因为现在已大错铸成，区区的政权即使开放，亦不足挽救沉疴。所以我们对于开放政权的运动认为无关得失，开放亦好，不开放亦没有什么。老实说，今天中国已临到整个民族生死存亡的关头了，那里还有闲工夫去争这个鸡虫得失的政权。

照上文所说，可见我们这一次所得的唯一教训，只在于政治不良则决无法对外。因为对外总可有办法，或和或战，不是无路可走，所以不能有办法的缘故只在于内部。因内部无办法，所以对外才陷于无办法。以后对外不求有办法则已，倘其想要有办法，则必先在内政上求一条出路。我最不以为然的，是现在浅识之徒以为国家弄到这个地步，大家不可再闹了。殊不知"闹"与"求出路"是两样的。纵使有相像的地方，而亦应得分别观之。甚至于有些自命公平的人一见有对于政府责备的话便谓为捣乱。倘使凡想打破现状都是捣乱，凡是维持现状都是爱国，则我敢说中国只有从现状上一天一天沉沦下去了。所以，从我们的观点来看，凡是维持现状的人都是想置国家于万劫不复之地的人。好像一个人亲眼看见其父母落水而不去救，反而顺势一推。将来国家一天坏一天弄到不可收拾，则追源祸始，一班主张维持现状的朋友亦必有一份儿。但我这句话并不是说我们应该立刻揭竿而起，大家混战一场。这样乃是所谓捣乱。大家平素看见捣乱太多了，所以动辄便以"捣乱"来视"革新运动"。其实我们应得明白因噎废食是不可以的，只须自问所从事的是否为正当罢了。倘中国今后尚须需要一度革命，则这样的过程亦不必硬要避免。总之，胡胡图图来掀起内战是绝对不可以的，胡胡图图来维持现状亦是绝对不合理的。

回溯历史上各国的先例，没有一个专制国遇着了外患，而能够办到举国一致的。一个国家，其政治愈专制，一旦有了外患，其政府要想举国一致去对付，因人民平日不信任的缘故，决不会有结果，势必演成革命。所以外患临头，在政治修明的国家立刻可变为举国一致，而在专制虐民的国家必反而引起革命，差不多可以说这就是历史上的公例了。但中国今天的政府却正在利用国难以维持其地位，岂非天下最可笑的事么？他只在人家投鼠忌器的心理下讨生活。大家愈有投鼠忌器之惧，他愈遂其私图。这便是人民愈爱国，政府遂得而愈专制。这真是中国独有的现象啊！

六

我们既然得到这样的教训，则我们此后没有出路则已，否则决不是什么立宪啊，开放政权啊，这些轻描淡写的东西。我敢郑重告诉大家说，以后的出路只看中国能不能有一个新势力。这个新势力出来，必须把一切旧势力恶势力而廓清之。廓清的方法，当然不是武力统一。这一层言之太长，现在姑且不讨论。现在所要重言以申明之的，只在于表明经这两年的事实证明，所有的既成势力已是完全无希望了，换言之，即他们是不会再变好了。所以我们这回所得的教训不是武器不如人，不是外交无办法，乃是始终没有成为民主国家。并不仅此，在最初国人中总不免有人以为国民党因此或有悔悟，而可以因国民党自己的改善把国家亦得间接受些利益。殊不知直到现在，这个希望完全失败了。这次所得的教训，可以说亦就是国民党的政府根本无望。

再说的切实一些，武器不如人不可怕，因为可以仿造。倘使有钱，亦可以向外国去买了回来。外交不会没有办法，只要有一个健全的主体，政府诚心为国，人民的利害与当局一致，则倘不能战即可走和的路。或和或战总可有一条路走，断不会像现在这样既不能和又不能战，而听事实的推演，作被动的处分。所以，武器不如人不足虑，外交无办法亦不足虑，所可忧者只在没有健全的主体。主体不健，则虽有好工具亦无法使用，虽有好方法亦不能施行。今天的问题，只在主体而不在方法与工具。不过须知所谓主体，不是指中国全体人民而言，乃只是指领导人民的少数人而言。换言之，今天一切罪恶不在阿斗，而在于诸葛亮。这便是我和梁漱溟先生所见不同的地方了。

梁先生首先发现"主体不行"之理，我很佩服。不过他的意思似乎把主体看得太广泛了，好像是主张"中国人"不行，此后的事业是在于教养中国人。换言之，即改造中国人性。我则以为这种论调似乎太富于哲学气味。我是一个研究哲学的人，但我以为谈政治最好不要太哲学化。天下断没有人民健全了而后国家才强盛的。老实说，历史上所告诉我们的，那一个国家的建立不是由于少数有良心有本领的人出来领导么！决不能等到人民个个都有了组织力，然后国家方可成立。中国人组织力薄弱是一个事实，我不否认。中国人缺少合作的习惯亦是事实，我不否认。但我们决不可因此遂主张先培养合作心与组织力，然后再谈政治。一个民族在一个大转变期中，自然须要各方面的努力。有人从教育方面下手，有人从经济方面下手，有人从农村方面下手，这都是必要的，所谓异途同归便是。所以我不反对任何形式的复兴运动，但以为我们决不可因此而把政治问题抛开，尤其不可因此而对于现在政治的罪恶有所忽视。所以我敢说所谓主体不行不是说中国人不行，乃只是说中国现在站在台前的人们太不行了。至于安分守己的老百姓，他们是无罪的。如其硬说他们有罪，则他们的罪状必是不革命。因为他们受了这样深的苦痛而尚不起来反抗，似可以说是他们的不对。除此以外，再要责备他们则未免太忍心了。

七

我为什么主张必须召有一个新兴势力呢？其故仍是根据上述的对日问题。我愿再反复申言之：日本之造成"满洲国"不是日本野心的告终，乃是日本野心的开始。换言之，即"满洲国"的完成不是中日问题的一段落，乃是东亚问题的开始。认明白这一点，方才有路可以供选择。日本对于东亚想作主人翁，其蓄心已久，所困难者只在如何摆脱欧美各国的关系。日本已脱离国际联盟，预料他在这个时期必是对于各国有相当的周旋。虽则尽管表面上周旋，而暗中仍是向着他的大亚细亚主义的梦而迈进，荒木主张世界上有三个联盟，即是明证。即欧洲美洲与亚洲各有一个国联，不啻说美洲由美国去作主人翁，欧洲尽管英法德意去争霸，而亚洲则非日本人来包办不可。在亚洲的不限于中国，还有其他弱小民族，所以日本的雄图是以"满洲国"的成立为第一步。我们对于这一点不可不特别注意。要知在最近一二年内未尝不可得些休息，但一旦再有问题，则便是中国的最后之期了。所以日本在那里准备，我们亦得在这里准备。我的意思虽不是说我们虽在一二年内准备得可以和日本决一死战，但我们却不可以为准备还是无用，因为已经是赶不及了。须知准备的用途是很多的，并不限于决战。老实说，上海一役给我们不少的经验。其实中国的军队亦不是绝对不能打仗，军器的设备更不是顶难的了。我们从今天准备起来，未见得仍是绝对落后。而况战争只是一途，尚有他种复杂的方法。所以今天问题只在于能否从今天即行准备，并不在乎准备了能不能抵得过他。我以为苟能从此准备，则抗拒日本的野心准可有几分把握，这是不必多忧的。无如直到今天为止，我还看不出中国有从事于准备的可能性，即中国今天并准备的第一步都没有，这真是最可令人痛哭的了。

现在无法从事于准备就是因为现状未曾打破，现状不改实为一切办法的障碍。至于如何改变现状非本篇所要讨论，不过大家必须明白维持现状是无用的，徒然供日本以从容布置的机会，使中国坐以待日本二次的侵略而已。所以我认为主张维持现状，就是间接延长中国的不治，亦就是使中国永不能开始从事于准备。这一点是我愿意切实向有良心的朋友一伸言之的了。

同时我们亦不必把日本人看得太伟大了，太厉害了；更不可把日本的独霸亚洲的迷梦看得太可怕了，太固定了。其实日本人的雄图，雄则雄矣，究竟能否实现，其前途尚有恒河沙数的难关，亦许为山九仞而竟功溃一篑。所以我们对于日本所加于我们的反而不必悲观，只要如上文所说，在内部有一个健全的主体，总可有法应付。顺而应之，以谋亚洲的共霸，亦何尝不是一法；利用各国错纵的关系使日本受一个大大的摧折，固然是一个方法。可见方法虽多，非"主体行"不办。否则，走和的路便变为石敬瑭，走战的路便变为贾似道，无一而可啊！老实说，在现状下，对于和战都无法主张。因为主和便是卖国，主战便是惹事；卖国则永劫不复，惹事则损失更大。所以在现状下，主和的人不一定错，主战的人不一定对，须知主和的人亦不定对，主战的人亦不定错，因为今天的中国已成了一个啼笑皆非之局。因此必须另起炉灶，造成一个新的势力，打开一个新的局面，方能有路可走。不然，虽东撞西碰而依然只是困死而后已。

八

我的话似乎太长了，现在再补几句，即行收束。照上述的话来看，可见我们以前所主张的举国一致各派合作的国防政府，已经差不多要属于过去了。因为国防政府的组织在九一八以后是绝对的必要，各派合作与息争在国难中更为重要。无如到了现在，中国的病更深一层了，各方面的不悔悟不改过已经证明了。所以这种希望决不能实现。明知不能实现的希望还去希望什么呢？所以这种主张的时代已属于过去，以后大家只好期望另有一个苍头突起的异军，至于这种势力的培养长成是否尚赶得及来对付第二次日本的对华侵略，则只有听诸天命了，虽性急亦是不中用的。所以，我叮嘱大家不必悲观，亦不必希望，还是看准了前途的方向去干罢！

（载《再生》第 1 卷第 11 期，1933 年 3 月 20 日）

哲学是有党派的么
（1934 年 5 月）

在新出的《唯物辩证法教程》一书中，其第一句话就是说：哲学是有党派的。我自信对于哲学尚不是丝毫没有研究，但对于这句话却始终不能懂。现在我愿把他分析一分析，看其中究竟包含些什么。

如果"哲学是有党派的"这一句话是指哲学内有派别而言，例如这个主义那个主义等，好像唯物主义、唯心主义、经验主义，这是凡知道一些哲学的人无不公认的。不过须知"主义"与党派并不一致，许多的唯心主义者并不能合起来成为一党，许多的自然主义者以及唯物主义者亦无结党的事实。这又是很显明的。以往的历史在我们眼前，我想谁亦不能否认。可见主义自主义，党派自党派，二者乃是两回事。不能因为主义有相同之点，就说他们是一党。老实说，党派是政治上的东西。有些哲学家根本就不问政治，又有些哲学家虽与闻政治，然只是发表他自己的自由思想，不受任何拘束。所以，我们说哲学的思想比较上最喜欢独立，或许是不错的。若说哲学家总得加入党派，恐怕在以往的历史上很少这样的例罢：照德国的海斯堡（Hersberg）讲哲学家总不免有几分"反常性"（abnormality），其实这就是"独立特行"。凡是独立特行的人，决不肯与人同流合污。所以哲学家而组党是很少的，亦直可以说是没有的。总之，把哲学与政治并为一说，这实在是头脑不清的表示。

其次，若果这句话是暗指"争论"（controversy）而言，诚然哲学家是喜欢争论的，亦可以说，哲学内富于争论。不过争论与"党争"，却是两件绝不相同的事。党争的目的在有所得，换言之，即是获得政权。因为想有所获得，所以不能不有组织，这就是以组织力来取决胜负。而哲学家的争论却不然，哲学家往往喜欢和人家争论，但他却只靠一枝笔一张嘴。他用不着组织，用不着团体，更不必讲什么纪律，什么战术，什么宣传方法。并且哲学家的争论与党争不同的地方还有一点，就是凡学术上的论战总是没有胜负的。例如张君劢先生与丁在君先生的科玄论战，到了今天，我们却不能说哪一个胜利了，因为我们对论的问题乃是一个千古不决的问题。人类有一天，这一类的问题就存在一天。所以我们不能说丁在君先生已把玄学打倒了，同时我们一样不能说张君劢先生已把科学限制住了。因为这个问题依然在"未决"之中。大概哲学家争论的问题，以这样一类的问题居多。例如唯心唯物，一元多元等等。著者虽然是一个反对唯物论的人，却以为讨论唯心唯物依然是可能的。这些问题既未尝结束，则哲学家不免有争论。不过这种争论只在于表明自己对于真理探讨的所得，用以纠正世人的误解而已，决不含有压倒他人的意思在内。所以学术上的争论只是"竞"而不争，这和党争不同。因为一党欲得势非压倒异己，铲除他派不可。

再其次，我们可以说哲学是不能有党派的。为什么呢？因为哲学思想比较上注重于立异，而不在乎求同。无论哪一个人，他一旦入了哲学的宫殿，他必定有所"见"（insight）。而他的这个"见"，乃是他所独有的。纵使与人家所见相同，而总有些大同小异。在别处可以注重于这个大同小异之大同，而在哲学却偏偏要注重于这个大同小异之小异。换言之，即这个小异却比大同来得重要。因此以至哲学家与哲学家之间，几乎完全没有相同的了。我们亦知道在政治上人们的主张，亦都是大同小异的，一个政党以内可以有种种不同的意见。然而政治上的大同小异，因为有政争的缘故，所以不能不以小异而迁就大同。这便是政党所以产生的根由。至于哲学则没有争胜负的必要，所以无须牺牲小异。因此，在哲学上各人的意见总有小异之点，遂使组党为不可能的了。

至于美国的新实在论者六个人合撰一本书，又批判的实在论者，七个人合撰一本书，这种联合著书却和组党完全是两件事。他们不但在那本书上主张就不甚一致，并且除著了一本书以外，以后在思想上依然分歧发展去了。可见以哲学来构成党派，是不能成功的，更证之于苏俄。虽然大家都是马克思的徒子徒孙，然而彼此争论依然盛行。最可怪的，就是他们之中有人主张稍有异点，便立刻受了处分。所谓"哲学是有党派的"一句话倘是指此而言，则我敢说哲学之所以能存在，完全是靠着思想自由。无自由思想即无哲学。使"哲学"二字与"党派"二字联缀成一句，即等于取消哲学而只留党派。这种在党派之下的哲学虽名为哲学，而其实并不是哲学。老实说，哲学家所要说的都是他自己心坎里的话。至于一犬吠影，百犬吠声，这不是哲学家的勾当。我奉劝一班时髦朋友：你们要主义就主义罢，要革命就革命罢，不要硬把哲学亦拖下水去。至于不愿意哲学，亦尽可以把他置之不问。因为哲学对你们的"共"与"革"总是采中立的态度。他既不为有产者辩护，亦不替无产者助威。在哲学看来，这些有产无产的问题是属于社会科学，他管不着。

以上都是常识。只因为在今天的中国，常识反变为高深奥妙，不经之谈成了家常便饭。所以我不能不废一些工夫来写成此篇。

（载《光华大学半月刊》第 2 卷第 7 号，1934 年 5 月）

现代的中国怎样要孔子
（1935 年 1 月 10 日）

一

此文原题为："从孔子说到中西文化的异同与民族复兴的方向"，似乎太长了，所以改为今题。

照原题便可看见我所要讨论的有三点：即（一）孔子的思想；（二）中西文化的异同；（三）此后民族复兴的径途。但详述孔子思想不是一个短文所容许，因此对于孔子只好说其要点，而我的注重点依然在于由中西文化的比较而得指出民族复兴的路向。所以本篇乃我个人对于时代性的意见，并非一篇讨论专门学术的文章。

以上是在开始所欲声明的。

二

政府当局忽然尊孔起来了。然而很不巧！正值日本人亦在那里尊孔，满洲国亦正在尊孔，于是惹起了反响。虽然在表面上都是尊孔的言论，而青年界依然是反孔的心理。就中反响的代表作，可推胡适之先生在《独立评论》上那篇文章。胡先生的话，诚不无过火：把纳妾与缠足都写在孔子的账上。至于赞成方面，胡先生所引的《大公报》社论亦可以算一个代表。我的意思既与反对派大异，又与赞同派不相同。

我以为中国历史上最不幸的人就是孔子。因为他被后人所推崇，所以是被后人所利用。亦可以说自孔子死后，凡是推崇孔子的都是要利用孔子的。利用孔子的人们做了无数的罪恶，却不被人发见，只是一概写在孔子的账上。于是利用孔子的人愈推崇孔子，而旁的人便愈痛恨孔子。所以我说孔子在中国历史上是一个最埋没了真相的人，因为推崇他的未必真知他，而痛恨他的亦是误解他。直到今天还在这里闹这个甲骂乙捧的争执，我实在不能不替孔子呼冤了。这就是我所以不同于反对与赞成两派的缘故。

三

假定我们把孔子本人与后世推崇孔子之故分开来论，则我敢说孔子的思想置诸西方哲学内，例如柏拉图、亚里斯多德等，丝毫无逊色。并且孔子的思想在人类思想界内确是一个特别的。西方思想素以方面繁多内容丰富见长，然而却竟没有一派能和孔子一样。凡孔子之所长，西方思想都寻不着相当的以为代替。可见孔子的价值不仅是东方，实是在于全人类。近来西方颇有人羡艳东方思想，想来或亦就是因此。

总之，我们若果把后世对于孔子的推崇（实即利用）一概不论，则必可看见孔子本身是人类中一个大思想家，至少可与柏拉图、亚里斯多德相鼎足而立。

我们既承认孔子的真价，则对于后世所以误解他的缘故，亦可以有法说明。须知一种文明当其疲敝的时候百弊丛生，便有人生出破坏的思想。例如希腊之有诡辩派，便是一流的破坏的思想。中国在春秋时代，政治与社会都有解纽之势，老子一流的破坏思想自应运而生。希腊的诡辩派，激起了苏格拉底与柏拉图。老子一派的无为论，当然引起孔子的反动。然而须知苏格拉底与孔子都是维持派，因为维持是对破坏而言的，不有破坏派不会引起维持派。然而我们从后世来看，便知破坏派的功用不过在于引起维持派。所以在文化上的功劳，维持派是大于破坏派。苏格拉底与柏拉图的功绩，远在于毕达哥拉斯以上，孔子当然亦是如此。不过又须知破坏的思想容易被不得势的人们利用，而维持的思想却容易被得势的人们利用。所以孔子被人利用数千年，就是因为他对于文化取维持的态度。西方的柏拉图与亚里斯多德为宗教所利用，亦有千年以上的历史。可见这种情形本极寻常。现在还不作分别观而来骂孔子，却未免太无学者的态度了。

四

至于孔子本身的思想，我们苟细加研究，便知道是不容易利用的。所以汉儒讲章句，宋儒把佛理引进去，清儒讲考据，这都足以证明对于孔子本身的道理只好避而不讲。据我看来，孔子的真正主张只是一个政治理论。他有一个理想的社会，并所以达到这个境界的步骤。似乎他主张以自己为出发点，人人都从自己出发。好像一个石子投于湖面上，先是一个小圈儿，后来变为一个大圈儿，再后更发为一个较大的圈儿，一个一个的圈儿连续扩大，但都是从一个中心点推广出来的。所谓正心诚意、修身齐家、治国平天下，便是这些一层一层的圈儿。

治国虽在齐家之次，却亦是由正心而出发的。所以治国平天下与正心诚意修身直是一件事，不过范围逐渐扩张罢了。就反面来说，可以说断没有不修身而能齐家的，断没有不诚意而能治国的，断没有不正心而能平天下的。梁任公先生名此为德治主义，《论语》上有"为政以德"等语可以参证。不过德还是个人所私有的，不能即成为社会秩序。于是孔子于此便又主张礼。礼是用以培养德的。礼是公同的。梁任公先生又名此为礼治主义。凡梁先生所讲，我不愿重述。我愿只补足一句：就是这种礼治主义与德治主义既不是西方的民主政治，却亦决不是东方的专制政治。可以说，孔子的思想近于乌托邦，在实际上并未实现过。孔子的最大缺点是在于他不讲政治制度而只讲政治精神。他的德治主义与礼治主义，由我们看来，似乎在君主政体上也可以实行，在民主政体上也可以实行。

他大概亦就是因为这个缘故，只反对君主的暴政，而不反对君主制度。后世所以能利用他，大概亦就是因为他不讲制度。须知制度是固定的，精神便没有制度那样显而易见。所以卢骚的民约论不容易为人利用，而孔子则容易被人利用。这亦是东方与西方的思想上态度不同的缘故。

五

我以为西方思想总是讲办法用办法以表现宗旨，而东方却总是觉得办法无可不可，只须宗旨不错。我对于这一点，固然承认是与东方的人性有关，然而却以为在古代未必如此极端。孔子很注重于学，他以学教人，不过他所教授的弟子的学，其内容是什么，现已无法详知。相传以礼、乐、射、御、书、数为六艺。如果在孔子的时代是以这样六艺为学，则可见当时确是学与术并重。

汉儒改为《诗》《书》《礼》《乐》《易》《春秋》，于是性质乃偏于一方面去了。我以为这个关系很大。就是孔子的德治主义在精神上是对的，而问题乃在于如何实现。换言之，即以修身为本，这是不错的。不过修身以后要齐家，则必有齐家之法；要治国必有治国之术。所修养是一方面，而方法（即治术）又是一方面，决不能以其一而代替其他。孔子的大失败就在于缺少后一方面。而余疑心这个失败不在孔子自身，而在于传孔子道理的门徒。

修养是对自己的，而办法是对事物的，二者不可偏废。譬如一个人看见其父母生病，其心中虽焦急，却自己不懂医，不能治。可见治病必须靠术。但医生而无道德，专门骗钱，亦是不行的。东方人把居心看得太轻，以致于引起现在的一个反动。近二三十年来差不多讲维新无不是讲办法。这乃是西方思想传入中国来的一个大变化。但我以为这些年中国变来变去未见进步，亦正是由于只讲方法而忘了必要的另一方面。

六

现在我们且谈一谈中西文化的异同。就社会组织与经济状态来讲，诚然只有古今的纵式区别：即欧美是现代，而中国是古代。但就思想而言，则确有东西的不同，不能以古今来概括之。因为东西双方的思想同发源于古代，而二者思想却不相同。西方思想的根源，一个是希腊，一个是希伯莱。其后发展起来，便成为一个是科学，一个是宗教。而我们中国却只有一个人生哲学，把政治经济法律等都浑然包括在内。换言之，那只有一个做人问题，一切都从做人来出发。这便是梁漱溟先生所谓重心在内，就是以自己这个人为中心。既不像西方的宗教，以上帝为主，自己是上帝的所属；亦不像西方的科学，以物界为主，把自己认为自然界之一分子。所以西方无论宗教与科学，而总是重心在外——即在于自己以外的神或自然界。孔子不然，他既不拿自然法来套在人的头上，又不以神来汲取人的归依。所以这样东方思想确是在人类中放一异彩，开一新方面。在思想方面，我们决不能说只有古今而无中外。

七

倘若论中外思想的优劣比较，我以为中国近来一切祸患未尝不是由于太把自己看得一钱不值了。这二三十年来，欧化东渐，人们往往只看见他人的长处，同时又只看见自己的短处。凡社会上所崇拜的人，大抵是痛骂本国文化的人。一个民族对于自己固有文化这样看不起，便自然而然失了自信心。多少年的思想与教育，可以说都是助长这个自卑的潮流，其实我们固然必须知道自己的短处，但同时亦不妨承认自己亦有些长处。我在以前向来主张中国宜充分吸收西方文化，但近来细看实际情形，乃恍然知道一个民族所以能吸收外族的文化，必定其自身具有很强的消化力。这便和吃东西一样，倘使一个人胃力很弱，你只劝他多吃，仍是不中用的。以前我们主张竭力输入西方文化，便是忘了自己的消化能力。

现在广东方面还有人主张什么全盘西化论，要把西方文化整个儿输进来。我以为论者于此恐怕有些误会。须知今天的问题不是中西文化好坏比较的问题，乃是中国如何以吸取西方文化的问题，亦就是一个人吃了东西如何消化的问题。你只劝他多吃是不相干的，因为吃了未必能消化，而反会生病。所以我以为一个民族若自己没有对于外族文化侵入的反应力，断乎不能吸收外族的文化，其结果不外为外族所征服而已。须知所谓吸取西方文化，乃是中国人以西方的文明而立国。倘使中国变为殖民地，纵使人民都欧化了，这亦不得称为吸取西方文化。可见欧化不难，欧化而一如欧人之卓然立于世界，则大难而特难了。我敢告全盘西化论者：这不是好坏的问题，乃是能不能的问题。以一个民族尽弃其固有文化而完全采取他族文化，在历史上虽不是没有，然而亦决不能想要怎样就怎样的那么容易。

八

因此我主张必须恢复主体的健全，然后方可吸取他人的文化。所谓主体即指重心在内而言。倘使重心在外，便不知有我。于是不仅在个人，为失了自主性；且在一个民族，亦是失了自主性。一个民族失了自主性，决不能采取他族的文明，而只有为他族所征服而已。两种不同的文化的接触有各种式样，有的是吸收了他族文化而自己更发扬起来；有的却是从此征服了下去，不能自振。前者可名之曰吸收，后者只是征服罢了。我们现在所要讨论的是前者而不是后者，所以必须要恢复中国人对于西洋文化的反应力。倘失了自主性，便没有反应力，其结果只是西方文化的注入而已。注入不已，便走入征服一途，乃求得前者而反得着后者了。这就好像吃东西，必须先有健全的胃口。倘使胃无消化力，则吃下去的亦必无用处。

我年来默察中国的情形，实在有些令人悲观，觉得对于西方文化不但不能消化，直并承受的能力亦渐渐衰退了。其原因不在西方文化之不适于中国，乃只在中国人已缺少了吸取他族文化的"主体"的资格。须知西方文化一方面固然是西方的特产，而他方面却表示世界文化的通性。不但中国，恐怕任何民族都得要采取西方文化的主要部分，所以今天决不能讨论中国要近代化或欧化与否的问题，因为只有一个如何欧化的问题。我对于这个问题的答案是：一方面输入西方文化，同时他方面必须恢复固有的文化。我认为这二方面不但不相冲突，并且是相辅佐的，因为中国固有的文化可以儒家思想为代表。他只是讲做人的道理，并且这种人生哲学即从西方眼光看来，仍不失为很有价值的。在西方思想中很难寻到与他相等的。所以这一方面非但不应该打倒，并且应该提倡——至于如何提倡详见下文。

现在有些人们因为看见中国的每况愈下，因而将咎于欧化，于是提倡复古。我的意思和他们正相反，我以为复古不能代替欧化。因为复古与欧化二者不是对立的与相反的，换言之，即二者不是不并立的。有许多方面，例如政治经济等，是非用欧洲的方法不行。其实中国对于这些方面向来就没有办法。可见凡是采取欧化的方面，都是中国本来缺少办法的方面。至于做人，中国本来最多讲求，不妨保留其精华。所以我以为保存国粹与从事欧化，乃是根本上不相冲突的，而一切争论都是因为有些人们把这个不相冲突的误会为两相冲突的。

九

于是可以谈到民族复兴的途径了。要不外乎在一方面从做人下手，恢复中国人的自主性，如此才能有吸收外族文化的主体资格，而他方面仍然须尽量采纳西方文化。现在的问题在于如何造成民族性。张君劢先生从历史上举出中国和泰西各国不同的所在。中国有固有的文化，便是有其民族性。无奈中国人现在不相信其文化，所以中国的民族性是由有而到于无。泰西各国不然。他们以民族的国家为最高，把所有教育文化风俗都染上这个色彩，所以他们的民族性是由无而到有。换言之，即民族国家主义的产物。中国以后要竞立于世界各国之林，当然除了走上民族国家主义这一条路，是别无办法的。但须知凡民族国家主义，无不宝贵其国的自己文化。中国的固有文化既不能和西方文化媲美，则如何能唤起其人民对于旧文化的爱护心呢？所以问题就在于此。我们可以说：中国的民族性是未受过民族国家主义陶冶的，而西方各国的民族性却是经过这种陶冶而出的。二者的区别在此。今后要解决这个问题，亦得注眼于此。就是我们必须发见固有的文化，有些地方不但不与西人的文明相冲突，并且可以并存而相辅。换言之，假使我们对于固有的旧文化不能使其再发生新芽，而只是把外来的新种移植进来，则中国的民族性便无法养成。

所以我的见解和时流很少相同。我以为"整理国故"所负的使命实在很大，而可怜一班整理国故的人们完全见不及此。他们把国故当作欧洲学者研究埃及文字与巴比伦宗教一样看待，简直把中国文化当作已亡了数千年的骨董来看。所谓国学直是考古学。外国人研究中国学术取这样的态度，原不足怪。最可笑的是中国人因为外国人如此，所以亦必来仿效一下，而美其名曰科学方法。我愿说一句过激的话：就是先打倒目下流行的整理国故的态度，然后方可有真正的整理。有了真正的整理，方可言有所谓国故。不然全是骨董，我们今天救死不遑，那里有闲暇去玩弄骨董呢！

十

我以为这样整理国故不能望之于只了解旧学的人，因为我们必须以民族国家主义为标准来估量一切，当然要属望于新学有根本的了。但有一个必要条件，就是：必须对于中国文化从有价值的方面去看。像现在一班流行的态度，认中国的东西件件都不如人，这是不行的。关于这一点，张君劢先生曾把中西思想的异同列举了出来过。好像他以为中国总是偏于对自己，外国总是偏于对物。以我观之，可以说中国总是偏于以自己为对象，以自己为起点，来研究如何修养，如何做人，如何处世。

外国则注重于研究外物是什么，怎样去利用他，克服他。这两方面其实并没有冲突的必要。张君劢先生主张给科学以相当范围，同时承认人生问题不在科学以内。他的思想可以说始终是想从中国固有的文化中创出一个新理学（我以为可以说是新儒家），同时又从西方文化中尽量吸取其科学（自然科学与社会科学）。

就我个人论，我对于这样态度在大体上是赞成的。不过所引为忧虑的，就在于迄至今天为止，还很少有人真向着这个方向去走。其所以如此的缘故，乃在于中国思想既是对自己的，则从事于此的人自必须躬行实践。现在人们把学问总当作纸片上的工夫，所以论孔子的文章愈多，而孔子的真义愈失。如此尊孔，我亦反对尊孔。我以为今后孔子要在现代的中国发生一些效用，必须把孔子贯入人们的血管里才行。倘只是腾在口头，则孔子依然是个死东西。所以尊孔不能使孔子复活，惟有体会孔子的精神，口头虽不提孔子而血管中充满了孔子，方可算用孔子来复兴民族。不然，孔子早已死了，不但不能复活，并且近于无聊。所以今后的关键，只在于四万万人中究竟能有几个是真把孔子贯入血管中去的。倘这样的人多起来了，我敢说中国的民族复兴必定有望，否则全是空谈。这便是我和时流意见不同的所在了。

（载《正风》半月刊第 1 卷第 2 期，1935 年 1 月 10 日）

关于逻辑之性质
（1935 年 3 月）

一

去年与李安宅君相约编纂一本名学教科书，因此就提起一个问题，即什么是名学？

其实这个问题蓄在我心中已经有好些年了，因为我发见西方学者对于名学性质的见解太不一样了。不但主张不一致，并且他们的背境各不相同。假使你不知道他们各有不同的背境，你对于他们的主张便不能真正了解。李安宅君对我说：形式名学毫无用处。我以为要知道名学究竟有什么用处，非先知道名学是什么不可。

我近来因教授初步名学的缘故，对于这个问题更感有解决的必要。而遍查西方学者的著述，却都不能使我满意。于是自己去思索，乃忽然有所贯通。虽所见并算不得什么新奇，然自信对于名学或有一个正当的了解，同时我亦恍然知道所以西方学者诸说不能令我满意的缘故。原来他们总是以名学来看哲学，而我今天却是由哲学而看一看名学。他们虽以名学为出发点，而各人对于名学的见解却又不同。这个不同之故，从名学来讲是不行的，只有从哲学来讲。所以要明白他们的所以如此，非采取我现在的态度不可。

二

向来以为名学是关于思想之学，后来大家都公认这个“思想”一辞完全不妥，于是便有人改为关于命题之学，而命题是什么呢？向来以为命题就是判断，后来大家公认这个"判断"一辞又是十分不妥。究竟命题是什么？依然是一个不解之迷了。所以我以为应得先从下列几点辨别一下。

第一，不可把思想与名学并为一谈。因为思想还可以从心理学去研究，所以名学的对象不就是思想。

第二，不可把方法与名学并为一谈。因为方法在性质上与名理绝不相并，通常把名学分为演绎与归纳，于是有所谓归纳的名学（inductive logic）。其实这完全是一个错误。归纳只是所谓"方法学"，而不是名学，因为在性质上两者很不相同。现在所讨论的只限于名学，至于方法学当然在外。

第三，不可把名学与条理并为一谈。须知条理是这在于事物上的，事物上的条理不一定都是名学的，同时名学的理法不一定都是事物上的。所以名学的对象不就是条理。

根据上述的三点，我们必须知道名理不是心理上的思想，亦不是事物上的条理，同时亦不是思想的方法。

此外尚有一点可注意的，就是名学的前身是辩论术。希腊人喜辩论，所以才发明名学；印度人亦喜欢辩论，所以才有所谓因明。这些辩论术不是教人如何辩论，乃示人以辩论的规则，凡犯了规则的即认为辩论输了，好像打球必先立规则一样。这样的辩论术，就是所谓名学。可是现在名学的性质大异于此，一班学者往往认不清楚，依然把这样的旧观念夹杂在其中。这亦是对于名学的误解之一。

其实在名学未尝不有类乎打球规则的地方，不过不是人故意创立的，乃是由理性自己开展而成的。所以近代学者对于名学都把他看为"实际的科学"（positive science），而以为不是规范的科学，想来就是为此。

三

我以为要明白名学是什么，必须先承认有所谓"名理界"（logic realm）。换言之，即名理的方式与名理的格构乃是自成一个"界"。什么是名理界呢？这却非一二句话所能说明，必须从长解释。

我们必须第一不走新实在论的路。详言之，即我们不可把名理界认为"实在之潜存的秩序"。因为如果是如此，则所谓名理的格式与结构便都不啻是实在的格式与结构了。换言之，即这些结构必是存在于外界而自如的了。其实却不尽然。例如"空类"（null class）便只是存在于名理上的。所以我们必须承认这个名理界不是"实在的"（realistic）。

第二，我们不可走唯心论的路。唯心论者像 Bradley 与 Bosangue，虽不像新实在论者把名理认为就是实在的条理，但他们却亦以为只须研究名理，便可以引导我们得到实在——即绝对。这便不啻把名理作为实在的"显示"（manifestation）。不过我们以甲与非甲为例，可知并不是甲必定与非甲相关，乃只是我们的思想有所取则必有所舍，于是才有所谓"对分性"。这完全是思想之一个特别的性质，与实在并无关。

第三，我们不可走唯用论的路。唯用论者的主张是和新实在论唯心论都不同，他们以为名理只是人类的便利而已，换言之，即只是手段，由此以达其实用的目的。所以名理在实在上无地位。因为只是一种方便，当然说不上什么固定性与普遍性了。不过据我看来，名理却是普遍的，永久有效的。所以不是仅仅乎方便而已，亦决不是随意造的。

第四，我们不可仍走亚里士多德的路。须知亚里士多德虽是名学的始祖，但他的名学依然杂有"文法"（grammar）的成分不少。他把名学与言语的规则往往混而为一，所以近世符号名学出来，就是企图把旧有的言语部分完全抽除。于是名学便离文法远，而离数学近了。我以为近世的这个工作，颇足表示名理的真相。所以我们不可重返于亚里士多德。

以上是说这四派都不对，但并不是说他们完全不对。其实他们都有一部分对。新实在论以为名理是潜存的，这是对的，但并不是潜存于自然的外界。唯心论以为名理自身是节节相关是对的，但研究名理，同时离开经验，以为可以窥见本体则未免太过了。唯用论认名理当作工具是对的，但他同时又把名理弄得太随便了，则又失之。亚里士多德的传统派把名理与言语认为不可分开，这亦是对的，只是容易使人误会二者是一个东西。所以我说他们虽都不全对，却亦有一部分对。

四

我们要说明名理是什么，请先借用柏格森之"空间化的思想"一辞（即是说思想可平铺地展于空间上）。反之，不空间化的思想（即思想自身凝结为一，渗透不分），当然亦是有的，不过我们可以存而不论。我们不妨先假定这个"思想之空间化"。

须知所谓空间化，亦就是几何学化，换言之，即数学化。思想而向着这个倾向走去，于是乃有名理可言。至于不空间化的思想，则无名理可言。质言之，即思想向着空间化而展布开来，于是其中乃显出有名理潜存于其中。名理显然是思想中之条理，然而这个名理其自身却有自己固有的结构。思想愈展布，则其中所潜存的名理亦愈显得分明。从心理学研究思想的人们，遂以为名理与思想是一。例如陆立懋（F. Lorimer）所撰《理性之生长》（*The Growth of Reason*），便是用"发生法"来研究名学的起源与发展，实在是一本好书，可惜他只限于心理学一方面了。我们倘不从心理学来看，必见思想中有名理，而名理不就是思想。倘使我们知道如此，必须发见名理是随着思想而空间化而展开来，却并不是为思想随便所创造。因此我主张名理自成"界"，不过这个界是在于思想与言语之中罢了。换言之，即这个名理界是存在于言语与思想中，而不是倚靠于言语与思想。这句话的意思，等于康德所说的"与经验俱始"，而非经验所生一样。

然则名学的对象可以说就是这个名理界。名理界中有其固有的结构，所以名之曰演绎系统（deductive system）。这个演绎系统自己必是"圆满的"（consistent）。因为在系统内都可以说得通，所以其所说便等于"换式的重言"（tautology，或者译为套替逻辑）。这种样子便是名理界内的情形。因此我们把归纳法不认为名学，自只认为方法学。方法学是与名理界无涉。

至于再问这个名理界是哪里来的呢？自然是属于形而上学的范围。我个人总觉得有些形而上学是永不能回答的。现在只好退一步，只说到认识论为限，现在请从认识论上解释这个名理界是什么的问题。

五

我以为要知道名理界的性质，必先承认这个名理界在认识论上有他的特殊地位。这就是说名理界决不能归并于感觉界或经验界，同样亦不能归并于物界的条理。同时，亦不能归并于随心所欲的心理作用。于是我们归纳起来，可得下列的特征：

一、名理界是"非自然的"，而又"非经验的"。

二、名理界是"非人造的"，但必须与人造的言语并存，即离了言语便无名理。

三、名理界是"非自然的"，但却可用于自然界的对象上。

四、名理界虽是"非经验的"，却不是先于经验而存在的。

五、名理界的所谓"理"，与物理界的所谓"理"可以相应，而绝非同一。

六、名理界自身成一系统，所以只有"对"的问题，而没有"真"的问题。真的问题只发生于名理适用于对象上的时候。

我根据上述几点，反对新实在论与新唯心论以及唯用论等。新实在论者把名理视为自然的（但他们用"实在的"一辞），他们以为研究名学，便等于研究宇宙的条理。我则以为这是错误。须知名理虽不是完全人造的，却亦决不就是外界如实存在的条理。即以关系的传递为例，父子关系是不传递的，但古代则凡长辈都称为父。可见传递与否，完全视定义而定。我们把父子定为不传递的关系固可，把父子定为传递的关系，亦未尝不可。种种全靠定义来决定其关系的，决不可即认为是外界自然存在的。所以新实在论把名学当作条理，乃是由于太把知识看为写实的了。

至于唯心论弊病亦不小。他们以为名理就是理性的自身显示，所以研究名学，便可从其自身上发见理性的本性，就显然是以研究名学即视为研究形而上学了。新实在论者以为研究名学是等于研究宇宙论，唯心论者以为研究名学即等于研究本体论，在我看来都是错误。因为名理固然不就是宇宙的结构，而同时亦不就是理性的自己显示，乃只是言语中所固有的条理。我们无论如何研究他，决不能借此得以发见本体的秘密，因为他离不了言语，此其一。同时亦非有所适用不可，此其二。倘若不有适用，而只讲其自身，则只有"对"而无"真"。这个"对"决不足以表现宇宙的本体。

至于唯用论虽然弊病尚不大，然而他们把名理认为工具，可随便使用，这亦似乎太偏了。所以我主张名理既不是宇宙构造上的自然条理，亦不是本体的理性上自身的显示，又不是人们随意所造的一种工具，乃只是一种认识上所不可缺的。因此只好承认其为一特别的"界"。

本篇系据去年夏间的旧稿加以改正而成。惟所怀尚多，未能一一加入。他日有暇，当补充之，则此篇亦可视为一个小小的发端而已。民国二十四年正月五日写。

（载《哲学评论》第 6 卷第 1 期，1935 年 3 月）

从我们所谓哲学看唯物辩证法
（1935 年 4 月 16 日）

"我们所谓哲学"，有人叫作传统哲学，马克思的哲学是所谓革命的哲学，即"革"传统哲学的"命"的哲学。照马克思的解释，我们的哲学为解释宇宙的，而他的哲学——唯物辩证法为改变宇宙的。

唯物辩证法可分两段研究，一为"唯物"，一为"辩证法"。先说"唯物"，马氏所谓唯物，与普通哲学上的意思不同，普通所谓"物"有四种：（一）可分的，（二）实在的，（三）客观存在的，（四）身为心的基础。马氏的唯物的"物"，完全没有上述四种性质，而只说物之为物，乃不依靠人而本然如此的，它是外在的，不为人力所左右。

次说"辩证法"，马氏的"辩证法"，与普通哲学上所用的辩证法，其意义亦不同。柏拉图的辩证法是方法，黑格尔的辩证法为理论之本身，马克思并不注重辩证法的本身，而将它当作副词讲 dialectically，说事物的状态为"辩证的样子"。如果承认辩证法为一实在的东西，则它本身也要辩证，势必在"正辩证法"之后，再来一个"反辩证法"。唯物辩证法者以辩证法为方法。方法一词，马氏解释又与普通哲学不一样。普通所谓方法与逻辑不同，演绎是逻辑，归纳法是方法；唯物辩证法的"正"、"反"、"合"，不是演绎逻辑，也不是归纳的方法，只是一种"看法"。

又有人认辩证法为认识论，其实马氏只是用辩证法去"认识"，不是当作"认识论"，此与普通哲学上所谓认识论，大不相同。

总之，唯物辩证法是零拾传统哲学的片段凑合而成，并无新而特别的道理。

我以为马克思在哲学上的贡献，不在唯物辩证法之提出，而在揭开哲学之社会背景，不再如前人之钻进哲学去研究哲学，而是跳出哲学的范围来看哲学，这对于传统的哲学研究者的打击，实在不小。经他这一打击，哲学遂从以前崇高伟大的神圣地位降到普通文化的水平线上来。我们以为马克思对于哲学的新的态度和旧的态度，就是马氏从外来研究哲学，后者系从里面来研究哲学，应该设法调和起来，才算完满的态度。

（载天津《大公报》，1935 年 4 月 16 日）

《文哲月刊》发刊词
（1935 年 10 月 10 日）

　　《文哲月刊》的发起不是由于我个人，而我却被推来作发刊词。我以为当现在的中国最好是大家集中精力于救亡，至于高谈文化与批评文学，从表面上看，已似不为当务之急了。我们今天还要讨论文哲以与天下相见，则必有说。

　　我个人始终以为一个民族能够卓然自立，决非专靠哪一方面，而必是于各方面都有些相当的配合方见其长处。即把各方面配合起来，方成为一个民族之所长。所以无论哪一种文化而无不是"有机的"（organic）。欧洲人的飞机大炮固然长于我们，但他们的哲理文学亦未尝不比我们高明。现在只崇拜西方物质文明的议论固然已成过去了，然而发见各种文化都是一个集合体，这种见地依然未见信于目前的中国。我们以为无论哪一种文明，从其具体的表现来看，有形可查，自然是所谓物质文明；然而从其背后的概念与原理来看，便是所谓精神文明。精神文明与物质文明，只是一物之两方面。譬如飞机大炮，从这些东西来说，自是有形之物；然而其所以造成，却又不能不有科学原理于其背后。从有形的来着眼，自是物质；若从其原则原理来看，则又涉及思想的范围。一旦涉及思想，便不能不追问到思想中最根本的若干概念。所以无论哪一种文化，总有其哲学，天下断没有无哲学的文化。因此我们以为哲学在文化的全体上是去不掉的。

　　但我们却并不主张哲学可以救亡。换言之，即创造一种新哲学，便可以把垂死的中华民族改于复兴。我们仍本上述的义思，只主张在整个儿的民族复兴运动中，哲学亦是其中不可缺少的一部分罢了。好像一碗菜，固然不可缺少盐，然亦不可缺少水，更不可缺少油。五味的调和，就在于各种要素皆不可缺少。一个文化亦然。只可以在比例上有些高低上下而已。我们现在来讲哲学，就是根据这个意义，并不是以为哲学是万应的如意药膏。

须知现在有一班人以为哲学值得尊重，就是因为哲学能够告诉我们以将来的世运。我们以为不然。研究哲学仅能对于某一种文化的基本概念有所了解，明白某种文化的基本概念，亦未尝不可据以推测某种文化的发展情形。然而这样对于基本概念的分析，依然好像化学一样。其主要目的依然只在于知道过去与现在，而不专在于知道将来。把知道将来的任务加于哲学，不免把哲学视为神奇：好像哲学医病，哲学预言一类的东西。与其说这是重视哲学，不如认为侮辱哲学。一班科学家所以对于哲学有轻视之心的缘故，亦未尝不是因为有这种情形。

我们的谈哲学是把哲学置于相当的地位。既不视之过高，亦不看作太低，即既不把它当作唯一的灵药，亦不看作一文不值的过时货。这是我们在谈哲学时首先要承认，同时亦须向读者声明的。至于说到讨论哲学，在本刊出世以前，固然已有很多的出版品了，则本刊所应有的特别目的，似乎还得另求。

我个人以为中国之有西洋哲学，由来已久。然从今天来看，至少可算有三个时代。

第一个时代是用蔡元培先生所翻译的井上圆了的《妖怪学》为代表。原来井上圆了是日本东京帝国大学第一个哲学系毕业生。那时候日本帝国大学的哲学系只有一个教员一个学生。学生就是井上圆了，教员是一个德国人。井上毕业了以后，把他所领会的西方哲学拿了出来，作成这部《妖怪学》。这是以代表日本人初期接受西洋哲学的态度与反应。而蔡先生把他翻译到中国来，却亦是以代表那个时候中国人对于哲学的态度。这乃是西方哲学初到东方来的应有的现象。

第二个时代要算《哲学评论》的产生。这个杂志，是尚志学会所办。在《哲学评论》以前是否尚有相同的刊物，我不敢说。但我敢说《哲学评论》这个杂志，至少可以代表中国人对于西洋哲学的一个划期的认识。因为他有两点是很可注意的：第一其中的文字大体上侧重于"问题"的评论，不纯是某派某种学术的介绍。第二是其中文字有些所用的方法是很严格的分析法，不是人云亦云的转录欧人著述。所以我们可以说自《哲学评论》出世，中国人对于西洋哲学的认识已入了正轨。因此我拿他来作此划期的代表者。平心而论，《哲学评论》上有些文字即移在外国出版的哲学杂志上，亦可以不相上下。换言之，即中国人在这一点上，亦可以说稍稍赶得上先进国的水准了。

第三个时代可以说是辩证的唯物论的盛行。须知在第一个时代是中国人不知西洋哲学为何物，作了许多的误解；在第二个时代是中国人居然对于西洋哲学有了真正的认识，有了同等的研究。但很不幸，乃忽然便无端来了一个第三个时代。在这个时代，乃是中国人因为外国有些人对于西洋哲学有所摇撼而亦随之生了怀疑。要明白其故，必先一述西洋哲学本身的危机。

西洋哲学本以玄学（即形而上学）与名学为主干。在哲学本身上，第一发生问题的就是玄学。其问题是：玄学究竟能不能成立？这个问题久在争论了的。但名学却始终未成问题。换言之，即名学究竟能不能成立却迄今尚未有人提出这个疑问。不幸得很，自从马克思主义侵入了哲学界以来，不屑说玄学成了问题，即名学亦成了问题。于是整个儿的哲学都成了问题。详言之，即在以前哲学是自足的，虽则科学从哲学分出来，抢了大部分哲学的题材，然而终承认科学有及不到的地方。这个及不到的地方，便是哲学的领土。科学出来，即自然科学发达了，我们可以说哲学的领域渐渐缩小，却不可以说因此把哲学的性质变化了。因为哲学虽缩小了，却未尝改易其性质，于是哲学与科学依然是对等的。但是马克思主义出来则不然。他不是把哲学缩小，从另一方面看，反可以说他把哲学扩大了。但他所扩大的却不就是我们所谓的哲学，因为他把哲学的性质从根本上改变了。虽则名称未改，而实质却与以前大不相同。这一点是一班讲马氏思想的人们所忽视的。马氏的前提是社会组织决定人们思想，即人们的意识形态完全是社会的经济结构之反映。这样的唯物史观，不但对于人们的具体意见从社会的阶级分野求其所以然之故，并且对于人们思维时所用的范畴，亦从经济史来求其解释。最显著又最可笑的一个例子，如陶希圣君说在人类没有货币以前，只是物与物交换的时期，没有抽象的思想，好像是说抽象概念的名辞是由货币而生。陶君是不是严格的马派，我不管。我于此不过因为此例太显明，所以举了出来而已。

总之，在以前哲学无论如何变化，而哲学自身终只是哲学。迨马派一出，哲学却变为社会思想的产物了，变为代表社会上阶级利益的呼声了，变为经济的结构中自然而然所发出来的东西，好像膀胱分泌小便一样了。我们对于一个人的哲学思想，不必看他的学历，不必问他的传受，但只须一查他在社会上居于何种阶级，便可推定其为何种主张。这便是以社会的"关系"决定哲学的内容。所以，这样所谓哲学却与我们普通所谓哲学不同，即名同而实不同。因此，我以为这乃是把哲学的性质大改变了。在以前哲学好像裁判官，不论他管辖的地方大小，它总可以坐在堂上对于其下的人们宣判。现在却一转为当事人，须得听从裁判官的判决。这个裁判官，就是所谓社会学（或为马克思式的社会学更较得当）。所以以前哲学是自己至高无上，换言之，即是自主的，自己可以当家。现在哲学变了留声机器，人家唱什么，它方得收进什么去。这个不同完全起于哲学本身。我实在不懂现在中国一班马迷还要高唱哲学，把哲学捧得高高儿的，而一班研究哲学的朋友，亦因为他们重视哲学乃色然而喜。我自信我近来有一个发见：就是我发见马克思派所用的名辞都与我们相同，而其意义都与我们不同。他们所谓哲学，不是我们所谓哲学（亦许就正是打倒我们的哲学）；他们所谓唯物论，不是我们所谓的唯物论；他们所谓辩证法，决不是我们所谓辩证法；他们所谓逻辑，不是我们的逻辑；他们所谓认识论，亦不是我们所说的认识论。我们来驳他们，他们来骂我们，实在都是无的放矢，非常可笑。

因此，我个人以为马克思主义之突起于人类思想界，是一件绝应注意的事。质言之，即等于一个关，此关若是不能渡过，则不仅哲学从此葬送，即其他高深思想（如高等数学一类）亦同受影响。所以哲学到了今天却是遇着了一个难关。

对于这个难关，先不谈如何渡过，而先谈一谈有些人对于他的态度。在欧美哲学界中对于这样的难关，是否存在，有无感觉，很难一概而论。或则可以说大部分的哲学家尚不甚感觉到有这样的难关，或则已感觉到，但却不以为严重。不过我近来看见英国的《哲学》（*Philosophy*）季刊，有好几期通信讨论哲学于实践生活之需要。我即认为他们已经于暗中受了这个难关的刺激了。又如乔特（C. E. M. Joad）近著有《复返于哲学》（*Return to Philosophy*）一书，主张重振理性与重树价值。在我看来，都可算对于这样难关的威吓有所对付。所以我们不能说欧美的哲学界对于这个问题是不理会的。

至于我们，说起太可怜了。大约一部分人并没有看到这个问题的重要，而凡看到这个问题之为重要的人们立刻即无条件地投降了。这个情形似乎和日本相同。我近几年来对于日本哲学的情形不甚清楚，不过有人从那里来告诉我说：除了翻译俄国的辩证法唯物论的书籍层出不穷以外，实在没有什么有创见的著述。果然如此，我们亦可以说日本思想界亦是无条件地受征服了。所以辩证法的唯物论能在中国如者盛行，原来就是因为日文界此类书籍太多，而翻译日文又比较容易，并且日本留学生又容易受日本学术界空气所支配。合这三个原因，遂使中国作了他们的尾闾了。我说这句话是讲实际情形，不含有褒贬的意思。

但我个人始终以为哲学的任务，第一是"通"，第二是"辨"。"辨"与"通"不可分离。在求通的工作中就有辨，在辨的进行中就有通。愈求通，则必须愈辨得精微。愈辨得明，则通乃见。所以既讲到通，则断乎不可偏蔽；既讲到辨，则断乎不可固执。从哲学本身以讲哲学，这是传统的办法，是一种；从社会与阶级的见地来看哲学思想，这是马克思派的办法，又是一种。但倘若立在求通的立场上，则不可不取其一而废其他，乃必须于此说求得其融通。既然通是离不了辨，则又必于此二说各加以分析。这样便是真正哲学所应做的工作了。这样做去，乃真正是哲学。我所以说哲学在今天必须经过这第三个时代，就是指此而言。换言之，即我们必须闯过这个第三时期而另开辟一个新的时期。我愿意把这个使命献于《文哲月刊》。

本刊所载不限于哲学作品，而我这篇发刊辞却只说了关于哲学方面的话，这乃是因为我对于哲学以外为皆系外行之故。不过有一句话可以说的：就是关于文学批评，我们亦很愿意有一些新贡献，不落人云亦云的巢臼。民国二十四年八月三十日，写于广州东山郁园。

（载《文哲月刊》第 1 卷第 1 期，1935 年 10 月 10 日）

结束训政与开放党禁
（1935 年 11 月）

    各方面的消息似乎证明结束训政已成为"内定"的了。结束训政既成为内定，则不久的将来便可变为事实。但我们必须对于结束训政看一看其中有何种涵义。

    在普通的涵义上来看，似乎可以说结束训政即是取消党治。所谓取消党治，就是取消一党专政。取消一党专政，就是同时允许他党存在。这亦就是取消"党外无党"与"党高于一切"的标语，同时亦就是取消"党国"二字。因党国是"国为党所有"的意思。

    但有些朋友告诉我说，"结束训政"四字的解释还不能像上文所说的那样痛快。所谓结束训政，乃只是提出宪法的别名。宪法草案在国民党手里制定了，这就算是把训政结束了，那宪法草案上第一条依然规定为"三民主义共和国"。中华民国依然为三民主义者所私有，三民主义依然是中华民国的国教，这样只是由国民党的训政变为国民党的宪政。换言之，即以前是以训政为名而国民党实行一党专政，现在则是以宪政为名由国民党实行一党专政。所以训政虽然结束而一党专政则仍如故。

    以训政为名而实行专政，这是可以的。若以宪政为名而实行专政，这不啻打倒了宪政，这是矛盾的。所以我们还得另求一个解释。

    有人说宪法草案规定三民主义国家，同时又规定人民言论结社自由，这就是容许他党存在但以不背三民主义为条件。我以为这样只有两种情形是可能的。第一种是由一个整个儿的国民党，把其中的许多派都变为独立的党，好像稻香村一样，有申记苏记等等分支。这样依然是党外无党，但却是党内的派变而为党。第二种情形是把三民主义变为非国民党一党所专有，好像宗教一样，大家都得信奉。

我则以为这两种情形都有些不通。先就第一种言,何以国民党内的派有资格独立成为党,而国民党外的党无资格以从事于政治活动?这显然有背于人民言论结社的自由权。第二种亦有困难,即三民主义变为宗教了以后,他党是否不背于三民主义,在政治上变成了没有什么关系了,则三民主义的国家之规定便成了废辞。

以上所说在于指出以宪政为名而实行专政的逻辑。意大利大社会学家派兰图(Pareto)的 *The Mind and Society*,真是一部关于文化哲学的佳著。他告诉我们说人类的行为那有出乎逻辑的!不逻辑的行为乃系一切逻辑的行为之根。这位大社会学家真有炯眼。他不仅能按察以往的史迹,并且能未卜先知,以预见我们东方人的把戏。

话虽如此,我们还不能完全站在旁观的地位来看把戏。我们主张结束训政应该在开始宪政以前。因为结束训政必须包括下列意义。

一、由国库支给的党费应该停止。

二、在法律上国民党有指导人民运动的特权亦应取消。

我以为国民党如果真心要结束训政,最好是在这一次的五全代会以后,即把党费由国库支出者完全停止,同时颁布一道命令声明,所有民运必须的党部指导的法令亦一律停止其效力,如此便可算训政真正结束了。至于结束训政以后的开始宪政,恐怕尚须时日。

至早必须在明年方能召集国民大会,国民大会通过了宪法以后方能算宪政的成立。便在这个时候有许多大事必须要办,而最迫不及待的便是对日的根本方针的决定。所以在这个时候最好能实行丁文江先生所主张的独裁首领应具的那个最后条件,就是把全国有政治能力与主张的人们一齐拉在同一战线下。倘能如此,便是中国的一个大转机。中国已错过了许多的机会,使我们一班老百姓失望又失望。现在是不是使有爱国心的人们再失望一次,谁也不敢说。不过我们似乎应得以君子之心度小人,所以不得不作上述的希望。

本文做成了以后,才看见天津本月十八日《大公报》载东京专电,云《朝日新闻》上有南京专电说五全代会以五百八十余票的多数通过蒋委员长所提的亲日案。果尔,则上文所说的对日根本方针的决定一层,已成为明日黄花了。有许多人总是主张由全党的团结进而谋全国的团结。谈到全国的团结,谁也无不赞成。不过我以为在对日根本方针未决定以前,乃有全国团结的必要,因为必须先团结了方能作决定。倘使《大公报》的东京电已证实了,这便与我所说恰成相反——

即先决定而后讲团结。我以为这样实在没有多大的价值，反不如爽爽快快地由一党专政的党独负其责任。因为全国的合作其目的在于决定对日方针，现在既不待全国团结而已经决定，则倘复何言！十九日著者附识。

（载《自由评论》第 1 期，1935 年 11 月）

评共产党宣言并论全国大合作
（1936 年 2 月 7 日）

一

　　共产主义的本国俄罗斯，近数年以来在言论上虽不肯示弱，依然是讨论那些阶级斗争的理论与唯物辩证的哲学，但在事实上却步步转了方向。五年计划是国家资本主义的成功，加入国际联盟是赞成"集体安全"而抛弃世界革命，最近更改订选举法更是向着民主主义的方面来走了。这些事实非本篇所欲详举，凡留心时事的人想早已知道。所以我们可以说俄罗斯已完全转入国家主义一条路上去了。但须知人类总是要面子的。他们尽管采取国家主义，甚至于亦采取一些民主主义，而他们却决不承认这就是国家主义民主主义征服了共产主义，因为共产主义本来包含成分甚杂。倘使欲加强辩，当然亦有几分可能性。所以事实上招牌依然是共产，而内容却颇为不同。我们亦正不必硬要抓破他们的面子，好在明眼人对于实际的情形已早看在眼中就罢了。

　　因此，我们方痛恨中国的共产党及一班左倾青年不去切实面对事实，而只认那些理论的票面价值以自己催眠自己，以致于他们对于中国今天的地位直无丝毫真正的了解。不意看见中国苏维埃政府、中国共产党中央的去年八月一日宣言，使我觉得这真不啻中国民族前途的一线曙光了。

二

　　该宣言中虽有责备现政府的话，现在我不愿复述，然在大旨却并不在于打破现状。其所主张的大概可归为下列数点：

（一）"当今我亡国灭种大祸迫在眉睫之时，共产党和苏维埃政府再一次向全国同胞呼吁：无论各党派间在过去和现在有任何意见和利害的不同，无论各界同胞间有任何意见上或利益上的差异，无论各军队间过去和现在有任何敌对行动，大家都应当有'兄弟阋墙外御其侮'的真诚觉悟。……集中一切国力（人力物力财力武力等）去为抗日救国的神圣事业而奋斗。"

（二）"苏维埃政府和共产党愿意立刻与中国一切愿意参加抗日救国事业的各党派各团体各名流学者政治家以及一切地方军政机关进行谈判"，以发起国防政府之组织。

（三）这种国防政府在行政方针上有最可注意的下列几条：1. 收复失地。2. 实行民主自由。3. 保护生命财产居住和营业的自由（惟原文有侨胞字样，侨胞既受此种保护则内地居民自当一律待遇）。

（四）该宣言之结尾有下列文句："为祖国生命而战！为民族生存而战！为国家独立而战！为领土完整而战！为人权自由而战！"

此外该宣言并主张停止内战。他们愿意与任何军队不问已往有无仇怨，都来亲密携手共同抗日救国。并且还说华北党部被迫撤退是可耻的，因为"一切中国人的事只应由中国人自己解决"。

这便是宣言中的大意，亦就是我们所可注意的了。

三

一个向来主张废除私产的党，现在居然说保护财产和营业的自由了；以一个向来主张无产阶级专政的党，现在居然说实行民主自由了；以一个向来主张完成世界革命使命的党，现在居然说为国家独立与祖国生命而战了；以一个向来受命于第三国际的党，现在居然说中国人的事应由中国人自己解决了；以一个向来主张用阶级斗争为推动力对于一切不妥协的党，现在居然说愿意与各党派不问已往仇怨都合作起来，这是何等转向！这个转向是何等光明！我们对于这样勇敢的转向，又应得作何等佩服！

其实这十年来，我们就是为了国家主义与民主主义而呼吁。到了现在，我们不愿带些刺激感情的口调，说民族主义已征服国际主义，民主主义已征服了共产主义。但在事实上即此却可作一个极大的证明，即证明中国今天所需要的只是对外为民族独立与对内为民主自由。至于阶级斗争与一党专政，都是一些治丝益棼的东西。这事实上逼迫而生的需要既为大家所公认，则我们又何必来自己居功呢？

四

虽则根本大端彼此所见相同，然该宣言却尚不无讨论的余地。无论何人都知道到了今天，说到各党派大合作，自是天经地义，无可否认。而要各派合作又自以不算旧帐，不计旧日仇怨为前提。不过我以为不算旧帐，只可说是各派合作的必要条件，尚不足为充足条件。因为仅仅不算旧帐，尚不足使各派真诚合作。所以我愿于不算旧帐之次，再提出一个各派自行检举自己的已往错误。

先以对日问题而论。日本本来是一个饿虎，养精蓄锐了数十年，正是在想方法扩大其版图出来，而只苦于无很好的借口机会。这个情形，凡有常识的人都早可看到。所以对付他的方法，在今天以前最好是不给以借口，不予以机会。然而这十年来，中国所取的途径却正与之相反。自己明明知道实力比不过他百倍，却时时不断地去捋虎须。等到已把这个饿虎激怒了以后，却又去低颜悦色，然而却已是来不及了。至于这个捋虎须的责任，我们在局外愿说一句公道话，似乎不应该完全推在国民党身上，因为打倒帝国主义的口号本是共产党的土产，国民党不过传授了衣钵而已。而中国近十年来所有的一切对外吃亏，却都由于这个夸大狂的口号。一方面既招惹日本来侵略，他方面又对于欧美各国致陷中国于孤立。

其次说到民主自由。我以为容共以前的国民党，在理论上未见的是主张一党专政的。所以按今日的情形而说，所有反民主与抹煞自由在实际上自是国民党所为。而这种行为所根据的理论，却不能不说是由共产党始作其俑。因此一班爱自由与民主的人们不愿与共产党合作，他们以为一旦共产党得势，其压迫异己与破坏自由或高出于国民党之上。

再其次就向来党与党之交际而言。在民主国家本来甲党不视乙党如寇仇，惟在主张专政的党乃始相扑灭一切异己。两个都想专政的党相遇，自然是格外眼睛出火。所以"党际道德"（即党际信用）一名辞，在这样的党是没有的。须知党间合作本来与民主政治是一件事，二者不能分开。主张各党合作，则就等于主张实行民主政治。但在以往，因为共产党对于民主主义一点态度欠缺显明，所以今天虽有合作的提议，而人们总不能完全忘了他的"党团作用"。所谓党团作用，乃是随着共产党的潜伏运动而生的一件东西，即对于党外的人只讲利用，只认为工具。换言之，即对党以外无真诚，只有诈伪。在我们看来，这种党团作用实在是一个毁坏人类天真性情的东西。往往有些很坦白纯洁的青年一旦受了这种训练，便到处说谎话。即以这一次的宣言而论，在我们希望国家有救的人来看，自然愿意说共产党这个主张未见得不出于本心，但在有些上过他们大当的人们，则必定以为仍不外乎党团作用。就是他们明知在这个时候再高呼拥护苏联是引不动人了，只有利用人们的爱国热情来唤起人心，使归向于我。我们以为如果各派合作的提议在暗中仍含有他项作用，则这个提议本身便自贬了价值了。

以上三点，我们在该宣言上虽得不着什么痕迹，然而共产党既真有大觉悟，似乎亦应得给我们一些痕迹可寻。这便是我对于该宣言认为美中不足的地方了。

五

现在应该再一讨论该宣言中所提议的所谓国防政府。这样的国防政府据说是由各派联合组织的。假使我是一个国民党人，我当然无条件双手举起表示赞成与接受。因为国家的存亡已迫于呼吸，今有人尚欲对于政权为之包办，不免可笑。不但包办卖国是理所不许，即包办救国亦为古今中外所无。但从反面来看，当这样紧急的时候，不见从远者大者着想，而独斤斤对于他党的政权，想尽方法去破坏之，似乎亦未免胸襟不广。所以我以为国防政府除了国民党自动提议以外，我们似乎不必多讨论。因为据我这几年冷眼观察，好像国民党惟有政权是绝对不肯牺牲，余事倒像尚可商量，则又何必专向要害处来讨价还价呢？我这句话并无他意，乃只是说各派既要合作即须真诚合作，不可以合作为名而暗中依然争夺。尚使真诚合作果真做到，则政府的改组当然不成问题，不拘改组的形式如何，而只要能实现各派合作就行了。假如现政府不十分改变，而只要在其上添设一圆桌会议，把各党各派的重要代表聚在一起，议决国难期内一切大政，这样亦未始不可算一种合作。所以我们对于国民党不是要求他交出政权，乃只是要求他对于国难的应付有彻底的决心，同时允许大家向着这一个目标共同努力前进。

至于说到只须国民军队枪口对外红军便一致动作，我以为这又未免太简单了。须知今天有举国一致与各派合作的需要并不限于对外作战一点。若要从事于建国，似乎亦应得各派相安由息争而共同努力。所以即在平时，亦不能说不需要合作。我以为合作可分三期：一即平时或开战的前夕，二为战时，三是战后。开战的前夕为期不一定，从今天起可以短到一二个月，亦可长至二三年。在这个期间，主要的事务是准备与充实。能多准备一分好一分，能多充实一点好一点。不仅此也，即使国家多像一些近代国家的样子，则对外起来亦愈好一些。所以我们不可以为合作限于战时，须知在战前与战后亦都需要合作。战时当然不必说了，战后所需要的是一个收拾残局的建设，这种建设亦非各派合作不可。因为在喘息甫定的时候，更不宜于有党争。所以我以为各派如果真有觉悟，必须认明今后举国一致的需要，至少有继续十年以上或二十年之久，不是短期间即终了的。老实说，我们这样的国家不配谈到战争。在敌人未再进一步以前，决不可轻易言战。但纵使无战事，而内战仍宜立刻停止，由各党息争以从事于建设。

六

因此我主张共产党这样的表示还有些不够，必须有下列的补充。

第一，共产党必须声明在国难未渡过时期中，至少十年内，对于全国放弃共产主义的潜伏运动。这一次宣言虽在实际上表明只作民族独立的奋斗，然对于共产主义的暂停宣传则未明言，似乎为使一班怕社会革命的人们安心起见，应得提高这一点。其实此点关系十二分重要，尚能如此，必定可以减少无数的阻力。

第二，共产党必须把其兵力统一起来集中在一个区域，以便万一有事则可担当一个侧面。这个办法自是停止内战以后的事情，但为使有些地方的后方安全起见，似乎应得先行提出。

第三，共产党似乎应得在其治内，即根据该宣言实行那些"救灾安定民生"、"废除苛捐杂税"、"整理财政金融"、"加薪加饷"、"实行免费教育"等政策。但须知这些政策在根本上与共产主义无关，而实行这些政策的政府亦似乎不必定名之曰苏维埃。所以我以为倘以真诚合作为前提，则纵使不得已，亦只好承认事实上的政府只有一个，红区的政府似应变为地方政府，否则必无以对外。

七

以上所说的话，自信是立在纯粹国民立场，并没有一句是替国民党与现政府辩护的。我再愿借此向共产党与国民党进一言：即党与党之合作在我们的眼光来看，本是一件寻常的事，不算什么奇怪。其所以为梗就只在于各想专政。倘各党弃其专政的私欲，则大家彼此即变为好友。所以我们历来不反对国民党与共产党，而只反对一党专政，以为一切罪恶皆由此而生。现在共产党提议合作，是显然放弃了专政，这真是一件最可庆幸的事了。并且大家须知共产主义与三民主义以外，实在有很多的人们是于经济赞成社会主义，于政治相信民主主义的。这一类人们虽尚未形成具体的大规模组织，却是很有潜势力。我相信有许多同情于共产党的人，却其实只是这一类的信徒，亦有些挂着国民党党籍的而其心中却只是真赞成这个主张。将来万一能由这一些人们，在国共两党之间于理论方面作个调停的势力，则未始非中国之福。这虽是我的希望，但亦恐成为奢望。总之，今天已到国家生命最急迫的一天了，请大家多拿出一些公心来，多减去一些私欲罢！

我未尝不知道各党合作的提议，在欧美的先例上都是由于在朝党发起的。在野党虽有此意而在朝党深避固阻，当然即等于白说。因为中国这样的国家太不现代化，自然有这个奇形怪状。于是有所谓中国式的合作，例如刘备之邀请诸葛亮。但须知这只是个人知遇，乃和党派间的合作完全不同。现在当局拉了许多党外的人，我以为依然与此无干。以前的中国无政党，自可个人登庸，而今日的中国却有政党。所谓党外无党并不是说党外没有党，乃只是想扑灭党外的各党而已。事实上却不能如愿以偿。党外的党在事实上既然存在，则党与党之间的关系问题亦必依然存在。既有此问题，则不能不设法求得一解决。此所以才有合作之说。可见合作乃是由事实而生。若想以个人知遇来代替党间合作，未免有些文不对题了。

（载《自由评论》第 10 期，1936 年 2 月 7 日）

从拥护政府说起
（1936 年 2 月）

病中颇有感想，先从拥护政府说起。

大约作拥护政府论的人，总是看见外国一凡在战争时，国民无不一致拥护其政府。但殊不知凡能拥护政府的人民，必先取得公民权。倘使向来没有公民权，则第一步所应研究的，便不是拥护政府与否的问题，乃是应当如何开放政权。因为必须给予了公民权，然后方能责其拥护。否则若即责以拥护，而无奈人民却无法拥护。照目前情形而论，就是如此。依国民党的理论，现在是训政时代，一班人民都止是被训者。就好像未满十六岁一样，大家在政治上都未成年。如果已成年又何必被训呢？所以在国民党的理论上，一班人民是尚未具有公民资格。且实际上亦确是这样情形。虽则有所谓训政约法，然而实际上言论自由、结社自由、集会自由却是没有的，尤其没有选举。没有三大自由与选举，当然说不上公民权。今天对于未取得公民权的人民，而要责以拥护平素不肯给予公民权于人民的政府，似乎未免太残忍些。须知未具公民权的人民，只可称作"臣民"。说得坏些，却亦可为"奴隶"。这种人照理论上是没有独立意志与人格的。我们倘若责备奴隶何以不拥护主人，则这句话便太可笑了。因为奴隶只能服从主人，却无法拥护主人，亦就是因为奴隶的生死，完全操在主人手里，所以奴隶够不上拥护主人。现在一班作拥护政府的议论的大学教授们，完全是由此比附外国情形，而殊不知与中国的情形却不相符。中国今天这样的训政状态，是全球独一的，只此一家，并无分出。至于百年后有"三民国际"出现，那又是将来的话了！所以有些人未敢自附于拥护政府之列的缘故，实在是因为在这个环境中尚以为能有所拥护，未免自觉厚颜。

现在姑且让步来说，即使够得上说拥护政府，则亦应得只是拥护政府的政策，不应是只拥护政府的存在。因为政府的存在是一个事实，事实是没有意义的。欲使事实有意义，则必附加以价值。所以政府的值得拥护与否，完全以其政策的好不好为标准。不过说到这里，又同样感到困难了。说政府的政策不好，即是承认政府尚有政策，因为不好的政策仍不失为一种政策。现在所苦的，就是大家实在不知道政府所抱的政策是什么。我说这句话，一定有人来反驳道：所谓一面抵抗一面交涉，与到最后不恤牺牲，岂不都是政策？我可以用很浅近的话来回答。譬如一个人同时又要往东又要往西，又要往南又要往北，试问这个人的走路方向我们能知道么？并且一个人若往东走，则自有往东的好处，亦有往东的坏处；若往西走，亦是有往西的好处与坏处。往东的坏处或就是往西的好处；但决不能把所有的好处都占尽了，坏处都避完了。现在似乎当局竟抱此梦想。所以现在的政府，你说他不抗日固然是冤枉他；但你说他是抗日，却亦任何人不敢担保。在这个状态之下，而要人民拥护政府，则所拥护的不是那一个固定的政策，乃只是要求对于政府信任其有抗日与不抗日的完全自由而已。经我这样一解释，恐怕拥护论者不免要爽然自失了罢。

其实，政府比论者却要贤明些。他始终不说拥护的话，而只要求大家服从。服从与拥护是不相同的。老实说，在危急的今天，举国一致既是唯一的要求，则我们不妨暂时不去细分别这些名学作用，还是从实际上再讨论罢。我以为在一个军队里，兵士应得服从长官，那是自然的。军队上长官要求兵士服从是这样的：即事前可以不告诉什么事，临时长官却有完全的指挥权。长官下命令于兵士，教他们往东走，他们却不知道为什么要向东去，即到东方去干什么。并且当他们向东走时，长官又可以不告诉什么而突然把他们调回。军队上这样的指挥情形是大家知道的，用不着我来描写。但这个情形，若移用于政府与国民之关系上，却是不行的。

我未尝不知道现在最新式的政治，是想办到全国动员。无论希特勒也罢，墨索里尼也罢，斯大林也罢，总是想把全国人民统率起来。这种全民动员的政治，当然亦可以说是近乎军队化了。不过大家切不可忘了其间的一个重大区别。就是在这样政治下，领袖所要求于人民的是在于领袖先定了一个计划，而要人民各担任其中一部分工作，并不是对人民说：你们大家把生死存亡的全权，都交给我一个人由我去办，我要战，就战；我要和，就和；我要割地，就割地；我要复仇，就复仇。老实说，新式政治的专政领袖无论权力集中到何等程度，还不能办到这样的自由。意大利之征阿比西尼亚，现在尚不能临崖勒马，恐怕就是为此。所以，我们要知道现代的专政式政治，乃是民主政治成立后，因时势变化而演成的，并不是倒退到民主政治以前的专制君主式的政治。这些领袖只能对人民说：你们要如何，我来领导你们去如何而已。至于人民之要如何，虽不必有形式上的表示，而作领袖的却能默察神会。可见，凡真正领袖，无不抓住人心。他能知人心之趋向。他的举动在表面上看好像个人的，而其实却暗中代表大多数人心理，甚至于一个民族的使命。断没有给人民一个闷葫芦，使人不知其中卖什么药的，亦断没有使大家在那里干着急的。所谓领导必定自己首先走在前面，大家然后跟在后面。但必是自己先开步，然后可有人跟来。决不能自己不开步走，而先一味地要求大家只站在背后，不要动，专听号令。倘使不明白此理，我敢说决不会领导得起来。

我还敢说今天的中国因为很需要领导，政府倘真能领导，人民决无不愿接受的。一党如果能领导，他派决无不愿合作的。所以，真成问题的不在于拥护政府与服从政府，而乃只是政府能不能领导，与会不会领导。老实说，这是政府的本领问题，不是国民的责任问题。

说到这里，我要牵涉一个重要的意思。民主政治乃是一种生活习惯，必先有这样的生活习惯，方足讲民主政治。中国人自辛亥以来，人们都谈宪政，谈共和，然而却很少有人知道这个道理。他们不懂倘使中国人不改变其生活习惯与思维方法，则新式政治决无由成。因为这种民主式的生活与思路有一个最大的特点，就是凡事先注眼于大者而小者总可相让。试用一例作比喻。如北平的一个学校，其中学生有两派，甲派主张罢课，乙派反对。但正当他们争持的时候，又有一个新问题发生，即学校放假。彼时甲派若提议不赞成放假，则乙派就可与之合作了。倘使在这个问题未决的时候，又有整个儿的北平安全问题，彼此不但一个学校中的各派学生应泯除意见，共向一个目标，并且应得联合各界大家来挽救。所以，凡是具有民主式的运动，无不是以一个大的"点"（issue）来吸收许多小的"点"。对于小点有相异的意见的党派，却因为对于大点相同，遂成合作。党派间固然可以因此合作，却亦可以因此竞争。凡有眼光的政治家无不是设法提出一个大的"点"，来以吸收大多数人心，致使异派亦只得跟了走，断没有先提小的"点"来强人认同的。

　　试举一例。据闻此次蒋院长召集全国教员学生训话时，其末尾提出三端，就中有一是"信任国民党"。我以为假使把信任国民党改为举国一致，则其号召力与感动力一定大得多。老实说，这亦是一种技术——政治上的技术。但我们中国人对于这个技术，依我个人观察，似乎是先天的缺乏。因为中国人根本上不知道何为大，何为小，何者宜争，何者宜让。按理总是求贯彻大点，而对于小点情愿让步，但中国人不然，总是表面以大点为号召，而内容仍是只求贯彻其小点。所以任何运动发生，其中主持的人总是想把他们的私图来借题发挥。吴稚晖先生所谓"夹小铜钿"（这是一句江苏话）是也，其实就是表面以大的点，来塞他人的口，而内中仍坚持其小的点，以便自己得利。这样如何能与人家联合呢？最近有人告诉我说，所谓学运，已渐渐有了这样的情形。我以为中国人对于民主政治，倘不从生活上思路上痛自改变，则决不会有希望。

　　本篇虽本是杂感，但话已很长了。不妨姑作下列三个不十分连锁的论点，以为结论。即：

　　一、中国人倘不能从生活习惯上有民主政治的 Fair Play 精神，休想有各派合作的事。

　　二、政府如不能提出一个大计划以领导全国，自己在前头跑得很快，休想人民拥护或服从。

　　三、对于这样的政府在对外十分危急时，反对既是投鼠忌器，赞成又是爱莫能助。我敢说大多数人心理必都是如此。

　　　　　　　　　　　　　（载《自由评论》第11期，1936年2月）

从教育的意义上欢迎共产党的转向
（1936 年 5 月 17 日）

—

我们在本刊上曾有下列一段话：

> 说到造国一层，当然须联想及建国的障碍。我们以为国民党的专政是从共产党窃取而来的，所以就国民党原来的面目而讲，他依然是立在国家主义（即国族主义 Nationalism）之立场上。国民党倘有觉悟与忏悔，而翻然改图，则我们可认他们亦是国家内一部分力量。所以我们对于国民党不恤口诛笔伐，原不过是促他们的悔悟与改途。至于共产党则不然。他们目的是世界革命。他们的最高目的不是中国的社会革命，乃是以中国社会革命为途径而间接达到世界革命。他们不是自动的，亦不有自主的活动。他们凡事须受第三国际的命令。他们一切活动都由第三国际来指挥。原来俄国自实行共产革命以后，深知一个国家如果四邻都不实行共产主义决是立不住的。因为共产主义不是站在国家上的，乃是站在阶级上的。国家是以民族而分，阶级是以"生产关系"而分，所以有"劳工无祖国"一语。甲国的劳动者与乙国的劳动者联合起来乃是由于经济上利害的一致。所以共产主义是不要国家的，就因为国家是纵的划分，而阶级是横的划分。共产党总想以横的划分来代替纵的划分：以经济方面生产关系上的划分来替代政治方面文化上血统上地域上历史上的划分，因此他们在理论上是很明显的是世界主义与国际主义。我们既然要造成一个国家，则对于存在国内的一派反国家主义反民族主义的集团，当然不能不认为是建国的障碍。

这一段话，就是说我们在理论上不能不彻头彻尾反对共产党，而所反对者却又只限于理论方面。老实说，我们对于国民党与共产党是这样分别看待的：即对于国民党的理论以为虽然不能说怎样好，然而其中所含的毒汁尚不算甚多；而一切罪恶却都在国民党的行动，因为国民党的行动与其理论本来是两回事。至于共产党，他的行为尚未大表现，我们不很容易下判断；只就其反对国民党一点而论，我们不但不反对他，却还可以赞成他。独有他的理论则以为其中毒素太重，倘使流毒于下一代的青年人则甚为可虑，如其道大昌，民族前途便不堪问了。所以我们总想从思想方面纠正他。但除纠正其思想以外，却决不赞成加以任何非人道的待遇。这是我们一向的态度。

现在情形似乎大有变化了。共产党竟转向了。他们在去年八月一日有一个宣言。最近他们的北方当局又有一个宣言（本年三月十日发）。在后一个宣言中，态度更为明显。今录其中之一段如下：

> 中国苏维埃与共产党准备立即派遣代表和一切愿意抗日的军队、政党、团体机关以及一切的名流学者政治家进行谈判，共同成立国防政府与抗日联军的问题；并欢迎上述的军队、政党、团体、机关以及个人派代表到苏区去进行谈判，苏维埃政府和红军绝对保障这些代表的安全与自由。中国苏维埃政府与共产党并曾提议以下列各项为国防政府的施政纲领：（一）抗日救国，收复失地；（二）救灾治水，安定民生；（三）没收日本帝国主义在华一切财产，充作抗日经费；（四）没收汉奸卖国贼的财产粮食土地，交给贫苦同胞及抗日战士享用；（五）废除苛捐杂税，整理财政金融，发展工商业；（六）加薪加饷，改良工农军学各界生活；（七）实行民主自由，释放一切政治犯；（八）实行免费教育，安置一切失业失学青年；（九）实行中国境内各民族一律平等政策，保护侨胞在内外生命、财产、居住和营业自由；（十）联合一切反对帝国主义的民众（日本国内劳苦民众、高丽、台湾等民族）作友军，联合一切同情中国民族解放运动的民族和国家，和一切对中国民众反日守善意中立的民族与国家建立友谊关系。

> 中国共产党与苏维埃愿意合作成立国防政府的发起人，愿意积极参加与拥护国防政府，并绝对执行这一政府真能代表全体同胞之代表机关的决议。在某些地方如果因为共产党的工作薄弱，如果因为与红军苏区隔离成立了没有红军苏维埃参加的抗日政府，或突起

了与日本帝国主义推行抗战的军队，那里的共产党亦必竭力加以援助与积极参加。共产党与苏维埃政府还声明愿意考虑各方面关于抗日救国与开展抗日民族革命战争之基础上的一切具体提议。

为着集中全国人民的力量实现抗日救国的目的起见，中华苏维埃工农共和国宣告：特将自己改为苏维埃人民共和国，并将苏维埃人民共和国政策的许多部分改变到更加适合于民族革命战争的要求，更加表明苏维埃政府不只是代表工农利益的政府，而且是代表全民族利益的政府。

苏维埃人民共和国宣告：愿意将城乡广大的小资产阶级群众团结在自己的周围，免除对他们的一切租税，扶助他们一切事业的发展。救济他们的失业，给予他们以选举权和被选举权及政治上经济上的自由。苏维埃人民共和国采取更宽大的政策对付工商业资本家，他们的财产一律不没收并加以保护，减轻对于他们的租税，扶助对于抗日战争有利的工商业之发展，在彼此有利的条件下，欢迎苏区外面的资本家到苏区去开设工厂矿山，苏区早已取消了一切苛捐杂税，在那里不独有政治上的自由，而且是经营发展工商业最好的地方。

苏维埃人民共和国向一切知识份子宣告：一切同情于抗日的知识份子（专门家、文学家、艺术家、新闻记者、医生、律师、教育家以及一切有专门技术的人），不管他们的出身是属于那一阶级（贫苦家庭或资本家地主的家庭），都有享受苏维埃政府优待的权利，苏维埃政府给予他们以发展天才的机会，给予他们以工作，救济他们的失业。一切被国民党驱逐虐待和侮辱的知识份子和人民，苏维埃政府给予他们以托庇的权利（一切这些人都可到苏区来）。一切革命的知识份子，苏维埃政府给他们以选举及被选举权。

苏维埃人民共和国改变对于富农的政策，富农的土地除封建剥削之部份外，不论自己耕种或雇人耕种的土地，概不没收。富农的财产不没收，有雇请工人兼营工商业之自由。在平分土地时，富农有与中农贫农雇农同等分得土地的权利。

他们的最后结论是下列的标语：

全中国的同胞们！一切不愿做亡国的同胞们！一致团结起来！

为中国民族的独立与自由而战！

为中国的领土完整而战！

打倒日本帝国主义！

打倒汉奸卖国贼！

大中华民族抗日救国大团结万岁！

在这个宣言中尚有其他的话，我们不愿加以评论。因为对于一个转向的人不妨稍稍宽容，倘使定要揭其内心，说他是作伪，责其无诚意，恐怕反而逼迫得他无路可走。所以对于初悔悟的人宁多表好感，予以同情，这乃是含有提拔的意思。从教育的眼光来看是应该如此的。倘使一个人既然悔悟了，各方犹不谅解，似乎未免太冷苛些。我们为了避免冷苛起见，所以不愿多说责备的话（其实可责备的地方甚多，例如该宣告上说阎锡山若不拦阻其出路，他们早可和敌人相见了，这些话真幼稚得可笑。红军至多不过二十万人，以此抗日，安有胜算。所以抗日必须全国共起。若是一部分抗日，其结果必比不抗日为更坏，因为以往就是吃了局部抗日的大亏）。

二

我们对于共产党这个最近的态度，认为是一个大大的转向。著者在他处曾说明其故，有下列一段话：

> 以一个向来主张废除私产的党，现在居然说保护财产和营业的自由了；以一个向来主张无产阶级专政的党，现在居然说实行民主自由了；以一个向来主张完成世界革命使命的党，现在居然说为国家独立与祖国生命而战了；一个向来受命于第三国际的党，现在居然说中国人的事应由中国人自己解决了；以一个向来主张用阶级斗争为推动力对于一切不妥协的党，现在居然说愿意与各党派不问已往仇怨都合作起来，这是何等转向！这个转向是何等光明！我们对于这样勇敢的转向又应得作何等佩服！其实这十年来我们就是为了国家主义与民主主义而呼吁。到了现在，我们不愿带些刺激感情的口调，说民族主义已征服国际主义，民主主义已征服了共产主义。但在事实上即此却可作一个极大的证明，即证明中国今天所需要的只是对外为民族独立与对内为民主自由。至于阶级斗争与一党专政，都是些治丝益棼的东西。这事实上逼迫而生的需要，既为大家所公认，则我们又何必来自己居功呢？（《自由评论》第十期语）

但是还有人（或许就是共产党的代言者）却讳言转向。例如陶尚行君有一封来信。陶君的口气完全是共产党党员，他说：

> 我们在这里必需声明，即中国共产党向来没有主张过：在中国立即要废除私有财产制度，立即要建立无产阶级专政；中国的事不应由中国人自己来解决，而应由他国人来解决；共产党不应为中国民族自由独立与生命而战。共产党也并没有主张过无论什么时候对于一切都不应妥协合作。相反，中国共产党与国民党曾经长期合作过。共产党历来就号召全国人民为中国的完全自由独立与领土完整而奋斗到底！素来就反对他国人对于中国民族内部的事情横加干涉。因为中国共产党向来就认为中国目前所需的是：（一）中国的完全独立自由和统一；（二）肃清一切封建残余。因此就提出了：（一）驱逐帝国主义势力出中国，（二）实行土地革命作为中国革命目前阶段中的二大任务。（《自由评论》第二十二期）

而在我们看来，这种辩护非但不能说明这一次共产党的宣言不是转向，并且反而更表明共产党在以往是包含有许多的矛盾。且在事实上，共产党在其区域内确没收过私产，因为所谓土地政策就是没收财产。若说不是，则显然是以朝三暮四与朝四暮三之法来欺骗我们了。陶君尚行关于土地政策有下列的话：

> 害怕土地革命的人，只有百分之一。百分之九十九的人赞成，至少不反对土地革命。因为共产党主张只没收自己不劳动、全靠剥削别人为生的地主土地，分给农民所有。富农、中农、贫农以及工人小商人、职员等在乡村所有的小块土地均不没收，而且他们中的大多数可分得地主的土地。

但在我们看来，这个理由又是十二分勉强的。因为对于剥削者施以剥削，在理论上是说不过去的。这乃是野蛮时代的报复，而不足以语文明时代的社会制度的改变。须知为人类的福利计，只可以把社会制度中不合理的地方改为合理。这乃是推进文化，并不关于具体的个人。倘欲专从个人的以往历史来着眼而行使其报复，这便是重新唤发人类的低级性情，使文化人复退到野蛮人去了。所以土地革命，就是没收财产。没收财产就是对于剥削者加以剥削。事实是如此，强辩又有何益？

此外如"拥护苏联"，是显然表示中国的事不应由中国人自己解决。鲍罗廷在国共未分家时操最高的指导权，又是一个很好的证明。至于说国共曾合作过，但我们从国民党人口中得来的说法，却是说国共所以不得不分家是由于共产党有篡夺国民党地位的阴谋。我们在局外虽不十分相信国民党一面之辞，然而从"党高于一切"的训练上推论下去，若说国民党倘不清共，恐怕共产党终有一天要清国，亦许是可能的，因为他们本是互相利用，各怀鬼胎，说不上什么合作。总之，就以往来讲，共产党与他党合作的历史是一个失败的历史，不足为训。还是不提为是，提起来反给人以不良的联想。

三

要之，在我们看来，既主张无产阶级专政，不论是将来抑是现在，不论是暂时抑是永久，总与民主自由的原则相背驰。若说共产党对于无产专政只认为是将来的目标，现在并不想立刻实现，这又显然是欺人之谈了。为什么在红区内现在才把"农工政府"改为"人民政府"了呢？显见以前是只要农工阶级。可知共产党的现在态度确是转向，和他以前的态度在逻辑上不能认为相同。所以我说大可不必加以辩护，因为纵有百口亦不能掩护这个先后不相同的矛盾。

并且就我们的观点来看，以为不仅不应辩护，并且应得直率承认。因为承认以前是错了，现在改过，这正是一种勇敢的行为与伟大的心胸。凡是一个人自认其错而改过，不但不表示其渺小与卑劣，乃正所以表示其伟大与高尚。而旁观者亦总是对于忏悔者表同情，决没有对于怙恶者起崇拜的道理。我们在局外认共产党转向了，而共产党的代言者偏要说是向来一贯的，不能不令人觉得这是一种怙恶。换言之，即这是由于一种"面子"作用在那里作祟。其实"面子作用"，就不外乎是"小资产阶级的意识"。一个讲革命的党尚不能把党员的面子作用的心理打破，则这个党所能革命的亦就有限了！一个革命党的党员尚不能破除旧社会讲面子的恶习，则其为革命的力量亦必有限了！一个自命为担负社会革命大业的集团不能老老实实自认以前的错误，而硬要强辞夺理诡辩一场，则其对于社会革命的使命之认识亦就可知了！

须知人类最光明的行为，就是忏悔；人类最高尚的道德，亦就是忏悔。并且须知最能感动人的是忏悔，而最令人不快的是狡辩与怙恶。我们实在不懂为什么共产党的代言者不取最能感动人的而反取最令人不快的？为什么视人类最高道德的"忏悔"反不及世俗上恶习惯的"讲面子"，而竟不愿以此自居？我们更不懂为什么在一个人可以悔改自新，而在一个党便须顾全以前的历史？难道一旦成为党则其行动便不能有错误么？

四

以上所说似乎我们定要抓破人家的面子，其实我们本无此心。我们未尝不知道中国共产党的转向又何尝是中国共产党单独自主的行为呢？依然只是受了世界共产党的转向之波及罢了。五月八日的《大公报》巴黎六日哈瓦斯电有下列的消息：

> 共产党秘书长多莱，顷向报界发表谈话，对该党内政外交政纲，有所揭发。其言曰："社会党秉政之后，吾党必以最忠实之态度，予以赞助，但不拟加入内阁。吾党为劳工阶级之政党，而欲为劳工阶级解除资本家之羁轭，在解除目的尚未达到之前，吾党当出全力以拥护民治主义，俾和平自由得以维持于不坠也。"

可见共产党不仅在其大本营的俄国变了一副和蔼可亲的面孔，即在其他各国亦换了另一副脸嘴。至于中国共产党，则本是以世界潮流为背向，说不上什么转向与不转向。所以从我们看是转向，而从他们自己看，却是不转向，原来都有相当的道理。他们的代言者必须加以辩护，其故亦就在此。因为他们是习惯于生活在指导之下，只知奉令承教。他们对于上级所发互相冲突的二个使命，只知一样去服从，不知其中有矛盾。即使知道有些相反，亦必只好加以强辩，说明其可以联接。这是他们的职务，恐怕亦就是唯一的职务罢。因为不如此，则铁的纪律不能维持，而思想自由之门便开了。思想自由之门一开，则奉令承教的习惯打破了，团体的训练便发生问题。所以我们在局外尽可批评其矛盾，而他们在局中则万万不能不养成一套强辩的本领，用以弥缝其前后的矛盾，庶可麻醉其党徒。否则，思想自由一起便无办法了。我尝名这一套强辩的本领为 Communist logic。换言之，即"共产式的思维方法"。如果说得不好听些，则可名之曰"红八股"。这一套红八股就是专做搭题。例如列宁说地球是圆的，马克思说地球是方的，共产党党员于此，决不能说列宁是而马克思非，又不能说马克思是而列宁非，于是亦有说此二说本可以调和，不相冲突。这一类的搭题文章实在太多了。坊间所有出版的赤色书籍，其中论据必有若干是这样的搭题的。他们自做搭题本来可以悉听尊便，无如这样态度却影响于青年甚大，所以我们不能不出来反对。我们反对共产党就只是专在于其思维方法的态度。换言之，即我们只反对他们的那一套逻辑。因为这一套逻辑完全表示低级心理的活动。从教育的立场来看，实是最坏的，最要不得的。许多青年受了这样的训练以后，其后直无法再走入真正的读书之路。一班不能十分看西方书的青年只知道看这一类的书，其受害真是不知何底。我以为当今之急务，就是从教育的见地来大大地一扫除"共产式的思维头脑"。

五

以上所说虽是题中应有之义，然尚不是主旨。其实我们既认定共产党是转向，则我们对于这个转向宁表好感。今天我尤愿从教育的见地来表示好感，就是从今以后在思想界的人们对于青年必觉得容易说话了。为什么呢？因为承认民主即承认自由，承认自由则主张可以不同而利害不相冲突。在承认有自由之原则下，则主张唯心论的有其思想上之自由，不必定要诬为代表资产阶级说话；主张民主政治的有思想上之自由，不必定要诬为代表封建的余残势力；主张自由主义的有其应得的思想自由权，不必定要诬为小资产阶级意识。于是可见凡主张自由主张民主等等，并不是代表资产阶级与余残势力。自由与民主既然成为真理上的问题而与社会背境无关，则唯心唯物当然只是思想上的问题，而绝对与阶级利害无关了。这样便是把思想上主张的不同，只求其理论内容的根据而不问社会实际关系。这样一来，在教育上大有意义，即各人可以自由主张了，不致于由主张不同而牵及其社会地位。我认为这正是思想自由之初步的解放，我们应得表示欢迎。从此以后，共产党人（或准共产党人）除了用思想和其党外的人们讨论以外，决无法再用那一套"小资产阶级意识"等侮蔑的话来压塞人口了。

这个转向在政治上与结果上的意义，亦许不十分大，而在思想上与教育上的意义却十分重大。因此，我觉得全国教育界对于共产党的这个转向应得重视。（五月十七日病中写）

（载《再生》第 10、11 期合刊，1936 年 5 月 17 日）

我对于哲学与政治之关系的意见
（1936 年 8 月）

  有些朋友尝不以我作讨论政治的文章为然，他们总觉得好好地研究哲学就完了，又何必去谈政治呢？又有些朋友却不以我研究哲学为然，他们觉得哲学是个不急之物；研究哲学和玩古董一样，无补于国家的危亡，在这个时候大家集中精力来谋民族自救尚恐来不及，又何必弄那些玄妙的东西以自骗骗人呢？因为这个缘故，我尝想对于政治与哲学的关系发表一些意见。

  在以前确有人以为哲学是高尚的，谈哲学的人最好是不与闻政治。但自从马克思派的思想侵入以来，人们的态度却是变了。不但对于哲学的态度变了，即对于政治的态度亦变了。好像以前总以为哲学与政治无直接关系，而马克思派却竟公然主张哲学是政治的工具。又好像以前为政治可以不需要哲学，自己就能成立，而马克思派却又公然宣告政治必须有一个哲学作其根据。所以在以前哲学与政治的关系是十分松散的，迨马克思派出来，却变为紧密的了。

  不过回顾中国旧来的传统观念，却亦未尝不是把哲理与政治冶于一炉。这与马克思派并不相同。因为中国旧式的哲学注重在于做人之道。做人与从政当然不是两回事，所以中国的哲学家无一不参与政治。我虽则研究哲学，间或又作政论的文字，但我却不以上述的两派——马克思派与中国传统派——为然。因为我另有个见解。

  我以为马克思派所谓哲学，并不是我们所谓的哲学，乃是两个东西。他们的哲学在我们看来可以说并不是哲学。所以他们的哲学可与政治合而为一，我们的哲学却无法办到如此。一班习哲学的朋友千万不可因马克思派的缘故，亦认为哲学与政治能并成一件事。

至于中国的传统哲学，从西洋哲学来看亦不能算纯粹的哲学。中国古代学者虽亦讲些宇宙本体，然而他们并不注重于本体的自性，乃依然是想在我们身上去如何体会这个"道"。所以中国的形而上学根本是"伦理的"。以"道"贯彻宇宙与人生，自然会及于社会。所以中国哲学家的从事政治，想实现其"道"，在近代西洋哲学的观点来看，并不是一种纯粹的研究。

须知近来哲学成为一种"学"（即所谓 science）。凡是一种哲学，其本身就是所求之目的。"穷理"可以自成一学，"做人"亦可以自成一学。二者可联，却不必归并。所以哲学不是政治的工具，亦和哲学不是道德的工具一样。因此我承认哲学与政治的关系依然是松散的，决不能和马克思派那样的变为倚靠关系。

我个人研究哲学是我认定的一种工作。我以为一个人生在世上，终要有一种工作。不过工作的种类与性质却有不同。往往在一个正轨的社会内，某种工作是很有意义的，而一旦这个社会"解纽"了，变成了一个"失调"的社会，则这种工作便失了其正当的意义。例如当兵，本来国民服兵役是御护国家，但在中国这样的反常状态的国家中，兵的工作毋宁是利少害多。须知中国社会既然失调了，中国国家既然反常了，则我们对于工作的选择当然感觉到困难与苦闷。即以学哲学而论，即有许多青年人向我诉其苦衷。不过我以为一个人只须认定一种工作，至于工作的意义因社会异状而有上下，则其故既不在自己，便可无愧于心。所以我们正不必自惭形秽，只须所研究的真正确是那么一回事，而不是挂羊头卖狗肉，即可自己对得住良心了。

至于我亦偶尔作政治上的文章，这只是我以为一个公民总应当对于国事发言。我尝对于现在大多数大学教授们的沉默认为奇怪。大学教授是一个资格，公民又是一个资格。正好像一个人在家庭是父亲，在商店是伙计一样，本来可以兼的。现在他们好像做了大学教授就不必做公民了那样，这是我所不能了解的。

并且须知以公民资格对国事发表意见，并不就是干政治。一个政治上的主张必须看其性质。若是主张□□与法西斯，自然本人非去硬干不可。但主张民主政治与自由主义却不然。我是个民主政治的信徒，又是个自由主义者。我希望民主政治实现，即无异乎希望人人都取得自由权，并不是我有什么固定的主义，强使人家跟着我走。所以民主自由主义者的政论，其性质与□□法西斯主义者的政论根本不同。而况在今天的中国，我们自由主义者的发言，与其说是进攻的，毋宁说是防御的；与其说是积极的，毋宁说是消极的；与其说是想有所取的，毋宁说是想有所恢复。质言之，即我们决不是想拿些什么加于人，乃只是怕人家拿些什么强加于我。因为倘使我的自由权不被侵犯，则民主政治亦就可以说是成立过半了——我是人人中之一，我的自由权成立，则大家的自由权必亦同成立。

以上所说都是很浅的，与常识的，乃是专对习哲学的青年们而言。虽以我个人的立场为叙述中心，然未尝不想借此可以表明哲学与政治的关系之一斑的性质。七月二十五日。

（载《自由评论》第 35、36 期合刊，1936 年 8 月）

哲学究竟是什么
（1937 年 1 月 10 日）

一

哲学的性质颇有些奇怪的地方。学科学的大学生虽然在第一年级未必能知道所学的那一门科学（例如物理学或化学或生物学）究竟是什么，然而等到学到第四年级终了，毕业以后必可明白其性质。但学哲学的大学生往往等到学完了四五年以后，方才恍然大悟，自己能够提出一个问题曰：哲学究竟是什么？这种奇怪的情形确是有的。可见学科学是愈学愈得明白，对于对象愈得有所确信；而学哲学则愈学愈加怀疑，其结果愈须反躬自问。然须知学哲学而学会了怀疑，知道问哲学究竟是什么，这乃是学哲学的成功，并不是失败。不但学哲学的学生有此情形，即我们研究了几十年的人亦是如此。

本篇就是想对于这一个问题求有一个解答。其中所说亦未尝不是我多年蓄积于心中的。现在写出来用以表明这个问题在我心中所告的一段落。

讨论这个问题须从三方面着眼。即第一是问：哲学究竟有没有自己独具的方法？第二是问：哲学究竟有没有自己固有的题目？第三是问：哲学究竟有没有自己所得的理论？这三个问题其实就是三个方面。第一是把哲学当作一个治学的训练来看；第二是把哲学当作一个特别领域，来问一问其内容如何；第三是把哲学所诠当作一种结论，而问其性质是什么。于是我们便得三个问题，用换言式表之如下：

一、哲学的方法是什么？

二、哲学的问题是什么？

三、哲学的真理是什么性质？

二

先讲哲学的方法。我在五年以前曾撰有《哲学与科学》一文（载入中华书局出版的《哲学研究》中），就是对于这个问题发表我个人的见解。我的主张迄今未变。我以为如果把"方法"一词用作比较具体的解释，则我们当然说哲学上所用的方法，就是科学上所用的方法。哲学决不会于科学方法另有他自己的奇特方法，因为普通所谓科学方法只是逻辑，哲学亦决不能外乎逻辑。所以我主张哲学与科学之分别，不在于方法（即不在于方法上有何不同），而只在于态度。于此我提出"态度"一词，其意义似较广泛，而偏于精神方面。现在把以前所说撮要录一二段如下：

> 科学与哲学同是先假定我们的这个世界是可以研究出道理来的。换言之，即这个世界是有理可解的。不过如何可以研究出来，则二者的态度却有不同了。科学以为必把分为若干部分，各部分单独去研究。在各自研究的时候，最好只许有关系而不互相倚靠与牵制，科学因此便专注重于精细与严确一方面。我们可以说愈向精微与细密而趋，便愈是科学化。但愈求精细即不能不愈分工，愈求严密则不能不愈抽离。而哲学却恰恰采取相反的态度：就是哲学以为我们要了解这个世界之所以为有理可解的缘故，必须先会合其全，以观其整，而穷其底蕴。所以哲学是专注重于彻底与整全（即会通）。故我主张科哲之不同不在于对象，亦不在于方法，乃只是治学的态度有所偏重而已。哲学不是不要精细，乃是为了会通与彻底之故，在二者不可得兼的时候，宁愿多顾全会通与彻底一些。科学亦不是不要会通，乃只是为了精细的缘故，二者既不能兼得，则只有牺牲整全一些。二者的注重不同，则二者必各有所照顾不到的地方，乃是出于万不得已。并且各明知如此，暂时亦未得有善法以补救之。

以上所说，是我那篇文章中的大意，因原文不在手头，恐所引不无语句上的差池，但意思是没有变化。我根据这个意思，便有下列的话可说。

如照我的主张，科学与哲学之不同既只在治学精神的态度，则必可首先打破历来认科学与哲学之不同在于方法的一种议论了。换言之，即我主张在方法上科学与哲学没有什么不同。再换言之，即我以为哲学不必有独特的方法。这一点恐有些人未能同意，故有一伸论之必要。近来英美哲学界盛趋向于分析一派。先是德人卡拿帕（Carnapp）开其端，最近英国少壮学者哀野（A. J. Ayer）大发挥之。他们以为"哲学就是分析"（Philosophizing is an activity of analysis）。然而他们所谓分析，其结果却只变为言语的分析，换言之，即分析言语中所含的意义。其唯一的目的是把言语弄得非常清楚，意义十分确定。其实自我看来，这依然不是哲学所独有的方法。因为无论哪一种学都须得用分析法，先把概念弄清楚了。所以拿分析来概括一切哲学，这是不够的。至于又有人说（例如英人郭令妭（Collingwood））哲学以概念的交融为方法，例如佛教上的双非法（即非有非非有，与非无非非无）。须知一切言语都是状事物的形态。至于"绝对"则必不是任何一事物，所以无法状之。不得已只有用这种双遣法，说他是如此，而又非如此。这乃是一种"消极的叙述法"（negative description），并没有什么奇特。因为积极的正面无法叙述，万不得已只好用这样的方法，完全由消极的负面来把他衬托出来。所以就方法来说，这仍不是奇特的方法而为哲学所独有。不过这种消极的叙述法在他处没有这样厉害罢了。此外即为直觉说。有人以直觉为哲学方法，但我则以为哲学与宗教的分家即在于此，哲学之所以邻近于科学亦因于此，即直觉如是指神秘的经验而言，哲学实不需要这样东西。

综上所说，足见哲学所使用的依然是和科学所使用的相同，即同是逻辑上的方法而已。但中文"方法"有时意义较具体，恰与英文 technique 相当。有时则包含原则，便变为英文之 method 了。有时较为广泛，则与英文之 way 相当。须知科学实验室中所用的科学方法，是指 scientific technique 而言，各科学即各不相同。至于 scientific method 就是逻辑方法。所以我们可以说在方法上，实寻不出哲学与科学有严格的分界。

三

第一个问题解决了，自然对于第二个问题即会有些暗示。我在前作《科学与哲学》上亦曾对于这个问题发表一些意见。我以为科学与哲学既不是方法的不同，而只是治学精神的态度有差异，则任何题目都可由科学来研究，同时亦都可由哲学来研究。这样便无异乎把哲学变为"哲学观点"，同时科学亦只成为"科学态度"。任何题目用科学态度去研究，即成为科学。科学所有的题材倘用哲学观点去看，去探讨，则又必变为哲学了。一切对象无不可以研究，只问这个研究采何种观点与态度。倘用采取分科与抽离的态度，把他愈分愈细，对于所分割出来的小部分作精确厘定，则便是科学所为；倘使从其与各方面联合来着眼，向彻底来追问，这就变为哲学了。因此有人不主张有"哲学"，而以为只有"哲学地"（philosopically）或"哲学的"（philosophical）。这就是说，任何题材只须取哲学态度去研究，都可以变为哲学的。这个情形近来甚为显著。不仅新物理学已大大富有哲学的色彩，即生物学亦是如此。英国的 Woodger 与 Needham 等人都是向这一方面努力。至于最近逝世的 J. S. Haldane 更不必说了。心理学方面如 Koffka 一流亦是富有哲学色彩。我们可以说挽近科学界渐有哲学化的趋势，乃是不容讳言的。

根据上述的话，我们能不能说哲学没有特自的题材么？不过我以为尚须分别言之。即自哲学史来看，哲学上历来所研究的问题还是为哲学所固有，但我们对于这些问题却不可以为科学无法问津。老实说，有些问题科学不但可以置喙，并且其回答似乎较哲学还要有力量些。所以不是科学对于哲学的问题永远无法参与，不过有时从科学来解决哲学的问题，却专从一种科学是不够的，势必联合其他科学。这样一来，便超出该科学的本身了。联合各科学本是属于哲学的职务，所以这样依然是哲学而不是科学。

并且有些问题其本身一经分析，即化为无有，或化为另一种性质的问题。我们看见哲学史上哲学问题之嬗变，就是为此。不过我们亦不可一概而论，以为一切哲学上的问题都是由于言语混淆而生的问题——言语一经分析清楚，其问题自然消灭。其实不然。确有些问题是所谓"传统的问题"。因此学者遂有"永久哲学"之称。并不是说哲学永久不灭，乃是说哲学的问题永久不易，以致哲学亦跟着不会消灭。这些问题究竟是什么，须在下文论到哲学真理的时候一并说明。现在我们不妨姑且对于这两个问题（即哲学方法与哲学问题）作一个不完全的答案（因为完全解答必须俟第三个问题亦有解决时方可）。

其答案可如下：关于方法，我们可以说哲学所用的分析法亦就是一切学问所用的，并不有独特的地方。不过哲学的精神确有些不同。因为必须求贯通，必须追问到彻底，乃以致将其分析更显得厉害些了。这乃是因态度而影响了方法，并不是有特别的方法。从这一方面来说，我们可以把哲学当作一个训练。换言之，即可以训练人们的头脑，使他有很快的联想力与分别心。所以习哲学的功用，不在能背诵出来若干大哲学家的学说，以及一串的专门名辞和一大套的主义称谓，而只在于使学习的人们训练成了一副敏锐的脑筋，能够自己运思，又能够发见古人思想中联络处与间隙点。久而久之，把自己的运思积成了固定的思路，于是这个人便算对于哲学真入了门了。所以哲学不能"教"（即"授"）而只能"养"。初学哲学的学生无论如何聪明，都有些格格不入，因此必须长期的陶养。往往学哲学的青年必是到了三五年后，才发生真切的兴趣。等到你一旦有了哲学的脑筋以后，你无论再研究任何其他的学问，你必觉得总是不如哲学来得味道醇厚，有些不过瘾。到了那时，你虽要把哲学舍弃，而依然是舍不掉。

这是讲哲学的看法（即以哲学的眼光来看一切东西），至于哲学的问题亦易明白：即你只须用哲学的看法，则无论对于任何东西都可以看，换言之，即都可以研究。所以自科学发达以后，不是哲学的题目被科学悉行抢去，乃是哲学反而可以取科学的题目来研究了。有人说哲学无将来，这乃是一句不通的话。

四

我们现在要讨论到最后一个问题，这亦是我此篇中最要紧的地方。在上段已经说到哲学的问题虽没有一个不可由科学来窥测，然而究不能不承自有哲学以来，确有所谓传统的哲学问题。这些问题有时候可以变一个形式再出现，但却不能化为无有。所以卡拿帕一派要把哲学问题认为"不成问题"，这实是由于不明哲学的性质。从某种眼光来看，若说他不成问题，固然亦可言之成理，持之有故；但这只是限于某种眼光而已，而并不是这些问题真正归于无有。你不承认这些问题则可，你说没有问题则不可。所以哲学上的问题虽不能完全一个亦没有自行消灭，但在实际上却确是只有增加。哲学问题的逐渐增加，可用哲学史来证明。一部哲学史不是问题的解决，乃是问题的翻新。我尝说哲学上新问题若能层出不穷，这就是哲学的发展。至于有人以为非把问题解决不能得安慰，这便是不甚了解哲学的任务。因为哲学的功用不在于能解决问题，而在于能提出问题。问题倘使时时有新的提出来，则哲学内容便是增加了丰富。我主张以哲学上的"丰富"代表哲学上的"进步"。就丰富来说，当然是旧问题不灭而新问题又起。现在专就旧问题的永存性来讨论一下，至于新问题的发生无讨论必要，因为其理由是自明的。

哲学的问题所以有永久性，以及所以有时变相而仍存在的缘故，我以为是由于关乎这些问题的概念，都是那个文化中之最根本的概念。我们虽不能说那个文明是依赖这些概念而始存，但至少我们可以说这些概念确为那个文明的核心。把这些概念抽去了，则这个文明必须随之而倒。我们可以拿西洋哲学为例。西洋哲学就是整个儿代表西方文明。虽则严格说来，西方文化可以分为希腊文化、罗马文化以及希伯来文化等等，然在大体上总可以总括为一个。例如西洋哲学上的"本质"（substance）观念与"因果"法则等等，都可算是西方文明的柱石；离了这些，则西方文化决不会开出灿烂的花来。中国文化又是一支。所以中国人倘没有西洋学术的素养，决不会了解西洋人何以会有这样的问题。

近来唐君毅君在《新民杂志》上有一文，列述中西哲学上问题之不同。我觉得他甚有见地。不过我们不能只见其不同的问题而止，必须更一追究其所以不同之故。我以为在此处，最好以文化来讲哲学。固然从哲学的眼光可以研究文化。普通所谓文化哲学，大概是属于哲学，而为哲学中之一分支。我现在要从文化来看哲学，不是从哲学来看文化。虽然以文化来看哲学，亦可以形成一个文化哲学，然而终是以文化为较大的概念来包含哲学。如此便可改名为"文化的哲学观"。须知"文化"与"哲学"这两个概念，本来是分不开的。若说先有文化后有哲学，或说先有哲学后发为文化，这都是不必要的议论。前者是唯物论的史观，后者是唯心论的史观。我则以为这种史观上的唯心唯物之争，是最无聊的。我在此处只须承认某一种文明有其某一种哲学，某一种哲学上的根本概念，亦就是某一种文化的基础形式即够了。就像对于一个活人来问，究竟先有心呢先有身呢，其实身亦不能离心，心亦不能离身。所以关于唯物史观或非唯物史观的争论，只须一经分析，便可知其莫须有的事了。我们大可不必多谈，而只须承认文化之基型大部分就是那个民族的哲学观念就行了。

于此我拉了来一个新名词，曰"文化基型"（cultural pattern）。这是从文化人类学（即社会人类学）上借来的。挽近人类学上大倡文化基型之说，不过他们所说与我并不十分相同，虽则大体上亦有相通的地方。大抵文化基型之意义，是说一种文化中有一个根本观念或形式，能使此文化中所有的一切都染了他的色彩。但我在此处，却训为文化中之最根本最基础的方式。每一种文化都有其文化基型。我在上文说唯物史观等说是无聊的，就是因为这种议论好像把文化与其基型的关系，看作为心与物的关系了。其实文化与其基型的关系，决不是主客与心物的关系。西洋哲学上的问题与西洋哲学上大部分的学说，就是西方文化基型的表现。有时一种文化且可有复杂的基型，西方文化即是其例，返观中国思想亦是如此。唐君毅君把中西哲学上问题性质的不同，列举得很清楚，现在似无重述的必要。我在前作《论中国言语构造与中国哲学思想之关系》上，亦是阐明这一点。我并不是主张言语影响思想，亦不是主张思想左右言语，乃是表明言语与思想同表现一个文化基型。我们愈研究中国思想的特征，拿来和西方相比较，以见其特别的地方，便愈可发见中国的文化基型是什么。我们愈研究西洋哲学，愈发见其中的传统问题与对于这些问题的传统看法，纵然新说层出，而其态度无大变，不过翻新花样而已，便愈可知道西方文化的基型是在那里。因此我们可以暂下一个断语：即哲学问题与哲学上大部分学说所以有永久性的缘故，就是因为这些乃是对于那一种文化中的基型的。

五

以上是以文化来说明哲学。但我们有哲学癖的人到此还不满足，必须再从哲学方面来解释文化。从哲学以说明文化，乃是属于我个人的主张了，我并不希望大家皆赞同此说。而上段所说哲学是文化基型，则我信为是真理。此段所下的文化之解释，不过表明我个人的所信而已。至于个人所信何以不必即为真理，其故则当于下文详之。

文化是对于"素朴"而言。凡对于素朴而有所增加，即都可谓之文化。例如一块玉，在土中时是所谓素朴的，掘了出来，加以打磨使之光润，这就是文化。又如一棵苹果树，当其自然生长，是所谓素朴，等到种在园中，加以肥料，使其结果肥大，这便是文化。这两个例固是很甚浅显，然尚有些不足。大概社会学家讲文化的人多取此说。我则以为文化的涵义尚须较广。例如对于一个东西，我们看他是一块玉，这便是有我们的辨别作用加于其上了。凡我们所加于其上的，都可以谓之文化。我们的认识作用加于"单纯的所与"（bare given）之上，亦未尝不属于文化的范围。因为已往的教育与民族的根性以及传统的思路，在在都影响于我们的当下对物的认识。我们对物的认识不是一个简单的作用，而反之，却是一个极复杂的作用。不仅牵涉过去的经验，并且同时亦含有各种因素，甚至于民族性都可以有影响。琼格（Jung）所谓"集合的不自觉心理"(the collective unconscious)，未尝无充分的见地。所以这样一讲，便知道前举两例之不切了。详言之，即讲文化不可在认识论上完全采取常人的素朴实在论的见地，直承认所见为真实而不加批判。据我的私见，则以为必须把认识论亦列为文化学上之一问题，同时讨论之。这样固然是更繁难了，然而为学问计，是不可不如此的。因此我愿意从认识论方面，对于文化求一个解释。这乃是从我的认识论上的见解来作解释的。

我们既然承认凡加于素朴之上的都是所谓文化，则第二问题便是：什么是素朴？从认识论的见地来讲，当然就是所谓外界。而在我则将外界的"所与"分为二：一为感觉，一为外在的架构。感觉一辞，不如"感相"(sense)来得切当；外在的架构，亦不如"外在的界点"(natural limits)来得切当。关于后者，我在前作《多元认识论》中称之为"自然条理"(natural order)。现在我发见"条理"一辞，最易引起误会。因为凡是条理离不了辨别作用，于是纯客观的条理究竟有没有便成为争论了。我现在避免这一点，决不主张外界有个纯客观自然存在的条理。不过只主张一切条理都不能没有"外在的根据"，于此仅仅乎说到"根据"为止。这些根据我名之曰"界点"，所以称之为自然界点（不是自然界的点，乃是自然的界点）。我在前作中曾列举原子性连续性等以明这个自然条理，现在我的思想变化了，决定把原子性连续性等之说放弃了，而专言这个外在的界点。我在《多元认识论重述》一文上曾举一个比喻，以明这个界点。譬如有四个点，我们可以就此四点画一个圆形，又可就此四点画一个方形，或画一个 X 形，所画的各形是我们所造成的，至于这四个点却是固有的与自然的。不过这些界点只是可用名学上"有限变化之原理"(principle of limited variety)去测定他。除此以外，却不能直接辨认出来。因为四个点总是藏在圆形与方形里头的，从来没有单纯地自己存在过。例如橘子是可以吃的，可以拿的，可以嗅的，可以供在桌上的等等；但你若拿他来当作石头用，去筑屋基，便不成功了。只有在这样的不成功处，乃是碰着了界点。这正和上述的四点只能画成方圆诸形，而不能画成三角形一样。因此须知一切秩序与条理不能纯是主观的产物，属于心的一方面，不能不承认其背后确有客观的根据。不过只是根据罢了，绝对不是客观能如实地现于主观的心中。所以我们可以大胆主张外界确有秩序，不过其秩序不是打成一片的，乃只是疏疏落落若干界点而已。我在前作中列为四个层次，即界点层，感相层，造成者层与解释层。其详见《多元认识论重述》之改正后刊入张菊生先生寿诞纪念册中者（《东方》十九期所载者无之）。这四个层次是互相套合的，没有一个可以离开而独存。关于这些，我希望读者能参阅我的前作，现在不多说了。

就文化与素朴的对立来说，我以为前二层即界点层与感相层是素朴，至于造成者与解释则都是文化。现在恐读者不易明晓，再把后来这两层来说一说。通常我们把造成者与解释都称之为"概念"。前者所谓"普通概念"，例如桌子、椅子、笔、墨、纸等；后者是"理论概念"，如"仁"、"比率"、"本体"、"理性"等。桌与椅不是实有这个东西，乃是我们由经验上造成的。比率与理性亦不是真有这样的东西自存于外界，乃是由于我们的理解而始起的。对于这些概念，我会采取唯用论（Pragmatism）的态度说明之。我以为凡是概念，其功用都在于对付我们自己。详言之，即概念所代表的并不是对象的自身，乃只是我们对于对象的观察，亦就是我们对付他的态度。所以我主张每一个概念，就是我们对于对象的反应态度之一组。须知这些态度，就是所谓文化。照这样说，只有单纯所与的感相与伏在感觉背后的外在界点，是素朴而自然的。此外都是对于素朴有所加于其上，便都在文化范围以内了。则可见我们生活于文化中，正犹鱼生活于水中一样，没有一秒钟离得开。其实这个比喻，亦还不切。须知不但离不开，乃直与文化打成一片。人的一举一动，都是文化在那里暗中支配着。不仅最显著的剪发与穿衣可谓为文化的作用，即运思与观物亦何不然。所以人性不啻由文化而铸成。明白了这一点，便可知哲学是什么了。

哲学就是所谓理论概念。哲学上的问题与一切学说无一不是理论概念（或是关乎理论概念的）。既然概念只是代表我们的态度，则概念的功用亦必只在于能变更我们的态度。换言之，即哲学只能对于文化有作用。这句话的意义无异乎说，倘若有个哲学家自以为能掘发宇宙的秘密，窥见了客观的真际，这个人就是自欺欺人。老实说，哲学家无论费了九牛二虎的力量去探宇宙的险，其结果制成一个宇宙观，而仍然必须殿以一个人生观。古往今来的哲学家很少能避免这样一套的。所以我认为一切形而上学都只是人生哲学的序言，形而上学必须归结到人生哲学乃是极自然的。因为形而上学所讨论的全是理论概念。这些理论概念，诚如卡拿帕所说，是永久不能证实的。无已则惟有回过头来，只好施其作用于自己以及人类。所以宇宙观与人生观是分不开的。换言之，即形而上学在暗中本具有人生哲学的性质，是不必讳言的。我们中国的哲学对于这一点尤为显明。他就直接了当以人生观为中心来解决宇宙问题。总之，哲学的性质若从哲学的功用上来看便可明白。哲学的功用就在于变更文化，因为其本身就是文化。惟有文化可以变更文化（于此所谓变更是只指"开拓"与"修改"而言，没有"无中生有"的意思在内）。在这一点，我的意见可以说是完全相同于马克斯（K. Marx）对于哲学的看法了。然而其立论的理由则大不相同。

我始终以为哲学的职务有二个：一个是自觉去干的，一个是不自觉地去做的。自觉的那一个，是所谓追求最后的真实，对于宇宙寻有一个无漏义的说明。不自觉的那一个，就是上文所说的"宇宙观在其本质上就自具有人生哲学作用"，每一个宇宙观在不知不觉中自然而然对于人生观会起很大的作用。因为宇宙观本身是一套理论，亦就是概念，并且是永远无法在对象上证实的概念，自然这些概念的作用，只有回过头来，对于我们对付环境的态度上表现了。我佩服马克斯的地方，就在于他能够揭穿这个不自觉的方面。他所说的话，我大部分全不能同意，我不过只佩服他这一点眼光而已。若就我的观点来说，宇宙就没有秘密，我们一生就寻不着最后的真实。因为真属于外界的，在经验上只是所谓界点。此外即为感相。我主张感相不属于物，亦不属于心，是所谓"非存在者"。凡我们向外追求所获得的，其结果乃只成为我们所造的文化。所以不是愈追求愈逼近客观的真际，乃只是愈研究愈推展自己的态度。换言之，即愈追求即愈把已有的文化加以变化，而成为新文化。依然是在文化中翻来翻去打斤斗。好像在如来佛的掌心中一样，总是跳不出去。因为依我的主张，可以变化的只有我们自己的文化，至于真正素朴的外在者（即界点）本无可变化，凡对于素朴而为之加工，都是文化。文化是可以改变的，可以增益的。所以一切理论，其本身既是文化，是可以改正，可以变更。（用旧日的术语来表示，可以说哲学只能祛"惑"，而不能有"得"。因为"惑"是文化，惟文化可以改变文化。其结果旧惑去而新惑又起，即出世的佛教本身亦是一种理论，成为出世文化的基型，仍不免于有一种惑之讥。）可见哲学，本身既只是文化，自是亦只能对于文化起作用，决不能对于素朴的自然起作用（即所谓不能有"得"）。

六

哲学既只是文化，岂非哲学就没有真理可言么？这一点又须分别言之。老实说，哲学之为文化，亦无异乎科学之为文化。倘若哲学无真理，则科学必亦无真理，所以不能如此说。不过哲学的真理，确有不同于科学的真理的地方。在上文已说过，科学的研究在于细微与精确，所以科学的真理比较上单纯些。换言之，即异说少些。哲学反之，在于求会通，求整全，求彻底，则自可容许各种不同的观点。所以哲学上总是异说纷纭，不能定于一尊。

我个人对于这一点是采取"型式"（type）之说以解释之。每一个学说而能代表一个型式的都可以永久不磨，因此亦可以说就是真理。特此处所谓真理，与普通所谓真理不甚相同，因为两个相反的真理可以并存。例如多元论与一元论各代表一个型式，所以都不失为真理。唯心论与唯物论亦然。不明此理者往往执一偏见，以为唯物论是真理了以后，唯心论决不能同为真理，其实乃堕于偏见了。所以哲学上必须有"忍容"，而特别名之曰"哲学的忍容"。哲学的忍容与普通的忍容颇有不同。普通忍容不过态度谦逊，表示虚心而已，乃只关于态度。哲学忍容不仅关于态度，必须在学理的内容承认异说的可能性。

说到这里，我们可以把"真理"一辞不用在单独的一个型式上，则我们可以说若把所有型式总合起来，便可愈逼近于真理了。假定我们采取这个态度，我们便可以哲学史来代替哲学。或换言之，即以历史哲学来代替哲学。我近来颇偏向于这一方面，可以说是完全受了黑格尔（Hegel）的影响。我以前很不喜欢他，但近来愈想便愈发见他的伟大了。我以为他的思想在型式上，乃是一个永久不磨的型式。而他的毛病，亦很大。据我看，他有一个大毛病，就是把哲学当作了历史哲学以后，又立了一个历史哲学之纯粹格式。这个纯粹格式的名之曰名学，而实际历史却只是这些纯粹格式的呈现。我以为他所谓历史哲学，即是我现在所说的文化哲学，亦就是把哲学当作文化来看。这当然是很对的，但却不必另有一个抽象的纯粹格式，来作一切文化上型式的根据。所以在我只要历史哲学，而不要其根基的名学（皆就黑格尔而说）。换言之，即我们只须研究文化上各种型式的次第发生，而不必预先从其纯粹方面假定有若干型式，用以制限将来新型式的出来。所以我之异乎黑格尔，即在于我承认哲学史是无限发展的，并且我以为文化上思想型式是有多数的，可能的，决不能用正反合来制限之。以哲学史来当文化史来讲，亦不过阐明其中的型式如何进展而已，决不能抽出来另成一个形而上学（黑格尔的名学即其形而上学）。黑格尔把哲学变为历史哲学以后，依然又造出一个形而上学来，这乃是他的失败。倘若去掉了纯粹方面，而只留具体的型式的发展史迹，则我们便可把文化人类学与哲学冶于一炉，于是即可发生一个"人类学的哲学"。直言之，即我们不需要黑格尔式的历史哲学，而只可取其对于哲学的看法。我相信真要了解黑格尔，必须知道什么是他的糟粕。敢于去掉他的糟粕，才能真知道他的伟大。我又相信研究康德（Kant）而真能有得的人，必会自然而然倾向于黑格尔，虽然康德是另外一个更伟大的永久不磨型式。我自己以为近来对于他们二个人颇能贯通，本篇亦可以说就是这样思索的结果。

以上是就真理的实际而言，至于"个人所信"（personal conviction）却没有关系。你以为唯物论合乎你的脾胃，你尽管可以相信唯物论是真理。反之，你不喜欢唯物论，亦未尝不可。每一个有哲学思想的人，尽可选择一个思想型式去自己安慰。于是便有所谓康德派、休谟派、亚里斯多德派等等。以个人论，我以为选取一派，亦未尝不是一件可以安心的事。不过就整个儿的哲学史迹来看，真理是不能完全属于一派的。

说到此似已很长了，应得来一个短的结论。我以为哲学确实是一个奇怪得很的东西，他看上去似与自然科学相类，其实他的本质却真是与社会科学一样，或可以说是向来与社会科学为邻。他向前追求，而作用却是向后而起。他虽是用分析法又善于怀疑，好像是对于已成的文化加以破坏，但经他破坏的结果却反把文化为之肯定。物理学、生物学、心理学现在都有哲学化的趋势，我希望将来文化人类学亦会趋于哲学化，以证吾说。一九三六年十一月二十五日，写于北平西郊吉永庄王氏园中之新筑。

（载《东方杂志》第 34 卷第 1 号，1937 年 1 月 10 日）

思想自由问题
（1937 年 1 月 20 日）

　　本篇是我在青年会的讲演，现在就当时记录下来时加以扩充。我的意思不但要使人们知道思想自由是什么，并且想借此表明我们根据什么理由把这件事视为十二分重要。著者附识。

一、思想自由之为何物

　　"思想自由"一辞就字面上说，是指思想得自由自在发生出来而言。其实不然。思想本身并没有所谓自由与不自由。换言之，即凡成为一种思想，即无所谓不自由。因为思想本身是不规则的，其规则就是所谓逻辑。就逻辑而言，我们可以说有中乎逻辑的思想，即合乎逻辑程式的思想，亦有不合乎逻辑的。我们亦未尝不可把那个不合乎逻辑程式的思想不名之曰思想，而名之曰"瞎想"或"胡说"。于是于此所谓思想当然是指合乎逻辑的了。思想既不背于逻辑，当然就无所谓自由不自由，亦可说合乎逻辑亦正是自由思想的一种条件。

　　因此我们可以说就思想本身来讲，本来没有自由与不自由的问题。这个问题乃是起于思想的外部，就是思想而受外来力量的干涉，于是乃有不自由。有不自由，然后才争自由。所以思想自由不是一个关于思想本身内容的问题，乃是一个思想在社会上的关系的问题。更详言之，即是一个具有政治性质的问题。但又不仅是单纯的政治问题，却又同时牵涉及教育等各方面。

　　现在我要说明这个问题的重要性。我以为欧洲近世文化所以能卓然特出者，而与中古为划期的不同，其根本却靠了这个思想自由。可以说欧美之所以成为今日之欧美，完全是由思想自由的花而结成的果所致。

一班人不明此理，以为思想自由不过是民主政治的条件之一而已。其实不然。须知民主政治不仅是一种制度，乃是一个生活。这种生活不是由一纸宪法所能养成。中国自辛亥以来，屡次制宪，然迄今未成，不是因为宪法成则民治立，乃正是因为中国人根本上没有民主式的"生活"，所以宪法永无成立之望。明白了民主是一种生活，就好像鱼在水中一样，人们生活于民主政治之下，则便可知思想自由之在民主政治上占何等地位了。

二、思想自由之由来

思想自由所以能开放出来近世欧美文化的原故，乃是因为由思想自由才办到政教分离。所以在最初争思想自由乃是对于宗教而争。读者只须一看近世初期的科学史与哲学史，便知道有好些大学者是曾受过宗教的压迫的。Galileo（伽利略）受了压迫，Bruno（布鲁诺）因之而死，Spinoza（斯宾诺莎）被逐，即 Kant（康德）亦曾受过警告，其结果有法国的大革命与美国的独立。从此"自由"一辞便成为经典了。所以英国的 Eury 教授作了一部《思想自由史》，即说思想自由经过如此苦斗以后，已是屹然不摇了。不过须知在第一段落只是对宗教争自由，可算已告成功。在今天不但宗教不为自由的障碍，却有时反可为自由的保护，尤其是在我们今天的中国。可是第一段落虽了，而第二段落却又跟着来了。第二段落中争自由的对象不是宗教而是政治，那政治上又流于趋向于专制与独裁了。所以自由之在今日依然在风雨飘摇之中，不但不是不成问题，乃反是岌岌殆哉的状态。关于这一段容下文再说。

现在要说的只是希望大家明白近世欧美文化所以能如此灿烂的原故，不外乎受了政教分开之赐。因为政治与宗教分开，所以宗教的作用只见其关于个人修养有补助，而不见其对于公众事务有何强制力。这便把宗教限于个人的内心生活了。至于政治却又与内心生活无涉，只管公同秩序。在秩序与和平下，一切关于个人的则听其自由。这个状态可名之曰自由主义。欧美近百余年的文化所以能特别茂盛，便是由于此。可见思想自由不啻是欧美近世文明的心核。

三、穆勒的数个原则

英国的 J. S. Mill 著有《自由论》（*On Liberty*），是一八五九年出版的，距今有七十八年了。我现在把他所说的几条原则抽绎出来，以明自由主义的立场是有绝对颠扑不破的真理。

第一点，他以为无论何种思想，决不会完全无可批评。换言之，即无论何种学说与主义，绝对不会圆满完美到丝毫缺点全无的程度。因为人们总是有偏见的，并且人们总是以自己的思想为对的。所以任何思想与主义以及学说断乎不能不容人批评，就是因为世界上迄今从未看见过有一种思想是绝对无可驳难的。须知以往所认为绝对的真理，等到继续研究下去，后来居然发见不是绝对的真理，而大有修改的余地或推翻的可能，则又安保今天所认为绝对的真理不为将来所推翻与改正呢？因此之故，我们必须让逊一些：纵使今天认某种思想是对的，而仍必须同时承认其相反的思想亦可以许其存在。于是每一种思想，都可有相反的，与之作批评与诘难。这个原则可简单名之曰：世上从无绝对无诤之思想。

第二，他以为凡是正当的思想是不怕批评的。这无异乎俗谚所谓真金不怕火来烧。反面来说，就是：怕烧的必不是真金。假如某一党建立某个主义，而不许人批评，对于批评者，加以刑罚，就是以政治的力量来保护其思想。殊不知思想自身的健全就可为其保障，用不着借政治的力量来庇护。假如某种主义其本身大有可议，虽定于宪章，视批评为厉禁，而仍无以服反对者之心。这就是说，某种主义欲使其成为全国所公认为合理的之时，不妨先尽量让大家自由批评一下。倘其能经得起批评，自然可以成立。若其不然，虽以武力为后盾，以法律为借口，以政治为护符，其结果亦是徒然。主持某种主义者虽赫赫于一时，而仍必内愧于良心。这个原则可简单名之曰：凡一种思想必须与其相反者由批评与磨荡而后始见其中有无可信之点。

第三，他以为思想自由之要义，在于使二种相反或二种以上相异之思想并呈于人们面前，以供选择；断乎不可使主持一种思想之当事人自作裁判官。以例为喻，譬如我自创一种主义，同时我又自居为政府，于是以政权的力量定出法律，以为凡对于我这个思想的批评都是错的。试问这是不是无异于自作原告同时又自作法官么？在这个情形之下，被告纵使理由极充足，亦未有不败诉的。所以凡是一种思想，只能许其在思想上与人争胜。换言之，即只可在辩论上求胜利，而断乎不可与政权以及武力相托。又譬如两个人辩论，甲的理由虽充分，而乙虽同时亦未尝不说话，然却手握刀枪，则甲乙两人争论之胜负便不决于其辩论的内容，而只在于一个有枪，一个没有枪。没有枪的必然败了。所以拿思想以外的实力来维护思想，用以表明其思想得势，则这个得势的思想必不是真正合理的思想。这个原则可简单名之曰：凡思想之得势而必须借助于政权武力，则这个思想便不是一个真能合乎人心的思想。

第四，他以为有些人总是主张谬论邪说应得加以禁止，但不知谬论邪说的标准由何而定。《庄子》上有下列一段：

> 即使我与若辩矣，若胜我，我不胜若。若果是也，我果非也耶？我胜若，若不吾胜。我果是也，若果非也耶？其或是也，其或非也耶？其俱是也，其俱非也耶？……吾谁使正之？使同乎若者正之，既与若同矣，恶能正之？使同乎我者正之，既同乎我矣，恶能正之？使异乎若与我者正之，既异乎我与若矣，恶能正之？

这一段虽不免有诡辩的色彩，然拿来用于思想言论之当禁与否的标准上却甚为合宜。详言之，即一种思想或言论之当禁，究竟由谁来决定，以何标准决定。若由政府来决定，则凡在朝党都可禁绝在野党的言论，然而英国的立宪政治从未闻在朝党禁止反对党的思想。倘由人民来判断，则必取决于大多数。一种思想不为大多数所喜，则这种思想之为无力便可想见。这种思想既无力量即不足为患，又何必加以厉禁呢？盖不禁而实际上亦等于禁，又何必过虑呢？而况此不为大多数人所喜的少数人思想，正不妨听其自存。以便于他日印证，究竟此多数所喜者为真，抑或少数所信者为真。因为历史上往往告诉我们：前一时代大多数人所坚持的思想，正是后一时代大多数人所反对的思想。例如在十八世纪欧人无不信奉君权与神权，迨至十九世纪则一反其所为。苟有人在十八世纪中叶著书立说，抨击神权与君权，则大多数人必以为当火其书，悬为厉禁。殊不知到了今天，俄国因为印制某文学家的全集，把其中的"上帝"字排作大写，就将全书毁弃，工人受刑。不但此，且据美人W. H. Chamberlin 所述有下列的话：

> 苏联的出版品，一切书籍杂志，以及戏院音乐会的秩序单，都要粘贴总检查局所颁布的印花票。总检查局归教育委员会管辖，不但监视苏联作家的出版品不带"危险思想"，而且要阻止诱惑的见解由国外侵入。例如《圣经》以及其他各种宗教作品，一概不准入境。至于音乐、戏剧，另受脚本委员会的节制。本国与外国的名作，有许多因为含有宗教意味，或则被认为思想不健全而禁止公演。

如我们认定十八世纪对于民权思想的禁止为不应当，则我们便应该同样认为今天对于宗教思想的禁止亦是不应当的。

此外，中国人总是怕邪说能摇惑人心，其实凡能摇惑人心的必是其中含有相当的真理。倘若是完全邪说谬论，则决不会使人起信。例如我忽发奇想，主张人割了肠胃反可以延年。我想决没有许多人听从此说，则其说自然不为患。又例如共产，现在有人竟目为邪说。然其所以能摇惑人心，却不在其说之本身，而在社会上有贫富悬殊的情形。贫者愈贫，富者愈富。贫者无法生活，自然听了"共产"二字不免心动。倘使另有很好的办法，能使人民在经济上得一个大概的平等，则人心又安能有所动摇呢？所以凡能摇惑人心的不在其说之为诡奇，而反在于其说之有逼近真理处。柏拉图的《理想国》在泰西为经典，此人所共知的了。其中不但主张"共产"，且还提倡"公妻"。泰西人士读此书数百年，家喻户晓，然总未闻中其毒。且不但此，泰西人之思想启发与学术进步，反有赖于此书。这个原则可简单名之曰：凡异说奇论皆不必禁，亦不当禁。

第五，他以为思想诚然亦许有不健全的，但对于这些不健全的思想只能再用思想去矫正之，不可用思想以外的武力或威权干涉之。因为一种思想之为健全与否，非经辩论与批评是不能知道的。譬如对于共产主义，认为其不健全而加以禁绝，试问何以知其为不健全呢？共产主义之缺点，必须经过与共产主义相反的思想作比较与批评后方能知道。如此则必使共产主义与反共产主义各能充分发挥其说。倘使反共产主义而能在理论上胜过共产主义，则共产主义之为不健全乃得而公认。所以必先有自由讨论与自由发表，等到其中不健全之点发见了以后，其说更可不足为患。可见在自由思想的国家中，异说一兴，自有其相反的思想起而与之相抗。因为大家的言论与思想都是自由的，你既有自由以主张共产，我当然亦有自由以反对共产。真理愈辩而愈明，倘赞成我的人多，则我的话便是合乎人性，合乎人性就是真理。所以既有辩论，即少盲从。既少盲从，则任何思想一出来必有反对者与之诘难。于是思想之不健全者不可怕，因为任何思想倘使其中有不健全，必即受人指摘。至于若加以外力的干涉，却反而把这个思想自身的防毒素弄坏了，就是须知思想自身有这样的防毒素，在思想范围内本可以自行矫正。倘使外力干涉，则这个自行防毒的作用便不起了。这个原则可简单名之曰：惟思想可以矫正思想，而不劳外求。

第六，他以为思想有一个奇怪性质，即他必须与相反者相磋磨，否则即必流于腐化。这一点在历史上很多例证。往往一个时代思想界最有统一的现象，而不异说纷起，这个时代便是文化停滞的时代。不但此，思想界愈有定于一尊的样子，则一切学术便停止了进步。泰西文化所以能蓬蓬勃勃，我们中国文化所以被西方人谥为"静止的文明"，其故都在于此。就是因为西方自近世初期起，把思想与政权及宗教分开，于是科学乃产生。科学的最大特征即在于不必定于一尊。牛顿的力学虽是真理，却不强令爱因斯坦服从。达尔文的进化论虽是真理，却不限定人们绝对不许批评与反对。惟其在科学上许人们独立研究，分歧发展，所以科学才有进步，不像中世纪的神学那个样子。现在在苏俄却把马克思主义当作中古的托马斯学说一样看待了，把一切学说都列在这个"一尊"之下。所以苏俄自革命以来已有数十年，而学术界除了应用的技术以外可以说没有新思想的发明。即如 Pavlov（巴甫洛夫）的心理学亦是革命以前的东西，革命以后未曾摧毁已属万幸了。在哲学上没有新思想，在政治经济上亦没有新思想，在社会学人类学亦无新发见，以视欧美真是瞠乎后矣。欧美在挽近二三十年物理学有突飞的进步，心理学生物学亦都有新贡献。尤其是在大战后的德国，并不因为物质的贫乏而影响思想方面的努力，但自希特勒执政后却登时一落千丈。所有著名教授，生长在思想自由的空气中的，都不安于位，纷纷避至外国去。今日的德国可以说是日耳曼民族的文化最衰落时代。有人竟比喻德国的现状为沙漠了，其可惨似可想见。这条原则可简单名之曰：思想若定于一尊便是思想的自杀。

四、思想自由与人生观

以上所说乃是我就穆勒所言的加以综合与扩充，又重新编制一下而成，并不是他的原文，读者切勿误会。在这里还有几个原则应得补充。

他以为更有一个最高原则，就是思想倘使不与行为直接相连，则任何危险思想都不含毒素。从反面言之，即欲使思想自由只得有益而不见其害，则必把思想与行为划为二事。以例证之，例如我在思想上主张财产就是贼赃。在某种人看来，这是危险思想。倘使我不过著书立说而已，不但社会不蒙其害，而反受其益。因为此说一出，政府得充分征收关于财产的各种税了。但我若直接以此思想求见于行为，立即没收人家的财产，则必破坏公共秩序与社会安宁。凡破坏公安的则决不为社会所忍容。所以凡思想之危险性不在其思想之本身，而只在于其实行上的行为。倘使不去实行，则一切思想都变为一种"商榷"了。凡商榷与讨论，在本身上决无害处。即以共产主义而论，有人视为洪水猛兽。其实倘使共产主义者只是著书立说，不但没有丝毫害处，并且借此可以使人知资本制度之不合理与其必自行崩溃。因此人们对于将来的经济组织便可有相当的预料，可在一定的方向去尽力了。所以无论任何危险思想若其为商榷性质，若其只是发表意见，而不急遽实行，不有强制性质，不使反对者非服从不可，则这种思想决无丝毫害处。至于说思想虽为一种意见，而目的终不外乎求见于实行；思想与实际是不能完全分开，我固然亦是承认的。不过如何实行，却大有问题。关于这一层，将在下文充分讨论之。现在只说到思想暂与行为分离必无害处为止。

这是一个最根本的前提。我们必须承认这个前提。质言之，即必须承认思想与行为（即贯彻此思想之行为）可以分开；即主张共产主义是一件事实，行共产主义又是一件事，两件事不必并作一件。在这个前提之下，我们便可以知道思想自由是根据一个人生观。这种人生观承认人人都有独立自尊的人格。一个人到了相当的年龄，受了相当的教育，则对于任何事都可有自己的判断。一个人对于一切事必须由其自己判断而后去做，不可欺蒙，亦不可压迫。凡不承认这个道理的便是建筑于一个相反的人生观。这个人生观是不拿人当人（即不当作有独立意志与自由判断的主体），而拿人当作工具，以为人只须施之以压力便可贴耳服从，有类牛马。又以为人只须加以蒙骗，即可随意驱使，有类儿童。于是有所谓宣传，有所谓统制新闻，有所谓检查一切出版物，又有所谓思想警察（日本），有所谓反动侦缉队（俄国的 GPU）。总之，此种不拿人当人的人生观是为独裁主义者所共，固不论其为共产主义的独裁抑为法西斯主义的独裁，或尚有其他主义的独裁。在这种独裁的国家中，诚如英人乔德（G. E. M. Joad）所说："报纸是他的喉舌，教育是他的宣传，历史是他的辩护人，艺术是他的回声差遣，国家就只是他的专用工具。"尚有何话可说！所以我说独裁国家不是人格者的集团，乃是奴隶的集团。因为在这样的国家中只有独裁的首领是有独立的人格，能自由发挥其意志，得运用自己的判断，其余一切人民只能奉令承旨，亦步亦趋，人云亦云而已。非但不许作反对的批评，并且即作赞成的表示亦须听候指示。否则即为妄动，不合于纪律了。这种国家又往往以舆论的一致拥护来夸炫于国内国外，其实这种拥护的言论毫无可贵。

我尝说必定先有了思想自由，然后赞成与反对双方才能有价值。若根本上没有思想自由，则赞成者虽有言论，然非出于自由则可想而知。须知承认思想言论有自由，则反对的批评固是自由，赞成的拥护当然亦是自由，谁亦不能禁止谁不许作逢迎承旨的拥护言论，但却必须在自由言论的前提之下，否则便不是赞成，只乃是所谓"回声"（echo）而已。回声乃机器之所发，非人之所发，故我以为就拥护者的立场来说，亦应先办到有言论思想的自由，因为必如此，方能见其言论思想之价值。

总之，独裁与民主若单就政治制度而言，我们还可以说各有优劣，难有高下，而独于这两个的背后的人生观，则以为断乎不能承认其同为真理。因为拿人当作工具，固然是侮辱他人，即自己甘为工具，亦未尝不是侮蔑人格（自己）。一个家庭中，父母对于子女，一到了相当年龄，便不能不尊重其自己的意见，不可施以强迫，又何况一个国家呢？政府之与公民迥非父母之与子女之比，子女即在幼年亦止宜教导，不可欺蒙，岂有对于人格已成的公民而可加以欺骗与压迫之理。

根据这个人生观，遂使对于国家的观念亦有不同。民主国家是把国家当作大家所公同的，换言之，即可说是"公器"。在朝的一个政党不过暂时代表国家意志而已，好像董事被股东举出，则董事的言行自然是代表这个公司了，但却决不能把公司规定作永久为其所私有。所以在独裁政治的国家，不但人民是工具，即国家亦不是公器。因为国家与独裁者不是暂时的代表，乃是无期的合体。故历史上没有一个独裁者不是终身职。其实这只是受了天然的限制，倘其人能长生不老，恐怕独裁的局面非延长数百年不止。须知"合体"与"代表"这两个观念是不同的。合体即是所谓"朕即国家"，个人与国家合而为一了，所以从政治思想的进展上讲，现代独裁政治以时间的近远而论，既为现代当然是最新的东西，但以思想内容而论，却是复古，可以说最旧的与最陈腐的。

现在要论到教育。在上文曾说过只须一到相当年龄即当承认其有独立自尊的人格，这句话未尝不含有一个教育方针在内。现代教育学上虽有种种的学说，然而我以为如果想把人当作一块软膏，来随意造作以求适合造作者的目的，恐怕依然是一个妄想。老实说，人性总还是有的。俄国的共产总可算是一个大试验。试验的结果知道有若干"人性"还是不能一蹴而去掉的，因为我们须知教育虽可变易人性而依然有其限度，不是能如独裁者的意要造成一个牛就是牛，要造成一个马便是马。我们既然承认人性有其恒率，则我们对于教育方针不要以为教育能从心所欲造出东西来。须知教育的作用只在对于人格的完成，能为之补充。所以教育上所谓"造人"，不是造那一种用处的特别人，乃是造普通的人。所谓普通的人就是有眼能见，有心能思，有是非能辨别，有所学能更进之谓。这样便成为一个独立的"人"。于此所谓"人"，即指不是为某一种用处而设的。好像独裁国家与民主国家在这一点上又有一个大区别。民主国的教育是造"人"，而独裁国的教育是制造"信徒"。这个区别点即在于一个是只求人格的完成，至于信不信不妨等到他有自立判断的能力以后再说，而一个则只管他信与不信，宁可不养成其自立的判断，而不肯牺牲信徒的收揽。在前一种普通名之曰 liberal education，直译为"自由教育"，其实不对，就是把所有学问教给人们只供其自由判断之资。例如在大学中讲授进化论，但学生有了充分的学识以后，他如果不信进化论，亦得由他；或许他另创一种退化论，亦不能禁止他。所以在这样的教育上，所有一切课程与学术都只是预准的材料，以便学生将来的运用，而绝对不是贯入任何信条。直言之，即不是想造成任何学说、思想、主义的信徒，此乃 liberal education 之精义，亦就是欧美大学教育之特色。

这样的教育可以说是自由主义的教育，但其背后却有一个平等原则在内。须知"自由"这个概念是与"平等"这个概念不可分开，或可以说两个概念是指一件事的两方面。即以教育为例而言之，人类之受教育时期就等于动物之哺乳时期。动物唯在哺乳期内是不能独立的，一脱离了此期便是一个自己生活的东西了。人类亦应如此。受教育期满以后，便是一个独立自足的人，对于其他一切人是平等的。因为大家都是一样的人，即父母对之亦不能抹煞其自由。平等的意义是根据这个原理而出。所以凡自由无不是基于平等的人生观而成。

平等的人生观不但承认人们有了相当的教育以后，大家在人格上是平等的，并且更承认人人在社会上应有展其才能之平等的机会。所以自由主义不是一种主义，乃只是保障一切主义的条件。一切主义必先赖有思想自由方能成立。我尝说，民主与自由决不能视为一种主义而与共产主义、法西斯主义并列为三鼎足。我又尝以踢球的围场来作比喻：自由只是那个球规与球网，而不是踢球的任何一队。有了球规，任何人即可以来此围场竞赛。所以自由思想的国家内，共产主义者得依言论自由的保障而主张其学说，法西斯主义者亦能在此条件下大放厥辞。这便是证明自由不是自由主义者所专有的，自由主义者之主张自由亦决不是专为了他们一派。可见自由乃只是一种公共的规则，大家所同享的基础。必须先有这个基础，先立这个规则，然后方能说到其他。但须知凡是一种规则，总有些不便利处，例如踢球，不及门便是未中。

如果欲去掉这些不便利处，则必定使规则失去了其公共性，而为单方的了。例如在民主国，一切思想之见诸实施必以多数取决，少数的主张自处于不利的地位。但有时在某一时代为少数，不能实现其思想与主张；又安知过了这个时代以后，在另一时代，少数不即变为多数呢？所以真正了解自由真谛的少数者决不性急，决不悲观，决不横决，亦不灰心。因为他们知道人类的思想是常常在那里变化的，社会是在那里不断地推演的。今日之所是，安知不为明日之所非？今日之所非，安知不为明日之所是呢？他们必定又知道自由讨论，多数取决，是公守的规则，这个规则在今天不便于我，安知明日不即为有利于我呢？他们更知道倘使破坏了这个公共规则，亦未尝不可大伸其志，无如自由去掉了，便没有共守的条规，又安能置其胜利于坚固的基础上呢？所以真正的自由主义者不把自由当作自己一派的要求，而把他推广出去，作为大家共同的轨道与条件。关于这一点，共产主义者有一种反对的理论，容于下段为之答辩。

总之，自由（即思想自由）是一个国家能得治安与平和的基本条件。因为没有自由，势必各诉诸武力，斗争即起。故有自由始有平和，始有治，否则平和不保，必酿乱。自由是一个文化得以发扬的基本条件。因为没有自由即不复有创造的思想，即有之亦不得批评与纠正。须知文化的进展惟在各种异说相磨荡中。倘思想定于一尊，则文化必即停滞了。自由是国民道德养成的基本条件，没有自由必使民德堕落。因为一个民族必须其中的各个分子都有健全的独立精神，倘使把一国的人民教养成好像奴隶一样，只知跟随，不知辨别，不敢批评，则这个民族必定会衰颓下去。所以自由乃是立国的根本。

五、对于反对者之答辩

老实说，对于自由与民主，实在从未有真正的反对论。有之只是法西斯，这容后再说罢。至于共产主义却并不反对自由与民主。他们以为现在的民主政治不是真正的民主政治，而依然只是有产阶级的专政。所以现在的自由亦只是有产阶级的自由，而无产阶级并未获得自由。据这一点，他们以为民主革命（如法国大革命）只是中产阶级对于贵族君主僧侣的革命，而尚未曾普及到无产阶级。必须再有一个无产阶级的革命，然后方能去掉经济上的阶级，到了那时，国家亦没有了，于是乃得真正的自由与民主。我们对于这一段议论不但不反对，并且十二分同意。我们承认今天的自由确尚未彻底。只有从神权上解放出来的宗教自由，只有从民权上争得的政治自由，而却尚未做到人人都有生存权的经济自由。所以以往的宗教革命是争宗教自由的成功，以往的政治革命是争政治自由的成功，现在又到了第三个段落，就是经济上不自由不平等愈趋愈甚，所以争经济上的自由之要求变为现代唯一的企图了。

我们因此不能不承认在宗教革命与政治革命之后，必须再来一个经济革命。老实说，欧美在近二三百年以来，所有的历史就是一部解放史。而在此数百年中文化能特别发展，超过有史以来的任何时代，亦就是为此。近见《东方杂志》上有浦薛凤一文，颇与我有相同的见地。他以为"历史上长时期与大规模的左倾运动到后来总是相当成功"，他对于"左倾"解释虽是"反抗现状，要求变法，企求革命"，而我则以为就是我所谓的解放。打破信仰的现状，把宗教解放了；打破君权的现状，把政治解放了；所以我说一部欧洲近代史只是一部解放史。明白了解放的趋势是不可抗的，是百回千折而终久要相当实现的，则必定知道今后的一幕，就是经济革命。所以我们对于这一点可以说完全与共产主义者立于同一的立足点。但我们对于共产主义者主张要实现经济革命必须经过一个无产专政的阶段，则引为不可通。

我现在举二件最有力的事实以证明其妄。盖共产主义者所以主张褫夺有产阶级的一切政治权利，用无产专政来为之镇压，就是因为认定有产阶级对于经济革命全是不赞成的。换言之，全是反革命者，这乃是由于阶级的利害所形成的意识。殊不知我今举二事即足以破此说。第一个例是俄国内部的各种阴谋案。俄国自共产革命后，清党了好多次，大阴谋案破获了不知若干。然而其中著名人物，如托洛斯基、齐维诺夫、拉达克等等却都是无产阶级。倘使他们是反革命，则可见不是无产阶级全是革命的，而有产阶级全是反革命。第二个例就是法西斯。意大利与德国的法西斯并不是完全由有产阶级所组成，其中无产阶级乃反居大多数。德意两国内有产阶级中而爱自由的却反不赞成此种举动。然则谓有产阶级必全属反动，止有恃无产专政以镇压之，岂非白昼见鬼之说耶？学者著书立说，能不大大慎重么？

而况我们从宗教革命与政治革命二个先例来看，亦大不然。在宗教革命上不过推翻了宗教的压制，而并未转而施其压制于教皇与教会；在政治革命上亦不过打倒了君主的专制，却并不是不许君主与贵族以平民资格来参与政治。何以在经济革命的时候必须把所有的有产阶级一律褫夺其自由呢？此乃最不通的议论。所以我尝说，共产主义在经济方面是进步的而其在政治方面却是退步的。在经济方面求自由，所以是进步的；在政治方面反而毁坏自由，所以是退步的。以退步的政治方法而求进步的经济状态，必是增加许多麻烦。浦君认现在欧洲的法西斯狂潮是共产党所激起，这一点亦与我所见相同。我以为人总是有感情的。你以恶意对我，我当然以恶意报你。无论在信仰、政治或经济上，凡有改革的主张，倘必动辄轻易以武力求贯彻，杀人不厌其多，恐怖愈大愈好，则其结果必把对方亦激起而后已，且其结果止有互杀。到了那时，人类的理性早已失其作用，止有感情的高潮支配着对敌的两方而已。

因为这个缘故，我们不承认法西斯有理论，更不承认法西斯足以反对民主与自由。老实说，法西斯主义根本上就没有理论，即有一二亦只是胡诌乱扯而已，只可付之一笑，不配加以驳诘。所以我尝说只有共产主义是值得我们对他加以辩难的。本文对于反对者之答辩亦限于此。……

还有一点是出于迁怒的心理。他们总以为民主革命是中等阶级自己谋所以抬头的行为，故把民主自由只认为是中等阶级的"意识形态"，无产阶级便不需有此。我们从历史上看，诚然政治革命把中产阶级解放了，然而他们所标榜的自由平等却并不是专为他们一个阶级的利益而设的。他们在当时亦决料不到一二百年以后会因为放任政策太过之故，致使无产阶级失去自由。在当时并感觉经济上的自由与政治上的自由同等重要，并且以为只须政治上有自由，经济上视个人的努力如何，亦决可有相当自由。哪里知道个人主义的放任经济反产生大多数的无产者，不得受自由的利益呢？这完全是后来的情形，岂可归罪于当时。所以因怀恨个人主义的放任经济，遂亦怀恨及于自由平等，这乃是恨僧及袈裟，实在是一件不通的事。

在这里我们却应得讨论另外的一个问题了。就是上文所说的思想必是求见于实行，不求实现的思想必是无足轻重的。因此我们须讨论思想如何实现的问题。一个人的事是好办的，如我有一种厌世的思想，则我自杀或绝食都可使其见于实行。但关于全社会则不能如此，换言之，即不能随我的意，要怎样便怎样，我们必须承认社会是一个"异质的结合"（heterogeneous whole）。在此种结合中各分子有共同的地方，复有各异的地方；既有共同的利害，亦有各别的利害。既然在一个社会中利害不能完全一致，则其中的思想自然亦不一致。因为思想无论如何公正，总不能免去为利害所牵制的影响。因此我们必须承认任何思想都包含有偏见，而偏见则根据于利害而起。我们在这个前提之下断不能主张只许一种思想来彻底实现。因为一种思想而绝对不稍加以折扣，使之实现，便无异于完全打倒其相反的其他思想。须知仅是思想尚不要紧，而思想是代表利害的，则一种利害完全贯彻了，势必把相反的或相异的其他完全埋没了。这样便把社会使其不复成为异质的结合，乃变为"同质的结合"（homogeneous whole）了。同质结合并不是社会的本性，所以我们既知道社会总是异质结合则必定知道任何思想，若仅是思想，是不成问题的。倘若求其实行，必须拿出来与各方面相调和相磋商，自然会有若干的折扣。浦君在其文中亦提到这一点。他说："若问历史上长时期大规模的左倾运动究竟成功了多少，其左倾主张究竟实现几许？吾人可肯定答复：只一部分，充其量，大约一半而已。"他对于这个缘故，又归咎于双方当事者的过激行为。我则以为此乃昧于人性而使然。本来凡事涉及大众，则决不能有快意之举。愈求快意，其结果愈惹反动（有某君曾撰有《不彻底原理》一书，或即有见于此）。因此我们可以说没有一个主义是真如其量实现的，但亦没有一种思想不可于几分之几见于实行。明白了这个道理，则可知思想自思想，实行自实行。思想只须求其合理就行了，激烈一些偏狭一些不要紧，而实行则必须与人家调和折衷。此"调和"（compromise）所以为立国之要道，因为没有调和就不复有平和与秩序。破坏了平和与秩序以求贯彻其主义，而其结果依然仍不过至多实现一半。可见无论取哪一种方法，而最后还是不能避去调和。俄国的大革命给我们不少的教训。最初一意孤行，后来不得已退到新经济政策，在他们自己都承认是恢复资本主义。幸而斯大林翻然改途，乃有五年计划，不然继续执行世界革命的任务，还是闹到何等地步呢！所以我在上文说，思想苟与实行分开便无丝毫危险，就是根据此理。

六、思想自由与中西文化

在思想上崇尚创造，应得有充分的自由；在实行上，必须妥协，应得有相当的让步。这二点是西方文化的根本精神，亦就是欧美人所以立国之道。可是中国人对于这一层似乎全不了解。我尝推求其故，以为是基于中西文化之不同。我又尝推究何以中国人吸取西方文化以后反而弄得大糟特糟，其故亦未始不在于此。

中国人根本上即不了解思想自由是立国的根本，其故是由于中国的传统文化上没有这个问题。并不是说中国人不主张思想自由，乃只是说中国根本上就没有思想自由与否的问题。中国人不感觉到有这样的一个问题——一个重要至十二分的问题。所以我尝说：中国自最近四十余年来输入自由平等的学说，辛亥又经过革命，按理则民主的观念应该深入人心，而实际上却等于春风过马耳。不但一班人民绝无民主观念，即在政治上作宪政运动与民权提倡的人们，亦未必真正明白民主是何物（中国人最奇怪的是在台下时必高呼民权，一上台即主张只许政府有权，所以有人说中国政客是穷则兼济天下，达则独善其身）。因为据我看，他们总是把民主自由当作一种制度，不能看透到背后，发见其为一种文化。须知制度是外壳，犹如房屋一样。中国人尽管住西洋式的房子，但其一切习惯都未曾改换，其结果必致格格不入。中国之改建共和亦正有类于此。我敢说倘中国人的心思习惯与生活习惯以及对人观念处世态度不改变，民主政治决无由实现。但我所谓改变生活习惯，并不是说住洋楼、吃洋餐、坐汽车、说洋话。我以为现在住洋楼、坐汽车、说洋话、吃西餐的人们，其心思习惯与生活训练仍是不适于民主政治的。换言之，即依然是"中国人"（typical Chinese）。

在此我愿把中西文化作一个比较。须知思想自由之所以为西方文化的精髓，乃正由于西方文化是"主智的文化"。主智的文化不能不"尚异"，这正是墨子之所反对的"一人一义，十人十义，百人百义，其人数滋众，其义亦滋众"。然西方人则以为虽异义纷出而不为害，此乃尚"智"所使然。更须知西方文化之方向是由希腊文化之性质而决定，希腊文明就是所谓"智"的文明。后来虽与希伯来的宗教合流，而其本质无亏。西方文化有二个台柱，一个是由希腊文化而推扩出来的科学，另一个是由希伯来而移入的耶教，其中间作媒介的就是哲学。哲学又是希腊的特产，所以宗教与科学虽屡有冲突，然亦总有人居中调和，竟使双方各自发展。我们不能不说这是由于主智的文化其根性是如此，因为主智的文化不以"分歧"为苦闷，反而以不统一为乐。

我们中国的传统文化则不然。他根本上是一种"主德行的文化"。我尝戏拟一个怪名词曰：以道德为中心的文化（ethicocentric civilization）。要说明此点，又非借用现在社会学家所谓的"文化型"（cultural pattern）不可。他们说每一种文化其中都有一个型，全部文化都为这个型的颜色所染。我的意思亦是如此。我以为中国全部文化都是染了一种颜色，这个颜色那是所谓"修身"这个观念。例如《孟子》上"今夫弈之为数，小数也；不专心致志，则不得也"。又如《论语》上"君子无所争，必也射乎。揖让而升，下而饮，其争也君子"。这显然把弈与射都当作修身之工具，都从其有修身的作用来看。此外如"医"亦不当作一种术，依然具有修养的功用。所以中国一切文明都是染了道德的颜色，因此我名之曰主修的文化（修即是修养与修身），以与西方的主智文化相对照。

主修的文化必有一个特点：就是不能不尚统一，因为分歧立异必与修养有大不便利。虽则中国数千年来在政治上依然是割据的时候大过于统一的时候，然而在文化上却始终没有分裂。而中国所以能到今天犹保持一个整个儿的样子，亦就是靠这个具有统一性与主张统一的文化。尚统一的主修文化与尚分歧的主智文化，其对付异说是有不同。西方的主智文化对于异说是有所谓（tolerate），此字译为"忍容"其实不妥，乃只是"听之"（即听其自然不加干涉）的意思而已。中国的主修文化则有所谓"包容"。须知包容与兼收等等，只是表示宽大，乃是由我而把你包容过来，以表示我的宽大，并不是由你在我以外，自成双立的形势。我以为这个分别很重大。我觉得中国人只有"宽大"的观念与"兼收并摄"的态度，而始终不了解什么是思想自由。所谓道并行而不相害乃只是从我的观点把你的道认为与我无碍罢了。西方则不然，他们确认为你的道与我的道是相害的，但我仍必须听你道其所道，而不加以干涉。这是思想自由，不是包容。至于关于调和，二者亦有不同。所谓调和就是互让。中国人亦很注重退让，但中国人的让德是基于"己所不欲勿施于人"的心理而成，西方则以让步而求贯彻所主张。所以西方人的让步依然是积极的，不是消极的。换言之，即西方的让依然是由"争"而出，惟争而始有让。所以西方的主智文化既尚分歧，当然要偏于竞争。而我们中国文化既主修养，又尚统一，则势必侧重于无竞争。所以中国人的让遂成为不竞争的让，其性质与西方的乃大不相同了。

但主修的文化却另有一个优点，足以相偿。就是不尚理论，而凡事求教训于经验（即阅历）。所以中国人最重过去的阅历，把经验所得列为教训。须知实际上凡能实行的无不是调和与折衷，中国人由实际所经验的亦只是这个教训。因此中国人不像外国人那样迷信理论，更不像外国人那样求彻底、求完全、求痛快。中国人因此不会有过激的地方，因为尚理论则重想像或推想，尚经验则重实际、看情形。拿过去的经验为准绳，不以未来的妄想作根据。

我以为中国的文化上虽根本上不发生这样的自由问题，然而西方文化进来了以后，依然还是要发生的。所以本篇不是专讨论中西文化的比较，乃是想从文化上证明思想自由之为重要。其重要之点又不仅在其为西方文化的精髓，而且亦在于我们中国以性质不相同的东方文化，如何把他吸收过来。我常说，中国如果不遇着西方文化，中国本身并无多大问题。无如西方文化的侵入是个必然之势，于是问题乃起。如何调和中西文化，使西方文化进来而又不致推翻中国固有的文化，这是一个大问题，决非本篇所要讨论，所能讨论。因为言之太长，现在只能说，西方文化既来了，则西方文化之精髓的民主自由即应得随之使其充分进来。读者不要以为欧洲目前正闹独裁，以为他们换了路线，殊不知这只是一个时代的反动。在欧洲历史上不啻等于维也纳会议、神圣同盟（不过特别厉害些）一样。我们倘能拉长了看，必见终久是解放运动占胜利，即经过多少回旋而终须恢复到自由这一条大路上去，否则即必为西方文化整个儿破产，我想这又太悲观了。（一九三七年一月二十八日写完）

（载《文哲月刊》第 1 卷第 10 期，1937 年 1 月 20 日）

我为什么反对法西斯
（1937 年）

法西斯运动确有普遍性。所谓普遍性，是指其不限于在某一国而言。假使法西斯运动没有普遍性，换言之，即没有传染性，则我决不反对他。以前我看见中国有些左倾刊物，大骂希特拉，大骂穆索利尼，使我不觉好笑。在我以为希特拉如何不好，穆索利尼如何可恶，这都是德国意国的事，我们中国人管不着。进一百步言之，即使他们合起来把俄国打败了，我们亦管不着。所以，我今天来谈谈我的所以反对法西斯，决不是反对德意两国的法西斯。因为法西斯有传染性，所以我认为中国确有一小部分人是倾心于此。换言之，即法西斯确变为中国人所有的问题。但这个问题一经分析，必见其确又不成问题，不过是由于若干无识之人想借此胡闹而已。

我反对法西斯理由，亦很简单。他们以为今当国难，非有一个铁腕的英雄以统制力量把全国打成一片而向敌人作斗争。殊不知当你想以铁腕把全国置于一个统制之下的时候，已经惹起反对与不满，此乃求治而反得乱。即求统一而反惹起不统一。须知现在没有一个人不愿意国家统一，亦没有人不希望中央强化。问题只在于如何统一而不致于反惹不统一，如何使政府强化而不致于反惹起地方分化。如果若不顾这些事实上的问题而只是一意孤行，求其痛快，其结果必致南辕北辙。中国古语云：以力服人者，非心服也。今天正在外力侵略的要紧关头，乃竟主张先以"力"使全国服从，这显然是为敌人造机会。既然明白今天决不能讲"力服"而只可讲"心服"，则只有以"合作"代"统制"。质言之，即以民主代专政是也。所以，我反对法西斯运动，就是因为他的心理是建筑在"戾气"之上，而今天中国所需要的却是"和气致祥"，非大家彻底革面洗心，痛下一番忏悔不可。最好是不论在朝在野，大家都得晓得以往确是错了，确是对不起国家。大家今后必须抱了一种"赎罪"的态度来谋救亡。在这个时候倘有人不自认过，依然是横了良心，想横冲直闯，以成就其私的企图，则这个人决无好结果。因为今天已经到了中国民族最后的挣扎的时候，凡从事于政治活动的人应该只有"矜哀"，不应该有"高兴"。换言之，即应该先检察自己的过失与错误以加重自己的责任，不应该开眼只看见他人，认他人是自己的妨碍者。因为非先自责决不会有所谓和气，没有和气亦决不会有合作，没有合作又何如能说到全国一致呢？所以我认法西斯在德意两国成绩如何，为功为罪，非我们所论。我们今天只说中国，则我敢说这种由于戾气而出发的铁腕政策，决不宜于全国正需要合作的时期。

或者有人问我：你既主张全国以和气而致团结，则又何必反对法西斯？难道不因此反对而又惹起戾气么？我敢回答如下：所谓反对法西斯，却决不含有以法西斯对付异己的态度来对付法西斯。法西斯对于异己可以大加压迫，甚至不容其存在。我们如果亦采取这样的态度，则我们虽是反对法西斯，而实际上却就等于法西斯了。所以，反对法西斯和法西斯反对他派并不一样。这是一件应得分别的事。

（载《实报》半月刊，1937 年第 15 期）

思想言语与文化
（1938 年 6 月）

一

本篇的目的是想对于所谓"理论的知识"做一个比较满意的解释，亦可以说这就是一种知识论。原来我这个意见曾蓄在心中有好多年，最初使我得着一些暗示，乃是由于我发见西洋哲学上的问题，大半不是中国人脑中所有的问题。我因此乃觉得西方与东方在心理上，换言之，即在思想的路子上，确有不同。根据这一点，又使我不得不承认西方人所有的知识论不能不加以修正。因为西方人的知识论是把西方人的知识即视为人类普遍的知识，而加以论究。然殊不知西方人的知识仅是人类知识中之一种而已，在此以外，确尚有其他。这是使我所以有此种思想的最初唆示。后来看见德人孟汉（Mannheim）之书 *Ideology and Utopia*，以为从社会学以研究知识，可以得着一个同志，但我读了他的书以后，依然觉得他的态度和我不同。

原来从社会学的观点以研究知识，这是由马克斯派所启发，不过马克斯派对于"社会"的解释和我们却有不同。马克斯派所谓社会依然只是经济组织的总称，其中的要素尤在阶级的分野。所以他们所谓社会学的知识论，在实际上不啻是阶级性的知识观。详言之，即不外乎对于某时代某种思想求其阶级的背景（即代表阶级的利益）而已。这种知识论而名之为社会学的知识论，实在不切。其实社会关系之影响及于思想，却不止在于经济的阶级一点上。所以孟汉的优点，即在于能超过此界限。但我对于他仍有不满意的地方，即他所论究的依然是具体的思想。换言之，即某某主义或某某学说等在社会上流行的思想。对于这种具体的思想，分析其中所含的社会关系本是一件应该的事。无如必须知道每一个社会上具体的思想，必有其所用的范畴，而这些范畴依然可从社会的观点去加以研究。所以我的目的是偏重在于研究这些范畴。换言之，即我所注重者不是社会上的思想，乃是思想背后的骨干。

以问题的性质来论，我这样的问题却和康特（Kant 旧译康德，今改此取其音更切近而已）相同。康氏研究知识就是专注重于知识中的根本条件。我以为康氏式的知识论是正式的知识论，换言之，即凡知识论必须讨究知识之格式，不必涉及具体的思想。不过康氏知识论在他本人以为是讨论人类思想中所普遍含有的范畴，而在我则以为依然只是西方文化中所普遍含有的思想格式而已。我这个主张并不含有以为人类思想上不能有普遍的范畴，而只能有各民族各文化上的思想格式；我亦承认人类知识有其绝对公同的地方，但却不是康氏所指出的那几点。这话已出题外，现在请不深论。

总之，康氏的知识论既不能跳出西方人的知识范畴以外，所以他的企图依然只是想从知识之根本问题上奠立西方人的传统态度。换言之，他亦未尝不受当时的影响。他是想借知识问题来救济形而上学，所以他想从人类普遍的理性上着眼，以为此着如能办到，则传统的人生态度便得有安顿处了。到了我们的今天，似乎人生的安顿不必求之于形而上学。所以我们的问题已不是康氏当时的问题。因此我们虽必须有一种知识论，但却不必以知识论为救济形而上学之用。所以我的态度便与康氏不同，毋宁与斯本葛拉（Spengler）相仿佛。就是我以为思想上的范畴，其出现与差异都可归之于文化。某种文化即当然有某种范畴，并不是某种文化包含有某种范畴，亦不是某种范畴产生某种文化。原来范畴的成立与文化的成立只是一件事，因此某种文化当然包含有某种范畴，某种文化所以形成当然亦就是靠了某种范畴。这只是描述的不同而已，其间并无因果相生的关系，不过二者同表现一个事实罢了。但是我只是一个研究哲学的人，自己不敢说对于文化史与社会学以及人类学有所造诣，所以我今天从文化的见地来解释知识，是否是文化社会学者的眼里亦认为有当，那是我所不能预期的了。我这个见解是由于研究哲学史而有所发见。我现在只能依然仍本着这样立场来说出我的发见。至于这个见解是否从文化社会学方面亦有价值，则须请他们专家来估计了。或补充或修改，便都不是我的事。

以上所说虽只是一个开场白，然其中却共含有几点：（一）知识论与文化史应该打成一片；（二）不仅具体思想有社会的背景，即名学方式与思想的范畴都有文化的差异性；（三）东方人与西方人在思路上有不同，即可以此说明；（四）借此可以知道西方人的所谓"哲学"，究竟是一件什么东西。这几点都是下文所要充分说明和讨论的。而最后著者更大胆地自立一个知识论：以为必须有这样的一个知识论，方能使上述各点的问题得着一个圆满的解决。

二

本篇中所谓的"知识"应得加以限制。普通分知识为官觉的知识与概念的知识。例如一个桌子，一个椅子，都是由于目见手摸。这是官觉的知识。至于如云自然界有齐一性，又如云宇宙有一个全能的主宰，这些便不能求征验于官觉。所以因果、目的等都是概念的知识。不过我们必须知道不是官觉的知识能在概念的知识以外，亦不是概念的知识不与官觉的知识相混合。实际上任何概念的知识都含官觉的成分在内，且官觉的知识亦无不常为概念所左右，所以这个分别不过为了研究的便利而已。本篇所要研究的不是官觉的知识，而只是概念的知识。因为概念的知识反而能以左右官觉的知识，所以其重要性乃在于官觉的知识之上。这是一班经验派学者所忽略的，而我们从文化的观点以看，则必反而侧重于此。我在本篇开始时首先提出"理论的知识"一辞，亦就是意在借此表明现在所讨论的知识是限于以概念的知识为题材。

所谓概念的知识，亦就是解释的知识。于此所谓"解释"，便是使用概念之义。例如我看见一朵花，这是官觉的知识。但我若对于花加以解释，如云花是由叶变化而成，如云花的形成是为了传种，这便是解释的知识。在这些解释中至少是使用下列的概念：凡事物的产生必有其原因，每一个变化都有其缘故。至于结果成为"进化"之概念，更可说是由于解释而得。所以解释的知识，以其内含有概念以及结果归到概念，亦就是概念的知识。因为概念的使用就在于解释官觉上所见的事实。可见概念的知识亦就是解释的知识，解释的知识亦就是理论的知识。

说到此，使我不能不提及意大利社会学家潘兰陀（Pareto）的主张，以与我此说相比较。他亦知道所谓理论的知识其中包含甚杂：有叙述的部分，有公理的部分，有具体的部分，有悬想的部分，此外有诉诸情感的部分，杂有信仰的部分。于是他把理论的知识之内容分为两大类：即征验的与非征验的。

再其次又以名学的与非名学的二分类相结合，遂有（一）名学的而又征验的；（二）非名学的而为征验的；（三）非征验的而为名学的；（四）非征验的而又非名学的（见 Pareto，*The Mind and Society*，第一册第八页以下）。我且不详述其说，现在所要说的就只是他所谓征验的正是在本文所谓理论的知识以外的。所以我们亦可以拿他的区分而应用于此，就是凡征验的都是不属于解释的。虽则解释的总是包含有征验的，然而却不能反之。这样说法更可使我们对于理论的知识之范围，得有一个比较明切的认识了。不过他又有名学的与非名学的之分，他亦知道非名学的部分不十分居重要地位。而我则以为"名学的"一辞其意义亦甚含混。大体人们的思想不必尽合乎形式名学，然却不能谓其不合于名学。所以我们所讲的不是形式名学而只是"实在的名学"（real logic）（其实形式名学亦是被实在名学所左右。下文所言，即证此理）。若以此种名学而论，中国人的名学就与泰西人的不同，印度人的又与中国人的不同。名学乃是跟着文化而走的。西方人往往以为他们的名学是人类共同的唯一工具，这乃是一种错误的见解。关于此点，当然在下文再须详说。现在不过只提到名学的与非名学的之分别实在是不重要的，因为没有一种理论的知识，其自身不含有一个实在的名学在内。所谓非名学的理论知识，实在只是妄想与胡说，我们没有工夫去讨论这些不重要的东西。潘兰陀对于非征验的理论，以为其承认或拒绝的标准乃在于情感。于是有所谓"情感之名学"（the logic of sentiment）。这一点见解是很精辟的，但必须把征验的知识除外。所以我们今天所要讨论的那种知识只是解释的，属于概念的，不在征验范围以内的。

新兴的维因那学派亦看到这些地方。就中如卡那魄（R. Carnap）即以为有事物问题与名学问题之分。所谓事物问题是对于事物发生问题，而名学问题则是对于关乎事物的言语与名辞以及论断而发生问题（见 Carnap，*Logical Syntax of Language*，p. 277）。这样的分类亦很可以帮助我们。即我们须知有许多知识不是直接对于事物的，而只是关乎对于事物的见解的。这种知识在人们生活中实居大部分。现在我们所要讨论的，就是这类的知识。

这一类的知识，用实例来举之，可以说就是政治思想、社会思想、道德见解与哲学思想，至于宗教信仰中的理论部分，当然在内。科学的知识除了实验的以外，凡属于解释性质的学说，自是亦属于此范围。

三

在讨论这一类的知识以前，先要弄清楚一点，就是所谓征验的知识，反为概念的知识所左右。这一点在外国几为学者所公认，而在中国则一班提倡科学的人，例如丁文江等，却从未注意到此。现在为了使国人得一个正当的了解起见，所以对于这一点特别说几句话。

怀特海（Whitehead）论这一点最警辟：他说所谓科学乃是两种知识之会合。一种是直接的观察，另一种则为总括的解释。他名前者为 observational order，后者为 conceptual order。他告诉我们说，前者是常由后者以说明，用后者以补充之。究竟何者在先，虽为历来学者所争论，然而追溯原始，纵使越人类而及动物，亦无不见二者互相并存。不过新的观察却可改正原有的概念，新的概念亦可另辟新途径于实际观察。他于此更举物理学的进化为例。例如牛顿的物理学，就是以一块一块地物质为如实的自己存在作起点。根据这个乃遂有绝对的动，因而有绝对的空间与时间。至于近代则把一块一块地物质只认为一个中心点，在空时的格构中，而其各方面则普遍于其间。这样便把所谓“单纯定位”（simple location）抛弃了。可见我们对于物理的见解，完全跟着我们所用的“概念格局”（conceptual scheme）而转移。除了怀氏以外（怀氏之书为 *Adventures of Ideas*. Chap，Ⅸ，读者请详阅之），尚有美国物理学者林忍（V. F. Lenzen）著有 *The Nature of Physical Theory*。在其中即历举物理学上根本概念之变迁与其沿革，而每一个概念起了变化便随之发生一套新物理学说。

本篇目的不在于讨论此点，且著者本人对于此种科学亦非所专长，所以不欲多论。不过用此以证明凡征验的知识即由官觉而得的知识，其实皆是在暗中为非征验的知识即概念的知识所左右，所指导的。征验的知识自然可以订正概念的知识，这是很显然易见的，故这一方面容易为人们所承认。至于概念的知识在暗中指导官觉的知识，则很为人们所忽视。这一方面乃是我今天愿意特别注重的。其实此事亦复甚为明显，一经说破，我想大家必定都能首肯。我所以欲大家注意于此点的缘故，不外乎想告诉大家以理论的知识在我们人类的生活上实在比实证的知识居重要地位，且可以说是占大部分。

并且我们更应得知道征验的知识总是由五官的官觉而证验，所以总是属于个人的。属于个人的，即不啻谓其非社会的。因此官觉的知识不能成为社会的知识，但任何个人的知识不能没有社会的成分。这些社会的成分，只能在解释的知识中出现与存在。亚历桑逗（S. Alexander）告诉我们说，真伪问题是有社会性的，不预先有社会不能讲真伪。这句话十分有见地。须知真伪之分止能见于解释的知识，至于知觉的知识则总是属于个人本人所私有的，即不发生这个问题。所以官觉的知识看去甚为重要，而其重要性是显然的。非征验的知识看去好像不重要，而其实是因为他的重要性是隐然的。根据此理，我乃大胆地主张凡理论的知识都是含有社会性的，请详论之于下段。

四

我的理由甚为简单：即凡理论的知识都是言语的知识。换言之，即用言语来表出的思想，学者称之为 linguistic thinking。须知言语是社会的产物。虽则儿童的言语是有些专说给自己听的，而无论如何，凡言语必是预想有个听者，所以言语在根本上是社会的。并且我们更应知道在原始时代，言语常即视为实物。知识愈低的民族对于言语的魔力愈感受得着，差不多他们的情感可以完全用言语来决定。例如我们对于知识低浅的人，若骂他是个贼，他必定大怒。但对于知识复杂的人，则只须他自信未曾偷人家的东西，他便可一笑置之。我们可以拿言语支配力的强弱，以测量这个民族的智力发达的程度。这些情形，已有近代对于儿童心理的研究以及对于初民心理的研究充分证明了，兹不详述。

这些议论好像只是揭穿言语与实物之不尽相符，因而主张人们的思想应该从言语解放出来。其实这乃是一方面的见解。古往今来的哲学家无不看到言语的限制与束缚，总以为真正的思想非言语所能捉得住。这些议论并不见得真能表明人类思想的发展。老实说，在人类思想的发展上与其说言语是个阻碍，毋宁说言语是个助力。因为从人类的全史来看，言语的创造与变化实在是代表思想的生长与发达。须知言语与思想在根本上是不可分的，任何思想必须以言语来表现，凡不能表现的大概可以说几乎可以不算为思想。虽则言语与思想并非绝对的同一，然而二者却不能分离。所以我们得确定的说：言语的变成复杂就是把思想使其发展，言语上名词的进化就是思想的进化。不是言语限制思想，言语阻碍思想；乃是言语创造思想，言语伸展思想。人们以为思想是固有的，因言语有新出来的名词遂致思想得有发泄的机会。其实这是错误的。言语上每有新名词创出，每有新结构产生，都足以把思想推进一步。这乃是言语激发思想，或言语启迪思想。所以若说思想如囚犯，言语如监牢，监牢愈宽松，则囚犯愈自由，这实在不切于实际。而实际只是思想随着言语的进化而变为复杂，这一点是我们所应注意的。如果把这一点（即思想随言语而起）与上述一点（即言语是社会行为）合而观之，则可知人类的知识，除了本人五官征验的一部分以外，全是社会的，或换言之，即人们的心理都是为社会的浸染于不知不觉之中。

关于思想为社会情况所左右，学者遂发明有所谓"知识之社会学"（sociology of knowledge）。但这种研究只看到人们的思想受了当时社会上无形或有形的势力所左右，而尚未见除此以外却还有很辽远的社会影响亦在那里暗中支配着。我们名这种辽远的影响为文化的关系。所以人们的思想除了现时的社会上利害关系所影响以外，还须受传下来的文化所熏染与浸透。当时社会的环境所决定于人的思想的是其思想中的趋向，传下来的文化所决定于人的思想的是其思想所依据的格式。这些当然都是所谓解释的知识。解释不同即有不同的文化，人们生在不同的文化中自然亦习为不同的解释了。所以我用文化以说明范畴，用范畴以说明民族间（如中西）之心思不同。孟汉与马克斯派虽都见到此点，但却忽视文化的辽远影响，而独有斯本葛拉能畅达发挥之。读者请看其 *The Decline of the West* 一书，我不欲一一详述了。

五

斯氏说言语的发展有三个段落。第一是名字的出现，第二则为文法的使用，第三为由动词的出现而句成法（见前书 v.01，Ⅱ，p.145）。而我则以为他的说法太细微了，我们只须大略地说一说就行。我主张言语的进化应分两个大段落。第一个是表情的"姿势言语"（gesture language），第二个是达意的"意思言语"（meaning language）。第一种的传达在以说者的姿势唤起听者的姿势，而听者由姿势的表出来方使两心打通。这只是情感的表现。在这样的表现上把双方的情感得打通了。至于意思言语，乃是把意思即藏在文法与句法中，由言语的格律与结构而使听者自得了解。这两个分别却十分大，几乎是个鸿沟。我们可拿达尔文（C. Darwin）研究人类与动物的表情作参考，即可见鸟鸣虎啸就不啻人类言语的先河，所以在姿势言语上是以表现情感的状态与神气为传达的媒介。而在意思言语则文字的变化与句法的构造便大有关系，不仅声音有变化，并且其重要点在于有组织（即上下与前后的关系）。由前一段而进化到后一段，实在是个大变化。这些自有进化论者去讨论，我不是研究这个的，因不多述。我所欲说的只限于后一段落式的言语与思想的关系。

因为言语有了文法（按 grammar 应为"字法"，现在从通行所译）与句法以后，乃始能有名学（即逻辑），在此我们便得一述名学的性质。西方的名学家总以为名学的对象是人类理性的规则，这个见解不甚得当。即以亚里斯多德的名学而论，我们可以显然看见大概是根据希腊的文法。换言之，即为希腊文法所左右。后来拉丁与法英德等文法又大概是在相类的系统下，所以亚氏的名学遂变为西方人的普遍适用的推理规则了。然而用于中国人的心思上却必见其不相合处，足见亚氏名学乃是根据西方言语系统的构造而出来的。所以我们对于名学不可跟着西方的名学家，以为这是人类理性的规则。而应得主张名学虽是研究人类理性的法则，但这个理性却是在言语中表出来的，离了言语便无这种理性的规则。这句话中所谓言语虽亦可以说是指任何种言语，因此学者遂谓名学有异于文法，其故是由于名学不限于何种言语，殊不知名学虽可适用于不限定为何种的言语，但却亦决不能外乎言语。既然名学所引为对象的是宿于言语中的理性规则，则这个理性的表示必在暗中为言语的格式所左右，所以不同的言语总有多少足以影响名学。我们倘研究中国人的言语与中国人的思路以与亚氏名学相比较，便可恍然大悟了。我在前作（《从言语构造上看中西哲学的差异》，载《东方杂志》卷 33 第 7 号）曾举一个很显明的例。例如西方传统名学上的"主谓式句辞"（subject predicate proposition），便为中国人所无。譬如在英文云 He beats his wife 乃是关系式（relational proposition），而 He is beating his wife 便是主谓式，因其中有主语与谓语的分别。但在中文却只有一个，即他打老婆。如云"他是打老婆"，在说话上有之，而文言始终无此形式。其实二者没有分别，因为我们必须明白中国虚字的由来，中国的虚字只有语势（即语气）的作用，而根本上并不十分含有文法的使命。所以二者在文法上没有区别，而只是在轻重上有不同，即后者比前者来得重些。而文言则往往略去这个注重的语势。关于中国虚字，下文尚须详论。现在不过姑举一例以明言语左右名学而已。须知亚氏名学根本上是依靠这个主谓式句辞。倘使改变这样句辞的形式，则亚氏的传统名学便有许多地方大大发生问题。我们根据这个道理乃可进而讨论中西的言语构造不同及其名学方式不同之影响。

六

我始终主张西方人的思想离不了亚氏名学的支配，虽则后来名学发达已超出亚氏的范围。而近来的数理名学只是关于名学中的一部分，若以数理来统一名学，并不能办到。所以传统名学依然是在西方人脑中的"活的名学"。据我研究，亚氏名学中的"十伦"（ten categories）以及修改后的"五旌"（five predicables），都是根据于希腊文的文法。不仅此，即"定义"与"分类"（division）亦是从五旌与十伦而来的，所以亦离不了文法的关系。此外，亚氏所谓"错误"（fallacy）尤其是基于希腊的言语。这些全是言语的关系。

除了上述的很显然可见者以外，我确发见亚氏名学的基础是建筑在所谓主语与谓语式的句辞上。此种句辞就如英文 it is。这个 it is 亦等于 it exists，其实这只是因为这个动词 to be 含有"自己存在"的意思在内。我以为西方的名学与西方言语中有 to be 的动词大有关系（现在姑以英文论，英文的前身是希腊与拉丁，然在于这一点上，却是大体相同，所以拿英文似乎即可作代表），因为西文的 to be 动词有自己存在的意思，所以西方的名学根本上就建有"同一律"（law of identity），而同一律却是西方名学的唯一基础。一切名学的规则都归根到同一律，没有了同一律便不能有名学的推论。因此我名西方名学为"同一律名学"（identity logic）。换言之，即这个名学统系是以同一律为柱石的。同一律不但支配一切名学的演算与推论，并且还在暗中左右那些思想上的概念。例如亚里斯多德的哲学便完全是由这样名学而成。他所谓"本体"（substance）就是由"主语"（the subject，如云 it）与动词 to be 而引伸出来的。在主谓式的句辞上主语绝对不可缺少。如果缺少了，便不能为"句辞"（proposition）。从在名学上主语的不可缺少，遂一转而变为在思想上"底层"（substratum）亦是不可缺少的了。如云甲是乙，甲乙二者所以能连缀在一起必定是靠着有一个底层，以连合之。更以浅显的例来说明，如这个是黄的，又是硬的，这个"黄"与"硬"当然是所谓"属性"（attributes），但每一属性必有所附丽。他所依附的就是底层，由底层乃生有"本体"的观念，于是这个本体乃变为无尽的泉渊。凡有形容都变为属性，但凡属性所云谓必系对于一个本体而施。所以本体在思想上为绝对不可缺少，因此在言语上主语亦是绝对不可缺少，这便是西方哲学史上无论正反各方的讨论而总不能把本体观念不列为一个问题的缘故了。

至于动词 to be，亦是西方言语的特色。因为这个动词可以含有"存在"的意思，遂可一转而为名词"being"。西方哲学上的本体观念完全是从这个字出来的，亚氏的本体观念就是根据这个字而推出。此外，西文的 it 亦是有相当的奇怪地方。他是一个不定的指示，他只能"有"而不能"是什么"。一旦是什么而分明了，则主语与谓语便相合了，亦就是本体定为属性，属性与本体合一了。属性与本体虽合一，但仍不能说本体不存在而只有属性。所以"存在"与"是什么"分开为二事，这乃是本体观念所产生的根本要件，而这个要件唯由西方言语结构能表出。如云 it is，在中文为"这是"便不是一个整句，而西方言语系统则只需有主语，有谓语，便得成为一个完全的句辞。我们读柏拉图的书的时候，常必发见希腊文的这个动词其本身富有意义，而许多哲学问题是从这里引出来的。我尝说有许多哲学问题其本身只是个言语问题（我这句话与维因那派不同，他们以为只须把言语弄清楚了，有些问题便不复成立，我则以为这些由言语而成的问题完全表示人们情感的要求，亦是不能消除的，下文当论及此），亦就是看到这些地方。

这几点以与中国来比较便见其很不相同。第一，中国言语不必须要主语。换言之，即主语常在省略之列。因为主语常被省略，我们便可推知主语并不是不可缺少的。例如："学而时习之，不亦悦乎？有朋自远方来，不亦乐乎？人不知而不愠，不亦君子乎？"悦与乐以及为君子的主体都没有提及。又如："苟志于仁矣，无恶也。"志于仁的主体亦未提。至于如："俎豆之事则尝闻之矣，军旅之事未之学也。"这显然是把"我"字略去了。现在不过随手取《论语》来翻出一二条以示例而已，其实这种例真是举不胜举。第二，中国言语中没有和西文动词 to be 相当的字，如口语的"是"便不能有"存在"的意思。至于文言的"为"反有"成"的意思，有几分似英文的 to become，而在英文 becoming 却与 being 正相反对。第三，中国言语上无论口语的"这"与文言的

"此"或"其"都不能与 it 相当。"此"只是英文的"this"，这个字是有对待的。"此"是与"彼"相对待的，不能成为一个"不定者"（the non-definite）。

总之，因为中国言语上没有这些情形，所以中国思想上不把"本体"当作一个重要问题。这便是言语左右思想，言语引导思想的一个实例。我们亦可在言语与思想的两点上看出中国国民性在心思方面有与西方不同的地方。现在请接着讨论中国人的思路是怎样的。

七

我们要知道中国人的思路的特点，必须先明白西方名学以资比较。我在上段已说过，西方名学根本上是建筑在同一律（至于所谓矛盾律与排中律只是同一律的附律）。分类、定义以及三段论法（甚至于转换与对当）无不基于此。这些原是互相关联的，实在是一套，而中国人的思路根本上不适用这一套，所以我说中国人的名学系统（姑名之曰系统）是不建筑在同一律上的（logic without identity）。

先以分类来讲（按 division 应为"区分"，不必尽为种类）。西方名学上的分类因为基于同一律，所以必须为"二分"（dichotomous division），即"甲"与"非甲"，"文学书"与"非文学书"。又如"甲"与"乙"，"善"与"恶"，这不是二分，因为甲乙以外尚可有丙，善恶以外尚可有不善不恶者。所以分类的规则必须要"尽"（exclusiveness）。但中国人的思想则不注重于此点，总是大小对称，上下对称，善恶对称，有无对称，并且把他们认为是相倚靠的。如《老子》上："有无相生，难易相成，长短相较，前后相随。"我认为这种思想是另外一套名学，下文容再论之。

其次，我们要讨论到定义。西方名学上的定义是必须使"定者"（definiendum）与"定之者"（definiens）之间能划一等号，例如三角等于一个平面形其边为三条直线所围绕。但中国人的思想却总不想到这个问题。古代最重要的思想是"天"，但《说文》上："天者颠也。"以人的头顶来训天，乃是说天在人头上。然在人头上的却不一定是天，云、月、风、雨，甚至于飞鸟，都是在人的头上。可见这种"指事"的诂训，完全与西方所谓定义不同。这一类的情形在中国古书上太多了。如"仁者人也"，"义者宜也"，"礼者履也"，"庠者养也"，"校者教也"，

"政者正也""儒者柔也"，我现在不欲多举。总之，在这里还有一个奇特地方：就是这些训义不仅不是西方式的定义，并且还含有音的相通（即相近）。以音相通而能变为训解，这在西方名学上是不可解的。因为名学总想求得离言语而独立，而这种以音为训乃只是言语上的关系，不能含有名学的意义。所以我们可以大胆地断定说：我们遍检古书，绝对寻不着有类乎西方式的定义的文句。

再其次，我们要论到中国文上的"非"字与"不"字。例如云"甲非乙"，在西文可以断定其为否定或确定，只看其动词为何。如 A is not B 是否定，而 A is not-B 则不是否定。在中文的"甲非乙"，却不知与西文的哪一个相当，或可以说都可通。这一点虽不甚重要，然而"换位"（conversion）便成为不必要了。换位既不成立，则"对当"（opposition）亦不能成立。所以中国的思想是根本上不能套入于西方名学的格式内，而中国人所用的名学只好说是另外一个系统。

我对于中国人所用的名学，姑妄名之曰"相关律名学"（correlation logic）。或更冗长些，名之曰两元相关律名学（logic of correlative duality）。即这种名学注重于那些有无相生，高下相形，前后相随的方面。这种思想充分表现的是《周易》。虽近代考据家不承认《周易》是最古的一部书，然而我们对于其中的思想却不能不认为是中国的正统思想。这种思想的最显明的表示，是所谓"一阴一阳之谓道"。因为这种思想的方法是想到阳，便预想有阴；想到阴，亦便预想有阳，二者相待而相成。至于刚柔、进退、吉凶亦是如此。用流行的语来说，可以说这种思想方法是所谓"辩证法的名学"（dialectical logic）。不过此名辞的涵义太复杂，用于此处亦不甚切，所以我不愿意如此说法。要之，这种思想是和用同一律的不同。用同一律以思想是注重这个东西的本身的同一，倘使无论名词或句辞，若没有自身的同一，便不复能说话。

而这种用相关律来思想的，却正由相反以见其相成。不仅在句辞与推论上可以如此，例如：死而不亡，大音希声，大象无形，守柔曰强，大言若讷，福兮祸所倚（皆见《老子》）；即在名词上亦可以看见有这样的情形，如《说文》以"出"而训为"进"，于"乱"而训为"治"。近见董藩先生有《反训纂例》一文，所举甚多，兹不详引。我对于这样的反训却另有一个解释，与历来不同。我以为这并不是一个字而兼含正反二义，乃只是一个意义必须由其反面而明。如云"出"则必有待于"进"，无进则无出，换言之，即无进便不能有出。"乱"与"治"亦是如此。此外如"贡"与"赐"的关系，亦可以此类推。所以我们中国人的思法是不倚靠同一律的，而只取"对待"的关系为出发点。这样思法显然是另外的一个系统。这样系统恐怕与中国的象形文字有关系，象形文字是只注重于象（详见下文），所以中国人只讲象与象之间的互相关系，而不问象的背后的本体。因此遂发生相关或相对，后来顺着这个趋势，在文学上乃有骈文与律诗的创造，是外国所无的。

现在讲这样名学与西方名学之比较。先言分类，则必不能是二分，如甲与非甲；而只能用对立，如善之与恶，入之与出。至于定义亦不能有，而只能由反义以明之。如"妻"为"有夫之妇"，在西方名学便非定义，换言之，即犯了循环定义的规则；然在中国则只有如此。所以"夫"即为"娶有妇者"。中国诂训上有"转注"大都是如此，甚至于"假借"亦有这样的情形。例如"买"字，可注云"卖也"。而于"卖"字，又可注云"买也"。二字并非同一意思，却只是因转而明。因为买卖本是一件事，只由观点不同而有异称。因为中国言语有这样的情形，所以根本上不注重同一律。因为不注重同一律，所以同时在言语上我们求不着有等于英文 is 的字。我在前作曾详论之。

我以为中国言语上的"……者……也"，始终没有表示同一的意思，换言之，即决不含有主语与谓语的形式。如云"仁者人也"，决不能说"仁"是 subject，而"人"是 predicate。"天者颠也"亦是显然的。我们既不能以"人"来表述"仁"，以"颠"来形容"天"，则二者不是同一（无论部分的或完全的），便可显然明白。因为西方名学总可以图形表示两个概念的关系，如甲图；但"仁"与"人"的关系却不能用图形表出，如乙图、丙图、丁图都不能把这个意思正确的表示出来。所以我们可以说"仁者人也"一个句辞是不能用图形来表示的。不仅其义有好几个，并且其义是游移于好几个之间。于是乙丙丁三图又都可以勉强适用。我们从三个都可勉强说而观，便可证明这三个在实际上却是都不切合。这便是中国言语上没有等于西文 is 的一个好例。

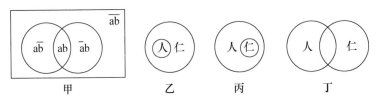

甲　　　乙　　　丙　　　丁

因为讨论到"……者……也"，使我不能不顺便说到中国虚字的特性。中国的虚字（者、也、乎、哉、耶、矣等等）都是原来没有那个字，而由音相近遂借过来的，所以名之为"借字"。这样借字只表示音而已，并不含有义在内。并且其本字都另有训，如"为"字本训为"猴"。所以如此借来以表示声音，不外乎用这些音声以表示语气的轻重。例如仁者人也的"者"是表示短促，而"也"是表示伸长。短促是表示断逗，伸长是表示终了，这完全是腔调的关系。不但"者""也"等字为然，即"之"亦只是表示语气。如《赤壁赋》上"从予过黄泥之坂"即为黄泥坂而已。又如"复游于赤壁之下"，亦只是在赤壁下而已。近人有以"科学之家"为不通，其实照旧式文法乃是很通的，和"高明之家，鬼瞰其室"，不是相似么？我在上文已说过，言语有两大段落，一为姿势的言语，一为意义的言语。中国的虚字完全是姿势的言语，而尚未进化到意义的言语。至于何以不能如此，则由于中国文字是象形文字，一个字只需有一个音的缘故。

八

中国文字是象形文字，这一点不仅影响及于中国人的言语构造，并且影响及于中国人的思想（即哲学思想）。我们用《易经》来说明这一点最为得宜。大概当时造字即取法于形象，所以说："圣人设卦观象"。"卦"虽不能就是最古的文字，但至少是与文字同一性质的东西。因为"在天成象，在地成形，变化见矣"，所以"君子居则观其象而玩其辞，动则观其变而玩其占"。卦的创造虽其目的在于占卜，然必先预设若干变化的可能以便于占卜。每一个变化的可能即是一个象。"圣人有以见天下之赜，而拟诸其形容，象其物宜。""极其数遂定天下之象"，乃是因为"天垂象，见吉凶，圣人象之"。所谓圣人即指古者包牺氏一类人物。"古者包牺氏之王天下也，仰则观象于天，俯则观法于地，观鸟兽之文与地之宜，近取诸身，远取诸物，于是始作八卦。"因为每一个卦都有一个象征，而每一个象征代表一种可能的变化。如因"益"卦的象征而创造有耒耜，因"离"卦的象征而发明有网罟。可见象征不仅是代表外界的一种东西，并可指示一种可能的变动。胡适说："孔子主张象生而后有物；象是原本的模型，物是仿效这模型而成的。"这个解释十分精辟。中国古代思想确是以为先有象而后成物，这便与西方不同了。虽则柏拉图的"意典"（ideas）亦未尝不是象，然则他却主张意典本身是自己存在的。他和八卦上的象全不相同。西方人的思想始终注重于"本质",所以亚里斯多德总要提出 substratum 来讨论,而讨论的结果竟认有所谓 pure matter。所以西方人的哲学总是直问一物的背后,而中国人则只讲一个象与其他象之间的互相关系。例如一阳一阴与一阖一辟。

总之,西方人是直穿入的,而中国人是横牵连的。因为这个缘故,我发见中国思想上自始即没有"本体"(substance)这个观念。我们应得知道哪一个民族如果对于哪一个观念最注重,则必定造出许多字来以表示之。中国根本上就没有关于这个概念的字。所谓"体""用"(体用二字当然是见于《易·系辞》,然用为对待名词则始于印度思想入来以后)与"能""所",都是后来因翻译佛书而创出的。可见中国自来就不注重于万物有无本质这个问题,因为中国人的文字是象形文字,所以中国人的思想只以为有象以及象与象之间有相关的变化就够了。

我们在此可以明白不仅言语与名学有密切关系,并且每一个名学系统必是在暗中隐然含有一个哲学思想(即宇宙观与人生观)。中国人的宇宙观是唯象论。"象"这个字不仅与西文"phenomenon"相当,并且与西文"symbol"相当,甚至于又有"omen"的意思。但有一点宜注意,即象的背后并没有被代表的东西。象的指示只在于对于我们人类。因为象乃是垂训,所以后来把天上的彗星等怪象都变为预示凶兆。所以这种唯象论的宇宙观,在实质上却只是一个人生观。这又与西方哲学思想不同。西方哲学无论如何只能以宇宙观为人生观的前奏曲,而不能把宇宙观与人生观合并为一个。中国人这样思想,却是把宇宙与人生冶于一炉了。

我尝说,照西方流行的分类法,分哲学为本体论、宇宙论与人生论,而中国则可以说只有宇宙论与人生论(或宇宙论吸收在人生论中),没有本体论。就是因为中国人思想上不注重同一律,遂不能直接产生本体的观念。即如《老》《庄》,有人以为"有物混成,先天地生",与"万物与我为一",都是表示本体概念的话,我以为其实《老子》上所谓"天地根"与"道纪"只是讲宇宙的原始;《庄子》上所谓"物无成与毁,复通为一",诚然与西方的本体相同,但《庄子》的目的在于"适得而几已",故其所谓"万物与我为一"乃是一种神秘的经验。换言之,即其注重点在于"通"而不似西方人之注重于"有"。《庄子》书中甚杂,是否有魏晋人改窜,亦正难说。此种思想显然与印度思想相类似,则毫无疑义。中国人对于本体而有所理会，乃是由印度思想而唤起，想来如此说法总可成立。宋明理学完全是被佛学所刺激而起的。

有人说西方哲学是以成立本体观念始，而以遮拨本体观念终；中国则最初无本体观念，后来乃始有之。这句话亦未尝不对，不过这是文化传递与交融的结果。若专论文化的传接，则今天中国亦早不成原样了。我们今天所要论的不是这个，乃只是要问问纵使外来文化如何影响中国，而中国固有的文化在哪些方面依然有左右人心的势力。我则以为"不注重于本体"，这种思想态度纵在他种文化大量入来以后，依然是代表中国人的"心思"（mentality）的一个样式。

九

反之，在西方则本体观念始终为骨干。有人说西方思想到了最近已遮拨本体，这说并不见完全正确。罗素（U. Russell）一流所以反对本体观念，完全是由于发明了一套新名学，不建筑于主谓式的句辞。其实这一套新名学除数学外，只能与物理学相通。此外，其他科学尤其社会科学依然不使用这个名学，其势力还是甚小。因为本体的观念是与"因果"的观念相连的，大部分的科学依然为因果观念所支配。在这一点上康德（Kant）可以算是说破西方思想的秘密的第一个人。直到现在，无人能出其右。他把"相互"（reciprocity）的观念引来而加入于本体与因果之间，使三者互相倚靠；于是有因果必有相互，有相互必有本体。三者同为不可缺。我以为康氏这个见解真能道破西方人本体论上的根本条件。我们即可知道因果观念，乃是由本体观念引出来的。

其次，则有了因果观念以后，再与本体观念会合起来，又生所谓"原子"的观念。所以我的议论和一班人不同，主张在西方思想上宗教与科学以及唯物论本来是一起的（即相连系的）。宗教有两种形式，一种是希腊式的宗教生活，一种是后来欧洲耶教式的宗教。前者的样子并不是希腊所独有，即中国人古代生活亦有这样的类似情形，所以希腊式的宗教生活并不能算西方人所独有。不过我们必须知道希腊人的神话中，就含有唯物论的雏形色彩。中国古代的宗教亦何尝不与"自然"相通，这些都无足奇怪。而须知宗教若一变为"神学"（theology），则必须倚靠有"本体"（substance）的观念。所谓"主宰"（Supreme Being）与"创世主"（Creator）都是与这个本体观念相联的。不仅此也，并且与"同一"（identity）的观念有密切关系。所以就本体的观念而言，本来是宗教的，所谓 ultimate reality 其实只是 God。我因此主张本体论的哲学就是宗教式的思想。同一律的名学在暗中就为这种宗教式的思想所左右。亦可以说，哲学上的本体论，宗教上的上帝观，以及名学上的同一律在根本上是一起的。

斯本葛拉告诉我们说，自然科学的前身是宗教（*The Decline of the West*，v. 01. 1，p. 380）。怀特海亦说，近世科学的发生与中世纪宗教信仰有关。西方学者对于这点，似乎已早有明切的认定，我不必再引为是自我作古了。科学既是从宗教来的，则可知在西方文化上二者乃是一枝并蒂花，而不是如普通人所想象的那样相反的。我说科学从宗教而出，是用"相生"（genesis）一概念来说明之，并不是主张宗教的性质能以决定科学的性质，因为这是以"决定"（determination）来说明了。但相生虽不含有决定，而仍必有相通的地方。所以科学与宗教在表面是相反，而在深藏的里面却并不相反。中国现在有一班时髦先生们大反对宗教，而以提倡科学自命，其实从文化史的观点来看，这些人们并不知科学为何物。

不但此也，斯氏更告诉我们说，天主教的宇宙观与唯物论的宇宙观并无分别，不过同一事而用相异的名辞以表示罢了。天主教的教义如何，我不讨论，但我相信唯物论的思想是基于原子的观念，而原子的观念却由本体与因果两观念相连。所以我主张西方思想上有三个最重要的范畴，就是本体、因果与原子。由本体而宗教乃有所据，由因果而科学乃发达以出，由原子则唯物论随而成立。而这三个重要范畴的背后，却另有一范畴以通贯之，即所谓"同一"是已。法国哲学家曼野逊（E. Meyerson）对此真有炯眼，在他的 *Identity and Reality* 一书上痛论一切科学理论与科学所求都不能外乎这个同一。我则以为有同一，必有本体；有本体必有因果；而原子则附丽在此二者之中。所以西方文化在思想方面上根本即建筑在这几个范畴（本体、因果、原子、同一等等）之上。不明白这几个范畴的重要性与其先在性，则决不能明白西方文化与西方思想为何物。

十

而中国的文化却与这几个范畴无关。先从中国古代的宗教生活讲起。中国的宗教情形和希腊的样子差不多，只影响及于人们的生活，而没有祈祷与寺庙等仪式。在"天"的观念发生以前，是否尚有许多神，这个问题由考据家去研究，我今不管。我所要论的只是所谓"天"与所谓"帝"，在中国人却本来不注意其自身。所以我说中国所谓"天"只是"天意"而已。以英文释之即为 the Great Will 或 Divine Will，因为他只是一个"表示"（manifestation）罢了——即所谓意思表示。换言之，即中国人对于天只问天的"意"在那里，而决不究天的"体"（it-self）是什么，因为在中国人看来，天的"意"就是"天"。离了天的"意"，而问天是什么是名学上不通的。所以天即天意，不是有了天，然后天再表出其"意"来。天与天意既为一物，所以中国人对于天亦不拿他当作一个东西（entity）来看。天既不是一个东西，则天便不是一个"体"，因此我说中国人的"天"与西方人的"本体"概念并不相通。美人顾立雅（Greel，见其书 *The Birth of China*）以金文的"天"字好像人形，遂以为古代中国人以天为一个"灵物"（spirit）。我以为不然。纵使"天"字像人形，亦不能得这样的推论。因为中国人总是以为天是出乎人意以外而为人力所不能左右的，所以决不会以人形来表示这个灵物即"天"，纵使这个人形不是普通的人类而是一个大人。可见顾氏的说法，依然是采取西方人的观点以为比附。中国学者原有把"天"字训为指事，实在就可通，似乎不必改正。这一点关系却亦重大。例如我们在殷墟发见的卜辞上，必定见到大部分用帝字与天字都是叩询天意，如"伐呂方帝受我又"与"勿伐呂帝不我其受又"。而在《尚书》上却以已定的天意发表出来，如"有夏多罪，天命殛之"。大约伐夏之先必已卜过。所以我们应得知道天所以只等于天意，就是因为与卜有密切关系。卜即是所以知天意之法。在卜上，人可以知天意，则天与人便相通了。中国人对于天的要求只希望能通其意以定趋吉避凶的行为，至于天的本体是一个什么东西绝非所问。这就是因为中国人没有把本体的范畴用在天上，即不把天当作一个万物的本体。

其次尚有可注意的地方，即在《尚书》上大部分是以天意的表示，借作政权转移的解释。如"旻天大降丧于殷"，又如"天乃大命文王"最为显著。古代政权的交替本只有两个方式，就是传授与革命。传授而演有弊病，则事实上自然逼出革命。传授似可不论，但革命却必须有理由，于是托之于天命（即天意）。须知政权的转移在政治上与在社会上是一件最大最大的事，将这样的大事委之于天命，便是证明一切大的变化全不由人作主。于是天意的用处便专发现在政治社会方面了。这就是所以和西方以本体观念为主而注重于宗教有些不同的地方。

说到此，我们应得一讨论中西宗教生活的变迁及其影响。西方的希腊式宗教生活到了罗马帝国的统一就告结束了，但从此以后却又开始一个新的宗教生活。这个宗教生活并没有随着封建制度的崩溃而消灭，所以到了后来西方的宗教与政治总是二元的。中国不然。中国的封建情形大体与西方相类，但其宗教生活却是有类于希腊式的，并且这样宗教正是维持当时封建制度的一个有力因素。到了春秋时代，封建制度天天在自身摇动中，人们的思想自亦有影响。于是乃有"天道远人道迩"的议论，而与"天何言哉，四时行也"等意见亦有几分相通。儒家虽不废天道，然而已将他推而远之。这种思想的变化，到了后来遂致渐渐把宗教生活化淡了，而几至等于零，所以后来中国只有政治而没有宗教。换言之，中国的情形大致上变为政治一元化了，宗教成为不甚重要的了。这样的情形，在思想方面亦可以看得出。

所以我敢主张同一律的名学，主谓式的句辞，本体的范畴概念，都是以宗教为背景的思想。这是西方的特色。相关律的名学，不尽的分类（non-exclusive division），比附式的定义，等等，都是以政治为背景的思想。这是中国的特色。

十一

这两种思想不仅在范畴上与名学的根本律上有些不同，并且在态度上亦甚为不同。拿发问的态度来说，我以为西方思想对于一个东西或一件事情总是先问"是什么"，然后方讲如何对付。中国思想却并不注重于是什么，而反注重于如何对付。所以我名前者为"是何在先的态度"（what priority attitude）；后者为"如何在先的态度"（how priority attitude）。就是说，凡一问题起来，在西方人总先注意于"是何"，而中国人却总先注意于"如何"。换言之，即西方人是以"是何"而包括与摄吸"如何"，其"如何"须视"是何"而定。在中国人却总是以"如何"而影响"是何"。所以注重"是何"的思想能由宗教而发展到科学，亦可以说这是科学思想之一特色。而注重"如何"的思想只能发达到政治与社会，尤其是道德问题。所以东方思想始终偏于人事，而忽略自然，想其故即由于此。

有人以为中国哲学有名实之争与天人问题，以为这亦与西方哲学上的问题性质相类。其实不然。中国人的名实问题与天人问题，依然是关乎政治与道德的社会思想与人生哲学。不特此也，不注重"是何"的态度可以在哲学上不发生认识论。即中国人因不注重这一点，所以认识论不发达。就因为可以不起所认识与能认识是否一致的问题。有人说中国人的思想重在于执着中间以通其两端，我则以为这依然是应用相关律。这种"通"仍只是横通，而不是直透。其性质属于宇宙论，不含有认识论上的解决。所以如有人问我，何以中国不发达认识论，则我即答曰：正由于不注重于这个是何在先的态度的缘故。

这两种思想在用于推论亦大有不同。西方的同一律名学用所谓三段论法，就是推论；而中国人却不用这样的推论，只用"比附"（analogy）。如云"仁者人也"，就是一种比附的想法。最显明的例是《孟子》。如下列各条：

"口之于味也，有同嗜焉；耳之于声也，有同听焉；目之于色也，有同美焉……心之所同然者何也？谓理也，义也。"

"杨氏为我，是无君也；墨氏兼爱，是无父也。无父无君，是禽兽也。"

"人性之善也，犹水之就下也。"

"彼丈夫也，我丈夫也，吾何畏哉？"

"告子曰：性犹杞柳也；义犹桮棬也。"

"告子曰：性犹湍水也。"

"孟子曰：生之谓性也，犹白之谓白欤？曰然。白羽之白也，犹白雪之白；白雪之白，犹白玉之白欤？曰然。然则犬之性，犹牛之性，牛之性，犹人之性欤？"

诸如此类，不必烦举。所以英人吕却慈（Richards）以为这种逻辑不是西方人的逻辑，这种可以说是完全用比附来作论据，即是所谓 analogical argument 是也。我名之曰 logic of analogy。在西方名学则认为很有弊病。不过须知用于严格的科学思想上诚不相宜，然而在一班政治上的议论却大概都是如此。我因此以此种比附论法视为政治思想之一特征，即如马克斯派的思想亦就是一个好例。以正反合的公式硬嵌在任何历史的过程上，就是比附。把种子变为树木认作自身否定，亦显然是比附。把阶级抗争视为打仗，更是比附。认唯心与唯物是两个对立的党派，亦是比附。我现在并不是指摘他的谬误，不过愿意大声疾呼告诉人们说：马克斯派的哲学只是一种政治思想。

十二

这种以政治为主要的思想在言语方面亦可发现有些关系。如孔子主张"正名"。其实这并不是孔子一人的主张，乃正是所以维持当时社会秩序之道。须知正名完全是目的在于确定社会秩序。所以说："名不正则言不顺，言不顺则事不成，事不成则礼乐不兴。"正名的作用在辨上下，定尊卑，明是非（即善恶）。其主旨在于人事，而不是专为名学。如杀君则名之曰"弑"，含有以下犯上的意思。而以上杀下则曰"斩"，便有明正典刑的意思。帝王出游则曰"幸"，直来曰"来"，大归曰"来归"。由地方到中央曰"上"，如西上，北上；由中央赴各地曰"下"，如南下，东下。胡适以为这些都是文法上词性之区别，有文法上的作用，并且说："孔子的正名主义实是中国名学的始祖。"据我所见，殊为不然。我们只须用西方文法上的变化便可以因比较而明之。如以英文的 sense 为例，其变化则有 senses（多数），sensation，sensational，sensible，sensibility，sensum，sensa，sensationalism，senseless，sensitive，sensitivity，sensibly，sensuous，sensory，sensorium，等等，他是从一个语根来变化的。中国因为象形文字的缘故，虽有偏旁（如人字旁，水字旁等），却决非语根（偏旁等于归类而已）。所以每一变化必须成一个新字，而并非由一个语根转化出来。这一点很有关系。于是每创一个新字，必是根据于社会上有此需要。这和西方用一个字而加以变化，则情形不同。后者可以发生所谓语格。每一个格式表示一个东西，因情况不同而生变化。所以"格式"在西方思想上成为一个重大的要素。格式即是英文所谓 form，虽亚里斯多德的 form 与培根的 form 不同其义，培根的又与康特的不同其内容，而要之，西方思想仍是一脉相延，皆以 form 为重。我们中国人对于这一点却不甚了解，其故就是因为中国是象形文字，一个字是一个独立的物或象，而没有"格"的变化附随之。因此我主张正名的作用只在于决定社会上的尊卑大小等关系（反映着一个等级甚严的社会），而不能发展为真正的名学（因为西方的名学是根据主语与谓语之格式与同一律）。我尝发见中国名词最多的，一是关于家庭，如伯、叔、堂、表等等；一是关于德目，例如忠、孝、诚、敬、笃、介、廉、狷等等，似乎皆比西文来得多。这个想来即系正名之结果。

　　为什么以政治为主的思想侧重于相关律名学？亦应得有一个说明。我以为就是因为社会上的现象总是相对的，如男之与女，夫之与妻，父之与子，治者之与被治者，文之与武，等等。因此自然会演成"天尊地卑，乾坤定矣"的思想。这是一切相对的观念，如大小、上下、吉凶等随之而生，甚至于由一阴一阳与一阖一辟而变为一治一乱。我主张这样的思维法是政治社会的思想之一特色，但于此又稍有中西之不同。例如马克斯派，就是废弃同一律而主张矛盾律来思想的。须知马克斯派本是以政治社会为主的一种哲学思想，其所以如此，自无足怪。不过我则以为从这一点上，他是与中国的趋势相类，但二者对于所谓"相反相成"一语的轻重却有分别。就是马克斯派偏重于相反相成中之相反，所以主张斗争，把社会全置于斗争之上。而中国人的思想则偏重于相反相成中之相成。孟子说，劳心者治人，劳力者治于人，就是以为这种分配是一种互助。所以我对于这个区别亦另立一名，即注重相反的，名曰"相反律名学"（logic of opposition），以别于相关律名学。这一点不十分重要，现在不过附带述及。只意在表明西方这种相反律的思想，并不是从东方来的罢了（不过是因社会的要求而自然应运以生罢了）。

十三

　　现在我要再说明这些名学与范畴和人性的关系。我很赞成潘兰陀的话，除了征验的知识以外，凡不能征验的知识，其采取或拒绝全视人们的情感而定。因为不能征验的知识只是解释（interpretation）。对于同一事实可容有不同的解释。例如太阳落西，这是一个目睹的现象，但解释则可有两种不同。一个以为太阳走入地下，一个以为地球转过去了。所谓同一，所谓本体，所谓因果，完全是解释，或可说，解释时所用的根本概念，这些概念本身就是解释的性质。

　　这些解释由何而起，由何而有效呢？我愿意借用潘氏的名辞，即residues与derivations是也。前者我译为"隐根"，后者译为"显枝"。我以为人类至少有两种"情感"（sentiment）。我名第一种为"永存之情感"（residue of persistence 或 sentiment of persistence），第二种为"宰治之情感"（residue of dominance 或 sentiment of dominance）。由前者发生宗教性的思想，如本体范畴，主谓言语，同一名学以及由此再发生的因果概念，这些都是所谓 derivations。由后者发生一切社会思想，政治理论及其发为具体的一切制度，这亦是所谓"显枝"。一切显枝皆有其隐根，此根则为人性中的情感。人类为了满足这些情感，乃有这些宗教政治等等的一切。须知道两种情感（即永存与宰治），乃是人类所通有的，并不是说中西有所不同。研究文化不可把人类共同的方面忘却了。

所以我亦承认，不但在社会政治方面，即在言语思想方面，亦可以看得出人类有共同之点。至于中西所以有些不同，据我推想，纯是由于在显枝方面有发达充分或不充分的情形。中国人对于永存的情感不是没有，不过在固有文化上（文化即是显枝）未得机会发展。所以一旦印度思想传来，中国人便狂热地欢迎起来了。这就是在暗中把未发展的"永存"隐根勾起来了。因为中国土产的文化缺少这一方面，遂致印度思想在中国成为第二个故乡。

更不是西方人没有宰治的情感。西方的哲学当然是宗教的化身。以康德为例，我们可以看见所有对于知识之研究，不外乎为本体之存在作一个理论的基础。康氏第一《批判》乃是为第二《批判》预留地步。由知识不能窥得本体，而由行为却可体现本体。所以康氏虽然解析西方思想，而却依然为西方思想所囿，但须知这是西方传统的态度。西方人总以借助于宗教而间接达于社会政治。因此我敢主张所有西方的哲学（形而上学）无不在本质上就是一种社会思想与政治理论，不过不是直接的与显明的。马克斯派颇能见到这一点，可惜他们把社会认为阶级，便太狭了。我曾撰有《哲学是什么》一文痛论此理。就是我以为哲学只是对于社会政治思想的一种"理由化"（rationalization）。所以形而上学的尾间无不是人生哲学，人生哲学的归宿无不是社会思想（因为人身离不了社会）。总之，西方纯理的哲学只是政治社会思想之幻化（disguised form）。我这话亦许说得太过火一些，其实哲学就是文化，而文化总是一个整体。所以政治社会人生是不能与哲学分离，有人以为哲学专解决宇宙的秘密，这便是为哲学的表面所迷。老实说，离开文化而谈哲学决无是处。还有一点应附带一说的，即凡属于社会政治问题则对于现状必至少有两种态度：一为维持，一为破坏。马克斯派喜欢把唯心认为维持派，唯物为革命派，其实并不尽然，不过唯心唯物确与社会政治有关。

根据这个理由，我大反对卡那魄一流的维因那学派。他们以为哲学上的句辞全是"无谓"（nonsense）的，因为这些句辞不能"证实"（verification）。我以为这完全是错误的。他们忘却了人类本有许多知识，根本上就无法证实，所以我们决不能说凡不能证实的知识不是真知识。例如卢骚（J. J. Rousseau）主张"人是生下来即自由的"（《民约论》的第一句）。这句话即不能证实，但这句话可以助成美国的独立，唤起法国的革命。所以社会思想在根本上就不管证实与不证实。他是"不能证实的"（unverifiable），却是"可以实现的"（realizable），即中国人所谓"人定胜天"是也。这样不能证实而能实现，乃是社会思想政治思想之一特征。西方所有的形而上学思想无不是间接的政治思想社会思想，所以哲学就具有此种性质。可见说哲学上的判断都是无谓的，乃是不了解哲学为何物的话。卡氏等人只知符号名学，宜有此蔽。

十四

最后我要殿以我的知识论，用以解决理论知识究竟是什么的问题。我主张人类的知识有四个层次，而却是互相融透为一片。第一层我称之曰在感觉背后的外界架构。真的外界只是"架构"（structure）。我们对于架构只能知其"数学上的性质"（mathematical properties，此是罗素的话）。至于其性质上是什么（即 qualitative nature），则不能知道。但又须知这种数学上的性质不是死板的而有各种变化的可能，所以我主张外界的架构没有"呆定性"（rigidness）。第二层是所谓感觉，我愿依新实在论者称之为 sense。我们的感觉是一个奇怪东西：他虽由外物唤起，然在性质上却不与外物相同，可以说是相呼应而不相同一。所以他在其本性上是一个独立的东西。第三层是所谓"造成者"（constructions）。例如常人所见的桌子、椅子、朋友、房子等等普通物件，在常人总以为是一个自身同一的东西，而其实只是由观察者用其"知觉"（perception）而造成的。第四层即我在上文所谓的解释。这四层互相合并，彼此不能分离。但前二者比较上属于外，属于客观；后二者比较上属于内，属于主观。由后二者到前二者的过程，我名之曰"即切"（attachment），由前二者到后二者的过程，则名之曰"腾离"（detachment）。理论的知识就是腾离。腾离了以后再在暗中左右证实的知识。关于真伪问题，这只是腾离了以后方发生的。在解释一层容许有不同的解释，所以才发生哪一个对哪一个不对，或哪一个合理哪一个不合理的问题（其实从文化的见地来说，只有不同，并无对不对之可言）。这乃是理论知识的特点。哲学社会思想、政治学说、宗教信仰无一不是属于这一类。

关于这些认识论上的话，我在拙作《多元认识论重述》上已说了，现在不愿再述。

总之，我在本篇上是以综合方法把下列几个问题合在一起来解决，以明人类的文化总是一个整个儿的（此处所说的文化自是以思想方面为限，至于物质方面则非在本篇范围以内，读者勿以为文化可以无物质的关系）。其问题是：（一）西方的哲学究竟是什么？（二）言语与思想的关系是什么？（三）名学与哲学的关系是什么？（四）哲学与社会政治思想的关系是什么？（五）哲学社会政治与宗教的关系是什么？（六）理论的知识与官觉的知识之关系是什么？（七）文化与人性的关系是什么？最后（八）中国与西方人在心思上的不同是什么？我是学哲学的人，自然是三句不离本行，特不知习社会学的朋友看了以为如何？

我知有人看了此文，必以为我野心太大，而以"古今中外派"来骂我。不过古今中外派不一定是坏名词。如拿古今中外来胡乱附会，自可鄙弃。倘使真能把古今中外会合而通之，似亦不必认为不可。此只在乎人之见仁见智了。

此篇写成以后，乃承李安宅夫人出示日人熊野正平君在《支那研究》（41 号 1936 年 6 月东亚同文书院）上批评我的前作一文（《从言语构造上看中西哲学的差异》），并为讲述，似乎评者以为我主张言语决定思想，乃是本末倒置。我敢说评者依然囿于旧观点中。殊不知从函数关系的观点来看，如说言语是因，而思想是果，固然不对；而说思想是因，言语是果亦同样不对。我只是主张言语、逻辑与哲学思想，三者互相倚靠（interdependent）、互相关联（interconnected）而已。评者之言可谓无的放矢。一九三八，一，二八写于北平西郊燕东园。

余往日为文，信笔而书，日辄得四五千字。今此篇作而复辍者再，历十余日，三易稿而始成，则心绪之恶劣可知也。东荪附识。

本篇写完了以后，请教几位朋友。除意见有稍稍不同以外，有些地方似因我的表述不甚明白，而致有疑问。因此再作补注。

（一）关于所引怀特海的"概念格局"一层。怀氏本意似把空间与时间亦算在概念格局以内，而著者通篇所说的范畴左右官觉的知觉则取广义，而尤注重于空时以外的各种范畴。故怀氏原语有追溯到动物一句话，而著者则只注重在人类文化的范围。因为著者总觉得空时只是一种"架构"（frame work），对于知觉固然有排配的作用，而对于事实却没有解释的作用，所以书中所谓范畴大概是将空时除外。

（二）关于主谓式的句辞。在普通文法书上，如云"花开"，又如云"他到学校"，在这些上，开与到学校都是所谓 predicate。但在新式名学却又把主谓式的范围缩小了，如云 He is wise，又如云 He is wise man。便以为前者是主谓式，而后者不是。不过本篇则采取传统名学的观点，尤以亚氏思想为根据，以为凡有缀辞（copula）的都是主谓式。因此"花开"不成问题，而 Brutus killed Caesar 却有问题，必须改为 Brutus is the man who killed Caesar。这样的改法有人以为不必要，其实这两句乃是两个意思。倘使我们注重在主体与属性（subject and attribute），而把所有都吸收于此种分别，则这句话必须改为 Brutus has the property of killing Caesar，这便是后一个式的由来了。本篇是以这样句辞来代表西方思想的特点。

（三）关于西方名学上的定义一层。普通往往把一个名辞的内包与外延（connotation and denotation）认为与定义有几分相当。本篇著者取义比较严格，乃是只限于 per genus et differentiam 这个公式。至于新出的所谓 nominal definition 亦不在其列。

（四）关于相关律名学一层。我亦知道"相关"一辞有多数互相关系的意思，不限于对待的两造。不过我仍注重于其"相待"，即大之存在必须倚靠小，冷之存在必须倚靠热。我初意以为用英文 relative 虽似乎好些，但若用 relativistic 则有引入相对论的嫌疑。故后来都不用了。

（五）关于希腊式宗教生活一层。我本知道希腊宗教有四五个阶段，各有不同，此处所言并不包括其全部。只是指以神话为信仰，其信仰流行于日常生活，而无寺庙等一切仪式而言。这样的宗教生活姑名之曰希腊式的，并非讲希腊的宗教。

（六）关于中国思想注重于适中一层。本文说明似太简单。我的意见始终以为中国人的注重于中，这个中不是中间的中，因为如果有中间则便有独立的固定的两端。其实中国人所谓中却无异于涵括，而近于"正反相涵"（dialectical implication），因为两端相涵所以得中。故我说是基于相关律的名学。

（七）关于比附式的思想一层。我在此处注重在以比附式来表示思想，而不仅在于用比附法去思想。儿童用比附法去思想，几为儿童心理学者所公认（Piaget 尤为显明）。虽以比附式来表示思想是由于用比附法去思想的自然结果，但二者究有不同。如能了解其不同，则便知其间有一个思想方式的问题而不仅是实际如何思想而已。我的注重点乃在思想方式。所以我以为与相关律的名学有些关系，而不仅是由于幼稚。有人总欢喜把中国与西欧的中世纪作比较，而我则以为就中国人生活全部来看，当然是没有到达于现代；但专从思想的特点而言，以为是与欧洲中世纪相似，则必尚嫌说明不足。

（八）关于西方哲学是其政治社会思想之变相一层。我的原意是主张任何政治社会思想欲求其理论的圆满，必须要造出一个人生观，而这个人生观欲使其彻底，又必须要造出一个宇宙观。所以人生哲学是政治社会思想的 justification，而形而上学又是人生哲学的 justification。但西方人却当局者迷。他们不知道由政治社会思想以推到哲学，而总是以为先有形而上学，至于政治哲学只是形而上学的应用罢了。我的用意即在于揭破这个顺序，在说明他们平日以为由甲到乙的推演，而实际上却只是由乙到甲的变相，所以称之为"幻化"。

（载《社会学界》第 10 期，1938 年 6 月）

知识社会学与哲学
（1939 年）

　　傅吾康博士又要求我为本杂志作文章，并且提出希望：最好是讲述现代的德国哲学。我实在惭愧的很，我对于现代德国哲学很少留心。我虽然亦知道几个德国哲学家，不过他们已经都不在德国国内了。我以为现在哲学界有两个大的新趋势，一个是从言语的研究来廓清哲学上的暗昧问题；一个是从社会学的研究阐明哲学思想与人文环境的关系。第一派是由 M. Schlick，R. Carnap，H. Reichenbach 等人所倡导；第二派则有 K. Mannheim，P. Andrei，A. Dempf，A. Eleuthro-poulos，E. Grunwald 等人，就中以孟汉为领袖，可惜他们现在都不在德国。从文化上有不断的创造而言，我们不能不感佩德意志民族的伟大。但又因为多数学者不能在其本国内，则我们亦不禁有惋惜之叹了。现在因为第二派所主张有与我平素所想者相暗合处，遂成此篇，聊以报命。

　　知识社会学（Wissenssoziologie）是最新出的一门科学，从社会环境决定思想上以研究各种思想的内容。换言之，即职在分析人类思想内容以求发见其如何被社会因素所左右，注重于境遇左右思想，致各种思想皆有其背境，于是有"境况的相对性"（Situationsgebundenheit）。这种学问，同时又以"主义"（ideologie）为对象，以研究其所以构成的利害关系。详述知识社会学的性质非本篇目的，故请从略。

　　但就发现社会因素以决定思想而言，这亦显然是主张人类的知识有限制。因为社会的因素在知识以外，用知识以外者来左右知识，便是限制知识。发见知识有限制不自知识社会学始，康特（Kant）就是发现知识有限制的一个人。不过他是从"先验"（transcendental）的观点来发见知识有限制。

但这个先验说却可用生物学来解释，我们因此可称这种限制为生物学的限制。此外，例如佛洛德（Freud）未尝不是亦讲知识的限制，他用"不自觉"（Unbewusstsein）以限制自觉的心意。但他的所谓不自觉是由压抑而郁结以成，这便可说是心理学的限制。生物学的限制与心理学的限制有一个很大的不同，就是前者是普遍的与必然的，而后者却是各人不同。至于知识社会学，乃是于此两种限制以外又添了第三种限制。这种限制又与那二种不同，既不是普遍的却不是各人各样的。我们研究知识必须承认这三种限制。

我个人的宗旨，是想把知识学（Wissenschaftslehre）建立为一种独立的科学，而立于"实证主义"（Positivismus）之上。换言之，即从各方以研究知识，而不限于用形而上学的观点。详细来说，这个知识学必须不仅限于传统的"认识论"（Epistemologie），而必须包括各方面。从逻辑方面以研究知识的格式，从心理学方面以研究思想的"作用"（Akt），从认识论方面以研究知识的"确实"（Geltung）。这些都须包括在内，而尤必要的就是关于上述的三种限制的研究。

因为这个缘故，我对于知识社会学甚为重视。但我不是专从社会学的立场想把知识尽吸入其中，我乃只是从知识论的立场以为研究知识不能抛弃其社会因素的影响而已。现在我就讲一讲我的计画。我以为可分下列诸点来讨论：

第一是关于逻辑方面。向来研究逻辑决不会连想到社会的因素。例如唯物派主张否定之否定以及相反者之合一与渗透，由量变为质等法式。他们以为这是千古不易的真理，是自然自足的实情。而在我们看来，却完全不是那么一回事，乃只是由社会所要求而始发明的。反之如传统逻辑上的同一律，其情形亦然。所以就我的观点来看，唯物派攻击传统派与传统派攻击唯物派，同是一样地为他的社会因素所拘，以致于互相水火。倘能从我的观点，便见这个互相攻击未免好笑。

第二是关于哲学上的问题。我现在所取的态度与一向的哲学家不同。他们总是自己迷在哲学内，想努力以解决哲学上的问题，例如心与物的关系问题，宇宙是多元还是一元的问题，质与式的问题等等。我则先不从这些问题本身着眼，而先查一查这些问题何以会发生？发生了与人生有何关系？解决了对于生活起何作用？为什么只是怎样而不会别的样子？这样一想，便觉这些问题不仅其本身成为问题，且何以会有这样的问题亦就成为问题了。所以，我想从问题以外来看问题，这便是多少采取知识社会学的态度。

第三是关于哲学史。从社会学的立场以研究哲学家的思想，自然是考查哲学家的时代与那个时期的经济政治状态，以及其个人的社会关系。我对于这样研究尚未能十分满足。我主张不把一个一个的哲学家作对象，而把哲学思想看作一个很长很长的不断之流。在这个流中，我们务必想法发见其文化的背境，于是便把哲学史当作文化史。从思想的变迁上映出社会的变化，从思想上有新问题发生证明文化的阶段。把所有的各种思想连续起来作一个长流来看，看出其背后的社会文化的过程。

除了这些方面以外，尚有几个问题。

第一是关于言语的问题。我在此处却要和卡那魄、纽拉司（Neurath）等人异趣。他们所主张的是所谓"物元主义"（Physikalismus），我则以为言语不能尽还元到物理的报告，大部分的言语是表示"价值"的。正由于人类有希望、有感情、有意志，表示这些都是用言语，所以言语的主要作用在于表情，而不限于达意。尤其须知的即这些情感的交通，乃是社会的。因为言语完全是为交通而设，因交通而情感凝合遂有社会，故言语本身就是社会的。言语的构造上如有特殊处，必定即表示那个社会的特点。因此我把言语列入社会现象之一，而以知识社会学的方法研究之，不采取他们的物元主义。

第二是关于态度的非难。必定有人对于知识社会学加以非难曰：你主张社会因素左右思想，则你的思想亦必为社会因素所决定因而必非真理了。其实这样的攻击可施于任何学说，卡那魄的物元主义亦曾同受此种诘难。就是说：你主张一切言语若不能还元到物理即为无意义，你这个主张就不能还元到物理，故你这句话即为无意义。美国的行为派心理学亦曾受此攻击。就是说：你主张思想只是喉管中潜伏的动作，则你的思想只是你的喉中动作，便不足表示真理了。我认为这个问题确有解决的必要。英人罗素（Russell）想用"层次"（type）来解决，我则以为专就知识一点来论，知识本是一个怪东西，知识确为知识以外者所限制；然而发见此限制仍就是由于知识，这便是一班唯心论者所不能不把心列为最后者的缘故了。但我则以为这是由于观点不同。知识社会学是以科学的态度，以知识的对象而研究之，如果接受此诘难则便换了观点。因为诘难者是以哲学为主场，而想取包括态度。我个人对于这一点深感有调和之必要。但苦于学力未足，到今天依然毫无把握，不知将来能有法打通否。

以上所说只是略抒我近数年来的感想，亦是我近来所祈向的方向。

（载《研究与进步》第 1 卷第 4 期，1939 年）

学术统制与自由
（1942 年）

　　中国的教育家必须看明一点：首先对于学生从思想与行为两方面彻底养成其民主主义的习惯。详言之，即必须在思想方面，使其对于不同的学说有尊重心，即为养成民主式的思想习惯与治学态度。凡任何主义与学说，除了临时杂凑本来不经一驳的以外，都须视为有相当理由，必须以分析眼光对之，不可蒙头盖面加上一个帽子（例如小资产阶级意识等类名词）而一脚踢翻。把这种虚心、无成见、尚分析、尊重群说的态度养成以后，方才有资格作民主国家的国民。中国以往所以建立民主政治而始终未成，乃正是由于太缺乏这样的国民。

　　并且在行为方面，亦须养成尊重异派存在态度。首先由教师作个表率。不因派别不同而蔑视其思想上的价值，不因思想不同而抨击其人身，不党同而伐异，不先入为主，不视不同的主张为仇敌，容许他人发言，容许他人和我有同样的自由。养成这样的心理与态度，乃是当今教育所最需要的。

　　所以今天的教育决不在贯注任何主义，而在养成民主主义下之公民，使他自己有资格能力以抉择于各种不同的主义。须知从开始即贯注一种主义和养成了批评辨别能力，以后自己选择一种主义去相信，乃完全是两件事。贯注一种主义是盲目的，是排他的。自己有了辨别力去选取一种主义是自由的，是出于理性的自觉的，不过以为此种主义在此时此地比较上合用而已，绝不至于一笔抹煞其他的学说。凡事出于理性的自觉便可没有危险。所以民主主义下的教育不反对人们信从何种主义，只是反对那种有己无人的盲信态度而已。

（载《读书通讯》第 34 期，1942 年）

中国必须办一次真正的选举
（1945 年 12 月 29 日）

　　近来好像大家都在那里高谈民主。据我推想，大概这些人们中似乎可分几类。一类是认为民主可以对自己有利的；一类是知道民主为大势所趋，心中本不愿意，而亦不得不说两句的；一类是认为民主是一个时髦东西，随声附和，以表示不落伍的。至于真正了解民主的，恐怕还是比较上少数。就因为民主根本不会专对那一种人有利，那一种人有害。那些在肚子里不愿意民主的人们以为民主就与他们不利，这乃是一个极大的错误。我近来写成了两部书，一名《思想与社会》，一名《理性与民主》。在其中我说明民主是政治的正常状态，其他如专制与独裁等都是政治的病态。所谓政治的正态，亦就是人类结合的正态。在这样的结合中，每一个人都是有人格的，同时以人格来待遇他人。在这样的人格的结合之中，即寓有平等原则。这个平等和生物的不齐，例如身体的强弱，智能的高下，没有关系的。纵使在生物方面有不齐，而在这样结合上则必须互相尊重人格，认为都是对等的。所以民主政治决不容特权存在，不许有人能高于其他人。所有取得的权利都必是基于法律，而法律是由人民的公意而制定的。在这样对等结合性的社会中，决不会有人特别损害，有人特别得利。

　　明白了这一点，便应知一班怕民主恨民主的人们，除了想保持其不应该有的特权以外，其实他们在民主制度下，亦决不会有什么吃亏。但在这样对等结合的社会中，并不是不要领袖。须知民主主义下的领袖，只是那个能代表大众公意以执行为大众谋幸福的事情之人。大众的幸福本来大众自己就能知道，只是实行起来却要有一人或少数人负起责任来。所以，只须能代表大众公意就可以做民主政治下的领袖，不必忧虑，不必害怕。如果永远站在大众公意的前头，这个人便永远不会失去其领袖的地位。反之，如果违反了大众公意而想勉强维持其最高地位，这亦不过是短时的，终会倒塌。总之，在民主主义下没有任何人特别吃亏，亦没有任何人特别占便宜。因此，如有人想对于民主亦来玩弄一下，以图鱼目混珠，这决是不可能的。

我到了重庆以后，看见讨论民主的文章亦不少，没有机会看见的还许尚有很多的好文章。但就我所看的之中，似乎以门人罗忠恕的一篇最为透辟。他把民主当作一种人生的态度，换言之，即一个人的做人处世的态度。这种主张和我在数年以前所说的完全相符合。我以为民主可从两方面来讲，即第一是内的方面，第二是外的方面。内的是指民主的社会中个人的内心生活。就中包括有对于自己的人格之自觉，以及个人的价值之发现，还有对于同等人格之尊重与对于他人自由意志的忍容，亦就是处世上人与人相与之道必是民主的。这个内的方面又可分思想与行为来各别言之。以上似乎是说行为方面，而其实兼括了思想在内。民主生活的人们不仅须要行为合乎民主原则，并且必须于一个人自己运思时其思想亦应无背于民主原则。在此所谓思想上的民主，亦就是那个批判的科学精神。

但是，我们知道民主主义在内外两方面是互为因果的，二者不可缺一。外的方面，是指民主的社会制度而言。所谓社会制度，当然主要的是政治制度，但却不限于政治一方面而已。在英美，政治方面的民主可以说是已经实现了。在苏联，却是在经济方面实行了民主。学者们常告诉我们说，民主是一个具有程度的东西，即是由一分民主可以进到十分民主。可惜在今天的世界各国，尚没有一国办到百分之百的民主。以例言之，资本主义的国家在政治上固是民主，而经济上却没有真实现平等与自由。至于社会主义的国家又因矫枉过正之故，为了求经济的平等而致政治的自由稍有亏损。因此，在我个人的私意，以为最好的政治与社会是同时兼取英美与苏联之长，而各弃其短，走上一个折衷调和与合并的道路。这话说来太长，此处容不细讲。

现在专说制度一方面。须知民主虽是一个做人的生活态度，却同时不可没有民主制度的社会环境以为配合。因为个人的做人态度可以由修养得之，而社会环境则必是建立一个制度。于是，我们的讨论乃迂回而到了本题。

本文的目的在提出一个重要的论点：就是如果不能真正的办一次选举，则一切关于民主的制度便完全无法建立。为说明这个道理，乃在叙述以前先说了许多关于民主本质的话，尚望读者谅之。为什么必须办一次真正的选举呢？就是因为自民国以来，可以说从来没有举行过一次真正自由的选举。虽则在民国初年，选举没有舞弊，但这是因为大家还不明白选举与政治之关系。自此以后，遂没有一次选举在本质上是真选举，乃都是一种玩把戏而已。于是把选举之神圣性完全被遗忘了。几乎每一个政治上人物对于选举，无不存玩弄的心理。至于什么叫作真正自由的选举，不妨姑作一个比喻。例如在共产党的解放区内，国民党的人可以被选出来，不但是当选一二个人以为点缀，乃真是多数人居然能当选；而国民党的治下，亦复如此。这即证明这样的选举是未曾被人操纵或压制。现在解放区的情形我不明白，至于国民党的政府之下，不论省参议会抑市参议会，恐怕多是国民党党员占绝对多数。这即足证这样的选举还没有达到我们所希望的程度。在这样的非真正的选举下，所谓"还政于民"是在实际上只是一个掩耳盗铃的把戏而已。

因此，我主张必须让中国好好的办一次选举，民主才算有了基础。这一点只视各党有无诚心，即只问各党是不是对于选政有尊重的意思。如果真有诚意，只须维护选举，却不必争自己党员的多数当选。本人很赞成罗隆基先生在报上对记者的谈话，他说民主同盟只主张中国应认真办理国民大会的选举，至于本盟盟员一个不当选亦不要紧。这番话是很有至理的。本来民主政治下的党争是一种 fair play，并且没有你死我活的必胜情势包含在内。这一次得了少数，下一次未尝不可得多数，又何必破坏大家共守的制度与规则呢？

根据这个理由，民主同盟的朋友都主张先成立联合政府，然后改选国民大会，其用意就在能使中国从这一次起好好的办一次真正的选举。其原则可以说是先结束训政，然后再开始宪政。这便是所谓两步论：把结束训政列为第一步，宪法开始以后宪政成立乃是后一步。于是把利用选举，玩弄选政，包办选举，与选举舞弊等病状可以一律避免了。我是盟员之一，当然绝对服从。不过若就吾个人私意而言，只须确定先结束训政之原则，退一百步，倘能只成立一个联合选举事务所亦未尝不可。但这个事务所必须有绝对的权限，政府一切官吏皆不得与任何选举事务有关，只由这个事务所来办理，由各党各派及无党无派人联合组织之。小至一村一县，大至一省与全国，所有的选举先由协商，次由互相监视，以办理之。同时最好能邀请联合国机构中文化部分的人士来参观中国的选举，并且在投票的当时请中外记者参观。这样的公开，方会免于舞弊。我相信必须这样，方能有真正的选举；有了真正的选举，方能有民主。

总之，我的目的是在于希望国人今后养成对于选举之尊重心，把选举视为神圣不可犯的东西，至于他本人当选与否还在其次。万不可以企图必能当选之故，而把选举当作一种可以随便玩弄的东西。这样的尊重选举的心理如不建立，则中国决不会有真正的民主。

（载《客观》周刊第 8 期，1945 年 12 月 29 日）

政治协商会议与国防新案
（1946 年 1 月 16 日）

政治协商会议开始，自是以制止内战为第一议题，但此外我却盼望能够通过一个关于国防的新提案。这个提案不拘由何人提出，如果中国今后真要有国防，只有采取这样的一种办法。既是唯一的合理办法，所以倒不在乎由何方面提议了。

在未说国防新案的内容以前，又似乎必须有几句话关于政治方面，因为军事与政治是不可分的。大家都知自从打倒德、意、日三个法西斯以后，全世界都必须实行民主。民主既是一个必然的趋势，则中国当然不能例外。中国人民本来在战前就愿意有民主政治，迟迟至今，当然在人民方面是不负责任的。今幸而外面的潮流与内面的要求相应合，所以我推想民主之被采取恐怕是不可避免的了，所余的问题只是真民主与假民主之争。这一点恐怕犹须待人民方面大家的努力，弄得不好，假民主竟会出现。因为这个缘故，我们必须在军事方面有一个合理的解决。

关于政治的民主化之问题，我以为西方学者们对于民主的见解最足供我们参考。他们总是以为民主是一个具有程度的东西（a matter of degree）。质言之，即由稍民主可进而为更民主，又可进而至于最民主，今天中国一跃而到十二分民主，这是不可能的。现在所要从事的却是民主之起码的基本条件。没有这些条件即为不民主，亦就是反民主。我们今天就应该力争这些条件，但同时须知却并不是条件有了以后，民主就算成功，乃只是我们依据这些条件便可继续努力下去而已，所以民主的奋斗不免是长期的。这些条件当然就是言论、结社、集会的完全自由，与人身保障的法律等等。具体说来，是取消特务机关与特殊政党之普通政党化。凡此各点不在本文讨论范围内。本文所要提出的乃是军事问题，亦为这些条件之一。军事如不走上民主国家的常轨，则民主政治永远建立不起来的。

于是我们谈到军事问题的本题了。为了行文的便利起见，请先述这个国防新案的具体办法，然后加以说明。千万请大家看了说明以后再加考虑，因为非有说明是不能知道其用意的。具体办法虽有几点，却都是不可分的。兹述之如下：（一）所有社会各阶层，如农、工、商、学，以及公务员等等，凡年龄在十六岁以上皆一律须受军事训练。军事训练为两种：甲种六个月；乙种一年六个月。这是采取全民皆兵的主义，亦可说是寓兵于民的意思。（二）所有军队一律遣散，我们名这些军人为职业兵，即以当兵为职业者。这个新案的要点，就在于尽废所设职业兵。（三）军队完全遣散后，所有军官除自愿改业者以外，分别安插为军事训练之教官。（四）建立高深学府的陆军大学，把军事与科学合为一事。陆军大学的学生有一定名额，非遇缺额不续招，毕业后入研究院。每若干时须报告成绩，但无毕业，永远由国家俸养之，其俸特别优厚，至少高于文官数倍。同时建立海军大学，其办法相同。（五）尽力兴办那些与国防有关之工业。（六）充分发展民间航空事业。（七）所有军人一律脱离政党的党籍。

以上七点完全不可分开，请加以说明。

第一点，大家须知经过此次世界大战以后，事实已证明中国今后的安全已不在中国的本身，而全系于世界的集体安全上。换言之，即中国今后无论如何整军振武，亦决不能单独维持自己国家的安全。反之，即中国的安全乃竟建立于国际安全理事会上，中国的责任亦不是如何自己保卫国土，乃竟是如何能完成其对于国际理事会所负的责任。能尽这个责任，则国家与土地自然保卫住了。所以，此后如有战争，无论是中国自己被侵略，抑或盟国有事中国去援助，中国现有的这一些军队是丝毫没有用处的，不但数量上五六百万人是不够用的，即使扩充到几千万，而这样的军队亦是不起作用的。因为我们从现在的情形就可推定将来万一有战争时那个战争的性质。质言之，即必是科学的战争与工业的战争，不纯是决胜负于兵员了，尤其没有现代化训练的兵员更是毫无用处。反之，我们又须知在现代式的战争中，人口的众多却亦是一个有利的条件。不过这众多的人员却又必须经过适当的训练，否则只有害事。合并这两个意思，于是我们不得不主张一方面寓兵于全体人民，他方面根本上取消一切常备的军队。从寓兵于全民来讲，万一国际安全理事会要因为有事而课我们以责任，中国在这一点上可以对得起联合的各国。须知今后万一有战争必是科学的战争。我们中国在科学方面本是落后的，要想在科学上对于未来的战争有所贡献，这是不容易的。所以只有出于全民动员之一途，故非先有充分的全民军事训练不可。

第二点，这样把常备军安全取消却又有许多的好处。最显著的好处是可以省却大宗军费。现在国家的支出恐怕是百分之七十以上消耗在养兵上。国库的大部分既都用于这样不出产的用途，则一切建设便无从说起了。所以现在有识之士异口同声都说不裁兵没有法子讲建设。不过我的意思还要进一步，就是不裁兵则今后永不会安定。人们都知军队是维持治安的，实在这是一种浅见，现在中国军队乃只是造乱的，军队愈多，造乱的可能性便愈大，因为中国军队的系统太复杂。共产党有军队，国民党有军队，又有所谓中央嫡系与杂牌，还有地方性的军队，更加上伪军改编，实在是头绪纷繁，倘若加以合理的减缩，真不知该应先从那一个方面做起。先解散这一个，这一个不答应，先编造那一个，那一个认为不公平而起反抗，所以空说通盘改编大量削减，似乎言之有理，但一到实际则困难万分，倒不如爽爽快快把所有的常备军一律取消，这样反而得到公平，被解散的大家必都没有话可说。

第三点，中国传统的养兵，自历史上观察，根本就不是为了国防的。这种军队的性质和外国现代军队完全不同，乃只是为了拥护统治者巩固其政权之用而已。今后中国如真改为民主，政权便只能建立在投票上，不能依靠枪杆儿，所以军队的取消是与民主政治有密切关系。这样的军队如不取消，则不但政府得依靠之而做出反民主的行动来，并且在野者亦可利用他们来造反，用以颠覆政府。

第四点，倘使中国拥有巨额的军队而永远自相残杀，这样的长期内乱反足以影响世界和平。恐怕各友邦对于这一点未必能坐视，所以我们最好是自己识趣，自己必须先设法解决之。这就是说在此次大战以前，中国内部的治乱是中国自己的事，但在此以后，则不仅是中国自己的事了，各国为了世界和平不能不关切。中国要免于内战只有彻底裁兵，同时不设这样毫无用处而反足以酿乱的常备兵。

总之，我们的主张可归纳为三项：（甲）寓兵于全民；（乙）取消所有常备的职业兵；（丙）使军人等于专门学者（即科学家），超然于政党以外，而给以最优厚的待遇，使其安心任事。至于因裁兵而节省下来的国库经费，可以移用经济建设与普及教育之用。地方治安则归于下列的人：在乡村由农民自办自卫团，在城市则由市民自己组织警察，如此便可保没有破坏秩序的事情了。

（载《民主生活》（重庆版）第 2 期，1946 年 1 月 16 日）

一个中间性的政治路线
（1946 年 6 月 22 日）

　　今天我要提出一个中间性的政治路线和大家讨论。所谓中间性有两重意义，第一是就思想的本质而言，从全世界来分别的；第二是就党派的分野而言，只限于中国目前的实况。前者属于国际，后者属于国内。前者是说在所谓资本主义与共产主义之间，我们想求得一个折衷方案，其国际的关系便是由于美国采取资本主义而俄国则以共产主义来立国，我们今天不仅在思想上必须设法调和这两个主义，并在国际关系的外交方针上亦必须设法调和这两个不同主义的国家。后者是指中国国民党与中国共产党之间，应有一个第三者的政治势力而言，这个第三者在其主张上与政治路线上必须是恰好在他们二者的中间。

　　这两重的中间的意思，亦可以会合在一起，所以今天所谓中间性是一个双关语，这个双关语当然于其背后有一个双关的涵义。不过却又必须声明：这个双关的涵义并不十分恰当。详言之，即我们不能以为国民党是以资本主义为其政纲，共产党在现在就奉行共产主义，所以在国共之中间绝对不等于在资本主义与共产主义之中间。

　　我所要说的依然是偏在前一方面，就是调和资本主义与共产主义。在此我愿意说出在七年前所做的一篇旧文章。那时正是南京沦陷以后，政府迁到汉口，我在燕京大学教书，燕京虽在沦陷的北平开了学，我却潜赴汉口。我那时挟着满腔热血，希望将我所想到的这番意见直接向政府陈述。我先把这个意见告诉友人，友人乃对我说，现在的国共合作并不是建立于诚意真心之上，这一番意见不见得会被采纳，我于是大扫兴而返。迨我回到燕京以后，又把这一番意见讲给一个共产党的地下工作人员。他大为赞成，请我详细写出来，愿意负责设法一方面送至延安，一方面送到重庆。同时我更求他再以一份投到重庆《再生》杂志使其登出，我的目的还是在能呈蒋先生一阅。这篇文章确实送到重庆了，因为我知道有人见到王芃生先生，他说起有这样的一回事，他说他见到我这篇文章，他很同意于篇中的主张，他并且知道这篇文章被检查员扣去，他很叹息国民党的检查员之无政治常识。同时又得着友人牟宗三的来信，知道我那篇文章确为检查员所扣，那时牟氏是在《再生》杂志社。

说到这里，便得讲到我那篇文章的内容了。我写那篇文章在抗战期中，所以主要的目的在求如何加强抗战的力量，我以为抗战的力量而要达到必胜的程度，只有设法把美英俄三国一齐拉过来同时攻打日本。那时太平洋战争还未起来，英美对我国的援助还不太多，俄国虽有些援助，但不能不保留更多的力量以防御德国。不过我在那时已经看到必须能做到英苏美法形成一个联合阵线，以全力来对付法西斯的三个国家，方有胜算。这个大势虽必须各方自动而趋以造成，但中国为了自身的急迫起见，必须设法使其促成，即促其速成。尤其不可因为中国的处置不当，而反把这个大联合的趋势阻碍了，或生了一些故障。我在那时已早看到英美与苏联是两个不同主义的国家，彼此都有猜疑，都有不放心。关于援助中国一点上，亦各怀着满腹疑心，即苏联如果多援助中国，便会引起英美的不放心，疑心苏联要赤化中国；英美如果多援助中国，亦会引起苏联的恐惧，怕中国从此变为资本主义的反苏基地。在这样的情形下，中国很难望得到双方大量的援助。而中国要战胜，却又必须得双方的大量援助，仅得一方面终还有些不够。因此我主张必先设法祛除他们双方的不放心，这却不是空口说话所能为功的，必须有实际的状态做出来。而这个实际状态，又只能求之于内政上，于是我把国际方面的外交与国内方面的政制治于一炉以求解决，庶几可以一举而得两益。详言之，即中国必须于内政上建立一个资本主义与共产主义中间的政治制度，虽名为政治制度，当然亦包括经济教育以及全体文化在内，自不待言。这个中间性的政制在实际上就是调和他们两者。亦就是：在政治方面比较上多采取英美式的自由主义与民主主义，同时在经济方面比较上多采取苏联式的计划经济与社会主义。从消极方面来说，即采取民主主义而不要资本主义，同时采取社会主义而不要无产专政的革命。我们要自由而不要放任，要合作而不要斗争，不要放任故不要资本家垄断，不要斗争故不要阶级斗争。这样的一个新方案当然有待于详细的研究与具体的制订，不过不妨先把这样的原则与方针揭示出来，作为立国之基础。我相信果真这样做成了以后，英美与苏联双方都可放心。在英美看中国是一个民主国家，虽在经济方面偏于社会主义，而决不是赤化，不是加入苏联的赤色集团，不足以对于资本主义国家有任何的威胁；在苏联看中国虽采取民主主义，却并不建立于资本主义上，这样的民主主义没有反苏性，他用不着害怕。既使得他们双方都可放心了，同时中国自己再加强其反法西斯的作用，便可希望取得他们的大量援助。

这是我那篇文章的内容。我现在乃知道那篇文章所以被检查扣了之故，原来国民党始终没有了解这一次世界大战是民主与法西斯之争。他们还想于战后维持其一党专政永久下去，所以不愿意在那时使民主的言论在杂志上登出。到了今天，国民党虽有多人亦口头喊几声民主，然而就往事证之，乃知其实在出于万不得已了。不过照我们的看法，却是全世界必趋于民主，这大势力，是在好多年以前已早暗中决定了的。如果当权的国民党能早看透了这个世界必然的趋势而即在抗战期中自动走上民主正轨，何等漂亮！何等光明！因此使我们不得不感觉中国人之政治的天才，总是不会在高尚的方面来发挥，只会向下流的方面去施展，可叹，可叹！

到了现在，事隔七八年之久，然而大概情形并没有出乎我所估计之外，英美苏确是联合了。先在欧洲打倒德意，后来又在东亚，共同击破我们的敌人日本。不过他们虽是成为对法西斯攻击的联合阵线，但其自身上却依然有对立与摩擦之存在。我在当时的意思是想由我们中国人的努力借中国的力量使他们双方减少摩擦与对立，不幸中国人既未觉悟，又不了解有此使命。这固是中国前途的损失，亦未尝不是世界前途的一个不幸。老实说，为中国幸福计，在国际方面亦是希望美苏能彻底和谐；反之，如果希望以中国为导火线，来引起美苏破裂的第三次世界大战，这不但是中国的罪人，并且是人类的蟊贼。如果真有美苏战争，中国首先化为战场，化作一片焦土，原子弹的试验所便是中国了。所以真正希望第三次大战的人决不会是中国人。因战争起后能得着好处的只有德国与日本，他们可以乘机再起。因此我们可断定，凡希望美苏开战的都是法西斯余孽。最可痛心的是中国人竟有一小部分人不免有此妄想，这一部分人完全是由于自私，而乃始有此种心思，直可说是愚昧，并无何等理性上的根据，我们对之只是可怜，不必与较。

以上是说资本与共产两主义之中间，现在请讲一讲国共两党之中间。这一点却是我那篇文章所未提到的，故现在要讨论一下。姑假定国民党为右，共产党为左，我们决不是主张不要他们，只由中间者来主持，乃是要把他们中偏右者稍稍拉到左转，偏左者稍稍拉到右转，在这样右派向左、左派向右的情形下，使中国得到一个和谐与团结，并由团结得到统一。我们在国共中间的人宁愿作一个调和的媒介，并不希望分得一些什么。具体来说，国民党虽没有明明白白主张资本主义，但现在的官僚资本的实况却是国民党一手造成，这是谁亦不能否认的。至于共产党用斗争的方法来平分土地，当然不能不说是过左的举动。我们既不赞成官僚资本，亦不赞成这种报复性的土地政策，我们主张应当有一个全国适用的土地改革办法，使耕者有其田之理想由平和方法得以实现。我们同时主张根本铲除官僚资本，务使工商业依国家所定的全盘计划得由个人努力发展之。这便是中间性的政治路线。

我们以极诚恳尊重的态度来劝国民党，请其抛弃那个偏右的作风来稍稍转向于中间，同时亦以极亲挚极虚心的态度来劝共产党，请其把一些过火的地方与所谓幼稚病都矫正过来，而亦转向于中间的一条道路。所以我们一百二十分赞成联合政府，但我们却以为联合政府必须建立于共同纲领之上。这个共同纲领，就是具有中间性的，因为各党所共同承认的纲领必是由于彼此协商，互相让步，而得着一个折衷与调和。凡具有调和性的无不是属于中间一类，所以所谓中间性的路线乃是要各党共同来走，并不是由我们国共以外的第三者单独来走。须知这是唯一的路，除此以外，并无第二条道路。这真是康庄大道，我愿全国人士彻底了解非走这条路不可之意。

这条唯一的路可泛名之曰民主，但不是纯粹英美式的，至于苏联式的，当然更不必说了。

（载《再生》第 118 期，1946 年 6 月 22 日）

士的使命与理学
（1946 年 11 月 23 日）

这是一件怪事：昨天（一九四六、十、三）忽然接到一包稿件，我打开来一看，乃是我自己的旧作。内中还有致张君劢先生的信。现在把信抄在此，便知此事的原委。"立兄如晤：致家兄与邓公函已收到。邓公另有复信。家兄近益衰老，万难跋涉长途，来书院任事。公来信措词太露。须知所有信件俱由日宪兵查阅，并拍照留底，小有问题，立即拘捕。惟弟已向此间美英使官说通，以后往来信件均肯代为携带。请公亦向使馆交涉，当无不允。须知弟在虎穴中无时不可发生生命危险也。拙作一篇即托彼等携上，如《再生》不登即送《东方杂志》为祷。八、十日逊上"。

原来在南京沦陷后，政府移到汉口的时候，我在汉口与君劢先生商谈，本有再办一个书院的计划。他托我到桂林去看地，以便造屋。迨我到了桂林，白鹏飞先生要请我在广西大学任课。我以为燕京大学如能存在，不如在沦陷区多照顾几个未能入内地的青年为宜，乃即潜归北平。后来不久闻知君劢先生的书院居然在大理成立了。果尔又有其亲笔来信，约家兄孟劬、友人邓文如先生、陈同燮先生去担任中西历史。这便是那时我为书院而作的一篇文章。当时满以为寄去了，却不料今天反而寄回来。其中必有曲折，亦不必去追究。就中所言虽经七年，似乎尚未过时。所以特把他寄给《观察》，一则聊存鸿爪，二则亦是这个问题还有提出讨论的必要。三十五年十月四日。

一

我对于理学（本文称道学，后又分出为心学）另具一番见解。这个见解蓄在心中好几年了。因为如果写了出来，必定多参考几本书取得充分的证据。无如我任课太多，在上课的时候总是不能写文章，以致心中虽具这个见解，总没有机会把他写出来，以求教于当世贤哲。现在友人张君劢先生又要重整书院式的教育，虽不见得完全取法于理学家讲学的办法，然而至少有若干的关联，因而使我更想把这个意思提出，以贡当代人士的讨论。不过现在不是平常时代，作文只能求其达意而已，却不能多多引证，因为没有充裕与安闲的时间去翻书。所以本篇依然只是草草叙述，只希望我所主张的要点无有遗漏，至于引证的充足与否则一时顾不到了，还请读者谅之。

二

我对于宋明理学的见解，和当代贤哲颇为不同。据我的私见，有几点可得而言。

第一是我承认宋明理学确系继承孔孟之教。世人多以为理学是受了佛教的影响，把孔孟的真义失了。理学思想经过佛教的影响，当然是事实，不过据我所见，只在方法一方面是受佛家的影响。关于这一点，下文当详说。至于真正的内容，却可说依然由孔孟推广而出。他们的议论虽不是孔孟自己所说的，而说孔孟所说的来推，却未尝不可推出这样的结论。所以理学与孔孟不是两回事。

于是我们先要讲孔孟。冯友兰先生说，孔子就是此"士"之阶级之创立者，至少亦是其发挥光大者。因冯先生不承认在孔子以前即有一种非农非工非商非官僚之"士"，不治生产而专待人之养己者。这些话都很有意思。（冯先生并辨明士大夫的士，与此处所谓士不相同，亦甚是，因为乃是官职的名称。）我们不要注重其非农非工非商，而要注重其"非官"这一点。大概以前所谓"学"都是指一种技能：农必须有农的技能，工必须有工的技能，而作官亦必须有各种职官的各种技能。孔子讲学不是如此，乃是只旨在造成一种"道德的人"。这种人在社会上只是主持正义，使一个社会内有是非的标准，完全靠这种人的"清议"，亦不一定要得政权以实行其道。"可以仕则仕，可以隐则隐。""得志则与民由之，不得志则独行其道。""不怨天，不尤人。"其功用不全在于"以其道易天下"，而却在作"中流砥柱"。只须有所影响，不必大行其道，而社会就可以蒙福。其故在于凡行其道者必先得政权，这便是自上而下。

孔子以前都是自上而下的。到了孔子，孟子尊之为"素王"，就是因为不能由上而下了，于是只好由下而上。这乃只是文化上、政治上一个极大的转变。我们须知自上而下的是个"威权"（authority），是个"力权"（power）。一个威权力权倘不加以制限，无不流于滥用，因而腐败了，必须另有一个自下而上的以为"对抗"（counterforce）。这个对抗足以矫正在上者，使其有清明之气。可以说政治上的清明之气，全靠有自下而上的推动力。孔子以前，文化未开展，只有自上而下的统治，就可以使人民得福利。后来却渐渐分化与腐败了，所以时势上自然有创立一个自下而上的对抗力的必要。孔子应运而生，在中国历史上真是一个划期的事。似乎在孔子以前并不是没有士，不过那种士只是作官的"预备者"，孔子把他们另付一种特别的使命。所以严格说来，士的阶级不是孔子所造，而士的新使命却是孔子所创。从此中国政治上有了防毒素。因为威权政治总是要自身中毒，倘能时时打血清，纵使不能完全去毒，至少亦可减少其中毒的分量。"士"的人们在社会上发清议，作争谏，便把一个社会内的清明之气唤起来了，以从事于抵抗这个自身中毒。友人张君劢先生常说，一个国家必须容人民有透气的所在，就是这个意思。如果压制得丝毫不透气，则这个国家决不能长存。所以我认为中国能有数千年的历史，中间虽有外族的侵略，然幸能绵绵长存以迄于今者，在外国史家有谓由于统一的行政制度，有谓由于文化的统一，而我则以为至少这个民族的防毒素是有几分力量的。因为有了防毒素，才能够保持民族的"活力"（vitality）。凡一个民族苟不失掉了"活力"，终久必会抬起头来；即使一时压倒，亦必会翻身的。所以我愿用一个不十分切的比喻，以为孔子创立"士"的一批人，便好像英国立宪史上的创立议会差不多，同是对于政治立一个透气的所在，使人们不致在威权主义下闷死。所以孔孟之教，其精神上本是反抗的，不拘其反抗的方法如何——以复古为反抗现状，亦不失为一种反抗。不但对于当时是反抗，并且永久是反对的，因为他是自下而上的一种防腐作用。陶希圣先生把孔子认为是贵族阶级的辩护者，由于表面上只看见"君子""小人"之分。这样研究学问简直是胡闹，真不值一驳。能继承这一点的便是理学。至于清儒的考据学在政治社会道德上毫不生作用，不能与理学相提并论。

三

其次我们应得讲为什么政治上由下而上的运动必须与道德合而为一。换言之，即何以表面是道德运动而里面却是政治问题。我们应得知道一切道德的要求，都是根据于社会。不但维持社会必需要某种道德，即改造社会亦必需要某种道德。威权的实行必须有道德的根据，即从道德上要求人们的服从。如人们在心理上不承认有服从的道德，即威权亦不能长久下去。在这一点，我是佩服卢骚（Rousseau）的炯眼。他以为一切社会关系如完全基于"力"，必致没有任何团结。凡是社会必须建立于"同意"上，这就是所谓"道德的"。所以社会的维持必是靠人们各各在心理上承认有这样的一回事，且引以为对。至于破坏秩序，则更需要有一种另外的理由为其原动力，然后才能有所活动。可以说都是心理的，亦就是道德的。所谓道德的，是指当事人觉得这样才"对"而言。凡有"对""不对"的判断，都可说是属于道德范围。且不仅此，对不对的判断必用于人与人之相与。改造社会的人固然否认现状上的道德观念，然而倘欲掀起一个大运动，必更须有一种力量以吸引人们来同情于彼。这个力量，就是道德的。一个宣教师所以能传教，唤起许多人跟他走，这个力量必须是道德的。所以社会的维持与改变其背后的力量，根本上是具有道德性质的。明白了这一点，便知道没有一个社会理想其本身不是一个道德观念，同时没有一个社会的变化不是先从道德观念变化起（纵使道德的抽象原则自身不变，而其具体的应用与范围必大有变化，因为非如此不能推动社会使其改变）。根据这个意思，当知我所说的这种自下而上的运动只先从道德方面着手，乃是当然的了。

说到此，又有一点必须同时说明，方能完全明白。就是须知这种自下而上的活动，只在于透气、防腐、灭毒，而不可认为是革命。所谓"知其不可为而为之"，便是明证。倘若从事革命，即无"不可为"了。革命是乙势力推翻甲政权，后来又成为乙政权。乙政权依然可使在下者不得透气，或许丙更起来革命。而这种透气与防腐的作用，却不须有这样轮替的变化。只好像对于一间房子开有通风的洞一样，只须时时有新鲜空气流入，不必把这个房子拆了重盖。所以"士"阶级的存在，从一方面来看，永久是政治上的通风洞，使清明之气得息息相生；而从他方面来看，却又是维持秩序的。自孔孟以迄理学先生们所讲的是纲常名教，这都是所以维持社会的。但我们不可因此遂谓都是专为统治者张目。因为不是对于某某一定的统治者或阶级有所护助，乃只是普遍的维持秩序而已。任何人都可以利用这个维持论以保护其自己的地位。其故即在于这种自下而上的"干政"，只是"干"而已矣，并不要"执政"，且在势亦永不能执政。原来只是"知其不可为而为之"，"道之不行已知之矣"。

所以，这种"干"政的人必须要立足于道德问题上，且其本身所需要的道德尤须高出常人数倍。其情形有几分好像西方宗教上所谓"殉道者"（martyr）。《孟子》上说："无恒产而有恒心者，惟士为能"。何为恒心？即"养其大体者"，亦即"所欲有甚于生者，所恶有甚于死者"。故能至于"富贵不能淫，贫贱不能移，威武不能屈"。关于此点，下文尚须多多讨论。

现在又须说到一个附义。即这种"士"并不是一个严格的阶级，因为没有经济的背境。不但没有经济的根据，并且因为士是"不治产"的，其社会的地位至不巩固，这乃是一个大缺点。所以由于经济的压迫只得流入于官僚。幸而还有一个好处，就是士的学问不是十二分专门，只须几本书（例如后来只须《论语》《孟子》《大学》《中庸》四种），在乡间亦容易得到。有些理学家都是出身于农，便由于此。凡出身于农的，都能有充分活力。这一点足偿前一点（即流入官僚）之失。

四

自从韩愈说："斯道也……尧以是传之舜，舜以是传之禹，禹以是传之汤，汤以是传之文武周公，文武周公以是传之孔子，孔子以是传之孟轲，孟轲死不得其传焉"。尧、舜、禹、汤、文、武、周公是他们的托辞，不必多讲。以孟子来继孔子，足见后世所谓"道学"（即理学）乃只是孟学。从此以后都顺着这个趋向而走，其所注重的便是孟子所主张的"反身而诚"与"养浩然之气"等等神秘的方面。至于他们以为孟子得孔子之正传，亦未尝不由于孔子的话亦有这样倾向。例如《论语》上讲"仁"，从最浅的方面来说，是只等于"爱人"，但从最深的方面，却说"若圣与仁，尧舜其犹病诸"。可见从修养上修到仁，并不是十分容易的。因此后儒把仁当作一个特别境界，这原是可以讲得下去的。所以我说理学上所讲的验之于孔孟，并非不可通，不过不明显而已。因此我认理学确是继承孔孟之教。

此说和时贤以为孔孟平常而宋明玄妙之说颇有出入，其故因为我的着眼在于欲提高道德必须以形而上的神秘为背境。没有这种背境，决不能解决道德的保障问题。普通的道德和这种情形不同，因为只是拘束常人的，只须拿习俗与法令便可把他们规范着了。而负了特别使命的"士"则不够，必须把寻常的道德（即由习俗而成的）视为非道德，而只自己制出更高超的道德观念。须知这种道德观念，与实际利害祸福必不一致。于是便发生一个问题，即为什么要作好人？因为作好人不得好报。若解决这个问题，又必须把神秘经验抬出来，使自己的的确确觉得小我已与大我合一。于是人生意义与道德保障便完全寄托在这一点上了。所以我说理学内无论有何派别之争，而大体上终脱不了是神秘的整体主义（mystic internalism）。证以张子的《西铭》颇为显然。总之，都是想把我与天合一（即与绝对合而为一），于是我尽其性，则我之一举一动使心安理得。故我看透他们主张整体（即万物一体）乃是专为道德立一个最后的托子，使个人有安顿处。有了这个天人合一的"尽性"，则行为上一切利害祸福便不发生问题了。你如专从学理上看，你可以说这是一种形而上学。你从社会上有这样超世俗的道德的需要来看，你便知道此种理论不过是要满足这个需要，使这些人们安然生活下去，得在社会政治上起一种作用。

从我这个观点来看，我便以为这个形而上学只是添上去的。但这个添加却是必然的。所以就必然的推演而讲，由士的奇特使命便必然生出这种小我与大我打通的人生哲学，由这样人生哲学便必然生出万有一体的宇宙论或形而上学。这种推进虽只是一种逆溯，然却是必然的。因此我主张纵使中国不与印度思想交通，其推进恐怕亦必定是如此的。所以有人以为宋明理学完全是从佛理蜕化而出，其实这是知其一不知其二之谈。

五

但理学确是受了佛学的影响。我现在即要讲其所受的影响，究在什么地方。照上文所说，当知关于整体观念一点，虽事实上理学亦受佛教的影响，然在论理上却并不是完全出于佛学。可见其最受影响的地方，不在于思想内容，而却在于方法。何以故呢？据我所见，乃是由于孔孟虽本含有神秘主义，却始终没有所以亲见此神秘之方法。换言之，即没有修证方法以亲证此种境界的确实存在，至多只能有理论上的推论。而这些理论上的推论，好像"一尺之棰，日取其半，万世不竭"等类，虽足以证明万物是无尽，宇宙是一体，然总不免流于诡辩。诡辩便很难令人完全信服。所以于此种理论的推证以外，必须另外还有有力的证明。这一点上恐怕中国的学者已经很少有办法——庄子的"坐忘"其方法早已失传了。当此时恰巧印度思想传了进来。印度思想始终是两方面兼顾的，有如鸟之两翼，车之两轮。这两方面就是知识上的理论与修行上的实践。知识方面的那一套理论，比中国要玄妙精密得多。可惜有一点比中国不同，就是印度这一套的理论纯粹是形而上学，换言之，亦可以说是宗教性的。不像中国的那样，是道德方面的（即伦理性的）。这种纯粹宗教性的形而上学，因其主旨在于出世，在中国"士"看来，便没有多大的用处。因此他们不甚接收其理论方面的东西，而事实上却对于其方法不能不引起很大的兴趣。正因为在这一方面是他们所本来缺少的，且须要补充的，于是他们自然而然受了佛教的影响，他们自己亦不知道影响在何处，后人研究亦就专从表面上看了。

就印度的一套修行法来说，虽有种种派别不同，而大概可以总称之为瑜伽（Yoga）。用不十分的严格的话来解释，亦可说就是"禅定"。关于这一点，我在拙作《论出世思想》一文，言之甚详，希望读者能一参照，现在且不多述。

这一套方法不外乎把人"心"变化一下，能见到绝对——即所谓直证真如。但此法又有顿、渐二途。大概印度所修的以渐居多。胡适先生论禅宗，以为顿悟是中国人所发明。我对于考证向未用功，不敢说其中有无问题。退一步讲，设此说而真，则中国除了发明顿悟以外，还有一个大发明，就是把出世的修悟方法而用于入世。作此种发明者就是理学家。所以我愿对于理学上一个徽号曰"中国的瑜伽"（Chinese Yoga）。

谓余不信，请列举各理学家的见解和其自身的亲历以证之。先讲其修行的经历如下：（一）胡安定（瑗）"攻苦食淡，终夜不寝，一坐十年不归"。（二）邵康节（雍）"怡然有以自乐"。（三）周濂溪（敦颐）"尝得疾，更一日夜始苏"。（四）程明道（颢）"充养有道，和粹之气盎于面背"。（五）程伊川（颐）"尝瞑目静坐，游定夫杨龟山立侍不敢去，久之乃顾曰：日暮矣，姑就舍。二子退，则门外雪深尺余矣"。（六）张横渠（载）"疾作，抵临潼，沐浴更衣而寝，旦视之，逝矣"。（七）朱晦翁（熹）"其色庄，其言厉，其行舒而恭，其坐端而直。……倦而休也瞑目端坐；休而起也整步徐行；中夜而寝，即寝而寤，则拥衾而坐，或至达旦"。以上不过随便举几个例而已。至于以后，象山、阳明更是靠顿悟工夫了（阳明赴谪至贵州龙场驿，忽中夜大悟格物致知之理，不觉呼跃而起，从者皆惊）。姑举王门的两个例：（一）聂双江。"狱中闲久静极，忽见此心真体，光明莹彻，万物皆备，乃喜曰：此未发之中也，守是不失，天下之理皆从此出矣。乃出而与来学立静坐法，使之归寂以通感。"（二）王心斋。"一夕梦天堕压身，万人奔号求救，先生举臂起之，视其日月星晨失次，复手整之，觉而汗溢如雨，心体洞彻。"即此亦可概见其余。

可见他们不独在思想上主张修行，并且自身亦实行之。至于他们的修行方法，如周濂溪主张无欲，"无欲则静处动直"，邵康节主张"心一而不分，可以应万变"，张横渠主张"大其心则体天下之物"，程明道主张"须先识仁，仁者浑然与物同体……识得此理，以诚敬存之"，程伊川亦主张"涵养须用敬"，至于朱子亦有"半日静坐，半日读书"之说。

总之，他们主静或主敬，都是一种类乎瑜伽的方法。此种方法把人"心"使之变质，使其不囿于见闻，而直接与外物相通，这乃是一种变态心理（但非普通所谓变态心理）。他们把印度人的方法原来只用以窥证真如的，却拿来用于处世。换言之，即把限于在宗教上的方法，却移来用于人生问题上。再换言之，即把出世的证觉了悟的方法，改为处世接物对人之用。我最初认为他们是失败了，因为二者在性质上太不相同。后来我又想了一想，觉得其中确有一部分的奇怪，就是他们的注重点不仅在"寂然不动"而尤重在"感而遂通"，必须寂然不动方能感而后应。即寂然不动只是一个手段，为了达到感而遂通的目的。例如濂溪于静虚以外，必须更有动直。这便是他们和佛家大不相同。似乎佛家只求寂然不动而有所"见"为止，此见即为见本体。从出世的观点来讲，当然见了本体就完了。从宗教的观点，亦只须见了本体就完了。因为见了本体，便安立了信仰。但就入世的观点与作人的观点而言，则见了本体还不能完事。按理，入世与作人本不须要见本体，不过为了道德的保障与人生的意义起见，见了本体便大有用处。其作用可以说不仅是使顽夫廉，懦夫立，并且可使人临死不惧。这便是上文所说为了"殉道者"而设的了。所以中国的瑜伽与印度的不同。印度是属于宗教的，而中国是属于道德的。在这一点上，我们不要以为理学是乌烟瘴气，而遽谓为毫无价值，其实乃是一个大发明。

六

这个发明的可贵处，即在把印度的瑜伽的性质改变了。印度的瑜伽因为与出世教相连，总不免由"寂"入手而终于慈悲。而中国的这种瑜伽却无论用顿悟或渐悟，其结果乃是得着一个"乐"字。所以他们注重在日常生活，务使在日常生活上，把此心使其"活泼泼地"，遇事便可"当下合理"。这就是所谓"动直"与所谓"静亦定动亦定"。可见他们不是专在静中求明心见性，乃是在动中（即日常生活一举一动中）求尽性乐天知命。有人以程、朱是理学，陆、王是心学，我所说的只能适用于陆、王。此说实为皮相之见。程朱所讲的"理"，并不是离了人以后的万物之"所以然"，乃实在是与人合在一起的万物之"所以然"。我们把整体观念加入其中，便不致有此误会。从这一方面看，便见中国的理学总是关乎行为，并无宗教的意思，亦可以说他们把宗教性的神秘移用于极寻常的行为上。于是一切德目，如忠孝节义，便都有了自然而然的安托。我们只须一检《东林列传》，便见那些人的死节之烈。东林不过一部分人而已，然而亦可概见其余。其故即由于"不知生死，必不能忠义；不知忠义，必无经济"。即以形而上的见性，为人世上道德的保障；以有保障的道德，而从事于政治活动，则必更为有劲儿。所以我说理学不是纯粹的哲学。

根据这一点，我们又可见所有的理学家对于政治无不干与，这原是出于他们的济世利人之心。这种济世的心，是从"民胞物与"的观念而来。固然从儒家的道理上讲，是修身、齐家、治国、平天下，一个士人修了身自然会推到治国平天下。不过照我的观点来看，依然是为了治国才去修身。所以"欲治其国必先齐其家，欲齐其家必先修其身"，这句话倒是颇有所道破。换言之，即本来是只为治国平天下，至于修身诚意不过是个手段而已。可见政治活动是他们的真正目的，至于由自己的道德问题而上溯到形而上学的悟道，都不过直接与间接的手段罢了。所以我说"士"阶级的使命，根本在于"干"政，其讲学不过手段而已。可惜他们的干政与泰西所谓宪政、革命等等完全不同，只是想"致君尧舜"。这种办法，乃是一条绝对走不通的路。不过他们却"知其不可为而为之"，至少亦未尝没有若干成绩，就是把专制君主的腐败暴虐稍稍挽回了些。所以我说，他们只是威权政治高压政治下的透气洞与消毒素。倘使没有他们，政治的自身中毒还要来得快些，社会的自行奔溃还要来得急些。他们在历史上的使命，在我看，可算已经尽了。

到了今天，士的阶级已完全不存在。其故有二。第一是到了清朝，乃是外族操统治权，表面上虽推崇所谓"正学"，而实际上对于读书人已早不容其有这种气概，以致流于虚伪，而饾饤的考据学乃乘运而起。第二是西方文化的传入。西方文化有一个奇怪的地方，就是在西方本土可以把宗教与科学合在一起。因为在西方人，这种调合只是事实上莫知其然而然，本没有逻辑的关联可言。而凡传染西方文化的他种民族却无法这样照办。所以科学与宗教的冲突在西方人不过是一个理论上的问题，不致引起生活上的冲突；而他种民族则不然，苟一传染了西方的科学，必定动摇及于全部生活。所以清末数十年，总时时有"中学为体，西学为用"的争论，就是为此。——直到现在还有人提起，可见其中确有问题。由于这二点，所以士的使命在历史上可算已结束了。

七

如拿西方情形来比较，我们虽则很难在西方社会上找到与"士"相类似的阶级，这原是中国社会的特点，我并且认为这是中国民族的优点。中国民族屡次被外族侵略，而侵入的外族其本身都没有类乎"士"的阶级的那种性质。他们虽握了统治权，而却不能不吸收中国文化。而他们所吸收的中国文化，只是中国文化中的腐败方面。其结果他们腐化了，渐渐至于衰亡，而中国民族本身，仍由士的阶级在千辛万苦中维持其一线的生命。中国所以能有二三千年的历史，比外国任何民族的生命都长，据我看，就是由于此。

退一步来说，我们可以勉强拿欧洲政教分离以后的教士来比中国的士。耶教在欧洲政治上不能说没有很大的影响。因为政教分离以后，教乃偏于注重"个人良心"，自然便带了一些反抗强权的味儿。泰西的个人主义、自由主义与其说是纯出于政治运动，毋宁说是隐然由宗教而衍进的。就中尤其是所谓"清教徒"（puritans），其守身律己不下于中国的理学家。美国的建国全靠这种清教徒，这是大家所共知的。

我们如把君主官僚军阀列为第一第二阶级，则士便是第三阶级。但与西方的中等阶级却不十分相同，因为在西方中等阶级与工商业大有关系。宗教上的个人主义与政治上的人权革命，以及经济上的工商业发达，乃造成中等阶级的得势。中国的士却始终没有得势。有人主张中国今后亦应该仿照英国来一个产业革命，已故的丁在君先生曾亲口对我这样说过，不过现在的情形恐怕已经错过了。所以我不认中国的士就等于西方的中产阶级，我只能说士的使命在中国历史上算已经完了。

本来文化的开展是渐渐向普遍而趋的。在君主官僚握一民族一国家的生命的时候，这一个民族或国家便靠着他们以决定其前途。推演下去，久而久之，他们在势不能把握这个生命了，自然另有阶级来担负其使命。士的阶级的产生，就是因为君主官僚不能应付这个时代的使命了。从这一点来说，我敢说中国今后担负这个使命的，恐怕已经由士而移到大众了。马克斯说劳动者无祖国，这是指另有阶级担负国家责任的时候而言。在那种状态下，劳动大众自然不负国家的责任。然而等到文化下移以后，国家的责任与民族的前途便会自然而然移到大众的双肩上。于此所谓大众，不是把士除外，乃只是使士与大众打成一片。自知识与品德而言，恐怕士还是居领导的地位。

士的使命在历史上已经尽了，今后有一个新时代将要来了。士如果要仍然担任一些使命，则决不能如产业革命者所主张，化为欧美式的中等阶级。我以为只有加入大众中，在大众中除了担任技术知识的需要以外，依然可以行使其提高道德的任务。换言之，即把大众的道德水准设法提高，这就是他们的唯一任务。（不过其中仍有个生活问题，似十分复杂，但本篇以篇幅有限，不欲讨论。）所以理学不是完全过时货，不过必须有人出来为之大加整理，使其与现代的需要相符合，而删去一切迂腐之谈。这便是我所希望于君劢先生所办的学院的了。（一九三九、八、一）

（载《观察》第 1 卷第 13 期，1946 年 11 月 23 日）

追述我们努力建立"联合政府"的用意
（1947 年 4 月 5 日）

施复亮先生在《时与文》创刊号上的《中间派的政治路线》一文引起了我不少的感想。施先生此作是目下最能代表大多数人心理的一篇文字。我愿追说一说我们所以建立这样中间性路线的用意。今天来说，虽已有一些明日黄花之感，然而自信仍不失为一个有价值的工作。

中国的出路本来最理想的是：

一、以整个儿的中国作为美苏的桥梁，在东亚方面把美苏的冲突调和下来，借以谋世界的安定。

二、以广大与强盛并富有独立性的第三者人们作为国共的桥梁，将国共两党各迫使其趋于正轨，同时把他们拉拢起来，得到大合作。

这两点本是一件事，由国共合作乃得统一。这样统一的中国，方对于美苏有中和作用。所以我们努力于调停国共并不是想作"和事老"，或仅仅"劝架"而已。盖我们有见于要使中国成为中和性的国家以介乎美苏之间，则必定先把中国的政府变为联合政府。换言之，即用联合政府以表现中国在国际上的中间性。否则如果不幸竟演为一党政府，我们可料定国民党全胜时，苏联必感不安，而共产党执政了，美国亦决不放心。可见联合政府的反面无不引起国际间纠纷与烦闷。

我们这种主张却是根据我们对于"民主"的解释。民主当然可有种种的解释，但国民党对于民主的解释是错误的。他们以为有了宪法，去办选举，这就是民主。我们则以为有宪法只是一纸空文，办选举而由党部垄断，这不但非民主，且更是反民主，所以宪法与选举不是民主的核心。我们因此遂主张各党共存，都能发展，这就是民主。除了各党并存合作以外，另求民主，这不是曲解民主，便是有意造成假民主。总之，各党协商，由共同而得一致，由不同而互相钳制，这乃真是民主。民主亦就只是这个,并无其他。国民党的人往往以为各党派不即等于人民。在表面好象言之成理,其实按诸原理,并无是处。

何以言之? 我们不能说党派不是人民。人民对于国事有意见亦不能每个不同,所有主张大体可归若干类。例如主张维持豪门资本的利益,虽不必尽为国民党员,但国民党足以代表之。又如主张土地再分配,虽不必都是共产党员,然共产党足以代表。又如有些人们主张无条件的亲美,虽不隶籍于国民党,然不必在国民党以外另成一派。更如主张调和美苏与使国共妥协,这样的主张实在有极大多数人,这些人不在民主同盟,但却可说他们都站在民盟的背后。每个党不是仅靠其党员,当然还有些人民与其主张相类似。倘使能把各党的主张都纳在一起,恐怕所有人民的意见在大体上亦尽于斯矣。

这还说意见,至于社会的利益更为显明。人民之社会的利益是依其社会的地位而定的。农民的利益即在于农民这个阶级,工人亦然。如果有个政治集团来代表他们的社会利益,便无异于他们各个人自己出来主张。所以国民党是代表豪门资本与官僚资本的;共产党是代表农工无产阶级的利益的;民主同盟是代表所有中间阶层,例如大学教授,中学教员,律师,会计师,医生,新闻记者,民营厂家与中产商人等等。社会利益亦只能这样的区分,用不着细分为数百数千的种类。如果把这些党派都能调和在一起,便亦可说所有的人民的社会利益都包括在内了。所以各党协商在表面上好象只是党派的事,而实际上却正是实现民主。用这样的方式来实现民主,固然是一种不得已的办法,然而却对于民意并无什么歪曲。反之,象国民党所要求的那样主张拨开党派,直接还政于民,好象是很漂亮,而其实乃真是想强奸民意。总而言之,我们以为民主的精神就在于容纳"异",而折衷于"同"。第一是 compromise,第二是 check and balance。没有这两点,则决没有民主。

根据这个意义,我们要讨论到国民党与共产党的性质。其实中国今天一切的困难无不是归根于有这样的两个党。论党团的本身性质,我们可以大胆说,中国如果要真正变为民主国家,则决不能容许有这样的不适于国家的政治集团在国内为所欲为。当前最切要的一个问题就是必须把国民党由特别政党变为普通政党。换言之,即由民主国家所不能容许的组织变为民主国家所能容许的组织。变更的方法可有两种:一是国民党自动,一是由环境来逼迫。国民党的恶化、腐化、失民心、无能力,已为国内国外所共知的事实,惟对于"何以易之",则我只见有些人在那里痛骂，有些人在那里祈祷，除此以外，却未见有什么好法子。其实国民党并不怕骂，同时亦决不接受祈祷。它未尝不想改，不过只是在表面上想改头换面，而实质上仍要维持其特殊地位。因此我们主张要想使国民党改变其性质，必须先创造一个环境，在这个境况中四面有监督与压力，乃逼迫其不得不自己改行向善。这就是上文所说的"平衡与钳制"。

而这个平衡与钳制亦唯由联合政府方能实现。可见我们对于国民党与其说是反对它，毋宁说是想救它。从反面来说，这种为外国人认作坏人集团的坏政府，倘若去之，当无可惜。无如据我们观察，要革它的命亦并不是一件容易的事。硬要做去，只有演成长期混乱与全国糜烂而已。革命的对象尚未推倒，而民族的生命却先濒于死亡。老实说，今天还没有人能革国民党的命。万一它要覆亡，那是它自己革自己的命。我们对于国民党本无所用感情，既无憎，亦无爱，上述主张完全出于理性。施复亮先生说，速停战是于国民党有利，恐怕亦是出于同一的观点。

至于共产党，我们亦并不以为这样的党性太强的组织是适宜于民主国家的。不过共产党确有一点较国民党为优，就是它对于它的主张尚有诚心。它既宣布改取新民主主义，则它在民主国家便不复仍为一个障碍了。我们不必疑心它的新民主主义，它是说说即算数的。反之，国民党却因为言行始终不一致，不能唤起人的信任。例如国民党口口声声主张以政治方式解决共产党问题，而其实在心理与行为上始终没有抛弃武力解决的办法。所以共产党的问题不在目前，因为现在是实行新民主主义的阶段。这和我们所主张的民主可说几乎完全相同。于是要问：共产党在将来是否有问题？共产党的人尝不讳言他们是信奉马克斯主义者。马歇尔的离华声明书尤强调这一点，以为共产党最后终必拿出它的共产革命来。我个人亦曾和他们谈过，他们中有些人都是三四十岁的，但总是说只好期之于其子孙，他们这一生是看不见了。可见即在他们亦只认为这是五六十年以后的事。但是我们的看法却不这样呆板。五六十年以后的中国是什么样子，谁亦不能预测。亦许到那时候，中国的人民个个都有饭吃，生活水准完全提高。在一个家给户足的社会，加以中国人有爱好平和与笃守中庸的天性，而谓那时仍必掀起社会革命，恐怕太忽略了客观条件。共产主义者如果忠实于马克斯，必是一个客观主义者。客观条件不具备而想革命，这是主观主义。何以必知五六十年以后这些客观条件即能具备,恐怕共产党并没有把握。因此我主张我们对于这种未来革命论实在不必认真,尤其不应该害怕。马歇尔未能看透这一层,殊使人遗憾。这完全系于今后数十年的努力。努力的成绩如何即可发生变化。姑以苏联为比喻。请问现在的苏联究竟是向左呢还是向右?在前二十年以先,谁能猜得出苏联今天的状态?总之,五六十年以后的社会革命是决于从今天起的经济措施。倘使在土地与工商业上都能用含有社会主义精神的政策,则大概可以说将来革命的避免是极有可能性的。所以我认为共产党丝毫没有可怕的地方。这些不是杞人忧天,就是想对共产党施以打击。而须知我们倘想避免将来的革命亦只有从现在起努力,决不是现在把共产党打倒了消灭了就可以了事的。可见我们主张把共产党拉入联合政府亦正是为了消弭这个未来的隐患,因为它加入了政府便不能不自改变其性质,即把革命的政党变为普通的政党。

我们的用意虽有这样许多,而其方法却只是联合政府一点。所以联合政府是解决一切困难的总匙。联合政府之败于垂成,实由于美国人对于这个观念和我们的用意不同。国民党对于联合政府另有一套特别的观念,这且不去说它。所可惜者乃在于美国人未能了解我们这一番意义,所以美国虽想帮助中国以造成联合政府,但其目的却只在意图加强国民党,消纳共产党,而形成一个统一的中国以亲美。这便与上文所述的作美苏桥梁一层完全相反了。今后美国如不彻底觉悟,中国将永为牺牲者,而美国的目的亦未必能达到。此之谓损人不利己。老实说,中国人很愿意向美国明白表示:只要美国不想以中国为反苏基地,中国当然愿意亲美甚于亲苏。因为中国今后需要建设,苏联在经济与物资上,都无能力以援助我们,则只有仍求助于美国。所以美国只要把其恐苏心理不在东亚作何打算,中国与美国特别拉近一些乃是天然的。

以上所说虽有一些明日黄花之感,然而联合政府这一个药还不失为一剂永久有价值的起死回生汤。倘使不幸不走这条路,则今后的变局只有一个惨不忍言的了。(三月廿日)

(载《观察》第 2 卷第 6 期,1947 年 4 月 5 日)

哲学是什么？哲学家应该做什么？
（1947 年 4 月 11 日）

  我是学哲学的，今天要把自己所专学的同大家谈谈。我的题目是"哲学是什么？哲学家应该做什么？"我希望第二句是别人不曾说过的。哲学是一种苦涩干燥的学问，但它虽然苦涩干燥，却与人生关系密切，也是与我很接近的学问。今天在座的诸位虽不都是学哲学的，也许都对哲学发生兴趣。哲学是西方的文化，在中国学术中找不出哪一种学问是与它完全相同的。文化是一个整体，就像人体一样，头部手足都互相配合；至于马的躯体，配合就与人不同。西方人的文化也是一个整体，哲学是整体中的一部；在中国，也有过"哲学"这个名称，譬如贵校校长胡适之先生和冯先生都写过《中国哲学史》。从这个名称看，中国似乎也有哲学，但其实这是很勉强的。我们看这里面所谈的问题与西方人所谈的问题并不相同。

  西方的哲学是在两个事物的矛盾中产生的，一个是宗教，一个是科学。西方人的思想，自近世科学兴起后，与宗教思想发生冲突，这时候才有哲学来起作用。我这样说，一定会有人驳我，说：那么希腊就没有哲学了吗？但并不然，希腊的哲学倒像中国的哲学，内容无所不包，并且别无哲学以外之物，所以希腊虽有伟大思想，仍非近世的哲学。近世哲学是科学、宗教、历史以外的哲学。近世哲学之兴起，全由于科学之兴起。科学自古有天文地理物理等，至十六世纪末、十七世纪初，科学勃兴，有大科学家如伽利略、牛顿。科学产生后，就有了宇宙观，对物质有了一个看法，遂与中世纪耶教圣经上的说法起了大冲突。

  西洋文化本身因此有了矛盾，整个文化不调和，于是而有思想上的烦闷，影响到生活上也有了烦闷，于是产生了思想家，即近世哲学家。

哲学家在他们的思想系统中增加了新的素质，对新兴的科学潮流加以吸收，而不是迎头痛击。同时对于过去一直赖宗教以维持的社会秩序与道德观念加以种种解释，西洋文化因而起了巨大变化。

我是学哲学的，在抗战前感到极大苦闷，时时要问学哲学究竟有什么用？有一次我同金岳霖先生谈，我就说我们对现世界没有一些用处，完全是浪费时间。眼看日本人就要侵略进来，现在最急迫需要的是应当教青年人如何去抵抗，为什么还要研究纸片上的东西？九一八以后，我就主张改订学校课程，把有关抗战的学问拿来学，不关抗战的放在后面。我也要问学哲学的人究竟有什么贡献，但是并无一人认为我的话值得考虑。抗战八年中学校课程一点没有变动，便是明证。我自己仍然一直在怀疑哲学家的贡献。现在，世界上人类相评益烈，越来越不成样子了。近来我读到美国某学会的论集，这本书有五寸厚，是一九四四年出版的，讨论的是 approach to world peace，里面讲宗教、科学、哲学应如何去贡献和平。可见现存大家的感触都是相同的。我觉得，我们所学的学问如果与人类幸福无关，则其价值都是可疑的。

我这样说，并不是浅薄得不讲理论的价值，我是研究知识论的，读康德（Kant）最多，后来改从社会学去研究知识论，兴趣渐渐转到社会研究上去，而不再专讲形而上的奥妙的那一套。于是就变为社会学与知识论的合并，把文化发达与社会学配合起来看。我的这种转变，一般人很少知道，总还根据我以前写的书来研究我。知识社会学现在已成为一种学问，但还幼稚，在欧洲致力于此的也没有几个人，最早的人当推卡尔·马克斯（Karl Marx），他很开辟了一个新的方面。我们可以从知识社会学来看看哲学是什么。我在一本书上曾经写过了，现在简单说一说。

人是有知识的生物，知识没有无用的知识，可分为三大系统：第一是常识系统，主要是为了便利，比较专门的我不谈了。第二是科学系统，建筑在可测量的数量（quantity）及物的关系上。第三是形而上学的系统。我这里谈的是知识，而不谈盲目信仰。形而上学并不要求像科学那样的分析，而是直接问到最后的本体，宋儒所谓"明心见道"，便是说他可以见到本体了，其实从知识社会学看来，那叫做自己骗自己！玄学所用的方法是 insight，多是神秘的，所用的逻辑也非普通逻辑，譬如黑格尔（Hegel）的逻辑便不是普通逻辑。

现在专讲第三个系统。它是与社会思想、宗教思想同在一个圈子之内的。自古以来，一直存在着一个问题：许多好人死了，坏人却乱蹦乱跳的活着；坏人富，好人却穷。于是就有了一个问题：人为什么要做好人呢？好人分明得不到好处，为什么不做坏人去发财呢？所以为了维持使人去做好人，就有了"灵魂不死"的说法，说好人来世可以上天堂，此中并不能说它有真理或没有真理，因为它是起了一定的社会作用（social function）。人到了不得已时，便会信上帝的。我和我的同事十一个人被日本宪兵捕入狱中，在狱中我自己曾经自杀过四次——我不但懂得哲学的秘密，还懂得自杀的秘密哩！那一次我们先被送到这儿的红楼（"就是这儿"，张先生指着身背后的方向，十分感触地说。他是在北楼讲演的），后来又送到陆军监狱，十一个人关在一间房里，十个人都做祷告，我知道其中就有从不做祷告的基督徒。我曾经写过宋儒，宋儒是讲理学的。宋受外族压迫，读书人多谈政治，像我们一样的。但是你们知道，中国自古以来的皇帝都是混账东西：不止古来的皇帝，现在的职权最高的也都不是东西！那些士人想抵抗功名利禄封妻荫子等等，你想如何抵抗得了？所以他们只好提倡气，讲究养气，梗着脖颈说，你杀就杀好了。所以从社会观点看，有了文化的需要，就会有理论，理学便是这样的东西。如果一定要去问这是不是真理，那就麻烦了。真理是相对的，上帝并不像热水瓶一样，可以拿出来印证。理论的产生是基于文化要求。社会要求，时代一变，要求一变，真理也就跟着变了。以前的真理便不再是现在的真理。我对于庄子的"彼亦一是非，此亦一是非"的"相对论"并不同意。他这是"公说公有理，婆说婆有理"，如果公婆都有理，岂不没有是非了？相对不能是 relativism 而应该是 relationism，就是说在这一环境中是有效的，在另一个环境中就没有效了。理论是不能实验的，科学才是能实验的。我们可以根据这个来看看哲学是什么，与哲学家应当做什么。

近世西洋哲学家都是夹在宗教与科学的矛盾中间的。大体可以分成两大类：一类要调和这个矛盾，维持社会秩序使不破裂，可名为维持派；一类则完全站在破坏一面，对旧的宗教、社会、道德一起推翻，这在希腊已有，那些"诡辩家"（sophists）就因持无神论而与世俗相反，可名为革命派。所以文化本身起了裂痕时，总是新的想要压倒旧的，如果做不到则要设法弥缝，生活才能相安，精神上和知识上才能得到安慰。新哲学都是应运而生。如果有一个人跳出圈子去说我凭空创造了一个新东西，那是绝对的不可能。所以我说哲学家应当做什么，而不是说他们已经做成了什么。现阶段中国文化是否需要这样的人呢？想做哲学家的人又应当怎么做呢？我认为：世界第二次大战后，全人类，包括中国在内，必定要走向一个新方向，否则结局必极惨。中国有句古话说："穷则变，变则通"，中国现在已走到穷途，文化也走到了穷途。世界也走到了穷途了，再这样下去，世界就没有新生力量了。身上挖掉一块肉，可以再生，叫做新生。如果生不出来，就是没有了新生力量。如果没有了新生力量，则将是世界的末日。所以今天如果有哲学，必定不是传统哲学。现在不是仅仅念一点古典就能行的，时代要逼迫着走到新的方向去。在两类哲学家中，我们需要哪一类呢？

我们必须要看清文化趋势，如果看不清了，那么德国和意大利也曾有过哲学，那是御用的哲学。这样的哲学家是笑话，笑话，笑话。现在我们要说：哲学家所依据的创造工具，第一是时代潮流的要求，第二是他本人可以看得到时代的进步。这不是汽车坐坐，飞机飞飞就可以得来的。近世的大哲学家都是做什么呢？他们并不一定和现实有太多接触，但实际却是领导着现实。所以哲学家应该做的是：文化到了不能不变时，就要出来做思想领导。这需要冷静的研究，不是应酬应酬，吃吃酒席，开开会就能创造出来的。中国已经穷到了时候，这样的人是需要的。学哲学的人大可不必妄自菲薄，希望北大哲学系能产生哲学家来领导思想，大家不要只去钻中西典籍，而是要产生新的哲学家。完了。（辛扬火笔记，本文未经讲演者寓目，如有错误，当由记者负责。）

（载《时与文》第 1 卷第 5 期，1947 年 4 月 11 日）

答林布君兼论左派理论
（1947 年 6 月 13 日）

在《时与文》十二期上看见林布先生的《张东荪先生的思想》一文，使我积蓄在胸中的许多话不能不借此机会一说。本文与其说是答复林布先生，毋宁说是说明我对于今后中国文化思想前途的一种希望。若单就林布先生之文而说，实在无答复之必要。

我先声明我是最欢迎有人来批评我的书的。即使反对我的思想，我亦欢迎，决无因为反对而有不高兴的心理。不过我所欢迎的是出于自由思想的批评，而林布先生的态度，我从其字里行间来推测，似乎是一个宗教派主义者，是一个机械性左倾论者，是一个公式主义者。亦许我猜错了，倘使不错，我便有以下的话。

老实说，我的思想是与宗派性、公式性的左派论客有很大的距离。不仅我一个人如此，民主阵营中很多人都如此，只是大家不愿把这个问题在今天的情形下揭穿了。其实我想了一想，这是个事实，终久须要揭开。现在就揭开，亦没有什么坏处。我自己相信我个人是有资格来提出这个争点的。

在未入正文以前，先说一段插曲。这一次中共军队占领了昌黎，友人张雪岩先生适逢其会，他是参加那个城里的汇文学校所开基督教传道会。共军入城以后，即劝告他们离开此地，大家不得不走。有三百男女学生，有十个外国人，一同到了乡间的一个村庄内，共军便派人表示希望他们全体都到所谓解放区，不再回去。此时张雪岩先生便与之讨论，说明此举反与共军名誉有碍，外国人放回，反可使其向本国作义务宣传。只此一夕之谈，共方立刻变计，把他们全护送回来了。这个故事证明中共做事有弹性，能"从谏如流"，便是有浩气的证明。我述此故事，亦在指出中共之有今日，正在于不走呆板的路。

我愿意直截了当，先说出我的结论来。本篇的结论是：今天中国无论在思想方面，文化方面，抑或在政治方面，都绝对不需要比中共更左的议论。中共所标揭的是新民主主义，在政治上是联合政府。这是关于指导原则而说，至于广泛的学说研究当然在外。例如唯物辩证法与唯物史观属于学说范围，那是可以自由讨论的，不过这种学术上的讨论等于讨论笛卡儿的两元论与黑格儿的逻辑，三者在性质上没有不同。

如果宗派主义的左派论客不明白此理，硬要以他自己所信奉的公式强迫大家都须认为指导原则，则我敢说民主阵营反而会缩小，进步集团反而会分散。我不愿以任何帽子强戴在人家头上，但是托派的前车却可为殷鉴。以马克斯主义的公式而论，老实说，托派比任何人都严守着，可以说托派比史达林派为左。须知今天史达林的成功，就是由于他不太左。今天中国国内与国外的情形，虽确是迫得我们不得不进步，然并不是教我们非走到太左的极端不可。中共的中央对于这一点恐怕是了解的，中共将来如有成功，我敢说就在于他不太左。即站在邻邦苏联的立场，亦并不希望中国变得和她一样。明白了这个情形，我所以说，为了民主团结的广大起见，不得不希望左派论客把他们的宗派性、机械性要特别减低，然后方可与大家在一个大合作中推进国运。每次我看见有人与施复亮先生辩论，我便想把上列的话说出来，而只是苦于无暇。施复亮先生的议论我看很公允，即傅雷先生的文章亦十二分平妥，但是总有人出来驳斥，左派论客何如此示人以不广！现在因林布先生的文章却又引起来了，实在不是专对林布先生而发。

现在就林布先生的文章来分段答复如下：（一）关于只动口不动手一节，我知道林布先生是主张革命，而以为我是反对革命。其实我在《理性与民主》一八五页上早已说过，革命是有客观性的。"有些人主张革命而革命偏偏不来；有些人怕革命，怕作革命的对象，而结果革命愈来得快。"今后中国有不有革命只要看其客观情形，究竟如何，今天我还不敢说。但我敢说万一真有革命，亦不是林布先生的主观愿望所制造成功的。（二）士的躬耕一节，须知"耕者有其田"的政策真实了以后，耕者即为地主。如林布先生以为这是保护地方，则必须主张把士都杀光了，只留农工。故我不知林布先生的思想究竟是什么，请林布先生把自己的思路清楚一下，再来批评他人。（三）科学一节，我实在不知道林布先生指的是哪种东西，我们普通说科学是指物理、化学、心理等等，但社会学还不能算作严格的科学。所谓"科学的社会主义"，其"科学"

二字与普通所谓科学颇有不同，关于此点多读书自会明白。凡社会科学都不能算为纯粹的科学，纯粹的科学是抽去"价值"（value）的。社会科学因为要人类幸福增加，要人类进步，所以不能把价值概念抽除。因此，凡社会思想上的任何主义都含有"理想"的要素，理想不是不能实现，只是未必完全实现。我此说与马克斯原义不冲突，我说马克斯主义是理想，亦未丝毫贬其价值。林布先生"卫道"心切，便对我胡乱攻击起来，似乎太欠于辨别。

还有其他各点，恕我不一一答辩。为现阶段的民主运动起见，我希望左派论客特别体谅这个薄弱的民主阵营与松散的进步集团，千万不要再拿金箍咒向上箍了。万一箍炸了，反为不美。

（载《时与文》第 1 卷第 14 期，1947 年 6 月 13 日）

为中国问题忠告美国
（1947 年 7 月 20 日）

　　中国问题，照严格的字面上讲，应该是中国人自己的问题，但不幸得很，美国却把中国问题认为是它的问题了。美国既认为中国问题是美国的问题，便想依照它自己所定的方式与它自身利害的打算来求解决。

　　美国对于中国似乎只有可能的三条路。第一条路，当然是马歇尔初到中国来的时候所定的那个莫斯科三次外长的共同声明。内容包含三点：一是立即停止内战，二是组织联合政府，三是不干涉中国内政。这些虽到了今天仍依然是中国人民所欢迎的，但美国当局似乎早已不记在心上。虽则不能说他们已把这条路抛弃了，然而不感兴趣则确是有事实可据。于是我们便要提到第二条路。这一条路是美国正在走着的。我们相信美国对于这一条路实在没有信心，所以还可能有第三条路。容我先把第三条路说出来。

　　美国为了对苏，在不恤一战之前，必须造成包围的墙壁，则对于中国因地势关系，当然不会放手。既不放手便须进一步把中国造成一个反苏基地。根据这个目的，美国可能更在军事与财政两方面大量援助中国现政权。其方法或则在军事方面不仅代为配置与装备，并且还要担任训练与指导，大量的军事顾问要源源而来。财政方面或则是五亿元借款以后，再继续以十亿元，更继以二十亿元，都说不定。

　　在我们看来，这个可能的第三条路仍是行不通的。第一，国民党对于美国的援助虽是欢迎之不暇，但对于美国要来事事干预却必感觉大大不便，所以即就国民党方面来说，亦必是反对的。第二，这样源源不绝的大量支持与帮助在美国的腰包里是不是会有问题。美国人是不是感到负担太重，责任过大，同时又感到得不偿失，在美国内部是不是会引起极大的反动。因此我敢断定美国既有这些顾忌，所以对于第三条路迄今还不敢有所打算。第三，对于中国的事这样越俎代庖，太伤中国主权，必定因此尽驱中国知识阶级全数变为反美者。这一层美国亦不能不有顾虑。

至少我们可以说，在目前美国还没有胆量与气魄以毅然决然去走向这样的第三条路，不得已于是便变为现在所正在走着的第二条路。其实，这一条路亦是绝对不能成立的。这第二条路就是马歇尔离华声明书上所建议的那个方案。在现政府中加入了一些所谓自由份子，至于共产党则爱来不来。美国对于这样的中国政府在可能范围内作有限的或非大量的援助。但据我们分析，这个办法必是完全无效。第一，因为内战不停止，一切建设无从着手，财政并且更趋于绝境。第二，政府的性质未起根本变化，贪污不能丝毫铲除，效能亦不见丝毫提高，依然只是一个现状的维持，可以说仅仅是拖长而已，根本上丝毫没有解决问题。

因为问题的中心还在于国共战争。老实说，对于共产党的战争，其解决除上述的拖延以外，只有两法：一个是讲和，另一个是彻底的打与有效的打，把共产党打完。要取第二法，中国国民党自己的能力不足任之。美国如愿来帮助，那就得走上述的第三条路。我们知道美国今天还没有气魄毅然出此，同时美国又必须了解这样的第二条路是完全白废。可见，美国对于中国问题的伤脑筋，恐怕不在我们中国人以下。

美国应该明白：这样一个乱糟糟的中国，十年亦整理不清，硬要拉来作反苏基地，有什么用处？于是我们愿意向美国一进忠告。

我们先说中国的愿望。美国反苏与否，中国不想管，亦不应该管。美国如果对苏采取强硬政策，那是美国自己的事。只须与中国没有关系，中国并不希望美国有所改变。这是一个前提，希望美国当局能认识清楚。千万不可以为中国人民现在反对美国的片面援助国民党是在暗中替苏联帮忙，其结果是与苏联有利。如果作这样想法，那就是脑筋太不清楚了。中国今天只能自己管自己的事，自己救自己。中国为了自己计，不能把国家长久陷于混乱中，应该迅速停止内战，这是最逻辑的。任何人不能反对，亦不能加以猜疑。无论那一国苟对于中国作战的任何一方有所援助，便是使中国内战延长与扩大。凡使中国内战延长的外国都是中国敌人。到现在为止，据确实调查，苏联并没有以军火供给共产党，而作战的中央却都是美国装备。所以美国现行的对华政策是助长中国内战，已有事实证明了。中国人民全数是反战的，当然对于助长战争的不能不愤恨。中国本来不会亲苏，甚至于宁可说，中国大多数知识分子中间阶级是对苏有恶感的，但万一不幸，将来不能不偏向于苏联的那一天，那是美国逼迫出来的，这却必须由美国负完全责任。

中国人的愿望是很简单的：即请美国不要把中国列为反苏基地之一。美国要建立反苏基地，请向他处去建立，务必把中国除外。中国并不管美苏间的关系如何，战争也好，调和也好。我想中国人这个愿望，美国当局不是不能考虑。

至于现状，即上文所说的第二条路，则离反苏基地的企图更远。可以说只是把混乱加以深刻化，其结果不但不能变成反苏基地，乃是把美国在远东的一个市场亦弄得破碎不堪，不足供美国销售物品之用了。

美国当局若能恢复其理智，若能有良心与炯眼，则仍然应该回转到第一条路上去。第一，一九四五年十二月三外长声明并没有正式取消；第二，杜鲁门总统后来亦还提及；第三，苏与英亦未必肯眼看美国的不算数而不有所表示。因此，我们以为尽管美国目前所走的不是第一条路，但却仍有回到第一条的可能性。因为在形式上没有正式作废，而在利害上还是这一条路有一些利益。虽不能把中国作成反苏基地，然至少却可使中国成为一个很好的市场。中国能恢复和平还是与美国有利的，中国长期混乱则与美国究竟有害。中国如照政协的方式而得和平，则决不会变为亲苏，美国在这一点上不应该有什么不放心。希望美国当局放出睿智来，彻底权衡一下此中得失，而毅然放弃以中国为反苏基地的野心，则中美两国便都得着益处了。其方法亦甚简单，就是在下次有机会外长会议时由美国提议再发一个共同声明，内容是说美国对于中国内战将再从事调解，便显示美国的再调解又得英苏的同意，但必须从现在起即停止对于国民党的任何援助。我们相信到那时国民党必会接受。共产党因为是在一个新的基础上谈和，亦必会接受。这乃是美国解决中国问题的唯一合理办法。

（原载香港《时代批评》第 4 卷第 85 期，选自《现代文摘》第 1 年第 5、6 期，1947 年7 月 20 日）

从《二十世纪哲学》里的苏联哲学说起
（1947 年 7 月）

　　王艮仲先生要我为《中国建设》作一篇文章，虽已承命，但迄未动笔，实在因为一谈建设必是以经济政治为主。本人对于政治与经济虽亦略知梗概，而究非专家，兼以本人所好是抽象理论，至于具体的建设计划，实在非所研究，因此迟迟到今天。但是终觉艮仲先生的盛意难却，迫不得已拿此短篇来滥竽充数罢。

　　民主政治的生命在自由，这是大家都知道的。英美各国自夸其文化的优越，亦以为精髓就在于有自由。自由的大统（liberal tradition），是英美的文化的生命所寄。而对于苏联，人们总是说只是经济的民主，而不是政治的民主。所谓经济民主，是指经济平等而言；至于没有政治民主，亦就是说没有自由。这个问题变为现在一班人所争论的中心了。有人以为苏联不但有经济民主，且亦有政治民主，甚至于有人以为只有苏联才能算作真民主。这些争论，我不愿从正面来参加。但我最近买到一本哲学书，其中有一节关于苏联哲学的，大足从侧面对于这个问题的解决贡献一些资料。

　　这本书，名为《二十世纪哲学》（*Twentieth Century Philosophy*），是美国鲁乃斯（D. D. Runes）所编辑的，其中共二十二篇，一九四七年出版。编者发起一个哲学丛书，其中有"二十世纪社会学"、"二十世纪政治"、"二十世纪物理学"等多种。至于本书二十二篇之中，很有许多是大名鼎鼎的人物所撰的，怀特海（A. N. Whitehead）有一篇是"生命之哲学"，罗素（B. Russell）有一篇是"二十世纪之哲学"，杜威（J. Dewey）有一篇是"美国唯用主义之发展"。此外，如伐伯（M. Farber）述德国的现象学，亦不失为一篇好文章。我所拣出来说一说的，乃是索末维尔（John Somerville，美国人）的一篇，题目是"辩

证的唯物论"，而实际上却是讲苏联哲学的情形。此人尚著有《苏维埃
哲学》一书，惜我尚未看见。他日购得，当再介绍。至于现在所说的这
一篇，颇有一些足使我们注意的。

索氏首先辩明，一班传说谓苏联没有哲学乃是完全不确的。此种误
会有二个意思：一是以为苏联不把哲学当作高深的研究，事实却完全相
反。苏联在今天，哲学界的活动却非常广大，在大学里至少有一年以哲
学为必修科，各种上专门学校亦都有哲学的课程。其研究哲学并不是只
讲辩证的唯物论，乃是包括各派哲学的哲学史。大学中研究哲学，并兼
及如何教授哲学。另外有中央研究院，院中专设一哲学研究所，容纳各
种专门学者，从事于专门的著作。我在此处可以补充索氏一点：即据我
所知，有一个大名鼎鼎的俄国人出版了二三种关于佛学知识论与逻辑的
书，都是这个研究所印的。这几种书所述的，乃是印度佛学上的唯心
论。可见，唯心论的专门著作在今天的苏联是依然在那里出版。索氏并
说，有许多哲学书销行很广，印版亦多。直到一九三八年，黑格儿的书
销了二〇〇五〇〇本；斯披诺刹的书销了五五〇〇〇本；亚里斯多德的
书销了七八三〇〇本。据我所知，康特的《纯粹理性批判》已早翻为俄
文，亦销行甚广，至少在万本以上。

索氏以为第二个意思，是指苏联有思想检查而言。他以为就他所经
验的来说，从未见有此种形迹，他从来没有看见有一个人因为哲学思想
的缘故而被捕被拘禁，亦从来没有看见有人因为哲学思想的缘故而受
罚。最可注意的，有些哲学家被认为机械论者与"少数派唯心论者"
（minority idealist），似乎他们的书应该被禁了，但事实不然。索氏在书
店里都把他们的书都买到了，在图书馆中亦看见他们的书在陈列着。至
于他们这些人亦似乎应该是被清算了，其实亦大不然。索氏亲自看见他
们还在那里担教育工作，在哲学界占相当重要的地位。索氏所指的这些
人，当然是 Deborin、Timiriazer、Bogdanov 等。有些全是列宁在他的
《唯物论与经验批判论》一书中攻击得体无完肤的，但他们的书依然有
人买，有人看。索氏并亲自己见到德伯林（Deborin），但美国报上却登
载，说他已入了集中营。至于布哈林（Bukharin）的犯罪乃与其哲学思
想无关，完全是另外一件事。

以上是述索氏说明苏联哲学前之一段序论。至于他所述的辩证唯物
论太涉及哲学范围，我不想多为介绍了。不过有一点使我颇为有感，即
他说，苏联思想反对多党政治一点，似乎不是主张一党政治，乃是主张

无党政治。"无党政治"这四个字是我提的，不见索氏原文，但其论调颇有这样的意味。果真如此，确与我个人的思想很相近。我固然极端反对一党政治，但却亦不以为多党政治是最理想的。这是题外的话，现在不多说了。

我所以提出这样的情形来告诉国人的缘故，乃是以为在这些地方恐怕与中国今后从事于建设有些关系。根据这一点，我愿意提出一个意见：即思想是不能有所谓清算，只可以有辩论；辩论是希望得真理，但自己却亦不可以为只有我说的是真理。要使真理昌明，反而需要有忍容；有忍容必须广大其胸襟。如果凡看见与我意见有出入的立即起而驳斥之，这样的态度与作风反而会把思想进步之门堵塞了。在今天的进步阵营，不怕外部的高压，却怕内部的褊狭。极左派的硬性言论，在论者本人或不自觉，其功用乃有时与右派相等，同样把大团结打散了。近来我看见思想界与论坛上有一些现象，使我抱着"杞忧"。我今斗胆敢请一班前进朋友不妨自己来一个"整风"运动。今天的民主运动固然在政治方面为多，然而在思想方面却亦不可少。但须知政治方面的民主运动既是一个广大而包容的，故在思想方面亦决不能使其单一化。如不明白这个道理，而硬要在思想方面办统一，恐怕反而在政治方面妨害了广大的团结。这是在现阶段从事于思想工作的人应该自行检点的。

其次就是关于我们对苏联的态度。我在本文中以索氏的经验谈为证明，来替苏联剖白，但只是就事论事而已，并不是有一种先入之见，以为苏联有百是而无一非。我们究竟是中国人，除了对本国以外，对于他国实在没有专门作辩护的必要与义务。我们的议论不可以苏联为本位，尤是在今天美苏尖锐对立的局面下，倘使发言不慎，引起许多无谓的纷纠来，只有对中国不利。老实说，据我看，苏联对于中国确无侵略之心，但亦无帮助之意。因为在现状下，纵使有意，亦必力不从心。反之，中国是一个弱者，自救不暇。倘使要片面的，只主张中国有助于苏联，这未免太可笑了。这是应该自行检点的第二点。

我述上一段事实，不仅注重在于苏联有学术自由，人们不因哲学不同而受不同的待遇，书籍可以听其销行，乃是注重在于居然有这样大多数的人来读非辩证唯物论的书。这些读柏拉图、亚里斯多德、斯披诺刹与康特的书的人们，不能个个都是想拿了来作攻击的对象。换言之，即这些人不能个个都是不受他们的丝毫影响的。可见苏联对于学术上取放任态度，其结果势必不同的思想都会有多多少少的人来相信。苏联如果怕思想分歧，便应该有一种对付的办法，而现在事实证明苏联对于这一点是无所怕。我们便可知道，政治的背后必须有思想；但政治与思想并不是如影随形。政治愈安定，则思想反可任其分歧发展。有人怕思想分歧，以为如此便不足以推进政治，这乃是一个最浅薄的看法。殊不知正是倒果为因，先不从政治入手，而想在思想上有所统一，这绝对是劳而无功的。所以，我以为只须政治有办法，思想本来是不必强同的，亦就应让其自由发展。说到这里，我要提出一个问题：即是英美文化与苏联文化的问题。我以为又是我们应该自行检点的第三点了。

老实说，除了政治经济的制度方面以外，英美文化与苏联文化并没有根本的不同，决不可认作两种截然不同的文化。我们千万不要上杜鲁门主义一派人的当，以为苏联人的生活与思想与西方人完全不相沟通，俨然是两个世界。这完全是错误的。须知马克斯主义是社会主义之集大成，社会主义在西方有数千年的历史，已早形成为西洋文化中的一个主要部分，其来源是与基督教有相当关系，此点我在拙书《思想与社会》已详细阐明了。但有一个林布先生，则谓我牵强之至（见《时与文》十二期）。敢请林布先生多读一点书，不要这样轻易下批评。反可以说，若说社会主义的思想与耶教无丝毫关系，那才真是牵强之至了。因此我们可以很自然的说，英美文化与苏联文化只是一个西洋文化而已。中国要接收的只是这个文化，无所谓只要英美文化不要苏联文化，更无所谓只要苏联文化不要英美文化。

我所谓整风运动，不外乎是把界限划清，划清界限亦就是用分析工夫把许多问题使之廓清。在思想方面，这样一做便不致有恶影响到政治方面的推进与团结。因为今天在政治方面要的是广大，是力量集中，而在思想方面要的则是发言恰如其量，可以相通，无须斗争。所以我说社会是一个异质结合，这却不关乎有无反动势力的存在。反动势力能让步而自己改良固好，否则反动势力去掉了以后，依然须要各各不同的方面相调和。即使社会经过一度革命，亦决不会把异质结合变为同质结合。根据这个相剂的原理，便见民主与进步是一件事，决无民主而不进步的，亦决无进步而不民主的。

有人（林布先生）以政协会议为例而来反驳我，以为政协只是进步而不是互让。这种逻辑使我实在无法明白。我不明白为什么政协不能算为互让，为什么互让了就不能同时进步，二者完全不同。所以我觉得今天的论坛实有把条理弄清楚的必要。又如林布先生以马克斯的科学的社会主义一语，便把这个"科学的"连及原子弹，而殊不知社会科学之科学性与自然科学之科学性实有很大的不同。今天在学术界所最需要的是分析，决不可蒙头盖面。而做分析却又是西洋文化之特长，尤其英美一方面特别发挥这个光明的能力。我们要吸收西方文化，即应注重于此。所以，对于英美的传统的学术万万不可存丝毫轻视之心。

说到此，使我想起杜威。他最近汇集其关于政治思想与社会思想的论文成一书，名为《人的问题》（*The Problem of Man*），很足以表现他最近的思想趋势。可以说是由自由主义的精神来充分吸收社会主义（即共产主义），我个人即很欢喜这样的态度。足证自由主义与社会主义本可融为一体，在内容上本不必有何争论，只是关于态度与作风。倘使采取宗派主义的态度，对于稍有出入者即加排斥；倘使出于信仰的作风，对于批评的人必须发出卫道的呼声，则显然是与上述相反了。

自由主义的优点，亦就在于能养成一种"心胸"（mentality），能作自发的思想，自己内心是自由的，不有任何先入之见，不从信仰上看真理，从分析上养成批判的能力，始终是反覆考察，而不先设万世不变的信条。这虽只是一个作思想工夫与在文化方面的条件与修养，然却与造成民主的社会有密切关系，我绝不相信那些满腹都是呆板的信条的人能在民主社会中发挥民主精神，给我们以榜样，使青年得到好影响。所以，我主张今天要把社会主义的文化移植到中国来，必须使其挟自由主义的精神，二者融会以俱来。罗素在最近出版的《西洋哲学史》上说，真正解释马克斯应该就是杜威主义（原文恕我记不清楚）。这句话当然是有相当理由的。中国人对于杜威的不了解，一半是由于胡适先生介绍的不得当，只介绍胡先生个人所欢喜的那一些，而略去其全体；一半是由于宗派作风的思想家的褊狭心理，总以为杜威哲学是代表资本主义的。

说到宗派作风，我又想起苏联的故事。据韦伯夫妇（S. & B. Webb）所著的《苏维埃文明》（*Soviet Civilization*）一书的增订版的附录上所载，苏联文化亦经过一个笑话百出的时代。即在革命成功以后，思想界完全变了一个"言必称尧舜"的状态，完全好像中国旧日的"子曰诗云"一样。最可笑的是有一个牙医，作了一篇文章，引用了许许多多的正反合与否定之否定等等。后来他们亦发现这样实在不好，报纸上蜂起纠正，几乎等于一个整风运动。据韦伯说，这个弊病现在已经逐渐大减了。我很希望中国思想界应以此为前车之鉴，千万不要再来一个这样不必要的波澜，而况今天的国际性的文化环境完全和俄国当时不同。今世界已经大体上都要向左转了，只是转的方法不一定照俄国的样子而已。报载史达林承认英国工党所为虽不及苏联办法的径捷，而确亦是殊途同归。于此我们应佩服史氏胸襟广大。中国今后的文化前途当然亦须向左，但却决不必走俄国的老路。所以，宗派作风的左倾思想与机械性的文化态度实在没有必要，倘使有人想在政治革命后顺带来一个思想清算，这是万万使不得的。

我以为今天中国所急需的倒不是什么信条与公式，今天中国人脑中已经有了不少的信条与公式了，而真正需要的乃是自发的批判精神。这个精神却须见多识广，心胸虚冲，方能养成。除此以外，更有急需的是行为必与言论相符。任何漂亮的公式不能在说者本人身上发生作用，而只是拿来为攻击他人之用，势必完全变为白废。我觉得林布先生所攻击我的话，几乎有些都与叶青先生以前攻击我的话相似。在那时，叶青先生费了很大的精力做了两厚本的《张东荪哲学批判》，使我对于他的用力勤猛不能不佩服。他那时恐怕亦是出于卫道心切的缘故。殊不知相隔无多年，而叶青先生现在变为如何样的人了呢？

至于我个人却在潮流向右的时候决不右，所以即使在举世向左时亦还是老样子。记得有一天与董必武先生闲谈，他说起小资产阶级的浮动性，使我感慨万端。我在我的书中往往提到"士"的使命，就是我自己知道开口农、闭口工不是我的本份，做教员就是用脑的劳工，薪水等于工资，倘能尽了知识分子的真正使命，即不失为顶天立地的男子。我自信俯仰无愧，所以才愿意出来向林布先生一类的人一进忠告。我之所以晓晓不休者，并非为自己辩护，乃只是以为中国万万不可一如俄国革命的当年一样，亦来一个思想界的变态。这必是中国文化前途上的一个极大损失。因为这些都与建设有关，故不惮烦而拉杂言之。（六月六日写完）

（载《中国建设》第 4 卷第 4 期，1947 年 7 月）

我亦追论宪政兼及文化的诊断
（1947 年 10 月 11 日）

在《观察》三卷四期、五期上有梁漱溟先生的《预告选灾追论宪政》一文，文中且引我为同调，我看了以后，深感共鸣。他所提出的问题亦正是我久已蓄在心中的问题。这一些成为问题在我心中已将近二十多年了，不过想来想去总得不着一个最满意的解答。近年以来，自己的思想稍稍成为一个系统，于是对于这些问题乃自然而然遂有了一种看法。我这个看法与梁先生或许不完全相同，但在动机上却是一样的。

梁先生的结论似乎是中国不能走上英、美式宪政之路，因而亦就不必勉强去走。他所以在政协开会时对于宪法的修改最不感兴趣。不过当时我亦是一个对宪法不感兴趣的人。我早明白历史决不会因一纸宪法而翻身，宪法的讨论近于白废光阴。但我却另有一个观点，可以说我们二人态度同而解释不全同，毋宁说我对他的态度是十分同情的。所以在本文决不是把他所主张的中国无法学英美一层加以否认。

关于"预告选灾"，简直可以说选举已经成灾，无待预告。现在各省市的参议会选举，不但笑话百出，并且是对于中华民族一个大侮辱。但这些不是本文所要论的，故请从略。本文只讨论今后能不能有真正的选举，和万一永远不能有真正的选举，是不是中国即无法实行民主政治。这两个问题恐怕都是梁先生那篇文章中应有的涵义。我以为中国今天以后是不是绝对不会有真正的选举，据现在的情形尚不易遽尔轻下断语。不过据今天情形来说，则可十二分肯定选举是无法办的。如果情形变了，便就难说。所以离开了目前的情形而专作抽象的议论，主张中国永远无法办选举，我个人始终以为近于速断。凡是一个主张在证据没有充分以前，毋宁以保留为上。因此我对于这一点不加以讨论，即我既不说中国将来绝对能办选举，亦不说将来绝对不能有真正的选举。我在此只揭穿一点，希望梁先生注意。我亦知梁先生或已早注意到此，然仍不妨特别强调指出，以便唤起大家的注意。这点就是：自民国成立以来所有的选举都是为特殊势力所利用。辛亥到现在不过三十余年，凡五六十岁以上的人都会知道这段历史。我个人更是直接间接，多多少少，耳闻目见，知之较详。可以说在民国初年的选举虽亦未必真代表选民，然而确是不由金钱买得。

这个缘故亦很简单：就是因为那个特殊势力还没有想到利用选举。等到那个特殊势力下了决心要利用选举了，则选举的清白便无由幸免。除了民国初年还没有发见选举是一个大可利用的东西以外，此后就从来没有一次真正的选举。所以我的观点毋宁近于常识：即中国的选举所以不能办，就是因为有特殊势力想来利用。如果说一句假定话，即假定万一将来没有特殊势力了，试问选举还是无法办么？我以为我们必须承认撤除了特殊势力，选举还是不能办，在事实上没有充分证据。既无充分证据即不妨悬而不断。所以今天很明显摆在我们面前的事实，只是选举之无法办由于有特殊势力在那里利用。

以上所说虽是千真万确的事实，但观点是常识，或许梁先生看了未必过瘾。但我并不是以为这样立论便可将其与文化的关系斩断。我亦正和梁先生一样，主张这个问题是与中国文化有关，不过我不主张选举的无法办是直接与中国文化的特性有关，我的着眼点反而在于何以中国会有利用选举的特殊势力。这个势力的产生是与中国文化的特性有关。所以论到选举与文化的关系，我毋宁是取间接的。

于是我们要论到文化方面。中国文化有其特性，这个论点我完全接受。同时我们亦都知道选举是一个西洋的制度，换言之，即是舶来品。但若说这一个舶来品来到中国以后，遂把中国文化上的优良方面冲毁了，则我愿举出其他舶来品为证。例如飞机，除了在抗战期中尽了其正面的功能以外，其在中国反足以助成同胞间的自相残杀，认为害多于利，并无不可。远一些的如铁路，铁路所到之地即是外国货物倾销所及之场，农村凋敝，资本集中，富者愈富，贫者愈贫。姑举二例，其他还是甚多，不必枚举。总之，外来的东西，不论是制度抑是器具，到了中国来以后，总是害多利少，初不限于选举一事为然。

关于这个情形我却有一个解释。最近《大公报》专栏上有费孝通一篇《行政基层的僵化》的文章，其中有一点颇得我心。他认为中国政治轨道有两个，一是自上而下的，另一是自下而上的。虽然自上而下与自下而上等用语容易导人于误解，但事实上却确有这样两橛的分别。所以我特别避用这些容易误会的名词，而只把上一橛名为甲橛，把下一橛名为乙橛。甲橛是皇帝的政权与官僚的政治，乙橛是乡民为了地方公益而自己实行的互助。这种互助并不是完全政治性的，乃同时包含宗教、家族、慈善等方面，就中尤以社会方面为多，例如调解争执与保证契约以及守望相助等等。这一橛正是社会学家所称的 community。我与费先生意见稍稍不同的地方，即在于我不把他认为是行政基层，这只是人民在集体行为上的自发性互助。社会学家往往把合群认为是人之天性。倘用附会的话，可说是对于孟子性善论加一注脚。据我揣测，似乎梁先生所宣扬的中国文化就只指这一方面。梁先生看见这一方面的优点，我是可以同意的。

不过梁先生却忽略了中国还有一方面，即我在上文所述的那个甲橛。假定我们把社会学亦认为是一个实证科学而不参加价值判断在内，则我们可以说任何社会上的机构都是由于当时有那样需要。"需要"一名词是功能派社会学所提出，但我在未曾读过他们的书以前却已早想到。他们分需要为二大类：一是基本需要（即生物性需要）；二是孳生的需要。我却以为在孳生的需要中还要分二次的，三次的等等。例如补偏救弊，乃是因为有了偏，有了弊，然后才有补救的需要。但有时因补偏而反产生相反的偏，因救弊又致有不同的弊，于是又要加以补救。社会制度上种种变更，往往是由于有这样的情形。准此而言，甲橛的皇帝政权实出于统一的需要。自封建解体以后，诸侯互相征伐，在需要上自然而然趋于要求有一个统一的皇帝来征服或消灭那一些割据的土皇帝。因为人民对于土皇帝的受不了，实甚于全国性的皇帝。全国性皇帝所以成功，一半固然是由于有个统一的需要，另一半则是由于费孝通所说的那个无为哲学的政治思想之被采用。秦虽做成统一，但却未采取无为主义的思想，所以不能维持长久。汉朝继之，二者兼有，遂能统治数百年。后世儒家无不兼采道家，其主要之点就在于想用种种方法希望在甲橛下仍保留乙橛，不使甲橛完全把乙橛吞没了。在这一点上，我认为中国传统的政治思想都是旨在保护乙橛，就中尤以道家儒家为最。除了商鞅等走相反的道路以外，其余都不发生重大的影响。从这样的一个观点来说，我始终认为儒家在历史上可说尽了他的使命，详言之，即他们总是想在甲橛吞并乙橛的压迫过程中设法抵抗之。因为甲橛的皇帝政权在当时有其需要，所以在那个时期没有主张把他废除。我们论历史上东西

必须重视其时代性，此即是所谓需要之时间性，在某一时代有其需要的
到了次一时代就会消失了。若就次一时期的不需要而推论其前的一时
期，以为亦无需要，这是犯了错误的。中国古人（先儒）没有人主张把
皇帝废除，这决不证明他们是为帝王张目。因此，我对于儒家的看法和
现在时流论客很不相同。我以为儒家在历史上说得好些是功多于罪，说
得坏些亦只是功罪参半，而断不可认为完全是罪人。这一番话似乎太偏
于政治思想方面了，我们还得就实际方面来说。须知甲橛的造成并不是
由于政治思想。政治思想只是对于已经存在的实际情形想有所矫正与改
善而已。关于实际方面我又有一个较详的说明。

　　我在拙作《理性与民主》一书中，把人类文明分为三个大段落。第
三个段落现尚不可知，故不讨论。从有历史起，我列为第二期。历史以
前，则为第一期。第二期的特征是国家之产生。关于这一点我最服膺德
人 Franz Oppenheimer（见所著 *The State*，translated by J. M. Gitter-
man）之说。此说经马克思倡之于前，社会学者如奥氏等人继之于后。
其详在拙书中已叙述了，现在不必多赘。总之，第二期文化的开始是由
于一个群把另一个群压倒了，占领其土地，奴役其人民。于是在政治方
面有"政府"出现，在社会方面有"阶级"出现，在经济方面有分工出
现。由一个群到另一个群乃是移住，把另一个群压倒则是战争。所以战
争、移民政府（即统治关系），与分工乃是一回事。在这个以前却无此
现象。人民浑浑噩噩，熙熙融融，过那种鸡犬之声相闻，老死不相往来
的生活。社会学者不论赞成马克思主义与否，大多数皆承认有原始共
产。我却更愿于原始共产之外，同时再添上一个原始民主。人类学大家
马林诺斯基（B. Malinowski）于其近著《自由与文明》（*Freedom and
Civilization*，1944）上亦提及原始民主（proto-democracy）。可见原始
民主亦非我一人之私言，我遂把这种原始共产与原始民主认为是一期文
化的内容。关于这些在此短文中无法详论，读者还请参考拙书为盼。在
此只说一点，即东方与西方之不同，即中国与西洋之不同，或许就在于
中国特别保留第一期文明较多。所谓乙橛正就是第一期文明的残留。

　　在此又要特别提出的是，中西不同亦未尝不出现于甲橛方面。即中
国自走入第二期文明以后，其本身始终未起重大的变化，而西方则不
然。西方从未办过真正的统一。于是变化后变化，乃变出所谓"民族国
家"（national state）来了，而中国却自始即永远滞留在"天下式国家"
（此永佶先生的创语，却是很好）中。须知把国家变为民族国家却是把

国家的原有的害处减削了不少，把政府的性质亦变化了。政府本来是剥削阶级的独占机关，借维持治安之名，施行强制力，以保其特殊利益。递变为民族国家以后，政府由人民组织成，便加上了为人民谋福利的功用。所以西方的民族国家与民主政治乃是一件事。中国既没有变化到这样情形（或阶段），则中国的政府不论其名称如何，其性质总是那么样子的。所以在西方到了今天可以说已无甲橛与乙橛之分。又可以说，甲橛把乙橛吞没了，在西方毫无痛苦，用不着有人起来想法子去抵抗这个趋势。反之，政府既能代表人民，则政府管的多了不会是坏事。在西方政治思想下，只有十八世纪初一些自由主义者主张政府愈少干涉人民愈好，后来就不听见这种论调了。这个情形和各国对于君主的革命与民主政体的确立，是成比例的。中国不然。虽则辛亥以来三十多年，但始终没有把政府的本质从根本上改变了。如果有人来提十八世纪的欧洲思想，而中国人却又以为过时了。这岂不是一件很可笑的事么？总之，在今天的西方，乙橛已无保留的必要，任凭甲橛把他吞并了，只有简单捷径爽快。中国正相反，人民所以能喘一口气，乃是赖有乙橛当存。如果让甲橛把他们吞没了，则所有中国固有文化的优良方面便都随之俱尽。

在这种情形下，最矛盾的是中国与西方文化相遇的时候。中国情状如此，西方情状如彼，二者相遇，则中国没有不吃亏的。其故乃由于所有西方的东西以来，无不是到了甲橛为止。乙橛本来是自足的，用不着吸收外来文化。外来文化一到甲橛无不是助桀为虐。民族国家的政府其权是小不得的，天下式国家的政府其权是大不得的。不幸有一个世界结构的所谓联合国，却必须把二者比肩而立，试问这如何得了？

读者如不信，让我把舶来品助长中国政治作恶的事实列举出来。最显著的如警察制度，亦是学外国，只有对老百姓施压力，而在无警察的乡间治安并不成大问题。至于由于进一步变为特务，更是法西斯蒂的玩艺儿，害人更多。又如统制经济，在外国不失为一个好办法，一到中国即变为万恶之源了。此外，我在上文所举的飞机与铁路，亦就都是好例。梁先生看到西方的东西无不破坏中国固有的文明，我很佩服他的炯眼。我想梁先生若肯举例，必是较我更为详尽与亲切。我今在此短文中只强调一点，即西方文明的入来所以成为橘过淮为枳的缘故，只是由于西方的东西助长了甲橛，用以破坏乙橛。中国本身却没有这样需要。相反地，可以说中国本身不但有保留乙橛的需要，并且更有限制甲橛的需要。无如中国同时又必须参加于世界各国之林，好像一个人体温甚高，他需要穿薄的衣服；其他诸人体温甚低，都需穿厚的衣服，而却在一个大宴会中又必须穿一样的衣服，这就难办了！西方学者很明白政府是一个不可缺少的"恶"。中国这样的皇帝政权更是恶之中的更恶者，外来文明无不加重其恶。所以有人诅咒西方文化，这不是完全无因的。

但在闭关时代，这个问题还比较好办。即专制政权如果虐民到了极高度的时候，人民铤而走险，便起而造反，遂把这个太坏的政府推倒了。所以中国历史上常常有换朝代，就是由于这个缘故。现在把换朝代美其名曰革命，其实二者只是一个东西。我常说革命是中国的土产，屡见不鲜，毫无神圣可言。并且我以为中国三千年亦就是因为换朝代太多了，以致把政权视为"大宝"，既得者千方百计想维持不堕，未得者拼命去夺，遂把道德、文化、经济，都搞得受了很大的恶影响。外来的文明参加进来以后反把政府的恶加强加重，以致反抗更为不易。此所以中国接收外来文化只见有坏的方面。即以今天的国民党政权而论，有人说是中国自有历史以来最坏的政府，则论理应该容易被推翻，然而不然。这便是由于有外来的种种关系足以使其维持。

以上是说明何以中国与西洋文明相遇，即合演成坏的现象而较好的现象为多。我们更须说明一个制度之在一个民族，即等于一件衣服之在一个人的身上一样，必须大小合身，长短适体，尤能满足当时御寒的实际需要。倘使一个短小身体的人，而穿了一件长大的衣服，倘使在夏天而穿皮衣，这都是不合宜的。一个民族而硬要学另一个民族的制度文化习俗，亦会有这样的情形。所以我认为一个制度无论是从外国搬运来的与否，而欲其生根，则必须自自然然。凡着土的必是由根里生出来的。我在拙书中主张迎接外国文明必须从本国文明中的相似点入手，就是想生根必须用接根之法。再浅言之，所谓生根亦就是看其有无此需要。一个人正寒时，有人拿一件绒衣给他，他必定立刻穿上。假使在夏天，虽勉强教他穿一穿，他必不久仍自脱了。即以选举而言，假如一班老百姓不感到其需要，敢说永远不会变为真正的东西。今天国民党所办的国大选举也好，各省参议会选举也好，都是国民党有这个需要，而人民无之。所以人民不感兴趣，以不参加为抗议的表示。这就是我在上文所说的那个特殊势力的利用。至于如何方能把人民亦使其对于选举感到有需要，则必须如西方的民族国家一样，乃是一个整个的问题，牵涉到各方面，例如政府本质的根本改变，经济状态的走入新轨，教育的初步普遍，政党的改换作风，军队的绝对不干政，等等。这便不是本文所能讨论的了，必须另文为之。

我的意见不妨再归纳总结来说，则是如下。论中国文化不当专就其某一方面来讲，而应从其为一个复杂的全体来看。中国自有历史以来，唐虞三代太遥远了，姑且不论，此后从来没有一个好政府，即人民的政府，与全体人民意志希望相合一的政府。我想这一句话，决不是厚诬。所以现在的坏政府亦只是顺着历史的旧路，更加许多外国的新花样与新方法以致更坏，坏到最高度而已。以与历史上的政府相较，只是程度差等，并非性质异同。何以中国数千年来没有把政府改好，何以坏政府会如此层出不穷，这便不能不求其原因于文化。我在上文提出甲乙两橛之说，如不取实证的观点，则可说甲橛完全是坏的。这便是天下式国家与西方的民族国家之不同了。民族国家把甲乙两橛打成一片，成为一个一元的。凡民族国家所有的制度与办法若搬运到天下式国家来，除了助长天下式国家的政府的权力，使其对人民更高压更榨取以外，没有别的，亦不会有别的。所以外来的东西，如选举制度，警察制度，统制经济的办法，以及飞机、铁路等，本来是中性的，无所谓好坏，而毛病还是出于中国本身。这诚如梁先生所说，是患的严重文化失调症。就中尤以"政府病"为其主要症候。好像一个人虽周身有病，而尤以胃病为最，因为一切滋养品必须从胃入而消化之。胃一有病即致全身陷于痿弱，耳聋眼花都起于营养不足。

本文可以说是从我的观点，来补充梁先生所提的问题。读者千万不要以为我反对梁先生所说，我不但无所反对，并且深感到他所提出的问题之重要性。这个问题久为国人所忽略，所以他一提出即不啻抓着我的痒处，使我说了这一大些的话。希望有同感的人和梁先生再加以教正。（十月一日写）

（载《观察》第 3 卷第 7 期，1947 年 10 月 11 日）

为中国问题再忠告美国
（1947 年 10 月 16 日）

张东荪先生自在本刊复刊号（第四卷第八十五期），发表《为中国问题忠告美国》一文后，现又承张先生在百忙中继撰《为中国问题再忠告美国》，同时在沪创刊之《展望》杂志发表，敬希读者留意！

——编者

在《时代批评》复刊号（即第四卷第八十五期），我写了一篇《为中国问题忠告美国》，登出以后，据说美方翻译过去甚为重视，现在我愿对于美国再作进一步的忠告。

我所以再作此忠告的缘故，是由于我近来发现美国态度有改变的可能性。这个改变的可能性并非完全由于美国当局有睿智，乃是由于铁一般的事实摆在他们的眼前，逼迫着使其不得不再加考虑。凡一件事只须使人不能不再加考虑，便有改变最初态度的可能性了。

试以魏德曼的临行声明与马歇尔的驻华声明作一个比较，便显见有两点不同。第一点，是马氏声明书中主张以蒋主席为领袖，加入自由分子，便形成一个好政府；而魏氏则说，尚没有令人兴奋的领袖，今后盼其产生。二者的不同是，前者以为在中国这样坏政府中蒋主席是除外的，后者却不设这个例外。第二点，是马氏只主张加入自由分子于现政府中，而魏氏则主张将现政府中不论中央与地方的贪污无能分子一律免职。就这两点来说，不仅是魏氏的观察较马氏深刻，并且魏氏的建议比马氏更加重分量。不管怎么样，足证美国对中国的认识是在那里本身变化中，要为不可否认的了。既可以有这样的变化，虽则不太大，然而即难保将来不会更有他种变化。或许有人反对我这种看法，而以为美国有既定的国策，是不会变的了。但我始终以为美国即有国策，亦是非常笼统的，其中伸缩性很大，其在欧洲由杜鲁门主义改为马歇尔计划，就显然是一个变化，如何能说其为一成不变呢？

由魏马两声明书的差异上，虽可看出美国态度有些变化，但我们却又必须认清其变化还没有达到根本的要点上。换言之，即美国态度在基本点上还没有变。不过我以为倘使事实的教训能照样推演下去，这个基本点，亦不是完全不会变化的。所谓基本点不变，是指无论魏氏声明也好，马氏声明也好，虽对于中国政府大加责备，而其内心却还是寄以希望，即希望中国政府能自己把许多的弊病改掉。他们这种用心，在我们中国人看来，可谓实在对于中国政府认识不透澈。在我们看，今天已早不是这样的一个问题了。我相信美国人对于中国，如果不是另有用心，便是有一个误会，即误认中国今天的政府还是一个现代国家式的政府，而只是可惜的，因为附带着许多的弊病，倘使改掉了这些弊病，便可恢复其本来完好的面目，果真美国人是作如此想法，那就可谓糊涂之至了。老实说，今天中国政府的问题是在本质上，并不是流弊的问题。关于这一方面，只须一读中国历史便可明白。辛亥革命以后，虽把满清皇帝推倒了，但袁世凯的政府在本质上并没有与清廷大不相同。准此后来段祺瑞的政府亦是和袁世凯一样。北伐成功，政府在名义上变化了，在本质上仍是和袁世凯段祺瑞差不多，推上一步，亦和前清在本质上没有大异，同样的是独裁与专制体系。而国民党又恰与八旗相似，在满清末季，居然不专重满人，而今国民党却是非党人不用，所以国民党的统治只能等于初入关时的满清，并且天下是打来的，亦和满清相同。所谓革命，亦就是夺取天下的意思。外国人不明此理，只看名称，例如国民政府在英文是 national government，顾名思义是全民的机构，其实除了为外国所承认以外，在人民自由意志方面并无根据，依然只是一个 government de facto 而已。所以今天的民主运动并不是专对国民党为难，不是专和国民党作对，乃只是想把自辛亥以来的政府本质作一个彻底的改变。改变政府的本质只有一法，就是在政治协商会开会时民主同盟所主张的各党联合共同筹备宪政。除此以外，恐怕没有第二个更好的法子。至于事实推演，不得不有另一次的革命，而革命以后政府本质是否改变并无把握。辛亥不能不算革命，北伐亦确是革命，但这两次革命都没有使政府在本质上起根本的变化。

现在政治协商既已过去，不必多说。我们所要指出的只是，美国人对于这一点必须认识清楚，认清中国在未变为现代式的政府以前，所有贪污无能与不民主都是从其本质上必然发生的现象，绝对无法去掉的。

即必须明白中国政府如在本质上不起根本的变化，则决不会变为现代国民式的政府。质言之，即永远不会如美国人所祈祷的那样，变为人民所拥戴的政府。似乎美国近来有一种主张，即主张必须把中国政府变为中国人民所拥戴的，然后才能加以援助，援助才会有效。

果真如此，那就无异乎主张必须回到政协老路，建立联合政府。因为不回到政协老路建立联合政府，而想就现政府为人民所拥戴，那是绝不可能的，等于缘木求鱼。故我愿忠告美国：莫在这些地方枉费心机，无论如何努力，其结果必是仍等于零。稍有智慧的人，不应该作此种劳而无功的事。

但我愿向美国进忠告的却不止此一点。我以为美国与其在这一方面白费心思，反不如在另一方面去努力。我相信这另一方面决大有助于中国问题的解决，并且与美国亦复有利。美国不想解决中国问题则已，苟其想有一个着落，应该使用欲擒故纵或釜底抽薪的方法。这就是美国最好用一百二十分显明的态度，表示斩钉截铁的决心，决不使中国问题国际化。详言之，即美国必须用极确定极明切的宣言，表示中国问题无论闹到什么地步，美国将全力使其不国际化，即美国所愿干与中国的事只限于使其向减少国际纠纷的方面来走，而决不使其向增加国际磨擦的方面进。换言之，即美国必须抱定一个决心，务使美苏交恶不因中国问题而加甚，反可因中国问题的自然兴趣而减少。

这样的态度实在有很多的好处：第一，可以杜绝中国国内一部分人的妄想。这一部分人总想煽动起美苏战争来，想借着美国的反苏军事来作反共军事，这一部分人如果明白美国的真意会打消其妄想，这却与中国问题的解决上大有裨益。第二，在另一方面亦可扫除另一部分人的疑虑。这一部分人虽和上一部分人正相反，然其注眼于国际关系亦复不小。按理，中国的事应该斩断一切国际关系而自己谋了结，可惜在事实上无法这样干脆地办到。就中国来讲，固然是和国际关系愈少联带愈好，而在与中国发生关系的那些国家，其实亦何尝不是愈减少纠纷愈好么？所以美国如果有一个显明态度表示出来，我想不仅在中国国内一部分人可断绝其妄想，另一部分人可减除其猜疑，而即在国际对立上亦决可得到缓和的结果，可以说是一兴而数善备焉。

以上所说，如果以为是太抽象，太偏于原则，我不妨姑举一例。不过这是一个例而已，并不足以表示这个意义的完全。其例，就是美国应该把所有在中国的军队不留一人，完全撤退。

青岛尤宜完全退出，这样，美国便可向苏联要求撤出大连了。我以为美苏如果能彼此相约大家同时退出中国，这还不失为一个最显明的办法。美国今天应该向苏联摊牌，但要求人家退，而自己进，这是行不通的。人家进，自己亦进，更增加尖锐。所以只有自己退，亦要求人家亦退，比较是最好的办法。美国怕中国会变为苏联的卫星国，而同时却想把中国变为他们的卫星国，这是何等古怪的事！须知只有自己不把中国当作卫星国，方可阻止苏联的想把中国作卫星国。并且我以为在本年三月间美国拒绝莫斯科会议讨论中国问题，亦是一个失策，在那时就应该提出彼此同时退出的建议。不过现在赶紧来做，尚不为迟。老实说，中国问题必须经过一个完全不与国际有任何丝毫关系后的段落，这个段落过了以后再看情形。这就是先使其廓清，然后再加治理。须知外国的关系愈插入进来，中国问题愈不得解决。将来如有一天仍恢复到重新调停，亦必须先经过这样的一个廓清的阶段。如不经过这样的一个中间阶段，而想直接恢复美国调处的局面，那亦必是事实上不可能的。因为必须在廓清的阶段中，美国对于中国共产党的信用方能建立起来，美国有所提议，中共乐于接受。本篇所说的和我前作并无矛盾。（一九四七年九月十四日）

（载香港《时代批评》第 4 卷第 93 期，1947 年 10 月 16 日）

《民主化的机关管理》序
(1947 年 11 月 10 日)

任之先生出其多年心中所蓄与本身经验所得，撰为一书，名《民主化的机关管理》。稿成嘱余为序，余何敢辞。计余与任之先生相识，几及四十年。前年在渝，任之先生赠诗，有句云："吾识东荪三十春，宣南会歃付流尘。"且不仅交情，吾二人在思想上亦有甚多相同之处，最相同者为平素主张民主。中经多次磨折与困苦，而未尝改其所信。

国民党北伐至长江，任之先生与余皆被目为学阀，加以通缉者，不止一次。彼时所谓学阀，即指反对一党专政之民主思想者而言。迨至日本入寇，以国难之故，始对反对一党专政者稍稍弛其压迫。当此十年中，思想界已视民主为落伍，自由平等皆认为古董，谓宜束之高阁。所有者以三民主义为《可兰经》，另一手持剑护之。同时俯拾马克斯主义中攻击民主部分，益以纳粹主义（德）与法西斯主义（意），群向民主思想进攻。至谓民主主义为不进步之思想，今世界进步，民主主义已为过时货，无复留恋余地矣。周佛海之"三民主义哲学"，与叶青之"新唯物论"，皆为主要思潮，亦是流行读物。余尝于拙书《思想与社会》中慨叹之，以为欧人至十九世纪末，其思想界自身即发现剧烈之内部冲突。国人不察，但择其有利于己，有便于私图者采用之，犹沾沾自引为时髦。国人昧昧不足责，欧人且亦自食其果。两次世界大战，死伤之数，言之惊人，痛定而犹不思痛，第三次世界大战，依然有人引为讨论之题，然则思想与文化之关系于人生祸福，不綦重耶。

余自得读泰西书籍以来，即以为所谓民主，非仅一种政治制度，实系一种人生方式。此生活方式，包括政治、法律、社会、伦理、宗教、经济各方面。学者分为狭义之民主与广义之民主，即由于此。狭义者谓一种政治制度，广义则指一种文化之全体而言。但民主之政治制度，必建立于民主之社会文化上，断无尚未养成民主之人生方式，而谓能遽有民主之政治制度树立其上也。此所以自辛亥以来，国人所有欧化之努力，最后皆落空。以致今日所形成之状态，依然为数百年前之中国。

又吾尝读中国史，以为仅战国末至秦统一初之一段，为有划期性之各方面变化。过此以往，专制之体系，杂以封建之残余，数百年如一日，于政治然，社会亦然，经济与思想莫不然。中间只有循环而无进化，此即俗语所谓"换朝代"是已。虽为政治循环，而实系社会循环。每一专制王朝，当其暴政虐民，愈演愈烈之际，战乱饥馑，天灾人祸，相因而至，则必有另一窥觎宝座者起而代之。此所以有一治一乱之说，与合久必分，分久必合之论也。而其原因乃基于社会组织。盖自生产方面言之，人可分两类：一为本人直接从事于生产者，一为依剥削他人劳力生产以为生活者。在欧美自产业革命以后，剥削他人生产以为生活者为资本家，而中国则从无此类人。有之，只为统治阶级。不论官之大小，一旦握有统治之机会，即立变为剥削阶级。故中国之剥削阶级，皆由政治而成，从未有纯粹经济性者。帝王之取天下也，马上得之，恃其武力，以土地为私产，以人民为征服之奴隶。帝王实为一总剥削、总压榨之人。至于官吏，则分此总压榨之权，以解决其个人生活问题。向例帝王无不使贪使诈，使贪则小人竞进，使诈则特务出焉。帝王日夜萦绕于心中，而无一刻忘者，只有政权如何稳固之一问题。其用人亦只问忠于吾与否，至于虐民、偾事、误国，本所不计，盖帝王之所忧虑者，仅在政权或将被夺，民生疾苦非所问也。历史所示我人之事实大率如此，至今未或外之，可谓自古已然，于今为烈矣。今之有识者倡民主运动，余以为民主运动，实无异于使中国历史完全翻身之运动也。

顾任之先生告我：民主乃人之天性。则民主运动，殆又将为复性运动。使数百年来埋没于社会政治之歪曲组织下之人，皆恢复其本来天性。其事恐非诉诸教育不为功。固非专恃教育，而教育要为不可缺之因素。西方文化上之有民主，实由于其先有个人主义。个人主义一语，国人往往误解为纵欲自恣，实则涵义正相反，乃谓个人自尊、个人自觉、个人自负责任。以此为起点，然后集个人以成社会。于是个人为主体，国家为工具。除为个人谋增加幸福外，政府无存在之必要。首先发见此义者，为十八世纪之学者。谓欧美近代式国家之造成，政府代表人民，不复立于人民之上，以虐役人民，皆出于此辈学者之力，非过誉也。顾中国之读书人则不然。奴颜婢膝，只知谋取一官半职，但求个人逃避现实，解决生活，无复他求。于混乱鼎革之际，攀附新朝，图为开国元勋者有之，而从未闻有努力于根本改造国家性质与政府机能者。此所以数百年如一日，政治社会无真正变化也。

闭关时代，可以长此无变，而今则不能。今日中国又届一转扭时期，故吾尝谓今日中国之时代要求，为政治、经济、社会、思想各方面之综合性彻底大变化。亦犹由战国末至于秦初，由封建解体而变为专制王朝者然。时代要求如此，而个人之生活方式如彼，两不相应，以致变化虽不得不起，然既起又复迟滞，且竟至歪曲。何以顺应之，纠正之，指导之？则从事于民主运动者之责也。

夫使政治制度变为民主式，使经济结构变为民主式，使社会组织变为民主式，则必同时使人之生活方式变为民主式方可。个人之自处与自视，人与人之相处与相视，运思与办事，在在皆须潜移默化于民主方式之中，如鱼之相忘于水者然。必如此，民主社会乃能成立，有民主社会方有民主政治。足见今日中国所需要者，乃人性革命，非仅政治制度而已也。

任之先生此书，大有助于今日正所需要之人性改造。其所言民主化，自个人之人生观以迄处事、用人、管理机关，无不以本人体验之所得者出之。亲切有味，得未尝有。余授读既竟，感触万端，遂不避冗长，而以拉杂之言为此序。甚愿人人欲适应于当前时代要求者，皆手此一编也。

（载香港《国讯》第 1 卷第 3 期，1947 年 11 月 10 日）

敬答樊弘先生
（1947 年 12 月）

在《观察》三卷十四期上拜读了樊弘先生的大文，虽然是把我与梁漱溟先生拿来并论，但我个人愿意把这件分开。我本来决定在最近写一本书，在未写完以前，不做零篇文章，不过对于樊先生这篇文章却不能不答复。其故因为樊先生对于我似乎是完全误会了。何以知之呢？因为樊先生引用我的话似乎都是从梁先生所引用的之中转引下来的。我疑心樊先生没有拿我的原文之出处从其前后左右来通观一下，而仅就断章取义来加以解释。所以本文分两段，第一段可以说是一个辩正，即说明樊先生对我的认定是无根的；第二段乃是借此说明我的意思，以便与樊先生作进一步的商榷。

首先我要声明的是：我决不是主张采取儒家的无为哲学，我更没有主张过什么通儒主政之说。不但现在没有，并且从来也没有这样说过。一个主张民主的人不会把政治专建立于那一种人之上。以通儒为统治者，这是樊先生硬替我安置上去的。不但我从来没有想到，并且我连作梦亦没有梦到。这里只是我的辩答，却不关梁先生的事。至于他究竟是否如此主张，应由他来说明，我无权替他解释。现在既把梁先生一方面除外了，则樊先生对我的辩驳可以说是变为无的之矢。

其次，我与樊先生恐怕有一个根本差异点，不在于主张的内容而在主张的态度。我以为一种政治理想由于人们或一部分人有此需要而使其得以实现，这是一件事；而这个政治理想本身是否合乎人类幸福，又是一件事。这两件事当然不可分，但为了研究便利计，却不能不分开。于是在思想上便有两派：一派只注重现实，另一派只够谈理想。注重现实的以为一切都是由事实排演而成；高谈理想的以为必如此如此方算为好，其弊在于绝尘而奔。但只注重现实，亦无由以说明何以会有进化，因为进步总是变现状而为较好于现状的。这两个状态如趋于极端，在我看来，皆有毛病。所以，我以为只有如何由现实推进理想，又由理想提高现实，二者互相作用以向前进而已。根据这一点，我们只能说在逗留于农业中的中国人因为对于民主不感到迫切的需要，未即全体努力去推动他，却不能说中国人不认识民主是一个好东西。我相信即乡下老百姓，虽不识字，然而苟有人彻底告诉以民主的道理，如何是自由，如何是平等，他们必定会明白民主比专制好。这正等于一个未受教育的人，如果能教以加减，他自然会算出二加二等于四来一样。所以，需要民主与认识民主并不完全一样。樊先生说中国囿于农业经济，尚未突破，故无由使民主实现，这是大家无甚异议的；但这却决不包括说中国人不能认识民主是一个好东西。

所以，我们还不能说农民不要民主，而民主只是随资本制度而有的。我个人对于民主的看法是分两种：一是把民主只认为是一个理想，一个原则；一是把它当作一种制度。制度当然是由理想而模制的，但实际上因为情形不同，不但总和理想相差，并且各地因环境而有不同的实现。至于理想亦不是完全凭空而来，当然有种种因素与影响，现在不必细加讨论。这两种虽不完全分开，然而却不可完全混为一谈。根据这一点，则我个人始终相信民主主义如要彻底，终会形成社会主义。所以社会主义乃是民主主义的必然涵义。关于理论方面似乎不应该有争论。

问题只在于中国这个现实，如何嵌入于这个理想。樊先生提出集体劳动，在大体上本和我的主张并不相远。不过我更向细微的方面来看。樊先生所谓集体主义，却是我所谓社会主义。但今天中国的真问题是如何在中国的这样国情上，使这样理想得实现几分。老实说，樊先生的集体主义百分之百的在中国今天实行，乃是不可能的。外的条件有困难不必说了，内的条件亦不够，更不可勉强。明眼人自知之，不必细说。这里只是 imperfect collectivism 或 partial socialism。这个前提如果樊先生承认了，则问题便在这个部分或不完全的是在何处划界。好像给病人吃药一样，我们既不完全抄人家现成的药方，则对于人家的药方的如何加减便成了问题。即应该加上一些什么药，同时减轻一些那几味药等等的问题。老实说，今天中国非但不能照抄苏联的药方，并且亦不能照抄英国的药方。在此乃有两方面：一即病人本身的体质，二即药方本身的分量。体质有变化，分量可增减，二者相连即都会生出不同来。如果樊先生亦承认此点，则我说的"集合许多精通中西文化的人讨论一个为中国而设的制度"便有了根据。樊先生因此乃误会为请通儒作统治者，真可谓误会到一万八千里远了。须知一个制度所以能实现，必须在这个制度下的人们各得其所；如果专靠统治阶级少数人来维持，则可以说这个制度没有生根。民国以来所有变法（如宪法与党治）皆未生根，即由于此。我虽不肖，何致仍主张用通儒来做统治者，硬要维持不生根的制度呢？所以，我以为樊先生这种误会是"莫须有"，或可说有些不近情理的。

至于樊先生说，拟订出来的制度亦不过和中山先生的一样，我以为更是拟于不伦。老实说，一个制度的拟定是一件事，而其实现又是一件事。我在上文说过，欲使其实现必须使人们各各都感到满足，或相当满足，尤其在经济方面。但是这些感到满足的全体人民却不能每个人都来拟定制度。上文说到英国，须知英国所以不学苏联，就是因为他另有一个比较上生根的制度。我相信资本主义必变，美国将来亦会走上社会主义，但必又另有美国的样式。如果我们能够照抄人家的制度，当然可以省事了，无如不能。所以中国有其特殊的地方毫不足怪，我与樊先生意见不同的地方，或许就在此罢！

总之，我与樊先生根本上可以说没有两样，只是我看得复杂些罢了。并且我愿意告诉樊先生：如果实际投身下去做这样的工作，根据其虚虚实实上的教训，必定会感觉到复杂，决不会以为就是这样简单的。姑举一例，如土地再分配，农民仍是从私有的观点来欢迎的，而真要增加生产则非集体耕种不可。此事便不像分田那样容易了解与接受了。所以问题愈到深虑，愈离简单为远。（十二月三日写）

写完以后，再愿补述一点，即关于工业化的。我以为中国终须向着工业化而走，否则无以提高一班人民生活水平。问题不在要不要工业化，而在如何使其实现。对于这个前提，恐怕我与樊先生并无不同。只是好像樊先生以为农业是第一阶段，由资本主义而始变为工业化是第二阶段，他所说的集体劳动是第三阶段。由第一阶段可以一跳就到第三阶段。我亦承认中国今天走以前英美资本主义的老路是困难万状的，但我却以为即使采用集体劳动的制度而须再向工业化推进，所以工业化不是第二阶段，不可中间略过。今天的问题只是到工业化的路途之选择。提到工业即须提到机器，今天的苏联虽全力对抗美国，而仍想买他的机器。可见问题复杂，但不是无法解决。用集体劳动制来达到工业化，当然是很好。不过倘使"混合经济"（mixed economy），亦不见得就是不好。樊先生是经济学专家，当然比我知道更多。如果樊先生承认这一点，则必亦不能不承认研究到详细具体的计画时，必须要有深通此道的人。恐怕樊先生本人亦就是要负这样的责任之一人。并且在文化思想等方面以与经济配合，又恐怕不仅是懂经济学的人就够了的了。总之，今天不是采用那一类的药方之争（无论如何总是民主兼包社会主义），乃是对于这个药方内容如何加减折衷与其轻重界限之问题。以上所说依然不能尽意，但有此"文字无灵"的时代，实在不想多说。樊先生如蒙不弃，最好赐函，作文字交，以免在杂志上再有答辩。好在现在的问题早已超出说话以外了。（四日补）

（载《观察》第 3 卷第 16 期，1947 年 12 月）

关于中国出路的看法
（1948 年 1 月）

　　樊弘先生再不吝赐教（《观察》三卷十八期），本不想再在杂志上刺刺不休，后来想一想，我亦不妨仿照樊先生的榜样，只说我自己片面的话，对于樊先生所说的不加辩驳与讨论。正想下笔而适值学期结束的考试，为了评阅考卷一直耽误到现在。

　　我在头一次答复樊先生时曾说，中国不能照抄苏联的现成药方，亦不能照抄现在英国工党执政的现在药方（《观察》三卷十六期）。当时我的意思，绝对没有以为中国将来的政治经济制度可以与任何国完全不同。就"类型"来说，苏联是一个类型，英国亦是一个类型。此外还有一个类型，在樊先生第一篇文章中没有提起，我却以为中国反可以吸纳在这样的一个广泛类型之中。这个类型就是战后东欧几个国家所实行的，他们自称的"新民主主义"。当然这几个国家亦不完全绝对相同。就中，依我看捷克是最合乎理想的标准，芬兰有其深厚的根底，波兰亦决不如外间所传的那样偏倚。南斯拉夫的情形究竟如何，决不能如美国一方面的反共宣传而即加以断定。

　　这只是讲类型，并不是说把本国的国情完全抹煞。恕我用一个不切的比喻。亚里斯多德的逻辑讲到定义，以为类加差德。如云人是有理性的动物，动物即是类，理性是差德。人属于动物一类，但他有理性，这是其特别的地方。以此比喻来说，中国就广泛方面来说是可归入于这样的类型，即属于这样的一类。但就其特别的地方来说，不能不有其差德。我对于梁漱溟先生同情的地方亦只在于此。他的全部议论可以接受，亦可以不接受，但他提出这一点是可以感激的。就我的个人看法，我和他不相同的地方很多，不过在此不愿讨论，免生枝节。

再说一说东欧式的民主与苏联的不同点。第一在政治上是不仅有一个党（如苏联），而是多党并存，只是因联合而执行一个统一的政纲。第二在经济上是容纳混合的方式。有些是私人资本，有些是国家资本，有些是合作社经营，至于土地则实行合理的再分配。我以为如果把这几点当作原则，这都是中国今后所当取法的。尤其我所赞成的是学术自由，纯采西洋文化的传统的自由空气。

以上所说，只限于讲一个国家的内政。至于其国际关系并不必并为一谈。人人都知道内政与外交在现世界是分不开的。不过凡一个独立国家总是内政决定外交，不能是外交决定内政。故我们只能先谈内政。

至于谈到国际，我以为今天全世界于战后反陷于纷乱，其原因都在于美国对外的错误政策。我们可以说美国的对外政策是使全世界不安的唯一原因。今日要使全世界得到和平与繁荣必须在美苏以外，由美苏共同承认有一个中间地带。这个中间地带内当然有许多的国家，但有一个条件，即在这个地带中的国家，其政治经济制度由美苏看来，都不感到威胁。东欧式的民主国家，在苏联不感威胁，已不成问题，问题只在美国。美国如果认为这样的制度都不容许其存在，而想用种种方法破坏之，则美国如何能不被人视为帝国主义呢？所以今天解铃系铃，完全在于美国。美国如能翻然觉悟，承认有一个中间地带的必要，以作缓冲，则在中间地带的国家们亦只有是这样新民主主义制度的。总之，今后世界和平的关键，即在于这样类型的国家能否在美苏两端的中间存在与繁荣起来。不论美苏，那一个国能让这种国家自强起来，他便有前途。否则，即是战争的制造者。最近英苏特订商约，这是一件可注意的事，即商务关系与政治不混淆在一起。这事可给美国以教训，即美国不必害怕这些非资本主义的国家不和他通商。美国的货物如不是倾销，而仍为别国所需要时，依然可以出口，或大量出口。美国因此即不必害怕将来会迫得非抛弃资本主义不可。诚如斯大林所说，资本主义的国家与社会主义的国家可以并存，且可通有无，只须资本主义国家的输出品生产变一变种类。当然在私人资本主义的国家中，这样做去是会使有些资本家吃亏，不过这样的吃亏当不致于根本把资本主义通得倒塌。资本主义的国家本有周期性的经济恐慌与周转不灵，尚使这些资本家中能有些有远见的把他的工厂改变一下，其出产品改为别的国家（即社会主义的国家）所需要的东西，则资本主义必不会从根本上颠覆。所以，我认为美国如果是为了维护他的资本主义，怕苏联的缘故，而向这些中间地带的新民主主义国家压迫，正乃是自画见鬼。殊不知只要这些国家能站得住，他的资本主义反可不倒。我相信这个很明显的道理，美国人中必有许多能够见到，所以拿这个道理向美国人说是可以的。至于有人骂我对美尚存"幻想"，我愿回答：如果这是幻想，这个幻想与中国前途我看不出有丝毫的恶影响。

正写至此，忽接《主流》杂志社送赠我的第十三号，其中有数篇文章是反对我的，我不愿一一加以讨论。不过其中竟有下列的话："我们要终结资本主义集团与共产主义集团间之矛盾与冲突，防止世界暴动与法西斯余孽之再起……一方面提升了资本主义集团的落后性，而另一方面亦可消除共产主义集团的偏差性。在精神上承受资本主义的政治民主而扬弃了其落伍的制度与观念；肯定共产主义的经济平等原则，而却否定了其极权与残暴的思想。"

这话说得很漂亮，但我愿意告诉论者：这条路已为东欧的几个国家走上去了。如果把东欧国家亦认为是共产主义集团，那就只是说来好听。诚如该杂志的通信上所说的，"美丽的文字，满篇的谎言"了。

以上的话，我本不想说，只是因为樊先生逼迫得太紧了。后来我又一想，一个书生来谈政治，最好还是态度要斩钉截铁地光明。固然不要顾忌，却亦不可投机。此一番话是我个人的固定尺度，超过了这个与否，当然要看时局推移，但我个人却是不会有丝毫变化的。此外我还有一个私愿，即如果大家认为这是一条路，大家应得暂时把不同的意见收起来，而齐向此争取。所谓收起不同的意见并不是不许人家立异，乃是必须出于各个言论家的自愿。意见一致在主张上会发生一个力量。倘使有人同意这一点，出而发言，或许比我更为有力，因为我自己觉得似乎在争民主的言论战场上应该让别人占在第一线了。（三十七年一月二十日）

政治上的自由主义与文化上的自由主义
（1948 年 2 月 28 日）

近来大家对于自由主义大感兴趣，都来作热烈的讨论。我惭愧得很，《大公报》上有几篇文章未曾拜读，因为近来已不订阅《大公报》了。杂志与日报都很有好文章，只可惜现在的人财力有限，实难遍购。所以我所见到的大都是赠阅的。我的见闻虽有限，然而在直觉上似乎自由主义已成目前争论中问题的焦点了。就我个人论，在拙书中虽再三强调主张自由在文化与政治上之重要，但却从未自居为自由主义者。因为在我看来，自由与自由主义在涵义上不是完全相同。其他别种主义者亦并没有否定自由，甚且亦很强调自由之重要，但却不称其主义为自由主义。可见自由与自由主义，这两个名词并不完全相同。根据这一点，我现在亦来凑热闹一讨论自由主义。

恕我先把自由主义分为两种：即政治的自由主义与文化的自由主义。我并不是主张两者绝不相关联，不过在看法上我们确应得有些区别。我向来写文章喜欢先把结论列在上头，然后再加以说明。现在我亦用这个方式。关于政治上的自由主义，我的结论是如下：

政治的自由主义在今天廿世纪已是过去了。

在上文已说过，自由主义与自由并非一件事，则我们当知现在说政治的自由主义已成过去，却丝毫不含有否定自由的意思在内。所谓政治的自由主义就是单纯的自由主义，亦可以称之为旧式的自由主义。这种主张如在中国求其实例，则莫适当于民初的宪政论。民初时代的政治意识大家或许不会完全忘却，似乎不劳我在此短文中详举。这种民国初年的宪政主义，决不足为今天战后立国与建设之方针。梁漱溟先生那篇文章的要点为我所同意的，就在于他能毅然揭穿这个缘故，说明宪政主义式的自由主义不足为今后立国建国之依据。至于他还有正面文章，说到中国文化的特质，那是他个人的见解，与我完全不相干。我们必须承认他在消极方面说穿民初的宪政主义在今天又复活起来是不行的，这一点确有价值。我为文表示共鸣，亦只注重在这一方面。我把选举与飞机铁路视为同样的例证，同是西方文化上的好东西，一到中国来便加重了人民的痛苦。我却并没有主张不要这些东西进来。我只说明其故不在这些东西本身，而在于中国有个压迫人民的统治上特殊势力。倘这些东西一进来而不为这样的特殊势力所独占，则依然是好东西。据有人告诉我有某大学教授看了我那篇文章，立刻作文反驳，说飞机铁路不可反对。好像在今天的中国知道西方文化之重要的只有该文作者一人，好像用复古的罪名就可轻轻把替人民诉苦的呼声抵消。立言虽巧，总不免有替特殊势力维护的痕迹的嫌疑。我起初颇相信自由主义总不致有何流弊，乃近来愈看所谓自由主义者（即自称自由主义者）的行为，使我不得不承认这其中确有一点儿问题。

原来自由主义是欧洲十八世纪几个学者所提倡的一些原理原则。这些原理原则用之于文化，用之于政治，遂形成现在的西方民主国家。这种自由主义之要点在于建立个人价值，成为个人主义的文化（其详我另有一文已投《中国建设》月刊），个人主义在于养成个人的责任心与自尊心，在原则上绝对与平等无冲突。须知从封建社会把个人解放出来，却非用这种个人主义不可。所以十八世纪的自由主义建立个人主义的社会，从历史上看，乃是一件空前的功劳。其价值真可谓与日月同光，所不幸的只在于后来由经济方面发生了漏洞。个人主义与自由主义盛行时，在经济方面当然是放任。须知放任政策在资本主义的初期是确有功劳，因为能够助长生产，使资本主义得以形成。而初期的资本主义又确能增加财富，不会引起人们的反对。不料就因为这个放任经济的缘故，遂致资本主义长成了，资本主义愈长愈大，其弊乃见。对内愈见贫富不均，对外愈趋于侵略。政治离不了经济，经济或反为政治的主干。于是政治的自由主义就为放任的经济之故，演至今天，已百孔千疮了。

全世界的资本主义正在推车撞壁之时，而谓中国犹能如西方在十八世纪时一样，实行政治的自由主义，岂非太不了解时代么？所以我说自由主义如专就政治方面（经济当然包括在内）来讲，已是过去了。我尝说中国是错过了文化阶段。假定在清朝乾隆嘉庆年间实行宪政，提倡这样单纯的自由主义，实在是太好了。事实既不然，则我们便应另有打算。但必知我并不是以为自由主义不好，乃只是说仅这个还是不够。现在西方人们有些提倡自由的社会主义，有些提倡社会的民主主义，足见单纯的自由主义已经不够了。这是全世界的趋势。关于政治的自由主义似乎不必多说，请即接着来讲文化的自由主义。讲完以后，再将二者联合在一起来讨论一下。关于文化的自由主义，我亦愿先提出结论如下：

文化的自由主义是人类文化发展上学术思想的生命线。中国今后要吸收西方文化，进一步要对于全世界文化有所贡献，更不能不特别注重这个自由。

所谓文化上的自由主义却和政治的自由主义很有不同。政治上的自由主义可以形成一个党，或名为自由党，或名为民主党。而文化上的自由主义并不须有固定的内容，只是一种"态度"，而不是具体的主张。无论何种学说或思想，只要由严格的逻辑推出，有充分的事实为证据，换言之，是由于科学方法而成，则都可为文化的自由主义者所承认。现在大学中只讲正统派的思想而置其他思想于不顾，这不是文化的自由主义之精神。反之，假定推翻了现行制度，而如果对于正统各种思想加以屏弃，这依然违反了文化自由。所以文化的自由只是一个批评的精神与一个忍容的态度，没有一个学说与思想不可以批评。牛顿的定律在五十年前是金科玉律，倘若阻止人们对之有所怀疑，则相对论便无由发明了。今天相对论修改牛顿，正是文化自由的灿烂成果。同时，亦没有一个学说或思想不可以忍容。只要言之成理都应得加以承认。总之，在文化自由上根本不能有"邪说"，亦不能有"一尊"。只有研究的所得而无开始的信仰，无一前提不可转为研究的对象，这样的精神确是西方文化在人类上的唯一优点。中国在未与西方文化接触以前就没有这个优点。现在既与西方文化接触了，虽然有些传染，但终嫌尚未十分接受。今后中国如果要想在文化上立足，则非大大向这一方面推进不可。

于是我们应得合并在一起讨论了。现在的论坛上总是争论什么政治自由与经济平等之关系。有的说二者有冲突，有的说二者本相一致。在我看来，都没有鞭辟近里。他们只用自由与平等二个范畴，殊不知还有第三个范畴，是"生产"，却必须加入在内。无论如何讲自由，讲平等，若与生产发生冲突，换言之，即使生产反而降低，则决不能成功。而况在现在正值大战以后，各国都有迅速增加生产之要求。这是一个普遍的趋势，中国决不能例外。所以在自由与平等的打算中必须把生产列为最重要的一个决定因素。这不仅现在为然，历史亦给我们以教训。欧洲近百余年以来社会主义的试验不止一次，或用革命的方法，或用立法的方式，凡读历史者当可知之。我们可以说百余年来欧洲社会主义的排演，是一部悲惨的历史。这个悲惨经验所给人们的教训是：凡社会改革（或革命）而能使生产增长的就能站得住；反之，使生产降低则必会被反革命所推翻。苏联的经过尤为显明：革命之初的战时共产制就因为不能满足增产的要求以致维持不下去了，乃不得不改为新经济政策。如新经济政策永久下去，则革命虽成而社会主义却失败了，幸而有计划经济，可见计划经济是社会主义的救命汤。换言之，即社会主义与计划经济相结合乃得到新的生路。须知计划经济是一个中性的名词，资本主义亦可有计划经济，法西斯亦有计划经济。可见不是所有的计划经济都是进步的。对于经济加以计划，要看用什么原则去计划。资本主义的后期亦在那里讲计划，但却依然用着资本主义的原则。所以必须用社会主义为原则以作计划，方能成为进步的计划经济。用计划经济以增加生产，遂使社会主义站得住，这乃是苏联对于人类的一个无上之贡献。苏联的成功即在于使增产为目的的计划经济与社会主义结合。已往社会主义种种试验都没有成功，就是因为只注重于平等而忘了生产的重要。

中国今后必须采用计划经济，恐怕已为大家所公认，因为只有这样方能大量增产。但为了增产必须先排除其障碍。官僚资本、豪门资本，是障碍之一；地主与放高利贷的是障碍之一。所以废除这些，不完全是从平等着眼。如果专从平等来看而忘了增产上的需要，这是错误的。尤其是在产业落后的国家，不把这些封建残余势力去掉是无法使产业发达的。（不过中国还有一个特别情形，即除上述两种人以外尚有一种人，即流氓是也。普通所谓无产者是指无财产而从事于生产之人，如佃农与雇工之类。中国的流氓确是无产者，但却不从事于生产，以敲诈为生。这种人只要求在享用上得平等，其实正是封建社会的产物。所以如果不把这种人加以改变，其为增产之障碍亦与上述者相同。因为本文不在讨论这些问题，故只在括弧中附带言之。）至于如何制定计划务使在其中保存尽量的自由与相当的平等，那是制定者的事，非本文所能详论。

说到此，我们便见到问题的中心了。为了生产既须用计划经济，须知在经济方面要有计划，则势必连带到其他方面，如政治方面、教育方面等等。所以，就因为经济的计划性，必须把全社会亦成为有计划性的。我们为便利起见，可称之为计划的社会。在这样的计划社会中，试问自由有无限制？平等是否损害？我以为论者们主张经济平等必使政治自由有亏，固然是只知二五不知一十之言，但说经济平等了以后自由更可增加，亦非探本之论。老实说，一谈计划，如果社会有计划性，则只能有计划以内的自由与计划以内的平等，而断不容有超计划的自由与超计划的平等。计划是以增加生产，使全体人民生活标准提高为目的的，则凡自由之足以妨害生产的提高，凡平等之足以使生产降低，则都应该在限制之列。论者以为自由平等本身有问题是错误的，须知问题只在产业不发达的民族必须把生产加入于自由平等之中。一班刊物上有流行的说法，说什么英美有政治的民主而无经济的民主，苏联有经济的民主而无政治的民主，都由于不明白这个情形。还有人说中国应该二者都要，其实这只是一句漂亮话，根本没有用过一番分析工夫。

根据上述的话，应知自由在今后的中国确有问题，平等更然。我希望自命为自由主义者的人们不要看得太简单。我对于这个问题却有一个答案。我尝说，就人类言，最理想的是一个民族经过充分个人主义的陶养以后，再走上社会主义或共产主义之路。可惜世界上没有那么一回事。我又尝说，中国没有经过个人主义文化的陶养而遽然来到二十世纪是一个遗憾。现在不必说这些空话。就实际来说，中国已经到了这步田地，当然无法追究既往，亦没有法子倒退。不过亦未必是丝毫无办法。现在用一个不十分切合的比喻。譬如入大学最好是中学毕业，无如有一个人，中学未毕业，而现在竟在大学中勉强读书了。我以为最好的办法是他把大学的功课少选一些，留下一点儿时间来补习中学的必修科目。我用此比喻来说明中国今后的情势。中国为了增产必须采用计划经济，尤其必须采取进步的计划经济。但经济方面一有计划，势必不能让其他方面仍留为无政府状态的绝对自由。就中以教育一项而论，就不能不大加改变以与计划相配合。政治经济教育等全体如有了计划性，则我们今天放任惯了的人必会感到很不便。这一点恐怕我们在心理上应得准备自愿牺牲一些不入格的自由方好。这即是我用大学功课来作比喻的。

至于补习中学一层，即是我所说的文化上绝对自由。须知在计划社会中政治经济等是没有绝对自由了，但我们还不能不要绝对的自由。这个绝对的自由应该在文化与思想方面。如果社会因具有计划性而有些呆板，则我们尚留一个绝对活泼的田地在其旁边。老实说，社会的计划性只是为了生产，总是有时间性的，一个计划完成以后必须增改。所以社会的一时固定乃是一种不得已的事，亦并无绝对的可怕；但却必须在固定中留有一个变化的活力可以发生的余地，这就是文化方面的绝对自由。我主张在这一方面使中国养成良好的自由传统，充分培养个人主义的良好方面，此即我所谓补习中学功课是也。本来在西方亦是自由主义的根底本在于文化。文化上没有自由主义，在政治上决无法建立自由主义。中国今后在文化上依然要抱着这个自由精神的大统。文化上的自由存在一天，即是种子未断，将来总可发芽。所以使这二者（即计划的社会与文化的自由）相配合，便不患将来没有更进步的制度出现。

话几乎说完了，不妨再向所谓自由主义者进一言。大家如认定上述的分析是对的，便应力争计划内的自由与平等，但不可仍留恋于未入计划以前的自由平等。如实在真爱绝对的自由，则应向文化方面努力。我说这些话，主旨在把这个问题中的几个关键弄清楚。其实这些话并不是现在想起来的，乃是久已想到的，至于说出来以后，任何一方面认为是不入耳之言，那我就不管了。（二月四日）

本文写完以后，忽觉我在前文《关于中国出路的看法》（《观察》三卷二十三期）有容易引起误会的地方，不得已在本文之末追加声明几句：即我所谓东欧式几个民主国家并不是严格言之，照类型来说，其实瑞典至少在内。所以严格分为东与西，是不对的。瑞典最近发表战后劳动计划宣言，尤其富有所谓这样的彻底民主之精神。总之，这些小国颇能利用别国已往的成功或失败的教训。中国有其特殊的国情自不待言，但对于利用他国的教训与经验一点，却不妨以这些小国为师。这便是我的真意所在。千望樊先生与读者不可误会。

（载《观察》第 4 卷第 1 期，1948 年 2 月 28 日）

由宪政问题起从比较文化论中国前途
（1948 年 3 月 1 日）

一

梁漱溟先生近来有一篇文章载于《观察》周刊，题目是《预告选灾追论宪政》。我看了以后非常感动，立即写了一文，题目是《我亦追论宪政兼及文化的诊断》，投到《观察》周刊社去，大约在本文与读者相见以前必可登出（已载该周刊二卷七期）。正因为想对梁先生的问题说几句话，所以送到《观察》周刊上，取其两文可以先后并列；但我写完了该文以后，又有许多意思觉得非再畅论不可。虽则这一些意思本是我早已蓄在心中的，但在那一篇中却未充分提出来讨论，因此我乃再作本篇。

本篇的主要目的，亦和前作一样，是从文化的观点来讨论这个问题，决不是像一般法政学者斤斤计较宪法的条文，所以我愿在开始即郑重声明：本文所讨论的问题完全是一个文化上的问题，同时对于这个问题的态度亦只是取综合性观点，多多少少有一些哲学意味，而决非一个宪法论文。一方面固由于我对于宪法未曾下工夫去研究，另一方面却由于我有一个偏见：以为讨论宪法而不以全体文化为背景，不顾及全部政治，不想到历史，不了解社会的性质，那真是一个痴人说梦的事。所以我对于单纯论究宪法的文章，没有耐心去细读，不免有一些鄙视的意思。此即我在前作中所说的，和梁先生一样，感兴趣的缘故了。在政协的时候，梁先生对宪法不感兴趣，蓄着怀疑，但仍服从大众，不立即表示异议，这个精神是可佩服的。我个人虽则在内心总是忐忑不定，然而怀疑之念却不如梁先生那样深。只因为想不出另外一条路来，所以亦顺从大势，且从而主张之，实在是因为想不出另外一条路来代替他。直到我写本文时，我还是没有想出更好的法子，不过以为这个问题不能让其蒙头盖脸下去，必须加以彻底的分析而已。这样的分析，便是把问题廓清，或许有助于将来的决定。

二

在前作中，我曾提到要了解中国能否走上西方宪政的路，必须从中国历史，就政治、经济、社会与思想各方面作一个综合的观察。在历史方面，我曾指出中国自封建解体以后，已形成所谓王朝，即统一的皇帝制度。不过这个王朝并不十分完备，仍留有很多的封建残遗，于是变为帝制与封建的混合状态，这个状态直绵延数千年，没有太大的变更。可以说是千百年如一日。这种情形和近世西方国家相比较，却有一个很大的不同点，足以影响全体文化，或全体社会。这一点就是所谓政权的取得。近代的国家无论是民主或是君主立宪（如英国）而其政府无不是由于选举，即由选举方取得政权，姑不论其选举是否无有限制，要为全国人民承认选举是取得政权的唯一合理合法之途径。中国则不然。自辛亥革命以后，无论袁世凯、段祺瑞等等，政府虽屡有变更，而其政权的取得皆不由于选举，即现在的国民政府，其政权的取得是由于革命，不但是事实，并且当局亦直言不讳。我所谓千百年如一日者，在这一点上极为显明。政权的取得的方式，看来好象只属于政治方面，其实却决定了国家的性质，即为什么中国的情形是永远政权取得由于实力，则必有其原因深根固蒂于全体文化社会上。

历史上儒家对付这个情形，是不问政权如何取得，而只问取得以后如何施设，此即所谓逆取顺守是也。儒家本是柔性的，是改良派，不是革命派。对于政权取得的方法不讨论，不有主张，甚至于让步可以承认实力。至于取得以后，他们提出所谓"仁政"的主张。我平素虽则一向不欲对儒家加以恶评，然独对于这一点，我认儒家是错误的。须知政权的如何取得与政权取得后如何施设是有密切关系的，绝对不能完全分为两事。

根据此理，我们便知道儒家的仁政论，始终在中国历史上并没有真正实现过。原来由于实力派以其特殊的力量所得政权，决不能不为其自身的实力打算，亦决不会改变为替老百姓计算，有时虽亦稍稍照顾被治者的人民一点儿，乃只是怕压制的太狠了，迫得他们造反，于自己不利。所以仁政论虽是一片好心，而结果永远离不了与虎谋皮。从这一点上，我们对于中国千百年来的政府是何等性质，便不难明白了。

中国虽有数千年，而其政府的性质却始终未变。因为天下是打了得来的，所以一切都视如私产。用现代的话来说，中国的政府在本质上始终是一个压榨机关。为了压榨者，即压榨阶级而存在，并不是为了人民而存在。老实说，真为了人民，简直可以不要这样的东西（政府），所以社会学者中有人主张政府只是一部分人侵略了另一部分人而组织的。在中国，这个情形异常显明：所以要有政府是为了有些人要统治他人以解决其生活上一切问题。质言之，即政府为了皇帝与官吏而存在，并不是老百姓非要这样的东西不可。老百姓对于这样的压榨者没有力量推翻之，则只有希望打一些折扣，即希望少做些害民的事。在这一方面，儒家的仁政论虽没有走得通，而道家的无为哲学却有几分效果；倘没有这种无为思想，恐怕这二千多年来，换朝代的次数还要加上一倍。老百姓对于这种压榨阶级，当其压制到高度时，忍无可忍，亦只有铤而走险，来造反，来革命。在造反的当时总是顶着一个时代的要求，但革命成功以后，这个革命者拥有实力，便不能不为其实力集团自身打算，于是又变为另一个新起的压榨者了。一部中国历史就是如此，直到现在没有变。

这是说统治方面。至于老百姓，在自己方面另有互助的天然组织，即是所谓乡约与自治，不过这却没有力量取统治而代之。这便是我在前作中分为甲乙两橛的缘故，亦就是我在前作中提到近世中国的大毛病在于甲橛吞没乙橛的根由。

三

现在我们又要说西方的情形，用以为比较了。西方文明所以能放一异彩，其实亦只是近三百年的事。在未走入近世以前，亦和中国的情形差不太多。我们要追究何以西方国家会走入近世式的另一种文明的原故。从各方面来看，近世文明所以异于古代的地方颇可得而言。先从宗教方面言，那自然是宗教改革。在那时候宗教生活几影响人生的全部，宗教上起了改革即不啻全人生全社会起了改革，而宗教改革的主要点是反抗教会，解放个人，可以说宗教改革是个人主义的文化之第一炮。以后在经济方面来了一个所谓产业革命，在政治方面来了一个所谓民主革命。产业革命起于英，民主革命起于法。法国大革命的初期还有所谓巴黎公社，这乃是社会革命，于是从宗教、政治、经济、社会方面经过一个剧烈的变化以后，竟尔形成所谓个人主义的文化。

这个个人主义最能表现的，却更在于法律方面。因为法律贯通人们的公私全体生活。梅因在其《古代法》一书中提出一个原则，以说明近世与古代之不同，那就是所谓"由身份到契约"，个人主义的完成实由于法律的本质改变了，即以前是以身份为本质，现在则以契约为本质了。无论公法私法一律建筑在契约这一个概念上。我们便应该明白所谓宪法并不是凭空规定国家的组织，乃只是人民对于政府和政府对于人民的互相间的契约。在此我要插述一段话关于法律的不同观念。在欧洲有德国法系，是与上述的有别。中国历史上所有的法律观念亦与上述相异，其分别即在一个是建立于个人主义的文化之上，另一个则否。另一个即是德国系、中国系和日本系，这都只是把法律当作"程序"（procedures）而已，不含有契约的精神在内。中国的法家虽有恃法而治之主张，然亦只把法律当作治者自己规定的办事程序，绝对不是契约性质，没有当事者双方互让互信的意思包含在内，这便证明不以个人主义为其背景。至于日本效法西方何以只能采取德国法系，其故亦可以长思。日本的宪法不是民主，已为全世界所公认，似无庸多说。我不解者何以张君劢先生欲以伊藤博文自居？老实说，在文化全体上不经过一个个人主义的段落，不以契约为法律的本质，而要想成一种宪法，必定是橘过淮为枳，变成日本式的宪法，不会成为真正的民主宪法如英美的。关于个人主义为全文化的背景是西方近世的特色一点，我在下文还要详述，现在不过因宪法问题而涉及罢了。

个人主义在文化上直是一个全盘的，在各方面都有表现，可以说有其光辉的历史。在经济思想方面有正统派的经济学，在政治思想方面有民约论的主权在民说，在伦理思想方面有功利主义的做人之道，在哲学方面有实用主义的形而上学。从制度方面来讲，在宗教上有耶稣教而非天主教；在国家形式上有民族国家；在经济上有资本制度与自由企业与自由竞争的制度；在政治上有宪法、议会、选举与政党；在社会上有一夫一妻的小家庭制；在法律上有保护私有财产与人权的规定，个人遂为缔结契约的主体。凡此种种都是连系在一起，成为一个全盘的文化。我名此为个人主义的文化。读者千万不要以为个人主义仅是一种哲学；且并不要以为哲学是谈玄说妙，不切实际人生。其实，个人主义确亦是一种哲学，而哲学却是全文化的基础与全人生的指导。以这种哲学为背境的文化，在个人自己方面是自由，在人与人之间是平等。中国旧派以为自由平等两观念害了中国人；殊不知这两个观念是在一个整个儿的文化中，而与这个整体不可分，倘使抽出来而勉强插在中国的皇帝政治与封建社会上，自然是牛头不对马嘴了。这决不能归咎于这两个观念的本身，在西方能开灿烂之花还是靠着这些东西。

我在拙书《理性与民主》中曾把文化分为三个大期间，以有历史起为第一期，直到现在还在第二期的末尾，第三期仅能有一些端倪，还没有真正出现。我以为第二期的末尾所以能蜕化出第三期的预兆来，就是因为在最近不满三百年的期间中有一个剧烈而重大的变化，这个变化就是上文所述的个人主义的文化。个人主义的文化首先为个人之发现，即道德的自我（moral self）之发现，亦即发现个人为一个人格，对于自己的一切全负责任。（按负责任三字为中国时人所误解，以为办事认真就是，殊不知完全不然，现在的当局尤其不懂这个意思。其实是指做错了事情，必须引咎，即中国旧话所谓束身司败是也。现当局每每有负责任之言，独无引咎去职之意，足见对此三字完全不懂。）所以个人主义不是自私之谓，自私是损人利己。如果人人都是损人利己，决不能造成一个文化。从人格之发现，乃致理性亦随之抬头。理性抬头了，学术（即科学）亦因而昌明起来。凡此种种都是证明文化又突进一大步。我并不是说西方各国已经百分之百做到这样的地步，但我们决不能否认他们的最高理想是这样的境界。所以第二期文化中有个人主义出现，乃是一个极好的事情，即把第二期文化中开始的那些污点加以扫除，只是尚未扫除净尽为可惜而已。那些污点中最大者，是国家的起源在于一个人群侵略另一个人群。关于这些，恕不详述，因为拙书中固亦言之，即在前作中亦复提到，似可不赘。总之，个人主义在第二期文化之末出现，是人类文化的光荣一页。

虽然如此，但个人主义的文化在西方却已近于尾声，将要成为过去了，这却不可不知，我们不能不穷其故。

据我看，个人主义的文化在本身本没有毛病，其演成今天这样的末流之弊，只在于他与资本制度相结合。因为既以个人为本位，便不能不尊重个人之所有，于是私产制度便必然成立，且必须确定。既有私产则自由企业即自然而来，有了自由企业则只有听其自由竞争。自由竞争在原则上是公平的，而在实际上不然，资本厚的便可把资本薄的压倒，结果资本愈大办法愈多，另外一部分人遂永久为劳工，无翻身之日。个人主义的文化本以自由平等为两大柱石的，至此乃因为与资本主义相结合之故，首先把平等在无形中取消了，平等失掉了以后必致自由亦无法完全。于是个人主义的文化本身乃陷于跛形中，尤其是资本制度本身有内在的矛盾，日日自趋于灭亡。这不仅是马克斯主义者之言，即正统经济学者亦不能否认（如 Joseph A. Schumpeter, *Capitalism*, *Socialism and Democracy*, 1944, 即承认之，此人乃奥国正统派大师中之生存者）。因为资本主义逐渐自趋灭亡，遂把个人主义亦连带拖到下坡的路上去了。这是西方文化当前的危机（至于苏联情形自当别论）。

四

西方文化的情形如此，中国的情形如彼，两者相连乃成了一个很不尴不尬的情形。倘使中国不与西方交通，闭关自守，自己本有一套东西，虽则这套东西大部分是坏的，然而还有一些自己救济的方法。例如上文所述的三点：即乡约的人民自治，无为思想，与容易换朝代，都是对于专制君主的暴政之自身免疫素。大凡一种文明，倘其有一整套，则同时必自己会有若干救偏救弊之方，用以维持下去。所以中国如果不与西方交通，中国人的苦痛决没有象今天那样厉害，可以糊里糊涂地生活下去，这一点似乎梁漱溟先生曾早见到了。

中国第一个大不幸是鸦片战争时，中国不急起直追来采取西方个人主义的文化，因为那时候采取西方的个人主义还来得及，到了今天乃变成了来不及了。中国第二个大不幸是在今天中国正在需要确立个人人格的时候，而偏偏西方已走上资本主义的末流，百弊丛生的时代了。中国实在没有法子吸收这样的资本主义，但对于做资本主义的根基的个人主义却正在渴望需要之。所以我在拙书《思想与社会》上说，中国的一切毛病均出在与外国文化相遇时错过了时期的阶段。

现在天下一家，不容中国单独自成一套，于是固有的补偏救弊之法完全失效。例如自足性的乡村互助为官治的行政破坏了，无为哲学思想不论在朝在野都没有人再相信了，至于换朝代式的革命却是一次比一次难。在这样的错过时代段落的文化相遇上，只有给中国以苦痛，关于这一点梁先生见之甚为透彻。有人以为中国人今天可以有汽车坐，有飞机乘，乃是进步了，这是胡适之先生一流的浅薄见解。殊不知汽车飞机的输入，只有加重原有负担者的负担，苦乐与贫富更为分化，社会更不均衡，决不能因此使中国在整个儿文化上走向好的方面去。所以乃是一件毫无关系的事，不必多论。

我们冗长的讨论已迫到非拿出中心点不可了。中心的问题就是：中国今后是不是亦必须和西方一样先经过一段个人主义文化的陶养，然后方可再谈其他？再换一个问法：即今天的中国是不是尚能许其从容不迫的仿效西方个人主义文化，经过了一个相当的时期以后，再与现在西方各国来并驾齐驱？

我实在对于这样的大问题不敢作简单的正面的答复。但我却确知道不有个人主义文化全盘作基础，则决不会有象西方国家那样的宪法与民主，此或即是梁先生所谓学英美而一辈子学不象之说也。照梁先生的意思来作推论，则可说对于这个问题得到一个否定的答案，不过我个人宁取分析的观点，对于笼统的肯定与笼统的否定都不引为满足。

梁先生亦看到在英美以外，尚有一个苏联的路子。我个人看法，不认为社会主义是个人主义的正反面，于此所谓社会主义当然是以马克斯主义为骨干，因为社会主义虽是一个广义语，然其内容无不包含有马克斯主义中的若干要点。严格照马氏本人的话来说，只有高度的资本主义国家方容易变为共产。从这一点上看，马克斯主义只是个人主义的进一步，并不是凭空而出的另外一种。只因为马克斯主义在苏联这个非高度资本国家出现，有这样一个事实，遂把人们的视听迷惑了。其实苏联今天并没有百分之百实行马克斯主义。因此我以为这一层不必单独讨论，而依然可视为在一个西方文化整个儿中，乃与个人主义所产生的资本主义的自行毁灭不可分开。

质言之，即今天的问题是人家（西方国家）在个人主义文化中培养久了，现在已经要走出这个阶段了；而我们（中国）却还未曾走入这个阶段。正好象人家在大学读了四年已毕业，现在正要离开学校，而我们却是考试处处不及格，不能入学。要答复这个问题必须明白：文化与制度在一个民族上，决不可以为好象一件衣裳在人身上一样，可以随意脱换的。要学英美就学英美，要学苏联就学苏联，这未免太轻率了，太随便了。我以为文化与制度在一个民族上，反可说是有些好象一棵树生在某一个土地上一样，必须是种子入土，发芽生长，渐渐长大，开花结实。如果是插上去的，那就是等于瓶中的花，只能开一个很短时间，不久即萎而死。把西方的个人主义搬来，倘不经一个比较长期的培养，决不会生根的。倘使个人主义还没有铺作地基，而即想把社会主义拉过来，势必亦会弄成非驴非马。一切的东西都是须由本土里滚出来，方有办法。

所以我个人观点，仍以为西方个人主义文化的优点我们中国人今后还是不应放弃，现在所难者只是环境不许中国从容不迫来培养这个个人主义文化。于是我们的问题便变为：中国今后是不是应该先经过一个个人主义文化段落，然后再走上集体生活的文化呢？抑还是应该一方面养成个人主义文化，他方面采取集体生活的生活，二者同时并进呢？这才是一个真问题，亦是一个最绞脑汁的问题。因为二者同时并进，在理想上当然是最好的，无如在实际上却有冲突。兹举财产为一例，财产本分两种：一为使用的，一为生产的。现在虽只指后者，然二者实难划分。中国的情形很为特殊。论理，既承认个人的人格即得承认个人的财产，所以人权（即生存权）与产权是不可分的。但中国在这样的皇帝政治与封建社会的制度中，既无人权，又无产权。即人权无保障，不确立，而产权亦同样无保障，不确立。今后如要建立人权，依个人主义文化的原则，必须同时建立产权。因为不确立产权决不会把一个人格完成起来，困难就在此处发生了，中国没有经过产业革命。

所有的生产方法全与西方不同。西方人在个人主义之下，未尝不想发财，但是他们是以钱赚钱，即以财发财。因此中国人不了解什么是个人主义，总以为舞弊营私是个人主义。其实在西方的个人主义社会中用不着营私舞弊，自另有生财之道，而中国人却除了舞弊以外几乎没有发财的途径。中国的财产，其来路无不是直接间接由于政权。历史上就是如此，迄今未变。凡有一些钱的人，即富翁，不是曾做过官的，就是官的亲戚。可以说中国人除了农民、手工业的工人、运输业的小商人以外，只有做官倚靠政权方能赚钱。农民等不能把钱积起来，故不成资本，能把钱积起来的只有那一些靠政权与靠武力的人们，所以中国的搅政治与发财是一件事。要赚钱只有从政，另无更好的途径。根据此理，则"为富不仁"一句话便成为写实了。

今后中国如必须走上保护个人一切权利的个人主义之路，试问：对于这些靠政权由舞弊欺民而积成的私人财产，是不是亦应该一例承认？如果不承认，便应一律不承认，这样却大影响于人权的建立，决不容易走上民主的路了。如果一律承认，问题亦甚大。须知豪门资本与官僚资本并不相同。所谓"大家族"者，那是指豪门资本而言；至于官僚资本并不必那样巨大。我用官僚资本这个名词，是指以做官为唯一的生产途径之社会制度全体而言。一个人只须做了一任税局即可一世温饱，把他所得的钱或变为股票或买田地，但其原始的来源却总是由于做官。这样情形如果要"清算"，几乎凡有产业者皆应清算，很少有例外了。这样一办，却于基本人权的保障相冲突，要想建立民主不能不确立产权。须知这种情形只是中国所特有的畸形生产制度，如何把这个畸形制度变为个人靠能力自己积财的生产方法的制度，乃是一个很重大的问题。这乃关于"社会计划"（social planning）了。

老实说，今天中国就是这一些问题，这些却彼此互相矛盾，互相抵触。这些矛盾又复扭成一团，无法分开，分别处理。这便是今天中国人苦痛烦闷的总渊源。

我在本文不想说出具体的解决办法，但读者苟能细加分析，我相信我所说的话至少对于读者自谋解答时必有不少的帮助，好像对于病人，我只是论断病症，不急急于开药方。我此文与前作都是和梁先生采同一论调，但有一点不能不声明：即我对于他的中国文化为人类文化之早熟论不在讨论之列，另外是一个问题。

以上所说，其实大部分都是常识，不过有些健全的常识在今天中国知识界反为人所忽略。现在中国知识界不是为鸡零狗碎的考据充满在脑中，就是为死板的公式来限制其运用，以致对于常识反变为熟视无睹了。我自信，假使我有一点长处的话，那便是在于能把许多常识贯穿起来成为一个综合。（十月十四日写完）

此乃旧稿，本不想发表。而《中国建设》来函索稿，不得已以此塞责，幸谅之！（三七年二月十三日，著者识。）

经济平等与废除剥削
（1948 年 3 月 6 日）

本篇是我在本刊上期所作《政治的自由主义与文化的自由主义》一文的续篇。因为尚有未完的意思，所以才写出来以作补充。凡前作中已经提到的，在此即不再说。希望读者合并观之。

言论对于现下时局的需要本有两种。一种是建议式的，即对于当前局势提出一个解决方案，例如怎样可以停止内战等。好像论坛上这一类的文章渐渐少了，甚至于无。我个人亦不愿再做这样的文章。另外一类是分析式的，即把若干概念与若干问题分析得清清楚楚，使将来实现起来不至于歪曲，即不致闹乱子。我认为这个工夫实在需要得很。尤其是对于知识青年们，有些已在社会上做事，有些虽在大学，不久亦将入社会。如果他们对于这些概念不有清楚的认识，不能说是没有危险的。

现在我要讨论的就是经济平等。因为近来论坛上讨论这个问题甚热烈，而我总以为他们没有见到问题的心核，只是流为空泛的文字把戏而已。须知经济不平等不只是战后为然，何以战后会来得这样迫切呢？显然这其间另有一个战后问题存在，并非单纯的不平等的原则在那里起作用。又须知战后的问题是个活的问题，急迫而又切实，断非仅由于空泛原则之故。战后各国都因为经过破坏，要求恢复生产，并由此而提高生产。未经破坏者虽不必恢复，然亦希望提高，恐怕这是一个共同的课题，只是各国须依其环境与特殊情势来谋解决。所以我提出"生产"这一个范畴加入于自由平等两范畴中，来合并计算，即自由平等决不可有亏于生产。如果自由的分量足以使生产受恶影响，那便应将自由作合理的相当限制。平等更是必须如此。所以在自由方面，以个人主义放任经济为基础的旧式自由主义是不适用了；同时在平等方面，乌托邦的社会主义亦是应在屏弃之列。这些在我前作中已提及，今不必多说。

现在单讨论经济平等，我愿告诉大家：倘使把经济平等当作遥远的理想与抽象的原则，这是绝对无问题的；倘使当作目前实践的指导方针，我敢说现在全世界中，即实行社会主义的国家，亦没有达到这样的高度。主要的关键在于当事的主体是产业落后的国家。本来照马克思的说法，严格来讲，是封建之后有资本，资本之后有共产。而今天这些产业落后的国家才从封建脱出，即跳入于社会主义。这样的跳了一级，乃是问题所由发生的根本。须知生产的要件之一，是财富的累积可以变为资本以从事再生产。资本主义的国家虽则其资本属于私人，然而幸有所累积可以从事开拓，所以生活能得提高。一班落后国家的问题并不是如孔子所说，不患寡而患不均，实在同时亦患寡。所以这样的国家要走上社会主义必须把寡与不均同时解决，在不违背社会公道的限度内，有些国家还得要保留若干资本主义的形式，用以奖励生产。这恐怕就是施复亮先生所说的新资本主义，假使我无误解的话。如果只解决不均，则惟有高度的资本国家方能办到。落后的国家要增加生产，首先还是打破封建，推倒专制。倘以为不患寡，不患贫，而只求平，求均，必定使其社会改革站不住。所以落后国家不可忽略这一点，否则其结果决站不住。这是历史给人类的一个宝贵教训。

为什么落后的国家反而急于要采取社会主义呢？这个缘故便足证明社会主义的目的并不是仅仅在乎讲均富。社会主义对于人类生产过程有一种看法：就是以为患不均与患寡乃是同一病症。正犹一个人患胃病一样，必致全身瘦弱。所以去不均是手段，而变寡为多是目的。换言之，即以为只有用社会主义方能增高生产，可见生产原是社会主义本身的涵义。以前各种社会主义者不注眼于此点，迄至马克思出，此义乃大明。

社会主义对于这一点的办法，就是废除剥削。废除剥削在表面上好像是属于消极方面的，而其实在本质上就等于经济平等。所谓经济平等，亦就是废除剥削，不必再讲更进一步。并且须知全世界所有实行社会主义的国家，能有成功的亦只是做到废除剥削为止。老实说，废除剥削是一件极难极难的事。除了苏联以外，任何施行社会主义的国家都没有完全做到。所以即就废除剥削亦未必能一跃而跻，又何况经济平等呢？证以马克思主义的说法，本来就不主张空想的经济平等。马氏以为工资有高低反而正是平等。恩格斯更有言曰："所谓平等只是指废除阶级而言，越过此义即不合理。"须知他们所谓阶级就是以剥削关系而分的，所谓有产阶级只是剥削阶级，无产阶级只是被剥削阶级。倘不依剥削而仅以财产的有无来定，这决不是他们的真意。所以我以为最好废弃有产阶级与无产阶级两名词，而专用剥削阶级与被剥削阶级两名词，这样便不致引人误解，而意义反为正确。因为我看剥削有两种：用他们的术语是封建的剥削与资本主义的剥削。若用我的名词则为专制政治的剥削与资本经济的剥削。前者是以政治力量而垄断经济以形成压榨，后者却以经济势力影响政治以便于操纵。前者是专制政治与封建社会的情态，后者却只限于资本主义成熟的国家为然。中国的情形是前者，而不是后者。所谓官僚资本等等，都是由政治上的特殊地位而始造成经济上的特别力量。在这种状态里，尤其应以压迫与剥削来划分阶级。单纯以财产的有无与多寡来决定，乃是不行的。所以落后的国家由封建而要一跳即到社会主义，其所行的不是以经济革命为主的社会革命，乃必是以政治革命为主的社会革命。

至于何以必须废除剥削？第一是因为不公道。第二是因为有虚耗（即浪费）。不公道不仅是不合理，同时亦妨碍生产的增加；虚耗更是生产提高的阻碍。二者本是相连的，不过在专制封建是不公道甚于虚耗，在资本主义是虚耗甚于不公道。按不公道的反面是公道，即英文 justice。此字不宜译为正义，而宜译为"应份"，或"应该"，其反面是不应该。应份是由平等而来的，但与平等有些不同。查西洋政治思想史，当知社会主义之发源就是由这个应份的观念所激起，并非直接出于平等的观念。须知不平等固然是不公道，但有时严格的平等亦会产生不公道。

在专制封建的状态下，不公道是由政治的势力，即凭借武力而造成的，不完全像资本主义纯由吸取剩余价值使劳动者困于劳动铁则那样的。所以要推翻这个不公道，在落后的国家便有两重的任务：一个是如何从封建专制而脱出，一个是如何增加生产。我在前作中亦曾提到，要增加生产必须先去掉其障碍，而封建与专制正是其障碍。所以这样的两重任务却是只连为一件事，不过这其间亦不是完全没有问题，就是因为用药有些不同。对于专制封建的病症，要医治莫妙于用个人主义这一剂药。我名此为个人主义的文化。就是养成个人的自尊心，个人的责任感，对于任何权威，无论在思想上或在实力上，不能无故低头，而充分保有精神上的自由，这亦就是普通所谓自由主义。但一班论者把自由主义认为是用平和手段来改良的，这显然抹煞了其文化上的功用。必须吃下这剂药去，方会把整个的民族从专制封建中拉了出来。这却不是什么改良主义，又与用平和手段无关。自由主义与个人主义在这一方面是有长久的贡献的。

不过在他方面为了迫切的生产增高的要求，如果仍用个人主义从容不迫地做去，不但造成资本主义又演为另一个形式的不公道，并且在资本主义的国际形势包围中（资本主义发展到后期一定向外求发展，以经济力压倒其他后进民族），亦一定不许落后的国家仍用资本主义的方式赶上前去。所以落后国家对于生产要求，一方面要用樊弘先生所提倡的集体劳动乃是当然的。换言之，即集体劳动又是在这一方面的一剂良药。现在的问题是这两剂药如何配合调匀。要使二者调和，必先加以分析，以明其中有无矛盾。樊先生只看见后者，而忽略了前者，所以我说他过于简单了。须知这个问题并不是原则上抽象的自由与抽象的平等有无矛盾与冲突之问题。一班论者误以为是自由与平等之关系的问题实是错了。无论这两服药是如何来吃，而其结果总是使社会翻身。所谓社会革命，即翻身之谓也。在我看来，这两剂药调匀在一起是可能的，且其间还有个天然的分界。详言之，即使社会翻身到某限度为止。在限度内反可以增加；反之，过了限度必致生产受影响，弄成降低。这个标准就是其限制，同时这个限制就可定为标准。这是事实使然，并不管人们主观上愿意与否。倘使不顾这个事实，而硬要试验，无不失败。现在欧洲要实施社会主义的国家，没有一个愿意再尝试一下苏联初革命时的战时共产制的滋味，便是一个例证。不要以为人类不能利用已往的经验啊！

根据这个天然的相抵的存在，我们便可在拟定制度上使两方面有相当的配合。须知各国的情形不相同：反动的势力有大有小（即革命对象的根底有深有浅），生产原有的水准有高有低。所以这个天然的限界在各国亦不会是一律的。反动势力强的便须要多推翻，否则不必要无谓的牺牲。生产原状太坏的宜加以顾全。我前答樊先生文中提到"斟酌损益"，实即指这些而言。换言之，各国须依其本国的国情而摸出这个天然的限界来厘定之，方可符于实际，而不流为主观主义。我们应得知道一个社会到了不能不变的时候，实由于在客观上有一不得不的情势，非由于人们主观的愿望。正好像潮水决堤，谁也挡不住，如无此潜势，而妄想掀起变化必失败。这个不得不的情势如何造成，虽由来非一日，但其中哪些地方出毛病最厉害，便是哪些地方先要求改变。倘其中还有未大出毛病的地方，则千万不必连带去推翻之。最出毛病的地方就是最失去公道的部分；尚未大出毛病的地方如果加以翻身，必致反而有亏于公道。

公道就是一个标准。用旧日惯用的"过"与"不及"两名辞来讲，历史上就有先例。例如中国的辛亥革命是不及之例，虽改成民国之名，而未举共和之实。俄国革命又被迫而退到新经济政策，这证明当时是太过了。又如巴黎公社的昙花一现，此即过之两例。中国的太平天国主义亦是因生产不足而致站不住。历史上过的倒较多，足证人们容易冲动。要摸出这个事实的限界来，却不是一件容易的事。因为仅少数人了解是不行的，而要大多数人都明了却是难得很。稍一不慎即流于感情用事。所以必须充分崇尚理智，以理性为指导，方有希望。这是关于实际的，须要向实际求教训，不是空泛的公式所能解决的。须知呆板的三段（即封建、资本、共产）已早为事实证明其不然了。落后国家从封建脱出，要想生产，反而不能全用资本主义。所以大家须用清醒的理智一读历史的教训。一说到理性，当然要连及指导。但中国知识阶级大半是甘于受"力"的指导，或"人"的指导，而不甘受"理"的指导。我却以为只有理真能领导人们，人与力并不能是真正的领导者。中国知识阶级的堕落是大有影响于国运的。希望以后知识分子凡事换一副眼光来看。

最后不妨重复说一下，社会主义真正所企求的是废除剥削，这是基于公道，因为公道与生产二个概念根本上是相合的。惟由于社会有公道，则生产方可增加。倘使在公道尚未实现以前即提出平等，恐不免要有陷入空想的社会主义之危险。因此我以为今天讨论政治自由与经济平等有无冲突的问题，至少有三分好像瞎子看匾的故事：两个瞎子在那里争吵，而匾却尚没有挂上去。

以上所说只是对于一些概念与一些问题加以分析，仅有提醒与教育的意义，并不含有建议性质。但从这里亦可以取得若干教训。因为这些分析是把关键弄清楚，而所以能弄清楚却由于取得历史上的教训。这些历史上的教训还是应得宝贵的啊！同时我要声明：以上所说大概都是常识。常识而能健全就是宝贵的东西。著者深感于今日论坛上的常识有欠健全，所以不惮烦来说这一套话。

我这几篇，自信在逻辑上都是贯通的。至于详细的方面，近来拟着手写一部书（《民主主义与社会主义》），主要在于说明社会主义在理论上只是民主主义的后身，二者本是一物。若以为二者对立，且有冲突，乃是错误的。同时要说明经过历史的教训，社会主义者已早将若干不切实际的地方自行删去了。希望此书于今夏能与读者相见，得就正于有道。（二月十二日）

（载《观察》第 4 卷第 2 期，1948 年 3 月 6 日）

从社会学家历史学家的话说起
（1948 年 5 月 1 日）

　　五四又快到了，北大学生自治会同学要我做一篇短文，在《北大半月刊》上讲一讲当年五四的情形。我近来心情不甚好，哲学书已看得厌了，乃取一些革命史的书来看。法国革命史与俄国革命史都变成了我近来爱读的读物了，他们来时，我看到一本社会学家论革命的书。书中提到一点，我认为却与五四有关。这本书上说，凡一个革命的将要来临，其先必是知识分子首先对现状表示不满。这几乎成为一个历史上普遍的公例，没有例外。后来我又在历史上发见一个公例：就是凡革命之前，必有温和性的改革的企图。这个情形可以说历史上全无例外。而革命之成为事实，则必待这样的企图完全失败以后。

　　我们据此二公例以看中国，必见都是相合的。先从五四来说，当时政治空气已闷人到窒息，适值有辱国丧权的事情发生，学生遂挺身而起。在那时除了学生以外，一般知识分子本在那里敢怒而不敢言。所以学生运动一起，全国振动，这是就第一个公例来说。

　　其次，在五四所提倡的运动虽偏于对外，偏于文化，但依然是一个政治性的要求。只是还没有公开的提出"革命"字样。五四运动在人心上种下了根，以后的革命乃更为有力。可见凡革命之前，必有改革运动的失败。这个失败是对革命加以力量。

　　以上是单讲五四，但我近来看中国近四五十年的历史，却另抱一种眼光。我以为五四事件不是单独的，不能单独来估价。原来中国自辛亥以前起，由清末以迄现在，乃只是一个革命。把一个革命分为几次来做，这个革命是隐然代表一个民族的潜伏性的根本要求。不拘有没有人知道这个要求是什么，亦不拘知道的人们究竟有多少，而这个要求本身却始终存在那儿。

据我个人的了解，这个根本要求是下列两点的合一：第一点可说是造成一个国族（nation-making），因为中国迄未完成为一个独立的民族；第二可说是产业革命（industrial revolution），因为中国人今天的生活还在原始时代。二者合一，便是现在流行的术语所谓反封建反帝。反封建就是经济解放，反帝就是民族独立。而所以致此，却必用一种方法或途径，那就是民主。所以可以说，自辛亥起，中国的根本要求是民主，而民主即含有反封建反帝在内。当然这样的使命，并不是能一口气即可完成的，分段来做固是必要。不过每一段，必须对于这个总目的有所接近，即做到几分之几，这方可算尽了本段的使命。

所可惜者，虽则把一个革命分为几次来做，但每次都没有做好。五四只是这个大革命中的一小节，这个小节所助成的是国民党北伐的革命。不过到了今天，我们来估价国民党的北伐，却可说是悲惨得很。不但不是大革命中的一个有力的段落，乃竟变为大革命中的一个"插曲"（或垫戏）而已；不但对于革命的前进要求无所辅助，乃反而变为革命潮流所要冲去的渣滓，以致到今天，这个总目标，这个根本要求，依然悬在那里，大家在今天必须认清。

所以，我奉劝今日的青年，要认清历史的使命，在历史上所得教训，千万不可如以往的那一些人们的脱离轨道。说是容易，做起来却不如此简单。几次革命都因为脱辐了，而致当事人身败名裂。可见历史的教训往往为人所忽略，有一个英国人说："The only thing man learns from history is that he learns nothing from history."（Vulliamy, *Man and the Atom*, p.153）我看了，不禁感慨系之！四月二十二日写于燕东园。

（载《北大半月刊》第 4 期，1948 年 5 月 1 日）

告知识分子
(1948 年 5 月 29 日)

近几个月来，平、津、宁、沪以及其他各地的知识分子，普遍地恐慌起来了。有人这样告诉我，我又向各方查看了一下，确是如此。这个现象使我非常奇怪。按理我以为知识分子不应该恐慌，即是用不着恐慌，于是我们不能不分析其原因。我承认知识分子多少都是有正义感的，不过各人在程度上有些高下而已。但其正义感往往是在本身利害较远的时候乃发出来，即愈是与本身较少直接利害关系愈能发出正义感，一旦变得利害迫近于己身，则其正义感便会变了颜色。这不仅知识分子为然，任何人亦都是如此。因为我推想在政协的时期，知识分子，除了极少数外，大概都是赞成的，因为和平一成，各人的出路自然会广阔起来。又记得抗战第二年，彼时南京已陷敌手，我到桂林遇着白鹏飞先生，他在那时是广西大学校长，对我说：我们这些文化人正好像鱼一样，现在却是池子小起来，都挤在一处。平心而论，中国这样大的一个疆域，苟能分配到各地，恐怕现有的这一些知识分子未尝不可人尽其才，或许人数还不够用，亦未可知，哪里会有恐慌呢？可见今天恐慌的来源并不仅在于预料将来会有一个社会翻身，而引起忧虑，而同时却亦在于当下的情形确把各人的岗位搅得不安了，这乃是出于战争之赐。

一个人而能成为知识分子，必须要靠一个条件，就是"闲暇"。社会学家告诉我们：人类是有所谓原始的贫乏，就因为这个原始贫乏乃把人类的原始闲暇打破了。人类为了生存的逼迫，没有闲暇，闲暇是社会进化有了分工以后的产物。所以在私有财产制度之下，有闲暇的人就是有财产的人。必靠财产方可不直接劳动，不直接劳动乃有闲暇，有闲暇方可有机会以从事于知识的取得与进展。因此知识分子在其经济背景上便与有产阶级相连，这原是无可奈何的事了。

于是我们分知识分子为两大类：一类是靠薪水为生，另一类不然。在后一类中亦不一定都是坏人。如英国的 H. Lavendish（1731—1811）一生躲在实验室中，在化学上建立奇功，却就是因为他家财甚富，可以不必去谋事，并还可自己费钱来做实验。这只是一个特别的例，不足以概其余。而在中国，尤其没有这样的人。所以我们大概可说后一类人在道理上应该是有问题的。

不过像中国目前的情形，因战争而滥发纸币，不啻把经济重新分配一下。原有的富人都变了穷人，只有与豪门官僚资本有关的才站得住。在这个情形之下，后一类人几乎变为极少数。这少数的人，如果其知识是价真货实，当然一转即变为薪水阶级的人，毫无问题。我尝说，一个人在社会有两标准以定其做人的途径，姑拿各尽所能与各取所需来作比喻，即可表明此理。各尽所能是说其向贡献一方面来发挥；各取所需是说其有基底的要求，基底的要求就是衣食住等等。如果是以自己的劳力换取这些生活上的要求，不问劳力是属于身手，抑属于脑筋，只要大体相称，便可立于天地间，无愧于心。所以凡是靠薪水为生的知识分子，只须其工作满意，其生活既是不由于剥削，则无论社会如何变化，实在无恐慌的必要。

如果有人以为将来社会大大变化了，便使有些知识变为无用，而靠此种知识为生的人即失去其薪水地位，我认为这个顾虑亦不见得正确。姑以学死言语的为例。如治拉丁文、希腊文、梵文的人，苟其将来还要全部文化，则这种人仍有其用处。这个问题只在将来的社会是否须有一个全盘计划。如果社会含有计划性，则教育不能不有计划，在计划之下某一种知识的教员需要若干人，将来要造就的学生若干人，都得在计划中厘定之。所以不是治拉丁文、希腊文、梵文的人全无用处，乃是不可有大批人专从事于这种无用处的研究。

当知今天中国的问题所以致使知识分子不安，只是由于在经济分配上，直接生产者反弄得穷困到无法维持生活。这是最不公平，最违反人道的。今后必须使直接生产者提高其生活水准，使其能过"人的生活"，却并不需要因此反把一切非直接生产者都打倒。因为社会本是一个异质结合，各种不同的职能都得要。知识分子固不是直接生产者，但亦未尝没有在社会总体中所应尽的职能。倘能尽其职能，即应得有生存的权利。至于将来为了全国增产的要求，而必须全体人民实行消费节约，知识分子应该比现在的生活更降低，这是应该的，大家得准备接受。知识分子如有自信，不应怕打倒，且亦决不会被打倒。

这个问题只在知识分子自己是否有信心。第一，要检查自己生活基础，倘使不建筑在他人的剩余价值之上，一切全无问题。著者没有一亩田，一间屋，一张股票，所以常常对于论坛上的左派提出异议；第二，要看对于将来的变化是否相信道理。如果以为有一个道理，使将来的变化不得不依着以进，则在这个道理上，社会变为合理的，我个人则在此合理中生存得更有意义。倘使以为将来可能变到坏，变到不合理，则凡不合理必定变不成功，谁要成功谁必合理，既不会成功又有什么可怕呢！著者在国民党北伐时代即持此态度，当时即以为国民党如要成功，我们不会没有对国家贡献的机会；如其不然，决不会成功。现在国民党果有今日，遂使我对于道理的信心更为坚定。

（载《观察》第 4 卷第 14 期，1948 年 5 月 29 日）

增产与革命
（1948 年 7 月 20 日）

　　我已决定在一个时期内不写文章，但本文却是例外。所以想不写文章的缘故，是因为时局严重已超过了说话的阶段，在这样的时局下而要说话不免要发生一个感想，即说话给谁听。向老百姓说话吧，老百姓由于亲身的经验，比我们知道得更多，眼睛更亮，似乎不必再多说了。向知识分子来说话吧，知识分子今天已分化了，直成一个五牛分尸的状态。所以分化的原由乃是各人太顾虑自身的利害，而把大局的利害置于次要之列，或竟置于脑后。知识分子愈分化，其丑态亦愈显出。这证明知识分子不足为社会的中坚，对于分化了的知识分子实在无和他们讨论其自身利害问题的必要。至于向现实的当局说话，则我自政协被破坏以后久已不做此想。孔老夫子说，不可与言而与之言，是为失言，我们又何苦要做失言的事情呢！所以我的说话范围愈来愈变得狭小了，因此乃决定在一个时期不作文章。

　　今天《中建》半月刊的几个朋友硬要我有一篇文章，同时我又想起在我写了《民主主义与社会主义》（由观察社已出版）一书以后尚有一些余义，不妨借此机会一吐。有些意思是我已在书中说过了的，只是没有简明的提纲挈领提出来；有些意思则是引申出来的。我相信经过这样的一说明，我的书中要旨反而更得显明，本篇或可算是书写完后的一个总结。

　　我在书中提出一个观点：就是理想与现实之交涉是靠着其中间的一个具体办法，只看这个办法能否把人类生活上的物质幸福增进。倘使能够增进，则理想与现实便有一些交合，否则理想依然腾在天空中，而与现实人生无交涉。这个观点名之为一种经济决定论（economic determinism）固无不可，但却非主张人类行为全部由经济因素来决定，乃只是说物质生活的增高的要求那一点有很大的决定性而已，于此所谓决定性是指在某种一定的范围内有严格的限制作用，不得超过而言，却不是说一对一的关系，不可误会。因为无论任何好的理想，如人人自由，大家平等，彼此公道，完全讲理，等等，倘只是说说而已，虽然说得如何天花乱坠，然终不能见于实际，则必定亦只是徒然。我发见西方人在历史上很早就有了这样的理想，所以我尝说自由平等之概念在西方是远在二千数百年以前就有了的，问题只在如何使其实现于实际人生上。一部西洋历史可以说，就是对于这个问题谋解决的努力的纪录。在这个纪录中，我们看见的不只是有些成功，并且是许多的失败。这些失败的事例给予我们以教训，乃更为可贵。尤其是革命的历史，法国大革命，其中有许多失败的事迹可以垂训于人类。苏联大革命的历史直至现在，尤其能给我们以教训。

我们总括这些教训，可以得到下列的一个原则：即人类对于物质生活的幸福有不断的增进的要求。凡一个新制度出现，倘能给使所有的人们一个个都能在物质生活上至少有一些增进，则这个新制度即站住了。详言之，即倘使一旦社会起了变化后，先以穷人来说，本来只吃杂粮的，今后有白面可吃；本来只有一身衣服的，今后有两身衣服；本来住茅屋的，今后有瓦屋可住。次就富人来说，只须其贡献于社会是正当的职司，却并不减低其享受。例如一个有名的医生本来坐汽车，并不要把他的汽车充公；一个工厂的工程师或经理本来住洋房，亦不须勒令其迁出。换言之，即除了废去若干剥削关系以外，只是把贫人生活提高，并不是均贫富，须知均贫富只是再分配，有时再分配一下，不久仍会变为不平，而生活水准的提高却在生产总量的增加。所以使一个社会，大家的生活，每一个人都有一些提高，则必须全国生产总量有相当的增加。我名此为增产。质言之，即以增产而求平均，并非仅以再分配而求平均。这其间区别甚大，因为均贫富既非增加生产总量，并且同时对于增加生产的努力进行上反是一个妨碍，故必须力避此种过激而有害的举动。历史上这样的例实在太多，因为凡是一个革命固然无不是由经济不平等作为推动力，倘使是一个经济比较平等的社会，决不会演为革命。但革命以后却必须走上增产之路，使所有的人们家给户足，人人生活舒服些，这样乃可使改革后的新状态（即新的生活秩序）得以站住；否则终必是昙花一现而已。这乃是历史给我们的一个抽象原则。

因此我说人类有一个统贯全历史的路线，就是不断的把生活提高。尤其是生产落后的民族，这样的要求更为迫切，乃超过其他一切要求（如自由、平等、公正等等）以上。其他一切的要求（如自由与平等）乃完全由这个要求的达到的程度来决定其分量与高度。如果不相配合，则自由与平等完全变为虚浮的，所以我在书中不承认有抽象的空泛的自由平等，而只有切乎时代需要的自由平等。某一时代有其所要求的自由平等，而与次一时代不尽相同。只有这样的具体的自由平等在历史上不断出现，方表示人类的一贯的要求。总之，自由平等是理想，而理想之能否实现及实现的程度如何，却靠着这个物质福利作骨干，以决定之。

并且我们更须知使社会起变化，其推动力不是专靠理想。虽则理想亦大有其用处，而主要的关键尤在于一个社会倘其生产情形演变到了一个不能再发展的地步，则这个社会便内部含有了革命的必要性，然后人们再用理想从而煽动之，于是变化乃起。生产情形到了不能再增加的地步是由于社会的生产关系使然，而社会却仍含有再增加生产的根本要求。这个根本与理想配合发为动力，遂可把旧有的社会关系推翻。推翻了旧有的社会关系以后，增产的办法容易实行了，于是新社会乃站住。

为什么会生产情形竟演变到无可再增的地步呢？这一点不能完全从生产技术来说明。生产技术是靠着有新的机器发明，但新机器出现不见得就能普遍被采用，因为其间有一个资本问题夹在当中。资本是劳动所得的堆积，愈积得多则对于再生产愈有办法，所以必须同时注重再生产的社会关系。倘使生产的社会关系上有一部分人们尽管劳动，一部分人们坐享其成，吸取他人的剩余价值专供自己的纯粹消费，则便是把本来可作为再生产之用的一部分资本变作纯粹消耗而浪费去了。以土地的生产为例而言，土地要增加生产必须改用机器耕种，但农民是没有钱来买机器的。这就是由于农民所得除了自己消费以外都供给地主了，地主拿此做了纯粹的消费。至于向政府纳税，亦是由政府去豢养一批军队或一批官僚，并不为再生产之用。倘使把地主的社会关系废除了，把租税制度改良了，则农业所余即可转移而作为其自身改为机械化之用。可见土地改革的根本命意是在于使土地生产的增加，至于有人专从不平等上着眼，这是太浅薄了。所以一个社会或国家倘其演变到生产不能再增的地步，则这个国家非革命不可。改良派的政治家则太忽视这一点了；他们虽亦能见到必须增产，然而却没有见到非用革命把这些阻碍生产发展的社会关系破除不可。但革命却须有匠心，我曾在书中说：

> 历史告诉我们：革命的政治家多多少少要有些天才。必须能摸得出那个社会所需要的改革的天然限度。……必须做到恰好，太过了，徒然纷更扰攘，无济于事；不及了，则又不能达到目的。故过与不及都是要不得的。

我意思是说，一个社会或国家到了不能再进的地步，必是由于其生产上的社会关系反使生产不能再有发展，而救济之法只是改变其生产的社会关系中之足以阻碍生产再发展的那一部分。千万不要连累，或波及其他本来没有问题部分，这便是我所谓改革需要的天然界限。需要革的必须是不得不革的，不需要革的千万不要革。谋国必须有悲天悯人的心肠。如果不明此理，硬要把不需要改革的部分亦加以翻身的处分，则势必把整个社会变成一个大混乱。混乱的结果必致生产反而降低。这岂不是南辕而北辙么？所以我说从事革命的政治家需要有天才，必须能把握这个界限与分际，不让其超过；必须类似《庄子》上所说的庖丁解牛，奏刀中节，不多不少，恰如其量；又必须如名医诊脉，在未开药方以前，即确知病在何处。

如以中国目前为例，其界限是很显明的。在农业方面是地主，因为这个阶级的存在足以阻碍农业生产的再发展。在工业方面是豪门资本，除此之外，实在丝毫无立刻改革的必要。因为其他一切可以按照将来的建国计划逐步进行。至于废除地主及豪门资本亦不限于流血，地主可使其转业，豪门与官僚只须把其资本交给国家就完了。不过以上所言只是限于经济方面，我未尝不知他们都有深厚的政治根据。所以经济的改革必须先有政治的革命（即去掉专制与封建，以及军阀割据等）为其前提，这又是不待言的了。

我们须知历史上的所有革命不见得都能办到如此。有些革命不但没有把旧有的生产限制的藩篱冲破，并且亦没有开辟出来增加生产的新天地。这一类的革命在中国为独多，我曾名之为换朝代。换朝代是一个君主倒了又换了一个君主，一个军阀倒了又改为一个军阀，在经济方面并无丝毫的解决。其所以能相安一时的缘故，只是在人口方面。每当朝代的更换必是天灾人祸齐来，大杀戮一场，使人口减少甚多。人口减少了，虽生产总量无增，而分配上却少了一些困难。这固是社会的一些变化，但生产机构与其社会关系却并无改变，中国历史上安置所谓职业的革命家之法，就是于事成以后分给大量的土地，所以功臣无不是大地主。以致革命成功的那一天，就是革命失却意义的那一天。一部中国历史，所有的革命只是这样的换朝代而已。

根据此理，我们可以把中国的这种革命都不当作真正的革命来看待，例如太平天国之乱，现在有人大加恭维，其实毫不足道，依然是换朝代的老调。所以我和时流论者的论调颇不相同。我认为中国历史上的有些事件用不着重新估价。老实说，太平天国假使把清朝完全推翻了，仍旧是实行传统的那一套，决不会把旧式生产关系的铁圈打破，而开发一个新式生产关系，使全体人民生活水准增高。辛亥革命的毫无价值就是为此。国民党北伐亦何尝不如此呢？今后应该如何，我们可以深长思之！

我们根据这一点，可以检查历史上所有的革命。凡能办到开辟新生产天地的，便是成功的革命，否则就是失败的革命。革命必须与建设相连接，革命是指冲破旧有生产关系中之阻碍其发展的部分而言，亦就是消除这些障碍。建设是指废除了阻碍以后，自由发挥本含有的生产力而言，亦就是从事于生产的开拓，以使人人满足其增进福利的天然要求，所以革命而要成功必须紧接着建设，在革命中必须把建设开其初端。初端一开即进为和平，在和平中建设顺利发展下去。以上是说任何政治变化必须采取的原则。

根据上述的道理，使我们知道一个民族，其前进，无论经历什么阶段，或革命，或不需革命，都是由于其本身内部的要求；又由其自身的要求来决定其形式与姿态。断乎没有专学旁人的。须知效法旁人乃是从外打进，凡是从外打进去的，必定不会成功。所以中国自清末以后，学日本，学英美，学苏联，没有一次而有丝毫的效验，其故不言自明了（如清末的立宪是学日本；民国成立，闹总统制与内阁制是学英美；迨国民党北伐胜利实行一党训政是学俄国）。今后当知一切须以自己本身的要求来决定，单纯政治上的民主不能解决经济上增产的要求，所以政治的民主在今日的中国已不够了。但专从经济上着眼，而要效法俄国，采取苏维埃制度，在事实上亦绝对办不到。因为这样做只有使增产反而发生困难，所以摆在面前的只有一条路。

有人说今天中国只有一条路，即是前进，否则就是反动。又有人说只有民主与反民主，我则以为前进与民主这个名词太空洞，太含浑。近于玩弄文字把戏，不能予人以真正的指示。我亦主张只有一条路，但愿把他的具体内容说出来，内容就是本篇所讲的。我以为至少必须做如此，同时亦至多只能做如此，故主张只有一条路。如果有些人以为必须加以一个总括的名辞，则不妨姑名之曰新型民主。这个名辞，是俄国学者瓦尔加所用的。他以为现在东欧有些国家正采取这个办法，我则以为北欧的国家亦应列入这一类。其实到了今天，旧型的民主之代表恐怕只有美国了（即英国亦变为居于新型与旧型之中间）。这些国家在外交路线上可以完全中立，故我们提出新型的民主时是纯就内政而言，决不含特别与某一国亲善之意。瓦氏并且说，新型的民主仍保留私有财产制度。不但此也，我愿再追加一句：即对于剥削关系亦只是废除其足以阻碍生产发展的那一部分，至于对于奖励生产尚有一些用处的另一部分则并不要一并加以废除。瓦氏主张劳动者的政治机构可能为议会制度，这乃是说到社会主义之路不限于一个，我则以为新型的民主必须建立于社会各阶级的合作之上。所以议会制度应得被采用，就是可以拿议会来代表社会上各阶层，因此联合政府便有了根据。所谓联合必须是社会各阶层的代表之联合，决不可为游离性的政客团体之联合。不过须知新型民主只是一个大类的共名而已，各国情形不同，必须按照其本国国情自定适宜的办法。详述此点非本篇所许，因为说得已太多了，即此为止。

总之，我希望今后中国把这个办法定为"国是"。同时希望论坛上的言论家都能集中在这一点上发挥，最好不要陷入空想（即乌托邦），发一些过分激烈论调。恐怕过分的主张，反而使这样国是的推行发生不必要的困难。（民国三十七年七七纪念日写完）

（载《中建》半月刊第 3 卷第 4 期，1948 年 7 月 20 日）

《民主主义与社会主义》补义
（1948 年 8—9 月）

　　本书写后，觉得还有补充的必要。在序上曾说，本书是在授课时期写的，往往上课把思路打断。有许多意思本来想就要说，却因为思路遮断，以至忘了，后来亦没有追补进入。现在遂觉得应该补充的地方实在不少，乃决定做此"补义"。

　　一、在书中曾提出一个意思，即人类有提高其物质生活的要求。详言之，即对于物质生活有不断增进其幸福的要求。举一极浅的例，如走路总得慢而费力，遂发明坐车。车又嫌慢，乃发明飞机。又如吃东西，拾天生的果实不及人种的黍稻来得滋养。凡此种种都是证明，人类对于其资生之具的物品，总不免要想愈增进愈充足愈美备则愈好些。并不是一个人如此，乃确是人人都如此。不过自有人类以来，却从未办到这样普遍提高的境界。在君主的国家，只有君主的物质生活最优裕，而其人民中却有衣不暖，食不饱的。大家都是人，人性总是一样的。所以每一个人都希望办到所得最丰裕的物质生活，这是一个必然而不可抗的隐伏性趋势。这个趋势把人类的历史向前推动了。人类的历史所以有划期的变化，乃是全靠着这个推动力。因为这样的普遍向着物质生活充裕与提高而进的要求，正是每个人的天性。人人都如此，所以其来也不可抗阻，正好像洪水一样，一直冲下去。

　　这种理论当然可以说是"经济的决定论"（economic determinism）之一种。这一种的经济决定论，只是主张普遍提高物质生活的要求有推动文化前进的决定性，乃只是就历史的整个前进历程而言，却与任何个人没有密切关系。决不包含有人们的思想行为，一举一动，一念一想，都为其环境上的经济因素所决定的意思在内。现在有一些论者主张查看一个人的思想与行为只须查看其所属的阶级，以为阶级决定人的一切。

这种的阶级决定论固然亦是经济决定论之一种，但和我所主张的上述理论完全不同。事实上，我们翻开社会主义运动史，必见社会主义的大师们百分中有九十以上是不出身于劳动阶级的。同时如美国，有些劳动者因为分润得一些好处乃反而偏向资本主义。所以，这种阶级决定论的经济决定论已早为事实所反证了。著者坚决主张只有我说的这样的经济决定论是可能成立的。倘若把范围放得太宽，把话说的太呆，则不为真理所许。

所谓在历史前进上有推动力的决定性，乃是指历史上的变化而言。历史是变化的，好像水流一样，但却有阶段性，每一个阶段有其文化的特征。由甲阶段到乙阶段的历程在当时好像只是突变，而在其前却乃有渐变为其预备。所以历史的变化是渐变与突变同流，既不是只有突变，亦不是只有渐变。

但突变只是限于社会的生产力被生产的社会关系所桎梏的时候，在这个时候原有的生产力不能再发展了，必须把封塞这个生产力的社会关系打破了，方会再发展下去。打破这样的阻碍生产力的社会关系，即是革命。革命是突变，而在革命以前却有渐变。渐变就是养成这样突变局势的种种条件，因为这些条件不是一天能造成的。条件且有种种不同，有物质上的，有社会关系上的，有政治机构上的，有含有国际性的，有人事上的，亦还有属于思想文化上的。同时还有正面与反面之分，反面的条件亦居同等重要地位。条件的成熟亦各有差池。然无论如何必须经过一个各条件自己造成的阶段，在这个阶段中每一个条件本身在那里变。此即所谓渐变是也，亦即所谓渐变乃突变之预备是也。无论渐变与突变，而主要的推动力则仍为人类对于普遍的生活水准之提高之要求。我们应得进一步分析之。

二、"阻塞生产力的再发展"与"桎梏了生产力"，这些言语虽已为现时论坛上的流行话，然而我仍相信很少有人真了解其中的意义。原来生产的推动是靠着两个因素：一个是属于智力的，同时又是物质的；另一个是属于社会关系的，同时亦是在分配方面的。质言之，即一个是生产工具的新发明，即有新工具出现；另一个却是资本，即资本在社会关系上的功用。关于第一点，新生产工具的发明与出现是以下列三个标准而定，即生产量的增速与增多，生产品的增精与所费人力的减少。达到这三个目的，则愈发明新的生产机器愈好。不过这件事在本身虽只是人类智力的努力，然却须有社会关系的适当环境相配合方会出现。这便连接到第二因素，其实二者是绝对不可分的，即必须二者会合方成功；但事实上有时二者却有分开的情形。

我们先讲第二因素，然后再论到其他。这就是人类劳作的获得之堆积，普通名之曰资本，但不限定为资本制度的社会中的"资本"（capital），所以英文又有一个字是 fund。现在我们即取这样广义的意思。凡人类劳作的获得如果能厚积起来，用作再生产的帮助，则都可名之为资本。一个人群之富力就看这样的资本有多少，社会学家把它名之为"社会的积余"（social surplus）。文化学术是属于精神方面的，而在物质方面则是资本，资本愈厚积则这一个民族愈富。所以资本主义可以被攻击，而资本却只是宝贝，不会是坏东西。资本主义的弊病是由于资本属于少数人，不归全社会，并不能罪及资本其物的本身。这常识我愿青年们不可不记在心上。老实说，一部人类经济史正只是资本发展的变迁史。在上文已说过，人类为了要增加生产，乃作发明新工具的努力。这是人对物的关系，却同时必有人对人的关系，就因为人类的劳作总是与人合作，而不能是一个人来做。这样的人与人的关系，遂把人对物的关系加以限制。我在《中建》半月刊上曾对于这一点有下列的说明：

> 为什么生产情形会演变到无法再增的地步呢？这并不由于没有新的生产技术出现。即使有了新的生产机器，而仍有不能普遍被采用的可能。试以土地的生产为一例而言。土地要想加增其出产量，必须改用机器来耕植与播种。但农民以其所获除了交付地主与纳税外，已早无多，衣食尚虞不足，安有余钱来购买机器呢？这便是把农民劳作收获上的余剩价值都被地主们做为纯粹的消费而浪掷了。倘使能把这一部分交纳于地主的保留厚积起来，用以换得机器，则土地上的出产必可增加其数量。所以土地改革上的废除地主阶级一事，其目的只在于要使一部分劳动价值保留为再生产之用，不让它浪费了去；并不是专为了人与人间的不平等，尤其不是为了报复或出气。

在这一段话中，表明社会演变中往往初期是助长生产的，后来却会变为阻碍生产的了。地主的发生亦就是一个例。全部经济发展史都建立于这个原则。由游牧进于农业，就是因为农业的生产比游牧高。原始共产之不能维持下去，亦就是因为那种经济制度不能再使生产提高。而人类却有提高生活水准的要求，这个要求乃得把游牧变为农业。同时在政治亦把公社变为封建，所以封建的初起是对于生产有帮助的，迨到后来却变为阻碍生产的一种制度了。资本主义之功，亦就在于其初起时能打破封建。就因为封建到了后来变为梏械生产力的制度，人们乃自然而然欢喜资本主义。资本主义在初期确能把生产力做进一步的推展，使人民大家生活水准较在封建时代为高。所以，我说人类生活水准的提高是历史变化的推动力。在农业生活下的人决不愿再回到游牧生活；在资本主义工商业成立后的生活下，人们亦决不愿再回到农村去。这些都是极浅而易见的。

问题是在发展到何程度方会梏械了生产力？在资本主义的情形，则比较容易说，就是集中财富在几个少数人手里。其实封建的情形，亦何不是如此。只要财富愈集中，则每个人的生产力都被剥削了。其结果只有侈奢与浪费，而对于再生产便起了阻碍。这种情形是客观的，不能凭主观来妄加评断。这种客观情势既存在了，其内部自然包含着革命的要求。有了革命的要求，便在那儿酝酿着革命。正在酝酿革命，则一遇适当时机自然爆发出来。所以社会革命是和妇女生小孩子一样，必须先怀孕，且必须在腹内长足，一旦瓜熟蒂落，即呱呱堕地了。不过历史上的社会革命运动者总不免于性急，他们虽亦说必须客观条件成熟，但他们依然是以主观的判断为准。其结果即只有用"碰试法"（trial and error），因此历史上社会革命反以失败的居多。就是由于主其事者总自以为客观条件已成熟了，可以试一试看。其实这种试一试看的办法是十二分危险的。最能给反对者以口实亦就是在此，因为徒事更张而无补于实际。即徒然纷更而对于生产增加的要求依然不能达到，甚且会激起反动，于是才有改良派出来以反对这种做法。其实苟能真适合于客观情势的需要，革命还是不可反对的。我敢说，真正了解历史的人是不会反对革命的，所反对者只是某种作风的生吞活剥而已。

三、所谓成功的革命与失败的革命之区别，就在于一个确是冲开生产力再进一步发展的梏械或阻碍，而另一个却只是社会关系变化一下，并不能真把再进的生产力解放出来。先讲前者。须知生产的增加系指全民族生产总量而言。须知稍一不慎，反会把生产总量降低，这是一个最可怕的事，所以使生产总量增加却是一个艰巨的工作。在革命时只能开其端，而其后必须有一个建设时期。在革命的当时是做不了的。不过良好的开端却十分要紧。倘使开端不慎，种下了恶果，则必定仍归于走上失败之途。详论此点，请俟下文。

现在我们注重的还是在那个失败的革命。因为历史上确是失败的革命较成功的革命为多。尤其在我们中国，我们不能不大加警惕。中国人旧时于革命谓之曰换朝代。我们如果要把换朝代与革命严加区别，则可说前者就是失败的革命。失败与成功以何为标准呢？亦就不外乎看它能不能解除生产力的桎梏，致使一班生活水准提高。所以，换朝代与革命只是差之毫厘、谬以千里的。中国有三千年以上的历史，在世界各国中算是最长久的了，但其中却有许多次的这样换朝代式的革命。每一次换朝代几乎有一个公式，就是俗话所说的官逼民反，既得政权的统治集团本身腐败到万分，同时对于老百姓又榨压无微不至，于是乃逼得造成一个想取而代之的集团。又因这个新兴的集团，其作风比较良好。老百姓是没有主动的，他们只知两害相权取其轻。所以新起的统治集团就根据这一点，乃把旧有的统治集团打倒。旧的统治集团虽终被打倒，然而中间却经过一个互相残杀的期间。有时且这样的期间经过相当长，有数十年之久。在这个互相残杀的时候，老百姓在左右夹攻之下，死亡无算。人口过众问题就在这里得到一个自然的解决。所以新立的朝代得相安一时，却并非由于冲破了阻碍生产力再发展的社会关系，乃只是因为人口减少，在经济结构无变化的状态下亦能不生太大的问题。（平心而论，即在社会改革以后，人口并不是就没有问题了。所以同时在人口方面想一个限制过庶的方法并不是绝对无必要的。俄国情形与中国不同。俄国无人口过密的情形，自不须主张限制。不过单就人口一端来说，似乎太偏，而一口咬定人口不成问题，亦未免太过。）这是中国历史上屡次排演的戏剧。须知排演这样的丑剧，只有在闭关时代不与外边文化较高的民族相接触。一旦闭关不能再闭下去，如果仍如此排演，则断难竞存于世界。所以，今后中国的任务乃是如何设法使这样的丑剧绝迹，不再重演。这不是历史换新页，乃直是历史翻身。亦就是著者所尝倡导的一次革命论，以打破这个周期革命的事实。即主张一度革命以后，永不再有内战。

为什么中国会屡屡排演这样换朝代的戏剧呢？这却是研究中国历史、文化与政治的人们之一重要课题。问题的中心是在何以革命者一旦取得政权以后，长则至多不过百年（中国历史没有百年以上的时间没有内战），短则仅有数年，终会自己变为革命的对象，让别人起来把他革掉？其实回答这个问题亦很容易：就是因为没有把生产力再发展的潜能放开来。至于何以不能如此，却又由于中国社会有一个特性，这或许是中国根本上的一种悲哀了。须知一个社会虽内部里已经酝酿了革命在那儿，却仍须有人以从事于革命。这些从事于革命的人须要有一种性格，姑且名之曰革命家的性格，或反抗性。中国老百姓却是十二分有忍耐性，实在不会反抗。有反抗性的人只限于一些借此求出路的。这些求出路的人是有游离性。他们本来向旧有的统治集团中钻营进去。倘使钻不进去，便改为向新兴的方面进攻。而革命者如想招兵买马，只有在这些人身上打主意。因为普通的老百姓是不革命的。这里很显出中国社会的特质，我们还得进一步分析之。

四、我在上文已说过了，中国的统治阶级是由一种有游离性的人们组成的。这些人多多少少有流氓的性质。读者千万不要以为流氓是只限于无产者，中国的富人亦有流氓性的。所以假定我们不把流氓当作一个恶意的名辞，而取中立的意义，则可说中国有两种流氓，即一种无产流氓，另一种有产流氓。中国的统治阶级虽则内部可以起很大的变化，分为相反的两组，而仍不外乎这一类的人。须知统治阶级总是以集团的形式来出现。在朝的是既得政权的集团，而每当其末季却另有一个想取而代之的造反集团。每一个集团内有文有武，有贫有富，即有知识分子与非知识分子。正好像戏班一样，其中各种角色俱全。其中贫的固然是为了打自己的出路，但富的人亦只是散去已有的财，另想发更大的财。所以我们必须明白：统治阶级的成立固然是由于人类组织上必须有统治关系。换言之，即必须要有政治。好像无政治，人即不能生活。其实这只是一套理论，实际上并不是那么一回事。这些人们起来把自己造成统治者，却大部分在于谋解决自己的生活问题，并不是专为了被治者而来治，乃反是为了治者而始有政治。在这里治者与被治者之分并不是政治性，而反是属于经济性。因此统治集团的心目所想的只有两件事，即如何维持所抢得的政权与未抢得的时候如何去抢。只有在维持其既得政权的打算下，可能多多少少对于被治的人民的利益有所顾虑；但决不是为老百姓着想，乃依然只是替自己打算。所以，中国历史上统治关系的建立，是以经济上的封建式剥削为其基础。封建式的剥削是由于势力，而与资本主义下的剥削不同，因为后者是以资本而取得利润。在个人主义未被解放出来以前，资本主义的剥削是不会有的。所有的只是这种以势力欺人压人的剥削。统治阶级的人们即建立其生活基础于这样的剥削之上，他们的奋斗完全是为了取得这样的生活。并且他们是以集团为基础，与阶级无关。即其利益不建立于阶级上（最近国民党的改革币制即为一个证明）。此处所说虽是关于中国历史上每一个朝代的情形，然在目前却有一个活榜样，就是今天国民党的政权。

我们明白了中国历史上的统治阶层是为了自身的利益而存在的，则我们便可知道统治阶层的人物是如何构成的了。诚如最近一个论者所说，他们是退无可守，进必以战。所以在既得政权的统治集团必总是处心积虑于如何维持其执政的地位，因为如果一旦失去了其地位，则其生活便无着了。他们为了政治生命来挣扎，其实乃是为了经济利益来挣扎。这种挣扎有你死我活的性质，决不能像美英民主国家的两党轮替秉政一样，就是为此。两党轮替或合作只能见于宪政轨道敷设以后，而宪政轨道的成立却与个人主义的文化与工业化的社会有密切关系。在个人主义未被解放出来以前，在工业化未有端倪以前，只有个人的升沉与进退，决不会有政治集团的交替。因为把势力作为一元的决定性，将政治与经济打成一片，这正是封建社会的特征。资本主义是二元的，在经济上操纵力是资本，在政治上运用力是权力，纵使二者可以互相影响，然而总和封建社会的一元性有些不同。在一个统治集团内，时间一长，自会有内部人事的新陈代谢，个人的升沉进退当然不成问题。这些不是我所要讨论的，我今只强调一点：即在这样封建社会，人们的干政治主要的还只是求生活。所以俗语有"升官发财"的话，乃是实情。须知他们不能只限于解决生活在官职的任期内，尤必预谋将来罢官后的生活基础。兼以中国传统的办法，统治者为了容易驾御其部下计，不要有固定的官僚制度。所以在封建社会与专制政治，贪污乃有其内含的必然性。在此只有程度上大小的区别而已，然而倘使终必愈趋愈甚，一个统治集团最后会被人家革了命，亦就是由此而出。

五、我在上文说，中国历史上所有革命都未能把生产力的拘束解放开来，须知其缘故即正由于没有好方法以安插那些革命家。传统的对付这些革命家的办法只有两个：一个是封功臣，另一个是杀功臣。封功臣是酬庸，因为大家一齐来打天下抢政权，一旦得到了当然要大家分肥。国民党于北伐成功以后，下令以党员尽先作官，便是这种历史上传下来的作风。所以当其打天下抢政权的时候，总是满口的吊民伐罪，迨其成功，却为了这些革命同人的出路，不能不再转过头来向老百姓榨压，不然这些人的生活成了大问题。中国历史上每一次换朝代都有这样的一个严重问题。古人早已说过，马上得天下，不能马上治之。这就是说，得天下要靠着一批有流氓性、造反性的人，而治天下却又另需要一批人。果尔，则对于前一批人如何安置呢？为了安置这一批人，使他们得到满意的报酬，那只有牺牲本来无抵抗力的老百姓。不但吊民伐罪终成为百分中之一二分兑现，而即经济结构亦永远不会更开拓一步。于是换朝代乃成为周期性的了。中国历史上"君"与"臣"及"民"是三个绝不相同的阶级。民是纯粹的被治者，几乎就是奴隶。臣并不是完全被压迫者，虽则有时亦受君主的奴役。有时臣能危及君，所以君不能不对这些人有顾忌，尤其是换朝代的前后。我说这一番话虽则是讲中国的历史，但我相信这个历史的余毒或病根迄今并未去得干净，实在正是我们当前的一个问题。国民党以革命起家，今天变为革命的对象，这不是偶然的，其故可以长思。要而言之，当一个既得政权的统治集团腐败得万分的时候，这个统治集团即变为革命的对象，因为它把生产力再发展的要求阻断了，但是既革命以后，这些新兴的职业性的革命人物，却亦会变为阻碍生产力再发展的东西。所以问题就在于此。

不过中国自辛亥以后，外国的一套把戏进来了，宪法啊，选举啊，政党啊，这些东西出现于表面，原有的皇帝、宰相等等作废了。表面上换了一套衣服，而实质却并没有真正彻底改变。至少亦得说是一套新制度嵌在旧的历史余残上。在这样的情形下，更加重所谓"失调"（mal-adjustment）。历史的余残势力把新制度冲到完全走了样子，成了一个杂七杂八的东西。我们先就政党一点而言。不论是民国元年的政党方式，抑或是民国七年以后的政党方式，党员总是为了生活才来入党。姑举一小事作反面的说明。例如一个教员，苟其人自己对于本行有十分把握，不怕失业，同时亦不想升为校长，又不想改行去做官，则他决不入党。可见入党的人总是因为没有社会职能上的岗位，或即有而十分不可靠，于是乃借党打出路。所以结党不是干政治，不是替老百姓做事，乃只是为了自己。根据这个情形，中国政界上人们的言行不一致，乃是先天注定的。换言之，即根本上言行是不会一致的。但言行变到完全无丝毫的一致以后，所以维系社会之道将尽堕失，其结果只有诉诸武力。这乃是演变到后来所必至之境界。而革命的要求便在这里潜长滋生了。周期性的换朝代式的革命即从此成立。

六、既然有这样的一个问题放在我们面前，则著者所以曾在另一篇文章中提出解除生产力束缚的破坏工作必须严格恪守其限度，其先必须有一个社会诊断，然后才能看出病在何处，即真正被桎梏的地方在何处，然后开刀，恰如其量，不多不少。即破除只可限于那个被桎梏的地方，千万不可太过。如果事前没有详细精密的诊断，而专凭碰碰看去尝试一下，结果不但会碰钉子，并且一个社会、民族的事和一个人不同，一次失败再来尝试便须又隔数十年。

我所以特别提出这个分际问题的缘故，就是有见于专依靠这种由历史上惰性所成的游离分子为革命动力，决不会摸得出这样的分际。老实说，在这种传统的办法情形下，这一批人是决不会做到恰合分际，因为合乎分际而不太过，乃是与他们的利益相违反。他们的主要目的还是自己在经济上生活方面求出路。而真正为了解除生产力的梏械，却有时只须要去掉那一些障碍为止。障碍有时亦可能不太多，所以仅仅如此做是不能对于他们的问题有所裨助的。这里便有一个问题，乃是历史上所有的革命皆会遭遇的一种矛盾，即从革命的动力上说，必须诉诸感情的冲动，类乎发狂那样。而从指导革命来说，却又必须倚靠冷静的理智。辨别分际是理智的事，掀起大波澜则非有感情不可。二者实难得有一个恰好的契合。平心论之，革命本是理智的事。无如专靠理智，不能把革命煽起。故掀起革命要诉诸感情，但感情一起即不易控制。这是一件最艰难的工作，不可以轻浮的态度对付之。所以历史上的革命几乎无一不是牺牲太大而代价不足偿其十分之一。换言之，即成就太少而浪费太多。法国大革命死了多少人，其成就对于人类实在抵不上。俄国大革命死的人数更可吃惊。当时如以现在的局势为蓝图而从事制造，恐怕这些死亡都是不必要的，即不死这么多人亦可达到今日这样的目的。

原来人类的欲望，就普通人而言有三种，比较上最为基本的。三种是男女之欲、物质享受之欲与权力支配之欲。在社会骚乱的时候，这些欲望都会有变态出现。例如在俄国革命的当时，所谓"一杯水"是确有其事，后来不久即经列宁的大声急呼的反对而始绝迹了。本书不谈这一点，故不往下再说。所要说的只限于物质欲与权力欲。这两个欲望的消长，是资本主义的放任经济与非资本主义的统制经济有关。在放任经济下，人们偏于向物质欲方面去发泄。即独占性企业的大资本家往往要操纵政府，亦依然是想更得较多的利益。一旦改为统制，则人们的物质欲总会受到限制。于是其欲望的发泄便自然偏向到权力方面去了。往往在政府有加重其权力的需要时，即在大权政府时，政府内部极容易为权力之争起冲突，生磨擦。这就是物质欲受限制时，有时反使权力欲增高。换言之，即二者的消长不是正比例的。虽然往往在初期还能向外发展，不致于内部自起权力之争，迨到后来扩张到了相当程度或停止了，却不免要有种种问题引起冲突。这一点似乎为谋国者所应注意。

根据上述的种种，我们在历史先例上可以取得下列的教训：凡是一个革命，总包含两个阶段，一是破坏旧的，二是建立新的。但在破坏旧的之中，却往往即孕育有对于建立新的之障碍。换言之，即问题可能已不在如何推翻旧的，而反在于如何克服孕育在新的之中的自己所造成的内部困难。

七、我在书中曾强调有这些事情是与理论无关的。上述的这些革命内部自己造出来的困难，亦是与理论不相干。以欲望而论，按照社会主义的正轨来说，本来是把劳动时间缩短，每人只做二三小时，余下来的生活即可从事于"移升"（sublimation，旧译升华），或从事于音乐，或绘画，或科学研究。这便是一方面杜塞了物质欲的畸形发展，解放了劳动的苦痛，俾得在他方面向文化有一个升华作用。这是最高尚的理想，亦是最合理的办法。无如现实人生尚不能一跃而跻，所以在非资本主义的国家，权力欲的偏向以及其斗争的尖锐化是不能由社会主义的理论负责任的。我在书中再三提及理论与现实之间，必须有个衔接的具体办法或制度。上述这些弊病，都是出于没有觅得一个适当的衔接办法。或可说在衔接的中间制度上有了漏洞，出了毛病。所以我要奉劝今天前进的人士，连青年们在内，与其空弹高调的理想，反不如切切实实，负责任地去研究这个衔接的媒介办法，务使其无流弊或少流弊。

产业最高度发展的国家尚没有这样的变化，情形究竟如何，我们无法悬断。我们今天所见的只是一些产业落后的国家。上述的种种困难却和产业落后有密切关系。据我个人的想法，倘使产业落后的国家是以增加生产总量使一班人民生活水准提高为第一要着，则对于物质欲当然是要施以限制的，不过必须有其分际。例如造房子用美国木料，衣服用美国的玻璃纱，诸如此类是要绝对禁止的。主要的目的，还是在必须保持国际出入的平衡。至于中国土产的绸缎，虽然高贵讲究，却不须加以制裁。又如浴盆与抽水马桶，刘绪贻先生以为锦上添花，我则以为只要不是外国货，而为中国自制，即无反对必要。所以有人主张一律把生活拉平，大家只许穿布衣住茅棚，这是一种不通的议论。

我相信对于物质欲的差等不完全作绝对的打击与塞阻，则权力欲的偏向的激发自会有相当的缓和与减低。因为在物质享受方面保留有相当的等差，乃是对于生产工作的努力之一种奖励。当然除此以外，尚可有名誉的奖励。不过须知专靠名誉的奖励是不行的，必须有实质的方面相辅而行。人们以自己的劳力取得其相当的报酬，在精神上是一种愉快，仅仅空的名誉不足相抵。这正是宣泄其物质欲望之道。所以我们应得明白人们有欲望，并不可怕，而可怕的只是欲望在社会结构上不能协调。牺牲他人以满足自己，其关键还是由于不把整个儿社会推向发展之途以进。倘能改向发展，则各人皆可有事做。各人有事可做，各人满足其不害他人的自己欲望，这正是社会主义的目的。社会主义并不主张抑止欲望与克制欲望，而却要使人们的欲望转向，转到向四方八面去发展。所以社会主义的成功与否，就看其能否使人们的欲望由于向各方面的发展而获得免去冲突取到协调。倘使不了解此意，只知一味提倡经济平等主义，这便是把物质欲堵住了，而任其趋于权力欲。因为不走向发展则只有加强控制。以控制代替发展，便只有把大家都骗得走向权力的竞争，以致在权力方面斗争便起了尖锐化。权力上有一争端，外来势力的引诱便极容易进来，以致历史上左派内有所谓"反叛"事件层出不已。这却不可太单纯，只责那些所谓反叛者，而应了解这样的制度本身不无毛病。如果在权力欲方面再想加以堵塞，要实行有计划性的经济，则多多少少必须要有集权的政治，必是十二分困难。换言之，即在经济方面既要控制，则在政治方面自然容易使人们发挥其支配欲。原来支配欲是对人的，而物质欲却至少包有对物的成分在后。一个社会不能动员极大多数人对于物质方面努力去开拓，则终难免于偏向到往着支配人的方面去挤。所以提倡全民增产，向着自然界去开发，实在是一个转化欲望的好方法。

八、关于权力欲的问题并不如此简单。我们应得对于论坛上有人以为经济平等与政治自由不能两全的顾虑加以正视，事实上亦确是有一些问题。老实说，杜绝了一部分人发挥其不正常的物质欲，这固是好事，然而同时却让另一部分人滋长了其支配欲，这乃仍是二五等于一十，其失维均了。所以我在上文说，一个革命往往于其过程即自己制造了，孕育了一些内在的困难，迨至完成，反而大暴发起来。这些可以变为将来困难的因素必须在事前都得顾到。历史上所有的救济之法，即是把政治建立于舆论上。换言之，即以舆论来监督政治。在此处的问题是如何乃成为完全自由的舆论，势必把报纸、印刷所与广播电台等宣传工具完全许人民自由使用，不为政府或在朝的政党所垄断（公共集会与公开演说更不必说了）。主要之点，还不仅在于使人民自由发表意见或主张，乃尤其在于使人民知各种事实的真相。我相信只要报道是真实的，人们的判断大约不致相去太远。一切主张上的不同，大抵是出于以不同的报道为根据，故封闭消息与捏造新闻是自由之大敌。同时却又必配合有政治机构而能发挥这个精神的。当然必须有代议制度。代议制度不是资本主义所专有，此点已早为一班学者所公认，似乎无用多说了。问题不在有无代议制度，而反在于要什么样子的代议制度。像土耳其那样，故意在议会制造一个反对党，这虽是效法英国，当然可有一些监督之用，然而却仍未直迫问题的中心。因为倘使执政的党是以搞政治与谋生活连成一片，好像中国那样，则反对的党亦必想如法泡制。其结果不是为了抢政权，打得落花流水，便是大家协议分赃。所以问题的真正中心不在一党与多党之分，即不在有无反对党。倘使干政治的永远是那一些游离性或半游离性，流氓性或半流氓性的人们，多党联合固不免要堕入于分赃，一党包办其结果亦必演为党内派系纷争。我说不在有无反对党，却不包含以为一党反而好些。总之，问题是在另一方面。

我以为对于这个问题的解决最好是，于代议制度下实行职业代表。所谓职业代表，我的意思和普通所说是有一些不同。普通只注重其产生，例如运输业推选代表可选出曾在交通界的官僚。不仅此也，且被推以后即不能再回到本行业。例如大学教授团体推出代表，参加立法行政，而这个代表即从此在政治上混下去了，不再回到学校教书。因此，我主张必须使这些参与议会与政府机关的人们另有其本业，只在开会时或任职时干政治，开会完了，任职期满，依然退到本行。在本职业中必须把他的地位保留在那里。大学教授好办，可以请假一年或二三年。工厂里的技师或农场中的农人亦必须如此办。农人亦得能退下来自己还是种田。最怕的是工人的代表一旦做成后，那从此不再是工人了。农人的代表虽本是农人，迨一做代表，即脱离农业界。这样乃是因活动政治而造成了人民的游离性，由游离性便又造成流氓性。造成工人出身的流氓，与农人出身的流氓，以前虽是工农，以后却并不是工农。这种再不能回到本业的人们只好从此以后在政治上鬼混，将其生活基础不能不建立于政治活动上。对于我所说的救济法，或有人顾虑到人数太多，不易办到。其实我所说的只限于行政上政务官与议会的代表，虽有各级，人数并不太多，至于事务官即可做为一种职业看待，有保障，可能终身任事，当然不在此范围以内，要行此法同时在物质方面又必须施行全体人民的社会保险制度。对于疾病，子女抚育，养老等等都不感到经济的威协。恐怕非如此不足以真正实现民主政治。凡办不到如此的，我以为多多少少总有一些假民主成分在内。本书以体裁所格，对于这些点子，不能详细论述，现在所说只是轮廓而已。要而言之，创造一个新文明，创造一个新社会，是不会凭空来的，依然与旧的相接续。不但人民还是那些人民，即从事于创造新的革命阵营中人们其血管中亦必多多少少潜含有旧的渣滓或毒素，这是无可奈何的事。所以我奉劝大家不要把问题看得太简单了。（这却决不包含劝人只在旁边说风凉话，不可误会。）不但在社会方面有旧的东西因袭下来，渗透于新的之中，即思想亦会变为出乱子的根原。所以思想方面的滤清亦是十分重要的。

九、所要补充的已将说完，虽则尚有零零碎碎几点，以其太小，即不一一提到了。写至此，承上海友人剪寄《世纪评论》第四卷第五期书评栏上所载夏炎德先生对于我此书之批评。夏先生对我深加奖赞，使我除感谢外，弥增惭愧。就中却颇有引伸之处，这些地方正是我应该补充上去的。好在夏先生的意思亦是他早已蓄在肚子里的，并非看了拙书而始有。我二人既得到一个共鸣，则我便不辞掠美，把他的话抄在下面即等于我的话：

> 张东荪先生新写的《民主主义与社会主义》一书，对于时下大家瞩目的这两大主义作了极透辟的解释；在观念混乱的中国，这种书是绝对地需要。民主主义与社会主义是近代思想的两种主潮，谁都应该有明确的认识。不过愈是普遍性的问题，愈容易被误解曲解，而正确的解释乃愈见其需要。

> 我认为本书最可贵的地方在把民主主义与社会主义并为一论，而且指明它在根本是异名同实的东西，这一点实看到了近代史的内层。著者觉得深有把握，才下了这个断案，确是一大手笔！我不但完全同意，而且可以根据历史用我自己的话来加以补充说明。

> 远者不提，且从十八世纪的民主运动说起，法兰西大革命是一个大规模的民主革命运动。所有的平民在反动势力的淫威之下，受不了压迫的苦痛，遂群起喊出反专制、反迫害与反特权的口号，对准特权阶级（君主、贵族、僧侣）革起命来。这里面不只是市民身份的资本家（即工商业家），还有工人与农民的群众，智识阶级更在里面起着领导作用，可说是民主战线的大联合。他们的旗帜是争自由、争平等、争人权，不但要求民主，实际还要求生活，盖自由、平等与人权非但为民主的必要条件，同时只有这几点争到手大家生活才有保障。在那次混合性的大革命中，市民阶级或工农群众各曾尽多少力？争民主或争生活（社会主义之起点）各占多少分？

实在不易分明。因此某些历史家咬定法国革命单是政治革命或资产阶级的民主革命,实忽视了革命的复杂成分。固然后来的事实,资产阶级吃到革命的果实,而无产阶级不曾有份,是大家所知道的,但却不能即此错判那次革命的性质。从法国革命、美国独立与英国改革,民主只成功了初步范围,仅及政治,因产业革命后新的生产工具归资产主掌握,真正享到民主权利的只有他们,劳工们反受他们压迫。于是很多人竟把民主制度拨给资本家,把民主制度与资本主义在历史上的偶合当作正常联系,而把替劳工阶级争政权争生活的社会主义,反当作与民主不同甚至相反的运动。事情之背谬真理无有过于此者。另外有人因见社会主义注重经济,故认为社会主义就是经济的民主主义,这所犯的错误较小,而也须加以指出。因为社会主义不限于经济方面,正如民主主义不限于政治方面一样。所以把法国革命当作民主革命,把俄国革命当作社会革命,截然分出界限,是割裂了历史的整个性与民主革命的继续性,实际上他们所谓社会革命只是民主革命更扩大更深入的运动。欧文(Owen)、勃朗(Blanc)、马克思与韦伯(Webb)的努力并不与卢骚、服尔德(Voltaire)、孟德斯鸠与哲斐孙(Jefferson)相反,倒是在进一步做前人未做到的工作,他们是同一民主长流中的前浪与后浪。

这个根本要点如果确定了,那末民主主义与社会主义的歧异论、对立论以至民主主义自由主义及社会主义与独裁主义的必然联系论,这一切错看历史,观念混杂的谬误理论,便可一扫而空。而因此种谬误认识的不良影响足使民主主义者与社会主义者互相倾轧闹得分家,以至妨碍真正历史任务的推进,故从理论上予以矫正,于实践上有很大的用处。

惟其通透了一部历史,东荪先生始终没有提出公式化的论调。譬如,为建立一个新社会制度,究用和平革命或暴力革命,完全要看环境来决定,事前很难预先确定,像考茨基(Kautsky)的反对用暴力或托洛茨基(Trotsky)的为暴力辩护都是呆板的公式论。倒是著者说得妥切:一切不幸都由革命者与反革命者双方相煎而成,有很多感情相激的成分。我相信要是当年沙皇不用放逐与虐杀的政策,说不定布尔什维克党人也不至用恐怖手段。就近的说,政治协商会议要是成功,就没有这一次的自相残杀。这些地方,不是理论,而是命运!

东苏先生说"理想虽百分之百的美满高尚，实不及其中的一分能拉到地上的之为可贵。"（页三三）这是因为看到新制产生之不易。接着又说"但一拉下地来却无不使理想打折扣或变颜色。"这是在慨叹理想与实践之难得一致。他看到马克思的原意想实行世界革命，而到斯大林手里却成了"一国社会主义"。这一点我的看法是这样的：斯大林未尝不想实行世界革命，只是自审本国基础未固，卤莽从事，必连本国这点基础都要被毁，所以一方面加紧作国内经济的建设，同时对外一再扬言苏联的社会主义不是为输出的，以祛除资本主义列强的疑忌，但一待羽翼丰满，仍是要进行世界革命，所以第三国际的工作始终在那里进行，后来形式上虽解散，而变相的组织仍存在，工作比以前更变本加厉，这是斯大林比托洛茨基现实的地方。问题是在共产国际的领导权始终跳不出莫斯科的掌心，而斯大林处处表现其"祖国至上"的现实作风，将共产主义涂上了浓厚的国族主义色彩以后，共产主义究属手段还是目的，外间不无疑虑，即令赞同共产主义者也不甘全受异国的支配。斯大林的现实做法，在开头是有效的，在以后反而成为共产主义推广的障碍。因而想到第一次世界大战后卢苏葆（Rosa Luxemburg）女士坚持共产国际不应完全受苏联的支配的主张不行，就共产主义本身讲也未必不是一种损失。

马克思主义乃西方文明之产物，而苏联制度在斯大林指导下却有显著的东方性格，要将这种制度转输到西方或苏联以外的其他地区，而不能尊重各国环境与利益，定会感到格格不入。故东方的西方的协调折衷，实是今日社会主义的重要课题。

综观全书，著者以毕生治学的心得，对世局又那么关心，内容确有许多独到的地方。尤其可贵的是讨论政治经济的问题内不挟党派偏见，保持纯正学者的态度，言他所当言。里面有许多主张与我平日所想的非常相合，其著作先问世，衷心殊感欣慰，并不期然而然地夹入了些自己要说的话，对于著者亦弥增其企仰之怀。以他对于哲学、历史、政治、经济、文化各方面渊博的学识，配得上称通儒。当然以通儒论政并不就是主张"通儒政治"，我读毕东苏先生原著还没有发现这样的主张。

夏先生所说的关于苏联，我有一点愿借此一提。即我以为其就国内政治经济社会而言，不涉及其国际关系，苏联的制度固然是一个达到社会主义的过渡办法，但今天东欧和北欧各国，所实行的所谓新型民主，亦是一种达到社会主义的过渡办法，决不是这种新型民主只是达到苏联制度的过渡办法，将来还必须变到苏联那样，方可再进于社会主义。这却是一个大误会。必须把这个误会廓清，则夏先生所说的纠缠在理论一方面可以免除。这是一个极重要的关键，所以附带论之。

十、最后我还要作一个附言，即等于跋尾。关于体例有一些说明。第一，原书有一附录，是《虏狱生活简记》，现在既把《补义》加进去了，势必将附录删除。惟原序仍叙明有此附录，以排版的缘故，不愿将序文再改，望读者谅之。第二，是书中未曾提到英国的温和性社会主义的实验，似乎应有一个辩解。最近曾昭抡先生来信，即以为这是美中不足。不过我个人亦有一个见解。我以为就人类而泛言之，英国的办法当然是最好的。我决不像有些时流论客一样，抱着偏见。只因英国人有其特殊的民族性，而这个民族的性格却和中国比较相远一些。本来俄国美国法国以及东欧各国，那一国亦都有其民族的特性。中国本来不应该纯粹取法于那一国，因为凡是一个改革总是由其本国的内部自身需要来决定，不应该向任何国看齐。不过却可把他国所实行的拿来作为镜鉴，尤其是他国实行而失败的试验更具有教训的意义，就是因为从正面不如从反面获益为多。人家已经试验过了证明其不行，我们不必再来试一番。本来政治经济社会的施设是带有尝试性的，谁也没有绝对把握，最需要的是发现过失立即改正，谁能改得愈彻底愈迅速，谁即能成功。千万不可怕伤自己的尊严，拒绝历史给人类的宝贵教训。所以本书不谈英国的办法，其原因即在此。施复亮先生亦曾作文介绍拙书，指出我此书特别富有教育的意义。施先生的盛意自是可感，他的话大约想系指这些地方而言。我只希望今天关心或与闻整个中国命运的人，不论成年或青年，都能将其固有的反复思考能力发挥出来，以悲悯的胸襟以迎接这个世界大变局。倘我这个希望不为非当，诸位先生定能较我有更大的贡献，使此希望不致落空。民国三十七年八月十日补写完毕。

（原载《观察》第 5 卷第 1、2、3 期，1948 年 8—9 月）

知识分子与文化的自由
（1948 年 9 月 26 日）

我曾在《展望》周刊上刊有《告知识分子》一文，主张知识分子在今天的大转变局势下不必害怕。在那篇文章里，我要说明的是依照我个人的对中国社会的分析与诊断，料定将来无论有何种政治上经济上的大改变，而知识分子自有其始终不变的重要地位，但看知识分子自己是否了解其本身的使命。倘使知识分子真能了解其本身的时代使命，不但不必怕被人清算，而且还能造成比今天更好的光明前途。现在我即本着这个意思加以伸说。

我深知今天的大学教授群中大部分人抱着一种忧虑，即恐怕将来的变局会使学术自由与思想自由完全失掉。这种忧虑在我看来，确对于知识分子创造光明前途是一个障碍。我们必须剖解而廓清之。

我们明知这是一个误会，这是一个杞忧，但何以会有这样的误会与杞忧呢？却又由于确有可以引人误会导入杞忧的根据。我说必须剖解而廓清之，亦正是对于这些根据而言。

首先我要说的是，学术自由与思想自由必须倚靠于精神独立。如果思想的主体其精神不独立，则其所得的学术自由不是真正的学术自由，乃只是一个伪装的学术自由。这种学术自由乃是以学术为名而解决一部分人（即从事于学术者）的生活问题。现在大学里的教授们当然多数是在那里孜孜不倦，为了学术而治学，但无可讳言的，亦有少数人或不太少数，是为了生活。这些人对于学术，并没有把自己的灵魂与学术打成一片，只是拿来装潢门面，以便在教育界占得一个吃饭的位置。所以每一个大学，在表面上看来，是一个神圣的机关，而其内幕却是人事问题重重叠叠，闹得人们各个头昏脑涨。在这种情形之下，而要高谈学术自由思想独立，实在并不如一班论者所想的那样没有问题。

至于思想自由，虽较学术自由为广，然而亦必是先有超然的精神，方克致此。如果并无清明之气，只是沾沾计较于当前的个人利害，利用思想自由为幌子，而发表一些专为自己个人私益或地位所开的言论，这实在不足为真正的思想自由。著者曾在马尼剌的华侨商报上有下列的话：

> 国内知识分子的动态，最近的是与抗战期间及政治协商的当时完全不同。在抗战期中，"抗战"二字是一个目标，可以将所有的知识分子的意志都不约而同集中在这一点上。政治协商的时期，虽则为时甚短，但确亦有一个目标，把大家的希望集中于其上，这就是和平。因为胜利以后，和平是举国一致的要求，正和抗战时期的抗战一样。抗战与和平都是举国一致的要求，故可使全国知识分子自然而然团结在这个一致的要求之下。不幸现今这些一致的要求都成为过去的事，现在的状态乃是知识分子已经由苦闷而趋于分化。

我自信这样叙述不失为现下的知识分子近状的实情。现在知识分子的分化情形真是分得十分可怜。有的甘为法西斯的帮凶，有的希望美苏立即开战，亦有的是一切看了不顺眼，甚至于迁怒到死去二千五百年的孔子。可谓怪象百出，自暴其短。

不过我并不以为分化是要不得的，因为有思想自由当然即有分歧的主张，但分化的背后是以各人所根据的利益。有的是害怕既得利益的丧失，有的是企图得到新的利益，这却是真正要不得的事。我以为大家应得以整个儿的民族前途来着眼，以人民的普遍幸福为前提。果真能如此，我仍相信不至于有太大的分歧。

写到此，看见最近出版的《中建》上有下列的话：对于政协，中国知识分子是以全心全力贡献了的。他们无愧于任何一点。唯其如此真诚，所以教训也最透辟。这不是书本上得来的，而是血汗中得来的。所以政协之后，中国知识分子有一个分裂。多数坚强的是越过了自由主义前进，落后的却从自由主义向后退。二者方向不一，而脱离自由主义的阵地则一。

这一段话我完全赞同。我亦以为今天在事实上已早没有政治性的自由主义存在的余地。原来纯政治性的自由主义如得成功，亦只在政协那一个机会。此机会一错过了，即好梦难再圆了。当时一班知识分子自由主义者却不甚了解此义，只以为国共以外的人们亦是在那里想做官。其实除了本无良好动机的青年党以外，大家都是想扳回这一步国运。竟不能成，而知识分子大部分不齐心努力亦有关系。胡适之先生在政协当时不发言，而在最近却于广播上大谈其自由主义，把自由主义即认为是等于平和改良主义。胡适之先生每每喜欢讲历史，而独于此处却完全忘记了历史。历史上所告诉于人们的只是：平和改良行不通，然后才有革命。如果平和改良而能行得通，则决不会有革命，所以革命的成否与其到来，反而不决定于革命家，乃只是决定于被革命者。可见革命与自由没有必然的连合，同时亦决没有必然的不连合。胡适之先生读了许多书，岂有并此极浅显易见的事实而不知的道理呢？令我们不能不叹息了。

不过话又说回来了，伪装的自由主义不是我们讨论的目的，因为不值得讨论。但除了伪装的自由主义者以外，并不是就真没有了问题。我在上文说过，真正的思想自由与学术自由是建立于精神的独立上的。如胡适之先生这样故意忽视历史，用以迁就当权者，这是精神不独立。这种精神不独立的自由主义其实在今天还不占多数。除此以外，却不能说绝对没有真正的自由主义者。他们的精神确是独立的。我在未详述这些自由主义者的内心状态以前，先要讲一讲自由在精神上是如何造成的。

我愿强调地告诉国人的是：中国接受西方文化虽只短短将近五十年，然而却居然在思想界文化界中养成一种所谓 liberal mend。此字可译为"自由胸怀的陶养"，乃是一种态度，或风格，即治学、观物与对人的态度或性情，亦可说是一种精神。不过这个精神不是一旦随便能得的，乃必须积若干学养而后方可致之。在此又非指一二人能如此而言，实谓整个文化界含有这样的风度。这种精神却正是西方文化中最宝贵的地方，即在西方亦是大家都认为应该宝贵的。这个精神是先起于希腊文化中。柏拉图所攻击的"辩士"（sophists）对于这样的精神实有贡献。苏格拉底还是受他们的影响。至于到了近世，科学家哲学家的贡献尤多。盖列刘（Galileo）、笛卡儿（Descartes）开其端，以后不但恢复了希腊的自由精神，并且更走上了一个新的自由的方向。在哲学家之中，英国的洛克（Locke）与休谟（Hume）尤为尽力较多。

总之，一部哲学史与一部科学史就不外是纪录这个自由精神如何生长，如何发展。在人类文化上，西洋文化有其异彩，未尝不是正由于此。亦可说人类文化中得有西洋文化，正是替人类全体开拓了一个新局面。倘使没有这个自由精神，恐怕即不会有实验的科学，不会有"进步"（progress）的观念，不会对于人生幸福，不论从个人方面抑或从社会方面，设法去加以改良。所以西洋文化虽不免仍有种种弊病，但其中所含的这个自由精神却是最可贵的，而为他种文化所无的。老实说，即马克思亦正是这个自由文化的产物。不先有这个气氛，则马克思的思想是不会产生的。

这个自由精神对于任何宗教式的信条是不受拘束的，故可谓之为"怀疑的精神"（skeptical spirit）。对于任何问题取分析的态度，故又可谓之为批评的态度（critical spirit）。关于这一些，我不想多述，因为在这短短的五十年中，凡真正能接收西洋文化的人们，似乎都已经十分知道了。我要提到一点，即在西方亦不是没有和这种自由精神相反的情形，这就是罗马的宗教，即今天的天主教。这样的宗教是有一套的教条，无论如何不许思想超出其外，而西方文化上所以有今天光辉灿烂，却正由于有破除这样固定藩篱的新教出现。新教在英文是 Protestantism，或称之为 Protestant Revolt，就是反抗的意思。西方文化所以有今日，亦正在容忍有反抗者。这是思想自由的基本条件。

凡此种种，我不想多说。我所要说的只是中国虽在这种短短不满五十年中，却居然在文化界思想界已经把文化人的头脑改变一下，养成了这种自由精神的习惯，不像以前只用于四书五经的教条之中。这一点却非常可以宝贵的。因此乃有了反复思考的能力，使思考能力在科学的精神中发展出来。这个自由胸怀的陶养是与科学同存在的。所以西方的哲学正是科学的助力，不是科学的障碍。中国自接受西方文化以来，为时虽然不太长，幸而对于这个精神却已植了一些根基。虽尚有待于将来的更发扬光大，却不能不说已经有了萌芽。为了将来发展科学计，为了中国在世界文化有所贡献计，这一些萌芽却是必须保全下去，千万摧残不得的。

著者静查中国知识分子最近的动态，发现除了一部分伪装的自由主义者在那里以自由为幌子，替反动派说话而外，却未尝没有另外一批人士，真心爱护自由，尤其是学术思想方面的自由。他们虽不作文章，然亦对于国事十二分忧心。他们确是对于将来的自由气氛未必能保全抱有忧虑，我们不能说这些人们和伪装自由主义者一样。

至于何以会使他们有此担忧，我却以为前进阵营中民主人士的言论与态度，不能不稍有责任。我个人所见到的范围虽然不太广，但我却有一个印象，似乎民主人士的言论中很少对于这一批非伪装的自由主义者采争取与联络的态度，总是动辄稍见有异议，即不问动机，一律加以驳斥。态度尤其是往往流于尖刻毒辣，尤其是对于"自由主义"一辞不加以分析与剖解，只是一味蒙头盖面，乱骂一阵。这样实在容易使人误会，以为民主人士没有容忍与宽大，亦就是不具有自由的胸怀的陶养的风度。我虽然并不承认民主人士是真正如此，但我仍愿以"有则改之，无则加勉"一语，来奉劝民主阵线的一班言论家。此事看来好像只关乎一部分人，固然今天所急的是在于大众，然而这一部分人的事，却与文化前途有关，并不能认为是一件小事。

我所要劝告的，还有那一些为民主人士所薰导的青年学生们。有人告诉我：现在各大学中的学生有一些已对课程所教的学科不感兴趣了，只是为了文凭，在那里敷衍了事。这些学生，平常只看上海书店，像生活书店、耕耘书店一类的出版的小册子，对于学校所开的各参考书认为不值一读。果有其事，确不是好现象。以前会有人告我：现在学生运动的主干人多是各大学内理工科的考试成绩优良的学生，这却是最可喜的事。这两个报告，一个是关于坏现象，一个是关于好现象，在我个人则以为可能都是事实。现在专就第一点来说，这真是与"自由教育"的原则相背。自由教育就是要养成人们的自由胸怀，使其对于各种不同的学说与主义都能彻底了解，然后自己做一番分析。由自己的反复思考能力，从独立自主的观点，加以选择，如此方能免于盲从。如果不接受这样的教育，便是自己把自己先封闭在一个宗派中，这是养成信仰，而不是造成学识。为了文化发展计，使青年们超于此路，是有害的。所以倘使确有这种现象，则对于真正爱自由的教授们引起了一种迷惑，亦未尝不是题中应有之义了。

话又说回来了，在我个人始终同意于上文所引的念慈君的话。专就政治经济方面来说，中国今后如要走上光明的路，当然必须有一个建国计划，把全社会都拉入于一个计划中，照着来发展。浪漫式的自由主义必须由超过而被否定，不过在文化方面却不然。文化方面却需要高度的自由，使各科学术与思想皆得自由发展。在表面上看，好像一个统一性的计划的社会必与自由发展的文化相格格不入，实则须知文化自由可列为计划社会中的一个项目，二者不是不相配合的。如果我们真能认定今天的中国还绝对无法走上严格的社会主义之路，只能依照国情，制定一个过渡时代的建国计划，这个过渡可能长到数十年至百年，这个计划又必须融合各方面，则我们便不会拿硬性的社会主义，尤其是苏联式的社会主义，强迫一切思想家都得严格驯守在其中。于是我们可以制定一个建国计划，在其中即以使文化发展到高度自由为一个项目。在这一个项目内，即在这一方面，把文化反而可推进较现在在反动政权下更有高度的自由。这不是办不到的事。古语云，事在人为，只看知识分子有无此种觉悟。关于政治方面单纯的自由主义已成过去，在文化方面却正须我们大大努力来保护这个已有萌芽的学术自由。我在《观察》上曾有一文，读者似可参阅，不再多说（《观察》四卷一期《政治上的自由主义与文化上的自由主义》）。

所以我本篇的目的，不仅在劝告民主言论家，不要无故惹起旁人的疑虑；劝告自命为前进的青年学生们，不要造成一种小胸襟的印象，令人见而生畏；而且乃尤在于劝告一些真正酷爱自由的学者即大学教授们：你们如果真视自由如生命，应该团结起来，用自己的力量保全已有自由的萌芽，开拓未来自由的田地，但千万不要以为反动势力可以保护你们所倚为生命的自由。这是缘木求鱼，亦是白昼见鬼。必须把这个梦想幻灭了，方有前途。否则便不是真正的自由主义者，而是上述的伪装自由主义。请大家挺起腰板来，不要有顾忌，用自己的力量，大家手牵着手，创造自己的前途吧！没有什么犹疑，没有什么危险！

老实说，我个人对于中国学术自由的前途不是悲观的，因为我始终相信人类的知识一经开放，便无法再退回到蒙蔽的状态。中国在这数十年中居然已养成这样的自由思想的风气，谁也无法再压倒下去。所以我们的任务还是如何把它发挥光大，总要比现在更自由些。对于自由风气的不能保全，却不必担忧。我个人在生活方面虽愿意在计划社会中做一个合乎计划的成员，但在思想方面却依然嗜自由不啻生命。所以今天爱自由的学者们如有觉悟，用自己的力量，不存依傍的心理，而要对于自由的保存与开拓有所尽力，区区小子愿为执鞭之士。

（载《观察》第 5 卷第 11 期，1948 年 9 月 26 日）

论政治斗争
（1948 年 10 月 10 日）

在拙书《理性与民主》上，我提出个人的私见，我不相信斗争是与人类文明相终始的，但我现在来讨论斗争，却亦十二分承认斗争是一个铁样的事实，斗争的由来是由于有个斗争的对象。人类社会所以不能连到理想境界，就是由于有人或一些人甘心作斗争的对象，来和全社会的福利挑战。

我们既承认斗争是一个不可免的事实，则我们便不得不同时讲究斗争的技术。本人以为在这方面似乎有一条最高原则，往往为人们所忽视。这条原则是：在一个斗争中，对象最好只限于一个。

换言之，即在某时某地，一个斗争中，千万不可把对象变为多个，这样便是敌多于友。须知敌多于友是由于轻易树敌，而轻易树敌却为斗争技术上所忌。所以在一个斗争未终了以前，千万不可把对象加多。倘有两个以上的对象，必定把力量分散了。这犹其次，最不好的是把目标弄糊涂了。所以在一个斗争上必须是友多于敌。怎样才会办到友多于敌呢？这便须把目标使其简单化，凡与对象有关的在可能范围内尽量争取过来，不认是对象。换言之，即是分化对象的连合。同时又是使真心的对象变为孤立，如此方易于打倒。但是我看见有些人因为感情太冲动的缘故，往往不能遵守这原则，以致本可引以为友的，反而推出来投之于敌。至于更坏的是以友为敌，那更不在话下了。这是太不讲求斗争的方法了。但这不仅是一个方法上的关系，并且于人们的心胸气度都有关系。

除了上述的一个基本原则以外，还有一个次要的原则是：

斗争不限于表示，有时沉默的力量大于多言。

古人云：夫人不言，言必有中。言而不中，在斗争中是一个表示上的失败。所以轻易发言在斗争上应引为戒律。第一，是容易减轻斗争的力量；第二，是容易使旁观者失去信心；第三，是使人容易窥见内中的虚实。所以并不是凡斗争皆必须以言语来表现，有时反而不说话会引起群众的向心力，多说话反而制造了离心力。

以上所说都是抽象的。我特别用抽象的话来谈，就是因为不愿用具体的例来说。因为具体的例可以俯拾皆是，但说出来反而于我的宗旨相背。所以我相信读者倘能读后加以思考，必亦会自己明白。

虽则区区这样的一段话，我自信是动机极诚恳，用意亦深远，敢奉劝今之从事斗争者，无论是坐而言的，抑或起而行的，都拿此作一个参考，便是我所切盼的了。

（载《国讯》第 1 卷第 1 期，1948 年 10 月 10 日）

论真革命与假革命
(1948 年 10 月 30 日)

现在来谈国事大家都会感到无话可说，尤其对我更觉困难。因此只想多谈谈双十，虽不能算谈国事，也只好少谈国事。

今年是三十七年。在这三十七年中每年都纪念双十，在今天来看，可以值得纪念的成分已经没有多少了，我想大家的感觉都会与我的感觉差不多，纪念只是一个形式而已。我们总希望将来有一个比双十更可值得纪念的日子。

纪念双十就是纪念辛亥革命。本来，一个国家的政治到了非革命不可的时候，也就只有革命这一条路，革清朝的命就是这样。不幸这个革命仅成了一个形式，并没有取得革命应有的成果。

今天，以双十为例来与诸位谈谈：何谓成功的革命与失败的革命。双十可以说是失败的革命，否则三十七年后不会还有今天的这个样子。历史上失败的革命很多，诸位读过历史当然比我清楚。自从政协失败之后才使我发生兴趣研究：何谓革命？成功的革命有什么条件，失败的革命又有什么条件？

我虽不敢居功说我是参加辛亥革命的分子，但在革清朝的命的潮流里也曾厕身其中。当时不知道成功与失败的革命的条件是什么，就只知道要革清朝的命。那时有了一些民主主义的书像卢梭的《民约论》等，对我影响很大，不过那个时候，我们不是说"民主"而是说"共和"。

辛亥那年八九月间我还在北京，一些主张革命的地下工作者一听说武汉革命，于是纷纷南下，我也坐船到了上海。到南方后，临时政府在南京成立，孙中山就任临时大总统，我还在内务部当了一名小官。当时我感到命是革了，这个国家从别人的手里拿到了我们的手里，但是不知怎样办好，就像突然将清华大学校长让给我当而我当不了一样。我看了一下周围的人都不像在做事情的，于是没有几个月我就走了，我认为自己贡献的道路不在这里，还有其他的地方。

南京临时政府解散后，大总统让给了袁世凯，临时政府的人每人拿着一张证明书就到北京去了。到后来袁世凯要做皇帝推翻共和，反对的我也是一个，不能说有功，但可以说在反袁一幕中对得起自己的良心。

再后来虽然仍有共和的帽子，实质已经没有了。到国民党北伐，我们都曾寄以莫大希望，希望能够从此由本质上来一个全盘的改革，不久这个希望就变成失望。首先看见了第一步是清共，第二步就是一党训政，从民主的眼光看来，一党训政是违反民主的。就这样一直到了今天的局面。

最早的大革命是法国，从革命开始到完全稳定也有近三十年的时间。中国的辛亥革命到现在已有三十七年，也算够长了，但从历史看这并不算长，我们也并不悲观。

三千年来的中国历史，换朝代也不知有几十次，如果这样的换朝代也算是革命的话，就在这三十多年中也革过几次了。袁世凯被革之后，张作霖、吴佩孚也不都被革了吗！国民党的革命与历史上的革命完全一样，吴稚晖先生就曾说过：革命就是你不好，打倒你，我来干。我看这是不对的，既然是革命就要拿得出来自己的一套，土地改革也罢，其他也罢，总要拿出来自己的一套本领，不能说革命就是"我要干"。在这样"打倒你，我来干"的政治中，民主是无从谈起的。

对于革命的认识，要打倒假革命才有真革命。革命就是要使中国走上一条崭新的路，决不是历史上任何的旧路。我对今后不能不有所希望，尤其希望于今天在座的青年。记得国民党北伐时，我在租界里遇见些欧美留学生与大学生，当时他们所谈的都是怎样找出路。后来他们个人的出路都有了，升官发财一样不缺。假定今天的青年不根据刚才的认识，只顾到自己的出路，那么对于怎样使中国摆脱旧的环境而根本上彻底改革，一点帮助也没有。要认识怎样是真革命，怎样是假革命，先有确实的认识，然后在新的环境里才有个人的出路。当初的那些青年，在外国学的是 democracy，回国后参加的是一党专政，个人固然不但是有了出路而且飞黄腾达了，但对于真的革命又有何益呢！

完全使中国走上新的道路，每一个人都有责任。以后要是有革命，就必须是成功的革命，不是换朝代，一个皇帝打倒另一个皇帝；是人民自己的翻身，不是少数集团控制大多数人民。老百姓实在已经经不起换朝代式的革命，一次又一次，死的人愈来愈多。用句套语来说，以后的革命是"只许成功，不许失败"。

刚才说过少谈国事，具体的也不必说了，我想诸位也一定能不言而喻。

每个人都要对这局面负一部分责任，这个责任是与能力成比例的。所谓负责任是要有能力能够办得到，不是光说我负责我负责而一点能力都没有，这样不是负责任而是包而不办。一方面要有决心，一方面要培植自己的能力，光说话是不中用的。医生是对大众的健康负责，但他首先要懂得医学，就是说不是一腔热血就够，还得要有能力，这个能力要与整个潮流配合，才可无愧。

今天，所有的青年都有责任。历史上的革命都是失败的，我们要使整个历史翻过来，在这个过程中每个人都得站在自己的岗位上，用自己的能力负起自己的责任。（文琪记录，未经东荪先生阅过，文责由记录者负之。）

（原题《双十谈国事》，载《展望》第 2 卷第 24 号，1948 年 10 月 30 日）

张东荪年谱简编

1886 年（光绪十二年　丙戌）　出生

1886 年 12 月 9 日（光绪丙戌十一月十四日），张上禾第四子张东荪出生。张东荪，原名张万田，字圣心，是张家"田"字辈。"东荪"是后来他自己取的名字，意为：东甫公的孙子，表示对祖父为人与功业的敬仰。

1893 年（光绪十九年　癸巳）　7 岁

1 月 25 日，张东荪母亲陈氏不幸病逝，张上禾带着长子张尔田和张东荪从北方扶棺南下回籍，葬陈氏于浙江丁家山祖坟。张东荪承继家学，自幼受到诗词歌赋方面的严格训练，在书法、吟诗、填词、作赋等方面均打下了坚实的基础。

1902 年（光绪二十八年　壬寅）　16 岁

张东荪在《思想与社会》序论中说："著者有哲学兴趣是在十六岁的时候。当时读得佛书《大乘起信论》与《楞严经》，不禁手舞足蹈。"其所称 16 岁，当为 1902 年前后。

1904 年（光绪三十年　甲辰）　18 岁

张东荪研读佛学经典后，逐渐对哲学产生了兴趣，这与其萌发了"非窥探宇宙的秘密，万物的根元不可"的疑心妄想有关。

1905 年（光绪三十一年　乙巳）　19 岁

张东荪与蓝公武一起官派留学日本，同住于东京本乡丸山新町三十七番地，入东京帝国大学哲学科学习。他学习西方的自然科学和西方哲学方面的知识，开始了思想的巨大转变。

1906 年（光绪三十二年　丙午）　20 岁

10 月 15 日，张东荪与蓝公武、冯世德以"爱智会"名义，在日本东京创办了《教育》杂志。他在创刊号上发表了《心理学悬记》（与蓝公武合译）、《催眠心理学》（与蓝公武合编）、《杭州佛教公所》，并节译了达尔文的《物种由来》。

11 月 15 日，张东荪等人创办的《教育》杂志第 2 号出版发行。张东荪在该号发表《真理篇》。

1911 年（宣统三年　辛亥）　25 岁

是年春，张东荪与其他留学生从日本学成回国，在北京太和殿面见宣统皇帝，进行殿试，被清廷授予翰林。

5 月，张东荪在《东方杂志》第 8 卷第 4 号上发表了第一篇政论性文章——《论现今国民道德堕落之原因及其救治法》。

10 月，武昌起义爆发后，张东荪从北京乘船先到上海，经苏州到达南京，参加了南京临时政府，担任内务部秘书。

1912 年（民国元年　壬子）　26 岁

4 月，南京临时政府北迁时，张东荪辞去内务部秘书，没有赴北京参加袁世凯政府，而是选择办报。他先到上海任《大共和日报》编辑，后为梁启超在天津主办的《庸言》撰稿，以评议政治的方式活跃于民初政治舞台。

1913 年（民国二年　癸丑）　27 岁

年初，张东荪回故里省亲，与苏州吴氏绍鸿结婚。此后，他除了有时在苏州居住外，基本上定居上海。

2 月 16 日，张东荪在《庸言》第 1 卷第 6 号上发表《国会性质之疑问》，对国会性质作了考察，提出了自己的意见。后又发表《国会选举法之商榷》，对当时国民党人在国会性质问题上的见解提出了批评。

5 月 1 日，张东荪在《庸言》第 1 卷第 11 号上发表《论统治权总揽之有无》，坚持内阁制，反对总统制。

5月16日，张东荪在《庸言》第1卷第12号上发表《余之民权观》，从名学的观察、历史的观察、社会学的观察和法理学的观察四个方面阐述"民权"含义。

7月1日，张东荪在《庸言》第1卷第15号上发表《论普通裁判制度与行政裁判制度》和《余之孔教观》两文。

7月16日，张东荪在《庸言》第1卷第16号上发表《中国之社会问题》和《财政与道德》两文。

8月1日，张东荪在《庸言》第1卷第17号上发表《乱后之经营》，对袁世凯统治表示强烈不满，并提出了严厉的批评和忠告。

8月16日，张东荪在《庸言》第1卷第18号上发表《关税救国论》，提出"关税救国"的主张。

9月1日，张东荪在《庸言》第1卷第19号上发表《内阁制之精神》，主张中国宜实行内阁制。

9月16日，张东荪在《庸言》第1卷第20号上发表《国民之声》和《中华民国宪法草案略评》两文。

11月1日，张东荪在《庸言》第1卷第23号上发表《司法问题与教育问题》。

11月16日，张东荪在《庸言》第1卷第24号上发表《法治国论》和《对抗论之价值》两文。

1914年（民国三年　甲寅）　28岁

1月15日，张东荪与谷钟秀等人在上海创办《正谊》杂志（月刊），并在《正谊》第1卷第1号、第2号上连载了长文《内阁论》，公开主张中国应该实行内阁制。

3月15日，张东荪在《正谊》第1卷第3号上发表《中国共和制度之最后裁判》，对袁世凯假共和之名、行专制之实的做法进行了揭露和批评。

4月15日，张东荪在《正谊》第1卷第4号上发表《读章秋桐"政本"论》和《政治革命与社会革命》两文，产生了分社会与政治为二，努力发达社会组织的思想。

4月16日，张东荪与丁佛言在北京创办《中华杂志》，并先后发表了《国民性与立法》、《美国宪法会议之大教训》、《公法私法之区别与行政法》等文章，鼓吹法治国论。

5月，张东荪从上海到北京会晤丁佛言等人，交换了对政局的意见。

7月16日，张东荪在《中华杂志》第1卷第7号上发表《地方制之终极观》。

9月1日，张东荪在《中华杂志》第1卷第8号上发表《昵敌与第三者之责任》。

9月15日，张东荪在《正谊》第1卷第5号上发表《予之联邦组织论》。

12月15日，张东荪在《正谊》第1卷第6号上发表《复辟论之评判》。

年底，张东荪撰《吊美国乾母斯博士》："西风噩信惊残梦，孤烛零篇系吊思。千载是非今日定，百年辛苦几人知。伤心江海苍茫处，刻意人天寂寞时。帝网重重生世泪，中原犹赋大哀诗。"

1915年（民国四年　乙卯）　29岁

2月15日，张东荪在《正谊》第1卷第7号上发表《根本救国论》和《中国之将来与近世文明国立国之原则》两文。

4月15日、6月15日，张东荪在《正谊》第1卷第8、第9号上连载了长文《吾人之统一的主张》，对民国以来自己的政治主张作了全面梳理，系统阐述了自己对于中国政治、经济、社会和教育等方面问题的主张。

5月10日，张东荪在《甲寅》第1卷第5号上发表《制治根本论》，对"多数政治"作了解释。

6月10日，张东荪在《甲寅》第1卷第6号上发表《行政与政治》。

9月，袁世凯授意其美国顾问古德诺发表《共和与君主论》，为袁世凯复辟帝制大造舆论。张东荪撰写《对于古博士国体论之质疑》，对古德诺的谬论进行驳斥。

10月1日，张东荪与汪馥炎、李剑农等人在上海创办《新中华》，以"圣心"为笔名先后发表《联邦立国论》、《联邦之性质及其精神》、《联邦制度与宪法制定》、《具体之省制论》等文，并翻译了《耶律芮克联邦之公权论》、《美利坚各邦之宪法及精神》等文，讨论中国实行联邦制的诸多问题。

10月10日，张东荪在《甲寅》第1卷第10号上发表《吾人理想之制度与联邦》，明确表示中央实行内阁制，地方实行联邦制，分权自治，以防中央行政之专横。

11 月 6 日，张东荪在《中华新报》上发表《对于四国干涉之感言》。张东荪参与创办《中华新报》并担任主要撰稿人。

12 月 18 日，梁启超从天津南下到上海，住在上海静安寺，与在上海的蓝公武、黄溯初、吴贯因、黄炎培、张东荪等人积极策划倒袁活动。

1916 年（民国五年　丙辰）　30 岁

1 月 14 日，张东荪在《中华新报》上发表《共和军之真精神》一文，公开为武力反袁辩护。

1 月，张东荪在《新中华》第 1 卷第 4 期上发表《国本》，最早提出贤人政治主张。

2 月 7 日，张东荪在《中华新报》上发表《为今之所谓联邦制者进一解》，反对地方实力派借联邦制搞军阀割据。

3 月 4 日，梁启超与蓝公武等人离沪赴广西，张东荪继续留在上海进行舆论倒袁工作。

4 月，张东荪在《新中华》第 1 卷第 5 期上发表《善后建设论》。

6 月，张东荪在《新中华》第 1 卷第 6 期上发表《今后之政运观——一名守法与让德》。

1917 年（民国六年　丁巳）　31 岁

是年初，张东荪正式接替张君劢任《时事新报》主笔，亲自主持"论说"栏和"时评"栏，对国内外重大事件进行评述。

11 月 15 日，张东荪在《东方杂志》第 14 卷第 11 号上发表长达 3 万多字的《贤人政治》，进一步阐述了"贤人政治"的政治主张。他对"议会政治"的修正和补救，到 1930 年代便发展为所谓"修正的民主政治"。

1918 年（民国七年　戊午）　32 岁

1 月 1 日，张东荪翻译的柏格森著《创化论》在上海《时事新报》上连载三个月之久，在思想文化界产生重大影响。

3 月 4 日，为了更广泛地介绍新学说，指导和反映文化教育界情况，张东荪创办了《时事新报》副刊《学灯》，致力于宣传新思潮。他在《学灯》创刊号上发表《学灯宣言》，阐述创办《学灯》的缘由。

是年秋，张东荪与梁启超、蒋百里、张君劢等人发起成立学术团体——新学会。其宗旨是从学术思想上谋根本的改造，以为新中国的基础。

12 月 26 日，梁启超游欧前在上海与张东荪等人会晤，商讨今后努力方向。

1919 年（民国八年　己未）　33 岁

1 月 15 日，张东荪在《时事新报》上发表《世界共同之一问题》，讨论防治"过激主义"在中国传播问题。

9 月 1 日，张东荪与俞颂华等人以"新学会"的名义在上海创办了《解放与改造》杂志。

10 月 1 日，张东荪在《时事新报》上发表《突变与潜变》，批评章士钊的新旧思想调和论。

10 月 12 日，张东荪在《时事新报》上发表《答章行严君》，继续批评章士钊的调和论。

12 月 1 日，张东荪在《解放与改造》第 1 卷第 7 号上发表《我们为什么要讲社会主义》。他在这篇长篇对话体文章中，较全面地阐述了他所介绍的社会主义的内容。

1920 年（民国九年　庚申）　34 岁

3 月 5 日，梁启超等人从法国回到上海，与张东荪等人进行了多次商谈。

3 月，张东荪在《解放与改造》第 2 卷第 5 号上发表《改造要全体谐和》，集中阐发自己的渐进改良主张。

4 月 15 日，张东荪在《解放与改造》第 2 卷第 8 号上发表《科学的平民化与学校的工厂化》。

4 月，张东荪与梁启超等人在北京成立共学社，并积极参与了共学社的组织活动。

4、5 月间，张东荪参加了维经斯基和陈独秀召集的建立上海共产主义小组的秘密聚会，后退出。

9 月 1 日，梁启超与张东荪等人将《解放与改造》从第 3 卷第 1 号开始易名为《改造》，由蒋百里负责主编。

9 月，张东荪与梁启超等人发起成立讲学社，并代理中国公学校长。

10月4日，英国著名哲学家罗素应讲学社的邀请来华演讲，张东荪负责接待。

10月中下旬，张东荪陪同罗素先后在杭州、南京、长沙等地讲演。

11月6日，张东荪回到上海后在《时事新报》上发表时评《由内地旅行而得之又一教训》，引发了一场社会主义论战。

12月1日，张东荪在《新青年》第8卷第4号上发表《答高践四书》、《长期的忍耐》、《再答颂华兄》、《我们与他们》等文。

12月15日，张东荪在《改造》第3卷第4号上发表长文《现在与将来》，系统地论述了自己的总观点：用资本主义发展中国实业。

1921年（民国十年　辛酉）　35岁

2月15日，张东荪在《民铎》第2卷第5期发表《论精神分析》一文，向中国知识界介绍弗洛伊德的精神分析理论。同日他在《改造》第3卷第6号上发表《一个申说》，形成了关于社会主义的见解。

9月，张东荪创办《时事新报》副刊《社会主义研究》，将鼓吹基尔特社会主义的同人集合起来，公开打出了"基尔特社会主义"的旗帜。

12月1日，张东荪在《民铎》第3卷第1期上发表《柏格森哲学与罗素的批评》，批评罗素对柏格森的批评，进一步介绍西方非理性主义思潮。

1922年（民国十一年　壬戌）　36岁

1月6日，张东荪在《时事新报·社会主义研究》第12号上发表《社会改造与政治的势力——答新凯君》，继续从理论上讨论英国基尔特社会主义问题。

3月19日，张东荪在《时事新报》副刊《学灯》上发表《读〈东西文化及其哲学〉》，系统阐发了自己对中西文化的看法。

4月10日，张东荪在《时事新报》上发表《对于中国共产派及其反对者的忠告》。

6月23日，张东荪在《时事新报》副刊《学灯》上发表《思想问题》，对"五四"以来的中西文化观进行思考。

9月10日，张东荪在《东方杂志》第19卷第17号上发表《新实在论的论理主义》，开始向中国思想界系统介绍新实在论。

1923 年（民国十二年　癸亥）　37 岁

1 月 10 日，张东荪在《东方杂志》第 20 卷第 1 号上发表《这是甲——我对哲学上的一个愚见》，表明张东荪已经不满足于一般性的介绍及评述西方哲学，而是力图阐发自己对于哲学问题的看法。

2 月，张东荪在《教育杂志》第 15 卷第 4 号上发表《知识之本性》，作为《这是甲》的姊妹篇，进一步讨论认识问题，同时在《东方杂志》第 20 卷第 3 号发表《批导的实在论》，对美国新兴起的批判实在论进行评价。

6 月 9 日，张东荪在《时事新报》副刊《学灯》上发表《劳而无功》。

6 月 25 日，张东荪在《东方杂志》第 20 卷第 12 号上发表《谁能救中国》，公开声称救中国者唯有培养知识阶级不怕死的壮烈精神。

8 月，张东荪在《东方杂志》第 20 卷第 15、第 16 号上连载长文《唯用论在现代哲学上的真正地位》。

1924 年（民国十三年　甲子）　38 岁

1 月 10 日，张东荪在《东方杂志》第 21 卷第 1 号上发表《中国政制问题》，站在局外人立场上评议中国宪政，怀疑西方代议制的价值。

是年春，张东荪辞去《时事新报》总主笔，第二次主持中国公学。

10 月 12 日，张东荪在《时事新报》副刊《学灯》发表为张君劢《国内战争六讲》所写的《跋》。

是年秋，江浙战争爆发，浙军占用中国公学吴淞校舍，高中遂停办一年。战争结束后，张东荪积极推动公学的各项工作。

1925 年（民国十四年　乙丑）　39 岁

3 月 25 日，张东荪在《东方杂志》第 22 卷第 6 号上发表《联邦论辩》，解释自己将注意力由政治转移到思想文化方面的原因。

5 月 10 日，张东荪在《东方杂志》第 22 卷第 9、第 10 号上连载长文《席勒唯用派哲学之自由论按语》。

6 月 27 日，张东荪在北京《晨报》上发表《甘地动机与马克思动机》。

9 月 25 日，张东荪在《东方杂志》第 22 卷第 18 号上发表《出世思想与西洋哲学》。

1926 年（民国十五年　丙寅）　40 岁

1 月 10 日，张东荪在《东方杂志》第 23 卷第 1 号上发表《初学哲学之一参考》阐述了自己的中西文化观："要起中国的沉疴非彻底输入西方文化不可。所谓输入西方文化自然是指科学而言，然而输入科学却非先改变做人的态度不为功。所以输入科学而求其彻底，则非把科学的祖宗充分输入不可。科学的祖宗非他，西洋哲学便是。"

2 月 10 日，张东荪在《东方杂志》第 23 卷第 3 号上发表《由自利的我到自制的我》，提出了化欲主义的人生观。

8 月 10 日，张东荪在《东方杂志》第 23 卷第 15 号上发表《兽性问题》。

12 月 25 日，张东荪在《东方杂志》第 23 卷第 24 号上发表《西方文明与中国》，集中阐述了其对中西文化的看法。

1927 年（民国十六年　丁卯）　41 岁

2 月 10 日，张东荪在《东方杂志》第 24 卷第 3 号上发表《名相与条理——唯理派思想之来历及其分析》一文，通过介绍西方理性主义，讨论共相和因果问题，在认识论上初步形成了"主客交互作用说"。

4 月 30 日，张东荪与瞿世英（菊农）、黄子通、林宰平在北京创办《哲学评论》，并在创刊号上发表长文《因果律与数理》。

4 月，北伐军进占上海，张东荪受到通缉，被迫逃到外国租界中躲避。他主持的中国公学被国民党接收，《时事新报》通过改组也脱离了研究系控制；国立政治大学被解散。

11 月 6 日，张东荪撰完《新创化论》，该文刊载于 1928 年 1 月 10 日出版的《东方杂志》第 25 卷第 1 号上。

1928 年（民国十七年　戊辰）　42 岁

4 月 10 日、25 日，张东荪在《东方杂志》第 25 卷第 7、第 8 号上连载《宇宙观与人生观——我所献议的一种》，系统阐述了"新哲学"体系。

6 月 30 日，张东荪主持《哲学评论》第一个专号《休谟专号》，并发表《休谟哲学与近代思潮》一文。

是年夏，张东荪为徐蔚南主编、由世界书局出版的"ABC 丛书"撰写了四部介绍西方哲学的著作：《人生观 ABC》、《精神分析学 ABC》、《哲学 ABC》和《西洋哲学史 ABC》。

7月，张东荪在世界书局出版了《人生观 ABC》，继续阐述《由自利的我到自制的我》、《兽性问题》等文中提出的"主智的创造的化欲的"人生观。

1929 年（民国十八年　己巳）　43 岁

1月19日，梁启超在北平协和医院逝世。上海知识界在静安寺为梁启超举行公祭，张东荪、张孟劬兄弟前往祭奠并撰挽联："本方寸间不容已愿轮，为先哲后续千灯，学通中外古今，言满天下，智过于师，万口争传大王路。是历史上有关系人物，更升平津平张三世，身阅坏空成住，知惟春秋，罪惟春秋，泣尽心血，一生肯作宁馨儿。"

年初，张东荪撰《哲学 ABC》由世界书局出版，系统阐述其"架构主义"宇宙观。

5月，张东荪撰《精神分析学 ABC》由世界书局出版。

8月，张东荪集其十余年对于西方哲学介绍和研究过程中所著的论文而编成《新哲学论丛》，由商务印书馆出版。

1930 年（民国十九年　庚午）　44 岁

3月，张东荪在《哲学评论》第3卷第2号上发表《将来之哲学》，对哲学的生存问题进行探讨，批评胡适提出的哲学消灭论。

是年秋，张东荪应燕京大学校长司徒雷登之邀，赴北平就任燕京大学哲学系教授，兄长张尔田同时受聘于该校，教授中国历史。

11月20日，张东荪在《哲学月刊》第3卷第1号上发表《哲学不是什么》，批评胡适因推崇科学而提出的"取消哲学"的意见。

12月，张东荪在《大公报·社会科学》专栏发表《哲学与科学》，继续阐述哲学与科学的关系，捍卫"纯粹哲学"的生存。

1931 年（民国二十年　辛未）　45 岁

1月，张东荪以层创进化论为指导，综合和折衷西方各种伦理学流派，对道德现象和道德问题进行了系统探讨，撰写了《道德哲学》一书，由上海中华书局出版，形成了独特的道德哲学体系。

5月，张东荪将《哲学 ABC》与《西洋哲学史 ABC》两书合并，并且加以增补，著成《哲学》一书，由世界书局出版。

是年夏，张东荪将自己在燕京大学讲授伦理学的讲义底稿整理成

《伦理学纲要》。

9 月 18 日，张东荪在《大公报》副刊《现代思潮》上发表《我亦谈谈辩证法的唯物论》，揭开了 20 世纪 30 年代唯物辩证法论战的序幕。

10 月，张东荪与张君劢发起筹备"再生社"，重新关注现实政治，积极主张抗日救亡，反对国民党的独裁统治。

10 月 16 日，张东荪在《大公报》副刊《现代思潮》上发表《全国动员与学哲学的人们》。

12 月，张东荪在《哲学评论》第 4 卷第 2、第 3、第 4 期上发表《条理范畴与设准》一文，初步提出了"多元认识论"观点。

1932 年（民国二十一年　壬申）　46 岁

4 月 16 日，张东荪和张君劢等人在北平北海内的松坡图书馆秘密集会，发起成立再生社。

5 月 20 日，张东荪与张君劢等人在北平创办了《再生》杂志。张东荪在创刊号上，发表了自己执笔起草并经张君劢、胡石青等人讨论审定的国家社会党政治宣言《我们所要说的话》，全面阐述了"修正的民主政治"主张。

6 月 20 日，张东荪在《再生》第 1 卷第 2 期上发表《生产计划与生产动员》，除了对唯物史观进行批评外，着重对国民党一党专政理论进行抨击。

7 月 20 日，张东荪在《再生》第 1 卷第 3 期上发表《党的问题》，对国民党内外政策进行抨击。

8 月 20 日，张东荪在《再生》第 1 卷第 4 期上发表《阶级问题》，集中阐述了批评马克思主义阶级和阶级斗争、无产阶级专政理论的观点。

9 月，张东荪在青年会所设的读书互助会演讲会上演讲《辩证法的各种问题》，继续批评唯物辩证法。他将《条理范畴与设准》一文加以修改补充，以《认识论的多元论》为名在《大陆杂志》第 1 卷第 3、第 4、第 5 期上发表，公开提出了"认识论的多元主义"。

10 月 20 日，张东荪在《再生》第 1 卷第 6 期上发表《为国家计与为国民党计》，解释严厉批评国民党的原因。

11 月 20 日，张东荪在《再生》第 1 卷第 7 期上发表《民主与专政是不相容的么》，讨论民主与专政的关系问题。

12 月 20 日，张东荪在《再生》第 1 卷第 8 期上发表《国民无罪——评国民党内的宪政论》，继续揭露国民党训政理论的虚伪性。

1933 年（民国二十二年　癸酉）　47 岁

1 月 20 日，张东荪与孙宝刚在《再生》第 1 卷第 9 期上发表《民主与专制的讨论》。

2 月 20 日，张东荪在《再生》第 1 卷第 10 期上发表《中性子的发见是否有助于唯物论》。

3 月 20 日，张东荪在《再生》第 1 卷第 11 期上发表《教训》一文，对国民党统治进行批驳。

6 月 20 日，张东荪在《再生》第 2 卷第 2 期上发表《讨论道德根本问题答素痴先生》。

9 月 25 日，张东荪在《新中华》第 1 卷第 18 号上发表《动的逻辑是可能的么》，进一步从逻辑学角度攻击辩证法。

12 月 5 日，张东荪在《正风》半月刊第 1 卷第 2 号发表《关于名学之性质》。

1934 年（民国二十三年　甲戌）　48 岁

5 月，张东荪在《光华大学半月刊》第 2 卷第 7 号上发表《哲学是有党派的么》，坚决反对哲学的党派性，认为学术上的争论只是"竞"而不争，与党争迥然不同，故哲学是不能有党派的。

6 月 25 日，张东荪撰写 3 万多字的长文《唯物辩证法之总检讨》，对唯物辩证法进行全面批驳。

6 月 29 日，张东荪撰写《唯物辩证法论战·弁言》，说明主持编辑《唯物辩证法论战》一书的情况。

6 月，张东荪在《新中华》第 2 卷第 10 期、第 11 期连载了《思想的论坛上几个时髦问题》，对《动的逻辑是可能的么》一文中的观点展开论述。

7 月，张东荪、张君劢等人在天津召开国家社会党第一次全国代表大会。会议通过了政纲、党章，并选举张君劢、张东荪、胡石青等 11 人为中央总务委员会委员，张君劢兼总秘书并主持中央日常工作。

9 月，张东荪将阐述"多元认识论"主张的代表作《认识论》，收录在《哲学丛书》由世界书局出版，正式形成了"多元认识论"。

10 月，张东荪主编的《唯物辩证法论战》由北平民友书局出版，将唯物辩证法论战推向了高潮。

12月，张东荪应光华大学的邀请，撰写《十年来之哲学界》，对欧美哲学界的情况及最新哲学著作作了介绍和评述。

1935 年（民国二十四年　乙亥）　49 岁

1月10日，张东荪在《正风》半月刊第1卷第2期上发表《现代的中国怎样要孔子》（原题为《从孔子说到中西文化之异同并论民族复兴之途径》），较系统地申明并阐述了他对中西文化问题的主张。

4月13日，中国哲学会首届哲学年会在北京大学开幕。张东荪在首届年会上宣读《从我们所谓哲学看唯物辩证法》一文。

是年暑假，张东荪学术休假期间南下广东，担任广州学海书院院长。张东荪主持学海书院不到半年便辞院长一职拂袖而去，重返燕京大学教书。

是年夏，张东荪与熊十力通信，主要讨论中西学问的路向问题。

7月17日，张东荪为詹文浒编《认识的多元论及其批评》写跋，重点解释自己的"多元认识论"是否是唯心论的问题。

10月10日，张东荪在北平创办《文哲月刊》，并在创刊号上发表《发刊词》。

11月，张东荪在《自由评论》第1期上发表《结束训政与开放党禁》，公开反对国民党实行假宪政。

1936 年（民国二十五年　丙子）　50 岁

2月7日，张东荪在《自由评论》第10期上发表了《评共产党宣言并论全国大合作》，响应中共的《八一宣言》。

4月1日，张东荪在《东方杂志》第33卷第7号上发表了《从中国言语构造上看中国哲学》一文，开始从言语结构方面"指出中国哲学的特性"，"说明中国思想的特性"，表明他开始从知识社会学角度研究知识问题，比较中西思想差异。

4月4—5日，中国哲学会第二届年会在北京大学第二院举行。张东荪原拟提交《中国语言对于中国哲学之影响》一文，表明张氏开始从考察言语结构方面"指出中国哲学的特性"。

4月13日，刘少奇化名"陶尚行"，给张东荪写了一封长信，阐述中共抗日救国主张。张东荪将刘少奇的信冠以《关于共产党的一封信》

的题目发表在《自由评论》第 22 期上。

4 月，张东荪在《自由评论》第 19 期上发表《我亦谈谈梁任公辛亥以前的政论》。

5 月 17 日，张东荪在病中撰写了《从教育的意义上欢迎共产党的转向》，批评刘少奇对中共政策转向的否认和辩护。该文刊载于《再生》第 10、第 11 期合刊。

6 月，张东荪在《自由评论》第 28 期上发表了《关于陶许两封信的感想》，继续阐述中共政策转向对中国政局的影响。

7 月，中国国家社会党在上海举行第二次全国代表大会，张东荪、张君劢等人为中央总务委员，张君劢继续担任中央总务委员会委员兼总秘书，负责处理党务。

8 月，张东荪在《自由评论》第 35、第 36 期上发表《我对于哲学与政治之关系的意见》，阐述了自己对政治与哲学关系的意见，将"干政治"与"议政治"作了区分。

10 月 1 日，张东荪在《东方杂志》第 33 卷第 19 号上发表《多元认识论重述》。

1937 年（民国二十六年　丁丑）　51 岁

1 月 20 日，张东荪在《文哲月刊》第 1 卷第 10 期发表《思想自由问题》。

1 月 24 日，张东荪在中国哲学会第三届年会上宣读论文《哲学究竟是什么》，并被选为中国哲学会第二届理事会理事、第二届编辑委员会委员。该文作于 1936 年 11 月 25 日，刊载于《东方杂志》第 34 卷第 1 号。

1 月，张东荪将经过修改的《多元认识论重述》收入《张菊生先生七十生日纪念论文集》中出版。

是年春，张东荪、何其巩及中共地下党员张德懋（张靖）等人组织了一个主要由平津进步、爱国教授和青年学生参加的"北方救国会"。

7 月 5 日，彭泽湘回到北平，将毛泽东的信函转交给张东荪。北平地下党派王定南（又名王伯高）负责与张东荪进行秘密联系。

1938 年（民国二十七年　戊寅）　52 岁

1 月，张东荪撰成《思想言语与文化》一文，后在《社会学界》第

10 期上发表。

3 月底,张君劢、张东荪、胡石青、罗隆基、梁实秋等国社党代表被聘为国民参政会第一届参政员。

5 月,张东荪与叶笃义等人秘密离开北平南下汉口,参加首届国民参政会。

是年夏,张东荪在武汉与周恩来、董必武等中共领导人就抗日问题进行会谈,并在汉口会见了刚从国民党监狱中释放的陈独秀。

7 月 6—15 日,第一届国民参政会第一次会议在汉口召开,张东荪与张君劢等人代表国社党出席了会议。

8 月,张东荪绕道桂林、香港,然后乘船北上,于 8 月底回燕京大学任教,从事秘密抗日活动。

1939 年(民国二十八年 己卯) 53 岁

7 月,张东荪撰成《不同的逻辑与文化并论中国理学》一文,随后在《燕京学报》第 26 期上发表。

8 月 1 日,张东荪撰写《士的使命与理学》,阐述中国传统"士"阶级与专制政治的关系,肯定理学的价值。该文后来刊载于 1946 年 11 月 23 日出版的《观察》第 1 卷第 13 期。

是年,张东荪联络知识界爱国师生,与北平中共地下党联系,做了许多有利于抗日的工作。

1940 年(民国二十九年 庚辰) 54 岁

4 月,张东荪撰成《知识与文化》一书。该书始作于 1937 年左右,成书于 1940 年 4 月,定稿于 1941 年 10 月。他除了将其托人送到大后方联系出版外,还专门抄录了一份,作为讲义继续在燕京大学对学生讲授。

1941 年(民国三十年 辛巳) 55 岁

年初,日美关系逐步恶化,司徒雷登召集张东荪等五位教授代表,开会商讨学校应付事宜。

9 月,张东荪与汤芗铭等人在北海白塔菩提学会开会追悼胡石青先生。

10 月 17 日,张东荪撰完《朱子的形而上学》后自题《自识》。该文发表于 1945 年初出版的《中大学报》第 3 卷第 1、第 2 期合刊。

12 月 8 日，日本宪兵包围并解散了燕京大学，逮捕了张东荪及林嘉通、陆志韦、赵紫宸、洪煨莲、邓之诚等有抗日嫌疑的燕京教授。

1942 年（民国三十一年　壬午）　56 岁

1 月 10 日，日本宪兵将被捕的部分燕京大学师生无罪开释，但张东荪与林嘉通、陆志韦、赵紫宸、洪煨莲、邓之诚等 11 位燕京大学教授作为重犯仍然受到关押审讯。

2 月 10 日，张东荪及林嘉通、陆志韦、赵紫宸、邓之诚等 11 人被移到炮局胡同陆军监狱，接受日本军事法庭的候审。

4 月 1 日，日本宪兵将张东荪等人从每人单独囚禁改为 2 人或 3 人一室。张东荪在狱中曾自杀四次而未遂，并与日本看守撕打，不屈服日寇的淫威。

6 月 18 日，日本宪兵司令部组织所谓军事法庭，对张东荪等 6 人进行“审判”。张东荪被判一年半徒刑，缓期三年。张东荪在写了一份保证书后，由夫人吴绍鸿女士暂时作保，接回家中。

1943 年（民国三十二年　癸未）　57 岁

是年春，张东荪撰写完成《思想与社会》，并抄录多套以备不测。

7 月 20 日，张君劢为张东荪《思想与社会》作序，并将其纳入《东西文化丛书》，由重庆商务印书馆于 1946 年 3 月正式出版。

1944 年（民国三十三年　甲申）　58 岁

是年初，张东荪派叶笃义由北平秘密赴重庆，并将《思想与社会》（手稿）交给叶笃义带到重庆，之后开始撰写《理性与民主》，通过比较中西文化以探索中国的出路。

是年春，中共改派殷之铖负责与张东荪联系。

9 月，中国民主政团同盟在重庆召开会议，将名称改为中国民主同盟，张东荪被选为中央常委，负责组织和领导民盟华北总支部。

12 月，叶笃义从重庆秘密返回北平，向张东荪介绍了大后方的情况，并传达了民盟会议的决定。张东荪与叶笃义等人秘密筹备民盟华北总支部。

1945 年（民国三十四年　乙酉）　59 岁

1 月，张尔田因病逝世，张东荪为其操办后事并将其葬于西郊万安公墓。

年初，张东荪在北平成立民盟华北总支部。

9 月 1 日，张东荪在北平创办《正报》，作为自己的舆论喉舌。

9 月 12 日，张东荪在《正报》上发表《国民大会与联合政府》，赞同成立联合政府，希望国共双方通过和平谈判解决争端。

10 月 1 日，燕京大学在北平正式复校，张东荪继续担任燕京大学哲学系教授。

10 月 18 至 11 月 1 日，张东荪在《正报》上连载《一个提供大家参考的建国方案》，继续并发展了 20 世纪 30 年代"修正的民主政治"的主张。

11 月 25 日，张东荪向燕京大学请假，赴重庆参加政协会议，住在上清寺特园鲜英家，也就是当时的民盟总部所在地。

12 月，民盟秘书长左舜生辞职，张东荪被推举为民盟秘书长。

12 月 26 日，马歇尔邀晤民盟代表张东荪、沈钧儒、梁漱溟、章伯钧、罗隆基等，并晤军政部次长俞大维。

1946 年（民国三十五年　丙戌）　60 岁

1 月 10 日，全国各界瞩目的政协会议在重庆国民政府礼堂正式举行，张东荪作为民盟代表参加。

1 月 16 日晚，政协军事问题达成协议后，张东荪与郭沫若在沧白堂政协会议讲演会场报告政协会议情况时，受到国民党特务的捣乱，张东荪拍案而起，怒斥国民党特务的无耻行径。

1 月 21 日，政治协商会议宪法草案分组开始会议。蒋介石特别设宴款待张君劢、张东荪。

1 月 22 日，政治协商会议会期延长三日。张群、吴铁城设宴款待张君劢、张东荪。

2 月中旬，张东荪从重庆回到北平，继续在燕京大学哲学系任教。民盟秘书长改由梁漱溟接任。

3 月 10 日，张东荪撰写《理性与民主》后序，介绍撰写该书经过及结论。该书由商务印书馆于 1946 年 5 月出版。

4 月 13 日，张东荪与张澜、沈钧儒、梁漱溟、张君劢等 15 人联名致电中共中央，悼念"四八"烈士。

5月，张东荪在天津青年会作了题为《一个中间性的政治路线》的演讲，正式提出了"中间性的政治路线"的主张。他将这样的政治制度的要点归纳为："在政治方面比较上多采取英美式的自由主义与民主主义，同时在经济方面比较上多采取苏联式的计划经济与社会主义。"

6月，张东荪撰写《美国对华政策与中国应有之反应》，发表于《再生》杂志第124期。

7月，民盟北平市委孙中原被国民党特务绑架，张东荪作为民盟华北总支部负责人向北平治安当局提出抗议，并报请民盟总部向国民政府交涉。

11月18日，民社党代表叶笃义等人自南京到北平，与张东荪、胡海门、梁秋水等人商谈参加国民大会问题。

11月下旬，张东荪托叶笃义转告张君劢信："民社党交出名单之日，即我事实上脱离民社党之时。"并且致函张君劢的弟弟张公权："君劢四十年之英名不易，望有以全之。"

12月27日，张东荪从北平南下上海，以民盟中央委员的资格参加筹备民盟第一届中央委员会第二次会议。

12月29日，张东荪与在上海的民盟中央负责人张澜、黄炎培、章伯钧、罗隆基等人讨论时局，会商盟务，确定民盟今后的方针政策。

1947年（民国三十六年　丁亥）　61岁

1月6—10日，张东荪参加在上海召开的民盟二中全会。

1月10日，张东荪在二中全会上当选为民盟中央秘书主任，华北总支部主任委员。

1月21日，张东荪与叶笃义赴南京会晤蒋介石和美国驻华大使司徒雷登，致力于调和国共冲突、恢复政协路线。

1月下旬，张东荪在南京待了三四天，与国民党的军政要员进行商讨后，又回到上海，住在永嘉路集益里8号张澜的寓所中。

3月14日，回到北平的张东荪在清华大学作关于时局问题的演讲。

3月28日，张东荪在《时与文》第3期上发表《和平何以会死了》。

3月30日，张东荪在上海《文汇报》上发表《美国对华与中国自处》。

4月5日，张东荪在北京大学演讲《哲学是什么？哲学家应该做什么？》，刊登在4月11日出版的《时与文》第1卷第5期。同日，张东荪在《观察》第2卷第6期上发表《追述我们努力建立"联合政府"的用意》。

4月20日，为纪念五四运动28周年，张东荪撰写《中国民族的良心》，刊载于4月28日出版的《燕京新闻》第13卷第23期"五四纪念"特刊。

6月13日，张东荪在《时与文》第1卷第14期发表《答林布君兼论左派理论》。

7月20日，美国派魏德迈来华"调查"中国情况后，张东荪发表了《为中国问题忠告美国》一文，批评美国单方面支持国民党，反对硬要拉中国来作反苏基地。

8月8日，张东荪在上海应中学教育诸公在青年会讲《从事教育及与闻政治》，该演讲后经整理发表在8月24日出版的《国训》周刊沪版第427期上。

8月15日，张东荪出席民社党革新委员会发起召开的第一次全国代表大会。

9月1日，张东荪从上海回到北平后，应燕京大学学生自治会邀请演讲《南行见闻》。

9月8日，张东荪应清华学生自治会的邀请，在清华大学作了题为《南行见闻杂感》的演讲。

9月15日，张东荪为黄炎培撰《民主化的机关管理》再版作序，阐述了自己对民主政治的见解。

10月11日，张东荪在《观察》第3卷第7期上发表《我亦追论宪政兼及文化的诊断》，提出了与梁漱溟不同的意见。

12月，张东荪在《观察》第3卷第16期上发表《敬答樊弘先生》。

1948年（民国三十七年 戊子） 62岁

1月4日，张东荪受北京大学自治会之请讲演《西方理性主义与中国理学》，兼评冯友兰《新理学》。

1月，张东荪在《观察》第3卷第23期上发表《关于中国出路的看法》，提出了"新型民主"主张。

2月28日，张东荪在《观察》第4卷第1期上发表《政治上的自由主义与文化上的自由主义》。

3月6日，张东荪在《观察》第4卷第2期上发表《经济平等与废除剥削》。

4月23日，张东荪应北大学生自治会邀请，撰写《从社会学家历史学家的话说起》，发表在1948年5月1日出版的《北大半月刊》第4期上。

5月，张东荪参加北平文化界"知识分子"问题座谈会，在《展望》第2卷第4期上发表《告知识分子》一文，5月29日，《观察》第4卷第14期作了转载。

7月，张东荪撰《民主主义与社会主义》一书由上海观察社出版，系统阐述了社会主义与民主主义"同基型"论和新型民主思想。

7月20日，张东荪在《中建》半月刊第3卷第4期发表《增产与革命》，明确地表达了他所主张的"新型民主"观点，并且断定中国只有"新型民主"一条路可走。

7月20日，张东荪在《北大半月刊》第8期上发表《纪念闻李二先生——民主与革命之关系》。

8—9月，张东荪在《观察》第5卷第1、第2、第3期上连载《〈民主主义与社会主义〉补义》。

9月26日，张东荪在《观察》第5卷第11期上发表《知识分子与文化的自由》一文，继续阐述《告知识分子》的观点，对学术自由及思想自由问题发表意见。

10月10日，张东荪在《国讯》第1卷第1期上发表《论政治斗争》，改变了对"斗争"理论的看法。

10月11日，张东荪在清华大学作演讲《论真革命与假革命》，进一步阐述了革命问题。该文由学生文琪记录整理，刊载于《展望》第2卷第24号。

1949 年（己丑） 63 岁

1月5日，傅作义约张东荪在中南海居仁堂谈话。

1月6日，张东荪与周北峰乘车出城与解放军谈判。

1月7日，张东荪与周北峰抵达蓟县八里庄。

1月10日，张东荪在解放军的保护下乘车返回北平燕京大学。他在燕京大学作了一个讲演，解释为什么坚决主张与中共进行和平谈判。

1月中旬，张东荪与费孝通、雷洁琼夫妇在中共地下党的安排下，先到石家庄，然后到中共中央驻地西柏坡，与毛泽东会谈。

5月，张东荪通过美国驻北平总领事柯乐博，致函美国驻华大使司徒雷登，商谈中美关系。

6月15日，新政协筹备会在北平正式成立。毛泽东在中南海勤政殿开第一次全体会议。张东荪以民盟中央常委的身份与张澜、沈钧儒等人代表民盟参加了新政协筹备会。

6月25日、8月19日，张东荪两次参加新政协筹备会议关于政府组织大纲的起草和修改讨论会，修正通过了《政府组织法草案》。

7月17日，张东荪、罗隆基、周鲸文与美国驻北平总领事柯乐博在张东荪长子张宗炳家会谈。

9月21日，新政协第一届全体会议开幕，张东荪被选为大会主席团成员。次日，大会决定设立6个分组委员会，张东荪被分在"国旗、国徽、国都、纪年方案审查委员会"。

9月29日，张东荪与彭真、陈铭枢、章乃器、周恩来任执行主席，讨论并通过了《共同纲领》。

9月30日，新政协第一届全体会议选举产生了中央人民政府委员会。张东荪与周恩来、陈毅等56人当选为中央人民政府委员会委员。

10月19日，张东荪被毛泽东任命为政务院文化教育委员会委员。

12月1日，张东荪与北平总领事柯乐博会谈，谈及向周恩来转交相关信函之事。

12月7日，民盟一届四中全会在北京召开，张东荪参加并当选为中央政治局委员。

1950年（庚寅） 64岁

2月5—6日，张东荪出席中央人民政府政务院文化教育委员会第二次全体会议。

2月25日，张东荪出席中国民主同盟第三次中央常务委员会议。

4月1日，张东荪与柯乐博会晤，交换对时局的看法。

是年春，张东荪与王志奇有所接触，力图通过王氏与美国方面联络。

4月12日，张东荪出席中央人民政府委员会第六次会议。

6月14日，张东荪出席中国人民政治协商会议第一届全国委员会第二次会议。

6月19日，张东荪写完《中国哲学史上佛教思想之地位》一文，发表在《燕京学报》第 38 期上。

6 月 28 日，张东荪出席中央人民政府委员会第八次会议。

8 月 10 日，张东荪出席北京市第二届第三次各界人民代表会议，讨论并通过市政府与市协商委员会工作报告以及提案审查委员会审查结果报告。

9 月，张东荪在《现代佛学》创刊号上发表《本无与性空》，阐述自己对于佛教研究的心得。

1952 年（壬辰） 66 岁

年初，张东荪参加了在燕京大学的思想改造活动。

2 月 8 日，张东荪在燕京大学文学院师生大会上作第一次公开检讨。

9 月 6 日，张东荪在民盟内部写了一个书面检讨，即第五次检讨，开始承认一些自己"勾结美帝国主义的叛国罪行"。

10 月，民盟召开中央常务委员会第 33 次扩大会议，决定撤销张东荪盟内一切职务，令其彻底交代，听候处理。

12 月 3 日、10 日，张东荪先后作了《补充检讨》及《补充检讨再补充》的书面交代，后再作《补充检讨事实部分再补充交代一个事实》，对自己与王志奇会谈的详细情况作了交代，并对自己犯这样错误的动机和思想根源作了深刻检查。

1954 年（甲午） 68 岁

张东荪虽然在北京大学哲学系挂名，但实际上不再授课。他在北京大学朗润园 178 号居住，赋闲在家，以吟诗填词安度晚年，并与友人研讨唐宋诗词。

1958 年（戊戌） 72 岁

张东荪被迫辞去北京大学哲学系教授职务，人事档案从北京大学转到北京文史馆，改由北京文史馆发放工资。全家从北京大学朗润园 178 号迁出，搬到成府路城坊 37 号一座大杂院里。

1960 年（庚子） 74 岁

张东荪继续居住在成府路城坊 37 号，陆续撰写了 50 首"哲学诗"。

1968 年（戊申） 82 岁

1月23日，张东荪和他的长子、北京大学教授张宗炳被捕，入北京昌平秦城监狱。

1973 年（癸丑） 87 岁

6月2日晚11时，张东荪因病不治，逝世于北京市第六医院，以"张得胜"名字焚化。

中国近代思想家文库

图书在版编目（CIP）数据

中国近代思想家文库. 张东荪卷/左玉河编. —北京：中国人民大学出版社，2015.1
ISBN 978-7-300-20590-8

Ⅰ. ①中… Ⅱ. ①左… Ⅲ. ①思想史-研究-中国-近代②张东荪（1886～1973）-思想评论 Ⅳ. ①B250. 5

中国版本图书馆 CIP 数据核字（2015）第 005451 号

中国近代思想家文库
张东荪卷
左玉河　编
Zhang Dongsun Juan

出版发行	中国人民大学出版社	
社　址	北京中关村大街 31 号	**邮政编码**　100080
电　话	010－62511242（总编室）	010－62511770（质管部）
	010－82501766（邮购部）	010－62514148（门市部）
	010－62515195（发行公司）	010－62515275（盗版举报）
网　址	http://www. crup. com. cn	
经　销	新华书店	
印　刷	涿州市星河印刷有限公司	
开　本	720 mm×1000 mm　1/16	**版　次**　2015 年 3 月第 1 版
印　张	41.25 插页 1	**印　次**　2025 年 4 月第 3 次印刷
字　数	665 000	**定　价**　149.00 元